国家出版基金项目
NATIONAL PUBLICATION FOUNDATION

国家出版基金项目

"十三五"国家重点图书出版规划项目

世界社会主义五百年丛书

丛书主编　季正聚

正道沧桑

世界社会主义的过去现在未来

赵付科　著

World
SOCIALISM

湖南师范大学出版社·长沙

图书在版编目（CIP）数据

正道沧桑：世界社会主义的过去现在未来 / 赵付科著. —长沙：湖南师范大学出版社，2024.3

（世界社会主义五百年丛书 / 季正聚主编）

ISBN 978－7－5648－5371－6

Ⅰ.①正… Ⅱ.①赵… Ⅲ.①社会主义—研究—世界 Ⅳ.①D507

中国国家版本馆 CIP 数据核字（2024）第 061313 号

正道沧桑：世界社会主义的过去现在未来

ZHENGDAO CANGSANG：SHIJIE SHEHUIZHUYI DE GUOQU XIANZAI WEI LAI

赵付科 著

◇出 版 人：吴真文
◇策划组稿：赵婧男 刘苏华
◇责任编辑：刘苏华
◇责任校对：蒋旭东 彭 慧 罗玉蕾 谢兰梅
◇出版发行：湖南师范大学出版社
　　　　　　地址/长沙市岳麓区 邮编/410081
　　　　　　电话/0731－88873071 88873070 传真/0731－88872636
　　　　　　网址/https://press.hunnu.edu.cn
◇经销：湖南省新华书店
◇印刷：长沙雅佳印刷有限公司
◇开本：710 mm×1000 mm 1/16
◇印张：28.25
◇字数：463 千字
◇版次：2024 年 3 月第 1 版
◇印次：2024 年 3 月第 1 次印刷
◇印数：1—1200 册
◇书号：ISBN 978－7－5648－5371－6
◇定价：72.00 元

总　序

　　党的十八大以来，中央高度重视马克思主义和社会主义的学习、研究和宣传。2013 年 1 月 5 日，习近平总书记在新进中央委员会的委员、候补委员学习贯彻党的十八大精神研讨班上的重要讲话中，系统地论述了世界社会主义五百年发展历史，要求广大党员干部要坚定理想信念，正确认识和全面把握社会主义发展进程。中央要求把世界社会主义发展史列为党员干部培训和教育的重要内容，要求加强对青年学生的社会主义发展史的教育，理论界也加大了研究力度。

　　为了系统研究世界社会主义的历史进程、思潮流变、著名人物，我们编写了"世界社会主义五百年丛书"。本套丛书在借鉴已有成果的基础上，突出以下几个特点：一是突出重点，坚持问题意识和问题导向。关注党员干部和青年学生关心、关注的相关问题，进行有针对性的研究、阐释和引领，保证正确的导向。二是理论研究与宣传普及相结合，文风清新。努力做到既深入专业、史论结合和论从史出，保证准确性、专业性、严谨性，又要通俗易懂、文风活泼、语言流畅，保证可读性和普及性。三是注意吸收理论前沿成果，学习借鉴与提高创新相结合。学习借鉴已有的各种相关读物、专著、小册子的优点和特色，广泛运用丰富翔实的现有文献资料，努力挖掘新资料和新成果，善于运用和整合各种文献资源。

本丛书由我拟定了书名、提纲、写作思路和基本框架，赵付科、袁群、刘成军和梅岚等人分别负责分册的撰写工作。本丛书共分三册，分别介绍世界社会主义的不平凡历程、蔚为大观的思想史、值得关注的传奇人物故事。《正道沧桑：世界社会主义的过去现在未来》，生动介绍社会主义发展的历史阶段的起承转合，历史上若干重要事件的来龙去脉、前因后果、主要关节点、经验教训、主要现状、发展趋势，阐明社会主义诞生的必然性，发展的曲折性、复杂性、正义性、群众性、实践性和潮流性。《大浪淘沙：社会主义思想史漫步》，主要介绍社会主义发展历史上有代表性的社会主义流派和思潮的流变、主要内容、当代价值，展示社会主义思想史的博大精深，揭示一幕幕光辉的思想篇章，焕发思想智慧的光彩。《立此存照：社会主义重要人物传奇故事》，系统介绍社会主义五百年来的重要人物，包括工人运动领袖、社会主义思想家、无产阶级革命家，以及在社会主义运动历史上需要批判研究的重要历史人物，生动介绍这些重要人物的传奇人生经历，再现传奇故事，述说成败得失，总结历史经验。

本丛书为"十三五"国家重点图书出版规划项目、国家出版基金项目。本丛书得到相关单位和部门领导、专家学者的指导、关心和帮助，谨表示衷心的感谢。希望本丛书的出版，能为推动马克思主义和社会主义发展史的学习、研究、宣传尽一点微薄之力。

季正聚

2024 年 2 月

目　录

八、百川归海

一、对未来理想社会的美好憧憬和可贵探索
——空想社会主义的产生和发展

　　世界社会主义已有 500 年的发展历史，它的最初形态是空想社会主义。从 16 世纪初到 19 世纪三四十年代，空想社会主义从产生、发展到趋于没落，一共走过了 300 多年的历史，其影响几乎遍及整个欧洲，并达于美洲。1516 年英国托马斯·莫尔所著《乌托邦》一书的出版是空想社会主义诞生的标志。空想社会主义的发展史，大致经历了早期、中期、晚期三个发展阶段。16—17 世纪的早期空想社会主义，主要代表人物是托马斯·莫尔、托马斯·闵采尔、托马斯·康帕内拉、杰拉德·温斯坦莱等。18 世纪的中期空想社会主义多存在于法国，启蒙运动前夕的梅叶、启蒙运动中的摩莱里和马布利、资产阶级大革命中的巴贝夫等是其代表。19 世纪前半叶的后期空想社会主义，法国的圣西门、傅立叶和英国的欧文是其杰出代表。空想社会主义为科学社会主义的诞生提供了丰富的资料和启示。

（一）空想社会主义产生的理论渊源和社会条件

　　空想社会主义，又称"乌托邦社会主义"①，顾名思义就是对社会主义

---

① 　在社会主义发展史上，"乌托邦"（Utopia）和"社会主义"（Socialism）这两个词并不是同时出现的。"乌托邦"源自古希腊，意思是一个没有的地方，因而意味着是一种空想和虚构。在社会主义发展史上，"乌托邦"一词最早出自莫尔之手，时间是 1516 年。"社会主义"一词的出现比"乌托邦"一词要晚 300 多年。现在普遍公认的看法是，"社会主义"一词最早出现在 1827 年英国欧文主义刊物《合作杂志》和 1832 年法国圣西门主义者勒鲁主编的《地球》杂志上。第一次把"乌托邦"一词和"社会主义"一词联结起来，使用了"乌托邦社会主义"即"空想社会主义"这个名词的，是法国空想社会主义者路易·布朗基的哥哥——经济学家日洛姆·布朗基。他于 1839 年在《政治经济学史》中使用了"空想社会主义者"一词，用来指圣西门、傅立叶和欧文以及他们的信徒。参见王伟光主编：《社会主义通史》第 1 卷，人民出版社 2011 年版，第 1–3 页。

有着美好向往与憧憬，但在现实中却找不到实现社会主义的正确力量和通向社会主义的途径和方法，因而只能是流于空想的一种学说。① 空想社会主义不是凭空出现的，而是有其理论渊源和在特定的社会历史条件下产生和发展起来的。

1. 古代哲人对理想社会的构想

人类对美好社会的向往可谓是源远流长。自进入私有制社会以来，制度性的不公正现象就一直存在着。同样的，反对这种社会不公正现象，追求理想社会的努力也始终存在着。面对这种不公正现象，不断有思想家发出抗议和批判的声音，并且憧憬代替这种不合理社会的美好未来。在我国古代，以孔子为代表的儒家学派曾提出过"大同世界"的构想。儒家经典《礼记·礼运》中曾对此做过描述："大道之行也，天下为公，选贤与能，讲信修睦。故人不独亲其亲，不独子其子，使老有所终，壮有所用，幼有所长，矜寡孤独废疾者皆有所养。男有分，女有归。货恶其弃于地也，不必藏于己；力恶其不出于身也，不必为己。是故谋闭而不兴，盗窃乱贼而不作，故外户而不闭，是谓大同。"其内涵有三：一是天下为公，选贤举能，讲信修睦的社会政治。即授权者任人唯贤，受权者不以天下之大据为己有；人与人之间重诚信，讲仁爱，求友善，修和睦。二是富庶、安康的原始共产主义经济。即财产公有、共同劳动、人人平等、舍弃自我。三是理想、安宁、谐和、祥顺的社会风俗和秩序。即路不拾遗、夜不闭户，没有阴谋与奸邪，没有战争与流血。儒家学派认为，中国的社会发展要经历"据乱世""升平世""太平世"三个阶段，其中"升平世"就是小康社会，这时人们温饱无忧，生活宽裕。到了"太平世"，就实现了"天下为公"的大同世界，达到了人类理想的最高境界。"大同世界"既是理想化了的原始社会图景，也是对未来社会的美好憧憬。

在西方，古希腊雅典时期的柏拉图曾提出过关于公平正义的"理想国"的构想。在柏拉图看来，理想国应该是为全体公民谋利益的真正的正义者城邦。理想国的公民分为三类：第一类是立法者和监护者，即国家的统治者，他们是神用金质做成的；第二类是军人，即国家的保卫者或辅助者，他们是神用银质做成的；第三类是农夫、手工业者和商人，他们是神用铜

---

① 王伟光主编：《社会主义通史》第 1 卷，人民出版社 2011 年版，第 5 页。

和铁做成的，只能处于最下层，从事卑贱的体力劳动和商业活动。三个阶层先天就具有不同的禀赋和使命，他们各司其职，彼此之间和谐相处。理想国实行公有制，治国者和武士不能有自己的私产和家庭；推行混合政体，公职人员是通过选举产生的，最理想的统治者应该是"哲学王"，因为只有他们才具有完美的德行和高超的智慧，明了正义之所在，按照理性的指引公正地治理国家。

但是在资本主义生产方式出现以前，古代哲人对理想社会的构想，是在生产力水平较低的经济社会条件下对未来美好社会的想象和勾画。古人对于未来理想社会的构想，虽然还不是我们所说的空想社会主义，但为空想社会主义提供了某些思想启示和历史依据。空想社会主义是随着资本主义的萌芽和发展以及早期无产者的出现而产生的思想体系，是作为资本主义的对立物、批判者出现的，是当时日益严重的社会与政治问题在理论上的体现。

2. 空想社会主义产生的现实前提

资本主义生产方式的出现，是空想社会主义产生的现实前提。早在14—15世纪，西欧社会就进入资本原始积累时期，产生了资本主义生产关系的萌芽。但是就整个欧洲社会来说，16世纪才是资本主义时代的真正的开始。在这一时期，由于新技术的迅速发展和推广，西欧一些地区出现了采取资本主义方式经营的农场、牧场和手工工场，这大大促进了商品生产的发展。新航路的开辟与美洲、大洋洲新大陆的发现，加速了世界市场的形成。在这些因素的共同作用下，封建社会自给自足的小生产方式开始瓦解，资本主义生产方式逐步形成。随着资本主义生产方式的扩展，手工业者和农民这两大社会群体内部两极分化的进程也在加速，新的阶级即早期的资产者与无产者出现了。在资本主义生产方式下，无论是新生的资产阶级还是新生的无产阶级，他们在生产、交换、分配和消费的过程中，在工作和生活过程中，都表现出与过去曾经出现的阶级的极大不同。广大劳动群众从人身依附的封建关系中走出来，这是一种历史的进步。但他们随即又陷入了资本主义这种新的剥削方式中，为资本主义所奴役，人身实际上更加不自由，社会也并不和谐。新生的资产者巧取豪夺且贪婪成性，其行为不可避免地遭到新生无产者的反抗。马克思、恩格斯在《共产党宣言》

中说："资产阶级在它已经取得了统治的地方把一切封建的、宗法的和田园诗般的关系都破坏了。它无情地斩断了把人们束缚于天然尊长的形形色色的封建羁绊，它使人和人之间除了赤裸裸的利害关系，除了冷酷无情的'现金交易'，就再也没有任何别的联系了。"①

英国是当时资本主义发展领先的国家。从 15 世纪末以来，英国就开始野蛮的资本原始积累过程。"羊吃人"的圈地运动就是资本原始积累的主要方式之一，它构成了英国资本原始积累全部过程的基础。英国的资本主义生产最先是从毛纺织业发展起来的。毛纺织业的迅速发展，引起了羊毛需求激增，价格骤涨，牧羊业成为当时最赚钱的行业。于是，圈地运动盛行起来，新兴的资产阶级纷纷把土地改为农场，使用强制手段把农民从土地上赶走，拆毁房屋，摧毁村庄，大批农民被剥夺了生产资料和生活资料，背井离乡，有的成为流浪者和乞丐，有的被迫偷窃。国家对流浪者不仅不予以帮助，反而颁布了惩治流浪者的血腥法律。1530 年法律规定，只允许老弱和丧失劳动能力的人行乞，"健壮的乞丐"要受鞭打和监禁。1536 年法律又规定：有劳动力的游民一经捕获，要在最近的集市游街，并鞭打出血；如再被捕，除鞭打外，还要割下半个耳朵；三度被捕，则处极刑。1547 年更进一步规定，拒绝劳动的人，如被告发为游惰者，就判为奴隶。逃跑的奴隶要用烧红的铁器在额头或脸颊打上 S 字样②的烙印，在颈上、腕上、腿上套上铁环。如果第三次逃亡，就要当作叛国犯处死。伊丽莎白执政时期的 1572 年的法令规定，没有得到行乞许可的 14 岁以上的乞丐，如果没有人愿意使用他一年，就要受到猛烈的鞭打，并在右耳上打上烙印；如果有人再度行乞而且年过 18 岁，又没有人愿意使用两年，就要被处死；第三次重犯，就要毫不容情地当作叛国犯处死。在伊丽莎白执政时期，成队的流浪者被绞死，每年都要绞死三四百人。在亨利八世执政时期，被作为"盗贼"处死的流浪者就有 72800 人之多。资产阶级通过这些血腥立法，将被剥夺土地的农民变成了产业雇佣大军，迫使他们接受资本主义的劳动纪律和残酷剥削。马克思在讲到圈地运动时指出："掠夺教会地产，欺骗性地出让国有土地，盗窃公有地，用剥夺方法、用残暴的恐怖手段把封建财产和克兰财

---

① 《马克思恩格斯选集》第 1 卷，人民出版社 2012 年版，第 402 – 403 页。
② S 是英文"slave"（奴隶）的首字母。

产转化为现代私有财产——这就是原始积累的各种田园诗式的方法。这些方法为资本主义农业夺得了地盘，使土地与资本合并，为城市工业造成了不受法律保护的无产阶级的必要供给。"① 圈地运动最初是圈地养羊，后来又是圈占土地来建立大农场进行谷物生产。据统计，18 世纪英国 100 英亩以下的农场数目明显减少，而 300 英亩以上的农场数目显著增多。在 1744 年至 1788 年间，分散的小农场的数目减少了 4 万个以上。资本原始积累延续了 300 余年，是一个漫长、血腥的历史过程。它的实际作用，是用暴力手段迫使生产者和生产工具相分离，农民被迫沦为无产者，被驱入资本主义工场，被迫接受资本家的廉价雇佣劳动。资本原始积累所表现出来的人剥削人、人压迫人的残酷现实，给空想社会主义者留下了深刻印象。莫尔在《乌托邦》中对圈地者的残酷无情痛加挞伐，对农民遭受的苦难痛心疾首：

> 于是，贪得无厌的人，自己家乡的真正瘟疫，几千英亩土地，统统用篱笆或栅栏圈围起来，或者通过暴力和不正当的手段迫使所有者不得不出卖一切。不择手段地迫使他们迁移——这些贫穷朴实的不幸者！男人、女人，丈夫、妻子，孤儿、寡妇，抱着婴儿的绝望的母亲，以及钱少人多（因为农业需要许多劳动力）的家庭。我是说，他们被驱逐出熟悉的乡土，找不到安身之处；他们所有的家庭用具虽然不很值钱，但在其他的情况下，还能卖一点钱；可是他们是突然被驱逐出来的，因此只好以极低的价格卖掉。当他们游荡到不名一钱的时候，除了偷盗以致被依法绞死以外，除了行乞以外，还能做什么呢？而他们去行乞，就会被当做流浪者投入监狱，理由是他们游手好闲，无所事事，虽然他们努力找工作，但没有人愿意给他们工作做。②

紧随英国之后的，是法国、德国等国的资本主义发展。从简单协作手工业到工场手工业，再到大机器工业阶段，其间经历了地理大发现、德国宗教改革、法国启蒙运动等重大历史事件，有力催生和促进了空想社会主

---

① 《马克思恩格斯文集》第 5 卷，人民出版社 2009 年版，第 842 页。
② 这段话经马克思在《资本论》中译成德文，此处采用的是《马克思恩格斯文集》中的译文。参见《马克思恩格斯文集》第 5 卷，人民出版社 2009 年版，第 845 页。

义的理论和实践，并绵延经历了不同阶段。特别是 1789 年的法国资产阶级大革命，摧毁了法国的封建关系，确立了资产阶级的统治地位。资产阶级的启蒙思想家们曾经为资本主义制度的确立热情地鼓与呼。他们曾经预言一个理性王国的到来：随着这个理性王国的出现，过去时代所存在着的一切"迷信、非正义、特权和压迫，必将为永恒的真理、永恒的正义、基于自然的平等和不可剥夺的人权所取代"①。然而，当资本主义制度真的在人间出现的时候，人们才发现，不论它较之旧制度如何合理，却绝不是绝对合乎理性的，"同启蒙学者的华美诺言比起来，由'理性的胜利'建立起来的社会制度和政治制度竟是一幅令人极度失望的讽刺画"②。正如马克思在《资本论》中一针见血地指出的："资本来到世间，从头到脚，每个毛孔都滴着血和肮脏的东西。"③ 资本主义取代封建主义虽然是一个历史进步，但这个进步是以对内的残酷剥削和对外的野蛮掠夺为代价的，这段历史是"用血和火的文字载入人类编年史的"④。广大无产阶级和下层群众处于新的枷锁之中，仍然是政治上无权，经济上更加贫困。在这样的社会历史条件下，无产阶级改变社会现状的愿望和要求日益强烈。

3. 空想社会主义产生的深层次原因

假若社会上没有一个群体或者阶级的需要，空想社会主义也不可能产生，更不可能延续 300 多年的历史。空想社会主义是适应早期无产阶级渴望改变现状的需要产生的。无产阶级的需要是空想社会主义产生和存在的深层次原因。无产者受压迫、受剥削的生活状况和无力改变而又强烈要求改变这种状况的愿望，需要有一种代表他们利益的理论作指导。这种理论，一是要能够指出现实社会的弊端和不合理的地方，并且能够提供给他们一种与不合理的社会制度做斗争的、在当时能够普遍被接受的理性的武器；二是能够指明他们所向往的社会的状况，这种状况规定得越细致，就越有吸引力，就越能唤起压迫者的反抗力量。⑤

在资本主义制度下，无产阶级和资产阶级是利益根本对立的两大阶级，

---

① 《马克思恩格斯选集》第 3 卷，人民出版社 2012 年版，第 776 页。
② 《马克思恩格斯选集》第 3 卷，人民出版社 2012 年版，第 779 页。
③ 《马克思恩格斯文集》第 5 卷，人民出版社 2009 年版，第 871 页。
④ 《马克思恩格斯文集》第 5 卷，人民出版社 2009 年版，第 822 页。
⑤ 王伟光主编：《社会主义通史》第 1 卷，人民出版社 2011 年版，第 6 页。

它们从一开始就存在着矛盾与斗争。最初，无产阶级对资本主义的认识和斗争还处在感性认识阶段，即破坏机器和自发斗争阶段。在这一阶段，无产阶级只认识资本主义社会各个现象的片面及外部的联系，并不理解资本主义的本质，不理解资本主义社会的阶级剥削关系。他们以为自己陷入贫困是由机器和厂房造成的，不了解其根源在于资产阶级的剥削。因此，他们采取的斗争方式，多以捣毁机器、焚烧厂房等形式进行，斗争是分散的、自发的。这时的无产阶级还只是一个自在的、没有自觉的阶级意识的、受压迫的阶层，还不能作为一支独立的政治力量而存在。虽然当时的无产阶级还非常幼稚，但无产阶级反对资产阶级斗争的序幕从此拉开了。在不成熟的资本主义发展状况下，不成熟的无产阶级渴望改变自身生存条件的需要，导致产生了空想社会主义。空想社会主义正是在这个时期并且也只是在这个时期从理论上代表了还是"自在阶级"的无产阶级的利益和要求。正如恩格斯所指出："不成熟的理论，是同不成熟的资本主义生产状况、不成熟的阶级状况相适应的。解决社会问题的办法还隐藏在不发达的经济关系中，所以只能从头脑中产生出来。"①

4. 空想社会主义产生的思想材料②

同任何一种新的学说一样，空想社会主义的出现，也必须首先从已有的思想材料出发。早期空想社会主义从古代哲学家如柏拉图、亚里士多德等人的著作中，从基督教的传说中，汲取了大量的思想素材，还汲取了早期地理大发现带来的新知识。15世纪末16世纪初，欧洲兴起了开辟美洲和亚洲新航路的热潮，人们对介绍新发现地区的风土人情的文章和见闻最感兴趣，许多水手和探险家到了一些欧洲人以前从未到过的新地方后，常常把在异域的所见所闻写成游记，因而使游记这一文学体裁风行一时。莫尔等人从这些游记中所描写的尚处在原始公社阶段的土著人的生产资料共有、共同劳动、平均分配的生活景象中受到启发。1516年莫尔写的《乌托邦》一书就是用游记对话的形式，描述了一个西班牙人拉斐尔在奇异岛国乌托邦岛5年生活的见闻。

---

① 《马克思恩格斯选集》第3卷，人民出版社2012年版，第780－781页。
② 中共中央宣传部理论局：《世界社会主义五百年》（党员干部读本），学习出版社、党建读物出版社2014年版，第5－6页。

　　资产阶级启蒙思想也是空想社会主义产生的直接思想材料。18 世纪法国资产阶级的一些代表人物掀起了一场声势浩大的思想解放运动，即启蒙运动。他们尖锐地批判愚昧落后的神权统治和封建专制主义，要求建立以"理性"为基础的社会。他们用政治自由对抗专制暴政，用信仰自由对抗宗教压迫，用"天赋人权"反对"君权神授"，用"平等"反对贵族的等级特权，主张建立人民主权的民主共和国。启蒙运动的兴起和发展，不仅为资产阶级革命奠定了思想基础，而且促进了现代无产阶级先驱者意识的觉醒。18 世纪的空想社会主义思想家，如梅叶、摩莱里、马布利、巴贝夫等，就深受启蒙运动思想家的影响，他们的著作中充满了"理性""平等""公平""正义""和谐"等词句。19 世纪初的空想社会主义者也受启蒙思想家的影响。恩格斯指出，三大空想社会主义者的学说，"就其理论形式来说，它起初表现为 18 世纪法国伟大的启蒙学者们所提出的各种原则的进一步的、据称是更彻底的发展"①。

（二）早期空想社会主义

　　从 16 世纪初到 17 世纪末，是早期空想社会主义阶段。当时资本主义由简单协作进入工场手工业阶段，资本主义原始积累正在加速进行。新兴资产者通过拼命压榨手工工场工人、残暴剥夺本国农民土地、野蛮掠夺海外殖民地，千方百计地聚集资本和扩大经营。资本原始积累所造成的社会罪恶，尖锐地暴露出资本主义的内在矛盾和弊端。早期无产者不堪忍受封建主义和资本主义的双重压迫，不断地进行反抗和斗争，并和农民一起举行起义。在这样的历史背景下，产生了反映早期无产者要求摆脱资本主义剥削压迫、追求理想社会愿望的空想社会主义，主要代表人物有托马斯·莫尔、托马斯·闵采尔、托马斯·康帕内拉、杰拉德·温斯坦莱等人。他们用文学的语言批判资本主义带来的各种灾难和罪恶，阐述他们对理想社会的构想，幻想了一个没有剥削与压迫、人人平等的理想社会。莫尔的《乌托邦》和康帕内拉的《太阳城》集中反映了这一时期空想社会主义的主要思想。

---

　　① 《马克思恩格斯选集》第 3 卷，人民出版社 2012 年版，第 775 页。

1. 托马斯·莫尔的"乌托邦"

托马斯·莫尔（1478—1535）是英国著名人文主义思想家，也是空想社会主义的开创者和奠基人。他出身于英国伦敦一个家境殷实的贵族家庭，其父亲曾担任英国皇家高等法院的法官。莫尔天资聪颖，14 岁就进入牛津大学坎特伯雷学院读古典文学，后来遵从父命转入新法学院学习法律。当时牛津大学是英国神学和人文主义的研究中心。莫尔在学校里深受人文主义思潮的影响，他如饥似渴地阅读了大量人文主义著作以及古典作家特别是古希腊人的作品，对柏拉图的《理想国》尤感兴趣。大学毕业后，他很快成为出色的律师和知名的议员，还担任过下议院议长和大法官，但是他并没有满足于锦绣仕途和荣华富贵，而是致力于社会问题的思考。莫尔生活在英国资本原始积累时期，深切感受到"圈地运动"对农民的残酷剥夺。作为一名律师，他接触了大量涉及下层社会的诉讼案件，目睹了广大人民群众所遭受的苦难，同时也对当时的社会黑暗有了深刻的了解，因而对下层人民给予深深的同情。他看透了社会不平等和下层民众日益贫困化的原因，即国家赖以生存的基础：以剥削为特征的私有制。这引起了他对没有剥削、没有压迫的理想社会的向往，开始思考如何建立更美好的社会制度。

1516 年 12 月，莫尔在比利时卢文城出版《乌托邦》一书，在社会主义史上第一次系统阐述了空想社会主义的基本思想，标志着空想社会主义的诞生。该书全名叫《关于最完美的国家制度和乌托邦新岛的既有益又有趣的金书》。莫尔的这部著作问世时，正值欧洲历史上地理大发现的时代，亦即欧洲人开辟美洲和亚洲新航路的时代。当时许多水手和探险家到过美洲、亚洲和非洲几个大陆之后，喜欢将自己的所见所闻写成游记，介绍给欧洲大陆的读者。《乌托邦》一书紧密迎合了当时人们的兴趣，采用游记对话的文学体裁的形式，形象逼真地描述了葡萄牙人拉斐尔·希施拉德在一个奇乡异国的所见所闻，讲述了自己心目中的理想国。

《乌托邦》一书分两部分：第一部分是莫尔对当时英国和欧洲各国社会制度的批判，第二部分则是作者对未来理想社会的畅想。

莫尔生活在英国封建制度解体和资本原始积累时期，他对资本主义血腥的原始积累过程进行了无情的鞭挞。在《乌托邦》一书中，作者生动形象地描绘了英国资产阶级和新贵族对农民和广大劳动者残酷的经济剥削，描绘了这场"圈地运动"产生的直接原因和过程。在谈到"圈地运动"时，莫尔指出：

> 你们的羊，一向是那么驯服，那么容易喂饱，据说现在变得很贪婪、很凶蛮，以至于吃人，并把你们的田地，家园和城市踩躏成废墟。全国各处，凡生产最精致贵重的羊毛的，无不有贵族豪绅，以及天知道什么圣人之流的一些主教，觉得祖传地产上惯例的岁租年金不能满足他们了。他们过着闲适奢侈的生活，对国家丝毫无补，觉得不够，还横下一条心要对它造成严重的危害。他们使所有的地耕种不成，把每寸都围起来做牧场，房屋和城镇给毁掉，只留下教堂当做羊栏。并且，好像他们浪费于鸟兽园圃上的英国土地还不够多，这般家伙还把用于居住和耕种的每块地都弄成一片荒芜。①

"羊吃人"是莫尔对资本原始积累时期英国社会最简洁和最真实的概括和写照，形象地揭露出资本主义是带着肮脏的血污产生出来的，是他作为现代无产阶级先驱者的代言人对资本主义罪恶的第一声控诉。莫尔的这一概括因其简洁明快而又鞭辟入里而成了揭露资本主义血腥发迹史的不朽名言。

作为一个人道主义者，莫尔是站在他同时代人的前列的，而作为一个社会主义者，莫尔已远远超出了他的同时代人。② 莫尔深入分析了造成"羊吃人"这种状况的社会经济原因。在他看来，形成这种"一面贫困不堪，而另一面又是奢侈无度"③ 的贫富对立的根本原因是万恶的私有制。莫尔在社会主义思想史上首次指出，私有制是万恶之源。他认识到在私有制下全部物质财富必不可能掌握在生产这些财富的人手中，而是掌握在为数不多的寄生者手里。他认为，要消灭这种不公正的现象，就必须彻底废除私有制，"如不彻底废除私有制，产品不可能公平分配，人类不可能获得幸福。私有制存在一天，人类中绝大的一部分也是最优秀的一部分将始终背上沉

---

① ［英］托马斯·莫尔：《乌托邦》，戴镏龄译，商务印书馆 1982 年版，第 20 页。
② 蒲国良：《社会主义思想：从乌托邦到科学的飞跃（1516—1848）》，北京师范大学出版社 2018 年版，第 40 页。
③ ［英］托马斯·莫尔：《乌托邦》，戴镏龄译，商务印书馆 1982 年版，第 22 页。

重而甩不掉的贫困灾难担子"①。莫尔认为，私有制的存在给社会带来种种无法解决的问题，而在私有制中，无论用什么样的方法来解决这些社会问题都无济于事。"犹如得不治之症的病人不断医疗可获得拖延，因此用这种立法，那些弊端也可以减轻，较为缓和。然而只要每人是自己财产的主人，彻底治好和恢复健康是无望的。"②

莫尔深刻揭露了建立在私有制基础上的封建君主专制国家和法律的本质。在他看来，现今一切昌盛的国家，无非是一伙富有者狼狈为奸，名义上代表国家，实则为私人利益打算。"法律"只不过是富人假借国家名义，把他们的阴谋规定成大家必须遵守的东西。在这里，莫尔已经初步认识到国家的压迫性质和私有制之间的关系。为此，莫尔指出，私有制是万恶的根源，"任何地方私有制存在，所有的人凭现金价值衡量所有的事物，那么，一个国家就难以有正义和繁荣"③。只有在财富实行公有，产品实现了平均分配的社会，才能根除一切社会问题。

莫尔对未来的理想社会——乌托邦进行了描绘。他认为，乌托邦最大的特点是全体社会财富为大家所公有，每人一无所有，而又每人富裕。在这样一个社会里，一切归全民所有，没有贫富的差距，全体公民过着平等富足的生活，大家都集体地参加生产劳动。劳动没有贵贱之分，也不再是一种谋生的手段，而是人的一种本能和需要。这样莫尔在历史上第一次从生产的角度提出了以共同劳动为基础的公有制社会的理想。

乌托邦的分配原则是按"需"分配。由于劳动已成为人们生活的第一需要，劳动的效率大大提高。乌托邦物资充裕，取之不尽；每家每户到指定的市场领取所需要的东西，不付钱，也不受数量限制，但也从无任何人贪占多领；城市之间、城乡之间都平均分配，互通有无，平均分享物资，不需补偿。在乌托邦，除了对外贸易领域，国内已经完全废除商品和货币。

莫尔认为，民主制度是乌托邦社会最应采取的政治制度，是最佳政体选择。他竭力批判封建专制主义，提出主权在民的民主政治原则。以财产公有和一切归人民所有为基础，莫尔同样赋予了乌托邦人民同等的政治权

---

① ［英］托马斯·莫尔：《乌托邦》，戴镏龄译，商务印书馆1982年版，第44页。
② ［英］托马斯·莫尔：《乌托邦》，戴镏龄译，商务印书馆1982年版，第44页。
③ ［英］托马斯·莫尔：《乌托邦》，戴镏龄译，商务印书馆1982年版，第43页。

利。人民具有选举、监督、罢免国家官员的权利，并具有直接参与国家重大事务讨论与决定的权利。乌托邦的各级行政官员一律由民主选举产生，没有任何特权，同人民群众在经济上、政治上完全平等。乌托邦共和国是由哲学家和学者进行管理，高级管理人员包括总督本人都要从学者中选出。在乌托邦，人人精通法律，法律是全体公民意志和愿望的反映，"公布任何法律都是为了使每一个人不忘尽职"①，公正守法是"平民的低级的德行"②。在莫尔看来，由于废除了私有制并消灭了特权，乌托邦的国家职能是非常简单的，对内主要是组织生产和管理人民生活，对外是巩固国防。

莫尔认为，乌托邦的制度同愚昧无知是完全格格不入的，它的全体公民，不分男女均受到良好的教育。在乌托邦，没有压迫和剥削，没有体力和脑力之间的对立，全体公民衣食无忧，生活幸福，每个人都享有可靠的物质福利，受过良好的学术训练，拥有足够的闲暇时间，而且思想开放，所以，他们的求知兴趣非常广泛。经过不断学习、充实知识和各科学问的训练，乌托邦人在各种技艺发明方面均取得了辉煌的成就，这反过来又极大地促进了乌托邦人生活的舒适与方便。③ 此外，莫尔在乌托邦里也对对外关系等问题提出了许多美好的设想。乌托邦实行对外开放的政策，同外部世界保持着正常的政治、经济和文化往来。乌托邦人酷爱和平，痛恨战争。在他们看来，战争的目的在于惩治祸首元凶，而不在于屠戮生灵。

莫尔的《乌托邦》一书，在人类历史上第一次描绘了一幅空想社会主义的蓝图，对以后的空想社会主义有很大的影响，并为科学社会主义提供了一些可贵的思想材料。但是，由于历史发展和自身思想认识的局限，莫尔的思想存在着严重的缺陷。"共产主义微光"与无法弥补的缺陷在《乌托邦》一书中是并存的。

2. 托马斯·闵采尔的"千年天国"

托马斯·闵采尔（1489—1525）是与莫尔同时代的空想社会主义者，16世纪初德国伟大的革命家，农民起义杰出领袖。与莫尔以文学作品的形式阐释自己的空想社会主义思想不同，闵采尔空想社会主义思想的形成是

---

① ［英］托马斯·莫尔：《乌托邦》，戴镏龄译，商务印书馆1982年版，第91页。
② ［英］托马斯·莫尔：《乌托邦》，戴镏龄译，商务印书馆1982年版，第93页。
③ 蒲国良：《社会主义思想：从乌托邦到科学的飞跃（1516—1848）》，北京师范大学出版社2018年版，第53页。

同他的革命实践活动紧密联系在一起的。恩格斯曾把他评价为"初期无产阶级的代表人物"①。

闵采尔出身于德国一个专事铸币的工匠家庭，家境富裕。他自幼聪明伶俐、勤勉好学。1506 年 10 月，闵采尔进入莱比锡大学神学院学习，后又到法兰克福大学专修哲学和神学。他精通拉丁语、希腊语和希伯来语，熟谙《圣经》，获得了文学学士、硕士和神学学士学位。闵采尔喜欢阅读、旅游和交往，他阅读了大量文艺复兴时期人文主义者的著作和神秘主义著作，到过许许多多乡村和城市，对农民、城市平民和职工矿工等下层民众的生活有深切的了解。僧侣、贵族、诸侯、官吏的各种罪行、暴行与下层民众的悲苦命运形成鲜明的对比，深深地撞击着闵采尔的心灵，他逐渐认识到：基督教的《圣经》不是真理，发自穷人内心的反抗呼声才是真理。要使人民摆脱苦难，建立一个没有压迫与剥削的人间天堂，只有把人民组织起来，坚决进行斗争，除此以外，别无他途。从 1520 年 4 月起，闵采尔先后辗转于茨威考、布拉格、诺得豪森、哈勒等地，宣传自己的思想和主张，鼓动群众起义。1524 年 10 月，闵采尔来到纽伦堡，进行革命鼓动。在这里他写下了著名的致路德的信，"直截了当地指责路德向诸侯献媚，指责他虎头蛇尾，支持反动派"②。1525 年 3 月 17 日，闵采尔在缪尔豪森领导农民起义，推翻城市贵族议会，成立了革命的权力机关——永久议会，缪尔豪森成了革命的中心。之后，德国各地纷纷爆发了农民起义，闵采尔成为农民起义的精神领袖。同年 5 月，农民起义遭到镇压，闵采尔受伤被捕，受尽严刑拷打，宁死不屈，最后于 5 月 27 日惨死于贵族的屠刀之下。闵采尔遇害后，头颅被悬挂在一个山冈上，但他的精神永在。恩格斯说："在历史上德国农民和平民所怀抱的理想和计划，常常使他们的后代为之惊惧。"③

闵采尔所处的中世纪晚期，宗教神学仍然占据着统治地位。他在向基督教开战、否定教会权威的过程中，实际上是在神学外衣之下进行的，因为"对于完全由宗教培育起来的群众感情说来，要掀起巨大的风暴，就必须让群众的切身利益披上宗教的外衣出现"④，何况"当时人民唯一能领会

---

① 《马克思恩格斯文集》第 2 卷，人民出版社 2009 年版，第 294 页。
② 《马克思恩格斯文集》第 2 卷，人民出版社 2009 年版，第 252 – 253 页。
③ 《马克思恩格斯文集》第 2 卷，人民出版社 2009 年版，第 220 页。
④ 《马克思恩格斯文集》第 4 卷，人民出版社 2009 年版，第 310 页。

的语言是宗教预言，闵采尔就用这种语言对他们进行诱导"①。闵采尔主张进行宗教改革，同压迫者做坚决斗争。他认为，早期基督教是圣洁的，但这种教会早已在各处倾塌了。现在的僧侣阶级和教会"只知道追求自己的利益，并不追求基督的利益"②，他们是"凶暴的豺狼"，尽管有虚伪的外表和威风，也不值得尊重。他进而指出，当时的世界也是一个"邪恶诡诈的世界"③，人们应当破坏一切外在权威，在自身中寻求信仰和真理的力量。在他看来，教会这个使徒时代的纯洁处女现在已变成最为放荡的妓女，基督在文士们笔下也成了任人涂抹的偶像和丑八怪，神甫僧侣全都是脑满肠肥的禽兽，而诸侯和贵族们则是盘剥偷盗的罪魁祸首，是人民的死敌。对于这些敌人，劳动人民应该行动起来，消灭他们。"如果我们劝说敌人服从而敌人不愿意这样做的话，那末就应当把敌人毫不留情地消灭掉。别让坏蛋恶徒们长久地活下去！因为为非作歹的恶徒是没有权利生存的！"④

在对德国现实社会的罪恶进行无情揭露和批判的基础上，闵采尔进一步揭露了广大劳动群众贫困的根源乃是财产的私人占有。他明确指出：金钱和私有财产是真正基督徒的主要障碍。要恢复对上帝的真正信仰，就必须废除私有财产，剥夺僧侣、贵族、领主、诸侯所霸占的本就属于全体人民所共同拥有的一切财产。否则，社会就永远不会安宁。他甚至把小农的财产也包括在了"共产"的范围。显然，闵采尔的观点已经超出了小私有者保存私有制的要求，反映了正在沦为无产者的贫苦农民和平民的愿望，是早期无产者反对剥削和压迫的先声。⑤ 正如恩格斯所说："闵采尔的纲领，与其说是当时平民要求的总汇，不如说是对当时平民中刚刚开始发展的无产阶级因素的解放条件的天才预见。"⑥

作为无产阶级萌芽时期的思想代表，闵采尔理想的国家是由人民自己建立的"千年天国"。"千年天国"是源于早期基督教的一种社会理想，即

---

① 《马克思恩格斯文集》第 2 卷，人民出版社 2009 年版，第 253 页。
② 周辅成编：《西方伦理学名著选辑》（上卷），商务印书馆 1964 年版，第 522 页。
③ 周辅成编：《西方伦理学名著选辑》（上卷），商务印书馆 1964 年版，第 526 页。
④ ［苏］阿·施捷克里：《托马斯·闵采尔》，叶中林译，生活·读书·新知三联书店 1963 年版，第 164 页。
⑤ 蒲国良：《社会主义思想：从乌托邦到科学的飞跃（1516—1848）》，北京师范大学出版社 2018 年版，第 78-79 页。
⑥ 《马克思恩格斯文集》第 2 卷，人民出版社 2009 年版，第 248 页。

关于耶稣再生和建立公正的、普遍平等和幸福社会的一种理想。闵采尔认为，人人平等的天国即将来临，坚信"这是真实的，而且我的确知道，上帝的圣灵已经向许多蒙拣选的虔诚的人作了启示，必须要有一个伟大的、不可战胜的，即将来临的革新。不管人怎样想拦阻，它总一定要实现"①。天国不仅仅是信仰的或精神的，而是具有实际内容的。这一国家是人民的国家，是人民的世界，人民是财富的唯一所有者，一切财富要归公。人人都可以免费从公社领取自己所需要的一切，人人都应该实现最完全的平等。"千年天国"是人民民主的政权。人民通过民主投票选举来参与国家大事，政府官员接受人民监督，任何人都不能违反人民的意志进入权力机构。正如恩格斯所指出的："正如他的宗教哲学接近无神论一样，他的政治纲领也接近共产主义。""闵采尔所理解的天国不是别的，只不过是这样一种社会状态，在那里不再有阶级差别，不再有私有财产，不再有对社会成员而言是独立的和异己的国家政权。闵采尔认为，当时所有的政权，只要是不依附、不参与革命的，都应当推翻，一切劳动和一切财产都应当具有公共的性质，必须实行最完全的平等。"②

闵采尔提出要用暴力的方式实现"千年天国"的社会理想。在他看来，要实现社会的变革，整个社会就必须经历一次大的震荡。通过这种社会的震荡，把诸如教会统治者和世俗统治者、神父和僧侣、贵族和领主这些"不敬上帝的人"赶下台；通过这种社会的震荡，所有的徭役、地租、捐税、特权等都要取消，财富的差别也将消除。如果没有这种社会的震荡，不经过这样一场大的革命，"不敬上帝的人"是不会自行垮台的，"卑贱的人"也将永远不能翻身。闵采尔运用非常生动的语言阐明了用暴力手段实现社会变革的必要性。他说，在同一块田地里杂草和金黄的麦子是不能共存的。要使麦子扬花抽穗，就必须铲除并烧毁一切杂草。他强调，劳苦大众要坚信自己的力量，不畏强大的敌人，以一种勇敢的精神，使自己比"恶徒的城堡更要坚强"，并勇敢地拿起武器，"以对于上帝的最大热情来向上帝的敌人报仇"③。他相信，只要人们壮起胆来，"天上地下的一切权力，

---

① 周辅成编：《西方伦理学名著选辑》（上卷），商务印书馆1964年版，第536页。
② 《马克思恩格斯文集》第2卷，人民出版社2009年版，第248页。
③ 周辅成编：《西方伦理学名著选辑》（上卷），商务印书馆1964年版，第525页。

都已经赐予那位行将统治一切的人了"①。在闵采尔看来，要开拓以暴力实现社会变革的道路，就必须把人民严密地组织起来。他先后在很多地方组织起了"上帝的选民同盟"，依靠这个组织及其骨干，开展群众工作，在德国农民战争中发挥了很大的作用，并最终推翻了城市贵族的统治，建立起了人民的革命政权——永久议会。

作为与莫尔同时代的人，闵采尔的思想既有同莫尔相同或近似的地方，也有其独特之处。就二者的相同之处而言，闵采尔的"千年天国"与莫尔的乌托邦一样，都是超越自己所处时代的天才幻想，"远远超出了当时的社会政治条件"②。正如恩格斯所说，"闵采尔是完全处于当时正式社会联系之外的那一阶级的代表人物"③。"不仅当时的运动，就连他所生活的整个世纪，也都没有达到实现他自己刚刚开始隐约意识到的那些思想的成熟地步。他所代表的阶级刚刚处于形成阶段，还远远没有得到充分的发展，也远远没有具备征服和改造整个社会的能力。他所幻想的那种社会变革，在当时的物质条件下还缺乏基础，这些物质条件甚至正在孕育产生一种同他所梦想的社会制度恰恰相反的社会制度。"④ 这就注定了闵采尔的"千年天国"只能是德国版的乌托邦。⑤

就二者的区别而言，莫尔的乌托邦是一种纯粹幻想式的、理论性的思想体系，着重于对未来理想社会的理论描绘、设计和论证，对于乌托邦的实现方式，莫尔并没有给予太多的关注。闵采尔的"千年天国"理想则是与群众性的革命运动直接联系在一起，主张通过暴力革命的方式来实现，具有极强的实践性质。可以说，闵采尔有关通过暴力革命实现未来社会理想的思想在社会主义史上具有开创性的意义。恩格斯曾经给予高度的评价，认为甚至到了 1848 年二月革命前夕，"许多近代共产主义派别拥有的理论武库还不如 16 世纪'闵采尔派'的理论武库那么丰富"⑥。但是，闵采尔的暴力革命思想也具有非常大的局限性：一是存在严重的关门主义倾向，二

---

① 周辅成编：《西方伦理学名著选辑》（上卷），商务印书馆 1964 年版，第 545 页。
② 《马克思恩格斯文集》第 2 卷，人民出版社 2009 年版，第 248 页。
③ 《马克思恩格斯文集》第 2 卷，人民出版社 2009 年版，第 294 页。
④ 《马克思恩格斯文集》第 2 卷，人民出版社 2009 年版，第 304 – 305 页。
⑤ 蒲国良：《社会主义思想：从乌托邦到科学的飞跃（1516—1848）》，北京师范大学出版社 2018 年版，第 81 – 82 页。
⑥ 《马克思恩格斯文集》第 2 卷，人民出版社 2009 年版，第 248 页。

是带有浓厚的宗教主义色彩。① 闵采尔对不赞成或反对革命者实行残酷斗争、无情打击，轻则实行"世俗的斥革"，重则消灭肉体。同时，他自己及其追随者都以"上帝的选民"自居。对此，恩格斯曾明确指出，"即使圣经里有若干段落会有利于注解共产主义，但是圣经教义的整个精神是同共产主义、同一切合乎理性的措施截然对立的"②。

3. 托马斯·康帕内拉的"太阳城"

托马斯·康帕内拉（1568—1639），意大利人，是与莫尔和闵采尔齐名的早期空想社会主义者。他出身于意大利卡拉巴利亚省的一个贫苦农民家庭，从小就显示出过人的天资，13 岁开始写诗，不满 15 岁便进入修道院做修士，开始钻研神学和哲学。因自己的学识和天才而出名，他曾热烈参加过当时的神学和哲学辩论会，其自由思想和对当时权威的挑战引起了一些人的不满。从 24 岁开始，康帕内拉因冒犯教会，参加反抗西班牙殖民统治的活动，多次被捕入狱，先后在狱中关了 33 年，辗转坐过 50 多处监狱，其中包括非人的地牢和水牢。在监狱里，他受过 7 次严刑拷打，最长一次长达 40 小时，使他失去 10 磅肉和 10 磅血，但他始终坚贞不屈。在极其恶劣的监狱环境中，康帕内拉冒着极大的风险，忍受着巨大的痛苦，在一个修女的帮助下，用半年多的时间秘密创作了《太阳城》这一空想社会主义的不朽之作。在《太阳城》这部著作中，康帕内拉采用假想对话的形式，叙述了一个热那亚的航海家和一个朝圣香客招待所管理员的谈话，描述了实行绝对的公有制、没有阶级的区分、没有贫富的对立、没有因贫富对立产生的一切恶习的新型理想社会"太阳城"，表现了他对没有剥削和压迫的公有制社会的热情的赞扬和向往。1639 年 5 月 21 日，体弱多病的康帕内拉在巴黎市郊圣奥诺雷的一家修道院去世，终年 71 岁。

同莫尔一样，康帕内拉对私有制深恶痛绝，并对私有制的罪恶进行了猛烈的抨击。他在《太阳城》中指出，现存的社会是一个极端不平等和充满罪恶的社会，各种罪恶现象都是由贫富对立引起的。例如，"违反誓约、卑躬屈节、撒谎、偷窃、不整洁等都起源于贫穷；劫掠、傲慢、骄傲、吹

---

① 蒲国良：《社会主义思想：从乌托邦到科学的飞跃（1516—1848）》，北京师范大学出版社 2018 年版，第 83 - 84 页。
② 《马克思恩格斯全集》第 3 卷，人民出版社 2002 年版，第 483 页。

牛、游手好闲等等恶习都起源于富贵"①。康帕内拉认为，贫与富是国家制度的主要缺点。穷人们为生计所迫过度劳累，损害了健康，甚至因此失去生命，而富人们却终日游手好闲，骄奢淫逸。在他看来，私有制是产生这种缺点的根源，是社会的总祸根。"自私自利是万恶之因"，是产生诡辩、伪善和残暴行为这三大恶习"主要的罪恶根源"。一切纷争和祸害都是由于人们把世上的东西分成"我的""你的"，把万物变成自己的财产；人们一旦拥有了私有财产，总会不顾一切侵犯别人的权利。"如果我们把'我的'和'你的'从我们的事物中铲除，那么战争就会停止，和平将占优势，不会再发生纠纷。"②

康帕内拉认为，私有制是万恶之源，要消除社会祸根，就得废除私有制，建立公有制。太阳城的社会制度是康帕内拉在狱中多年苦心构思出来的一种理想社会制度。太阳城的居民建立了公社组织，废除了私有制，实行公有制，大家共同劳动，共享劳动产品。"不论对于现在或将来的生活来说，财产公有制是一种最好的制度"，因为"按照自然法，公有制是人们在纯洁状态中所固有的"③。在他看来，在太阳城没有阶级的区分，没有贫富的对立，由贫富对立而引起的一切恶习也都不再存在。财富不再是奴役人们的手段，而是人们享有和使用的对象。"但是他们的公社制度使大家都成为富人，同时又都是穷人；他们都是富人，因为大家共同占有一切；他们都是穷人，因为每个人都没有任何私有财产；因此，不是他们为一切东西服务，而是一切东西为他们服务。"④

太阳城的生产主要是手工业、农业和畜牧业，生产是在公社统一领导下进行的。一切劳动都由全体公民共同负担，劳动只有分工不同，没有贵贱之分。居民按照专长和能力分配职业和劳动。在太阳城里，没有无所事事的人，人尽其能、人尽其才。由于每个人都参加劳动，所以太阳城里不

---

① ［意］托马斯·康帕内拉：《太阳城》，陈大维、黎思复、黎廷弼译，商务印书馆 1980 年版，第 66 页。
② ［意］托马斯·康帕内拉：《太阳城》，陈大维、黎思复、黎廷弼译，商务印书馆 1980 年版，第 75 页。
③ ［意］托马斯·康帕内拉：《太阳城》，陈大维、黎思复、黎廷弼译，商务印书馆 1980 年版，第 74、76 页。
④ ［意］托马斯·康帕内拉：《太阳城》，陈大维、黎思复、黎廷弼译，商务印书馆 1980 年版，第 24 页。

存在奴隶，太阳城居民不使用仆人。太阳城里，劳动是光荣的事。每个人无论做什么工作，都是受人尊敬的。"他们谁也不会认为在食堂和厨房工作或照顾病人等等是一些不体面的工作。他们把任何一种服务都称为学习。"①康帕内拉在劳动普遍遭到鄙视的时代，在社会主义史上第一次提出了劳动光荣的思想，的确是一大创见。太阳城还重视体力劳动和脑力劳动相结合，不允许单纯的脑力劳动者存在，人人都要参加生产劳动，人人也都从事科学文化的学习和研究。太阳城特别注意利用科学技术上的创造发明以减轻劳动强度和缩短劳动时间。正是因为科学技术创新推动生产力的发展，虽然太阳城人的劳动时间比乌托邦缩短了两个小时，但是太阳城人的物质财富却更加丰富，人们的生活也更加丰富多彩。太阳城居民之间不存在商品货币关系，居民的一切消费品实行按需分配。大家根据需要从公社领取生活用品，"负责人员严密地监视着，不让任何人获取超过他所应得的东西，但也不会不给他所必需的东西"②。康帕内拉认为，教育不是个人的私事，而是关乎国家前途和民族命运的大事。他在社会主义思想史上，首次比较系统和明确地提出了教育与生产劳动相结合的思想，主张太阳城人从小就不仅要学习文化知识，而且要强健体魄；不仅在课堂学习，而且要到工场、田间去进行现场实习，掌握各种农牧业操作和手工艺。太阳城社会普遍关心下一代的教育，康帕内拉主张对儿童实行直观教育和快乐教育，提高全民的科学文化水平。

康帕内拉的太阳城是一个没有等级，且有完善的政治制度的理想社会。太阳城的领导者是通过选举产生的，他们都是有知识、有学问、有实际才能的人，具有明确的分工。太阳城实行政教合一制度，最高统治者被称为"太阳"，是最明智的哲学家，他既是政府最高首脑，又是宗教最高祭司，一切问题和争端要由他做出最后决定，其职务是终身的。最高首领"太阳"一定要熟悉各个民族的历史、风俗、宗教和法律，还要熟悉各个共和国和君主国的情况。在"太阳"下设三个助手，分别是掌管军事的"威力"，掌管手工业、科学和艺术的"智慧"，掌管农业、畜牧业、物资分配、生育和

---

① ［意］托马斯·康帕内拉：《太阳城》，陈大维、黎思复、黎廷弼译，商务印书馆1980年版，第23页。

② ［意］托马斯·康帕内拉：《太阳城》，陈大维、黎思复、黎廷弼译，商务印书馆1980年版，第11页。

教育的"仁爱"。三人在"太阳"的统领下，分工协作，各司其职，除必须精通各自管辖范围内的科学知识外，还必须是哲学家、历史学家、政治家或物理学家。他们也都是高级祭司，太阳城的一切政务都由这四个人来领导。"威力""智慧""仁爱"又各有三名助手，他们之下有十人团、五十人团、百人团的负责人。政府官员除"太阳"和他的三个助手外，都是从人民议会提出的候选人中择优录用，"授与职务是根据实际技能和学问的，而不是根据赏识和亲戚关系"，"每个人要在自己的德行出众时才能获得职位"。① 由于国家的职位完全是根据个人的天赋和才能来分配，从而消灭了职位继承或因贪图功名而产生的恶行。太阳城的法律条文很少，既简单又明确，条文刻在铜板上并悬于神殿的柱子上。实行法治管理，各个岗位上的人就是法官，他们可以根据法律条文对犯罪的人做出判定。而"太阳"拥有最后宣判、执行判定或特赦的权力。因为管理得当，太阳城的人民团结一致，民心向善，社会安定。

同乌托邦一样，太阳城也十分重视对外关系，并积极主动地开展同外国的友好往来。太阳城人爱好和平，他们不对任何人首先使用暴力，但他们也绝不容忍任何人对他们使用暴力。他们把整军经武、巩固国防作为一项重要国策。"只要他们受到压制、凌辱和抢劫，或者当他们的同盟国受到压制时，或者被暴政压迫的城市请求他们援助时"②，太阳城人民决不会退缩。他们会首先要求与敌对国进行和谈，如果和谈破裂，他们会毫不犹豫地投入战斗。

康帕内拉在社会主义思想上做出了重要的历史贡献。但同时他的学说也存在一些局限性。比如，太阳城虽然基本上实行民主制度，但是太阳、威力、智慧和仁爱四位领导人则并不是由选举产生的，职务终身制、高度集权制都从根本上违背民主制原则；又如，康帕内拉主张未来社会实行公妻制度，虽然是出于根除私有制和私有观念的考虑，但其结论却是荒唐的；再如，太阳城实行政教合一制度，也使得康帕内拉的政治思想存在浓厚的

---

① ［意］托马斯·康帕内拉：《太阳城》，陈大维、黎思复、黎廷弼译，商务印书馆 1980 年版，第 79 – 80 页。

② ［意］托马斯·康帕内拉：《太阳城》，陈大维、黎思复、黎廷弼译，商务印书馆 1980 年版，第 27 页。

宗教神学色彩。①

4. 杰拉德·温斯坦莱的"自由共和国"

杰拉德·温斯坦莱（1609—1652）是 17 世纪英国掘地派运动的著名领袖和杰出思想家，也是最早把自己的理想付诸实践的空想社会主义者。温斯坦莱出身于英格兰西北兰开夏的一个绸布商家庭，早年学过做生意，在伦敦经营过布匹买卖。17 世纪 40 年代英国内战开始时，在伦敦中心区开过小店铺，因内战引起的经济危机而破产，后迁居到伦敦附近的塞利郡，靠替人放牧牛羊为生，同情贫苦农民争取土地的斗争。

1649 年 1 月，温斯坦莱发表了《新正义法》，提出在土地公有制的基础上，共同利用土地和享受土地果实的思想。为了实现这一理想，1649 年 4 月，他率领一批失地的穷苦庄稼汉，在英国的乔治山开垦无主的荒地，山上一切公有，共享收成，过着原始共产主义的生活，这就是英国历史上著名的掘地派运动。温斯坦莱领导的掘地派运动，得到了广大贫民的热烈响应，迅速扩展到诺桑普顿、白金汉、亨丁顿、兰开夏、肯特等地，有的地方出现了千人组成的公社。掘地派运动的快速发展，引起了统治阶级的惊慌，1651 年克伦威尔政权出动军队进行了镇压，掘地派运动失败。掘地派运动虽然失败了，但是它具有重要的历史意义。掘地派运动是英国资产阶级革命时期一次农民、无产者反对一切形式的剥削和压迫的革命运动，它反映了城乡贫苦劳动人民的利益和诉求，实质上是一场"作为现代无产阶级的发展程度不同的先驱者的那个阶级的独立运动"②，这个阶级在推翻封建社会的资产阶级革命时期就试图直接实现自己的阶级利益。马克思曾称赞掘地派运动是"最彻底的共和主义者"和"真正能动的共产主义政党"③。

掘地派运动失败后，温斯坦莱并没有停止自己的革命活动。1652 年，温斯坦莱发表《自由法》④，详细阐述了掘地派的主张，用制定法律的形式描绘了公有制共和国的蓝图。该著作被认为是早期空想社会主义的重要文

---

① 蒲国良：《社会主义思想：从乌托邦到科学的飞跃（1516—1848）》，北京师范大学出版社 2018 年版，第 106 - 107 页。
② 《马克思恩格斯选集》第 3 卷，人民出版社 2012 年版，第 777 页。
③ 《马克思恩格斯全集》第 4 卷，人民出版社 1958 年版，第 334 页。
④ 《自由法》的全名是《以纲领形式叙述的自由法，或恢复了的真正管理制度》。

献，与莫尔的《乌托邦》和康帕内拉的《太阳城》齐名。温斯坦莱也是西方以法律形式制定理想社会方案的第一人，这一创新形式为后来的空想社会主义者所广泛采用。

温斯坦莱对土地私有制进行了深刻批判。他指出，土地私有制不是从来就有的，也不可能永恒存在下去。"混沌初开之时，伟大的造物主——理智创造了土地，让土地成为共同的财富"①，而谁也不能把土地占为己有。这个时代的社会是一个真正自由、平等、合乎理性的社会。但是，后来贪婪和自私代替了理性和正义精神，土地被统治者瓜分了，被少数人霸占了，许多人陷入了被奴役状态。私有制是对造物主极大的侮辱，应当从造物主中把私有制驱逐出去。私有制使占有者成为压迫者，使广大人民成为被压迫者，"它是产生使人民陷于贫困之中的一切战争、流血、偷窃和奴役性法律的原因"②。与对土地私有制的批判相联系，温斯坦莱认为，英国资产阶级革命后建立起来的资产阶级和新贵族的共和国，是建立在国王的法律和原则之上的不公正的政权，它"一只手用剑推翻了王权，另一只手又借助于旧的国王法律恢复了君主制"③，是一种新的奴役制度，"英国在没有消灭压迫之前不可能成为自由共和国"④。

在社会主义思想史上，温斯坦莱是第一个把生产资料与生活资料相区分的思想家，不仅论述了生产资料公有制神圣不可侵犯的原则，而且还明确提出了用法律形式保障公民对生活资料的私人占有的主张。在《自由法》一书中，温斯坦莱系统地提出了同垦共耕的社会改造方案，呼吁建立一个"使用土地的自由"的真正自由的共和国。在他看来，建立在私有制基础上的贸易自由、传教自由、与女人交往的自由、地主剥削农民的自由，只能导致奴役，而不是真正的自由，"真正的自由存在于人们得到食物和生活资料的地方"⑤，"真正的自由就是自由使用土地"⑥。在温斯坦莱所设计的理想共和国中，土地及其果实都是大家的共同财富，不能任意进行买卖；土

---

① 《温斯坦莱文选》，任国栋译，商务印书馆 1965 年版，第 5 页。
② 《温斯坦莱文选》，任国栋译，商务印书馆 1965 年版，第 35 页。
③ 《温斯坦莱文选》，任国栋译，商务印书馆 1965 年版，第 93 页。
④ 《温斯坦莱文选》，任国栋译，商务印书馆 1965 年版，第 84 页。
⑤ 《温斯坦莱文选》，任国栋译，商务印书馆 1965 年版，第 108 页。
⑥ 《温斯坦莱文选》，任国栋译，商务印书馆 1965 年版，第 110 页。

地只能交给每一个家庭耕种，每个人都必须参加劳动，没有寄生虫和游手好闲的人，没有贫富之分；每一家庭都拥有自己的房屋、家具和一切用来过"和平生活"的东西；土地的果实和手工业者的所有产品都要送进公共仓库，然后再按照需要发给每家和个人使用。

真正自由的共和国实行民主政治制度。议会是国家的最高权力机关，它掌握共和国的一切权力。议会是共和国的首脑，也是军队的最高领导机关。温斯坦莱反对公职人员终身制，甚至反对长期担任官职的制度。他主张，所有公职人员每年改选一次，"国家和军队的高位改变了很多好心人的良心"①，长期任职会使他们蜕化变质，不再温顺、诚实和关怀群众，他们就会变得自私起来，竭力谋求个人福利，而不去关心普遍的自由。温斯坦莱强调，国家的公职人员要由人民选举产生，其全部工作就是为了维护普遍的和平。因为大部分人不知道什么是真正的自由，因而被选举出来担任公职的人只能是"极少数"，这些人早就用行动证明自己是拥护普遍自由的人，性情温和而稳重的人，在制定和平的、组织健全的政府的法律方面有经验的聪明人，勇于直言的人，40岁以上的人。真正自由的共和国按照三级权力机构组织起来。第一级权力机构是中央权力机构，包括议会、共和国内阁、邮政局局长和军队；第二级权力机构是省"法院或郡议院"，是一个单纯的执法机关；第三级权力机构是城市、中心区或教区的权力机构。

在温斯坦莱看来，不重视教育，没有认真解决好对人的教育问题，"一直是世界上产生深仇大恨和发生骚乱的原因"②。在自由共和国，人人都要接受教育。自由共和国的教育制度有两个特色，一是教育和劳动技能密切联系，二是家庭教育、学校教育和社会教育密切配合。这显然比莫尔和康帕内拉等人提出的教育与生产劳动相结合的观点更进了一步。③ 自由共和国鼓励科学发明和技术创造，《自由法》规定，应使每一个有新发明创造的人都得到应有的荣誉。

综上，早期空想社会主义呈现出如下特点：第一，他们基本上是对资本原始积累过程的反应，是近代无产阶级的先驱者反对早期资本主义的最

---

① 《温斯坦莱文选》，任国栋译，商务印书馆1965年版，第134页。
② 《温斯坦莱文选》，任国栋译，商务印书馆1965年版，第176页。
③ 蒲国良：《社会主义思想：从乌托邦到科学的飞跃（1516—1848）》，北京师范大学出版社2018年版，第172、180页。

初呐喊；第二，它们都在不同程度上吸收并改造了古希腊柏拉图的思想、早期基督教的平等思想以及当时正蓬勃兴起的资产阶级人文主义思想；第三，它们在历史上第一次系统地阐述了社会主义思想，开辟了社会主义思想史的新时代；第四，它们对未来理想制度的主张都较为粗疏，缺乏严密的理论论证；第五，它们的理想社会都是建立在手工业和小农业生产基础上的，带有明显的小生产者思想的烙印；第六，它们普遍承认资本主义的历史合理性，而把资本主义与封建制度及一切私有制度一起仅仅看成是一种罪恶的制度。①

（三）中期空想社会主义

中期的空想社会主义主要形成于 18 世纪的法国，是空想社会主义发展史上一个承上启下的阶段。18 世纪法国的资本主义已由简单协作发展到工场手工业，随着资本主义工场手工业的发展，早期无产者的人数激增。深受封建主义和资本主义残酷剥削的手工工场工人，不仅要求推翻封建统治，对新兴的资本主义也采取了否定的态度。在法国资产阶级革命准备和进行时期，主要代表工场手工业工人利益和要求的空想社会主义学说应运而生。这时的空想社会主义也基本摆脱了早期纯粹虚构的幻想，而是更多地面向现实，开始将社会主义原则作为其未来理想社会的基本原则，"共产主义思想的微光"终于发展成为"直接共产主义的理论"②。这一时期著名的空想社会主义代表人物大都出现在法国，在启蒙运动前夕是梅叶，在启蒙运动中有摩莱里和马布利，在资产阶级大革命中有巴贝夫。

1. 梅叶的"教区公社联盟"

让·梅叶（1664—1729）是 18 世纪法国著名的空想社会主义者，也是 18 世纪法国的第一个战斗的无神论者和唯物主义思想家。梅叶出身于法国香槟省马泽尼尔村的一个纺织工人家庭，自幼进入宗教学校学习。梅叶自己不信宗教，但他不违父母之命，当了 40 多年的乡村神甫。乡村纺织工人家庭出身，加上长期的乡村宗教神甫的职务，使梅叶深刻地洞悉了法国农

---

① 蒲国良：《社会主义思想：从乌托邦到科学的飞跃（1516—1848）》，北京师范大学出版社 2018 年版，第 13 页。

② 《马克思恩格斯选集》第 3 卷，人民出版社 2012 年版，第 777 页。

村的社会矛盾，激起了他对封建专制制度和宗教神学的厌恶和憎恨。晚年时，梅叶的视力逐渐衰退，他自知离双目失明的日子已经不远了，为了"打开穷人的眼界，向他们说明全部真理"，从而"把人民从迷误之下解放出来，唤醒人民仇视和蔑视世上豪强的暴力，唤醒人民摆脱暴君所强加的不堪忍受的枷锁"①，他靠着顽强的毅力，终于在视力完全丧失前完成了三卷本巨著《遗书》，以作为真理的凭证。梅叶死后第二年，该书的手抄本就开始在法国各地秘密流传，伏尔泰高度评价此书，认为这种罕见的书应当做到人手一本。《遗书》分99节，前80节主要用来批判宗教迷信，宣传唯物论和无神论。后19节主要揭露现存社会的不合理性和论述未来理想的社会。

与早期空想社会主义者莫尔、闵采尔、康帕内拉、温斯坦莱等人都不同，梅叶是彻底否定宗教的。他运用较大的篇幅对宗教进行了全面批判，揭露了宗教的虚伪性和工具性。在梅叶看来，世间现有的一切宗教，不管是一神教还是多神教，都不是神创立的，而是人为捏造的。他认为，世界一切存在物都是"物质粒子"构成的，"物质是始因，是永恒而独立的存在物"②，世界的本原不是精神、不是上帝，而是物质，人的灵魂和精神是物质的派生物。他非常形象地说："砍掉我们的头，挖去我们的脑，我们还能思考什么呢？还能认识什么呢？什么也不能了。"③ 在认识论上，梅叶坚持认识来源于感官对客观世界的感觉。在他看来，客观事物是第一性的，人的感觉是第二性的。他说："我们大家都知道、都相信：我们自己在设想、猜想、推断许多事物，对许多事物我们有着概念，在自己的身上有着分明的善恶感觉；对于这点我们无论如何不能怀疑。同样我们知道：我们通过我们脑子，特别是通过我们的大脑去思维、想象和推断。同样我们也知道：我们用眼睛来看，用耳朵来听，我们用鼻子闻香臭，用舌头尝味道，我们用手触摸，末了我们借身体各部分来感触。我们总是在尝试中体验一切，对于这一点我们是不会怀疑的。"④ 很明显，梅叶这种感觉论是唯物主义的。

---

① ［法］让·梅叶：《遗书》第1卷，陈太先、眭茂译，商务印书馆1959年版，第17页。

② ［法］让·梅叶：《遗书》第2卷，何清新译，商务印书馆1959年版，第190页。

③ ［法］让·梅叶：《遗书》第3卷，陈太先、眭茂译，商务印书馆1961年版，第180页。

④ ［法］让·梅叶：《遗书》第3卷，陈太先、眭茂译，商务印书馆1961年版，第76-77页。

梅叶身为神甫，却是一位彻底的无神论者和坚定的唯物主义思想家，这在社会主义思想史上算得上第一人。

梅叶从无神论立场出发，一针见血地指出了宗教和剥削阶级之间沆瀣一气、狼狈为奸，二者就像两个小偷一样，互相庇护、互相支持。教会庇护坏到不能再坏的政府，政府则包庇愚蠢到不能再愚蠢的教会；僧侣用原罪和地狱恐吓人民，使人民服从自称君权神授的统治者，世俗统治者则保障僧侣有丰厚的报酬和任意传播宗教邪说的权利。他大声疾呼："世上穷人们受各种迷信及偶像崇拜欺骗的时间也已经够长了，富人和强者掠夺和压迫穷人的时间也已经够长了。该是打开穷人的眼界，向他们说明全部真理的时候了。"①

在此基础上，梅叶把攻击矛头直指封建专制制度本身，指向贵族阶级的总代表——国王。他尖锐地指出，一切统治者，一切王公贵族都是暴君。只要追溯一下他们的家谱，就不难发现，那些喜欢吹嘘自己的高贵并以此骄傲自大的人们的始祖，其实都是些嗜血和残酷的压迫者、暴君、阴险的叛徒、社会法律的破坏者和弑父者，"只是一群令人发指的暴徒而已"②，封建专制制度不过是统治者借以维护本身寄生生活的工具。他们在自己的国家内为所欲为，任意压迫臣民，当权者不仅对人民的生命财产有生杀予夺之权，甚至将其作为满足他们虚荣心、野心和报复心的牺牲品。但是，直到现在为止，他们仍用冠冕堂皇的正义和道德为幌子来掩盖自己的暴行，"这些不公正的残酷的掠夺者装出他们仿佛维护人民的自由和权利、维护宗教和法律的样子，可是实质上他们却是世界上最凶狠的暴君、伪善的骗子、不信神的人、坏蛋"③。梅叶指出，在专制制度下，国王可以为所欲为，他无限制地向人民征收各种赋税，对油、盐、酒、肉、烟草、胡椒、花边、羊毛等都有繁重的税收，对出境、入境、检查和登记也要收税，甚至对结婚、生育、丧葬、房屋雕刻、厕所、林木和水源都要征税，就差没有对风和云征税了。梅叶还指出，法国国王是战争的祸首，给人民带来了无穷的灾难和痛苦。全体人民应该齐心团结，一致奋起，推翻暴君，从被奴役的

---

① [法] 让·梅叶：《遗书》第 1 卷，陈太先、眭茂译，商务印书馆 1959 年版，第 16 - 17 页。

② [法] 让·梅叶：《遗书》第 2 卷，何清新译，商务印书馆 1959 年版，第 95 页。

③ [法] 让·梅叶：《遗书》第 2 卷，何清新译，商务印书馆 1959 年版，第 96 页。

地位中解放出来。

梅叶将私有制看作是一切罪恶的根源。在他看来，只要财产和土地掌握在个人手中，就不可避免地会产生剥削和不平等。不平等是社会的第一祸害。社会的不平等现象是不公平的。有人仿佛天生就是统治者，永远享福；有人仿佛天生就是奴隶，永远受苦。"正直的人在这个世界上受着恶人所应受的苦痛。而坏蛋们一向都享受着应归好人享受的福利、荣誉和快乐。"① 这种现象并不是由于一些人建立了什么功绩，或另一些人犯了什么错误，而是由贪欲、暴政和自私造成的。由于不平等的存在，人与人之间就容易产生嫉妒、仇恨、冲突甚至战争。这种不平等现象，是其他无数罪恶和暴行的根源。梅叶把形形色色的剥削者统称为"骄傲世家"或"贵族世家"，把被剥削者统称为"人民"。他指出，这些世家们的财富都是人民的劳动创造的，都是来自对人民的劳动成果的剥削。他希望广大劳动者能够明白：

> 这些骄傲的贵族世家所吸收的养料就是他们从你们劳动中剥削来的那些巨大的财富和进款。所有这一切丰富的货财和土地财富都取自你们，取自你们的技艺和劳动。你们用双手创造出丰富的养料维持他们，供养他们，使他们富裕，使他们那样有势力、有威风，那样骄傲和目空一切。可是如果你们都希望完全枯死他们的根子，那你们就只要剥夺他们从你们劳动和勤勉中所取得的丰富养料就行了。你们自己要保持住这一切财富、这一切福利，因为这么多的财富和福利都是你们辛辛苦苦地创造出来的。②

梅叶主张建立一个以财产公有制为基础的理想社会来取代容易使社会分裂的私有制度。梅叶理想社会的出发点是平等原则，"人人天生都是平等的。他们同样有权在地上生活和立足，同样有权享受天赋的自由和他的一份世间福利，人人都应当从事有益的劳动，以便取得生活中必需的东西"③。

---

① ［法］让·梅叶：《遗书》第 2 卷，何清新译，商务印书馆 1959 年版，第 123 页。
② ［法］让·梅叶：《遗书》第 3 卷，陈太先、眭茂译，商务印书馆 1961 年版，第 238－239 页。
③ ［法］让·梅叶：《遗书》第 2 卷，何清新译，商务印书馆 1959 年版，第 93 页。

梅叶认为，未来社会的基层组织是公社，公社实行财产公有制，一切财产和财富都是大家平等地享有，大家"共同享用同一种食物或相似的食物，有同样好的衣服，同样好的住所，同样好的寄宿处，同样好的鞋子"①。人人按照自己的专业和特长参加劳动，"谁想成为具有完善品质的人，必须劳动出众，因为流汗是道德之源，而劳动是光荣之本"②。梅叶强调劳动对于陶冶人的情操、培养未来社会新人的积极作用，这比康帕内拉的劳动光荣论又前进了一步。按照梅叶的设想，公社里已没有欺骗、盗窃、谋杀、剥削和诉讼，战争和掠夺也已经绝迹，人们自由恋爱和结婚。梅叶所向往的财产公有、人人平等的共产主义公社，表达了当时正在发展着的早期无产者的利益和愿望，已远远超出了小私有者的狭隘眼界和对平均享有私有财产的追求，其所阐述的思想"已经属于不成熟的无产阶级思想体系"③。

梅叶主张贤人政治，公社的领导者不再是一心只想独断专行地、横暴地统治别人的人，而是"最英明、最善良、极力想发展和维持人民的福利的人"④，公社由"充满智慧和先见之明的年老的哲人负责好好地管理人民"⑤。在梅叶看来，"比较贤明的人应当管理其余的人。他们必须制定良好的法律，发布旨在始终能促进繁荣和增进公共福利的命令，而且无论如何必须根据时间、地点和环境的条件来发布这些命令"⑥。

梅叶认为深受苦难的人们是现存制度的天生反抗者，他们长年累月劳作，却仍旧世代赤贫，享受不到一点受教育的机会。他主张由教育入手，让人民认识真理，把人民从宗教迷信中解放出来，并下决心摆脱暴政的束缚。他直接呼吁广大人民群众依靠自己求得解放："你们的幸福掌握在你们自己手中。如果你们大家能够协商好，那么你们的解放就能完全依靠你们自己。"⑦梅叶认为，举行起义是人民从绝望中寻找生路的最后手段，他号召全体人民应该齐心团结，一致奋斗，"拿神甫的肠子做成绞索，用这种绞

---

① 〔法〕让·梅叶：《遗书》第 2 卷，何清新译，商务印书馆 1959 年版，第 121 页。
② 〔法〕让·梅叶：《遗书》第 2 卷，何清新译，商务印书馆 1959 年版，第 112 页。
③ 蒲国良：《社会主义思想：从乌托邦到科学的飞跃（1516—1848）》，北京师范大学出版社 2018 年版，第 198 页。
④ 〔法〕让·梅叶：《遗书》第 2 卷，何清新译，商务印书馆 1959 年版，第 121 页。
⑤ 〔法〕让·梅叶：《遗书》第 3 卷，陈太先、眭茂译，商务印书馆 1961 年版，第 235 页。
⑥ 〔法〕让·梅叶：《遗书》第 3 卷，陈太先、眭茂译，商务印书馆 1961 年版，第 234 页。
⑦ 〔法〕让·梅叶：《遗书》第 3 卷，陈太先、眭茂译，商务印书馆 1961 年版，第 236 页。

索把世界上一切强暴者和高贵的老爷们吊起来，绞死他们"①，使自己从被奴役中的地位中解放出来。梅叶的这些话非常具有战斗精神，这要比那些鼓吹通过和平的方式改造现实社会的空想社会主义者前进了一大步。

2. 摩莱里的"巴齐里阿达"

摩莱里（约 1720—1780）是 18 世纪法国的一位杰出的空想社会主义者，也是法国百科全书派的先驱者之一。摩莱里出身平民，早年从事教育事业，做过教师。他一生写下了许多著作，很多是匿名发表，其中《巴齐里阿达》② 和《自然法典》③ 最具代表性。《巴齐里阿达》是一部 14 章英雄史诗，共分 3 卷，于 1753 年在巴黎出版。在《巴齐里阿达》里，摩莱里用叙事诗的文学形式描绘了一个以公有制为基础的幸福国家。《自然法典》是《巴齐里阿达》的继续和发展，于 1755 年 1 月在阿姆斯特丹匿名出版，随后又先后于 1757 年和 1760 年出了两版，全书除序言外共分四篇。该书不再是用文学形式来描述空想社会主义体系，而是用法律条文形式来描述。此前，温斯坦莱的《自由法》也曾这样做，但《自然法典》做得更充分、更典型，标志着《乌托邦》以来空想社会主义发展到了第二个阶段，即"直接共产主义的理论"④ 的阶段。摩莱里也成为空想社会主义发展史上一位承前启后的人物。

摩莱里从理性原则出发，对私有制的罪恶进行了深刻揭露和批判。他认为，私有制只是一种历史现象，是社会发展到一定阶段上才出现的，是历史发展偏离理性的产物。无论是封建的私有制还是资本主义私有制，都是不合"理性"、不合"自然规律"的。在摩莱里看来，"私有制是万恶之源"⑤，是"专横权力和命运的续弦、可怜的贫困的后娘"⑥。私有制的出现导致了个人之间、家庭之间、部落之间为了各自的利益而争斗，"从国王的权杖到牧羊人的棍子，从教皇的三重冠到修士的长披巾，如果有人问究竟是什么支配着人，答案很简单，那就是个人利益"⑦。人们为了自己的私利、

---

① ［法］让·梅叶：《遗书》第 1 卷，陈太先、眭茂译，商务印书馆 1959 年版，第 12 页。
② 《巴齐里阿达》全名《浮岛的毁灭或著名的皮尔派的巴齐里阿达》。
③ 《自然法典》全名《自然法律的一直被忽视或被否认的真实精神》。
④ 《马克思恩格斯选集》第 3 卷，人民出版社 2012 年版，第 777 页。
⑤ ［法］摩莱里：《自然法典》，黄建华、姜亚洲译，商务印书馆 1982 年版，第 136 页。
⑥ ［法］摩莱里：《自然法典》，黄建华、姜亚洲译，商务印书馆 1982 年版，第 137 页。
⑦ ［法］摩莱里：《自然法典》，黄建华、姜亚洲译，商务印书馆 1982 年版，第 58 页。

荣誉和地位而钩心斗角、尔虞我诈，产生贪欲和野心，变得狡猾、伪善和傲慢，必然导致社会道德败坏，造成了社会财富的不公平分配和贫富对立。摩莱里认为，"宇宙中的唯一恶习就是贪欲；所有其他恶习，不管怎么称呼它们，都只不过是这种恶习的变种和不同表现而已"①。私有制所产生的贪婪和掠夺，必然导致破坏公共利益，少数人奴役多数人。本来和公有制相适应的是共和国，现在私有制使共和国变成了君主国，又使君主国变成了实行暴政的国家。在这种情况下，少数人对多数人的奴役就无法避免了。同时，私有制的存在又产生了不合理的人压迫人、人剥削人的法律。"立法者们常常惩罚不幸者，而放过罪人；他们无力的法律只能掩盖罪恶。"② 正是这种不公正、不合理的法律，才把人民推到了悲惨的境地。

为了使人类回到自然状态，创建人们之间的互助友爱，使人类获得幸福，使国家利益与个人利益相一致，摆脱贫富分化，必须彻底消除私有制，实行财产公有。针对孟德斯鸠等人提出的通过三权分立来保证自由和民主的主张，摩莱里认为同样是靠不住的。他指出，"这种分权，在私有制和利益所造成的惊人不平等的状况下，丝毫也没有改变这些国家的不幸居民所受到的最大痛苦，这不过是使人能够高声喊冤的可悲慰藉而已"③。

摩莱里在《自然法典》中，用法律条文的形式对未来社会做了纲领性的规定，设计出了一幅合乎"自然意图"的共产主义法制蓝本。《自然法典》中所阐述的法律条文，可以分为基本法和具体法，共计 110 条。其中基本法具有决定性的意义，是"可以从根本上消除社会的恶习和祸害的基本的和神圣的法律"④。基本法只有三条：一是"社会上的任何东西都不得单独地或作为私有财产属于任何个人，但每个人因生活需要、因娱乐或因进行日常劳动而于当前使用的物品除外"；二是"每个公民都是依靠社会供养、维持生计和受到照料的公务人员"；三是"每个公民都要根据自己的力量、才能和年龄促进公益的增长。据此按分配法规定每个人的义务"⑤。摩莱里的这三条基本法条文，规定出了未来社会的基本特征：生产资料公有，

---

① ［法］摩莱里：《自然法典》，黄建华、姜亚洲译，商务印书馆 1982 年版，第 20 页。
② ［法］摩莱里：《自然法典》，黄建华、姜亚洲译，商务印书馆 1982 年版，第 136 页。
③ ［法］摩莱里：《自然法典》，黄建华、姜亚洲译，商务印书馆 1982 年版，第 171 页。
④ ［法］摩莱里：《自然法典》，黄建华、姜亚洲译，商务印书馆 1982 年版，第 102 页。
⑤ ［法］摩莱里：《自然法典》，黄建华、姜亚洲译，商务印书馆 1982 年版，第 102 – 103 页。

人人劳动，人人都为社会公益尽其所能，人人都从社会获其所需。对未来理想社会的基本特征如此集中概括地加以说明，这在社会主义思想史上尚属首次。

除了基本法之外，摩莱里还提出了包括分配法、土地法、市政法、治理法、取缔奢侈法、政府组织法、行政管理法、婚姻法、教育法、研究法和刑法等在内的 11 项单行法，规定了未来社会生活行为准则。在经济生活方面，摩莱里认为，未来社会，是统一的经济整体，由社会统一安排生产、劳动与消费。未来社会是一个完善的共和国，实行生产资料公有制。共和国的生产由工业和农业两大部门组成，每个人根据自己的爱好和特长，先当 6 年农民，尔后自由选择职业。摩莱里在社会主义思想史上首次提出了劳动权的思想，他指出，劳动是每个公民的权利和幸福事业，"任何人都不认为自己不应当劳动，同心协力使劳动变成了有趣和轻松的活动"[①]。只有劳动，才能得到幸福，"游手好闲、无所事事就会成为唯一的恶习、唯一的罪行和唯一的耻辱"[②]。在这里，摩莱里不是把劳动作为惩罚手段，而是把剥夺劳动权利作为惩罚手段，这是康帕内拉劳动光荣思想的进一步发展。

摩莱里指出，共和国实行严密的计划经济，并在社会主义思想史上首次阐明了计划经济的思想。他提出全国经济一盘棋，要实行严密统计，计划管理，并把人口普查作为计划统计的基础，强调一切产品都存入公共仓库或送到公共市场，然后平均分配，以满足公民的需要。公民之间不得买卖或交换，唯一允许的商业就是对外贸易或援助外国人民，但是还"应当采取一切办法，勿使这种商业给共和国带来任何私产"[③]。

在政治生活方面，未来社会的基层单位是家庭，仍然实行家长制。若干家庭组成部族，设族长管理，它由家长轮流担任。若干部族聚居一起设城市，若干城市组成省，最高政权机关是国家。上级组织的负责人，都由下级组织的最高负责人轮流担任，任期一年。城市参议院议员由年满 50 岁的家长担任，并由其中的两人逐级组成上级参议院，任期一年。政务会隶属于参议院，由下级政务会派代表组成。摩莱里特别注重法制建设，主张

①　[法] 摩莱里：《自然法典》，黄建华、姜亚洲译，商务印书馆 1982 年版，第 160 页。
②　[法] 摩莱里：《自然法典》，黄建华、姜亚洲译，商务印书馆 1982 年版，第 20 页。
③　[法] 摩莱里：《自然法典》，黄建华、姜亚洲译，商务印书馆 1982 年版，第 106 页。

实行法治，强调在法律面前人人平等。

在教育、科学和文化方面，摩莱里十分注意下一代的教育培养问题和科学研究问题。"教育法"规定部族族长要经常检查父母是否关怀自己的孩子，"研究法"规定在未来的社会里，公民必须研究法律、道德哲学和自然科学。在对外关系方面，摩莱里主张同相邻民族或外族进行经济交往，互相支援。

3. 马布利的"完美共和国"

加布里埃尔·邦诺·德·马布利（1709—1785）是18世纪法国著名思想家和空想社会主义者。他出身于法国格莱诺布尔的一个贵族家庭，青年时代在著名的里昂耶稣会学院受教育，毕业之后来到了巴黎，很早就受到人文主义和启蒙思想的影响。1740年，马布利出版了他的第一部著作《罗马和法国的比较》，阐述了法国君主制度的必要性。1742年，马布利受聘担任法国外交大臣秘书，四年后厌倦官场而辞去公职，并与法国宫廷断绝了一切关系，自此全身心地投入社会科学研究。他崇尚古希腊的民主制度，尤其是斯巴达人的社会制度，并从中寻找理想社会的思想素材。对此，他曾说："我的思想被欧洲呈现的痛苦而毫无意义的情景折磨了很久以后，才沉湎于这个甜蜜的理想，我的心充满了愉快的希望。"[1] 马布利的著作和手稿涉及的内容相当广泛，采用论战性的文体，通过反驳论敌来展开自己的观点，因而理论性和逻辑力量都比较强。

同摩莱里一样，马布利认为私有制产生了根深蒂固的私欲和偏见，是不合乎自然状态的，是一切罪恶产生的根源，正是财产私有制"引起利益的不平等和对立、贫富的罪恶、道德的颓废、智慧的退化、偏见和欲念的产生"，这样"就会出现不公正和暴虐的政府，制定偏袒而具有压迫制性质的法律，一句话，折磨人民的一切灾难都要降临"。[2]

在否定私有制上，马布利比前辈们更进一步。他批判私有制的锋芒不再是仅仅对准封建主义私有制，而是直接对准资本主义私有制。他指出资产阶级不仅剥夺本国人民的血汗，而且还强盗般地掠夺其他国家人民的财产。马布利以英国为例，对资本主义对外掠夺的本性进行了揭露，英国

---

① 《马布利选集》，何清新译，商务印书馆1960年版，第176页。
② 《马布利选集》，何清新译，商务印书馆1960年版，第89、90页。

"从各地获取利润，把全世界的一切享乐和富贵都集中到伦敦"①，这些财富使英国人变得更为贪婪，他们"为财富而积累财富"，却不管给人类制造了怎样的贫困和灾难。他们把"四大洲的财富和享乐都集中到自己手里，给自己建设所谓新的和更富裕的生活"，但这不过是"虚构幸福，这种幸福以其诱人但不真实的外表掩盖着不幸的实质"，因为"幸福绝不是商人随着砂糖和洋红运来卖给人民的商品"②。在财富引起的虚荣心的驱使下，他们为"使邻邦从属于自己"而发动战争，"扩大自己的领土，在邻人的领土的废墟上建立大帝国"③。

针对资产阶级经济学派"重农学派"竭力为资本主义私有制辩护，声称资本主义私有制能够刺激人的积极性，资本主义制度是符合自然秩序的制度的谬论，马布利针锋相对地指出，给世界带来懒惰、游手好闲和无所事事的正是私有制。"如果人人都不需要财产，而且悲欢不以财产为转移，那么，请您相信财产公有不会使他们陷于您所害怕的麻痹状态。我不能设想，为了把田地种好，人们就得贪婪和吝啬。"④ 资本主义同样违背自然秩序，因为只要有私有财产，就会有人不劳而获和游手好闲，他用辛辣的笔调讽刺"重农学派"说："我最担心的是：您的自然秩序要反对自然！"⑤因为按照自然秩序，土地恰恰应当是公有的。

马布利的理想社会被称为"完美共和国"，这个共和国在本质上是符合"自然秩序"的公有制社会，在那里"人人都是富人，人人都是穷人，人人平等，人人自由，人人是兄弟，这个共和国的第一条法律就是禁止财产私有"⑥。在马布利看来，完美共和国实行土地和财富的公有制，实行普遍劳动和义务劳动制度，生活用品实行按需分配，买卖、商品、货币、贸易等已不存在。马布利认为，商业活动是不符合理性、不符合道义的行为，"如果您以奖励商业为借口而纵容贪婪和豪华，我可以向您断言：不管制定什么法律来巩固你们的自由，都不会防止你们沦为奴隶"⑦。

---

① 《马布利选集》，何清新译，商务印书馆 1960 年版，第 9 页。
② 《马布利选集》，何清新译，商务印书馆 1960 年版，第 10 页。
③ 《马布利选集》，何清新译，商务印书馆 1960 年版，第 11 页。
④ 《马布利选集》，何清新译，商务印书馆 1960 年版，第 44 页。
⑤ 《马布利选集》，何清新译，商务印书馆 1960 年版，第 89 页。
⑥ 《马布利选集》，何清新译，商务印书馆 1960 年版，第 175 页。
⑦ 《马布利选集》，何清新译，商务印书馆 1960 年版，第 172 页。

在马布利看来，完美共和国是同君主专制相对立、与自由和法制相联系的共和制国家。他指出："只要爱自由，就足以建立共和国，但是，能够维护共和国和使它繁荣的，只有爱法律。可见，联合这两种感情应当是政治的主要目的。"① 完美共和国最高国家权力属于全体人民，人民是最高权力的唯一根源。马布利认为："最高权力的代表者的人民，自己是政治制度的唯一创造者，是授予公务人员以全权或部分权利的权力分配者，当然始终有权解释自己的契约（更正确地说是自己的贡献），废除这种契约和建立新的秩序。"② 人民代表机关是全国最高立法机关，最高行政机关由人民代表机关选举产生并受其约束，国家公务人员由选举产生。马布利把立法看作是国家政治生活的基础，把法律看成是至高无上的权威。共和国的法律必须依靠人民制定出来，立法机关必须掌握在人民手中。

马布利没有向人们描绘完美共和国中人们日常生活的画面，但却提供了一个完美共和国的典型模式——斯巴达。他高度认同古代斯巴达人的生活方式，公开声言：粗糙的皮子可以做我的衣服，我愿意光着脚，躺在地上睡觉，饥饿会使我感到最普通和最朴实的食物是最美味的。在社会主义思想史上，马布利是"禁欲主义的、禁绝一切生活享受的、斯巴达式的共产主义"③ 的典型代表。

与大多数空想社会主义者不同，马布利没有着力去设计未来理想社会的蓝图，而是把重点放在制定社会改革纲领上。他认为，原始社会的公有制的"黄金时代"早已过去，要立即恢复公有制实际上是不可能的，"我们要放弃一步登天的念头"④，比较现实的办法是进行社会改革，把社会引向接近理想彼岸的方向。为此，马布利拟定了包括禁止经商、改革土地制度、改革税制、改革遗产继承制度、制定取缔奢华法、取消公务人员的特殊待遇、废除君主特权等多项社会改革举措。

4. 巴贝夫的"平等共和国"

格拉古·巴贝夫（1760—1797）是 18 世纪末法国革命家、平等派密谋的组织者和领导者，著名的空想社会主义者。他出身于法国毕卡迪省圣康

① 《马布利选集》，何清新译，商务印书馆 1960 年版，第 170 页。
② 《马布利选集》，何清新译，商务印书馆 1960 年版，第 154 页。
③ 《马克思恩格斯选集》第 3 卷，人民出版社 2012 年版，第 777 页。
④ 《马布利选集》，何清新译，商务印书馆 1960 年版，第 177 页。

坦城的一个贫苦家庭，15 岁开始谋生，虽然早年读书不多，但他求知欲强烈，成年后阅读了大量书籍。1776 年后他在地方档案室管理过地契档案，发现了贵族们用卑劣手段强取豪夺的秘密，尖锐地指出："贵族地主老爷是用极端卑鄙龌龊的伎俩取得各种特权的。"① 在长期的观察中，巴贝夫对资本主义给劳动人民带来的灾难深表同情。1789 年 7 月，法国资产阶级革命爆发。7 月 14 日，巴黎革命群众攻占巴士底狱。巴贝夫于 17 日赶到巴黎，积极参加了这场革命。为了宣传革命，他创办了周刊《毕卡迪通讯》，经常刊登老百姓的请愿书和诉苦书，反对土地兼并，主张分田给农民，并号召人民群众武装起来。1792 年 9 月 17 日，巴贝夫被推举为索姆州行政长官，但任职不到 5 个月便遭到政治陷害而被撤职。1796 年，巴贝夫组织了平等派密谋革命委员会。平等派密谋组织成立后，试图进行武装起义，因叛徒出卖致起义失败，巴贝夫等人被捕入狱，1797 年 5 月 26 日被判处死刑。临刑前数小时，巴贝夫忍痛给妻子和儿子写了一封感人至深的遗书。他在信中写道：

> 我相信，我的行为洁白无瑕，没有任何可以指责的地方……我是为了最伟大的和最崇高的事业而牺牲自己的；如果我为这个事业作出的一切努力都是白费，我终究尽了我的天职……为了要使你们幸福，我觉得除了使所有的人幸福以外，没有别的道路可走。我没有成功，我牺牲自己，但我也是为你们而死的……我遗留给你的唯一的东西，就是我的美名……这样的死是光荣的，绝对不是耻辱。②

马克思、恩格斯对巴贝夫给予了高度评价："同巴贝夫的密谋活动一起暂时遭到失败的革命运动，产生了共产主义的思想。1830 年革命以后，在法国，这种思想又为巴贝夫的友人邦纳罗蒂所倡导。这种思想经过了彻底的酝酿，就成为新世界秩序的思想。"③

巴贝夫把私有制看成是社会经济政治不平等的最根本原因，并对资本

---

① 《巴贝夫文选》，梅溪译，商务印书馆 1962 年版，第 5 页。
② 《巴贝夫文选》，梅溪译，商务印书馆 1962 年版，第 95 – 98 页。
③ 《马克思恩格斯文集》第 1 卷，人民出版社 2009 年版，第 320 页。

主义制度进行了集中批判。巴贝夫通过观察法国大革命的进程，认为新建立的资产阶级共和国，仍然是把"追求少数人的幸福和利益"放在首位，并没有改变广大群众受压迫、受剥削的境况，相反广大群众受到的剥削更为残酷。在这种制度下，"劳动成果从一开头起就规定要大量集中在罪恶的投机商手中"，他们"用欺骗手段把资本集中起来，并把一切都抢到手里"①，而留给劳动者的无非是毫无价值的残羹冷炙。富有集团和贫穷集团在国家中的地位是完全不平等的，二者在政治、经济和社会生活中存在着一系列矛盾。资本主义社会依然是穷者越来越穷，富者越来越富，贫穷和富有尖锐对立的社会。它实质上不过是一种新的"奴隶制度"和"饥饿制度"。

法国资产阶级革命时期制宪议会通过的《人权宣言》，第一次用法律形式肯定了自由平等的民主原则。巴贝夫接过了资产阶级的"平等"大旗，赋予了它崭新的革命内涵，要求实现全社会"真实的平等"。针对巴贝夫提出的"真实的平等"观点，恩格斯曾给予高度评价，指出："要末是真正的奴隶制，即赤裸裸的专制制度，要末是真正的自由和平等，即共产主义。这二者在法国革命以后都出现过；前者以拿破仑为代表，后者以巴贝夫为代表。"②

在巴贝夫看来，这种"真实的平等"不只是体现在政治权利方面，而且还要扩大到社会经济的各个领域，他主张建立一个以"自由""平等"和"以劳动为基础的公众福利"的"平等共和国"。在平等共和国里，"不应再有主人和吃人的人，不应再有暴君和妄自尊大的人，不应再有剥削者和被剥削者！"③ 巴贝夫认为，私有制是不平等的根源，"平等共和国"将会废除私有制，建立财产公有制，"福利必须让大家普遍享受，必须均等分配"，"分配给每一个公民由其他各种物品构成的社会总产品中同等的一分"④。一切有劳动能力的公民都要从事劳动，实行普遍的劳动制度。在平等共和国里，资本主义的竞争和无政府状态将被计划经济所代替，整个社会"不再

---

① 《巴贝夫文选》，梅溪译，商务印书馆 1962 年版，第 84 页。
② 《马克思恩格斯全集》第 1 卷，人民出版社 1956 年版，第 576 页。
③ 《巴贝夫文选》，梅溪译，商务印书馆 1962 年版，第 89 页。
④ 《巴贝夫文选》，梅溪译，商务印书馆 1962 年版，第 89 页。

有盲目经营的危险，不再有任意生产或生产过剩的危险"①。

平等共和国就是实现真正的自由和平等，把自由和平等落到实处。巴贝夫认为，要把自由和平等真正落到实处，首先必须制定一部切切实实为人民谋福利的宪法。这个宪法绝对不能像《人权宣言》那样，在其抽象的长篇大论里隐藏着调和各种矛盾的企图，把香饵和圈套紧挨着放在一起，"宪法必须是全国人民的公共宝库，人民在那里不但可以取得精神食粮，而且还可以取得身体上需要的食粮"②。平等共和国的权力属于全体人民，人民通过人民最高权力会议、中央立法者会议和民意维护团三种机构，来行使自己的权力。在平等共和国中，"艺术、科学、贸易和工艺不但不会衰落，完全相反，它们会得到新的强大的推动力，不断向前发展，为全社会的利益服务"③。随着文化科学的发展，宗教迷信和暴政一样，都将彻底被消灭。

巴贝夫认为，要消灭私有制，必须进行一场人民而非富人的革命。他将1789年的法国大革命归入"富人的革命"，这场革命只不过是一批新的剥削者代替了一批旧的剥削者，是为少数人谋利益的革命。在这场革命中，人民只是充当了人家的垫脚石，"对于人民来说，革命并没有完成"④。在此之后，应该进行一场深刻的"人民革命"。"人民革命"就是为人民谋福利的革命，是为群众谋利益的革命。巴贝夫认为："穷人奋起革命反对富人乃是不可避免的历史的必然性。"⑤ 同时警告资产阶级说："谁要是抱怨'我们想不断闹革命'，他在将来必然要被看作人民的敌人。"⑥ 巴贝夫认为这个革命不是简单的内阁更迭、官员更换，而是彻底推翻旧政权，建立革命政权。在用一切武器装备起来的富人面前，穷人也必须掌握武器，同富人展开决战。他号召人民要将革命进行到底，强调一定"要一劳永逸地把确保人民世世代代幸福和真正人民统治的革命进行到底"⑦。但是，他认为，从人民武装起义的胜利到真正平等共和国的建立，中间必然会有一个过渡阶段。在这个阶段中，要建立一个新的革命专政，赋予人民群众以特殊的权

① 《巴贝夫文选》，梅溪译，商务印书馆1962年版，第91页。
② 《巴贝夫文选》，梅溪译，商务印书馆1962年版，第53页。
③ 《巴贝夫文选》，梅溪译，商务印书馆1962年版，第94页。
④ 《巴贝夫文选》，梅溪译，商务印书馆1962年版，第35页。
⑤ 《巴贝夫文选》，梅溪译，商务印书馆1962年版，第58页。
⑥ 《巴贝夫文选》，梅溪译，商务印书馆1962年版，第35页。
⑦ 《巴贝夫文选》，梅溪译，商务印书馆1962年版，第61页。

力，武装镇压一切反抗行为，建立和巩固新的社会秩序，逐步扩大固有财产，改善劳动人民的生活条件，逐步普及和推广国民公社制度。

巴贝夫提出用暴力夺取资产阶级政权，建立人民政权专政的思想，以及提出的过渡阶段的思想，远远超过了以往的一切空想社会主义者，对以后的空想社会主义也产生了重大影响。马克思、恩格斯赞扬巴贝夫的学说是"超出整个旧世界秩序的思想范围的思想"①。但是由于巴贝夫深受资产阶级启蒙思想的影响，他还认为理性是社会发展的动力。同时，他曾天真地将人民革命后的共和国设计为除了年龄和性别区别外，"各个人之间没有任何分别的绝对平等"的国家，这就带有禁欲主义和明显平均主义的色彩。再加上无产阶级刚刚诞生，还不成熟，他的思想也只能是早期无产者的不成熟的理论。

总的来看，中期空想社会主义具有如下一些主要特点：第一，这一时期的空想社会主义者在新的时代进一步丰富和发展了早期社会主义者的思想，进行了许多新的探索，提出了许多新的理论，从而把空想社会主义推进到了一个新的阶段；第二，相对于莫尔等人的社会主义思想，中期空想社会主义者基本上剥去了早期乌托邦思想家的神学外衣，也抛弃了纯粹幻想的文学手法，他们把社会主义建立在自然法学说与理性论基础之上，其现实感更强了；第三，这一时期的空想社会主义已带有明显的理论思辨与理论论证色彩，开始从理论上探讨和论证废除私有制等社会主义的基本原则，其科学性更强了；第四，这一时期的空想社会主义的法学色彩极为鲜明，空想社会主义者们大都用法律条文来对未来理想社会的经济、政治、法律、文化和教育制度乃至社会生活的诸多重大原则进行了明确的规定或详细的论述；第五，这一时期的空想社会主义带有明显的平均主义和禁欲主义特征。②

（四）晚期空想社会主义

晚期空想社会主义出现于 19 世纪初期。当时英国经过 18 世纪 60 年代开始的工业革命，机器大生产逐渐代替了工场手工业。在英国工业革命开

---

① 《马克思恩格斯文集》第 1 卷，人民出版社 2009 年版，第 320 页。
② 蒲国良：《社会主义思想：从乌托邦到科学的飞跃（1516—1848）》，北京师范大学出版社 2018 年版，第 14-15 页。

始不久，法国在 1789 年爆发了资产阶级大革命，为资本主义的发展和资产阶级统治的确立扫清了道路。英国工业革命和法国大革命最终确立了资产阶级的统治，使英法两国在政治、经济和社会生活的各个方面都发生了根本性的变化。随着资产阶级统治时代的到来，资本主义的基本矛盾日益深化，整个社会日益分裂为两大敌对的阵营，分裂为两大相互直接对立的阶级：资产阶级和无产阶级。资产阶级开始成为无产阶级的直接敌人。这样的社会历史条件促使空想社会主义思想家们把批判的矛头更明确和更尖锐地指向资产阶级。他们在继承以往空想社会主义思想，吸收 18 世纪法国启蒙学者的理论形式，并在深刻剖析和批判资本主义制度存在的种种弊端基础上，对未来理想社会提出了许多积极合理的设想，于是英国和法国出现了形态最完备的空想社会主义。19 世纪初的空想社会主义者既不像早期空想社会主义者那样单纯描绘理想的国家，也不再像 18 世纪空想社会主义者那样带有禁欲主义和平均主义的特点，而是把空想社会主义推向了"批判的空想的社会主义和共产主义"① 的阶段。这一时期"出现了三个伟大的空想主义者：圣西门、傅立叶和欧文"②。

1. 圣西门的"实业制度"

克劳德·昂利·德·卢夫罗阿·圣西门（1760—1825）是 19 世纪初期法国杰出的空想社会主义者。他出身于巴黎一个显赫的贵族家庭，自称是"查理大帝的后裔，圣西门公爵的嫡亲"。圣西门自幼受到良好的教育，是百科全书派的代表人物达兰贝尔的学生。他爱好研究唯物主义哲学，向往资产阶级的民主自由，对神学和封建制度采取批判态度。13 岁时，他曾拒绝参加宗教仪式。1777 年，圣西门与家庭决裂，到军中服役。1779 年，19 岁的圣西门以志愿军身份赴美洲参加北美独立战争。从封建专制的法国来到革命战争如火如荼的美洲大陆，年轻的圣西门的眼界大为开阔。他参加过五次战役，作战勇敢，几次负伤，连续晋级，被华盛顿授予最高奖赏——辛辛那提勋章。1789 年，圣西门回国参加了法国大革命，这场革命运动对于圣西门思想的形成起了决定性的影响。所以，恩格斯说"圣西门是

---

① 《马克思恩格斯选集》第 1 卷，人民出版社 2012 年版，第 430 页。
② 《马克思恩格斯选集》第 3 卷，人民出版社 2012 年版，第 777 页。

法国大革命的产儿"①。圣西门的革命热情没有持续多久，由于害怕暴力而慢慢冷淡了下来。他利用革命动荡之后出现的难得商机，与他人合伙经营房地产，很快成为富甲一方的大富豪。但是，他发财的目的不是"一味追求富贵"，而是"要攀登顶峰之上建有荣誉的殿堂的陡峭高山"②。1797 年，圣西门放弃了商业活动，开始进行自然科学研究，接着又出国旅行，先后到过英国、瑞士、德国，考察了这些国家的科学文化状况和发展趋向。科学研究和国外考察，对圣西门主义的形成和发展具有十分重要的意义，使他成为"当时最博学的人物"③，这一时期也是圣西门一生中的一个最主要的时期。1802 年，他在日内瓦旅行时写出了他的处女作《一个日内瓦居民给当代人的信》，并于 1803 年在巴黎匿名出版。在这部著作中，圣西门的乌托邦社会主义思想已初具雏形。由于科学研究和出国旅行花掉了全部财产，他不得不白天在一家当铺当缮写员。1805 年，圣西门偶遇到过去的佣人迪亚尔并得到其资助，生活状况略有好转。1810 年迪亚尔去世，圣西门又陷入穷困潦倒的境地。但是，他并没有在命运面前屈服，在这样艰苦曲折的条件下，他仍旧顽强地从事他的理想社会的研究工作。圣西门一生创作了《论实业制度》《实业家问答》《论文学、哲学和实业》《新基督教》等一系列著作，系统阐明了自己的见解。

圣西门提出了人类社会有规律发展的观点。在他看来，历史不是偶然事件的联结或堆积，而是合乎规律的现象。整个人类历史犹如整个宇宙一样是有规律的，是一个连续的、上升的和进步的过程。在这一过程的每一阶段上，都包含着"正在消逝的过去的残余和正在成长的未来的萌芽"④，旧社会制度中必然包含着新社会制度的因素，而新的社会制度中也必然存在着对旧社会制度的继承因素，新旧因素斗争的结果则是旧制度的灭亡和新制度的产生。他把人类社会分为五个历史时期：人类开化初期、古希腊罗马的奴隶社会、中世纪神学和封建制度、封建制度解体的"过渡时期"或"新封建制度"、未来的"实业制度"。在他看来，每一种社会制度都比之前的社会制度进步。圣西门认为，政治制度变革的唯一原因，就是旧政

---

① 《马克思恩格斯选集》第 3 卷，人民出版社 2012 年版，第 781 页。
② 《圣西门选集》第 1 卷，王燕生等译，商务印书馆 1979 年版，第 30 页。
③ 《马克思恩格斯文集》第 9 卷，人民出版社 2009 年版，第 27 页。
④ 《圣西门选集》第 1 卷，王燕生等译，商务印书馆 1979 年版，第 265 页。

治制度所适应的社会状况完全从本质上发生了变化，所有制比政府形式更重要。所有权是可以转移的，而随着所有权的转移，阶级关系从而社会性质也会随之变化。可见，"经济状况是政治制度的基础这样的认识"，在这里已经"以萌芽状态表现出来"了。① 圣西门在《一个日内瓦居民给当代人的信》中还指出，法国革命不仅是封建贵族和资产阶级之间的斗争，而且是贵族、资产阶级和无财产者的斗争。恩格斯对此给予了高度评价，指出这一认识"在 1802 年是极为天才的发现"②。

圣西门对资本主义制度进行了深刻批判。他认为，15 世纪以来欧洲历史进程的基本内容便是社会各阶级之间的斗争，而实业阶级同封建制度的斗争最终导致了法国革命。圣西门肯定了法国大革命"抹去了封建制度和神权政治的最后痕迹"，但是法国革命并没有改变政权的性质，仅仅是把政权从旧的剥削者手中转到了新的剥削者手中，广大劳动者至今仍然受着政府的压迫，而且压迫的程度比革命以前大得多了。他认为"这一争取自由的伟大事业只是产生了新的奴役形式"③。在这种"新的奴役形式"下，整个社会形成了"劳动者"与"游手好闲者"之间的对立，"人数最多的最穷苦的阶级"在物质生活和精神生活方面的状况无比悲惨，但是"因为国家把穷人应对富人宽宏大量作了一条基本原则，结果不得温饱的人，每天还要省出一部分生活资料，来为阔佬们锦上添花"，这"完全是个是非颠倒的世界"。④ 圣西门认为，资本主义制度是一个利己主义支配了一切社会阶级的社会。"贪婪已变成在每个人身上占有统治地位的感情；利己主义这个人类的坏疽侵害着一切政治机体，并成为一切社会阶级的通病。"⑤ 这种坏疽，在资本主义制度下已经发展到了不可救药的地步，使人们道德沦丧，精神低下，贪得无厌，对公益事业毫不关心。这种政治病，驱使统治者对内千方百计地获得特权和掠夺穷人的劳动果实，对外则是发动侵略战争而奴役其他民族。他反对把刚刚诞生不久的资本主义制度看成是最后的、最完美的社会制度的观点。在他看来，这种新的奴役形式，只不过是旧的封建制

---

① 《马克思恩格斯选集》第 3 卷，人民出版社 2012 年版，第 783 页。
② 《马克思恩格斯选集》第 3 卷，人民出版社 2012 年版，第 783 页。
③ 《圣西门选集》第 1 卷，王燕生等译，商务印书馆 1979 年版，第 181 页。
④ 《圣西门选集》第 1 卷，王燕生等译，商务印书馆 1979 年版，第 239 页。
⑤ 《圣西门选集》第 1 卷，王燕生等译，商务印书馆 1979 年版，第 286 页。

度和未来社会之间的一个"中间的和过渡的体系"。同过去任何一种旧制度一样，当它阻碍社会发展时，就没有存在的必要，必然将被"新制度"所代替。圣西门认为，为了根本改造社会制度，首先要把管理公益事业的大权从"游手好闲者"手里夺过来，转到"劳动者"手里，使学者、艺术家和实业家上升为社会管理者，掌握社会的经济、政治和文化等方面的权力。

实业制度是圣西门倾其毕生精力设想出来的理想社会制度。发展实业是圣西门思想的核心，而所谓实业既包括发展物质生产，也包括科学、艺术等精神生产。圣西门明确提出实业制度的目的是提高无产阶级的福利，"人们应当把自己的社会尽量组织得有益于大多数人，以最迅速和最圆满地改善人数最多阶级的精神和物质生活，作为自己的一切劳动和活动的目的"①。圣西门认为，增加财富只有一个手段，那就是生产。圣西门在社会主义史上首次提出了新社会的目的是"满足人们的需要"，摆脱了此前很多空想社会主义者所倡导的禁欲主义。圣西门认为，所有制是社会大厦的基石，必须建立实现未来社会目的的财产所有制。在他看来，要想取得政治经济权利的真正自由，就需要很好地了解所有制的性质，并把这项权利建立在最有利财富和实业自由的增长的基础上。后来他更明确地指出，为了使无产者成为新社会中权利平等的成员，必须使所有制方面的革命带来使大多数无产者拥有财富的结果，以使无产者能出色地管理财产。

在实业制度下，应该坚持"一切人都要劳动"的基本原则。圣西门认为，未来社会有最大限度的平等，其中一个重要表现是实行普遍劳动的原则。早在 1802 年的处女作中，他就提出，"一切人都要劳动，都要把自己看成属于某一工厂的工作者"②。他公开指出，"有益的活动是一切美德之本，而游手好闲则是万恶之母"③。为了促使每一个人都能积极参加劳动，保障社会劳动权，圣西门主张应该大力宣传"劳动是一切美德的源泉"的思想，同时开展"反对游手好闲分子"的斗争，切实做到"最有益的劳动应当最受尊重"。圣西门指出，在实业制度下，人们将找出最可靠和生效最快的手段来保证生产者大众经常有工作。在实业制度下，每个人的作用和

---

① 《圣西门选集》第 3 卷，董果良、赵鸣远等译，商务印书馆 1985 年版，第 163 页。
② 《圣西门选集》第 3 卷，董果良、赵鸣远等译，商务印书馆 1985 年版，第 226 页。
③ 《圣西门选集》第 2 卷，董果良译，商务印书馆 1982 年版，第 91 页。

收入应当同他的才能和贡献成正比。这个分配原则包含了按劳分配的思想萌芽。同时，他把工厂主、商人、银行家和农场主都看成是劳动者。圣西门认为，社会生产的无政府状态是一切灾难中最严重的灾难。在他看来，有计划地组织整个社会生产，是实业制度区别于资本主义制度的一个重要特征。

圣西门非常重视文化教育。他指出，国家的繁荣和富强，实际上只能是科学、艺术和工艺进步的成果，而工艺的进步说到底还是要依靠科学创新和文化的发展作支撑。圣西门认为：在新的政治制度下，"社会组织的目的，应当是尽善尽美地运用科学、艺术和手工业所取得的知识来满足人们的需要，推广、发展和尽可能大量积累这些知识；换句话说，就是把科学、艺术和手工业方面的所有一切工作尽可能有效地结合起来"①。实业制度下的教育，不仅重视完善的知识教育，也十分重视道德品质和各种能力的培养，不仅重视课堂教学，也很注重社会实践和生产劳动教育；既要重视言教，也应重视身教。

圣西门认为，实业制度是使人们享有最大限度自由和保证社会得到最大安宁的人类的最美好的社会制度。实业制度是一个社会各阶级合作和谐的制度，在这一制度下，"社会上的一切阶级，只要是勤劳的阶级，不管它是人数最多的无产阶级，还是最有钱的富人阶级，其福利都能大大提高"②。实业制度是一个自由平等的制度。在早期，圣西门认为无产者没有知识文化，没有管理新的社会的能力，主张无产者应该自觉接受有产者的统治。到晚年时，圣西门认识到，无产者的"智力已经相当发达，他们的预见力已经相当敏锐，足以毫无困难地建立起一个把他们接受为平等成员的社会组织体系"③。也就是说，这时他已经明确承认无产者同资产者一样有资格成为实业制度的管理者。不仅如此，圣西门认为，平等也应该体现在选举方面，人民领袖应该由人民通过民主选举产生，必须"把选举能够担任人类的伟大领袖职责的权力交给全体人民"④。妇女也应该享有与男子同等的选举权和被选举权。圣西门认为，实业制度要遵循"新基督教"这一新的

---

① 《圣西门选集》第3卷，董果良、赵鸣远译，商务印书馆1985年版，第225页。
② 《圣西门选集》第2卷，董果良译，商务印书馆1982年版，294页。
③ 《圣西门选集》第2卷，董果良译，商务印书馆1982年版，第282－283页。
④ 《圣西门选集》第1卷，王燕生等译，商务印书馆1979年版，第22页。

最高道德标准。与传统的宗教不同，"新基督教"不是要人们在天堂而是"叫人在人间得到幸福"，其最高道德原则是"宗教应当引导社会走向最迅速地改进最穷苦阶级的命运的伟大目的"①。

圣西门坚信未来社会这一"文明的王国即将出现"。关于实现实业制度的道路，圣西门认为只有通过和平的手段建立。他认为，"改革家决不应当依靠刺刀来实现自己的想法"②。显然，圣西门是把暴力看作是一种破坏性因素，只能给人类带来巨大的灾难。他又说："博爱者将采用的唯一手段就是宣传，而这种宣传的唯一目的，则是唤起君主利用人民赋予他们的权力来实现势在必行的政治改革。"③

圣西门是马克思和恩格斯所称的"批判的空想社会主义和共产主义"的第一人，其思想丰富而庞杂，包含了丰富的社会主义因素，主要表现在其历史观和理想制度方案中那"处处突破幻想的外壳而显露出来的天才的思想萌芽和天才的思想"④。恩格斯曾高度评价圣西门说："在圣西门那里发现了天才的远大眼光，由于他有这种眼光，后来的社会主义者的几乎所有并非严格意义上的经济学思想都以萌芽状态包含在他的思想中。"⑤ 但是由于受到当时历史条件的限制和他本人世界观的局限，圣西门的思想体系中也不可避免地存在着一些根本性的缺陷。比如，他虽然对资本主义制度进行了尖锐的批判，但他没有触及生产资料私有制问题，没有提出废除私有制的结论，"在圣西门那里，除无产阶级的倾向外，资产阶级的倾向还有一定的影响"⑥。

2. 傅立叶的"和谐公社"

夏尔·傅立叶（1772—1837）是 19 世纪初法国伟大的空想社会主义者。他出身于法国东部贝占桑一个富商家庭，父亲担任过当地的商业法庭庭长，母亲家还有贵族称号。中学毕业后，他即遵照父亲的遗嘱学习经商，在里昂独立经营一家商店，对当时法国社会的各种矛盾有了初步的观察认

---

① 《圣西门选集》第 3 卷，董果良、赵鸣远译，商务印书馆 1985 年版，第 167 页。
② 《圣西门选集》第 2 卷，董果良译，商务印书馆 1979 年版，第 278 页。
③ 《圣西门选集》第 1 卷，王燕生等译，商务印书馆 1979 年版，第 303 - 304 页。
④ 《马克思恩格斯选集》第 3 卷，人民出版社 2012 年版，第 781 页。
⑤ 《马克思恩格斯选集》第 3 卷，人民出版社 2012 年版，第 783 页。
⑥ 《马克思恩格斯选集》第 3 卷，人民出版社 2012 年版，第 777 - 778 页。

识。1792 年，20 岁的傅立叶继承了他应得的遗产。法国大革命动荡时期，傅立叶不仅连续数次被捕，而且失去了倒卖的货物和独立经商的资本，个人遭遇使他对一切革命和专政抱有敌视的态度。后来，他为生计所迫做过交易所的经纪人、商店售货员、会计、发行员和推销员，但是他却利用一切机会博览群书和开展调查研究。在长期的经商过程中，傅立叶对资本主义商业的内幕有了直接的感受和认识，深刻了解资本主义社会的尔虞我诈和下层民众的疾苦。傅立叶从一个普通商人开始转变为空想社会主义者，大约在 18 世纪 90 年代后期。恩格斯指出，"他的理论基础在 1799 年就已经奠定了"①。1799 年对傅立叶刺激最大的一件事发生在马赛，当时作为商店店员的他受老板的指令，与许多人一起把因等待涨价而腐烂变质的 200 万公斤大米抛进了大海。他明知当时法国还有 800 多万人仍然处在饥饿状态，却不得不执行老板的命令。事后，一种无可名状的犯罪感一直困扰着傅立叶，促使他寻求"医治社会疾苦的药方"和"新的科学"。1803 年，傅立叶在《里昂公报》上发表题为《全世界和谐》的论文，指出现存的文明制度是不合理的、不公正的、无益的过渡性制度，它将被新的和谐制度所代替。这篇论文包含着傅立叶学说的雏形，标志着其空想社会主义思想基本观点的初步形成。1808 年，傅立叶出版了第一部大型理论著作《四种运动论》，系统阐述了他的世界观和历史观，对资本主义制度进行了深刻批判，对未来社会提出了自己的主张。1818 年，傅立叶结识了他的第一个信徒，此人是傅立叶老家贝占桑一个叫缪隆的官吏。在缪隆及其朋友的鼓励和帮助下，1822 年，傅立叶出版了主要著作《宇宙统一论》。《宇宙统一论》出版后，傅立叶立即亲赴巴黎发行。他亲自给著名的新闻记者、作家和政治活动家送书上门，并到处做报告，大肆宣扬《宇宙统一论》，但反应不太理想。1829 年，傅立叶在巴黎出版了花费了他三十年劳动的著作《新世界》，系统阐述了"法朗吉"与和谐社会的组织问题。之后，傅立叶一直住在巴黎。晚年的傅立叶经常患病，但仍坚持写作，经常工作至深夜。逝世前几个月，还在撰写新著《论商业》。1837 年 10 月 9 日，傅立叶和两个信徒进行了长谈。第二天清晨，他被人发现已在自己寓所去世。

　　傅立叶一生著述很多，内容也相当庞杂，但其学说的核心则是对资本

---

① 《马克思恩格斯选集》第 3 卷，人民出版社 2012 年版，第 644 页。

主义制度的批判和对未来理想制度的论证。对资本主义制度的讽刺、揭露和批判是傅立叶思想中最精彩、最有价值的部分。恩格斯认为，傅立叶是"自古以来最伟大的讽刺家之一"①，"在傅立叶的著作中，几乎每一页都放射出对备受称颂的文明造成的贫困所作的讽刺和批判的火花"②。

傅立叶把资本主义制度看成是一种"反社会的工业主义制度"。所谓"反社会"，便是这种制度造成个人利益与集体利益尖锐对立，存在着"个人反对大众的普遍战争"，每个人要发展就必须同社会不断进行战斗。在这种制度下，每个人的幸福都是建立在别人的痛苦之上的。

> 医生希望自己的同胞患寒热病；律师则希望每个家庭都发生诉讼；建筑师需要一场大火把一个城市的四分之一化为灰烬；安装玻璃的工人希望下一场大冰雹把所有的玻璃打碎；裁缝和鞋匠希望公众用容易褪色的料子做衣服，用坏皮子做鞋子，以便多穿破两套衣服，多穿坏两双鞋子。为了商业的利益，这就是他们的老生常谈。法院认为法国每年连续发生应该审理的十二万件犯罪案件和违法行为是适当的，因为这个数字对维持刑事法庭是必需的。③

这种个人利益与社会利益的冲突在资本主义经营方式中表现得最为严重，已经形成为"反对大众的个人所有制的暴政"④。傅立叶敏锐地发现，资本主义制度下的个人与集体的对立，实质是富人与穷人、工厂主与工人的对立，也就是工厂主阶级与一无所有的阶级之间的对立。工厂主阶级差不多只做些领导工作和监督工作，一无所有的阶级则是肩负全部劳动重荷的阶级。工人虽然创造了大量的产品，但只不过给富人创造了"幸福"，自己却是日益贫困。在傅立叶看来，工人的贫困是在随着生产发展的程度而增长，"在文明制度下，贫困是由富裕产生的"⑤。他断言，作为一种"反社会的工业主义制度"，"所谓臻于完善境界的文明制度只不过是一种人间

---

① 《马克思恩格斯选集》第3卷，人民出版社2012年版，第647页。
② 《马克思恩格斯选集》第3卷，人民出版社2012年版，第652页。
③ 《傅立叶选集》第1卷，赵俊欣等译，商务印书馆1979年版，第122页。
④ 《傅立叶选集》第2卷，赵俊欣等译，商务印书馆1981年版，第247页。
⑤ 《傅立叶选集》第1卷，赵俊欣等译，商务印书馆1979年版，第124页。

地狱"①，是恢复了的奴隶制度。

傅立叶还对资本主义的生产方式、商业活动、道德观念、两性关系等进行了无情的鞭挞和深刻的批判。他深刻地指出，在资本主义制度下，社会生产是分散进行的，处于无政府状态。傅立叶把生产的分散性和无政府状态看作是构成文明制度的"首要因素"，结果"在文明的经济制度下，一切都成了恶性循环"②。1825 年英国爆发第一次全国性的经济危机之后，傅立叶就以敏锐的眼光透析了这一危机的实质乃是"物资过剩"，是"生产过剩所引起的危机"③。对此，恩格斯称赞说"傅立叶在把第一次危机称为 crise pléthorique［多血症危机］，即由过剩引起的危机时，就中肯地说明了所有这几次危机的实质"④。在分析资本主义经济危机时，傅立叶还敏锐地注意到资本主义制度下竞争与垄断的辩证关系。他认为，竞争必然会走向它的反面，导致垄断，产生商业的封建主义。对此，马克思指出："傅立叶不朽的功绩在于，他预言了这种现代工业形式，把它称为工业封建主义。"⑤

对资本主义商业的批判，是傅立叶批判整个资本主义制度的基础。他认为，"商业精神"在大革命之后渗透了整个社会。在这之前，"商人的儿子"是带有异常侮辱性的骂人的话；在这之后，商人一下子变成"半仙之体"，他们"掌握着文明制度的钱袋"，成了"统治文明制度和统治国王们本身的暴君"⑥。资本主义商业就是"说谎和欺骗"，就是"破产和掠夺"。在傅立叶看来，商业是撒谎和欺骗的场所，商人阶级是"吸血鬼"，"是一帮联合起来的海盗，是一群掠夺农业和工业生产并在一切方面奴役整个社会的匪徒"⑦。资本主义商业是一种罪恶的行径。在《论商业》一书中，傅立叶详细列举了商人的 36 种罪行，包括囤积居奇、投机倒把、证券投机、制造伪币、买空卖空、哄抬物价、重利盘剥、掺杂使假、制造饥荒、危害健康、转移资本、降低工资、宣告破产、偷运走私、贩卖黑奴、海盗行径等。傅立叶根据自己的亲身阅历和现实材料，对商业的每一种罪恶都刻画

---

① 《傅立叶选集》第 3 卷，汪耀三等译，商务印书馆 1982 年版，第 266 页。
② 《傅立叶选集》第 1 卷，赵俊欣等译，商务印书馆 1979 年版，第 123 页。
③ 《傅立叶选集》第 1 卷，赵俊欣等译，商务印书馆 1979 年版，第 120 页。
④ 《马克思恩格斯选集》第 3 卷，人民出版社 2012 年版，第 807 页。
⑤ 《马克思恩格斯文集》第 2 卷，人民出版社 2009 年版，第 584 页。
⑥ 《傅立叶选集》第 3 卷，汪耀三等译，商务印书馆 1982 年版，第 6 页。
⑦ 《傅立叶选集》第 3 卷，汪耀三等译，商务印书馆 1982 年版，第 93 页。

入微，揭露得淋漓尽致。他写到，商人为了抬高价格，可以当众把堆存肉桂的货栈烧毁，可以烧毁一部分谷物或有意使一部分谷物烂掉。就在大量谷物就这样被烧毁的时候，却有 800 万法国人没有面包吃；就在大批过剩的葡萄酒被倾倒到臭水沟的时候，却有 2500 万人没有葡萄酒喝。说到掺假使假，这已是日常买卖中到处充斥的现象，在巴黎几乎找不到没有掺着甜菜的糖块，更找不到一杯纯牛奶和一杯纯白酒。在傅立叶看来，资产阶级所宣扬的商业自由，也就是用假秤假尺的买卖自由，出卖假货的自由。资本主义只有依靠诈骗才能获得成功，只有依靠狡黠欺诈才能发财致富。对于傅立叶对资本主义商业所做的透彻而又生动的批判，恩格斯曾给予很高的评价，认为"他以巧妙而诙谐的笔调描绘了随着革命的低落而盛行起来的投机欺诈和当时法国商业中普遍的小商贩习气"[1]。

傅立叶认为："文明是欺骗的王国，而道德则是它的工具。"[2] 他痛斥资产阶级的道德家是一群"无赖骗子"，并指出资产阶级道德是为统治阶级服务和商人服务的，是富人对穷人、雇佣劳动者和妇女实行统治的手段。资本主义制度下的道德是虚假的道德，是政治和宗教的"应声虫"。傅立叶认为，资本主义道德的败坏特别表现在两性关系和妇女地位上。资本主义的婚姻制度是一种使妇女受压迫、受苦难的制度，婚姻之中并无爱情，只是一种合法而持续的卖淫。他辛辣地嘲讽说：正像在文法中两个否定构成一个肯定一样，在婚姻交易中也是两个卖淫构成一桩德行。在傅立叶看来，"侮辱女性既是文明的本质特征，也是野蛮的本质特征，区别只在于：野蛮以简单的形式所犯下的罪恶，文明都赋之以复杂的、暧昧的、两面性的、伪善的存在形式"[3]。

在对资本主义制度做了全方位的批判之后，傅立叶得出一个重要的结论：资本主义制度"是颠倒世界，是社会地狱"[4]。他特别强调："我的目的不在于改善文明制度，而在于消灭这个制度。"[5] 按照自己对资本主义批判的逻辑，傅立叶得出了资本主义制度必然灭亡的结论。对此，恩格斯就

---

① 《马克思恩格斯选集》第 3 卷，人民出版社 2012 年版，第 783 页。
② 《傅立叶选集》第 3 卷，汪耀三等译，商务印书馆 1982 年版，第 228 页。
③ 《马克思恩格斯全集》第 2 卷，人民出版社 1957 年版，第 250 页。
④ 《傅立叶选集》第 2 卷，赵俊欣等译，商务印书馆 1981 年版，第 103 页。
⑤ 《傅立叶选集》第 3 卷，汪耀三等译，商务印书馆 1982 年版，第 102 页。

给予充分肯定，认为傅立叶"仅仅根据对资产阶级的批评，也就是对资产阶级内部的相互关系的批评而不涉及它和无产阶级之间的关系，就可以得出必须改造社会的结论"①，是非常了不起的。当然，傅立叶也是"在正确地认识了过去和现在之后才按照自己的看法想像未来的"②。

傅立叶的理想社会是和谐制度，而和谐制度的目的就是要消除资本主义制度的弊端，把幸福普及于人民中最低阶级。傅立叶认为，人类要最终摆脱一切苦难和折磨，建立和谐制度必须具备两个基本的条件：第一，要创造大规模的生产、高度的科学和优美的艺术，因为这些动力是建立与贫苦和愚昧无知不相容的协作制度所必需的；第二，要发明这种与分散经营相反的协作结构，即经济的新世界。在他看来，第一个条件已经做到，第二个条件还没有具备。傅立叶把创造第二条件作为自己的历史使命。

傅立叶把和谐社会的基本单位称作法朗吉。法朗吉既是生产单位也是消费单位，是生产—消费协作社组织。法朗吉的资金用招股办法募集，不仅劳动者可以入股，资本家也可以入股；不仅是农业劳动和工业劳动的联合体，也是商业劳动、家务劳动、教育劳动、科学劳动、艺术劳动等联合体。和谐社会是"七种劳动"构成的完整体系。法朗吉下面，根据不同种类的劳动，划分为若干个"队"，这种队称之为"谢利叶"。傅立叶怀着极大的热情，异常详细地规划和描绘了法朗吉成员的美好生活。在他看来，法朗吉的生产劳动与资本主义制度下的劳动有重大区别，劳动不再仅仅是一种谋生手段，而是成了"最主要的天赋人权"，是每个人不可剥夺的自然权利，每个人都有权获得长久的、适合自己才能的工作而不致失业，并因此获得劳动收入而不致一无所有被迫接受剥削；劳动者可以随意选择"谢利叶"从事自己爱好的劳动，劳动成为人们自由自觉的活动，成了一种和生命情欲融为一体的享乐活动；人们劳动之间仍然存在着竞争，但它不再是为了争取私利而进行的恶性竞争，而是为了提高人们的劳动热情、满足创造情欲而开展的友好劳动竞赛，它可以极大地促进人们劳动创造性的发挥，使社会物质财富和精神财富都得到极大丰富。法朗吉的分配是按劳动、资本、才能三方面进行，即"按比例分配"。在全部收入中，5/12 按劳动分

① 《马克思恩格斯全集》第 2 卷，人民出版社 1957 年版，第 659 页。
② 《马克思恩格斯全集》第 2 卷，人民出版社 1957 年版，第 658 页。

配，4/12 按资本分配，3/12 按才能分配。他为法朗吉绘制了一套建筑蓝图，建筑物叫法伦斯泰尔，所有的法朗吉成员都居住在大厦法伦斯泰尔中。大厦里有各种大小不等、设备讲究的房间，有供应不同价格的丰盛的饭菜。人们可以根据自己的收入情况，选择租住不同的宿舍，选吃不同的饭菜。

在和谐制度下，妇女完全从旧式的家庭束缚中解放出来，在经济活动中获得同男子平等的地位。婚姻也是完全建立在两性相互爱慕的基础上，两性结合或离异都是完全自由的。在傅立叶看来，"一切社会灾难的源泉，如蒙昧制、野蛮制、文明制，都只能有一个轴心即奴役妇女。而社会幸福之源泉……除了逐步解放妇女之外，没有别的轴心，也没有别的指南针"①。对傅立叶关于妇女解放的思想，马克思、恩格斯曾给予了高度评价，称赞他从"妇女权利的扩大是一切社会进步的基本原则"② 出发，"第一个表述了这样的思想：在任何社会中，妇女解放的程度是衡量普遍解放的天然尺度"③。

傅立叶在描绘未来的和谐社会的生活图景时，特别关心教育事业。他提出，在和谐制度下，教育将是必须首先加以安排的结构部门。在教育上，他主张对儿童从小实施劳动教育和科学教育，因为教育的目的在于实现体力和智力的全面发展。傅立叶预言，和谐制度将是人才辈出、群星灿烂的时代。马克思、恩格斯对傅立叶的教育观点十分重视，给予了高度评价，认为他的"这些观点是这方面的精华，并且包含着最天才的观测"④。

同圣西门一样，傅立叶对暴力革命持完全否定的态度，希望用和平宣传和典型示范的办法建立和谐制度。他天真地认为，即使在一个小村庄中建立一个法朗吉，要不了几年，全国乃至全世界的居民都会群起效仿。他一直幻想着能够有一位明智仁义的富人慷慨解囊，助其建立法朗吉示范区。为此，他刊登广告，给社会名流写信，约定每天中午 12 点在家恭候有缘人的光临。1832 年，傅立叶曾等来了他梦寐以求的一次试验建立法朗吉的机会，但是由于这一方案的空想性最终失败。

---

① 《傅立叶选集》第 1 卷，赵俊欣等译，商务印书馆 1979 年版，第 71 页。
② 《马克思恩格斯选集》第 3 卷，人民出版社 2012 年版，第 1090 页注 359。
③ 《马克思恩格斯选集》第 3 卷，人民出版社 2012 年版，第 784 页。
④ 《马克思恩格斯全集》第 3 卷，人民出版社 1960 年版，第 607 页。

3. 欧文的"新和谐公社"

罗伯特·欧文（1771—1858）是 19 世纪初英国杰出的空想社会主义思想家和实践家。马克思和恩格斯称欧文是英国共产主义的代表，社会主义者运动的创始人。欧文出身于英国北威尔士蒙哥马利郡的一个马具匠家庭，7 岁开始参加劳动，9 岁就在一家呢绒店当学徒，10 岁时，欧文离开了家乡，只身前往伦敦的哥哥那里去谋生。18 岁那年，欧文拿着借来的 100 英镑，在曼彻斯特创办了自己的工厂。凭着自己的勤恳和智慧，年仅 20 岁就在英国实业界崭露头角，1791 年开始管理有 500 名工人的大厂，享受优厚的待遇。在管理过程中，欧文目睹了工业革命给英国带来的社会后果，他对穷苦的工人给予深厚的同情，并尽自己的能力来改善工人的生产生活条件。1799 年，欧文与他后来的岳父合伙购买了一家大企业，在此基础上办起了新拉纳克工厂。此时，英国正处于工业革命的鼎盛期，一方面是生产力的飞速发展，资产阶级财富的极度膨胀，另一方面是劳动人民惨遭剥削，工人和资本家之间的矛盾加剧。为了实现既要"进行有利于社会的大规模实验"又要"牟利"这样"两个目的"，欧文在自己的工厂开始了他的改革活动。欧文的改革措施主要有：压缩工作时间；禁止雇佣童工；提高工人工资；设立工厂商店，排除商人的中间剥削；拓宽街道，扩大公园和广场；开办工厂子弟小学、幼儿园和托儿所；设立工人互助储金会和医院；设立公共厨房和食堂；发放抚恤金等。欧文的这些改革措施取得了明显的成效，工厂增加了利润，工人生活得到改善，新拉纳克工厂变成了一个"完美的模范移民区"，获得了"幸福之乡"的称号，欧文也因此成了最有名望的慈善家和富有的工厂主。

欧文在工作的同时也没有放弃学习，通过自学不断丰富自己的知识。1812 年，欧文为宣传自己的改革成就，发表了《关于新拉纳克工厂的报告》，引起欧洲社会的广泛关注。但是，欧文并没有满足。此后，欧文为了争取议会制定工厂法和限制工作日的立法进行了大量的工作。1815 年他在《论工业体系的影响》一书中，以"千百万被忽悠的贫苦无知的人民"的名义，呼吁制定改善工人劳动条件的议会法案。经过不断努力，议会终于在 1819 年第一次通过了限制工厂中女工和童工劳动日的法案。1820 年，欧文写了《致拉纳克郡报告》，第一次明确而系统地概述了自己的空想共产主义观点，提出了消灭私有制，建立财产公有、权利平等和共同劳动的理想社会的计划，标志着欧文从慈善家转变为空想社会主义者，这是"欧文一生中的转折点"①。他因此遭到官场社会的普遍排斥，受到了报刊的封锁，也被逐出了上流社会。但是，欧文不为所动。1824 年，欧文在美国印第安纳州买下 3 万英亩土地以及土地上的建筑物，开始"新和谐公社"的共产主义新村实验。公社实行生产资料公共占有，权利平等，民主管理等原则。在资本主义制度下，欧文的这些想法只能是幻想。1828 年，几乎耗尽了欧文全部资产的"新和谐公社"土崩瓦解，这座仅仅存在了 3 年多的孤岛，在风雨飘摇中沉没了。1829 年欧文回到英国，适值英国工人运动处于高涨时期。他一方面在工人中宣传自己的主张，一方面投身于蓬勃的工会运动。1833 年 10 月，在伦敦举行了合作社和职工代表大会，成立了英国历史上第一个全国性的总工会——"全国生产大联盟"，欧文担任联盟主席，成为英国职工会的奠基人和创始人。在积极推进实践活动的同时，欧文晚年还出版了《新道德世界书》《论婚姻、宗教和私有财产》《人类思想和实践中的革命》等著作。1858 年，87 岁高龄的欧文在利物浦召开的全国社会科学促进会代表大会上做讲演时，突然昏迷不醒，经抢救无效于当年 11 月 17 日与世长辞。欧文去世后，马克思曾对他给予了高度评价，称赞他"一经踏上革命的道路，即使遇到失败，也总是能从中汲取新的力量，而且在历史的洪流中漂游得愈久，就变得愈坚决"②。

"欧文的共产主义"主要是在经营工厂的实践中逐渐形成的，是"通过这种纯粹商业的方式，作为所谓商业计算的果实产生出来的。它始终都保持着这种面向实际的性质"③。他对资本主义制度的批判虽没有傅立叶那样机智和辛辣，却直接触及了这一制度的根基——私有制。欧文认为，私有制、宗教和现存的婚姻形式是阻碍社会改造的三大障碍和祸害，其中最主要的是私有制。"私有财产过去和现在都是人们所犯的无数罪行和所遭的无数灾祸的根源"④，"是各国的一切阶级之间的纷争的永久根源"⑤，它使穷人失业、贫困、饥饿和无知，使富人成为没有理性的"衣冠禽兽"和贪婪

---

① 《马克思恩格斯选集》第 3 卷，人民出版社 2012 年版，第 787 页。
② 《马克思恩格斯全集》第 30 卷，人民出版社 1975 年版，第 522 页。
③ 《马克思恩格斯选集》第 3 卷，人民出版社 2012 年版，第 787 页。
④ 《欧文选集》第 2 卷，柯象峰、何光来、秦果显译，商务印书馆 1981 年版，第 11 页。
⑤ 《欧文选集》第 2 卷，柯象峰、何光来、秦果显译，商务印书馆 1981 年版，第 147 页。

的"两脚兽","使人变成魔鬼,使全世界变成地狱","它在原则上是那样不合乎正义,如同它在实践上不合乎理性一样"①。欧文对资本主义私有制的批判受到马克思和恩格斯的重视,认为欧文猜到了"文明世界的根本缺陷的存在",并且"对现代社会的现实基础进行了无情的批判"。②

欧文在社会主义史上第一次从政治经济学的角度对资本主义进行了批判。通过在新拉纳克工厂的经营中,他发现工人劳动中所创造的财富,远比他们所得到的工资要多,企业主占有了工人创造的利润。欧文通过计算开始接触到资本主义生产的秘密:工人们除了生产出了自己的生活资料之外,还生产出剩余产品。这部分剩余产品完全被工厂主占有了。在资本主义制度下,由于劳动得不到社会"适当的支配","有时创造了很少的价值或完全没有创造价值,但是可以获得巨额利润;也可能相反,创造了很多价值,但没有得到任何收益"③。财富集中于少数人之手,大多数人沦为"工资制度的奴隶"。欧文认为,资本主义的财富和贫困是同时增长的,"国家的财富和民族的威力有所增加,而群众的贫困、屈辱和疾苦也在加深"。正如马克思所指出的那样:"老罗伯特·欧文向有教养的绅士们声明,不管用什么仲裁办法,用什么圈套或诡计,永远也不能填满那条把英国和任何一个国家里两大主要阶级分割开来的鸿沟。"④

针对资产阶级经济学家提出的资本主义的失业是由于人口过快增长造成的论断,欧文一针见血地指出,资本主义下的"过剩的人手"即失业大军,完全是社会制度造成的。随着机器大工业的发展,社会生产力将有无限发展的趋势,资本主义制度却不能适应这种新生产力发展的要求。机器本来是为人类谋幸福的手段,但是在资本主义制度下,由于机器的迅速增加,对于"活奴隶"的需求却日益减少,从而产生了大量的"过剩的人手"。欧文认为,"只有在完全不适宜的制度下才能产生这种过剩"⑤,并由此断定,"现存的社会制度已经过时,迫切要求实行人类事业中的巨大变

① 《欧文选集》第 2 卷,柯象峰、何光来、秦果显译,商务印书馆 1981 年版,第 13 页。
② 《马克思恩格斯全集》第 2 卷,人民出版社 1957 年版,第 107 页。
③ 《欧文选集》第 2 卷,柯象峰、何光来、秦果显译,商务印书馆 1981 年版,第 103 页。
④ 《马克思恩格斯全集》第 10 卷,人民出版社 1962 年版,第 68 页。
⑤ 《欧文选集》第 2 卷,柯象峰、何光来、秦果显译,商务印书馆 1981 年版,第 77 页。

革"，而这个改革是"无法遏止的必然趋势"。① 欧文从生产力发展的高度论证了废除资本主义制度的必然性和必要性，这是同时代的圣西门和傅立叶所无法企及的，在社会主义思想史上是一个很大的进步。恩格斯在谈到这一点时明确指出："欧文在资本主义生产最发达的国家里，在这种生产所造成的种种对立的影响下，直接从法国唯物主义出发，系统地阐述了他的消除阶级差别的方案。"② 欧文还对资本主义的议会民主、法律、婚姻制度等进行了严厉的批判。他把资本主义比作为罪恶之树，主张用斧头砍掉这棵罪恶之树。他说："斧头的锋芒已经对准这棵罪恶之树，应当赶快连根带干、连枝带果地把它砍掉。要刨得深深地，把它的根子挖出来，没有任何一种力量可以使它再长期地存在下去了。"③

欧文对未来理想社会的方案，是建立在生产资料公有制基础上的众多的共产主义劳动公社的联合体，劳动公社是未来理想社会的最基层组织或"细胞"。按照欧文的设想，劳动公社是根据"联合劳动、联合消费、联合保有财产和特权均等的原则建立起来的"④，是独立的经济组织和社会单位。在劳动公社里，"纯粹个人日常用品以外的一切东西都变成公有财产"⑤。每个公社都是"由农、工、商、学结合起来的大家庭"⑥，是城乡和谐的完美整体。公社的最高权力属于全体社员大会，一切重大问题都是由社员大会讨论决定。公社的常设领导机构——总理事会由全体社员选举产生。

就合作公社制度下的生产、分配、交换、社会劳动、教育和婚姻，欧文也提出了自己的设想。在他看来，合作公社制度下的生产是在公有制基础上有计划地组织集体生产。公社实行义务劳动，没有享受脱离生产劳动特权的人，也没有游手好闲的人。由于实行公有制和大规模的集体生产，生产劳动将变成轻松愉快的活动，社员的生产积极性将大大提高，产品将极大丰富。在公社制度下，"人类面前将展现出发明和科学发现的新可能性，而且其数目超过迄今存在的数百万倍"⑦，这些科学发明或发现给社会

---

① 《欧文选集》第 2 卷，柯象峰、何光来、秦果显译，商务印书馆 1981 年版，第 52 页。
② 《马克思恩格斯选集》第 3 卷，人民出版社 2012 年版，第 778 页。
③ 《欧文选集》第 2 卷，柯象峰、何光来、秦果显译，商务印书馆 1981 年版，第 54 页。
④ 《欧文选集》第 1 卷，柯象峰、何光来、秦果显译，商务印书馆 1979 年版，第 330 页。
⑤ 《欧文选集》第 2 卷，柯象峰、何光来、秦果显译，商务印书馆 1981 年版，第 13 页。
⑥ 《欧文选集》第 2 卷，柯象峰、何光来、秦果显译，商务印书馆 1981 年版，第 131 页。
⑦ 《欧文选集》第 2 卷，柯象峰、何光来、秦果显译，商务印书馆 1981 年版，第 46 页。

的体力和脑力状况带来的好处将是无法估计的。公社实行按需分配的原则，"人人都可以无忧无虑地获得一切生活必需品"①。公社内部不存在交换关系，废除商品和买卖。公社与公社之间还进行商品交换，交换的原则是等劳交换。欧文主张在合作制度下，应该把城市和乡村结合起来，把工业和农业结合起来，把脑力劳动和体力劳动结合起来，消灭这"三大差别"。欧文主张儿童应受到全面教育，在智、德、体、美、行方面都得到发展，以便能从事全面的实践活动。他还提出了把教育同生产劳动结合起来的主张。马克思对此给予了高度评价说："正如我们在罗伯特·欧文那里可以详细看到的那样，从工厂制度中萌芽出了未来教育的幼芽，未来教育对所有已满一定年龄的儿童来说，就是生产劳动同智育和体育相结合，它不仅是提高社会生产的一种方法，而且是造就全面发展的人的唯一方法。"② 对公社的婚姻制度，欧文也提出了自己的看法。在公社制度下的婚姻是以爱情为基础建立的，实行自由的婚姻制度；将人口的生产与节制结合起来，制定必要的制度，以防止人口过剩。

根据欧文的设想，在公社里，每个成员将各尽所能，彼此团结互助，而公社与公社之间也用同样方式联结起来，形成公社联盟。经过试验和示范，公社制度和公社联盟将逐渐"普及整个欧洲，随后再普及世界其他各洲，最后把全世界联合成为一个只被共同利益联系起来的伟大共和国"③。

（五）空想社会主义的历史地位

空想社会主义虽然总的来说，是空想的、无法实现的东西，但它是早期无产阶级的世界观，是早期无产阶级对社会普遍改造的最初的本能的渴望，是正在产生的无产阶级的象征、表现和先声，为科学社会主义的诞生提供了丰富的资料和启示，已经包含着科学社会主义的萌芽。特别是19世纪三大空想社会主义，是空想社会主义思想发展的最高形态，三位思想家是早期社会主义理论的集大成者，他们的空想体系是科学社会主义的直接理论来源。马克思、恩格斯高度赞扬空想社会主义者特别是19世纪三大空

---

① 《欧文选集》第 2 卷，柯象峰、何光来、秦果显译，商务印书馆 1981 年版，第 30 页。
② 《马克思恩格斯全集》第 23 卷，人民出版社 1972 年版，第 530 页。
③ 《欧文选集》第 2 卷，柯象峰、何光来、秦果显译，商务印书馆 1981 年版，第 151 页。

想社会主义者的成就。马克思说："在唯物主义的批判的社会主义时代以前，空想主义本身包含着这种社会主义的萌芽。"① 我们不应该否定这些社会主义的鼻祖，正如现代化学家不能否定古代的炼金术士一样。恩格斯也指出："德国的理论上的社会主义永远不会忘记，它是站在圣西门、傅立叶和欧文这三个人的肩上的。虽然这三个人的学说含有十分虚幻和空想的性质，但他们终究是属于一切时代最伟大的智士之列的，他们天才地预示了我们现在已经科学地证明了其正确性的无数真理。"② 虽然空想社会主义还包含着许多消极的、落后的成分，甚至有不少属于糟粕性的反动东西，但是，对于后人而言，"判断历史的功绩，不是根据历史活动家没有提供现代所要求的东西，而是根据他们比他们的前辈提供了新的东西"③。

1. 空想社会主义的历史功绩

第一，空想社会主义者对于资本主义制度进行深刻批判。空想社会主义者把批判的矛头直指私有制，揭露了资本主义社会的矛盾冲突和阶级对立，揭露了资本家对工人的残酷剥削，揭露和批判了生产的无政府状态及其所造成的经济危机，严厉批判了资本主义的利己主义思想和道德。对资本主义进行无情揭露和尖锐批判，是空想社会主义学说中最有价值和最有生命力的部分，为科学社会主义的产生准备了条件。正如马克思、恩格斯在《共产党宣言》中指出的那样：他们的著作"抨击现存社会的全部基础。因此，它们提供了启发工人觉悟的极为宝贵的材料"④。马克思、恩格斯在他们早年所进行的共产主义宣传和后来的许多著作中，充分利用了这种批判材料。1845 年马克思、恩格斯在同"真正的社会主义"思潮的斗争中，就曾拟定过出版英法两国空想社会主义优秀著作的计划。当时出版的由恩格斯翻译并写了前言和结束语的《傅立叶论商业的片断》，就是该计划的一部分。马克思在《资本论》中曾三次引用莫尔在《乌托邦》中的材料。傅立叶把资本主义经济危机称为"多血症的危机"，认为资产阶级的文明是"恢复了的奴隶制度"，雇佣劳动是奴隶劳动，工厂就是"温和的监狱"。马克思、恩格斯非常欣赏傅立叶的这些极为深刻的思想，多次援引过傅立叶

---

① 《马克思恩格斯选集》第 4 卷，人民出版社 2012 年版，第 523 页。
② 《马克思恩格斯文集》第 2 卷，人民出版社 2009 年版，第 218 页。
③ 《列宁全集》第 2 卷，人民出版社 2013 年版，第 154 页。
④ 《马克思恩格斯选集》第 1 卷，人民出版社 2012 年版，第 432 页。

这种定义式的语句。例如，马克思在《资本论》中给工厂所下的定义就是"温和的监狱"，恩格斯在《反杜林论》中揭示资本主义危机实质时引用了"多血症的危机"的说法。

第二，空想社会主义者学说中包含一些对历史唯物主义有价值的猜测。圣西门认为，历史不是偶然事件的堆积，而是有规律可遵循的。他在《论财产和法制》中写道："议会政府的形式比其他一切政府形式都好得多，但这仅仅是一种形式，而所有制的制宪工作才是基本。因此，这项制宪工作才是社会大厦的基石。"① "社会的存在取决于所有权的保存，而不是取决于最初制定这项权利的法律的保存。"② 很明显，圣西门的思想中已经具有"经济状态是政治制度的基础这样的认识"，经济基础决定上层建筑的历史唯物主义思想在他那里已经"以萌芽状态表现出来"。③ 他认为，人类历史是不断进步、不断发展的历史，新的社会形态总比旧的社会形态进步和优越，一个新的社会制度的产生，都是过去历史的发展结果和自然的延续，没有永恒的社会制度。圣西门还看到阶级斗争对历史发展的作用。他认为，法国大革命不仅是资产阶级与封建阶级的斗争，而且是无产阶级与封建贵族、资产阶级之间的斗争。恩格斯对此给予高度评价："认识到法国革命是贵族、资产阶级和无财产者之间的阶级斗争，这在 1802 年是极为天才的发现。"④ 傅立叶关于社会发展的观点中，也有不少辩证法思想和唯物主义因素。在他看来，社会历史发展是有规律的，是由低级向高级不断运动的过程。社会运动反对停滞，力求进步。人类历史发展的每个阶段都有上升时期和下降时期，整个人类历史也有上升阶段和下降阶段。每一个社会在走完了他的年富力强的历程之后，便会进入老年阶段或凋谢阶段，代替它的将是一个生气勃勃的新社会。欧文更是敏锐地注意到了机器大生产与资本主义制度之间存在着根本性的矛盾与冲突。

第三，空想社会主义者对未来社会改革都提出了积极主张。在批判资本主义制度的基础上，他们对未来理想社会提出了天才设想。例如：主张废除私有制，建立公有制；主张未来社会实行普遍的义务劳动制度，改变

---

① 《圣西门选集》第 1 卷，王燕生等译，商务印书馆 1979 年版，第 188 页。
② 《圣西门选集》第 1 卷，王燕生等译，商务印书馆 1979 年版，第 191 页。
③ 《马克思恩格斯选集》第 3 卷，人民出版社 2012 年版，第 646 页。
④ 《马克思恩格斯选集》第 3 卷，人民出版社 2012 年版，第 646 页。

资本主义分配制度；主张消灭商品交换和实行计划生产；主张消灭城乡差别、脑力劳动与体力劳动的差别、工业与农业之间的差别以及阶级的差别；等等。他们的方案虽然是空中楼阁，有许多想入非非的东西，但正如马克思所言，其中也包含有对新世界的预测和幻想的描述，探求真理和追求理想的精神和品格催人奋进。尽管空想社会主义者在资本主义还不发达的时代"不得不从头脑中构想出新社会的要素"①，但是他们"处处突破幻想的外壳而显露出来的天才的思想萌芽和天才的思想"②。列宁曾指出，马克思的学说的产生"正是哲学、政治经济学和社会主义极伟大的代表人物的学说的直接继续"③。

2. 空想社会主义的历史局限

空想社会主义是在资本主义产生过程中无产阶级与资产阶级的斗争还没有发展起来的最初时期出现的。由于受时代条件特别是无产阶级自身发展阶段的局限，空想社会主义还存在着三大缺陷。

第一，其学说的理论基础是唯心史观。空想社会主义者无论对于现实制度弊病的批判，还是对消除这些弊病的手段和未来理想方案的设计，都不是建立在人类社会发展的客观规律基础上，而是以它们是否合乎人类理性为评判标准。他们从认为资本主义不符合人类的理性观念出发，把人的头脑中产生出来的"原理""原则""道理"当成了支配世界的唯一尺度，以抽象的理性来设计各种社会改造方案。他们不能也不可能对社会主义以及由资本主义转变为社会主义的必然性做出科学解释，最多只能提出某些天才的猜测。正如恩格斯所说："这种诉诸道德和法的做法，在科学上丝毫不能把我们推向前进；道义上的愤怒，无论多么入情入理，经济科学总不能把它看做证据，而只能看做象征。"④ 马克思也曾指出，"这种乌托邦，这种空论的社会主义"，"主要是幻想借助小小的花招和巨大的感伤情怀来消除阶级的革命斗争及其必要性；这种空论的社会主义实质上只是把现代社会理想化，描绘出一幅没有阴暗面的现代社会的图画，并且不顾这个社会

---

① 《马克思恩格斯文集》第 9 卷，人民出版社 2009 年版，第 282 页。
② 《马克思恩格斯选集》第 3 卷，人民出版社 2012 年版，第 781 页。
③ 《列宁专题文集·论马克思主义》，人民出版社 2009 年版，第 67 页。
④ 《马克思恩格斯文集》第 9 卷，人民出版社 2009 年版，第 156 页。

的现实而力求实现自己的理想"。① 空想社会主义者认为现实理性和正义之所以没有统治世界，是因为还没有被人们正确地认识，所缺少的只是个别的天才人物。在他们看来，"天才人物正是在现在出现，真理正是在现在被认识到，这并不是从历史发展的联系中必然产生的、不可避免的事情，而纯粹是一种侥幸的偶然现象。这种天才人物在 500 年前也同样可能诞生，这样他就能使人类免去 500 年的迷误、斗争和痛苦"②。从这种历史观出发，最后得出的答案只能是社会应该由贵人、贤人和智者来统治。

第二，主张阶级调和，反对阶级斗争。空想社会主义者不了解阶级斗争是阶级社会发展的直接动力，幻想通过达官巨富来资助他们的实验，通过和平的方式逐步改良资本主义，使理想社会得以实现。圣西门把暴力看作是一种破坏性因素，只能给人类带来巨大的灾难，他不仅鼓吹在资本家和封建贵族之间实行阶级合作，而且鼓吹在劳动者和剥削者之间实行阶级合作。欧文虽是一个出色的社会主义理论家和实践家，但他同圣西门、傅立叶一样，反对阶级斗争和暴力革命。他断言，由现实社会向理想社会的过渡"只有用和平的方法并依靠英明的远见才能完成。试图通过暴力来改革政府或社会的性质，都是不能容许的"③。对于欧文及其门徒的这种资产阶级改良主义偏见，恩格斯做了深刻的批判，指出欧文的"社会主义虽然在实质上超越资产阶级和无产阶级的对立，但在形式上仍然以很宽容的态度对待资产阶级，以很不公平的态度对待无产阶级"④。无怪乎在严酷的阶级斗争面前，空想社会主义者的种种努力一个接一个地破灭了，他们始终只能在乌托邦的荒原上苦闷地徘徊。

第三，没有找到改造社会的主力军和正确途径。大多数空想社会主义者都把改造现实社会的历史责任赋予了某个天才人物。圣西门虽然认识到了历史发展的规律性，并在一定程度上承认人民群众的作用，但是总体上，他对无产者群众持否定态度。在总结法国大革命的经验时，圣西门认为，这次革命在百科全书派的错误思想指导和影响下"帮了倒忙"：在革命过程中，"下层群众象（像）沉渣一样浮了上来，愚昧无知的阶级掌握了整个政

---

① 《马克思恩格斯文集》第 2 卷，人民出版社 2009 年版，第 166 页。
② 《马克思恩格斯选集》第 3 卷，人民出版社 2012 年版，第 778 页。
③ 《欧文选集》第 2 卷，柯象峰、何光来、秦果显译，商务印书馆 1981 年版，第 109 页。
④ 《马克思恩格斯文集》第 1 卷，人民出版社 2009 年版，第 471 页。

权，但是由于他们无能，结果在富裕中造成了饥荒"①。他因此得出的结论是，"虽然法国人民能够顺应事物的发展趋势强烈地希望恢复秩序，但是他们只有依靠天才的人，才能重新组织起来而成为一股社会力量"②。对于这一点，马克思和恩格斯在分析三大空想社会主义家的学说时明确指出，"这些体系的发明家看到了阶级的对立，以及占统治地位的社会本身中的瓦解因素的作用。但是，他们看不到无产阶级方面的任何历史主动性，看不到它所特有的任何政治运动"，"他们也意识到，他们的计划主要代表工人阶级这一受苦最深的阶级的利益"，但"在他们的心目中，无产阶级只是一个受苦最深的阶级"。③ 他们不加区别地向整个社会呼吁，而且主要是向统治阶级呼吁。圣西门曾试图谋取教皇和路易十八的支持。他认为，"在法国，为了建立实业制度，只由国王颁布一道敕令，委托最卓越的实业家编制国家预算草案就可以了；如果为数两千五百多万人的法国实业阶级恳请国王确信这个措施可以保证王位安全和民族繁荣富强，国王就一定会颁布这项命令"④。傅立叶多年一直幻想着能有一位明智仁义的富人，对他建立法朗吉的试验解囊相助。他在报纸上刊登广告，给社会名流写信，说他每天中午 12 点在家恭候富翁光临。欧文直到 19 世纪 50 年代，还力图说服英国维多利亚女王理解他的原则和方案是合乎理性的，希望女王接受他的社会改革方案。"不成熟的理论，是同不成熟的资本主义生产状况、不成熟的阶级状况相适应的。解决社会问题的办法还隐藏在不发达的经济关系中，所以只能从头脑中产生出来。……这种新的社会制度是一开始就注定要成为空想的，它越是制定得详尽周密，就越是要陷入纯粹的幻想。"⑤

---

① 《圣西门选集》第 1 卷，王燕生等译，商务印书馆 1979 年版，第 85 页。
② 《圣西门选集》第 1 卷，王燕生等译，商务印书馆 1979 年版，第 12 页。
③ 《马克思恩格斯选集》第 1 卷，人民出版社 2012 年版，第 431 页。
④ 《圣西门选集》第 2 卷，董国良译，商务印书馆 1982 年版，第 120 页。
⑤ 《马克思恩格斯选集》第 3 卷，人民出版社 2012 年版，第 780 - 781 页。

二、社会主义从空想到科学的伟大飞跃
——科学社会主义的创立和早期实践

社会主义经历了 300 多年的发展，到 19 世纪 40 年代末，实现了从空想到科学的伟大飞跃。科学社会主义的创立，是与当时的社会历史条件密不可分的。马克思、恩格斯是科学社会主义的创立者。他们积极参加工人运动，进行了艰苦的理论和实践探索，使社会主义实现了从空想到科学的历史性跨越，为这一伟大学说的形成与发展做出了历史性贡献。

（一）科学社会主义产生的历史必然性

社会主义实现从空想到科学的伟大飞跃，是和当时的社会历史条件密不可分的。资本主义机器大工业的发展，为科学社会主义的产生创造了必要的社会条件；工人运动的发展，为科学社会主义的产生奠定了坚实的阶级基础；欧洲的三大思潮，为科学社会主义的产生提供了重要的理论来源。

1. 社会条件：工业革命的发展

18 世纪中期以后，欧洲各主要国家的社会经济领域开始发生剧烈变革，先后完成了从传统的工场手工业向机器大工业的过渡，实现了人类第一次工业革命。工业革命极大地推动了社会生产力的提高和发展；同时，也使资本主义社会基本矛盾即生产社会化与资本主义私人占有制之间的矛盾正在逐步暴露出来，周期性的危机越来越严重。

英国是工业革命的先驱。18 世纪 60 年代"珍妮纺纱机"的出现，首先在棉纺织业中引发了发明机器、进行技术革新的连锁反应，拉开了工业革命的序幕。此后，在棉纺织业中出现了骡机、水力动力织布机。18 世纪 80 年代，蒸汽机的发明并应用于棉纺织业，使棉纺织业从工场手工业迅速向机器大工业过渡。棉纺织业生产方式的变革，推动了采煤、冶金、交通运输业的技术革新。蒸汽机的推广和各生产部门的机械化，对机器制造业本身提出了技术革命的迫切要求。18世纪90年代，随着转动模型刀架的发明，新型的车床、铣床、刨床、磨床等也相继出现，并且出现了机器零件的标准化。到19世纪30年代，英国实现了用机器生产机器，率先完成了工业革命。英国各个工业部门基本上实现了机械化，建立了大机器工作的工厂制，制造着全世界绝大部分工业品，被称为"世界工厂"。法国在19世纪初、德国在19世纪30年代也先后进入工业革命，时间上虽然晚于英国，但它们利用英国的科技成果和经验，其进展也比较迅速。

工业革命是一场规模空前的技术革命，推动了社会生产力的迅速发展。工业革命主要特征表现为以大机器生产取代分散的小规模手工工业，科学技术在生产中得到广泛应用，使人类的物质生产活动达到了前所未有的水平，使得整个社会的生产力得到了过去时代从未有过的大发展。恩格斯在《社会主义从空想到科学的发展》中指出："自从蒸汽和新的工具机把旧的工场手工业变成大工业以后，在资产阶级领导下造成的生产力，就以前所未闻的速度和前所未闻的规模发展起来了。"[1] 社会生产力的巨大发展为资本主义最终战胜封建制度提供了强大的物质技术基础。大机器生产代替手工劳动，工厂制度在西欧国家主要生产部门的普遍建立，使得这些国家的社会生产关系随之发生了全面的变革，资本主义的社会生产方式最终取代了封建主义的生产方式。

随着生产的发展，资本主义自身固有的内在矛盾，即生产社会化与资本主义私人占有制之间的矛盾正在逐步暴露出来，周期性的危机越来越严重。英国是当时世界上最发达的国家，也是最早发生经济危机的国家。1825年，英国爆发了全国性的经济危机，拉开了资本主义经济危机史的序幕。此后几乎每隔10年左右就会爆发一次大规模的经济危机，而且一次比一次严重。1836年英国再次爆发经济危机并波及美国。1847年的经济危机则席卷了整个欧洲和美国，形成了世界性的经济危机。经济危机不同于战争或自然灾害引起的社会产品匮乏，它是由生产过剩造成的生产下降和经济衰退。每当危机到来时，商业停顿，市场盈溢，产品滞销，银根紧缺，工厂倒闭，失业人数暴增，整个社会就像发生了社会大瘟疫，一片萧条景象。

---

[1] 《马克思恩格斯选集》第3卷，人民出版社2012年版，第798页。

经济危机的频发，使社会生产力遭到极大破坏，给广大工人和人民群众带来了深重的灾难。经济危机之所以周期性爆发，究其根源在于资本主义生产社会化和资本主义私人占有制之间的矛盾。这一矛盾有两种表现：一是表现为资本主义企业内部生产的有组织性和整个社会生产无政府状态之间的矛盾，二是表现为资本主义生产的无限扩大趋势同劳动群众有支付能力的需求相对狭小之间的矛盾。经济危机暴露了资本主义制度的内在矛盾，不能不引起人们对资本主义制度的"合理性"产生怀疑，并努力寻求消除这一社会病态现象的出路。

2. 阶级基础：工人运动的发展

工业革命既是一场生产技术的革命，也是一场深刻的社会关系的革命。恩格斯指出："工业革命创造了一个大工业资本家的阶级，但是也创造了一个人数远远超过前者的产业工人的阶级。"① 随着资本主义内在矛盾日益激化，工人阶级和资产阶级的矛盾也趋于尖锐，工人反抗资本家的斗争此起彼伏。

近代无产阶级反抗资产阶级的斗争从它产生那一天就开始了。这一斗争经历了从自发到日益自觉的发展过程。工业革命初期，工人们每天工作时间长达 16 小时左右，工作环境十分恶劣，工人成为机器的附属物，干着劳动强度大且枯燥无味的工作，但是工人们一天工作所得，仅仅勉强够糊口，如遇失业，就只能饿死。起初，工人们把失业、饥饿和痛苦的根源归结为机器代替手工生产的结果。因而，他们把机器视为敌人，把一切仇恨集中在机器上，展开了一场捣毁机器的斗争。18 世纪末至 19 世纪初席卷整个欧洲的"卢德运动"就是这种斗争的典型表现形式。成千上万的工人成为破坏机器者卢德的信徒，他们到处捣毁工厂企业，破坏和砸烂机器，甚至烧毁工厂。资产阶级对工人捣毁机器、破坏厂房的行动进行了残酷的镇压，并颁布了对捣毁机器者处以死刑的法令。资产阶级的暴力镇压并没有吓倒工人阶级，恰恰相反，他们从资产阶级的暴行中逐渐认识到自己真正的敌人，并把矛头从反对机器转向反对资产阶级。工人们开始采取罢工的形式同资本家进行斗争。初期的罢工没有明确的政治目的和政治口号，带有自发性和分散性，虽然在斗争中也取得了一些胜利，但大部分以失败而

---

① 《马克思恩格斯选集》第 3 卷，人民出版社 2012 年版，第 768 页。

告终。工人们在斗争中逐渐意识到联合的重要性，开始组成反对资本家的联合组织，成立工会，维护自己的基本权益。这种斗争与初期的捣毁机器、破坏厂房的运动比较起来，前进了一大步，但也只限于提高工资、改善劳动条件等经济要求，还没有提出改变资本主义制度这样的政治要求。

随着工人的日益成熟和不断觉悟，19世纪30—40年代，欧洲工人运动发展到一个新的阶段，从以捣毁机器的自发斗争发展成了有组织的、大规模的政治罢工和武装起义，把斗争矛头指向了资产阶级的统治。其中最具有代表意义的是1831年和1834年法国里昂纺织工人起义、1836—1848年英国工人的宪章运动以及1844年德国西里西亚纺织工人起义。里昂工人在自己的旗帜上写上"不共和毋宁死"的战斗口号，在起义中明确提出了建立民主共和国、维护无产阶级利益的要求。英国工人在全国性的宪章运动中提出争取普选权，按照民主原则改组下议院，要求工人获得参与管理国家的权利，"它在很多方面是马克思主义的准备，是马克思主义的'前奏'"①。德国西里西亚工人在起义中公开提出消灭私有制的口号。马克思指出："法国和英国的工人起义没有一次像西里西亚织工起义那样具有如此的理论性和自觉性。……西里西亚起义一开始就恰好做到了法国和英国工人在起义结束时才做到的事，那就是意识到无产阶级的本质。"②

欧洲三大工人运动表明，当资产阶级同封建主争夺政权的斗争尚未完结的时候，新兴的无产阶级已经成为"为争夺统治而斗争的第三个战士"③，显示了无产阶级的力量，标志着无产阶级已经作为独立的政治力量登上历史舞台，正在由自在阶级向自为阶级转变。三大工人运动先后归于失败也说明了缺乏科学理论武装起来的革命阶级，是无法触动资本主义根基的。为了更有成效地进行反抗资产阶级的斗争，无产阶级迫切需要科学理论的指导。这样，为蓬勃发展的工人运动提供科学的指导，变成了摆在社会主义理论家面前的一个重大课题。

3. 理论来源：欧洲的三大思潮

时代呼唤新的理论。马克思、恩格斯正是在批判地吸收前人优秀理论

---

① 《列宁全集》第38卷，人民出版社1986年版，第319页。
② 《马克思恩格斯全集》第1卷，人民出版社1956年版，第483页。
③ 《马克思恩格斯文集》第4卷，人民出版社2009年版，第304页。

成果的基础上，创立了科学社会主义学说，为工人阶级的解放事业提供了强有力的理论武器。当时欧洲的三大思潮，即德国的古典哲学、英国的古典政治经济学、英法两国的空想社会主义，为科学社会主义的产生提供了重要的理论来源。

德国古典哲学是在 18 世纪末 19 世纪初德国资本主义发展的独特条件下产生的，是德国资产阶级的哲学体系，也是欧洲资产阶级哲学发展的顶峰，主要代表人物有康德（1724—1804）、黑格尔（1770—1831）和费尔巴哈（1804—1872）。康德是德国古典哲学的创始人。他一方面承认在人的意识之外存在着客观物质世界，即"自在之物"；另一方面又认为"自在之物"是不可知的。我们所能认识的只是由"自在之物"作用于我们的感官而在我们心中产生的表象，即现象，它在某种程度上是意识自己的创造物。这样，康德就在"自在之物"和"现象"之间划下了一道不可逾越的鸿沟，把人的认识局限于现象界，从而把思维和存在形而上学地割裂开，陷入了不可知论。黑格尔是德国古典唯心论哲学的集大成者，也是第一个系统地阐发唯心主义辩证法的哲学家。他第一次"把整个自然的、历史的和精神的世界描写为一个过程，即把它描写为处在不断的运动、变化、转变和发展中，并企图揭示这种运动和发展的内在联系"①。黑格尔尖锐地批判了形而上学的观点，肯定事物的普遍运动和发展，又把运动和矛盾联系起来，把矛盾看作是运动发展的内在源泉，这是黑格尔哲学的精髓，是黑格尔哲学的伟大贡献。但是黑格尔的哲学是具有两面性的哲学，他的哲学体系是唯心的，他的方法又是辩证的。黑格尔的唯心主义辩证法对马克思影响甚深。马克思在批判黑格尔哲学唯心主义的同时，吸取了其辩证法的合理内核。黑格尔逝世后，他的信徒分裂为老年黑格尔派和青年黑格尔派。在青年黑格尔派中，涌现出了杰出的唯物主义哲学家费尔巴哈。他深刻地揭露黑格尔哲学的错误实质，认为它根本颠倒了思维和存在、精神和自然的关系。费尔巴哈提出，思维是从存在而来的，然而存在并不来自思维。这样，费尔巴哈就从坚持物质第一性的唯物主义立场对思维与存在的关系问题，做了截然不同的回答。费尔巴哈还把对黑格尔哲学的批判同对宗教的批判紧密地联系起来。他用无神论的观点揭露了黑格尔的唯心主义和宗教神学

---

① 《马克思恩格斯选集》第 3 卷，人民出版社 2012 年版，第 793 页。

之间的血缘关系，指出它们二者是互相支持的同盟者，是一对双生子。费尔巴哈尖锐地提出，要抛弃神学，首先必须抛开黑格尔哲学，因为黑格尔的哲学是神学最后的避难所和最后的理性支柱。费尔巴哈对黑格尔哲学的批判虽然击中要害，但他对黑格尔哲学采取了全盘否定的态度，在批判黑格尔的唯心论观点时，把黑格尔的辩证法思想也抛弃了。他自己的唯物主义学说也带有人本主义的历史局限性。他的哲学以人作为核心，称为"人本学"。但他所理解的人是脱离具体历史和社会关系的抽象的人，仍然未能摆脱历史唯心主义的错误。在摆脱黑格尔唯心主义哲学世界观的过程中，费尔巴哈的唯物主义哲学对马克思产生过重大影响，但马克思后来也清醒地认识到："当费尔巴哈是一个唯物主义者的时候，历史在他的视野之外；当他去探讨历史的时候，他不是一个历史唯物主义者。在他那里，唯物主义和历史是彼此完全脱离的。"①

英国古典政治经济学是指在 17 世纪中叶至 19 世纪初，反映英国资产阶级利益和要求的经济思想，主要代表人物是威廉·配第（1623—1687）、亚当·斯密（1723—1790）和大卫·李嘉图（1772—1823）。英国古典政治经济学的主要贡献是奠定了劳动价值论的基础。威廉·配第第一次提出了劳动价值论的基本观点，他认为商品的价值形成于生产过程中，衡量商品价值的根据是生产商品所耗费的劳动时间，商品的价值量同生产这种商品的劳动生产率成反比。亚当·斯密进一步推进了劳动价值论。他认为劳动是财富的源泉，并明确区分了使用价值和交换价值，强调商品的交换价值的根源是劳动，"劳动是衡量一切商品交换价值的真实尺度"的观点，商品的交换实际上是凝结在商品中的劳动量的交换。大卫·李嘉图进一步发展了亚当·斯密的观点，明确提出了商品价值决定于生产该商品所耗费的社会必要劳动时间的原理。在此基础上，英国古典政治经济学家进一步研究了剩余价值的一些问题。他们第一次把剩余价值的产生从流通领域转到直接生产领域，强调劳动者在生产中所创造的价值是工资、利润和地租的源泉，工人以工资形式得到的，只是他在劳动过程中所创造的价值的一部分。此外，他们还对资本主义社会阶级关系进行了经济分析，认为工人、地主和资本家构成了当时资本主义社会的三大基本的阶级，并区分了与之相适应

---

① 《马克思恩格斯文集》第 1 卷，人民出版社 2009 年版，第 530 页。

的三种基本收入：工资、地租和利润。古典政治经济学为人们研究和考察资本主义经济发展的规律，揭露资本剥削的秘密和声誉价值的来源提供了有益的材料。马克思认为，斯密认识到了剩余价值的真正起源，而李嘉图揭示并说明了阶级之间的经济对立。马克思在批判英国古典政治经济学的基础上，深入研究了资本主义的本质，揭露了资本主义剥削的秘密，提出了著名的剩余价值学说。

如第一章所述，英法两国的空想社会主义，特别是19世纪上半叶以圣西门、傅立叶、欧文为代表的三大空想社会主义者的学说，对资本主义进行了尖锐的批判，对未来社会做出了大胆的设想，他们的思想对马克思、恩格斯有着重要的启发作用。由于空想社会主义自身的缺陷，注定了其只具有空想性质。然而，空想社会主义思想中包含着许多合理的因素，它们是科学社会主义的直接思想来源。正如恩格斯指出的那样："德国的理论上的社会主义永远不会忘记，它是站在圣西门、傅立叶和欧文这三个人的肩上的。虽然这三个人的学说含有十分虚幻和空想的性质，但他们终究是属于一切时代最伟大的智士之列的，他们天才地预示了我们现在已经科学地证明了其正确性的无数真理。"①

（二）科学社会主义的理论基石

马克思、恩格斯是科学社会主义的创始人。他们在创立这个学说时，自身也经历了从革命的民主主义到共产主义和从唯心主义到辩证唯物主义的"两大转变"。唯物史观和剩余价值学说的"两大发现"，使社会主义实现了由空想到科学的转变。

1. 马克思和恩格斯的"两大转变"

卡尔·马克思（1818—1883）出身于德国莱茵省特里尔城一个犹太律师家庭。他在青少年时代就勤奋好学，在中学时代就立下了为人类幸福而工作的志向：

> 如果我们选择了最能为人类而工作的职业，那么，重担就不能把我们压倒，因为这是为大家作出的牺牲；那时我们所享受的就不是可

---

① 《马克思恩格斯文集》第2卷，人民出版社2009年版，第218页。

怜的、有限的、自私的乐趣，我们的幸福将属于千百万人，我们的事业将悄然无声地存在下去，但是它会永远发挥作用，而面对我们的骨灰，高尚的人们将洒下热泪。①

1835 年中学毕业后，他先后在波恩大学和柏林大学学习法律，并对哲学和历史有浓厚兴趣，认真地阅读了黑格尔的著作，参加了当时的青年黑格尔运动，成为青年黑格尔派的一员。1841 年 3 月，马克思完成了题为《德谟克利特的自然哲学和伊壁鸠鲁的自然哲学的差别》的博士论文。在博士论文中，他分析并批判了对伊壁鸠鲁哲学的种种歪曲和贬低，纠正了把德谟克利特和伊壁鸠鲁这两位古希腊唯物主义哲学家的自然哲学等同起来的传统偏见，阐明了他们在自然哲学方面的差别，揭示了伊壁鸠鲁原子学说的独特的积极的意义。马克思深刻地分析了人和客观现实、哲学和世界的辩证关系，指出作为一种意志力量，哲学必然要同外部世界发生关系，变成一种实践力量。马克思在学习期间开展的研究和活动，对他的世界观的形成具有重要意义。对马克思的博士论文，恩格斯曾做过这样的追述："马克思已经精通黑格尔的辩证法，不过在自己的研究过程中还没有迫切感到要以唯物主义辩证法来代替它，但在那时，他在运用黑格尔辩证法方面，而且就是在毫无疑问是黑格尔学说中最强有力的方面，即思维的历史方面，已经脱离黑格尔而完全独立自主了。"②

大学毕业后，马克思很快就投身到实际政治斗争中，走上一条批判现实世界之路。最初，他为《莱茵报》写稿，不久接任该报主编。在办报过程中，马克思广泛接触到社会生活的现实，开始认识到黑格尔哲学重视理念、轻视物质利益是错误的，并开始了世界观和政治立场的根本性转变。1843 年 4 月，《莱茵报》被普鲁士政府查封。同年 6 月，马克思前往克洛斯纳赫同苦等了他七年之久的燕妮结婚。在克洛斯纳赫，马克思完成了《黑格尔法哲学批判》，得出了政治国家是以家庭和市民社会为基础，市民社会决定国家的唯物主义结论。这部著作标志着马克思唯物史观的萌芽已经形

---

① 《马克思恩格斯全集》第 1 卷，人民出版社 1995 年版，第 459 – 460 页。
② 《回忆马克思、恩格斯》，人民出版社 1957 年版，第 387 页。转引自庄福龄主编：《马克思主义发展史》第 1 卷，人民出版社 1996 年版，第 72 页。

成。1843 年 11 月，马克思携新婚妻子燕妮移居巴黎。在巴黎，马克思亲身接触到工人阶级，深深同情他们的处境，确立起为工人阶级服务的信念，决心为无产阶级和全人类的解放事业而奋斗，并一生坚守这一坚定信念。1844 年 2 月，马克思在《德法年鉴》发表了《论犹太人问题》和《〈黑格尔法哲学批判〉导言》。在《论犹太人问题》中，马克思阐述了"政治解放"和"人类解放"的根本区别，指出"政治解放还不是人类解放"，人类解放是推翻那些使人成为受奴役的一切关系的革命，提出了社会主义革命的某些思想萌芽。在《〈黑格尔法哲学批判〉导言》中，马克思第一次阐明了无产阶级解放和人类解放的关系，提出了无产阶级是实现社会主义革命的社会力量，无产阶级只有解放全人类才能解放自己的思想。马克思还论述了先进理论与无产阶级革命的关系，认为革命理论和实践必须相结合，指出，"哲学把无产阶级当做自己的物质武器，同样，无产阶级也把哲学当做自己的精神武器"[1]。这两篇文章的发表，标志着马克思已完成了向唯物主义和共产主义的转变。

弗里德里希·恩格斯（1820—1895）出身于德国莱茵省巴门市的一个纺织厂主家庭。他在家乡巴门市上完小学后，1834 年秋，恩格斯进入爱北斐特中学学习。中学未毕业就遵从父命到商行当实习生。1841 年秋，恩格斯在柏林服兵役期间，到柏林大学旁听哲学课，接受了黑格尔的唯心主义辩证法思想。1842 年 11 月，服完兵役的恩格斯按照父亲的要求，到英国的曼彻斯特工作，在这里居住了 21 个月。他利用业余时间进行社会调查，了解工业发达城市的生活状况和工人状况，并对哲学、政治经济学和社会主义等进行了深入研究。曼彻斯特是英国工业革命的发源地，这里资产阶级的贪婪、残酷和工人阶级的贫苦，使恩格斯深受触动，决心为工人阶级探索一条解放的道路。列宁说："恩格斯是在英国，是在英国工业中心曼彻斯特结识无产阶级的。"[2] 1844 年 2 月，恩格斯在《德法年鉴》上发表了《英国状况——评托马斯·卡莱尔的"过去和现在"》和《政治经济学批判大纲》两篇重要文章。在前一篇文章中，恩格斯批判了卡莱尔的英雄史观，指出只有"工人"才是"最可敬的人"，才能"拯救英国"，并通过对英国

---

[1] 《马克思恩格斯文集》第 1 卷，人民出版社 2009 年版，第 17 页。
[2] 《列宁全集》第 2 卷，人民出版社 1984 年版，第 6 页。

社会各阶级的分析，得出了只有无产阶级才是代表未来的阶级的结论。在《政治经济学批判大纲》中，恩格斯通过对资产阶级政治经济学的批判，论述了废除私有制的必要性。这两篇文章的发表，标志着恩格斯已完成了向唯物主义和共产主义的转变。

2. 马克思和恩格斯的"两大发现"

唯物史观和剩余价值学说是马克思主义的重要组成部分，是影响深远的最伟大的两个科学发现。正是这两大发现，使社会主义从空想发展到科学，为科学社会主义理论大厦奠定了两大基石。

马克思、恩格斯在向唯物主义和共产主义的"两大转变"中，通过对黑格尔法哲学的批判，不仅同黑格尔唯心主义的"绝对观念"彻底决裂，而且认识到揭开"历史之谜"的关键是到政治经济学中去寻求对市民社会的解剖。从经济学上探索"历史之谜"是马克思从唯心主义转到唯物主义之后极为重要的一次尝试，这一批判性探索是通过异化劳动学说进行的。马克思在《1844年经济学哲学手稿》中通过分析资本主义异化的四种表现形式，提出了异化的根源在于私有制，把私有制同异化劳动看作是人类发展特定阶段存在的现象，提出了历史发展规律的问题，提出了共产主义与私有财产即人的自我异化的问题，并把它归结为"历史之谜"的解答。从这个意义上说，马克思的异化理论本质上是社会发展的理论。虽然马克思的异化理论还受着人本主义的影响，但是他对人的本质的分析，已经深入到经济生活，深入到私有财产起源的人类的发展方面。在此基础上，1845年3月，马克思通过批判李斯特的《政治经济学的国民体系》中的唯心主义生产力理论，第一次论证了自己的唯物主义生产力理论，在探索"历史之谜"的过程中，开始找到了历史发展的真正动力，为制定科学的唯物史观做了必要的理论准备。

1844年8月，马克思、恩格斯在巴黎会晤后合写了第一部著作《神圣家族》，通过对青年黑格尔派唯心史观的批判，强调了人们的物质生产对整个社会历史发展的决定作用，得出历史的发源地不是在"天上的迷蒙的云兴雾聚之处"，而是在"地上的粗糙的物质生产"中的结论[①]；论述了思想与利益在历史上的作用问题，指出"'思想'一旦离开'利益'，就一定会

---

① 《马克思恩格斯文集》第 1 卷，人民出版社 2009 年版，第 351 页。

使自己出丑"①；阐明了人民群众是历史的创造者，认为"历史活动是群众的活动，随着历史活动的深入，必将是群众队伍的扩大"②。这样，在批判过程中就探讨了马克思、恩格斯自己的历史观。1845 年 5 月，马克思完成了被恩格斯称为"包含着新世界观的天才萌芽的第一个文献"③——《关于费尔巴哈的提纲》，阐发了他和恩格斯所共同制定的新唯物主义的实践观，并指出人的本质"在其现实性上是一切社会关系的总和"，说明实践是检验真理的标准，哲学的任务不仅仅是认识世界，而且是改造世界。这表明马克思不仅同唯心主义划清了界限，而且同一切旧唯物主义划清了界限，为制定唯物史观的基本原理奠定了基础。

1845 年 4 月，马克思与恩格斯进行了第三次会晤，为制定自己的新世界观而共同工作。1845 年 9 月至 1846 年夏，马克思、恩格斯完成了他们的第二次理论合作《德意志意识形态》。这部著作对青年黑格尔派做了彻底的清算，对费尔巴哈的唯心史观做了尖锐的批判，并在批判中系统地阐发了自己创立的新唯物主义理论。《德意志意识形态》关于唯物史观的理论阐述主要分为三部分，即它的前提或出发点、基本观点和由此得出的结论。马克思、恩格斯在阐述自己的哲学路线时，特别申明从事实际活动的人是历史唯物主义的出发点。在此基础上，马克思、恩格斯对唯物史观的一些重要的基本原理做了最初的系统表述，提出并论证了生产力与生产关系、市民社会与上层建筑的辩证关系原理，指出"人们所能达到的生产力的总和决定着社会"，随着生产力的发展，旧的生产关系和交往方式为新的生产关系和交往方式代替，社会得到发展，"不是意识决定生活，而是生活决定意识"。最后，他们依据科学的历史观论证了社会主义的历史必然性，认为共产主义不是思辨地制定出来的理想社会，而是客观的历史过程的合乎规律的结果。马克思、恩格斯创立的唯物史观揭示了人类历史发展的客观规律，实现了哲学的革命，正如列宁所说的，"它把伟大的认识工具给了人类，特别是给了工人阶级"④，从而为科学社会主义创立提供了第一块基石。

马克思和恩格斯运用唯物史观对资本主义制度进行了深入分析，并批

---

① 《马克思恩格斯文集》第 1 卷，人民出版社 2009 年版，第 286 页。
② 《马克思恩格斯文集》第 1 卷，人民出版社 2009 年版，第 287 页。
③ 《马克思恩格斯文集》第 4 卷，人民出版社 2009 年版，第 266 页。
④ 《列宁选集》第 2 卷，人民出版社 2012 年版，第 311 页。

判地吸收了英国古典政治经济学的劳动价值论，创立了剩余价值学说，找到了资本主义剥削的秘密，揭示了资本主义的内在矛盾和发展趋势。马克思在 1847 年发表的《哲学的贫困》和 1849 年发表的《雇佣劳动与资本》中，已经孕育了剩余价值的思想。他指出了资本、利润等经济范畴是资本主义生产关系的抽象，"积累起来的劳动"只是在资本主义生产关系下才成为资本，工人的"劳动"也只是在资本主义制度下才成为商品，整个资本主义社会就是建立在"劳动商品"的基础之上。同时，还进一步指出了"劳动价值"和劳动所创造的价值在量上是不平等的。这个差额就是资本增殖的秘密。尽管这时马克思还没有使用"剩余价值"这一科学概念，但已提出了剩余价值学说的初步原理。正如恩格斯指出的那样：这时马克思"不仅已经非常清楚地知道'资本家的剩余价值'是从哪里'产生'的，而且已经非常清楚地知道它是怎样'产生'的。这一点，从 1847 年的《哲学的贫困》和 1847 年在布鲁塞尔所作的、1849 年发表在《新莱茵报》第 264 - 269 号上的关于雇佣劳动与资本的讲演，可以得到证明"①。1848 年欧洲革命一度中断了马克思对政治经济学的研究，但是自 1849 年 8 月马克思移居伦敦后一直到 1867 年《资本论》第一卷问世，马克思把一生黄金时间的绝大部分精力用于研究资本主义经济关系，揭示了资本主义经济运动规律，完成了他的第二个伟大发现。

唯物史观和剩余价值学说，第一次深刻揭示了社会主义代替资本主义的客观必然性，找到了变革资本主义、实现社会主义的阶级力量和正确途径，使社会主义终于驱散了空想的迷雾，奠定在了坚实的基础之上。

（三）世界上第一个国际性的无产阶级政党组织：共产主义者同盟

1847 年 6 月，共产主义者同盟在伦敦成立，其前身为正义者同盟。共产主义者同盟成立不久，欧洲就爆发了震撼世界的 1848 年革命。同盟成员积极投身到这场革命中去。革命失败后，同盟受到很大削弱。1852 年 11 月 17 日，根据马克思的提议，同盟宣告自行解散。共产主义者同盟是国际工人运动史上第一个用科学社会主义理论指导的国际无产阶级政党组织，它

---

① 《马克思恩格斯文集》第 6 卷，人民出版社 2009 年版，第 12 页。

虽然只存在了短短五年多时间，但它在国际共产主义运动史上留下了不可磨灭的功绩。

1. 马克思、恩格斯对正义者同盟的改造

19 世纪三四十年代，在英、法、德等国独立的工人运动中，已经建立了相应的工人阶级的政党性组织。如英国的全国宪章协会（1840 年）、法国的四季社（1837 年）、德国的正义者同盟（1836 年）等。这些组织在团结工人群众开展反对资产阶级的斗争中发挥了重要作用。但是，这些团体在组织上一般带有宗派性和密谋性，在思想上受各种社会主义思潮的影响，不能真正发挥一个无产阶级政党的作用，一定程度上妨碍了工人运动的健康发展。马克思、恩格斯认为，无产阶级要实现推翻资本主义、实现共产主义的伟大历史使命，必须"组成一个不同于其他所有政党并与它们对立的特殊政党，一个自觉的阶级政党"[1]。这个特殊政党的独特之处在于：它应当是一个以先进的理论武装起来的无产阶级革命政党。考虑到工人运动的实际，马克思、恩格斯决定从改造现有的革命组织入手开始建党工作。在当时欧洲工人运动的舞台上，影响比较大和比较好的是德国的正义者同盟。

正义者同盟是德国工人阶级的第一个独立的政党性组织，是由原德国流亡者同盟分化出来的盟员于 1836 年在巴黎建立的国际性的秘密组织，先后受到布朗基主义、魏特林平均共产主义、蒲鲁东主义和"真正的社会主义"等社会主义思潮的影响，主要领导人有卡尔·沙佩尔、亨利希·鲍威尔和约瑟夫·莫尔等人。1839 年 5 月 12 日，正义者同盟在巴黎参加了由布朗基领导的"四季社"发动的武装起义。起义失败后，其领导人被驱逐出境。从 1840 年起，正义者同盟的重心由巴黎转到伦敦，同盟也成为一个国际性的工人组织，除德国人外，还吸收了法、英、波兰、瑞士等国工人，并在巴黎、瑞士和德国的一些地方建立了支部。1845 年 2 月至 1846 年 1 月间，同盟内部就制定同盟纲领展开了讨论，但是内部思想分歧和斗争激烈复杂，其中，空想社会主义思潮影响很大，主要是魏特林主义和"真正的社会主义"。

威廉·魏特林（1808—1871）是德国和国际工人运动早期活动家，空

---

① 《马克思恩格斯文集》第 10 卷，人民出版社 2009 年版，第 578 页。

想的平均共产主义的理论家。他出身裁缝工人家庭，早年在德国从事共产主义理论宣传，流亡巴黎时参与创立了正义者同盟。1842 年 12 月，他在瑞士出版了他的代表作《和谐与自由的保证》，无情地揭露和批判了资本主义社会，系统地阐述了他的平均共产主义理想。他认为私有制是万恶之源，是一切不平等的根源，只有消灭私有制才能解放无产阶级和贫苦穷人。他还认识到，统治阶级是不会自动放弃私有制的，只有通过无产阶级的革命斗争，才能消灭私有制，实现社会的平等和自由；他提出了社会改革的理想蓝图，主张实行"共享共有的社会制度"。他的这些思想对于启发工人阶级的政治觉悟起到了积极作用。马克思曾高度赞扬魏特林的《和谐与自由的保证》，称其是德国工人"史无前例光辉灿烂的处女作"①。但是魏特林的社会历史观是唯心的。他不懂得社会发展规律，认识不清资本主义剥削的本质和发展趋势，对资本主义的批判完全出于阶级的本能和道义上的愤怒。他主张的暴力不是有组织的阶级行动，而是依靠小手工业者和流氓无产者通过盲目暴动去实现他的宏伟计划。正如恩格斯所说："这是一种还没有很好加工的、只是出于本能的、往往有些粗陋的共产主义。"② 1843 年 5 月，魏特林出版了《一个贫苦罪人的福音》一书，给自己的共产主义理想涂上了宗教的色彩，把共产主义的实现归结为原始基督教，在当时德国工人运动中造成很坏的影响，成为推动工人运动前进的阻力。

"真正的社会主义"是 19 世纪中期在德国工人阶级中产生的一种小资产阶级社会主义思潮，代表人物卡尔·格律恩（1817—1887）、海尔曼·克利盖（1820—1850）等人。他们打着社会主义的旗号，将德国费尔巴哈的人本主义哲学与法国空想社会主义的某些社会主义理想结合起来，宣扬超阶级的博爱和人道主义，既害怕资本主义的发展，又害怕阶级斗争和无产阶级革命，主张通过和平的方式建立一个符合人的本质、充满爱的自由人共同体。

为了改造和争取正义者同盟，马克思、恩格斯进行了大量工作，特别是对魏特林主义和"真正的社会主义"进行了批判。1846 年 1 月，在马克思、恩格斯的积极努力下，在比利时首都布鲁塞尔建立了共产主义通讯委

---

① 《马克思恩格斯全集》第 1 卷，人民出版社 1956 年版，第 483 页。
② 《马克思恩格斯选集》第 1 卷，人民出版社 2012 年版，第 392 页。

员会。马克思、恩格斯和比利时的社会主义者菲利浦·日果（1820—1860）被选为领导核心。共产主义通讯委员会的目的和任务是：同各国的社会主义者建立广泛而经常的联系，了解各国工人运动的发展情况，宣传科学社会主义理论，批判各种错误思潮，为建立国际性无产阶级政党打下思想基础和组织基础。共产主义通讯委员会的创建是马克思和恩格斯建立无产阶级先进政党的准备步骤。

为了帮助和争取魏特林，马克思、恩格斯吸收他参加了共产主义通讯委员会，并同他直接交往，希望他能接受科学社会主义。但是魏特林不但拒绝马克思、恩格斯的帮助，而且还在通讯委员会会议上宣扬自己的错误观点，并讥笑马克思、恩格斯的理论是闭门造车，是对共产主义的背叛。由于魏特林和马克思、恩格斯的分歧是原则性的，反映的是小资产阶级空想主义和科学社会主义的对立，最终导致了双方的决裂。在马克思、恩格斯的努力下，正义者同盟的许多领导人和骨干，都表示支持马克思、恩格斯的正确原则和立场。1846 年 5 月 11 日，共产主义通讯委员会在布鲁塞尔召开会议，与会者除魏特林外，一致通过了由马克思、恩格斯起草的《反克利盖通告》。《通告》揭露了他的"真正的社会主义"的实质，明确指出，克利盖宣扬的不是共产主义，反而"大大地损害了共产主义政党在欧洲以及在美洲的声誉"，他"所鼓吹的那些荒诞的伤感主义梦呓，如果被工人接受，就会使他们的意志颓废"。[①] 该《通告》分发给了共产主义通讯委员会成员，使"真正的社会主义"遭到了沉重的打击。1846 年 8 月，恩格斯前往巴黎，在正义者同盟巴黎支部的集会上，又对格律恩的"真正的社会主义"的错误进行了讨论和批判，会议最后以 13 票对 2 票通过了恩格斯关于共产主义的定义。

在马克思、恩格斯的帮助下，正义者同盟在思想上、政治上和组织上发生了很大的变化。在实际斗争中，正义者同盟领导人逐步认识到，他们以前信仰的各种共产主义学说都是不能实现的，逐步接受了科学社会主义理论。正如恩格斯指出的那样："过去的理论观念毫无根据以及由此产生的实践上的错误，越来越使伦敦的盟员认识到马克思和我的新理论是正确

---

① 《马克思恩格斯全集》第 4 卷，人民出版社 1958 年版，第 3 页。

的。"① 1846 年 11 月和 1847 年 2 月，正义者同盟领导机关在两次告全体盟员书中，斥责了魏特林主义，并号召盟员同"真正的社会主义"划清界限。1847 年 1 月 20 日，同盟中央正式派出自己的领导人约瑟夫·莫尔前往布鲁塞尔、巴黎邀请马克思和恩格斯加入并改组正义者同盟。马克思、恩格斯认识到建立无产阶级政党组织的条件已经具备，便欣然接受了邀请，担负起从思想上和组织上改造同盟的重任。

2. 共产主义者同盟的诞生

1847 年 6 月 2 日至 9 日，正义者同盟改组大会在伦敦秘密召开，这实际上是共产主义者同盟的成立大会。马克思因经济困难没有参加大会，他派战友威廉·沃尔弗代表布鲁塞尔支部出席大会，恩格斯则代表巴黎支部参加了会议。根据马克思、恩格斯在会前的提议，大会决定将正义者同盟改名为共产主义者同盟，决定用马克思、恩格斯提出的具有鲜明阶级性的战斗口号"全世界无产者，联合起来"代替原来阶级观点模糊的"人人皆兄弟"的旧口号。大会讨论了同盟的纲领《共产主义信条草案》，通过了开除魏特林分子出盟的决定，选举产生了由莫尔、沙佩尔、鲍威尔等组成的中央委员会，决定同盟中央委员会仍然设在伦敦，并决定出版中央机关刊物——《共产主义杂志》。同盟的大部分成员虽然是德国人，但是又广泛吸收了英、法、比等国工人参加，因而它不仅仅是德国无产阶级的政治组织，也是国际无产阶级的政治组织。共产主义者同盟的建立，标志着国际工人运动史上第一个用科学社会主义理论指导的国际无产阶级政党组织的诞生。

对于无产阶级政党来说，党的纲领是党在社会上公开树起的一面旗帜。旗帜就是方向，旗帜就是形象。在创建共产主义者同盟过程中，马克思、恩格斯非常重视纲领问题。在共产主义者同盟成立大会期间，恩格斯就为同盟起草了第一个纲领稿本——《共产主义信条草案》。它以问答的形式论述了 22 个问题，指出了无产阶级的产生、发展及其历史使命，实现共产主义的过程、手段、基本条件和步骤等。但是，恩格斯对草案并不感到满意。1847 年 10 月，同盟巴黎区部又委托恩格斯草拟新的纲领时，他便在《共产主义信条草案》的基础上，再次撰写了新的纲领草案《共产主义原理》，拟提交同盟第二次代表大会讨论。这个纲领稿本比《共产主义信条草案》又

---

① 《马克思恩格斯选集》第 4 卷，人民出版社 2012 年版，第 205 页。

大大地前进了一步。1847年11月23日至24日，恩格斯从巴黎写信给马克思，谈到他自己所写的这份纲领草案。他说："请你把《信条》考虑一下。我想，我们最好不要采用那种教义问答形式，而把这个文本题名为《共产主义宣言》。因为其中或多或少要叙述历史，所以现有的形式完全不合适。我把我在这里草拟的东西带去，这是用简单的叙述体写的，时间十分仓促，还没有作仔细的修订。"① 马克思非常赞同这一重要意见。但这也反映恩格斯对《共产主义原理》这一初稿依然不太满意。

1847年11月29日至12月8日，共产主义者同盟在伦敦秘密召开了第二次代表大会。马克思和恩格斯都出席了大会。大会对同盟的纲领展开了热烈的讨论，经过辩论，由于马克思、恩格斯鞭辟入里的透彻说明，"所有的分歧和怀疑终于都消除了，一致通过了新原则"②。大会委托他们两人草拟共产主义者同盟的纲领，作为党的宣言公布出来。大会闭幕后，马克思和恩格斯立即就新纲领的起草交换了意见，形成了一致认识。1848年2月，《共产党宣言》在伦敦公开发表。至此，在经历了从《共产主义信条草案》到《共产主义原理》再到《共产党宣言》的不断演进之后，世界上第一份共产党纲领终于得以问世。《共产党宣言》是马克思主义同工人运动相结合的重大成果，是国际共产主义运动的第一个纲领性文献。

《共产党宣言》（以下简称《宣言》）由一个简短的引言和四章构成，虽然"篇幅不多，价值却相当于多部巨著"③。概括起来，主要有以下六个方面的内容：

一是关于唯物史观的基本原理。《宣言》首要的基本思想就是，每一历史时代的经济生产以及必然由此产生的社会结构，是该时代政治的和精神的历史的基础。这就是说，生产力决定生产关系，经济基础决定上层建筑，这是人类社会运动演变的基本规律。人类社会的历史是由低级向高级发展的，人民群众是历史的创造者。

二是关于阶级斗争理论的基本观点。《宣言》开宗明义，分析了从奴隶制社会直到资本主义社会的历史，认为"至今一切社会的历史都是阶级斗

---

① 《马克思恩格斯文集》第10卷，人民出版社2009年版，第55－56页。
② 《马克思恩格斯文集》第4卷，人民出版社2009年版，第237页。
③ 《列宁选集》第1卷，人民出版社2012年版，第93页。

争的历史"①，即社会发展各个阶段上被剥削阶级和剥削阶级之间、被统治阶级和统治阶级之间斗争的历史。人类社会就是在这样的矛盾运动中前进的。只有到了共产主义社会，阶级矛盾和阶级斗争才不复存在。

三是关于资产阶级和资本主义历史地位的基本观点。《宣言》认为，"资产阶级在历史上曾经起过非常革命的作用"②，它反对封建主义，开拓了世界市场，创造了惊人的生产力，"资产阶级在它的不到一百年的阶级统治中所创造的生产力，比过去一切世代创造的全部生产力还要多，还要大"③。但是由于资本主义生产力和生产关系的矛盾也日益激化，《宣言》提出了"两个必然"的科学论断："资产阶级的灭亡和无产阶级的胜利是同样不可避免的。"④

四是关于无产阶级革命和无产阶级专政的基本观点。《宣言》指出，无产阶级在反对资产阶级的斗争中具有彻底革命的性质，承担着推翻资本主义制度的历史使命。"工人革命的第一步就是使无产阶级上升为统治阶级，争得民主。"⑤ 然后，利用自己的统治实行生产资料的所有制改造，并且尽可能快地增加生产力的总量，为向共产主义过渡做准备。

五是关于共产主义新社会建设的基本观点。《宣言》指出，无产阶级革命成功的标志就是无产阶级取得政权，此后就进入新社会建设过程。"代替那存在着阶级和阶级对立的资产阶级旧社会的，将是这样一个联合体，在那里，每个人的自由发展是一切人的自由发展的条件。"⑥

六是关于无产阶级政党建设的基本观点。无产阶级要完成历史使命需要组织自己的政党。共产党就是无产阶级在反抗资产阶级的斗争中逐步形成的先进政党。共产党始终代表整个无产阶级的利益，同时代表社会绝大多数人民群众的利益，没有自己特殊的利益。共产党的最近目的是"使无产阶级形成为阶级，推翻资产阶级的统治，由无产阶级夺取政权"⑦；长远目的是消灭私有制，建立共产主义。

---

① 《马克思恩格斯选集》第 1 卷，人民出版社 2012 年版，第 400 页。
② 《马克思恩格斯选集》第 1 卷，人民出版社 2012 年版，第 402 页。
③ 《马克思恩格斯选集》第 1 卷，人民出版社 2012 年版，第 405 页。
④ 《马克思恩格斯选集》第 1 卷，人民出版社 2012 年版，第 413 页。
⑤ 《马克思恩格斯选集》第 1 卷，人民出版社 2012 年版，第 421 页。
⑥ 《马克思恩格斯选集》第 1 卷，人民出版社 2012 年版，第 422 页。
⑦ 《马克思恩格斯选集》第 1 卷，人民出版社 2012 年版，第 413 页。

共产主义者同盟的建立和《共产党宣言》的发表，标志着马克思主义的诞生和国际共产主义运动的兴起。《共产党宣言》本来只是世界上第一个国际性共产党的纲领，其内容是针对当时英、法、德等主要西欧国家的实际情况制定的"详细的理论和实践的党纲"。可是由于它第一次揭示了科学世界观，对世界历史、世界现状和世界未来做了全面精辟概述，又是第一次阐发了科学共产主义基本原则和一般原理，所以它成为划时代的彪炳千秋的经典文献。从它问世后至今已翻译成 200 多种文字，再版 1000 多次，深深地影响了人类和世界。它的影响之大，它的传播范围之广，它的生命力和真理性之强，是无与伦比的。最有说服力的例子，就是它在中国的广泛传播及其产生的巨大影响。1949 年之前，共有 6 个中译本问世。第一个译本是由陈望道于 1920 年翻译而成的。第二个译本由华岗先生采用英汉对照形式，于 1930 年出版。1938 年第三个译本由成仿吾、徐冰先生直接由德文译成中文。第四个译本于 1944 年 9 月在国民党统治区发行，由陈瘦石翻译，是作为研究马克思经济思想参考资料才得以在国民党统治区出版。1942 年为配合延安整风运动，中共中央派博古根据俄文对成仿吾译文重新译定。1948 年为纪念《共产党宣言》发表 100 周年，设在莫斯科的苏联外国文书籍出版局用中文出版了百年纪念版，由在该局工作的中国人据 1848 年德文原版翻译而成。《共产党宣言》传入中国并广泛传播的过程，就是马克思主义中国化的一个缩影。对《共产党宣言》译介逐步完整、准确，就是对马克思主义理解不断深化的过程。

3. 共产主义者同盟经受革命风暴的洗礼

1848 年 1 月，意大利西西里岛首府巴勒摩爆发人民起义，这次起义激发了法国人民的革命热情，由此拉开了欧洲 1848 年革命的序幕。2 月，巴黎工人和人民群众举行大规模游行示威并很快发展为工人武装起义，奥尔良王朝被推翻，二月革命获得胜利。当法国二月革命爆发后，马克思、恩格斯先后到达巴黎，共产主义者同盟中央委员会也随之迁到巴黎。3 月 11 日，马克思受共产主义者同盟的全权委托，建立了新的同盟中央委员会。马克思当选为中央委员会主席，沙佩尔当选为中央委员会书记，恩格斯等人被选为委员。新的中央委员会成立后，立即投身于革命的活动中去。

1848 年 3 月德国"三月革命"爆发后，马克思、恩格斯把同盟工作的注意力转到了德国。3 月末，马克思、恩格斯根据《共产党宣言》的基本原则，为同盟起草了《共产党在德国的要求》，从德国当前的政治经济状况出发，阐明德国进行民主革命、实现国家统一并将民主革命引向社会主义革命的任务和政策。4 月 1 日，同盟将这个文件与《共产党宣言》一同分发给回德国参加革命的工人和盟员。4 月初，在马克思、恩格斯指导下，300 多名共产主义者同盟的盟员和革命者秘密回到德国，分散到各地参加革命活动。恩格斯和同盟的其他成员还参与了爱北斐特、巴登、普法尔茨等地的起义，莫尔等盟员在起义中牺牲。4 月 11 日，以马克思、恩格斯为主的同盟中央也秘密回到了德国科隆。鉴于当时在德国建立独立的无产阶级群众性政党的条件尚未成熟，为了能够团结各种民主派组织，密切联系广大的群众，动员广泛的革命力量，马克思、恩格斯要求各地盟员以民主派左翼的身份进行活动，以便把资产阶级民主革命进行到底。

为了指导革命，马克思、恩格斯创办了大型日报《新莱茵报》，1848 年 6 月 1 日正式出版。该报的 7 个编委全是同盟的成员，马克思亲任主编。这个报纸虽然以民主派机关报的面貌出现的，但它并没有放弃无产阶级的独立利益，在当时是代表无产阶级利益的唯一进步的报纸。《新莱茵报》以鲜明的革命精神，无情揭露了封建势力的残暴、资产阶级自由派对革命的背叛，痛斥了资产阶级民主派的怯懦和动摇，有力地批判了小资产阶级的短浅和幻想，热情讴歌了无产阶级和广大人民英勇顽强的革命气节。马克思、恩格斯还通过报纸同各国民主派建立广泛联系，指导各国工人的革命斗争和被压迫民族争取民族独立的斗争。所以，"'新莱茵报'不仅是德国民主派的，而且是欧洲民主派的机关报"[①]。

在联合民主派的过程中，马克思、恩格斯还与工人运动和盟员中的"左"、右两种错误倾向进行了斗争。"左"的错误的代表人物是安·哥特沙克。他曾是同盟科隆支部的领导人之一，科隆工人联合会的主席。他认识不清无产阶级在民主革命中的任务，忽视在斗争中联合民主派和农民的重要性，拒绝工人参加国民议会的选举，而是主张立即进行不切实际的社会主义革命，立即建立禁止不劳而获的"工人共和国"。科隆工人联合会在马克思、恩格斯的领导下，批判了哥特沙克的错误路线，修订了联合会的章程，1848 年 6 月改选了领导机构。同年 10 月，马克思当选为联合会主席。

---

① 《马克思恩格斯全集》第 6 卷，人民出版社 1961 年版，第 683 页。

右的错误思想的代表人物是波尔恩。他曾是同盟布鲁塞尔和巴黎支部的成员，回国后在柏林成立了工人中央委员会和工人兄弟会，在组织工人参加实际斗争中起了一定作用。但是，他只限于组织工会和合作社进行经济斗争和改良，满足眼前利益，反对进行政治斗争和革命，忘记了经济斗争必须与政治斗争相结合的原则，因此遭到马克思的批判。通过对各种错误思想的批判，马克思、恩格斯不仅宣传了正确的斗争策略，也提高了盟员和工人阶级的政治觉悟。

1849 年 5 月初，德意志西南各邦人民发动起义，掀起了维护帝国宪法的斗争。马克思、恩格斯和同盟的其他领导人大力支持护宪斗争，同盟成员参加了各地的起义并处处站在最前列。恩格斯更是亲临战斗一线，并参加了 4 次战斗。后来他又悉心研究军事问题并撰写了大批军事著作，成为第一个无产阶级的军事理论家。同盟的其他活动家也积极投入到起义中，不少人血洒战场。1849 年 7 月，德国南部起义失败，标志着德国 1848 年革命最终结束。由于反动势力的镇压以及资产阶级的软弱，其他各国的革命也先后失败。

欧洲 1848 年革命失败后，马克思、恩格斯和同盟的其他领导人流亡伦敦。1849 年秋，同盟中央领导人在科伦重新聚集，准备进行改组和重建工作。正当同盟着手进行改组和重建时，同盟内部出现了以维利希和沙佩尔为代表的"左派"集团。他们与以马克思、恩格斯为代表的同盟中央委员会发生了分歧和矛盾，焦点集中在两个问题上：一是对革命形势的估计不同，二是对资产阶级的态度和政策不同。这种分歧和矛盾最终导致了共产主义者同盟于 1850 年 9 月发生分裂。与此同时，各国资产阶级政府也在加紧对同盟进行残酷镇压和迫害的步伐，并制造了"科隆共产党人案"，以"密谋叛国"的罪名对 7 名被告分别判处 3~6 年徒刑。科隆共产党人审判案后，国际反动势力加紧对同盟的迫害，同盟很难再存在下去。1852 年 11 月 17 日，根据马克思的提议，同盟自行宣告解散。

共产主义者同盟是国际工人运动史上第一个用科学社会主义理论指导的国际无产阶级政党组织，它虽然只存在了短短五年多时间，但它在国际共产主义运动史上留下了不可磨灭的功绩。特别是共产主义者同盟在 1848 年革命中的表现，赢得了马克思、恩格斯的高度评价："在 1848 年和 1849 年这两个革命的年头中，同盟经受了双重的考验。第一重考验是，它的成员在各地积极地参加了运动，不论在报刊上、街垒中还是战场上，都站在唯一坚决革命的阶级即无产阶级的最前列。同盟经受的另一重考验是，1847年各次代表大会和中央委员会的通告以及《共产主义宣言》中阐述的关于运动的观点，都已被证明是唯一正确的观点，这些文件中的各种预见都已完全被证实，而以前同盟仅仅秘密宣传的关于当前社会状况的见解，现在人人都在谈论，甚至在大庭广众之中公开宣扬。"① 事实表明，共产主义者同盟作为世界上第一个以科学社会主义理论为指导的无产阶级政党，是培养无产阶级革命活动家、影响和教育群众的学校，是第一国际的先驱。1885年，恩格斯在《关于共产主义者同盟的历史》一文中，把共产主义者同盟的历史称为"国际工人运动这一光辉青年时代的历史"②。

（四）工人阶级的第一个国际大联合组织：第一国际

第一国际是在 19 世纪 50 年代末、60 年代初欧洲工人运动和民主运动重新高涨的形势下产生的，是工人阶级的第一个国际大联合组织，其本名为"国际工人协会"，简称"国际"。1864 年成立于伦敦，1876 年正式宣布解散。1889 年第二国际创建以后，才将其称为第一国际。马克思是第一国际的灵魂。第一国际在存在期间，传播了科学社会主义，加强了无产阶级的国际团结，为无产阶级的解放事业做出了重要贡献。

1. 第一国际的创建

1848 年欧洲资产阶级革命给封建势力以沉重打击，推动了资本主义的进一步发展。此后 10 多年里，资本主义飞速发展，资本主义世界市场形成，资本主义各国的联系越来越具有国际化性质。随着资本主义大规模的发展，工人阶级的队伍也在迅速壮大，组织性、觉悟性和战斗性不断增强。到 19世纪 50 年代末和 60 年代初，国际工人运动又开始活跃起来，出现了新的高涨局面。各国工人纷纷建立起自己的独立组织并走上独立政治斗争的道路。1860 年 5 月，英国成立了全国性的工人运动领导机构"工联伦敦理事会"；在法国，1863 年，巴黎、马赛等地相继建立了细木工会、炼铁工人联合会等组织；在德国，1863 年先后成立了全德工人联合会和德意志工人协会联

---

① 《马克思恩格斯文集》第 2 卷，人民出版社 2009 年版，第 188 页。
② 《马克思恩格斯文集》第 4 卷，人民出版社 2009 年版，第 227 页。

合会；在美国，1857年在纽约组建了共产主义者俱乐部，1863年又成立了全国性的工人联合会。在19世纪60年代，欧洲的其他一些国家，如意大利、比利时、瑞士、西班牙、丹麦等国，工人阶级的独立组织也陆续建立起来，并积极开展各种活动。各国无产阶级在斗争中逐步认识到，他们有着共同的利益和共同的敌人，而以往分散的斗争常常使他们遭到同样的失败，无产阶级必须在国际范围内联合起来，用无产阶级的国际团结去对抗资产阶级的国际联合。这种国际主义意识促进了国际工人协会的产生。恩格斯指出："当欧洲工人阶级又强大到足以对统治阶级政权发动另一次进攻的时候，产生了国际工人协会。"①

波兰人民反抗沙皇俄国压迫的民族起义直接推动了第一国际的成立。当时的波兰处于俄国、普鲁士、奥地利三国奴役之下，并遭三次瓜分。1863年1月，沙俄占领区的波兰人民举行了大规模武装起义，但遭到沙俄和普鲁士的联合镇压。波兰人民的起义，得到了欧洲各国无产阶级和民主主义者的同情与支持。7月22日，英国工人在伦敦召集群众大会，抗议沙皇俄国镇压波兰起义，声援波兰人民正义斗争。法国工人代表团和其他国家工人流亡者也参加大会，并与英国工联领袖就建立无产阶级国际联合组织问题初步达成协议。11月10日，英国工人大会通过《英国工人致法国工人》的呼吁书，号召两国工人加强团结，共同战斗。

1864年9月28日，英国工联在伦敦圣马丁堂召开群众大会，欢迎为响应呼吁书而来访的法国工人代表团。出席大会的还有德国、意大利、波兰、爱尔兰的工人代表以及一些资产阶级民主人士，共计2000余人。马克思认为"这是一桩可以取得显著成效的事业"②。应大会筹委会邀请，马克思出席了大会，并被选入大会主席团。大会根据英法工人代表的提议，经过讨论决定成立一个国际性的工人协会，并选出一个由英、法、德、意等国21名工人代表组成的临时委员会（该委员会从1864年10月18日起称为中央委员会，1866年夏改称总委员会），国际工人协会宣告成立。奥哲尔和克里默分别被选为主席和总书记，马克思作为德国工人代表被选入临时委员会，担任德国通讯书记。

----

① 《马克思恩格斯选集》第1卷，人民出版社2012年版，第391页。
② 《马克思恩格斯全集》第31卷，人民出版社1972年版，第435页。

第一国际成立后，立即开始纲领和章程的起草工作。1864 年 10 月 5 日，国际举行临时委员会第一次会议，选举代表各国的委员，连同原已选出的委员，共 50 人；会议还选出一个由 9 人组成的起草章程的专门委员会，马克思被选入该委员会。在纲领和章程起草的最初阶段，英国、法国和意大利的一些资产阶级民主派起着重要作用，他们力图把民主主义作为国际工人组织的指导思想。在马克思的努力下，他们粉碎了资产阶级分子领导国际工人运动的企图。受中央委员会委托，马克思在一周之内为协会起草了《国际工人协会成立宣言》和《国际工人协会临时章程》。在 11 月 1 日召开的中央委员会上，《成立宣言》和《临时章程》受到高度赞扬，获得一致通过。11 月底，这两个文件被印成小册子出版。

在《成立宣言》中，马克思一开始就科学地估价了 1848 年以来资本主义社会经济发展与工人阶级社会地位的现状，揭示了无产阶级利益和资产阶级利益的根本对立。他认为，1848 年以来，欧洲资本主义确实经历了一个"经济进步时代"，国家的经济都有了"空前的发展"，社会财富有了巨大的增长，其显著特征主要表现为"机器的改进，科学在生产上的应用，交通工具的改良，新的殖民地的开辟，向外移民，扩大市场，自由贸易"，但在资本主义制度下，所有这一切加在一起，都不能消除无产阶级的贫困。在马克思看来，"工人阶级的广大群众的生活水平到处都在深深地下降，下降的程度至少同那些站在他们头上的阶级沿着社会阶梯上升的程度一样"，"在现代这种邪恶的基础上，劳动生产力的任何新的发展，都不可避免地要加深社会对比和加强社会对抗"。① 马克思认为，在对资本主义社会发展进行评价时，绝不能仅仅局限于对所谓"国民财富"增长程度的笼统测算上，更应该深入理解所谓"国民财富"的实际占有。通过财富的实际占有可以看出，无产阶级和资产阶级的利益是根本对立的，二者之间的矛盾是不可调和的。

《成立宣言》高度赞扬了各国工人阶级为改善自己的社会和经济地位所开展的斗争。他特别谈到了国际工人运动的两个成就，即英国无产阶级经过长期斗争所争得的十小时工作日立法以及合作社运动。在马克思看来，十小时工作日立法案的通过，"不仅是一个重大的实际的成功，而且是一个

---

① 《马克思恩格斯选集》第 3 卷，人民出版社 2012 年版，第 6 页。

原则的胜利；资产阶级政治经济学第一次在工人阶级政治经济学面前公开投降了"①。而工人独立创办的合作工厂则是一项"伟大的社会实验"，是"劳动的政治经济学对财产的政治经济学"取得的又一个重大的胜利，其意义"不论给予多么高的估价都是不算过分的"②。与此同时，马克思也分析了这种合作劳动固有的局限性与狭隘性，特别强调，"要解放劳动群众，合作劳动必须在全国范围内发展，因而也必须依靠全国的财力"③，"夺取政权已成为工人阶级的伟大使命"④。

《成立宣言》阐明了建立无产阶级独立的政党是无产阶级夺取政权的必要条件。马克思认为，西欧国家工人运动中，"人数众多"已成为工人们所具备的一个成功因素，"但是只有当群众组织起来并为知识所指导时，人数众多才能起决定胜负的作用"。这里的"知识"指的就是革命的理论即科学社会主义，"组织起来"说的就是建立政党。在这里，马克思用比较温和的言语，强调了工人运动只有在以科学社会主义作指导的无产阶级政党领导下，才能取得最终的胜利。《成立宣言》重申了"全世界无产者，联合起来！"这个战略口号，并把它作为国际工人协会的战斗号角。

《临时章程》分为序言和组织条例两部分。马克思用简洁的语言，揭示了工人阶级贫困的根源，指出了工人阶级实现"经济解放"和开展"政治斗争"的关系，强调了劳动的解放既不是一个地方的问题，也不是一个国家的问题，这个问题的解决有赖于最先进各国在实践上和理论上的合作，从而阐明了成立国际工人协会的理由和目的，是要成为追求共同目标即追求工人阶级的保护、发展和彻底解放的各国工人团体进行联络和合作的中心。在《临时章程》的组织条例部分，马克思还初步确定了民主集中制的组织原则，这就摒弃了工人运动组织形式上的狭隘性与神秘性，抵制了工人运动发展中宗派主义的侵蚀。

马克思在起草《国际工人协会成立宣言》和《国际工人协会临时章程》时，采取了"实质上坚决，形式上温和"的办法，把原则的坚定性与策略的灵活性有机结合起来。马克思认为，"成立国际是为了用工人阶级的真正

---

① 《马克思恩格斯选集》第 3 卷，人民出版社 2012 年版，第 8 页。
② 《马克思恩格斯选集》第 3 卷，人民出版社 2012 年版，第 8－9 页。
③ 《马克思恩格斯选集》第 3 卷，人民出版社 2012 年版，第 9 页。
④ 《马克思恩格斯选集》第 3 卷，人民出版社 2012 年版，第 10 页。

的战斗组织来代替那些社会主义的或半社会主义的宗派"①，只有坚持《共产党宣言》的基本精神和科学社会主义的原则，才能把欧美整个战斗的工人阶级联合成一支大军，否则国际不可能有正确的目标和方向。同时，马克思也充分考虑到当时各国工人运动的实际发展水平，为了维护国际工人运动已呈现出的联合局面，在坚持原则的同时还要做出某些必要的妥协和让步，没有使用"共产党""共产主义"这样的称呼和概念，在形式上保留了当时各种社会主义流派惯常使用的"真理""道德""正义"等字样，并把这些字眼限定在不可能有危害的范围内，以便各种社会主义派别都能接受，形成无产阶级革命的最广泛的统一战线。马克思起草的《国际工人协会成立宣言》和《国际工人协会临时章程》是指导第一国际的纲领性文献，它使国际无产阶级的第一个组织摆脱了资产阶级民主派的影响，为它的存在和发展奠定了牢固的基石。

2. 第一国际开展的斗争

第一国际成立后，主要进行了两个方面的斗争：

一是反对外部敌人的斗争。

国际工人协会的目的是联合全世界的无产阶级为反对压迫者而斗争。第一国际成立后，总委员会把对敌斗争放在首要地位，支持各国工人的罢工斗争和各国进步的政治运动，声援被压迫民族的解放运动，支持和保卫巴黎公社革命等，突出地表明国际的无产阶级性质和国际主义本质。1866年欧洲农业歉收，资本主义国家又爆发了新的经济危机，工人生活状况显著恶化，新的罢工高潮由此掀起。第一国际在支援各国工人的罢工斗争中起了巨大作用。例如，1868年1月，在日内瓦建筑工人的罢工中，第一国际会员带领群众坚持斗争，得到整个欧洲以及美国工人的支援。资本家不得不部分答应罢工工人的条件。当时流亡瑞士的俄国革命者谢尔诺·索洛维也维奇曾写信给马克思说：这是"一幅真正扣人心弦的壮丽图景。总之，应该承认：（1）运动非常强大；（2）运动之所以强大，全是因为有国际存在"②。1868—1869年，比利时工人罢工运动高涨，而政府屡次对工人罢工采取血腥镇压政策。第一国际总委员会组织专门委员会为救济伤员和死者

---

① 《马克思恩格斯选集》第4卷，人民出版社2012年版，第496页。

② 宋士昌主编：《科学社会主义通论》第1卷，人民出版社2004年版，第523页。

家属发起募捐。马克思还为之专门写了《比利时的屠杀》的呼吁书，痛斥比利时政府和资产阶级残酷镇压工人的行径，号召欧洲和美国工人阶级声援比利时工人。这一呼吁书在许多国家印成传单散布或在报刊上发表，迫使比利时法庭宣判被捕工人无罪。第一国际还积极引导工人阶级开展政治运动。例如，总委员会支持英国争取普选权的政治运动，支持德国争取民族统一的斗争，支持法国工人反对波拿巴政权的斗争，等等。第一国际始终不渝地坚持反对民族压迫，支持民族解放运动。这一点，在爱尔兰民族解放运动中最为突出。爱尔兰是英国的第一个殖民地。19世纪60年代，爱尔兰民族解放运动走向高潮。流亡在美国的爱尔兰爱国者组成"芬尼亚党"秘密回国，掀起了争取民族独立的"芬尼亚运动"。1867年2月至3月间，芬尼亚党人举行武装起义。起义失败后，大批芬尼亚党人被逮捕甚至被处死。马克思和第一国际总委员会积极声援爱尔兰民族解放运动，就英国政府对芬尼亚党人的迫害提出强烈抗议，号召英国工人同爱尔兰争取独立的战士建立联盟，支持爱尔兰的民族自决，并组织公众集会声援爱尔兰的独立运动，从而把英国工人自发支持的爱尔兰民族解放运动提高到一个自觉的水平。到1869年下半年，英国掀起了广泛争取赦免被囚禁的芬尼亚党人的运动。巴黎公社革命爆发后，第一国际总委员会把支持和指导公社的革命活动作为自己的中心任务，为保卫巴黎公社和救援巴黎公社成员进行了大量的工作。

二是反对内部各种非无产阶级社会主义流派的斗争。

第一国际在内部对各种非无产阶级社会主义流派的斗争，主要分为两个时期。第一个时期主要是反对蒲鲁东主义。蒲鲁东主义反对工人阶级的政治斗争，公开维护私有制度，是第一国际前期对工人运动危害最大的一种错误思潮。第一国际一开始就把反对蒲鲁东主义的斗争放在思想斗争的首位。这一斗争历经1865年第一次伦敦代表会议、1866年日内瓦代表大会到1867年洛桑代表大会、1868年布鲁塞尔代表人会再到1869年巴塞尔代表大会，前后长达5年时间。马克思主义者同蒲鲁东主义者就关于国际工人运动协会的组织原则问题、关于对待民族解放运动的态度问题、关于无产阶级解放道路问题以及关于所有制问题等诸多重大问题进行了论战。经过论战彻底击败了蒲鲁东主义，初步确立了民主集中制的组织原则，确定了国际对波兰等被压迫民族争取民族独立解放斗争的正确态度和原则立场，通过了号召各国工人阶级为"政治解放"和"政治自由"而奋斗的决议，沉重打击了蒲鲁东主义者维护小生产私有制的理论基础，确认了"土地公有制"的主张。第一国际内部斗争的第二个时期主要是反对巴枯宁主义。巴枯宁主义是19世纪中叶的无政府主义思潮，以巴枯宁为主要代表。宣扬绝对的个人自由，否认任何权威，反对一切国家，反对无产阶级专政；主张建立绝对自由的无政府状态的社会。巴枯宁主义是第一国际后期（1869—1872）在国际内部造成危害最大的错误思潮。马克思、恩格斯和国际总委员会围绕着如何消灭私有制问题，同巴枯宁主义做了坚决的斗争。这一斗争从巴塞尔代表大会（1869）、第二次伦敦代表会议（1871）持续到海牙代表大会（1872），前后历时4年多。巴塞尔代表大会上，马克思在起草的《总委员会关于继承权的报告》中尖锐指出，巴枯宁把废除继承权作为社会革命的起点，只能意味着引诱工人阶级离开推翻资本主义制度的革命道路。巴塞尔代表大会后，巴枯宁分子更加猖狂地诬蔑和攻击总委员会。1870年3月马克思写了总委员会的《机密通知》，散发到国际各支部，对巴枯宁的阴谋活动和他的两面派手法及其诽谤言论进行了揭露与批判。1871年9月马克思、恩格斯亲自参加国际伦敦秘密代表会议，谴责了巴枯宁集团分裂、颠覆第一国际的行径，强调了工人阶级开展政治斗争的必要性，明确提出了建立无产阶级独立政党的要求。海牙代表大会批准伦敦代表会议关于建立无产阶级独立政党的决议，并决定把相应的条文补入国际的章程。大会决定把阴谋组织的首领巴枯宁和吉约姆开除出第一国际。1873年，马克思和恩格斯根据海牙代表大会的决定，公布关于巴枯宁秘密组织的文件资料《社会主义民主同盟和国际工人协会》。为了从思想上进一步清除巴枯宁主义在工人运动中的影响，马克思、恩格斯从1872年到1875年间写了《所谓国际内部的分裂》《社会主义民主同盟和国际工人协会》《行动中的巴枯宁主义》《巴枯宁〈国家制度和无政府状态〉一书摘要》《论权威》等一系列光辉著作，从理论上对巴枯宁主义进行了系统、深刻的揭露和批判，彻底战胜了巴枯宁主义这一危害极大的反动思潮。

3. 第一国际的解散及历史地位

第一国际在海牙代表大会取得了战胜巴枯宁主义及其阴谋集团的重大胜利，但是，马克思、恩格斯也由此看到了第一国际存在的危机。根据马克思、恩格斯等人的建议，海牙代表大会通过了把总委员会驻地由伦敦迁往纽约的决议。1872 年 10 月 20 日，纽约国际新总委员会开始工作。新总委员会发表《告国际工人协会各支部和联合委员会会员书》，号召贯彻海牙代表大会的各项决议，强调工人阶级在反对剥削阶级斗争中必须加强国际团结。1873 年 7 月 1 日，总委员会发出在日内瓦召开代表大会的通知。但是，由于当时欧洲的反动局势，加之各国协会组织的分裂，日内瓦代表大会只有少数几个支部出席，会议预期目的也没有实现。此后，总委员会内部又发生了矛盾。1876 年 7 月 15 日，国际工人协会的最后一次代表会议在费城举行，会议通过了解散国际总委员会的决议案，第一国际宣布解散。

第一国际完成了自己的历史使命，退出了历史舞台。它的解散有着深刻的历史原因，主要有以下几点：

第一，巴黎公社失败后欧洲各国反动政府加紧对工人运动的镇压与围剿，使国际在反革命恐怖中难以立足。巴黎公社革命爆发后，第一国际总委员会把支持和指导公社的革命活动作为自己的中心任务，使资产阶级对第一国际更加仇恨。巴黎公社失败后，各国资产阶级和反动派掀起了一股疯狂进攻第一国际的恶浪，并加紧对工人运动的镇压和围剿。在这种情况下，国际在反革命恐怖中难以立足。对此，恩格斯曾指出，"巴黎公社的失败，使国际陷于无法存在下去的境地。国际被推到欧洲历史舞台的前台的时候，也正是它在各地都无法再展开任何有成效的实际行动的时候"①，"如果继续用旧的形式同政府以及在所有国家都同样狂怒的资产阶级进行斗争，就会付出巨大的牺牲"②。可见，解散是为了保存力量，避免不必要的损失。

第二，国际内部不同思潮和派别的斗争及由此导致的分裂，使国际无法有效地开展工作。第一国际时期，工人运动中存在着多种非无产阶级的社会主义派别。随着第一国际在各国工人运动中的作用和声望的提高，一些投机分子和野心家也千方百计地钻到国际中来，在国际内部搞阴谋活动，巴枯宁就是这种"极端危险的阴谋家"。他一方面加入第一国际，同时又在国际之外建立起"国际社会主义民主同盟"这一无政府主义阴谋组织，并"打算使自己的团体公开加入国际，指望在一切支部中都扩展这个团体的分

---

① 《马克思恩格斯选集》第 3 卷，人民出版社 2012 年版，第 721 页。
② 《马克思恩格斯全集》第 22 卷，人民出版社 1965 年版，第 399 页。

支，从而把国际的绝对领导权抓到自己手里"①。在国际总委员会通过了拒绝接纳"国际社会主义民主同盟"作为一部分加入国际工人协会的决议后，巴枯宁一方面宣布解散"同盟"，暗地里仍然保留"同盟"的组织，继续进行阴谋活动。马克思痛斥巴枯宁说："这个可恶的俄国佬在我们的队伍中挑起了一场公开的大争吵，他把自己当做一面旗帜，用宗派主义的毒药毒化我们的工人协会，并以密谋来遏制我们的行动。"② 当国际总委员会迁往纽约后，美国工人运动中的派别斗争又很快反映到总委员会内部来，最终导致左尔格辞去总委员会总书记的职务，并退出了总委员会。恩格斯曾致信左尔格说："国际在美国也没有威望了。任何想注入新生命的进一步的努力，都会是愚蠢而徒劳的。"③ 可见，第一国际解散是顺势而为，谋求再生。

第三，第一国际的原有组织形式已不能适应工人运动的新特点和新任务。当时欧美工人运动总体上继续发展，已经走过了依靠国际力量的发动和领导的初创时期，其趋势是从各国情况出发，逐步建立领导各国工人运动的中心。第一国际的组织形式已经变得太狭窄了，这样一条纽带在当时已经变成了一种束缚。同时，19 世纪六七十年代欧洲民族主义的蓬勃发展、民族国家普遍建立与巩固，建立各国独立的无产阶级政党的组织提到了更重要的位置，打破国际这种淡化国别的组织方式成为唯一出路。对此，马克思指出："鉴于欧洲的形势，我认为，暂时让国际这一形式上的组织退到后台去，是绝对有利的。"④ 恩格斯也明确地讲：第一国际的"旧形式已经过时了"⑤。

第一国际在国际工人运动的发展史上，写下了光荣的一页。"它是世界上第一个共产党（共产主义者同盟）1852 年解散之后、第二国际 1889 年成立之前两者之间承前启后、继往开来的桥梁和引擎。"⑥ 首先，第一国际在欧美各国推动了工人运动的发展，提高了无产阶级的思想水平和组织程度。正如恩格斯指出：在国际成立之前，各国的工人阶级还是"按照地区和民

---

① 《马克思恩格斯全集》第 18 卷，人民出版社 1964 年版，第 375－376 页。

② 《马克思恩格斯选集》第 4 卷，人民出版社 2012 年版，第 492 页。

③ 《马克思恩格斯选集》第 4 卷，人民出版社 2012 年版，第 515 页。

④ 《马克思恩格斯全集》第 33 卷，人民出版社 1973 年版，第 608 页。

⑤ 《马克思恩格斯选集》第 4 卷，人民出版社 2012 年版，第 516 页。

⑥ 高放：《第一个政党性的国际工人组织———第一国际光芒四射》，《中国延安干部学院学报》2014 年第 1 期。

族来划分和区别的群众，只是由共同蒙受痛苦的感情联结起来，还不成熟，往往一筹莫展地摇摆于热情和绝望之间"①。但是，当国际解散的时候，工人阶级已经全然不是 1864 年国际成立时的那个样子了。其次，第一国际促进了马克思主义的广泛传播。第一国际从成立的那天起，就同形形色色的社会主义流派展开了斗争。可以说，第一国际发展的历史，也就是马克思主义同各种错误思潮不断斗争并逐渐消除它们的错误影响的历史，"国际的历史就是总委员会对那些力图在国际内部巩固起来以抗拒真正工人阶级运动的各个宗派和各种浅薄尝试所进行的不断的斗争"②。随着第一国际对各种非科学社会主义流派的批判，马克思主义在各国工人运动中的影响越来越大，传播越来越广。最后，第一国际为各国建立无产阶级独立政党奠定了基础。正如列宁后来所说："第一国际完成了自己的历史使命，随之而来的是世界各国工人运动空前大发展的时代，即工人运动向广度发展，以各个民族国家为基地建立群众性的社会主义工人政党的时代。"③

（五）第一个无产阶级政权：巴黎公社

1871 年巴黎工人起义及随之建立的巴黎公社，是无产阶级变革旧社会、建立新政权的一次伟大实践，是无产阶级专政的第一次尝试。尽管巴黎公社仅仅存在了短短的 72 天，但是正如马克思所说："工人的巴黎及其公社将永远作为新社会的光辉先驱而为人所称颂。它的英烈们已永远铭记在工人阶级的伟大心坎里。"④

1. 巴黎工人"3·18"起义的爆发

19 世纪 60 年代，法国已经完成工业革命，成为世界第二工业大国。但是，统治法国的是代表金融贵族和工业巨头的路易·波拿巴政府。它所推行的反动政策，使资产阶级大发横财，而广大工农群众的处境却每况愈下，法国的阶级矛盾和社会矛盾更加深化。在拿破仑第二帝国覆灭前的两年里，法国工人的罢工就达到 188 次，参加者近 13 万人。除了工农群众革命运动高涨外，小资产阶级共和派也公开抨击时弊，与政府为敌，第二帝国出现

①《马克思恩格斯选集》第 4 卷，人民出版社 2012 年版，第 385 页。
②《马克思恩格斯选集》第 4 卷，人民出版社 2012 年版，第 496 页。
③《列宁选集》第 2 卷，人民出版社 2012 年版，第 417 页。
④《马克思恩格斯选集》第 3 卷，人民出版社 2012 年版，第 126 页。

了严重的政治危机。为了转移国内人民的视线，度过危机，第二帝国于1870 年匆忙发动了对普鲁士的战争。

1870 年 7 月 19 日，普法战争爆发。这是一场法兰西第二帝国与普鲁士两个王朝之间争夺欧洲霸权的战争。7 月 23 日，第一国际总委员会发表了由马克思起草的《关于普法战争的第一篇宣言》，向各国会员揭示了战争的根源、性质，揭露了法、德两国统治者反人民的本性，并预言不管战争如何结束，"第二帝国的丧钟已经在巴黎敲响了"①。9 月 2 日，法军主力在色当战役中被摧毁，被迫投降，皇帝路易·波拿巴被俘②，第二帝国也就随着皇帝的投降而崩溃。9 月 4 日，巴黎爆发革命，宣布成立第三共和国。由于法国工人阶级尚无自己的政党，"国际"支部的领导人被囚禁或流亡海外，力量薄弱，政权被资产阶级篡夺。由前立法院议员中的部分保皇派和共和派分子组成的新政府，称为"国防政府"。普鲁士并不满足于皇帝的投降，继续大举进攻法国，战争性质发生了变化，法国成了防御侵略战争的一方。9 月 9 日，第一国际总委员会通过了马克思关于普法战争的第二篇宣言。在《宣言》中，马克思认为，法国工人的迫切任务是"镇静而且坚决地利用共和国的自由所提供的机会，去加强他们自己阶级的组织"③。工人们在三个星期内就组成了 194 个工人营队，形成了一支以工人为主体的国民自卫军。9 月 18 日，普军包围巴黎。"国防政府"对人民群众日益增长的爱国激情视如洪水猛兽，不顾国家民族利益，屈辱求和，妄图将巴黎交给敌人，利用敌人之手镇压人民革命。"国防政府"的卖国反人民的罪行，使人民终于忍无可忍，1870 年 10 月 31 日和 1871 年 1 月 22 日，巴黎工人举行了两次武装起义，但因领导不力而惨遭失败。1 月 28 日，"国防政府"迫不及待地与普方签订了屈辱的停战协定，法国的正规军被解除了武装。2 月 8 日，选举产生了以保皇党占优势的国民议会，并任命梯也尔为内阁总理，组成新的政府。梯也尔一上台，就同普鲁士签订了和约，把阿尔萨斯和洛林两省割让给普鲁士，还要赔款 50 亿法郎。普军与政府军停火后，2 月间开始包围巴黎城。梯也尔政府显然是图谋借刀杀人，联合普军来共同消灭工人武装。

---

① 《马克思恩格斯选集》第 3 卷，人民出版社 2012 年版，第 59 页。
② 路易·波拿巴在 1871 年普法战争结束、5 月 10 日法国签订割地赔款的《法兰克福合约》后被释放，1873 年 65 岁落魄病死。
③ 《马克思恩格斯选集》第 3 卷，人民出版社 2012 年版，第 72 页。

巴黎工人颇有警觉，闻风而动。3 月 15 日，国民自卫军召开代表大会，依据国民自卫军联合会拟定的组织章程，民主选举产生了正式的中央委员会。国民自卫军中央委员会成为巴黎工人革命的领导机构。为了讨好普军，梯也尔政府竟下令国民自卫军交出武器，并禁止从事抵抗活动。工人们对这一命令根本不予理睬，于是梯也尔集中了 3 万军队，准备使用武力来解除国民自卫军的武装。3 月 18 日凌晨，政府军偷袭蒙马特尔高地，企图出其不意地夺取国民自卫军的大炮，遭到巴黎工人阶级和人民群众的迎头痛击。政府军士兵随之发生哗变，与人民群众联合行动，梯也尔的反革命阴谋失败。3 月 18 日中午，国民自卫军中央委员会召开紧急会议，决定改变保守的防御立场，号召巴黎无产阶级夺取政府权力以掌握自己的命运，并发出了开始巷战的命令。在不到半天的时间里，国民自卫军完全控制了巴黎中心区，梯也尔连同他的阁员们从巴黎逃到了凡尔赛，资产阶级政权被推翻，国民自卫军中央委员会成为革命的临时政府，"3·18" 起义胜利了。这是巴黎工人阶级和劳动人民武装夺取资产阶级政权的一个伟大壮举。马克思热情地称颂道："英勇的三月十八日运动是把人类从阶级社会中永远解放出来的伟大的社会革命的曙光。"[1]

2. 无产阶级政权的第一次尝试

1871 年 3 月 18 日人民起义胜利、工人政权建立后，头 10 天是由国民自卫军中央委员会执掌政权。在此期间，国民自卫军中央委员会的主要举措是"在攘外安内的前提下，积极准备并进行巴黎公社委员的民主选举，最后于 3 月 28 日完成交权"[2]。为防备凡尔赛反动派武装袭击，一方面中央委员会发表声明宣布将恪守合约条款，与普军达成互不侵犯协议，使普军失去了干涉的借口。另一方面，中央委员会采取了一系列紧急革命措施：坚决镇压巴黎内部的反革命示威和暴乱，解散国民自卫军中反动的资产阶级营队；接管政府各个部门，建立新的政权机关，撤换旧官僚的职务并开除与人民为敌的怠工官员；收缴多余的武器，释放政治犯，打击刑事犯罪活动等；初步实行了一系列为人民谋利益的经济措施，适当解决了群众生

---

① 《马克思恩格斯全集》第 18 卷，人民出版社 1964 年版，第 61 页。
② 高放：《第一个工人阶级政权巴黎公社崭新创举》，《中国延安干部学院学报》2014 年第 3 期。

活中的紧迫问题等。

3月26日，星期日。巴黎公社举行选举。巴黎20多万选民高举革命红旗，兴高采烈地来到投票场，第一次履行自己当家作主的权利。全巴黎在万民充满政治激情和欢乐兴奋气氛中度过了这样史无前例的光辉的一天。这是自由人民的一次公开投票选举。在大厅的门口没有警察，也没有阴谋活动，选举是完全自由的，全巴黎没有一个人对这次选举提出什么抗议。真正由人民民主选举产生国家权力机关，这是巴黎公社革命的第一个崭新创举。选举共产生了86名公社委员，布朗基因被关押在监狱里而缺席当选。其中有21个资产阶级代表人物当选，这些人在选举结果公布后不久就宣布退出公社。所以就职的公社委员实际上只有64名，他们大多数是工人或代表工人阶级的知识分子。

3月28日，在市政厅前广场举行有20万群众参加的盛大集会，宣告巴黎公社成立，国民自卫军中央委员会向巴黎公社正式移交权力。在"公社万岁！""共和国万岁！"的欢呼声和《马赛曲》的歌声中，人类历史上第一个无产阶级政权诞生了。

巴黎公社成立后，采取了一系列崭新创举，在世界社会主义、共产主义运动中留下了永远熠熠生辉的光荣篇章。

第一，改造旧的国家机器，使它从阶级压迫的工具变成解放人的工具。巴黎公社的政权结构继承了法国立法与行政统一的地方自治机构的传统，公社委员会既是立法机构也是行政机构。在公社委员会下设执行委员会，军事委员会（取代原国民自卫军中央委员会），粮食委员会，财政委员会，司法委员会，治安委员会，劳动、工业与交换委员会，社会委员会，对外联络委员会以及教育委员会等10个委员会。公社将旧政府权力中属纯粹压迫的机关予以铲除，废除了资产阶级常备军和警察，代之以人民的武装和人民的治安机关；决定教会与国家分离，取消宗教预算，并把教会财产收归国有。在文化教育方面，公社对资产阶级旧制度也进行了许多改革。比如：用世俗教育全面代替宗教教育，普及初级教育，实行免费的义务教育，兴办职业教育，开发博物馆，组织艺术家协会，上演革命文艺节目等。

第二，发展民主政治，使人民群众真正成为国家和社会的主人。公社废除了等级授职制，实行普选撤换制。作为最高领导机构和权力机关的公社委员会委员，国民自卫军营以下的指挥官，企业系统的厂长、车间主任、工长等负责人，均经过民主选举产生。所有公职人员都接受人民群众的监督。公职人员如玩忽职守或犯有错误，人民有权随时罢免他们。这就解决了权力的主体、来源和制约问题，充分体现了人民当家作主的原则。

第三，建立廉价政府，减轻人民负担，使公职人员更好地为人民服务。公社废除了国家机关公职人员高薪的法令，规定不论职位高低，年薪最高不超过6000法郎，即相当于熟练工人的工资。从前国家的高官显宦所享有的一切特权以及公务津贴，都随着这些人物本身的消失而消失了。社会公职已不再是中央政府走卒们的私有物。恩格斯对巴黎公社所实行的普选撤换制和工人工资制给予了高度评价，认为这是防止国家和国家机关由社会公仆变为社会主人的两个可靠的办法。

第四，坚持无产阶级国际主义原则，宣告公社的旗帜是世界共和国的旗帜。远在伦敦的第一国际总委员会在巴黎公社革命期间和革命失败后不断采取多种形式，通过多种渠道，给予公社多种援助。公社时期，许多外国革命者当选为公社委员和军队统帅，如匈牙利人弗兰克尔被选为公社委员，波兰革命者东布罗夫斯基被任命为主要军事指挥官。公社为反对大国沙文主义，还推翻了拿破仑一世建立的旺多姆凯旋柱，将旺多姆广场改为国际广场。

3. 巴黎公社的悲壮失败

梯也尔反动政府逃到凡尔赛后，一刻也没有放弃对公社的反扑。从1871年4月2日起，公社战士与凡尔赛军就在巴黎近郊展开激战。公社委员会和巴黎军民面对敌人的猖狂进攻，进行英勇顽强的自卫反击战。在欧洲各国政府的帮助和支持下，梯也尔羽翼丰满。5月间，凡尔赛军加紧了对巴黎的进攻。5月17日，凡尔赛军队集中重炮开始猛轰巴黎，并集中13万人准备进攻市区。5月21日，德国政府撕下原先对巴黎公社表示"中立"的假面孔，兑现对梯也尔政府的承诺，出兵包围巴黎的东部后方。同一天，巴黎西南部的圣克鲁城门因防守疏忽，敌人在奸细的指引下闯进巴黎城。国民自卫军中央委员会紧急呼唤人民以革命的行动誓死捍卫巴黎公社。在敌我对比悬殊的情况下，巴黎公社社员为了保卫革命成果，抱着与巴黎共存亡的精神，与敌浴血奋战。5月27日凡尔赛军队占领了东部拉雪兹神甫墓地。在这里，不到200名公社战士与5000名敌军展开肉搏。大部分战士惨烈捐躯，被俘战士全部被枪杀在墓地一堵墙前。后人在此矗立"公社社员墙"，作为对革命先烈的永久纪念。28 日，凡尔赛军占领整个巴黎，瓦尔兰、费雷等公社委员率领公社战士进行了最后的抵抗。人类历史上诞生仅72 天的无产阶级政权被扼杀了。从 5 月 21 日到 28 日，巴黎人民用鲜血保卫巴黎公社的战斗，就是震惊世界的"5 月流血周"。在占领巴黎前后，凡尔赛军对巴黎人民进行了血腥大屠杀。据统计，共有 2.98 万人遭残杀，7.29 万人在作战中牺牲，6 万多人被投入监狱或流放。

巴黎公社革命失败的因素是多方面的。从客观上讲，当时的法国进行社会主义革命的条件还未成熟，阶级力量对比不利于无产阶级。同时，巴黎公社革命未能得到外省革命运动的有力配合，也未能争取到农民的支持，无产阶级陷于孤军奋战的境地，敌我力量对比悬殊，失败不可避免。从主观上讲，由于没有一个成熟的无产阶级政党的领导，也就不能团结一切革命力量，不能采取正确的斗争策略。

巴黎公社革命虽然失败了，但是"公社的原则是永存的，是消灭不了的；在工人阶级得到解放以前，这些原则将一再表现出来"①。它是无产阶级专政的第一次伟大尝试，宣告了资本主义必然灭亡的第一个信号。正如马克思所指出的那样："工人阶级反对资本家阶级及其国家的斗争，由于巴黎人的斗争而进入了一个新阶段。不管这件事情的直接结果怎样，具有世界历史意义的新起点毕竟是已经取得了。"② 巴黎公社是 19 世纪世界社会主义运动的最高成就。工人的巴黎及其公社将永远作为新社会的光辉先驱而为人所称颂。它的英烈们已永远铭记在工人阶级的伟大心坎里。这场革命检验了马克思主义关于无产阶级革命和无产阶级专政的思想，为科学社会主义的进一步发展积累了极其宝贵的实践经验。正是在 1871 年巴黎公社失败之后，马克思、恩格斯从 1873—1874 年才把自己的理论正式命名为"科学社会主义"，以示与蒲鲁东、拉萨尔的改良社会主义和布朗基的激进社会主义有所区别。

（六）世界工人阶级政党和团体的国际联合组织：第二国际

第二国际是 19 世纪末 20 世纪初资本主义从自由竞争向垄断过渡的历史

① 《马克思恩格斯全集》第 17 卷，人民出版社 1963 年版，第 677 页。
② 《马克思恩格斯全集》第 33 卷，人民出版社 1973 年版，第 210–211 页。

时期，工人阶级政党和团体的较为松散的国际组织，1889 年 7 月 4 日成立于巴黎。1914 年第一次世界大战爆发后，第二国际大多数右派掌权的政党都背叛无产阶级国际主义，转向支持本国资产阶级政府进行的帝国主义战争，使第二国际在政治、思想上破产，在组织上崩溃，第二国际也终止活动。第二国际存在的 25 年，以 1900 年巴黎第五次代表大会为界，大体上可以划分为前后两个时期。第二国际最终功败垂成，但是第二国际也有不朽功绩，"它是第一国际与第三国际之间继往开来的桥梁和引擎"①。

1. 第二国际的创立

1876 年第一国际解散至 19 世纪末的 25 年，正是欧美资本主义向深度和广度发展的时期。欧美各国相继完成了以电为动力的新一轮科技革命，实现了以电力的广泛应用为特点的第二次工业革命，社会生产力得到飞速发展。与此同时，资本主义生产关系也发生重大变化，主要表现在生产与资本的集中程度大为增强，各种垄断组织相继出现并得到发展，垄断代替自由竞争并逐渐占据资本主义经济的主导地位。这一时期，西方反对封建制度的资产阶级革命已经结束，东方还没有成熟到进行资产阶级革命和改革的程度，世界进入了一个相对"和平"发展时期。

巴黎公社运动后一度转入低潮的国际工人运动和社会主义运动重新高涨起来。一是工人阶级队伍更加壮大。英国到 1900 年全部雇佣劳动者已增加到近 1400 万人（农业工人除外），占英国总人口约 3200 万人的近 44%，居资本主义各国首位。从 1876 年至 1900 年，德国产业工人从 500 多万增加到近 900 万人，法国产业工人从近 300 万增加到 330 多万人。这些人多数是工厂的雇佣工人，由于资本家的剥削从追求绝对剩余价值转为追求相对剩余价值，工人阶级的生活状况得到较明显的改善，工人阶级获得了长期以来争取的最基本的政治民主权利。二是工人运动范围不断扩大。工人运动不仅在欧美主要资本主义国家继续扩展和深入，而且在中东欧和其他地区，如波兰、匈牙利、捷克、塞尔维亚、日本、印度、南非等国，也得到了较快发展。三是工人运动的组织纪律性得到加强。除了有更多的工会、互助会、合作社等群众性组织出现以外，随着马克思主义在国际工人运动中的

---

① 高放：《第一个社会主义政党的国际组织第二国际功败垂成》，《中国延安干部学院学报》2014 年第 6 期。

影响不断扩大，欧美大多数国家相继建立工人阶级政党。1869 年德国社会民主党（爱森纳赫派）宣告成立，它是工人运动中最早在一个民族国家内建立的以马克思主义为指导的无产阶级政党。在德国社会民主党带动之下，随后匈牙利、葡萄牙、丹麦、美国、法国、西班牙、意大利、荷兰、英国、比利时、挪威、瑞士、奥地利、瑞典等国相继建立了社会主义政党。社会主义政党的普遍建立，为即将诞生的新的国际奠定了政治基础和组织基础。

19 世纪 70 年代末 80 年代初，当国际工人运动迅速发展之时，一些工人运动活动家就曾倡议重建工人国际组织。其实，从第一国际解散后，马克思、恩格斯就密切注意着建立新国际的问题，但是，他们认为在时机尚未成熟之前过早建立任何国际组织不仅无益而且有害。恩格斯曾指出：作为国际无产阶级政党联盟的新国际"将是纯粹共产主义的国际，而且将直截了当地树立起我们的原则"①，新的国际"再也不会是一个宣传的团体，而只能是一个行动的团体了"②。显然，要建立这样的一个组织，需要相当长的准备时间。由于客观条件的不成熟，马克思、恩格斯拒绝了一切为时过早的关于建立新国际的倡议。到 80 年代末，客观形势有了很大变化。随着工人运动的重新高涨，科学社会主义理论得到进一步广泛传播，工人运动领袖人物的不断涌现（如：德国的李卜克内西、倍倍尔，法国的盖得、拉法格，美国的左尔格等），各国工人阶级政党热切希望加强国际团结与合作，迫切要求建立新的国际组织。

1887 年 10 月，德国社会民主党在圣加伦代表大会上通过决议，准备于 1888 年秋天召开国际社会主义者代表大会，以实现国际工人的团结与合作。法国的盖得派也提出了同样的建议。但是他们的筹建工作相当迟缓。正当马克思主义者筹建第二国际时，以马隆、布鲁斯为首的法国的"可能派"却加紧行动起来，"可能派"纠集了英国的社会民主同盟、美国的劳动骑士团等组织，利用各国工人阶级要求增强团结的愿望，企图于 1889 年 7 月在巴黎召开国际工人代表大会，建立新的国际组织，以此控制整个工人运动，夺取国际工人运动的领导权。此时的恩格斯改变了自己原来的想法，为了防止"可能派"为首的改良派控制工人运动，高龄的恩格斯"像一个少年

---

① 《马克思恩格斯选集》第 4 卷，人民出版社 2012 年版，第 516 页。
② 《马克思恩格斯全集》第 35 卷，人民出版社 1971 年版，第 268 页。

一样投入战斗"①。在恩格斯的直接指导下，李卜克内西、倍倍尔、盖得、拉法格等迅速行动起来，积极参加了大会的筹备工作。1889 年 2 月，各国工人党在海牙召开会议，决定在 1889 年 7 月 14 日，即法国资产阶级大革命攻克巴士底狱 100 周年纪念日，召开马克思主义者主持的国际社会主义者代表大会，以便工人群众在两个大会的对比中识破机会主义的阴谋和实质。

1889 年 7 月 14 日，国际社会主义者代表大会在巴黎如期举行。参加这次盛会的有来自欧美 22 个国家和地区的 407 名代表。他们当中有许多人是当时著名的工人运动活动家，虽然也包括一些社会改良主义者和无政府主义者，但这是真正的国际社会主义者的代表大会。"可能派"召集的国际代表大会也于 7 月 15 日在巴黎举行，出席会议的共 606 名代表，其中法国代表就占 512 名，其余的主要是英国工联主义者。对此，恩格斯指出："不管怎样，可能派和社会民主联盟想要各自在法国和英国窃取领导地位的阴谋完全失败了，他们要取得国际领导权的妄想则失败得更惨。"② 恩格斯因忙于整理《资本论》第 3 卷的出版工作，没有出席这次大会。当他得知"可能派"拒绝马克思主义者的建议，与之决裂后，高兴地指出："我们那些多愁善感的调和主义者极力主张友爱和睦，结果遭到屁股上挨了一脚的报应。"③ 巴黎大会主要讨论国际劳工立法和工人阶级的政治、经济斗争任务，通过了关于每年庆祝五一劳动节的决议、关于废除常备军和实行全民武装的问题等决议。7 月 20 日晚，大会在"社会革命万岁"的口号声中宣布闭幕。这次大会标志着第二国际的建立。

第二国际是一个比较松散的国际组织。它没有像第一国际那样制定正式的章程和明确的共同纲领，没有建立像国际总委员会那样统一的领导机构，没有自己的机关报，虽然 1900 年成立了国际社会党执行局，但它没有实际权力，只是作为第二国际对各国党的联络机构。第二国际的组织形式和活动方式是每隔几年召开一次国际代表大会，讨论共同关心的国际问题和斗争策略问题，它所通过的决议只是在道义上对各政党和组织有约束力，参加国际的各国社会主义政党和团体的活动具有较大的自主性和灵活性。

---

① 《列宁选集》第 1 卷，人民出版社 2012 年版，第 718 页。
② 《马克思恩格斯全集》第 37 卷，人民出版社 1971 年版，第 242－243 页。
③ 《马克思恩格斯全集》第 37 卷，人民出版社 1971 年版，第 245 页。

第二国际的成立，标志着国际共产主义运动进入一个新的历史时期，即"国际工人运动向横的方面发展和国际工人组织向独立自主、相互协商形式发展的新时期"①。

2. 第二国际的前期活动

第二国际存在的 25 年间，共召开 9 次代表大会。其活动大体上以 1900 年为界，分为前期和后期。前期先后召开 1889 年 7 月巴黎代表大会、1891 年 8 月布鲁塞尔代表大会、1893 年 8 月苏黎世代表大会和 1896 年 7 月伦敦代表大会。第二国际从开始建立起，内部就有马克思主义、无政府主义和改良主义三个派别。在前期活动中，马克思主义派围绕着要不要开展政治斗争，特别是议会活动，同无政府主义派进行了坚决斗争。1896 年伦敦代表大会拒绝无政府主义者参加，一批支持无政府主义的代表为此退出大会。至此，第二国际内部马克思主义者取得了对无政府主义者的完全胜利。

早在第一国际时期，马克思主义者就曾经对巴枯宁的无政府主义进行过坚决斗争，并将巴枯宁等开除出第一国际。1876 年巴枯宁死后，由他鼓吹的巴枯宁主义虽然日渐衰微，但是无政府主义者阴魂不散，其分裂活动和思想影响给第二国际带来了烦扰和危害。第二国际前期，无政府主义的主要代表是法国的工团主义、德国的青年派和荷兰的纽文胡斯分子等。1889 年第二国际的成立大会在讨论国际劳工立法问题时，无政府主义者就表示反对，认为经济斗争、争取 8 小时工作制都是徒劳无益的，要求拒绝进行议会斗争和争取社会改良的斗争，并不加分析地说参加议会斗争就是背叛革命。大会经过激烈的争论，驳斥了无政府主义的谬论，通过了关于国际劳工立法的决议，系统提出了无产阶级在经济方面的要求：实行 8 小时工作制，规定每周法定休息日；禁止使用童工，限制少年和妇女的劳动；实行同工同酬等。同时通过关于无产阶级经济斗争和政治斗争的决议，强调必须把经济斗争和政治斗争结合起来，无产阶级只有夺取政权，并且把资本家还在占有的生产资料变为公有财产之后，才能获得解放。巴黎代表大会取得了反无政府主义的初步胜利。

无政府主义者不甘心失败，在 1891 年 8 月召开的布鲁塞尔代表大会上，他们再次发难。本次大会的中心议题之一就是讨论无产阶级对军国主义的

---

① 宋士昌主编：《科学社会主义通论》第 1 卷，人民出版社 2004 年版，第 646 页。

态度问题。因为 19 世纪 70 年代以来，欧洲逐渐形成了德、意、奥和英、法、俄两个敌对的军国主义集团。双方都在扩军备战，战争威胁不断增长。为了防止德、法两国为首的资本主义列强的军国主义的膨胀导致世界大战的悲剧，德、法两国社会主义者李卜克内西和瓦扬二人联合向大会提出了无产阶级反对军国主义的决议案。他们认为，军国主义是资本主义制度的产物，主张"通过完善无产阶级的国际组织来加速社会主义的胜利"，"这就是防止世界大战的可怕灾难的唯一方法"。① 也就是说只有建立了消灭人剥削人的社会主义制度，才能结束军国主义，奠定各国人民之间的和平。可是无政府主义者荷兰代表纽文胡斯却反对这一决议，他主张首先用"消极抵抗"的办法反对军国主义，如果爆发了战争则要发动世界性的总罢工来反对战争。李卜克内西当即加以批驳。他认为当战争爆发时不可能发动世界性的罢工进行抗议，因为那时"谁拒绝打仗，就会立即被送交军事法庭，并被判处死刑！"大会最终否决了纽文胡斯的提案。

1893 年 8 月 6—12 日，第二国际第三次代表大会在苏黎世召开。在这次大会上荷兰无政府主义者纽文胡斯再次提出要以总罢工来反对战争，遭到大多数代表的反对。荷兰人提案被否决的原因是："总罢工在今天社会的基础上是行不通的；因为无产者没有实行总罢工的手段。另一方面，如果我们能够进行总罢工，那就是说经济权力已掌握在无产阶级手中，那么总罢工就是可笑的迂腐之言。"② 最后大会通过了德国人的提案，明确指出只有摧毁作为军国主义和战争根源的资本主义制度，才能消除战争，实现世界和平。并进一步提出具体的反战措施，指出议会中工人党代表有义务投票反对军事贷款，反对常备军和要求裁军。大会通过了《社会民主党的政治策略》决议，肯定了政治斗争的地位和作用，同时强调"经济斗争和政治斗争的形式和方式应让各个国家根据本国的特殊情况进行选择"，但是"在这场斗争中必须把社会主义运动的革命目的，即从经济、政治和道德上彻底改造今天的社会，置于首要地位。绝不允许把政治行动用来作为有损于我们的原则或我们独立自主精神的妥协行为和结盟的借口"③。恩格斯受

---

① 《第二国际第二、三次代表大会文件》，中国人民大学出版社 1991 年版，第 52 页。
② 《国际共产主义运动历史文献》第 16 卷，中央编译出版社 2013 年版，第 80 页。
③ 《国际共产主义运动历史文献》第 16 卷，中央编译出版社 2013 年版，第 114 页。

邀出席代表大会的闭幕式，并发表了演讲，他回顾半个世纪以来社会主义运动从小到大的发展，并充分肯定了第二国际对无政府主义的斗争，指出：现在"每一个国家的无产阶级得到机会以独立自主的形式组织起来。这一点实现了，因而现在国际要比从前强大得多了，我们也应当按照这一方向在共同的基础上继续我们的工作。为了不致蜕化成为宗派，我们应当容许讨论，但是共同的原则应当始终不渝地遵守。自由联合和历次代表大会所支持的自愿联系——这就足以保证我们取得胜利，这种胜利已是世界上任何力量都不能从我们手中夺去的了"①。

1896 年 7 月 27 日至 8 月 1 日，第二国际第四次代表大会在伦敦举行。大会通过了李卜克内西提出的将无政府主义者驱逐出"国际"的决议，并声明今后的代表大会"只邀请"所有"争取把资本主义所有制和生产制度转变为社会主义所有制和生产制度，并把参加立法和议会活动作为达到这一目标的必要手段"的组织的代表，以及"所有虽然自身不参加政治斗争，但是承认政治斗争和议会活动的必要性的工作组织"。这一规定明确地把反对议会斗争乃至反对一切政治斗争的无政府主义者排斥在外了。伦敦代表大会使无政府主义者遭到决定性的失败，使他们在国际工人运动中陷于孤立的境地。

第二国际在前期活动中，通过了基本符合科学社会主义原理的行动方针和策略原则，取得了反无政府主义斗争的胜利，推动了国际工人运动向更广阔的方向发展。

3. 第二国际的后期活动

如前所述，第二国际从开始建立起，内部就有马克思主义、无政府主义和改良主义三个派别。在第二国际前期活动中，重点对无政府主义进行了批判，并取得了对无政府主义的完全胜利。但是，在前期活动中，由于对改良主义派批判不力，以致这种思潮日益滋长。1895 年恩格斯逝世后，随着世界历史向帝国主义时代过渡，改良主义派也随之发展为修正主义派，对马克思主义革命原理从理论上进行了系统修改。伯恩施坦是修正主义的突出代表。第二国际后期活动也重点围绕着反对修正主义而进行。

爱德华·伯恩施坦（1850—1932）出身于一个犹太血统的德国工人家

---

① 《马克思恩格斯全集》第 22 卷，人民出版社 1965 年版，第 479－480 页。

庭，1872年加入德国社会民主党。1879年发表《德国社会主义运动回顾》，宣扬改良主义，受到马克思、恩格斯严厉批评。1881—1890年担任《社会民主党人报》主编，很好地宣传了德国社会民主党的方针政策，成长为党的马克思主义理论家。恩格斯逝世后，伯恩施坦以《社会主义问题》为总标题发表了6篇文章，宣称马克思主义已经"过时"，提出要全面"修正"马克思主义。1899年，他抛出《社会民主主义的前提和任务》一书，集修正主义谬论之大成，以他的社会主义观点对马克思主义做了全面的修正。在哲学方面，伯恩施坦否定了马克思的辩证唯物主义和历史唯物主义，以康德的唯心主义代替唯物主义，以庸俗的进化论和折中主义代替革命的辩证法，否认事物发展的质变和飞跃；在政治经济学方面，伯恩施坦攻击和否定马克思关于劳动价值论、剩余价值和经济危机的理论，否认资本主义必然灭亡的客观规律；在科学社会主义方面，对马克思主义阶级斗争学说和无产阶级专政学说进行责难，否认无产阶级政党的革命性质，要求党放弃共产主义的奋斗目标和无产阶级国际主义，提出了"社会主义的最终目的是微不足道的，运动就是一切"的修正主义公式。伯恩施坦修正主义体系出笼后，立即得到各国机会主义者的广泛而狂热的支持，成为一种时髦的国际思潮。伯恩施坦修正主义的出现绝非偶然，对此，列宁明确指出：它并"不是个别人物的罪孽、过错和叛变，而是整个历史时代的社会产物"[1]。它的出现有深刻的社会历史原因和一定的阶级基础。1871年巴黎公社失败后，欧美长期处于相对和平发展时期，各国社会主义政党在合法斗争中也取得了较大成就，从而助长了各国党走议会道路的幻想，这为修正主义的产生提供了客观条件。而"工人贵族"阶层的出现以及大批破产的小资产阶级涌入工人阶级队伍，这是修正主义产生和泛滥的阶级根源。

伯恩施坦修正主义的出现与泛滥，在各国党内引发了很大震动，引发了马克思主义者反击修正主义者的斗争。第二国际后期共召开过5次代表大会，分别是1900年9月巴黎代表大会、1904年8月阿姆斯特丹代表大会、1907年8月斯图加特代表大会、1910年8月哥本哈根代表大会和1912年11月巴塞尔代表大会，对修正主义重点进行了批判。

1900年9月23—27日，第二国际第五次代表大会在巴黎召开。这次大

---

① 《列宁选集》第2卷，人民出版社2012年版，第494页。

会最重要、争论最激烈的问题是关于夺取政权的道路和与资产阶级政党联盟问题。其中心内容是讨论米勒兰入阁事件。亚·米勒兰（1859—1943），第二国际修正主义在实践方面的代表人物。早年学习法律，后任律师，1885年以社会主义者当选国民议会议员，90年代加入法国社会党。1896年5月发表被称为"圣芒德纲领"的演说，主张通过议会选举逐渐地变资本主义为社会主义。他于1899年6月未经党组织的同意擅自参加了资产阶级政府，担任工商部部长，与镇压巴黎公社的加利费将军作同僚。这被称为米勒兰入阁事件。巴黎代表大会争论的中心就是如何看待米勒兰入阁问题，这是国际范围内马克思主义者同修正主义者的第一次面对面交锋。对此，大会明显出现三派：以拉法格、盖得、卢森堡为代表的左派，坚决反对；以饶勒斯、安赛尔为代表的右派，坚决赞成；以考茨基为代表的中派，调和折中。左派认为，社会党人参加资产阶级政府并不能改变无产阶级的地位，只有站在资产阶级国家的废墟上，社会民主党才能成为执政的党。右派极力为米勒兰入阁做辩护，认为参加政府当部长是社会党人夺取政权的必由之路，入阁后可以利用阁员身份采取一些改良措施，逐渐改变政府的性质，以便和平地过渡到社会主义。双方激辩之时，考茨基提出了一个被人称为是"橡皮性"① 的决议草案。他认为社会党人是否参加资产阶级政府不是原则问题，而是策略问题，国际代表大会不应对此发表意见。尽管考茨基的决议案在国际内引起了很大争议，但最后还是以29票对9票获得了通过，表明第二国际修正主义、机会主义势力的增长。

巴黎代表大会后，修正主义思潮继续泛滥，严重地破坏了各国社会民主党的声誉。在这种形势下，第二国际第六次代表大会于1904年8月14—20日在荷兰首都阿姆斯特丹举行。在这一次国际代表大会的开幕式上第一次奏响了鲍狄埃作词、狄盖特作曲的《国际歌》。从此《国际歌》取代了《马赛曲》，成为全世界劳动人民的战歌。本次大会讨论的中心问题是"社会党策略的国际原则"。在讨论中，大会收到了两个提案：一个是法国代表盖得提出的，建议把德国党谴责修正主义的德累斯顿决议作为草案提交大会讨论；另一个是奥地利代表阿德勒和比利时代表王德威尔得提出的对德

---

① "橡皮性"决议是双关语。德文考茨基（Kaulsky）正好是橡皮（Kaulschuk）的谐音。"橡皮性"决议，意即暧昧、调和的决议。

累斯顿决议的修正案。经过四天的激烈争论，大会最后以 25 票赞成、5 票反对、12 票弃权，通过了盖得的提案。大会通过的决议坚决反对修正主义"用一切迎合现在制度的政策代替通过战胜我们的敌人来夺取政权的政策"，强调"社会民主党不能谋求在资产阶级社会内部参与政权"①。决议的通过表明马克思主义者在国际范围内对修正主义的一次重大胜利。但是，第二国际内部由米勒兰入阁而引起的社会主义政党斗争策略的争论远未结束，"实际上各国党的修正主义者和改良派以及个别的党并没有真正接受阿姆斯特丹决议"②。

1907 年 8 月 18—24 日，第二国际第七次代表大会在德国的斯图加特举行。列宁第一次率领俄国布尔什维克代表团参加大会。大会的中心议题是反对军国主义和战争威胁问题。对于这一问题，提交大会的共有 4 个决议草案，分别是德国民主党提出的倍倍尔草案、以法国社会党多数派提出的饶勒斯－瓦扬决议草案、法国社会党少数派提出的盖得决议草案以及爱尔威及其追随者提出的决议草案。在讨论这些草案时，德国修正主义者直接鼓吹在战争中要"保卫祖国"。列宁当即联合德国党左派卢森堡等人对这一观点进行了批判。经过反复的激烈争论，大会通过了经过修改的倍倍尔决议案，强调社会民主党的任务不仅要反对发动战争和尽快结束已经发生的战争，还要竭尽全力利用战争造成的危机来加速资产阶级统治的崩溃，为无产阶级指明了反对帝国主义战争的革命策略方针。在讨论殖民地问题时，伯恩施坦鼓吹"社会主义殖民"论，硬说社会主义也需要殖民，受到了列宁等人的严厉批判。

1910 年 8 月 28 日至 9 月 3 日，第二国际第八次代表大会在丹麦首都哥本哈根举行。关于合作社问题是这次大会的首要问题。修正主义者认为，合作社是经济组织，对政治、政党应采取中立态度。同时他们夸大合作社的作用，认为只要发展合作社就可以从资本主义和平过渡到社会主义。列宁等人对上述错误观点进行批判，提出了俄国党关于合作社的决议草案，并在大会上获得通过。决议既充分肯定发展合作社的多重积极意义，又强

---

① 中央编译局国际共运史研究室编：《德国社会民主党关于伯恩斯坦问题的争论》，生活·读书·新知三联书店 1981 年版，第 606 页。

② 殷叙彝等：《第二国际研究》，中央编译出版社 1998 年版，第 315 页。

调不能过分夸大合作社的作用，因为单靠合作社不能实现社会主义的基本目的——工人阶级的解放。因此，在合作社中要"通过联合组织中坚持不懈的社会主义的宣传鼓动，来促进工人群众中阶级斗争思想和社会主义思想的传播"，要"逐步建立和加强合作社同社会主义政党以及同工会的有机联系"。① 在讨论军国主义和战争问题时，机会主义者企图推翻斯图加特代表大会的决议，遭到列宁等各国左派的反击，仍然通过了与斯图加特决议一致的反对军国主义的决议，保持了反对军国主义的正确立场。

1912 年 11 月 24—25 日，第二国际在大战迫近的形势下在瑞士巴塞尔举行第九次代表大会。大会的唯一议题就是国际形势与反对战争的统一行动。参加这次大会的各国代表，左、中、右三派人士都有。由于反战运动的高涨加上革命的社会民主党人士的努力，众多右派人士都没有在会上重弹要"保卫祖国"的老调。大会最后一致通过了《国际局势和反对战争的统一行动宣言》，即著名的《巴塞尔宣言》。《巴塞尔宣言》重申前两次代表大会反对军国主义的原则，指明帝国主义战争的根源和性质，呼吁各国无产者和社会党人联合起来，发展群众运动，利用一切手段反对帝国主义战争。列宁认为，这个宣言"最确切而全面地、最庄严而正式地阐述了社会党人对战争的观点和策略"②。但是，"机会主义者表面上拥护宣言，但根本不准备按宣言行事，而且沿着机会主义泥坑继续滑下去"③。

4. 第二国际的破产及历史地位

1910 年左右，第二国际内部明显分化，形成了右倾机会主义派、中派和左派三派。值得注意的是第二国际的大多数领导人日益转向中派，他们以正统的马克思主义派自居，否认自己观点的机会主义性质，力图调和左派和右派之间的原则分歧，主张不惜一切代价保持同机会主义者的统一。1910 年考茨基发表的《巴登和卢森堡之间》一文，标志着中派作为一种政治派别和思潮已最后形成。中派实质上是"第二国际各种矛盾的社会产物，是既要在口头上忠实于马克思主义又要在实际上屈服于机会主义的社会产物"④。从整个第二国际来看，1912 年公布的社会党国际局成员名单中，除

---

① 《列宁全集》第 19 卷，人民出版社 1989 年版，第 306 页。
② 《列宁选集》第 2 卷，人民出版社 2012 年版，第 455 页。
③ 宋士昌主编：《科学社会主义通论》第 2 卷，人民出版社 2004 年版，第 673 页。
④ 《列宁选集》第 2 卷，人民出版社 2012 年版，第 523 页。

了列宁、卢森堡等少数几个左派代表以外，中派和右派代表占了压倒性多数。此后，第二国际的领导权为修正主义分子把持，国际共产主义运动面临严重的危险。

1914 年 8 月，两大帝国主义军事集团酝酿已久的第一次世界大战爆发。各参战国的统治阶级都宣称自己是为"保卫祖国"而战，掩盖战争的真实性质，欺骗本国人民。第二国际绝大多数社会民主党在战争考验面前，背叛了历次代表大会的决议和宣言，陆续转到了本国资产阶级政府的立场。第二国际中最大、最有影响的德国社会民主党，成了这场叛变的领头羊。8 月 4 日，在德国议会进行战争预算表决时，社会民主党议会党团中的机会主义者以维护党的纪律和组织形式上的统一为名，胁迫左派分子同他们一起投了赞成票。党的主席哈阿兹还在议会中代表党宣读了表示赞成军事拨款的声明，并宣称为了防御"俄国入侵"，接受"保卫祖国"的口号，宣称"在危险时刻我们不会抛弃祖国"。[1] 在德国社会民主党的带动下，第二国际22 个国家的 27 个社会民主党中，除了俄国布尔什维克党、塞尔维亚社会民主党、保加利亚社会民主党（紧密派）之外的 24 个党，在"保卫祖国"的口号下，背叛了无产阶级革命，公开支持本国资产阶级政府进行帝国主义战争。在历史发展的紧要关头，第二国际各国党的左派则信守《巴塞尔宣言》，坚持无产阶级国际主义，坚决反对帝国主义世界大战。列宁领导的布尔什维克党更是鲜明地提出了"变帝国主义战争为国内革命战争"的革命口号。但由于各国左派力量还比较分散、弱小，在理论上、政治上还不够成熟，未能领导和组织群众进行有效斗争。第二国际大多数领袖背叛社会主义，意味着这个国际在思想上政治上的破产。

"第二国际破产和崩溃的根本原因在于 19 世纪末以来大多数政党内修正主义和沙文主义思潮愈益滋长、膨胀。"[2] 第二国际各国的革命派虽然同机会主义进行过斗争，但是由于对之批判不够彻底，处理不够坚决，致使机会主义起初是作为一种情绪，后来作为一种思潮，最后作为一个工人官僚和小资产阶级同路人的集团或阶层，逐步控制了第二国际各国党的主导

---

① ［美］威廉·福斯特：《三个国际的历史》，李翰等译，生活·读书·新知三联书店 1961 年版，第 261 页。

② 高放：《第一个社会主义政党的国际组织第二国际功败垂成》，《中国延安干部学院学报》2014 年第 6 期。

权。战争使机会主义发展到了顶点。第二国际的破产不是社会主义的破产，而是机会主义和改良主义的破产。

第二国际虽然最后走向了破产，但是它在国际共产主义运动史上有着重要的历史地位。一是扩大了国际工人运动的范围与规模。第二国际期间，社会主义运动由西欧、北美扩展到东欧、拉美、东亚和大洋洲。在1889年第二国际建立时，世界上仅有15个社会主义工人政党。在1889年第二国际建立后至1914年第二国际破产前，在第二国际促进和协助下，又先后在匈牙利、保加利亚、罗马尼亚、波兰、阿根廷、俄国、芬兰、澳大利亚、美国、卢森堡、塞尔维亚、日本、英国、乌拉圭等14国，新建立了15个社会主义政党。到1914年第二国际已是30个社会主义政党的国际联合组织，拥有300多万名党员，而第一国际时期只有一个德国社会民主工党，1万多名党员。随着工人队伍的不断壮大和工人运动的进一步发展，在各国社会主义政党的领导和影响下，工人组织的数量不断增长。到第一次世界大战前夕，工会会员达1000万人以上，合作社社员达700万人以上。二是促进了马克思主义的广泛传播和普及。第二国际各党翻译出版了大量马克思、恩格斯的著作，比如《共产党宣言》先后被翻译成德文、波兰文、意大利文、法文和罗马尼亚文等文字出版；创办了许多党报、党刊传播马克思主义，恩格斯最后6年的著述，大都在德国党主办的《新时代》《前进报》以及法国、英国、意大利等国党主办的报刊上发表；第二国际时期还涌现出了一批如列宁、李卜克内西、倍倍尔、卢森堡、普列汉诺夫、拉法格、考茨基等理论家和活动家，对发展马克思主义理论做出了贡献。三是通过了一系列正确或基本正确的决议。第二国际共召开过9次代表大会，通过了关于争取工人权益、关于争取妇女权益、关于争取农民权益、关于社会党的政治策略、关于犹太人问题和民族问题、关于殖民地问题、关于总罢工问题、关于工会问题、关于合作社问题、关于社会党建设问题等一系列决议，这些决议大多数是正确的或基本正确的，其矛头是指向资本主义制度的，符合工人阶级的阶级利益，对无产阶级战略和策略问题做了马克思主义的回答，经各国社会党付诸实践，对推进世界社会主义工人运动起过积极的作用。在第二国际的推动下，"五一"劳动节成为国际无产阶级的共同节日。四是积极开展了反对军国主义和帝国主义的斗争。战争与和平问题是国际历次代表大会的中心议题之一，贯穿于国际活动始终。尽管最终国际制止战争的伟大政治目标未能实现，但是，"第二国际长期进行了反对帝国主义战争的宣传工作，这是不容否认的历史事实"①。

列宁在《第二国际及其历史地位》中指出："第一国际为国际无产阶级争取社会主义的斗争奠定了基础。第二国际是为这个运动在许多国家广泛的大规模的开展准备基础的时代。第三国际接受了第二国际的工作成果，清除了它的机会主义的、社会沙文主义的、资产阶级和小资产阶级的脏东西，并已开始实现无产阶级专政。"② 正如高放先生所说：第二国际是"第一国际与第三国际之间继往开来的桥梁和引擎"③。

（七）科学社会主义的发展完善

科学社会主义创立之后，欧洲经历了两场革命：一场是欧洲 1848 年革命，另一场是巴黎公社革命。这两场革命之后，世界社会主义运动都有重大发展。1864 年第一国际成立，1889 年第二国际成立。与此同时，世界资本主义也向深度和广度发展。马克思、恩格斯根据形势的发展和工人运动实践的推进，及时进行新的总结，形成了新的认识，使科学社会主义理论日趋完善，主要体现在以下几个方面：

1. 关于"两个决不会"的思想

马克思、恩格斯在《共产党宣言》中指出："资产阶级的灭亡和无产阶级的胜利是同样不可避免的。"④ 后人将这一结论概括为"两个必然"理论，意即资本主义必然灭亡，社会主义必然胜利。《共产党宣言》问世不久，就爆发了欧洲 1848 年革命。这场革命实际上是资产阶级革命的继续，其总的任务仍然是继续反对封建制度，为资本主义发展扫清道路。但是，无产阶级对革命的参与，使其具有了社会主义的属性。马克思、恩格斯根据当时欧洲主要资本主义国家的现实，认为资本主义的基本矛盾已经激化，无产阶级革命在欧洲国家很快就会发生，资本主义将很快灭亡。但是，1848年欧洲革命风暴很快就结束了。后来的事实证明，马克思、恩格斯的估计

---

① 殷叙彝等：《第二国际研究》，中央编译出版社 1998 年版，第 735 页。

② 《列宁选集》第 3 卷，人民出版社 2012 年版，第 791 页。

③ 高放：《第一个社会主义政党的国际组织第二国际功败垂成》，《中国延安干部学院学报》2014 年第 6 期。

④ 《马克思恩格斯选集》第 1 卷，人民出版社 2012 年版，第 413 页。

过于乐观，过高地估计了无产阶级革命的形势。

欧洲 1848 年革命进一步扫除了阻碍资本主义发展的封建残余，使自由竞争资本主义在 19 世纪五六十年代进入了极盛时期。英国和法国先后完成了工业革命，其他国家的资本主义工业化也在迅速进行。资本主义工业的发展，也加强了工业资产阶级在政治经济生活中的统治地位。根据资本主义不断发展的情况，马克思、恩格斯开始纠正原来的看法。他们指出："在这种普遍繁荣的情况下，即在资产阶级社会的生产力正以在资产阶级关系范围内一般可能的速度蓬勃发展的时候，还谈不到什么真正的革命。"[1] 在总结 1848 年革命历史经验的基础上，马克思、恩格斯认识到，资本主义还有生命力和扩张能力，旧社会的灭亡和新社会的产生将是一个长期复杂的过程。1859 年马克思在《〈政治经济学批判〉序言》中，从理论上提出了"两个决不会"的思想，指出："无论哪一个社会形态，在它所能容纳的全部生产力发挥出来以前，是决不会灭亡的；而新的更高的生产关系，在它的物质存在条件在旧社会的胎胞里成熟以前，是决不会出现的。"[2]

"两个必然"和"两个决不会"并不是矛盾的，而是一脉相承的，是统一的。前者论证了社会主义代替资本主义的客观趋势，后者强调的是社会主义代替资本主义的长期性和曲折性；前者揭示的是一个历史结论，后者论证了实现这一历史结论的条件和前提。社会主义革命胜利的前提必须是资本主义的生产关系不再能够容纳生产力的继续发展了。"两个必然"的实现不是取决于工人阶级政党的主观愿望，而是取决于资本主义生产方式基本矛盾的现实运动，那种无视社会革命的客观规律、企图人为地制造革命的做法是非常错误的。马克思后来在总结巴黎公社革命经验的时候曾经指出：工人阶级"为了谋求自己的解放，并同时创造出现代社会在本身经济因素作用下不可遏制地向其趋归的那种更高形式，他们必须经过长期的斗争，必须经过一系列将把环境和人都加以改造的历史过程"[3]。

2. 关于无产阶级专政的思想

马克思、恩格斯在《共产党宣言》中指出："无产阶级用暴力推翻资产

① 《马克思恩格斯全集》第 7 卷，人民出版社 1959 年版，第 513 – 514 页。
② 《马克思恩格斯选集》第 2 卷，人民出版社 2012 年版，第 3 页。
③ 《马克思恩格斯选集》第 3 卷，人民出版社 2012 年版，第 103 页。

阶级而建立自己的统治。"① 在这里，马克思、恩格斯明确表达了无产阶级革命的首要问题就是夺取政权。无产阶级推翻资产阶级的统治后，对旧的国家机器应该采取什么态度，这是无产阶级革命胜利后所要解决的问题。1848 年革命失败后，马克思总结了这次革命的经验教训，阐述了无产阶级对待资产阶级国家的根本态度，他认为，过去的"一切变革都是使这个机器更加完备，而不是把它摧毁。那些相继争夺统治权的政党，都把这个庞大国家建筑物的夺得视为胜利者的主要战利品"②。无产阶级则完全不同，它"不应该再像以前那样把官僚军事机器从一些人的手里转到另一些人的手里，而应该把它打碎，这正是大陆上任何一次真正的人民革命的先决条件"③。马克思在总结 1848 年至 1850 年的法兰西阶级斗争的经验时，第一次明确地提出了无产阶级专政这一科学概念，并初步论证了无产阶级专政的历史必然性和过渡性，从而使无产阶级专政的思想大大前进了一步。在《1848 年至 1850 年的法兰西阶级斗争》一文中，马克思指出：巴黎六月起义的失败使无产阶级认识到这样一条真理，"它要在资产阶级共和国范围内稍微改善一下自己的处境只是一种空想"，因此，无产阶级革命战斗口号应该是："推翻资产阶级！工人阶级专政！"同时，马克思还明确表达了无产阶级专政的历史使命"是达到消灭一切阶级差别，达到消灭这些差别所由产生的一切生产关系，达到消灭和这些生产关系相适应的一切社会关系，达到改变由这些社会关系产生出来的一切观念的必然的过渡阶段"④。1852 年 3 月 5 日，马克思在致约·魏德迈的信中，鲜明地表述了马克思主义国家学说的实质，以及同资产阶级先进思想家的根本区别，他说："我所加上的新内容就是证明了下列几点：（1）阶级的存在仅仅同生产发展的一定历史阶段相联系；（2）阶级斗争必然导致无产阶级专政；（3）这个专政不过是达到消灭一切阶级和进入无阶级社会的过渡……"⑤

巴黎公社是无产阶级专政的第一次伟大尝试。公社虽然仅仅存在了 72 天，但是公社精神永存。公社革命失败后的第三天，马克思在《法兰西内

①《马克思恩格斯选集》第 1 卷，人民出版社 2012 年版，第 412 页。
②《马克思恩格斯选集》第 1 卷，人民出版社 2012 年版，第 761 页。
③《马克思恩格斯选集》第 4 卷，人民出版社 2012 年版，第 493 页。
④《马克思恩格斯选集》第 1 卷，人民出版社 2012 年版，第 532 页。
⑤《马克思恩格斯选集》第 4 卷，人民出版社 2012 年版，第 426 页。

战》中就明确指出："工人阶级不能简单地掌握现成的国家机器，并运用它来达到自己的目的。"① 因为"帝国制度是国家政权的最低贱的形式，同时也是最后的形式。它是新兴资产阶级社会当做自己争取摆脱封建制度的解放手段而开始缔造的；而成熟了的资产阶级社会最后却把它变成了资本奴役劳动的工具"②。为了不致失去刚刚争得的统治，一方面应当铲除全部旧的压迫人民的国家机器，另一方面还必须建立维护人民利益的新的国家机器。就为什么要用暴力打碎资产阶级的国家机器，马克思认为，资产阶级反动的国家机器本身就是镇压无产阶级和广大人民群众的暴力工具，是奴役人民群众的工具。巴黎公社为无产阶级专政提供了丰富经验。马克思说："这次革命的新的特点还在于人民组成了公社，从而把他们这次革命的真正领导权握在自己手中，同时找到了在革命胜利时把这一权力保持在人民自己手中的办法，即用他们自己的政府机器去代替统治阶级的国家机器、政府机器。"③ 马克思认为，公社的真正秘密在于：它实质上是工人阶级的政府，是人民当家作主的政权，"公社必须由巴黎各区全民投票选出的市政委员组成"，而且"这些市政委员是对选民负责，随时可以罢免"。同时公社还是一个廉价政府，"一切公职人员像公社委员一样，其工作报酬只能相当于工人的工资"④。公社摆脱了资产阶级的议会制，实现了立法权和行政权的统一。公社是一个实干的而不是议会式的机构，它既是行政机关，同时也是立法机关。马克思所热情讴歌的这一切，都是无产阶级专政国家所应具备的特征，是无产阶级专政国家的实质所在。可见，马克思从巴黎公社的经验中不仅得出打碎旧的国家机器的必要性，而且找到了无产阶级专政的基本途径。

3. 关于工农联盟的思想

恩格斯在《1847 年的运动》一文中首次明确表述了工农联盟的思想："毫无疑问，总有一天贫困破产的农民会和无产阶级联合起来，到那时无产阶级会发展到更高的阶段，向资产阶级宣战。"⑤ 1848 年革命为马克思、恩

---

① 《马克思恩格斯选集》第 3 卷，人民出版社 2012 年版，第 95 页。
② 《马克思恩格斯选集》第 3 卷，人民出版社 2012 年版，第 98 页。
③ 《马克思恩格斯选集》第 3 卷，人民出版社 2012 年版，第 152 页。
④ 《马克思恩格斯选集》第 3 卷，人民出版社 2012 年版，第 167 页。
⑤ 《马克思恩格斯全集》第 4 卷，人民出版社 1958 年版，第 511 页。

格斯剖析农民阶级提供了一个契机。他们在《共产党在德国的要求》的政治纲领中，就高度重视农民利益，明确提出减轻农民和小租佃者所担负的社会义务和其他义务的要求，进一步体现了把农民吸引到无产阶级方面来的思想。在科学总结 1848 年革命的经验教训之后，他们对农民问题进行了系统、深入的论述，在《1848 年至 1850 年的法兰西阶级斗争》《德国农民战争》《路易·波拿巴的雾月十八日》等著作中，第一次全面系统地论证了工农联盟的思想。巴黎公社失败后，在总结公社革命的经验教训的基础上，马克思、恩格斯又进一步深化了对工农联盟思想的认识。

在总结 1848 年至 1850 年法兰西阶级斗争经验教训时，马克思认为 1848 年巴黎工人六月起义失败的重要原因之一，就是狡猾的资产阶级离间了工农关系，欺骗了农民，孤立了无产阶级，致使工人阶级的起义斗争没有得到农民的支持。对此，马克思指出："在革命进程把站在无产阶级与资产阶级之间的国民大众即农民和小资产者发动起来反对资产阶级制度，反对资本统治以前，在革命进程迫使他们承认无产阶级是自己的先锋队而靠拢它以前，法国的工人们是不能前进一步，不能丝毫触动资产阶级制度的。"① 法国无产阶级如果能够把农民从资产阶级的影响下争取过来成为自己的同盟军，"于是无产阶级革命就会得到一种合唱，若没有这种合唱，它在一切农民国度中的独唱是不免要变成孤鸿哀鸣的"。1856 年，马克思在阐述德国革命问题时又一次阐明了农民同盟军对无产阶级革命的重大意义："德国的全部问题将取决于是否有可能由某种再版的农民战争来支持无产阶级革命。如果那样就太好了。"② 在总结巴黎公社的教训时，马克思进一步指出："如果公社治理下的巴黎同外省自由交往起来，那么不出三个月就会引起一场农民大起义。"③ 但是，由于无产阶级没有与农民结成革命的联盟，因此，即使是暂时夺取了政权，也不能保持和巩固。1894 年，恩格斯在《法德农民问题》一文中，进一步发展了马克思总结巴黎公社教训时所强调的工农联盟思想，强调无产阶级政党"为了夺取政权……应当首先从城市走向农村，应当成为农村中的一股力量"④。

---

① 《马克思恩格斯选集》第 1 卷，人民出版社 2012 年版，第 455 页。
② 《马克思恩格斯选集》第 4 卷，人民出版社 2012 年版，第 427 页。
③ 《马克思恩格斯选集》第 3 卷，人民出版社 2012 年版，第 106 页。
④ 《马克思恩格斯选集》第 4 卷，人民出版社 2012 年版，第 356 页。

无产阶级与农民结盟不仅具有必要性，而且具有完全的可能性。农民既是小私有者又是劳动者。其和无产阶级的根本利益是一致的。"农民所受的剥削和工业无产阶级所受的剥削，只是在形式上不同罢了。剥削者是同一个：资本。"因此，"只有资本的瓦解，才能使农民地位提高；只有反资本主义的无产阶级的政府，才能结束农民经济上的贫困和社会地位的低落"①。在资本主义社会中，农民所处的经济状况决定了他们既不是先进生产力的代表，也不可能创造出先进的生产关系，"他们不能代表自己，一定要别人来代表他们。他们的代表一定同时是他们的主宰，是高高站在他们上面的权威，是不受限制的政府权力"②。因此，只有和无产阶级结成巩固的联盟并接受无产阶级的领导，才能推翻地主和资本家的剥削和压迫。无产阶级要教育农民，使他们认识到这一点，这样，农民就把负有推翻资产阶级制度使命的城市无产阶级看作自己的天然同盟者和领导者。

4. 关于无产阶级革命两种方式的思想

无产阶级革命的根本问题是夺取政权的问题。在19世纪70年代中期以前，马克思、恩格斯认为，暴力革命是无产阶级推翻资产阶级统治，夺取政权的主要方式。他们曾高度评价过暴力在历史中的革命作用，把它看作是每一个孕育着新社会的旧社会的助产婆。在《共产党宣言》中，马克思、恩格斯强调，共产党人公开宣布："他们的目的只有用暴力推翻全部现存的社会制度才能达到。"③1871年马克思在总结巴黎公社经验时又指出，无产阶级专政的首要条件就是无产阶级的大军。工人阶级必须在战场上赢得自身解放的权利。

马克思、恩格斯在强调暴力革命在社会变革中的必要性，但并没有把这条道路绝对化。恩格斯说过："阶级之间的战争的进行，并不取决于是否采取真正的军事行动，它并不是永远都需要用街垒和刺刀来进行的。"④1871年巴黎公社革命失败后，无产阶级革命进入低潮，资本主义发展也进入了一个相对平稳的时期。根据这种新的情况，马克思、恩格斯在强调暴力革命的同时，也指出，在一定条件下，无产阶级也有用和平手段取得政

---

① 《马克思恩格斯选集》第1卷，人民出版社2012年版，第526页。
② 《马克思恩格斯选集》第1卷，人民出版社2012年版，第763页。
③ 《马克思恩格斯选集》第1卷，人民出版社2012年版，第435页。
④ 《马克思恩格斯全集》第8卷，人民出版社1961年版，第249页。

权的可能性。1872 年，马克思在阿姆斯特丹群众大会上演说时说："工人总有一天必须夺取政权，以便建立一个新的劳动组织……但是，我们从来没有断言，为了达到这一目的，到处都应该采取同样的手段。我们知道，必须考虑到各国的制度、风俗和传统；我们也不否认，有些国家，像美国、英国，——如果我对你们的制度有更好的了解，也许还可以加上荷兰，——工人可能用和平手段达到自己的目的。"① 马克思在这里承认，无产阶级革命的目的是夺取政权，但革命的方式可以而且应该是多样的，无产阶级可以用暴力与和平两种方式，至于采取哪一种形式要根据革命形势和阶级力量对比的变化等客观情况来决定。

马克思去世以后，西欧无产阶级进行斗争的条件发生了巨大的变化。恩格斯在科学总结半个世纪以来无产阶级革命斗争经验的基础上，根据当时资本主义社会发展的新情况，就无产阶级革命的策略问题提出了一些新的见解，大大丰富和发展了马克思主义无产阶级革命方式与道路的思想。恩格斯认为，无产阶级大军为达到最终的奋斗目标，"还远不能以一次重大的打击取得胜利，而不得不慢慢向前推进，在严酷顽强的斗争中夺取一个一个的阵地"②。1890 年 2 月，在德国议会的选举中，德国社会民主党获得了四分之一以上的选票。恩格斯认为，"旧式的起义，在 1848 年以前到处都起过决定作用的筑垒巷战，现在大大过时了"③。无产阶级政党应该积极进行正确民主的斗争，应该利用普选权，恩格斯赞扬德国工人阶级在革命实践中做出的重大贡献。他说："他们给了世界各国同志们一件新的武器——最锐利的武器中的一件武器，向他们表明了应该怎样使用普选权。"④ "合法性在如此出色地为我们效劳，如果在这样的情况下，我们来破坏合法性，那我们就是傻瓜。"⑤

恩格斯在重视合法斗争的同时，并没有否定暴力革命的作用，而是要求无产阶级保留在一定条件下进行暴力革命的权利。他说："须知革命权是唯一真正'历史权利'——是所有现代国家一无例外都以它为基础而建立

---

① 《马克思恩格斯全集》第 18 卷，人民出版社 1964 年版，第 179 页。
② 《马克思恩格斯选集》第 4 卷，人民出版社 2012 年版，第 385 页。
③ 《马克思恩格斯选集》第 4 卷，人民出版社 2012 年版，第 390 页。
④ 《马克思恩格斯选集》第 4 卷，人民出版社 2012 年版，第 388 页。
⑤ 《马克思恩格斯全集》第 22 卷，人民出版社 1965 年版，第 292 页。

起来的唯一权利。"① 为了保证不放弃革命权，还需要建立一支"决定性的'突击队'"，为"决定性的搏战"那一天做好准备。"我们的主要任务就是毫不停手地促使这种力量增长到超出政府统治制度所能支配的范围，不是要把这个日益增强的突击队在前哨战中消灭掉，而是要把它好好地保存到决战的那一天。"② 在决战时刻未到来之前，绝不接受统治阶级的挑战，而是要聚集力量，准备决定性搏斗。当然，如果统治阶级将暴力加于工人阶级时，社会民主党就应毫不犹豫地从议会斗争的舞台转到革命的舞台，进行决定性战斗。

5. 关于无产阶级政党建设的思想

马克思、恩格斯在《共产党宣言》中就明确指出，无产阶级要完成历史使命需要组织自己的政党，而且对共产党的性质及纲领等进行了阐述。19世纪后半叶，在指导各国建党的实践中，马克思、恩格斯进一步完善了无产阶级政党的学说，对于建立无产阶级政党的必要性、如何加强党的自身建设以及如何处理党际关系等进行了深入探讨。

19世纪后半叶，随着欧洲各大国的民族统一的相继完成以及工人运动的发展，在各个民族国家内建立独立的工人阶级政党的任务相继摆到了各国工人阶级的面前。马克思、恩格斯认为，无产阶级要取得革命的胜利，消灭资产阶级在经济和政治上对他们的剥削和压迫，必须摆脱资产阶级对他们的控制。"各地的经验都证明，要使工人摆脱旧政党的这种支配，最好的办法就是在每一个国家里建立一个无产阶级的政党，这个政党要有它自己的政策，这种政策显然与其他政党的政策不同，因为它必须表现出工人阶级解放的条件。"③ 在总结巴黎公社失败的教训时，马克思、恩格斯又强调指出："工人阶级在它反对有产阶级联合权力的斗争中，只有组织成为与有产阶级建立的一切旧政党对立的独立政党，才能作为一个阶级来行动；工人阶级这样组织成为政党是必要的，为的是要保证社会革命获得胜利和实现这一革命的最终目标——消灭阶级。"④

随着欧美一大批社会主义政党组织的出现，怎样建设一个无产阶级政

---

① 《马克思恩格斯全集》第22卷，人民出版社1965年版，第608页。
② 《马克思恩格斯全集》第22卷，人民出版社1965年版，第609页。
③ 《马克思恩格斯选集》第3卷，人民出版社2012年版，第40页。
④ 《马克思恩格斯全集》第17卷，人民出版社1963年版，第455页。

党的任务便日益凸显出来。马克思、恩格斯在总结共产主义者同盟以及各国工人阶级政党基本经验的基础上，结合自己的实践活动，对如何加强无产阶级政党自身建设进行了深入探讨。首先，无产阶级政党必须以民主的原则组建起来。共产主义者同盟就是以民主为基础组建起来的，第一国际坚持了共产主义者同盟确立的民主原则，并且做了进一步的丰富和发展。19世纪70年代中后期，随着各国工人党合法斗争的开展，马克思、恩格斯特别强调应扩大党内民主，应当按照党章规定按时召开党的代表大会，使全党有更多的发表意见的机会，防止个人专断。恩格斯说，"在党内绝对自由地交换意见是必要的"①。同时，他强调党的领导人要正确对待批评，因为"批评是工人运动的生命要素"②。其次，无产阶级政党离不开必要的集中。针对巴枯宁无政府主义者鼓吹绝对自治、反对一切权威的错误论调和攻击国际总委员会"集权""独裁"的谬论，马克思、恩格斯对其进行了严厉批判，尤其是恩格斯的《论权威》一文，是清除巴枯宁主义的有力檄文。恩格斯抨击巴枯宁分子说："把权威原则说成是绝对坏的东西，而把自治原则说成是绝对好的东西，这是荒谬的。"③ 马克思、恩格斯认为，遵守纪律是实现党的集中领导的重要保障。"我们现在必须绝对保持党的纪律，否则将一事无成。"④ 再次，要正确地开展党内斗争。马克思、恩格斯认为，无产阶级政党是在内部斗争中不断发展的。对此，恩格斯讲得十分明确、深刻："看来，一个大国的任何工人政党，只有在内部斗争中才能发展起来，这是符合一般辩证发展的规律的。"⑤ 对各种不同的党内斗争，要区别其性质和表现形式，采取适当的方式来解决。党内斗争本身不是目的，其目的主要是为了维护党的团结统一，因为"每个国家的工人运动的成功只能靠团结和联合力量来保证"⑥。对犯错误的党员做出开除党组织的处理，应是很慎重的事，不能动辄采取"赶出去"的办法，谁如果不由分说地开除极端派，那只会促进这个派别的增长。最后，无产阶级政党反对搞个人崇拜。按照

---

① 《马克思恩格斯全集》第37卷，人民出版社1971年版，第435页。
② 《马克思恩格斯选集》第4卷，人民出版社2012年版，第595页。
③ 《马克思恩格斯选集》第3卷，人民出版社2012年版，第276页。
④ 《马克思恩格斯全集》第29卷，人民出版社1972年版，第413页。
⑤ 《马克思恩格斯选集》第4卷，人民出版社2012年版，第551页。
⑥ 中共中央党校党建教研室选编：《共产主义运动国际章程汇编》，河南人民出版社1980年版，第21页。

民主集中制组建起来的无产阶级政党，其领袖和普通党员群众在基本权利和义务上都是平等的。马克思后来回忆说：他和恩格斯"都把声望看得一钱不值"，"由于厌恶一切个人迷信，在国际存在的时候，我从来都不让公布那许许多多来自各国的、使我厌烦的歌功颂德的东西；我甚至从来也不予答复，偶尔答复，也只是加以斥责"。①

19 世纪 70—80 年代，欧美各国工人阶级相继建立了各自民族国家的独立政党。如何处理无产阶级政党的党际关系，第二国际在这方面进行了有益的探索。一是各国必须在平等的基础上加强国际合作。无产阶级的解放事业是国际性的，为了完成无产阶级的历史使命，各国工人阶级政党必须坚持国际主义原则，采取适当的组织形式而联合团结起来。但是，这种联合必须是平等、自愿、自主的联合。恩格斯说："国际合作只有在平等者之间才有可能，甚至平等者之间居首位者也只有在直接行动的条件下才是需要的。"② 二是必须反对把自己意志强加给别国的大党主义。第二国际建立后，恩格斯特别强调各国平等协商、自主活动的重要性，他特别关注当时处于"大党"地位的德国党和法国党，告诫他们不要摆出一副领导者的架势，企图使别国党都遵从自己。恩格斯指出："任何一次国际行动，都必须就其实质和形式事先进行协商。我认为，如果某一个国家公开提出倡议，然后要别的国家跟着它走，这种作法是不能容忍的。"③ "千万不要事先不同别人商量就独自公开提出倡议，这样就把事情搞坏了。内部的政治条件，特别是每个国家议会现在的情况，是千差万别的，对一个国家来说是最好的做法，对另一个国家可能是绝对行不通甚至是有害的。"④

---

① 《马克思恩格斯全集》第 34 卷，人民出版社 1972 年版，第 289 页。

② 《马克思恩格斯全集》第 35 卷，人民出版社 1971 年版，第 261 页。

③ 《马克思恩格斯全集》第 39 卷，人民出版社 1974 年版，第 185 – 186 页。

④ 《马克思恩格斯全集》第 39 卷，人民出版社 1974 年版，第 187 页。

三、社会主义由理论变为现实
——十月革命的胜利和苏俄社会主义的实践

进入 20 世纪，世界革命的中心由德国转到俄国。马克思主义在俄国的广泛传播并与俄国工人运动相结合，产生了列宁主义，诞生了新型无产阶级政党——布尔什维克党。随后，列宁带领布尔什维克党和广大人民夺取了十月革命伟大胜利，建立了世界上第一个无产阶级专政的社会主义国家，实现了社会主义由理论、运动到制度的跨越，谱写了世界社会主义运动的新篇章。十月革命胜利后，列宁等对俄国这样经济文化落后的国家如何建设社会主义进行了积极探索。1919 年，共产国际成立，成为世界革命领导中心。在共产国际领导下，社会主义运动真正越出欧洲和美洲的范围，扩展至亚洲和非洲乃至全世界。

（一）俄国新型无产阶级政党的产生：由劳动解放社到布尔什维克党

俄国国情民情的特点使得俄国在 19 世纪末 20 世纪初产生了区别于欧洲绝大多数社会主义工人政党的另一种特殊的社会主义政党，这就是 1883 年筹建、1898 年初建、1903 年又重建的俄国社会民主工党。高放先生曾将俄国当时的国情民情特点概括为十个方面：第一，俄国地理环境和民族构成的特点表现为它是横贯欧亚两大洲独一无二的大国，是俄罗斯民族占统治地位的多民族大国；第二，俄国在社会经济形态发展上的特点是俄国超越奴隶社会从原始社会直接进入封建社会，农奴制根深蒂固，同时原始社会遗留下来的农村公社又长期大量延续存在；第二，俄国国家政治制度的特点是封建王朝统治的时间较短，但是独创的沙皇专制制度严重伤害了社会的发展；第四，俄国在军事扩张上的特点是四面出征，把俄国变成独一无二的"军事封建帝国主义"大国；第五，俄国在文化传播和意识形态上的最突出的特点是大力宣扬东正教，麻痹、愚弄群众，为沙皇专制政权维护经济社会稳定和对外扩张效力；第六，俄国在民族关系上的最突出的特点是大力推行大俄罗斯主义，使俄国被列宁形象地比喻为"各族人民的牢狱"①；第七，俄国资本主义发展具有后发性、依附性、失衡性、垄断性和残酷性等五大特性；第八，俄国资产阶级具有分散性、软弱性、落后性、反动性和投机性等五大特性；第九，俄国无产阶级具有艰苦性、集中性、斗争性、组织性和革命性等五大特性；第十，俄国社会主义思想和社会主义运动的特点表现为思想庞杂，运动多样。上述十大特点，使得 19 世纪末俄国社会存在着五种社会矛盾：第一，最主要、最突出的是沙皇专制制度与人民大众的矛盾；第二，地主贵族与广大农民的矛盾也加剧了；第三，资产阶级和无产阶级的矛盾不断深化并开始激化；第四，大俄罗斯主义势力与各异民族的矛盾在深化和激化；第五，俄国与东西方资本主义列强争夺世界霸权的矛盾也在加深。② 19 世纪末 20 世纪初的俄国已经成为帝国主义各种矛盾的集中点，正如考茨基所言"革命中心正从西向东移"③。俄国国情民情的十大特点以及所面临的五大社会矛盾，也决定了在俄国要创建真正适合俄国实情的社会主义政党，绝不可能是一帆风顺的。

1. 普列汉诺夫与"劳动解放社"

俄国最早的传播马克思主义的团体是成立于 1883 年的"劳动解放社"，领导人是普列汉诺夫。格奥尔基·瓦连廷诺维奇·普列汉诺夫（1856—1918），是在俄国传播马克思主义的第一位革命家，也是对民粹派进行深入批判的革命先驱。他出身于俄罗斯中部唐波夫省一个小地主贵族之家。1868年考取陆军中学，1873 年毕业后又到炮兵军官学校和首都矿业学院学习。1875 年结识革命民粹派分子、青年工人米特罗范诺夫，同民粹派秘密组织建立联系。青年时代的普列汉诺夫是一位激进的反对沙皇专制制度的革命民粹派。他因参加民粹派鼓动工人革命的活动，曾经几次被捕，被迫于1880 年 1 月流亡国外。在流亡国外期间，他认识了恩格斯，并同恩格斯建

---

① 《列宁全集》第 27 卷，人民出版社 1990 年版，第 85 页。
② 高放：《社会主义运动：从理论到实践的转变（1848—1917）》，北京师范大学出版社 2018 年版，第 283 – 299 页。
③ 《列宁选集》第 4 卷，人民出版社 2012 年版，第 134 页。

立联系。在恩格斯的教育和帮助下，普列汉诺夫思想有了根本转变，不久就脱离了民粹派，接受了马克思主义，逐渐成为一个献身无产阶级革命的马克思主义者。1882 年他翻译的《共产党宣言》俄译本在日内瓦出版，马克思、恩格斯为之撰写了俄译本序言。在宣传马克思主义的过程中，普列汉诺夫对民粹派进行了深入批判。1883 年夏天他写成第一本批判民粹派的专著《社会主义与政治斗争》，这标志着他已从民粹主义者转变为马克思主义者。同年 9 月 25 日，普列汉诺夫在日内瓦创立并领导了俄国第一个马克思主义团体"劳动解放社"，最早以马克思主义理论深刻批判民粹主义。

当时在俄国传播马克思主义和创建工人阶级政党的主要障碍是民粹主义。民粹主义是 19 世纪后半期俄国的一种小资产阶级社会思潮。它崇尚农民，相信农民具有共产主义的"天性"，认为只要发展农村的"村社"制度，俄国就可能过渡到社会主义。民粹主义者强调俄国发展的独特道路。他们否认俄国发展资本主义的必然性，否认工人阶级是最先进的革命阶级，以及它在推翻沙皇专制制度和进行社会主义革命中的领导作用。民粹主义者号称崇尚农民，却轻视农民和其他劳动群众，把他们称之为"群氓"，认为只有知识分子出身的"英雄人物"才是历史的创造者。[①] 普列汉诺夫和"劳动解放社"在传播马克思主义、消除民粹主义方面做出了突出的贡献。

在"劳动解放社"成立伊始所公开发布的《通告》中，明确提出"把马克思和恩格斯学派最重要的著作以及适合不同修养程度的读者的著作译成俄文，用这种办法传播科学社会主义思想"，并以此作为该社革命工作的任务之一。普列汉诺夫和"劳动解放社"的成员把马克思、恩格斯的许多著作，如《共产党宣言》《雇佣劳动和资本》《哲学的贫困》《费尔巴哈论》《科学社会主义的发展》《关于贸易自由的演说》等译成俄文，并且将翻译的这些著作以"现代社会主义丛书"的名义出版，通过秘密的方式在俄国传播。

除了翻译马克思、恩格斯经典著作以外，普列汉诺夫还写了许多著作和文章来宣传和捍卫马克思主义。他于 1883 年发表的《社会主义和政治斗争》，阐述了社会主义与政治斗争的关系，提出了只有通过工人阶级的政治

---

① 李慎明主编：《居安思危——苏共亡党二十年的思考》，社会科学文献出版社 2011 年版，第 58 页。

斗争，通过无产阶级夺取政权，才能达到社会主义的观点。这是俄国马克思主义者出版的第一部马克思主义著作，它为广大俄国革命者从接触到接受马克思主义提供了重要的途径。1885 年，普列汉诺夫发表《我们的意见分歧》，阐述了马克思主义与民粹主义者之间的根本分歧，列宁把它称为俄国"第一本社会民主主义著作"①。1894 年出版的《论一元论历史观之发展》，恩格斯给予高度评价，列宁则认为它培养了俄国整整一代马克思主义者。

"劳动解放社"成立之初，普列汉诺夫就起草了《社会民主主义劳动解放社纲领》。经国内几个社会民主党人组织提出修改意见后，1887 年他又撰写了《俄国社会民主主义者纲领第二草案》，1888 年在日内瓦发表。这个草案比 4 年前的第一个纲领草案有很大进步，受到了列宁的称赞，为后来俄国社会民主党制定正式纲领打下了基础。劳动解放社本身可以说就是俄国社会主义政党的第一个形态，"为俄国社会民主党奠定了基础，为党在理论上和实践上的发展做了许多事情"②。列宁在 1914 年 5 月 4 日发表的《工人运动中的思想斗争》这篇文章中评价了"劳动解放社"，认为它"只是在理论上为社会民主党奠定了基础，并且迎着工人运动跨出了第一步"③。

2. 俄国第一个无产阶级政党的成立

从 1883 年到 19 世纪 90 年代中期，尽管马克思主义已经得到了比较广泛的传播，但是科学社会主义思想和工人运动还没有结合起来。俄国的社会民主党"作为一个政党当时还处在胚胎发育的过程中"④。真正的俄国无产阶级的政党——社会民主工党成立于 1898 年，作为俄国第一批马克思主义者中的杰出代表，列宁与他的战友们为党的成立做了大量卓有成效的工作。

弗拉基米尔·伊里奇·列宁（原姓乌里扬诺夫，后用他的笔名列宁为姓氏），1870 年 4 月 22 日生于俄国中部伏尔加河畔辛比尔斯克市一个书香门第。父亲是一位具有民主主义思想的教育活动家，母亲学识渊博，掌握几种外语。列宁从小聪颖活泼，5 岁知书，9 岁上辛比尔斯克古典中学，连

---

① 《列宁选集》第 1 卷，人民出版社 2012 年版，第 59 页。
② 《列宁全集》第 4 卷，人民出版社 1984 年版，第 188 页。
③ 《列宁全集》第 25 卷，人民出版社 1988 年版，第 140 页。
④ 《列宁选集》第 1 卷，人民出版社 2012 年版，第 455 页。

年成绩优异。1887 年 6 月中学毕业前一个月，他的哥哥和其他谋刺沙皇亚历山大三世的民粹派分子被处以绞刑。列宁明确表示："不，我们要走的不是这条路，不应当走这条路（指民粹派个人暗杀之路——引者注）。"①1887 年秋，列宁进入喀山大学法律系学习，可是 12 月间即因参加学生民主运动遭逮捕和流放。1888 年 10 月，列宁从流放地回到喀山，参加了当地的马克思主义小组，学习马克思、恩格斯著作，次年迁居萨马拉。1889 年，列宁建立和组织了"萨马拉马克思主义小组"，积极宣传马克思主义。1893 年 8 月移居首都彼得堡，开始领导首都的社会民主主义运动。1894 年，列宁发表了他的名作《什么是"人民之友"以及他们如何攻击社会民主党人？》。在这本书中，列宁揭露了民粹派冒充"人民之友"而实为人民之敌的真面目，并从经济学、哲学、社会主义学等角度，深刻揭露和批判了自由主义民粹派的一系列谬论，揭示了俄国资本主义发展的规律性、特点和矛盾，并指出了革命民粹派与自由主义民粹派的根本区别。列宁认为，民粹派打着社会主义的旗号，实际上贩卖小资产阶级货色的思想。他结合俄国革命的实际情况，批判了民粹派和小资产阶级革命的策略和政治纲领，阐明了俄国社会主义运动的基本原理，论证了无产阶级的历史使命。在这部著作中，列宁第一次提出了工人阶级在民主革命中的领导权思想和工农联盟的问题，指出工人阶级在反对沙皇专制制度的斗争中的同盟者是农民。列宁还论证了在工人运动中注入社会主义思想和建立工人阶级政党的必要性，认为只有在一个统一的马克思主义的政党领导下，无产阶级才能实现自己的历史使命。

19 世纪 90 年代，俄国社会除了代表小资产阶级利益的民粹派思潮之外，还产生了一种名为"合法马克思主义"的资产阶级改良主义思潮。其代表人物有司徒卢威、布尔加柯夫等人。"合法马克思主义者"打着马克思主义旗号，借用马克思反封建专制的词句，在当时合法的（经沙皇政府批准的）报刊上发表为资产阶级辩护的文章，为资本主义的存在和发展进行合理性辩护。他们在理论上否认社会主义在俄国发展的客观必然性，极力美化资本主义制度，否认阶级斗争，否认无产阶级革命和专政。为批判

---

① 转引自高放：《社会主义运动：从理论到实践的转变（1848—1917）》，北京师范大学出版社 2018 年版，第 306 页。

"合法马克思主义"，列宁于 1895 年发表了《民粹主义的经济内容及其在司徒卢威先生的书中受到的批评》等著作，明确指出："合法马克思主义者"表面上自称为马克思的拥护者，实质上阉割了马克思主义的革命内容，他们同民粹主义决裂并不意味着转向无产阶级的民主，而是转向资产阶级的自由主义，所以他们是"伪装的敌人"。

针对自由主义民粹派和"合法马克思主义"的理论批判，为在俄国建立统一的社会民主主义组织扫清了障碍。1895 年，列宁把分散在彼得堡的二十多个马克思主义小组统一起来，组成彼得堡"工人阶级解放斗争协会"。在列宁的领导下，"工人阶级解放斗争协会"组织了彼得堡工人的罢工运动，同时积极宣传马克思主义和科学社会主义，把工人争取经济要求的斗争同反对资本主义、反对沙皇制度的政治斗争紧紧联系在一起，在俄国第一次实现了社会主义同工人运动的结合。"工人阶级解放斗争协会"为工人运动指明了方向，提供了帮助，吸引了大批工人参加，受到工人的拥护，成为工人运动核心。受其影响，其他各地也分别成立了类似的组织。"工人阶级解放斗争协会"被列宁称作俄国无产阶级政党的萌芽。

在科学社会主义思想与工人运动结合取得初步成就的基础上，1898 年 3 月在明斯克秘密召开了俄国社会民主工党第一次代表大会。参加大会的有来自 6 个地方组织的 9 名代表。列宁因身陷囹圄未能出席这次大会。大会通过了关于成立俄国社会民主工党的决议，选举产生了由 3 人组成的中央委员会。大会发表了《俄国社会民主工党宣言》（以下简称《宣言》），宣布党的宗旨是在俄国建立社会主义社会，为此，首先要推翻沙皇专制统治，争取民主和政治自由，同时还指出俄国无产阶级的斗争是国际社会民主主义运动的一个不可分割的部分。《宣言》明确指出：俄国无产阶级是唯一的"解放者阶级"，它将领导全国人民"摆脱专制制度的桎梏，用更大的毅力去继续同资本主义和资产阶级作斗争，一直斗争到社会主义全胜为止"[1]。尽管俄国社会民主工党于 1898 年宣告成立，但是没有制定出党纲和党章，当时包括列宁在内的许多马克思主义革命家或被逮捕或遭流放，党缺乏一个坚强有力的领导核心，而且在大会以后三名中央委员中的两名，以及多

---

[1] 《苏联共产党代表大会、代表会议和中央全会决议汇编》第 1 分册，人民出版社 1964 年版，第 6 页。

数与会代表先后被捕，各地的党组织基本上仍处于分散状态。所以，党实际上还没有建立起来。尽管如此，党的一大仍然具有历史意义，是俄国无产阶级在创建自己的革命政党道路上迈出的重要一步。列宁后来在评价这次代表大会的功绩时曾说过："党在 1898 年诞生时就是'俄国的'党，即俄国各民族无产阶级的党。"①

3. 列宁与俄国新型无产阶级政党的产生

俄国社会民主工党成立后，由于没有制定出统一的党纲和党章，所以无论是思想上还是组织上都还处在一种分散的状态，并没有形成一个真正统一的党。俄国社会民主工党成立后不久，党内就出现了一个新的机会主义派别——"经济派"，代表人物有普罗柯波维奇、库斯柯娃等人。他们起草了充满机会主义观点的《信条》，以"批评自由""反对正统"、反对"僵化和教条主义"为借口，谴责马克思主义的所谓垄断权。他们迷恋经济斗争，否认政治斗争、革命理论和工人阶级政党在社会发展中的作用，认为工人运动自己能够自发地产生社会主义意识，不需要从外部进行灌输，无产阶级没有必要建立独立的革命政党。他们的思想，加剧了俄国社会民主工党的涣散和混乱。如何克服"经济派"的影响，重建一个真正统一的无产阶级政党，就成为摆在马克思主义者面前亟待解决的任务。

1900 年，列宁结束流放重新获得自由后，立即投入到全面批判"经济派"的斗争中。同年 7 月，列宁到达瑞士后，当即与普列汉诺夫等人联系协商，决定筹办全俄社会民主党人的第一份马克思主义秘密报纸，取名《火星报》，意为"星星之火，燃成熊熊之焰"。列宁以《火星报》为阵地，先后发表了《我们运动的迫切任务》《从何入手?》《同经济主义的拥护者商榷》《怎么办?》等论著，对"经济派"进行了全面系统的批判。列宁指出，工人阶级斗争的目的，不是为了改善出卖劳动力的条件，而是要根本消灭迫使自己出卖劳动力的剥削制度。为此，工人阶级必须联合起来，以革命的手段首先推翻沙皇专制制度，然后开辟走社会主义的道路。工人运动不可能自发地产生社会主义思想，而工人运动必须同社会主义思想结合起来，以这一科学思想为指导，才能取得革命胜利。列宁认为，没有革命的理论，就不会有革命的行动。因此，先进的知识分子就必须大力开展在工人中灌

---

① 《列宁全集》第 23 卷，人民出版社 1990 年版，第 335 页。

输马克思主义、社会主义思想的工作，以提高广大工人阶级的思想觉悟和革命自觉性。无产阶级要取得对资产阶级的胜利，就必须组织起一个坚强的革命政党。列宁对无产阶级政党理论进行了全面阐述。其要点主要包括：

第一，无产阶级政党必须以马克思主义作为指导思想。列宁强调指出，没有革命的理论就不会有坚强的社会党，"只有以先进理论为指南的党，才能实现先进战士的作用"①。要坚持以马克思主义作为党的指导思想，就必须要正确地对待马克思主义，既要坚决反对一切机会主义者对马克思主义的攻击、歪曲和庸俗化，又不能把马克思主义看作是僵死不变的教条。对于俄国工人阶级政党来说，"尤其需要独立地探讨马克思的理论，因为它所提供的只是总的指导原理，而这些原理的应用具体地说，在英国不同于法国，在法国不同于德国，在德国又不同于俄国"②。具体问题具体分析，是马克思主义的基本精神。

第二，无产阶级政党必须特别重视党纲和党的基本策略的制定。列宁指出，制定党的纲领和基本策略对于需要建立一个全国性的统一的工人政党来说，是一项迫切而又有重要意义的任务。为了制定一个马克思主义的党纲，必须坚持以下基本原则：以科学社会主义为基础，符合社会发展方向；提出最终目的，明确前进道路，分析当前形势，规定最近任务；必须注意从本国国情出发，充分体现俄国的特点；文字要有战斗性。在制定基本策略的问题上，列宁立足于马克思、恩格斯关于无产阶级政党策略的理论同各国具体实际相结合的原则，提出了俄国社会民主党要掌握革命领导权，实行以工人阶级为领导，以工农联盟为基础，广泛利用资产阶级等各种暂时的、间接的同盟者的力量去进行推翻沙皇专制制度的斗争的策略路线；提出了要善于正确处理暂时利益和最终目的、改良和革命之间的辩证关系的基本原则，做到在致力于实现暂时利益和最近目的的过程中，始终牢记党的最终目标；提出了要利用一切合法和非法、公开和隐蔽、和平和斗争等有力手段开展革命的策略，善于把各种不同的斗争形式和斗争方法结合起来。

第三，无产阶级政党必须具备严密的组织纪律。列宁认为，俄国的工

---

① 《列宁选集》第 1 卷，人民出版社 2012 年版，第 312 页。
② 《列宁选集》第 1 卷，人民出版社 2012 年版，第 274 – 275 页。

人政党不应该是涣散的、缺乏统一领导的、没有战斗力的组织，而应该是统一的、稳定的、持久的、有战斗力的和能够保证连续性的领导者组织。在俄国建立工人政党，首先要建立革命家组织。"给我们一个革命家组织，我们就能把俄国翻转过来！"① 列宁对这种组织的特点做了具体说明：它不是党员的简单相加，而是以革命家组织为核心有机组织起来的一个整体；它坚持民主集中制原则，执行严格的组织纪律。

在批判经济派等机会主义思潮的基础上，1903 年 7—8 月，俄国社会民主工党第二次代表大会先后在布鲁塞尔和伦敦召开。大会的主要议题是制定党纲、党章和选举党中央领导机构。来自俄国 26 个地方组织的 43 名代表出席了大会。代表的成分比较复杂，除了坚定的《火星报》拥护者外，还有不坚定的"火星派"分子以及少数改头换面的"经济派"分子、"崩得派"分子②等。如此复杂的代表成分导致了各派代表在大会中的斗争异常激烈，首先就表现在对党纲的讨论上。以列宁为首的火星派坚决要求把"无产阶级专政"的原则写进党纲；而以阿基莫夫为首领的机会主义分子反对把这个原则列入党纲，借口是西欧各国社会党的纲领中没有提这一点。机会主义者还反对把农民问题写入党纲，他们认为农民没有革命性，害怕发动农民进行革命，其实质就是反对无产阶级在革命中的领导作用，歧视工人阶级的同盟者农民。在土地纲领中，列宁等人在发言中维护了"消灭农奴制残余"口号所具有的革命的性质，提出了在农村中放手发动阶级斗争的任务。在围绕民族问题的斗争中，列宁批判了"崩得派"分子和波兰社会民主党人反对民族自决权和他们提出的所谓"民族文化自治"的主张。最终，以列宁为首的火星派最终在党纲斗争中击退了机会主义分子的各种进攻，大会通过了火星派提出的纲领，明确地指出，党的最高纲领是通过进行社会主义革命和实行无产阶级专政建立社会主义社会；最低纲领，即当前的任务是推翻沙皇专制制度，建立民主共和国，实现各民族完全平等和民族自决权，彻底消灭农村中农奴制残余。

在党章问题上，火星派与反火星派分子展开了更加激烈的争论。这个

---

① 《列宁选集》第 1 卷，人民出版社 2012 年版，第 406 页。
② "崩得"是俄文 бунд 音译，该词的俄文又音译自犹太文，原意是联盟。"崩得"是"立陶宛、波兰和俄罗斯犹太工人总联盟"的简称。大半是居住在俄国西部地区犹太工人的组织，持有狭隘的民族主义观点。

争论主要集中在党章第一条，即关于党员资格的条文。列宁提出的第一条条文是：凡承认党纲，在物质上帮助党并亲自参加党的一个组织的人，都可以作为一个党员。马尔托夫提出的条文是：凡承认党纲、在物质上帮助党并在党的一个组织领导下经常亲自协助党的人，都可以作为俄国社会民主工党党员。二者的分歧在于党员要不要参加一个党的组织。尽管包括普列汉诺夫和坚定的火星派都支持列宁所提出的条文，但是，由于一些不坚定的火星派分子的支持，大会通过了马尔托夫的条文。尽管如此，党章中关于坚持中央委员会权威、捍卫党的集中制原则、反对党内地方自治和联邦制的条文，还是在大会上获得多数通过。

在选举党的领导机构时，由于7名机会主义者（5名"崩得派"分子和2名"经济派"分子）中途退出大会，列宁及其支持者取得了多数。按照党章规定，党中央有3个机构：中央委员会、党中央机关报《火星报》编委会，以及党的总委员会。当选的3名中央委员都是列宁的拥护者，都属于"火星报"派。当选党的机关报《火星报》编委会的3人是普列汉诺夫、列宁和马尔托夫。党的总委员会5人是由中央委员会和机关报编委会各推选2人，另在大会选举第5名委员。结果普列汉诺夫当选第5名委员和总委员会主席。这样在党中央3个机构6位领导人当中火星报派的有5人，占绝大多数，反火星报派的只有马尔托夫一个人，占绝对少数。俄国社会民主工党在1903年8月刚重新建立，在党中央内部就明显划分为"多数派"（俄文为"布尔什维克"）和"少数派"（俄文为"孟什维克"）。从此布尔什维克与孟什维克两词成为特定的专有名词，专指俄国社会主义政党内的两派。

1903年党的二大的召开，标志着以列宁为首的"火星报"派重新建立的布尔什维克党的诞生，这是一个与第二国际大多数修正主义的党完全不同的新型革命政党。列宁是这一新型政党的主要缔造者。列宁后来于1920年写成的《共产主义运动中的"左派"幼稚病》中指出："布尔什维主义作为一种政治思潮，作为一个政党而存在，是从1903年开始的。"① 布尔什维主义的诞生也就是列宁主义的诞生。

---

① 《列宁选集》第4卷，人民出版社2012年版，第135页。

（二）阿芙乐尔巡洋舰的炮声：十月革命的爆发及其伟大意义

布尔什维克党成立后不久，就发动并领导了 1905—1907 年的俄国革命。这是俄国历史上第一次资产阶级革命，也是 1917 年革命的一次总演习。1917 年俄国人民取得了二月革命——资产阶级革命的胜利，推翻了沙皇专制统治。随后发生的十月革命，推翻了俄国临时政府，建立了布尔什维克领导的政府。十月革命是俄国历史上最深刻的一次社会革命，建立起世界上第一个由无产阶级领导的、以工农联盟为基础的社会主义国家。

1. 十月革命的总演习：1905—1907 年俄国革命

20 世纪初，俄国社会各种矛盾空前尖锐。当时俄国社会存在着沙皇专制政府与人民大众的矛盾、地主与农民的矛盾、雇佣工人与资本家的矛盾、大俄罗斯主义势力与各异民族人民的矛盾、沙俄政府与其他帝国主义国家的矛盾。1904 年 1 月 26 日（公历 2 月 8 日），俄日战争爆发。俄军在战争中屡战屡败，不但暴露了沙皇专制制度的腐败无能，而且极大地加重了人民的负担，激化了国内的阶级矛盾，加速了革命的进程。在布尔什维克党的号召和领导下，俄国人民在俄罗斯全国各地掀起了反对沙皇专制制度的大规模的革命运动。1905 年 1 月 9 日（公历 1 月 22 日）是星期天，彼得堡 14 万工人及其家属组成浩浩荡荡的和平请愿队伍，前往冬宫见沙皇。沙皇政府按照原计划血腥屠杀了工人的和平请愿，制造了"流血星期日"事件。据在场采访记者编制的死伤名单不完全统计，"死伤人数共达 4600 人"[1]。"流血星期日"事件标志着 1905 年俄国革命的开始。列宁指出："无产阶级在一天当中所受到的革命教育，是他们在浑浑噩噩的、平常的、受压制的生活中几个月、几年都受不到的，英勇的彼得堡无产阶级的口号'不自由无宁死！'，现在已经响彻全俄国。"[2] "流血星期日"事件使工人群众认清了沙皇政府的反动本质，各地工人开始纷纷举行抗议性罢工，广大农民在工人的影响下也掀起了革命的风暴。

为了更好地指导俄国工农运动，1905 年 4 月 12 日至 27 日（公历 4 月 25 日至 5 月 10 日），俄国社会民主工党在伦敦召开第三次代表大会。孟什

---

[1] 《列宁全集》第 9 卷，人民出版社 1987 年版，第 206 页
[2] 《列宁全集》第 9 卷，人民出版社 1987 年版，第 185 页。

维克自知在党内处于少数孤立地位，竟擅自进行分裂活动，拒不参加党的三大，另在日内瓦召开自己的代表会议。因此，出席党的三大的是清一色的布尔什维克代表。大会制定了党在民主革命中正确的策略路线，其要点是：革命必须坚持无产阶级领导，农民是无产阶级可靠的同盟军，民主革命胜利后要立即向社会主义革命过渡。会上修改了党章，通过了列宁在二大上提出的党章第一条关于党员条件的条文。大会改组了党的领导机构，党中央领导机关不再设中央委员会、党中央机关报《火星报》编委会和党的总委员会三个机关，而只设中央委员会一个机关，并选出了以列宁为首的中央委员会。党的三大闭幕后，列宁于 1905 年 6—7 月间伏居日内瓦，完成了他的名著《社会民主党在民主革命中的两种策略》，把马克思主义与俄国实际相结合，全面批判孟什维克甘当资产阶级尾巴的错误策略，核心阐发了坚持无产阶级及其政党在民主革命中领导权的思想，为布尔什维克党奠定了战略策略基础。

俄国 1905 年革命自 1 月爆发后沿着上升线发展，逐步走向高潮。5 月 1 日，按照传统，许多城市举行了五一节示威游行，有些地方还举行了政治罢工，鲜明提出实行八小时工作制等经济要求和"打倒沙皇专政制度"等政治口号。5 月中旬，俄国最大的纺织工业中心城市伊万诺沃 - 沃兹涅先斯克 7 万多工人举行了声势浩大的罢工，这次罢工持续了 72 天。在罢工过程中，为了统一领导有关罢工事宜，工人们建立了"工人代表苏维埃"，作为领导机构，这是俄国最早出现的第一个苏维埃。在工人罢工的同时，农民运动也掀起了高潮。1905 年夏，欧俄部分的 501 个县中，有 104 个县发生了农民起义。

1905 年 6 月 14 日，停泊在南部塞瓦斯塔波尔港的黑海舰队的"波将金号"装甲舰有一万多名水兵举行起义。起义的水兵击毙了他们痛恨的军官，在军舰上升起了红旗，将军舰开进当时正在举行总罢工的敖德萨市，要同那里的工人联合起来。沙皇政府立即调来黑海舰队的大部分军舰对之实行镇压，但是前来执行沙皇命令的舰队上的许多水兵十分同情和支持起义者，拒绝向起义者开枪甚至公开欢迎起义者。由于起义者中一部分水兵在关键时刻发生动摇，"波将金号"装甲舰孤军作战 11 天之后，因弹尽粮绝，只好驶向罗马尼亚岸边，被迫缴械。随后，起义的水兵被引渡回国，有的被处以绞刑，有的被流放。6 月下旬，俄国占领之下的波兰地区的工业中心洛兹市爆发工人大罢工，参加者有 10 万人，罢工迅速发展为武装起义。洛兹工人在市区的街道上构筑了几十座街垒，同沙皇军警进行了 3 天巷战，伤亡达 2000 人。洛兹六月起义，是俄国 1905 年革命中的第一次武装发动，它对全国革命高潮起了很大的推动作用。

沙皇政府眼看仅靠武力镇压难以制止革命，于是采取软硬兼施两手伎俩以求得其皇权永祚。为了拉拢资产阶级和农民阶级，沙皇政府于 8 月 6 日公布要召开咨议性国家杜马的法令。但是，沙皇炮制的"布里根杜马"① 只是作为"咨议性"机关，并非立法机关，而且杜马的选举权仅限于有产者。显然"布里根杜马"完全是个骗局，在革命浪潮汹涌澎湃冲击之下，终未能成功召开。9 月 19 日，莫斯科印刷工人举行罢工，并很快发展为全市的政治罢工。这次罢工成为 10 月全俄政治总罢工的前奏。10 月 7 日，莫斯科—喀山铁路司机开始罢工，罢工浪潮很快席卷全国所有的铁路线。到 10 月 12 日，全国 14 条铁路、4 万公里铁路线上的 75 万名职工参加罢工。从 10 月 13 日起，逐渐发展为全俄各行各业政治罢工。参加全俄政治总罢工的产业工人超过 170 万人，同时还有青年学生、商业职员、医生、工程师、邮电部门职工和政府机关小官吏也都加入罢工，总数超过 200 万人。远在日内瓦的列宁得知国内的这种革命形势，兴奋不已。他于 10 月 13 日写成的《全国政治罢工》一文发表在党的机关报《无产者报》10 月 18 日第 23 号上。文中这样写道："不仅晴雨计显示暴风雨即将来临，而且无产阶级团结一致的猛攻象（像）巨大的旋风一样已经把一切的一切都卷走了。革命以惊人的速度向前发展，各种事件频频发生，……群众性的政治罢工在武装起义事业中有伟大的意义，这一点已经被光辉地证实了。全俄政治罢工这一次真正是席卷全国，它在最受压迫的和最先进的阶级的英勇奋斗中，把万恶的俄罗斯'帝国'的各族人民联合起来了。在这个充满压迫和暴力的帝国中，各族无产者正组织成为一支争取自由、争取社会主义的大军。"② 列宁在 1905 年 11 月 13 日发表在《新生活报》上的《党的组织和党的出版物》一文中甚至把十月政治罢工称为"十月革命"③。

1905 年 10 月 17 日，沙皇政府迫于人民的压力颁布宣言，允诺人民有

---

① 因这个法令是内务大臣布里根起草的，因此称之为"布里根杜马"。
② 《列宁全集》第 12 卷，人民出版社 1987 年版，第 1—2 页。
③ 《列宁选集》第 1 卷，人民出版社 2012 年版，第 662 页。

言论、集会、出版、结社等自由，答应召集具有立法权的国家杜马，并承诺将扩大选举权，吸收各阶级的居民来参加选举。以列宁为首的布尔什维克党认为，10 月 17 日宣言只是一个缓兵之计的骗局，尖锐地指出："沙皇的让步确实是革命的极其伟大的胜利，但是这一胜利还远远不能决定整个自由事业的命运。沙皇还远远没有投降。专制制度根本没有不复存在。它只不过是把战场留给敌人，从战场上退却了，在一场异常激烈的战斗中退却了，但是它还远远没有被击溃，它还在集结自己的力量，革命的人民还要解决许多极其重大的战斗任务，才能使革命取得真正的完全的胜利。"①布尔什维克党号召人民把革命推向前进，举行武装起义，推翻沙皇专制制度。12 月 7 日，莫斯科工人代表苏维埃在布尔什维克党领导下举行总政治罢工，成立工人义勇队。武装工人构筑街垒，同反动军警进行搏斗，一度攻占几乎所有车站。顿巴斯、尼什哥罗德、叶卡捷琳诺斯拉夫等地也发生武装起义。在赤塔、诺沃罗西斯克，革命人民一度掌握政权。十二月武装起义是 1905 年革命发展的最高峰。但是，由于缺乏集中统一的指挥，各地起义分散，工人运动和农民运动、城市斗争与农村斗争未能密切配合，争取士兵的工作不够有力等原因，人民起义被沙皇政府镇压。

此后，革命运动逐渐走向低潮，全国各地的起义、骚动还延续到 1907 年。据不完全统计，1905 年罢工人数有 286 万人，1906 年约 127 万人，1907 年为 74 万人。直到 1907 年 6 月 3 日沙皇政府举行政变，背信弃义地撕毁了它在 1905 年 10 月颁布的宣言，下令解散第二届国家杜马和修改选举法，并把社会民主党议员提交审判和流放服苦役，重新加强沙皇政府专制统治，至此俄国第一次民主革命最后失败。② 1905—1907 年革命虽然失败了，但党和无产阶级在革命中经受了考验和锻炼。工人群众在革命期间创造了工人代表苏维埃，不仅是领导武装起义的机关，而且是工农民主专政的萌芽，是后来苏维埃政权的雏形。列宁把 1905 年革命称作是 1917 年革命的一次总演习。他指出："没有 1905 年的'总演习'，就不可能有 1917 年十月革命的胜利。"③

---

① 《列宁全集》第 12 卷，人民出版社 1987 年版，第 26 页。
② 高放：《社会主义运动：从理论到实践的转变（1848—1917）》，北京师范大学出版社 2018 年版，第 363 页。
③ 《列宁选集》第 4 卷，人民出版社 2012 年版，第 138 页。

2. 俄国二月革命

1905 年革命失败后，俄国进入了斯托雷平反动时期（1907—1912 年）。反革命势力的极大加强和暂时胜利，致使民主革命阵营内部发生了分化和瓦解。在气势汹汹的反动势力面前，俄国社会民主工党内出现了取消派和召回派两个机会主义派别。以马尔托夫为代表的孟什维克被反革命的暴力所吓倒，他们认为，"六三"政变后，俄国的资产阶级已经掌握了政权，资产阶级民主革命客观上已经完成，新的革命高潮不会再度出现，党今后的中心任务不再是开展阶级斗争和争取无产阶级的领导权，而应该是搞合法斗争，走议会道路。他们主张取消党，取消革命，因此被称为取消派。在布尔什维克内部，以波格丹诺夫、卢那察尔斯基为代表的一部分人，从"左"的立场出发，不承认革命形势已经转入低潮，仍然坚持党在革命高潮时期的进攻战略，反对进行合法斗争，要求立即从国家杜马中召回社会民主工党的代表，因此被称为召回派。当时还出现了召回派的变种，即最后通牒派。它主张向社会民主工党杜马党团提出关于党团必须绝对服从中央委员会决定的最后通牒，如果不执行，就把社会民主工党代表从杜马中全部召回。

取消派和召回派的机会主义路线，给俄国社会民主工党造成了极大的危害。为消除这一危机，列宁彻底批判了取消派的投降主义方针，同时揭露了召回派的机会主义实质，明确提出了党在革命低潮时期的策略和任务。1908 年，针对召回派大肆宣扬主观唯心主义的经验批判主义，列宁写了《唯物主义和经验批判主义》这部光辉的哲学著作，对形形色色的唯心主义进行了批判，从思想理论上粉碎了取消派和召回派。1908 年 12 月 21—27 日，俄国社会民主工党在巴黎召开了第五次党代表会议，听取了列宁所做的《关于目前形势和党的任务》的报告。大会根据列宁的报告做出决议，明确指出："必须在思想上和组织上同取消主义的企图进行最坚决的斗争，同时号召所有党的真正工作人员，不分派别，坚决反对这种企图。"[①] 同时，大会严厉批评了召回派和最后通牒派的错误观点，指责他们是改头换面的取消派，和公开的取消派有着共同的机会主义基础。1909 年布尔什维克决定将召回派开除出党。1912 年 1 月 5—27 日，俄国社会民主工党第六次党

---

① 《苏联共产党代表大会、代表会议和中央全会决议汇编》第 1 分册，人民出版社 1964 年版，第 246 页。

代表会议在布拉格召开。鉴于取消派已经公开否认党，说党是一具"死尸"，说党已经被取消，说恢复秘密党是"反动的空想"，扬言党已经形成了完全独立的小集团，代表会议决定把取消派等机会主义派别清除出党。从此以后，各地的布尔什维克同孟什维克在组织上彻底决裂，布尔什维克党正式成为独立的马克思主义政党，称为俄国社会民主工党（布），并逐渐成为俄国无产阶级革命的领导核心。

1914 年 7 月，第一次世界大战爆发。沙皇俄国本是帝国主义各种矛盾的集合点。一战的爆发，进一步激化了俄国的社会矛盾。工人罢工浪潮急剧增长，1914 年 8—12 月，全国只有 35000 人进行了 368 次罢工，1915 年共有 54 万人参加了 1000 余次罢工，1916 年参加罢工的增加到 100 万人，共罢工 1500 次，而且从经济罢工转向政治罢工，增加了反战和革命的政治诉求。农民的革命斗争也不断加强，从抗租夺粮、烧毁庄园发展到举行起义和捣毁乡村政权。广大士兵日益趋向革命，集体抗拒命令的事件时有发生。统治阶级上层也发生了危机，首相和大臣走马灯似的撤换。1916 年 9 月至 1917 年 2 月，更换了 3 个首相、2 个内务大臣、2 个司法大臣、2 个农业大臣。

如何认识帝国主义的性质和根源，怎样制定新的战略策略以指导无产阶级革命运动，成为社会主义运动发展遇到的重大问题。以考茨基为代表的机会主义者提出了"超帝国主义论"。考茨基公开否认帝国主义是资本主义发展的新阶段，认为它仅仅是资产阶级及其政府采取的一种向农业区域扩张的政策，帝国主义政策可以被另一种和平的超帝国主义政策所代替。列宁在批判考茨基"超帝国主义论"的基础上，他于 1916 年完成《帝国主义是资本主义发展的最高阶段》这一著作，创立了科学的帝国主义理论。列宁认为，帝国主义具有与自由资本主义不同的鲜明特征，其中垄断是最根本的特征，帝国主义是垄断的资本主义。帝国主义是腐朽的、垂死的资本主义，是资本主义发展的最高阶段，是世界无产阶级革命的前夜。在对时代做出科学回答的同时，列宁也积极探索新形势下无产阶级革命的道路问题。同马克思、恩格斯一样，列宁最初曾认为社会主义革命可能会首先在英、法、德等主要资本主义国家同时爆发并取得胜利。可是大战爆发后，经过对帝国主义战争根源的研究、对战争形势发展的观察，列宁认识到经济和政治发展的不平衡是资本主义的绝对规律。在这一规律作用下，帝国主义之间的矛盾必将日趋激烈，帝国主义战争使帝国主义各种矛盾进一步激化，造成帝国主义的力量相互削弱，导致帝国主义在世界体系的链条上出现易于被无产阶级革命突破的薄弱环节，从而使社会主义革命可能首先在一个国家获得胜利。

一战爆发后，第二国际各国工人阶级社会主义政党纷纷叛变，背叛了1912年第二国际巴塞尔代表大会发表的《巴塞尔宣言》，转向支持本国资产阶级政府发动的帝国主义战争。但是，布尔什维克党从大战开始，就坚持"变当前的帝国主义战争为国内战争"的策略路线，积极领导工农兵群众的革命活动，促进了工农兵和被压迫人民反对沙皇制度、反对帝国主义战争的革命浪潮不断发展。1917年，俄国的反战运动达到高潮。1月9日，为纪念1905年的"流血星期日"12周年，俄国各地许多城市举行政治罢工，要求结束罪恶的帝国主义战争，打倒沙皇专制政府。其中，彼得格勒参加罢工者有14.5万人，莫斯科有3万多人。2月17日，彼得格勒普梯洛夫工厂3万工人，在布尔什维克党倡导下成立罢工委员会举行罢工，得到全城大多数工厂工人罢工响应，革命风暴即将爆发。

俄历2月23日（公历3月8日）是国际劳动妇女节。按布尔什维克党中央俄罗斯局和彼得格勒委员会决定举行集会，庆祝国际妇女节，并进行反对饥饿、反对战争、反对沙皇制度的宣传鼓动。散会后，女工们纷纷上街示威游行，男工也跟着走了出来。这一天参加示威游行者达12.8万人，革命气概气壮山河，革命怒吼响彻云霄，由此拉开了二月革命的序幕。第二天，参加罢工示威的群众增加到20万，占首都工人一半以上。政府调来步兵和哥萨克骑兵增援警察，力图驱散示威者。当工人们奋起反抗时，军队大都采取中立态度，这是一个明显的变化。随后，彼得格勒罢工转变为总罢工。各种企业、商店、餐厅、咖啡馆都停止工作，参加示威的工人已达到30.6万人。沙皇政权对动乱采取了镇压行动，100余名各革命组织的成员被捕。2月26日，全副武装的部队控制了彼得格勒，并发布了禁止游行示威的公告，要求工人复工。2月26日这天是星期天，彼得格勒工人不顾禁令，继续走上街头，涌向涅瓦大街。禁卫军巴甫洛夫团后备营第四连士兵起义，拒绝向人民开枪。这次起义标志着士兵已经开始转到人民方面。中央委员会俄国局当即责成维堡区党委会代行市党委的职责，把政治总罢工转变为武装起义，迅速组织工人抢夺武器库，尽力解除警察武装，争取与军队士兵联欢。俄历 2 月 27 日（公历 3 月 12 日），武装起义开始。起义工人解除宪警武装，占领军火库，武装了自己。6 万士兵也转向革命，参加起义，推翻了沙皇政府。当晚，彼得格勒工兵代表苏维埃宣告成立。革命在首都彼得格勒取得胜利后，接着在各地迅速展开。这样，统治俄国达 304 年的罗曼诺夫王朝被二月革命冲垮了。俄国资产阶级民主革命获得了胜利。

二月革命胜利后，俄国出现了历史上罕见的两个政权并存的局面：一个是资产阶级专政性质的临时政府，它是主要的政权，掌握全部主要国家机关，并拥有社会上层的支持，可以发号施令；另一个是工农民主专政性质的工兵代表苏维埃，它得到工农士兵的支持，拥有实权，但是由于布尔什维克的许多领导者流亡国外或被监禁、被流放，在苏维埃成员中，孟什维克占了绝大多数，致使苏维埃的领导权被孟什维克和社会革命党人窃取。他们自愿把政权让给资产阶级，自己甘居次要地位，成为辅助性政权。二月革命的成果实际上落入资产阶级手中。资产阶级临时政府仅仅在表面上对政府组织进行了调整，但实际上没能使俄国退出帝国主义战争，没能消除贫困和饥荒，没能解决农民的土地问题。正如列宁指出的，二月革命"迈出了停止战争的第一步。但是只有迈出第二步，即把国家政权转到无产阶级手中，才能保证停止战争"①。

二月革命后，布尔什维克必须对两个最迫切的问题做出回答：一个是如何对待临时政府，一个是如何对待仍在继续进行的战争。当时，布尔什维克在彼得格勒有两个领导中心：一是中央俄国局，二是彼得堡委员会。他们虽然在对待临时政府和战争的态度上持不同立场，但没有任何人提出向社会主义革命转变的问题。在革命处于十字路口的关键时刻，列宁结束了长期的流亡生活，于俄历 4 月 3 日（公历 4 月 16 日）回到俄国。第二天，他在塔夫利达宫举办的全俄工兵代表苏维埃会议的布尔什维克代表会议上做了《论无产阶级在这次革命中的任务》的报告，即著名的《四月提纲》。列宁指出，革命的根本问题是政权问题。在对俄国工人阶级与资产阶级的力量对比进行分析的基础上，列宁明确指出："俄国当前形势的特点是从革命的第一阶段向革命的第二阶段过渡，第一阶段由于无产阶级的觉悟和组织程度不够，政权落到了资产阶级手中，第二阶段则应当使政权转到无产

---

① 《列宁选集》第 3 卷，人民出版社 2012 年版，第 47 页。

阶级和贫苦农民手中。"而要实现这种革命转变，必须坚持两点："不给临时政府以任何支持"，"全部政权归苏维埃"。4月24—29日，俄国社会民主工党（布）第七次代表会议在首都彼得格勒举行，这是自1903年重新建党以来第一次在国内公开召开的起代表大会作用的重要会议，亦称四月代表会议。会议讨论和通过了列宁提出的以《四月提纲》为基础的报告，在全党确立了从民主革命过渡到社会主义革命的路线。

1917年4月至7月，资产阶级临时政府由于对外坚持帝国主义战争和对内镇压革命群众而先后陷入了三次危机。第一次危机发生在4月20日至21日，至少有10万群众在彼得格勒举行抗议临时政府的帝国主义战争政策的大示威。第二次危机发生在6月18日，这一天有50万群众举行反临时政府的示威。7月1日，资产阶级临时政府在西南战线发动军事进攻，妄图用战争消灭革命，结果遭到惨败，俄国6万士兵伤亡。前线失败的消息传到彼得格勒，引起工人和士兵无比的愤怒。7月16日，彼得格勒发生了声势浩大的群众游行示威，随即造成临时政府的第三次政治危机。临时政府在全俄苏维埃中央支持下调动军队对示威群众进行血腥镇压，死伤达400人之多，这就是七月事变。接着，资产阶级开始了全面进攻并下令逮捕列宁，大肆抓捕布尔什维克党干部，强行解除工人武装。七月事变表明，临时政府已经大权独揽，两个政权并存的局面已经结束，革命的和平发展阶段结束。

3. 俄国十月社会主义革命

七月事变后，鉴于俄国资产阶级已经掌握了国家政权，苏维埃变成了反革命的遮羞布这一事实，列宁认为，"全部政权归苏维埃"的口号已经不正确，应该收回这一口号，代之为"把政权交给无产阶级和贫苦农民"。这时，匿居在芬兰的列宁完成了《国家与革命》一书，阐明了暴力打碎资产阶级国家机器，建立无产阶级专政的必要性。1917年7月26日至8月3日，俄国社会民主工党（布）第六次代表大会在彼得格勒召开。大会正式决定收回"全部政权归苏维埃"的口号，大会在决议中指出："我们党过去宣传的政权归苏维埃的口号，曾是革命和平发展、使政权无痛苦地从资产阶级转归工人和农民、使小资产阶级逐渐消除其幻想的口号。""现在国家政权实际上已经落到由军事集团支持的反革命资产阶级手中。"因此党要收回过去提出的"全部政权归苏维埃"的口号。"现在只有彻底消灭反革命资产阶级专政才是正确的口号。只有得到贫苦农民支持的革命无产阶级，才能完成这个任务——新高潮的任务。"① 需要指出的是，布尔什维克党收回"全部政权归苏维埃"的口号，并不意味着准备放弃苏维埃这种政权形式，它所放弃的只是被孟什维克和社会革命党人把持的、已经成为资产阶级的帮凶和附属品的苏维埃。但是，在列宁缺席的情况下，党的六大并未毫无保留地全盘接受列宁的思想。大会没有立即把列宁提出的准备武装起义以推翻临时政府和夺取政权的要求作为党的最近任务，而只是在决议中相对模糊地号召全党为未来的阶级斗争做好准备。六大还有一个重要成果就是吸收以托洛茨基为首的区联派集体加入布尔什维克党。区联派的全称是"联合的社会民主党人区组织"，最早是在 1913 年 11 月组建起来的。它主张使布尔什维克与孟什维克两派联合、统一起来。1914 年世界大战爆发后区联派大都持反战立场，与布尔什维克观点较为一致。1917 年二月革命胜利后列宁召开四月党代表会议，决定要从民主革命过渡到社会主义革命，托洛茨基以为这与他的"不断革命论"观点一致，从此区联派更转向支持布尔什维克，不再主张两派联合，而且积极与布尔什维克一致行动。六大决定吸收全部区联派成员加入布尔什维克党，托洛茨基和乌里茨基在大会上还当选为党中央委员。"这意味着列宁与托洛茨基这两个具有坚强意志和政治斗争艺术的领袖人物的联合，为布尔什维克党在十月的胜利奠定了基础。"②

正当布尔什维克党为贯彻六大革命路线而奋斗时，俄国国内政治形势发生了重大变化。1917 年 8 月 25 日，俄军前线最高总司令科尔尼洛夫发动反革命叛乱，企图建立反革命军事独裁。彼得格勒的工人在布尔什维克党的领导下，组成工人赤卫队，同叛军作战，几天内就粉碎了科尔尼洛夫叛乱。粉碎科尔尼洛夫叛乱，成为一个转折点。国内阶级力量发生了重大变化，布尔什维克党掌握了彼得格勒、莫斯科以及许多地方的苏维埃的领导权，大大提升了布尔什维克党的威信，促使全国各地苏维埃迅速布尔什维克化。到 9 月中旬，包括彼得格勒、莫斯科在内的全国 156 个城市的苏维埃都拥护布尔什维克党。于是，布尔什维克党重新提起了"全部政权归苏维

---

① 《苏联共产党代表大会、代表会议和中央全会决议汇编》第 1 分册，人民出版社 1964 年版，第 484 页。

② 姚海：《俄国革命》，人民出版社 2013 年版，第 414-415 页。

埃"的口号。可是掌握莫斯科苏维埃领导大权者还是不敢实现全部政权归苏维埃，这样最后一次和平发展的机会又丧失了。

鉴于俄国无产阶级夺取政权的革命任务提上日程，必须以正确的理论指导无产阶级的斗争，列宁进行了巨大的理论研究工作，于1917年8月至9月间写成了名著《国家与革命》，深刻批判了第二国际机会主义对马克思主义国家学说的歪曲和背离，捍卫和发展了无产阶级革命和无产阶级专政的理论。身在国外的列宁及时分析了国内形势，认为武装起义的时机已经成熟。10月7日，列宁秘密回到彼得格勒，领导武装起义的准备工作。10日，党中央开会讨论武装起义问题。列宁在会上做了报告，经过讨论，列宁的主张在会上获得10票通过，只有季诺维也夫和加米涅夫二人依然认为起义时机尚未成熟，表示坚决反对。10月16日，党中央委员会又紧急召开扩大会议再议起义之事，经过充分商讨和激烈争论，列宁主张立即准备起义的草案终于以19票赞成、2票反对、4票弃权获得通过。[①] 并成立了以托洛茨基为首的彼得格勒苏维埃及其军事革命委员会，具体负责武装起义的组织工作。但是，在未经中央同意的情况下，季诺维也夫与加米涅夫在孟什维克的《新生活报》上发表短文，声明不同意发动起义，从而泄露了武装起义的机密。列宁极其愤怒，痛斥这是"工贼"叛卖行为，并加紧了起义的具体组织准备。

临时政府急忙从前线调回精锐部队，准备发动第二次科尔尼洛夫叛乱，建立军事专政。10月24日，统治阶级首先使用暴力，企图镇压革命力量。机不可失，时不再来。列宁和布尔什维克党中央立即果断地决定于当晚提前发动武装起义，认为"放过了时机，那就是犯了滔天的大罪"，"拖延发动等于自取灭亡"。[②] 为了直接指挥武装起义，24日晚，列宁从隐居地来到党中央和武装起义指挥部所在地的斯莫尔尼宫，亲自在起义中心领导斗争。俄历10月25日（公历11月7日）上午，起义者占领了彼得格勒的所有重要据点。下午2点35分，彼得格勒苏维埃召开紧急特别会议，托洛茨基在会上以军事革命委员会的名义庄严宣布：临时政府已经不存在，预备国会

---

① 高放：《社会主义运动：从理论到实践的转变（1848—1917）》，北京师范大学出版社2018年版，第434页。

② 《列宁选集》第3卷，人民出版社2012年版，第337页。

已经被解散，火车站、邮政局、电报局、通讯社、国家银行等都已经被占领，只剩下冬宫，马上就要决定其命运。晚上6点，包围了资产阶级临时政府的所在地冬宫，军事革命委员会给临时政府下达了无条件投降的最后通牒书遭到拒绝。晚上9点40分，根据军事革命委员会的命令，停泊在涅瓦河畔的阿芙乐尔巡洋舰开炮，发出了攻打冬宫的炮声。赤卫队和革命士兵在雷鸣般的"乌拉"声中越过了街垒，迅猛地冲向冬宫。驻守冬宫的军人及士官生未做什么抵抗就告溃散，临时政府官员也束手就擒。① 与此同时，全俄苏维埃第二次代表大会在斯莫尔尼宫召开，宣告推翻资产阶级临时政府，建立苏维埃政府。代表大会于10月27日凌晨5点15分闭幕。全俄工兵农代表苏维埃第二次代表大会的胜利闭幕标志着十月社会主义革命的完全胜利。

随后革命迅速向全国发展，到1918年春，苏维埃政权掌握了全国局势。1918年3月，苏维埃政权同交战国德国在布列斯特签署合约，俄国退出了第一次世界大战。同月，俄国社会民主工党（布尔什维克）第七次紧急代表大会召开。大会通过了关于更改党的名称和修改党章的决定。俄国社会民主工党（布尔什维克）开始改称为俄国共产党（布尔什维克），简称俄共（布）。在随后的3年，俄共（布）领导苏俄人民粉碎了国内反革命势力的叛乱和14个帝国主义国家的武装干涉，初步巩固了新生的苏维埃政权。

十月革命是世界历史上具有划时代的重大事件。正如毛泽东所说的，它"改变了整个世界历史的方向，划分了整个世界历史的时代"②。

首先，十月革命将马克思主义关于无产阶级革命的理论变为现实，开辟了无产阶级革命的新时代。过去历史上发生的各次革命，都是一种剥削制度代替另一种剥削制度的革命。十月革命冲破世界帝国主义战线，在一个占世界土地六分之一的幅员广大的国家推翻了资产阶级的统治，从根本上推翻了人剥削人、人压迫人的制度，建立了劳动人民当家作主的无产阶级专政的国家，将马克思主义关于无产阶级革命的理论变成活生生的现实。

---

① 据列宁格勒地区十月革命档案记载，1917年彼得格勒有众多华工参加了工人赤卫队，其中刘福辰和马扎瓦手持步枪，高喊"乌拉！"，争先恐后冲锋在前，光荣地参加了攻打冬宫的历史性战斗。参见高放：《社会主义运动：从理论到实践的转变（1848—1917）》，北京师范大学出版社2018年版，第442页。

② 《毛泽东选集》第2卷，人民出版社1991年版，第667页。

十月革命开启了无产阶级革命的新时代。对此，毛泽东曾经指出，在这个时代，任何殖民地半殖民地国家，如果发生了反对帝国主义，即反对国际资产阶级、反对国际资本主义的革命，它就不再是属于旧的世界资产阶级民主主义革命的范畴，而属于新的范畴了；它就不再是旧的资产阶级和资本主义的世界革命的一部分，而是新的世界革命的一部分，即无产阶级社会主义世界革命的一部分了。

其次，十月革命沉重打击了帝国主义的统治，极大地鼓舞了国际无产阶级革命运动和殖民地半殖民地被压迫民族的解放运动。十月革命建立了人类历史上崭新的人民政权，这不仅是对俄国帝国主义统治的根本摧毁，也是对国际帝国主义统治的沉重打击。受其鼓舞，战后的欧洲掀起了一场革命风暴。从 1917 年 11 月开始，芬兰、德国、奥地利、匈牙利、捷克斯洛伐克、保加利亚等国相继发生了大规模的工人罢工和武装斗争。其中芬兰、德国、匈牙利等国的革命运动规模尤其突出，起义的工人还一度建立了工人苏维埃政权。同时，在十月革命影响下，很多国家爆发了争取民族解放的革命运动。1919 年朝鲜爆发了反对日本殖民统治的"三一运动"，中国爆发了"五四运动"；1920 年印度人民展开了"非暴力不合作运动"。十月革命"在社会主义的西方和被奴役的东方之间架起了一座桥梁，建成了一条从西方无产者经过俄国革命到东方被压迫民族的新的反对世界帝国主义的革命战线"①。十月革命的胜利开创了不发达国家首先实现社会主义的新局面，引领了众多东欧和东亚不发达国家都沿着十月革命的道路前进，到 20 世纪 40 年代末从东欧到东亚有 13 个社会主义国家形成了世界社会主义阵营，改变了世界经济政治格局。

最后，十月革命促进了马克思列宁主义的广泛传播，推动了一大批无产阶级政党的建立。十月革命的胜利是马克思列宁主义的胜利，极大提升了马克思列宁主义在国际上的影响力，有力地推动了马克思列宁主义的国际传播。正如毛泽东所说的，十月革命一声炮响，给中国送来了马克思列宁主义。在此之前，马克思主义主要在欧洲和北美传播；十月革命后，马克思主义在全世界，特别是在亚洲、非洲和拉丁美洲也得到了广泛传播。马克思主义同各国工人运动相结合，在许多国家相继产生了无产阶级的政

---

① 《斯大林选集》上卷，人民出版社 1979 年版，第 126 页。

党，从而在根本上改变了这些国家的革命的面貌。中国共产党正是在十月革命的影响下建立的。

（三）从"战时共产主义"到新经济政策

"战时共产主义"是十月革命后苏维埃俄国在 1918 年下半年至 1921 年春国内战争期间所实行的一项经济政策。"战时"指的是当时特殊的战争环境，"共产主义"表示这项政策的性质。随着国内战争的结束，战时共产主义政策的弊端日益显现，这一政策也逐步被取消，取而代之的是新经济政策。从"战时共产主义"政策到新经济政策的转变，表明列宁和俄共（布）对经济文化落后国家如何过渡到社会主义的认识在不断地深化。

1. "战时共产主义"政策

苏维埃政权建立的第二天，就颁布了《和平法令》，宣布退出帝国主义战争，并呼吁交战国停止战争，签订"公正民主的合约"。但是，苏维埃政府的和谈建议遭到协约国的拒绝。俄国不得不单独与德、奥集团进行停战谈判。1918 年 3 月 3 日，双方签署《布列斯特合约》。之所以要签订这一合约，列宁指出："我们缔结单独和约，就能在目前可能的最多程度上摆脱两个彼此敌对的帝国主义集团，利用它们相互之间的敌视和战争（这将阻碍它们勾结起来反对我们），在一定时期内可以腾出手来继续推进和巩固社会主义革命。"[1]《布列斯特合约》的签订，可以说是列宁巧妙地利用帝国主义国家的矛盾，实行革命妥协的成功策略，为年轻的苏维埃共和国赢得了一个和平喘息时机，从而为恢复经济、建立和扩大红军创造了有利条件。与此同时，苏维埃政府还通过实行土地社会化、银行国有化、工人监督、大企业国有化等措施，初步建立起社会主义国有经济，改善工农地位，巩固新生的苏维埃政权。1918 年春，列宁开始着手制订俄国向社会主义过渡的方案，并提出了以经济建设为中心开展社会主义建设的计划。但是，建设苏维埃俄国的计划和方案还来不及展开，就爆发了大规模的内战和外国武装干涉。1918 年春夏，英、法、美、日等 14 个国家，不满俄国单独与德国媾和，从北、东、南三个方向出兵，向苏俄发起进攻，国内反革命势力在帝国主义的支持下也发动武装叛乱，全国 3/4 的领土落入敌人之手，苏俄

---

[1] 《列宁选集》第 3 卷，人民出版社 2012 年版，第 397 页。

的粮食、煤炭、石油和钢铁的主要产地被敌人占领。国内外敌对势力想把新生的苏维埃政权扼杀在摇篮之中。为了捍卫新生的革命政权，苏维埃政府发出"一切为了前线，一切为了胜利"的口号，将全国政治、经济、文化生活转入战时轨道，陆续推出一系列适应战时需要的非常措施。由于这些措施具有军事共产主义的性质，因而被称为"战时共产主义"政策。

（1）"战时共产主义"政策的主要内容

"战时共产主义"政策，概括起来有以下四个方面的内容。

第一，实行余粮收集制。粮食问题是十月革命后，布尔什维克党人所面临的最为严重的问题。1918年5月13日，苏维埃中央人民委员会发布由列宁签署的"关于粮食人民委员的特别权力"的法令。该法令以法律条文形式确认了粮食垄断和固定价格的不可动摇，同时必须和粮食投机商人进行不可调和的斗争。责成每一个粮食拥有者要在一周内，除去种子和个人按定额至新收获前的需要量外，交出全部余粮，违者将送交革命法庭，判刑不少于10年。该法令把执行粮食垄断的大权交给了粮食人民委员部，并赋予粮食人民委员生杀予夺的大权。5月27日，全俄中央执行委员和人民委员会又通过了"关于改组粮食人民委员部和地方粮食机构"的法令。这一法令进一步发展了5月13日的法令，一方面扩大了粮食人民委员部的权力，另一方面是明文规定各地方粮食机构都应根据粮食人民委员的裁定，建立特殊的粮食工作队。6月3日，彼得格勒的工人组成了第一个由500人组成的粮食工作队。到1918年秋天，约有3万名城市工人参加了粮食工作队。这些措施收到了一定的效果，1918年下半年在全国采购到的粮食比上半年增加了近一倍。但是，即便如此仍然不能解决国家粮食供应的困难。因为当时国家粮食收购价格过低，与零售价相差过大，不仅遭到富农的反抗，中农也不肯把粮食卖给国家。在这种情况下，1919年1月11日，人民委员会又颁布了"关于在各产量省份征集余粮和饲料交国家支配"的法令，即著名的余粮收集制。法令除了重申对粮食和粮食产品的国家垄断外，特别指出要在产粮省份的农民中摊派他们应该交给国家的最低限度的粮食，即农民必须上交全部余粮。余粮收集制依据阶级原则进行，富农多征、中农少征、贫农不征。这种摊派征收的办法，后来又逐步扩大到肉类、马铃薯、棉花、皮革和各种动植物油脂等主要农产品以及其他农副工业原料等。

第二，实行工业的国有化和工业管理的集中制。"战时共产主义"政策在工业方面，把几乎所有的工业企业收归国有，并对企业实行高度集中的计划管理。大工业国有化是内战前就开始的，早在十月革命胜利之初，苏维埃政府就颁布了工业企业国有化的第一个法令，主要是将一些关系国计民生的大型企业收归国有。1918 年 6 月 28 日，苏维埃政府又颁布了对全国所有大工业实行国有化的法令。到 1918 年 12 月底，苏维埃俄国的大工业几乎全部实行了国有化。1920 年初，中型企业也基本上被收归国有。1921 年 11 月 29 日，最高国民经济委员会决定，将拥有机械动力、工人在 5 人以上的，或没有机械动力、工人超过 10 人的一切私人的和团体的工业企业，全部收归国有。在实现工业国有化基础上，为了更好地管理这些企业，在最高国民经济委员会下面按行业设立 52 个总管理局，推行高度集中的"总管理局制"。总管理局越过地方行政机关对所属企业实行垂直领导，直接给所属企业下达指令性生产计划，统一供应企业所需的原材料、燃料和生产设备，统一分配各企业所生产的产品。在财政上统收统支，企业所需的资金由国家预算拨给，企业的收入全部上缴国家。这种体制在当时原料、燃料极度缺乏的情况下，便于国家最大限度地根据国防需要动用资源、组织生产。[1]

第三，实行国家垄断商业贸易和实物配给制。1918 年 11 月 21 日，人民委员会颁布了《关于组织一切产品、个人消费品及日用品的居民供应》的法令，即"贸易垄断法令"。法令规定：一切食品、个人消费品和家用物品均由国家和合作社组织供应，坚决取缔私人商业。国家继粮食垄断制之后，这时开始对最需要的日用品如糖、茶、盐、火柴、布匹、鞋、肥皂等实行国家垄断。1918 年 12 月，全俄国民经济委员会第二次代表大会决定取消货币，单位之间的相互结算采用簿记的方式，不再实行货币结算。1919 年 3 月 16 日，人民委员会通过法令规定全国城乡存在的各种形式的合作社，一律联合并改组为统一的分配机关——消费公社。全体城乡居民都必须加入消费公社，实行产品和日用必需品的国家统一分配制度。同时，也采取了工资实物化的一系列措施。职工实物工资的比重不断提高，由 1918 年占 47%，提高到 1920 年占 92%。在这种情况下，国家银行的信贷业务急剧减少，已不适宜作为信贷机构而独立存在。1920 年 1 月 19 日，苏维埃政府正

---

[1] 王伟光主编：《社会主义通史》第 4 卷，人民出版社 2011 年版，第 109 页。

式颁布《关于撤销人民银行》的法令，将银行机构与财政机构合并。战争结束后，一度实行了免费向居民发放食品和日用品，免收居民的房租、水电、煤气、暖气的费用。

第四，实行普遍劳动义务制。国内战争后，工业劳力缺额相当大。为了保证前线胜利和广场的劳动力需求，苏维埃政府决定对所有阶级实行普遍劳动义务制，强制贯彻"不劳动者不得食"的原则，要求凡是有劳动能力的人一律参加劳动。1918年10月5日，人民委员会做出决议，对非劳动者实行强制劳动。12月11日颁布劳动义务实施办法，只有完成一定劳动义务，才能领取相应的口粮。1920年1月29日人民委员会发布法令，规定所有居民，不论其从事任何工作，都必须一次性地或定期地履行各种性质的劳动义务，如不履行劳动义务或在劳动中私自逃跑，将交付法院甚至革命法庭治罪。在实行普遍劳动义务制的过程中，工人阶级表现出极大的革命爱国热情。1919年4月12日是星期六，当天莫斯科—喀山铁路分局莫斯科编组车站机车库的13名共产党员和另外2名工人，经过一夜的义务劳动修复了3台机车。此消息传开后，产生了巨大反响，该铁路分局的共产党员又决定于1919年5月10日再次组织"星期六义务劳动"。参加这次义务劳动的有205名工人党员，并在一天之内修复了4台机车和16个车厢，其工作量比平日高出270%。随后，这一活动在多个城市展开，列宁称其为"伟大的创举"。他指出："工人自己发起组织的共产主义星期六义务劳动确实具有极大的意义。……这是比推翻资产阶级更困难、更重大、更深刻、更有决定意义的变革的开端，因为这是战胜自身的保守、涣散和小资产阶级利己主义，战胜万恶的资本主义遗留给工农的这些习惯。当这种胜利获得巩固时，那时，而且只有那时，新的社会纪律，社会主义的纪律才会建立起来；那时，而且只有那时，退回到资本主义才不可能，共产主义才真正变得不可战胜。"[1] "忍饥挨饿的工人，不顾饥饿、疲乏和衰弱，实行'共产主义星期六义务劳动'，不领任何报酬地加班工作，并且大大提高了劳动生产率。难道这不是极伟大的英雄主义吗？难道这不是具有世界历史意义的转变的开端吗？"[2]

---

[1] 《列宁选集》第4卷，人民出版社2012年版，第1页。

[2] 《列宁选集》第4卷，人民出版社2012年版，第16页。

（2）"战时共产主义"政策的历史功过

"战时共产主义"政策的实施，既有"为了拯救国家，拯救军队，拯救工农政权"① 的客观方面原因，也有列宁持"向社会主义直接过渡"这一指导思想上的主观方面原因。

第一，从客观上讲，"战时共产主义"是解决当时国内危局的应急举措。"战时共产主义"的实行，对国内战争的顺利进行从而对苏维埃政权的巩固，起了至关重要的作用。

1918 年夏，外国武装干涉者和国内反革命势力四面八方的进攻，形成了对苏维埃共和国的包围，苏维埃共和国与主要产粮区、工业原料产地的联系被切断，国内陷入危机局面，经济困难，粮食短缺，饥荒遍野。列宁认为，因缔结《布列斯特合约》而争得的和平喘息时期已经结束，"我们又陷入了战争，我们正处于战争状态，这场战争不仅是一场同现在已联合起来反对我们的富农、地主和资本家进行的内战，现在与我们对峙的还有英法帝国主义"②。这种形势迫使苏维埃政权采取一系列非常措施，动员全部人力、物力和财力，进行人民革命战争。列宁在《论粮食税的报告》中讲到采取余粮收集制的必然性时说："在战争时期，特别是当国内战争切断了我们与西伯利亚、高加索和整个乌克兰这些产粮区的联系，切断了煤炭和石油的供应，以及减少了其他燃料的来源时，我们已处在被包围的要塞中，不实行余粮收集制，我们就不能维持下去，而所谓余粮收集制，就是征收农民的一切余粮，有时甚至不单单征收余粮，还征收农民某些必需的粮食，以求能保持军队的战斗力和使工业不至于完全崩溃。"③ 可见，"战时共产主义"是危急形势逼迫的结果，"为了拯救国家，拯救军队，拯救工农政权，当时必须这样做"④。

由于实行余粮收集制和其他一些非常措施，苏维埃政权得到了进行战争所必需的粮食和其他物资，获得了充足的兵源，从而使国内战争取得了最终的胜利。1918—1919 年度，全国征购量是比上年度增加了两倍半，达到 180 多万吨；1919—1920 年度进一步上升到 425 万多吨。既使红军的粮

---

① 《列宁全集》第41 卷，人民出版社 1986 年版，第 10 页。
② 《列宁全集》第 35 卷，人民出版社 1985 年版，第 12 页。
③ 《列宁全集》第 41 卷，人民出版社 1986 年版，第 141 – 142 页。
④ 《列宁全集》第 41 卷，人民出版社 1986 年版，第 10 页。

食供应有了保障，也使城市居民能配给到最低限度的口粮。① 这说明苏维埃政权的粮食政策是成功的。对此，列宁指出："现在，这一政策已完成了它的历史任务：在一个经济遭到破坏的落后国家中保全了无产阶级专政。"② 很明显，在列宁看来，"战时共产主义"特别是余粮收集制，对于国内战争的胜利和巩固无产阶级专政发挥了重要的作用。他还说："一个经济遭到破坏的国家，竟然熬过了这样一场战争，这实在是一个奇迹。这个奇迹不是从天上掉下来的，它是从工人阶级和农民的经济利益中产生出来的，是工人阶级和农民的巨大的热情创造了这个奇迹；由于这种奇迹，我们打退了地主和资本家的进攻。"③ 也就是说，"战时共产主义"同工人阶级和农民的根本利益即阶级利益是一致的，所以工人阶级和农民对它表示理解、支持和一片热情，这样苏维埃政权获得了足够的力量，取得了国内战争的伟大胜利。

第二，从主观上讲，"战时共产主义"政策的实施是在列宁和俄共（布）的"直接过渡"思想指导下进行的，当时包括列宁在内的几乎所有苏俄领导人都把"战时共产主义"看作是通向共产主义的简捷道路。但是，由于脱离了俄国是一个经济文化落后国家的客观现实，这一政策又不可避免地暴露了其局限性。

1919 年 7 月 30 日，列宁在《关于粮食状况和军事形势》的讲话中，在谈到实行余粮收集制时，曾说过这是"踏上了真正社会主义的收购粮食的道路，使粮食不再是商品，不再是投机的对象，不再是争吵、斗争和许多人贫困的祸根"④。这个时期，列宁更加强调的是要建成集中的经济。1919年 2 月，在《俄共（布）纲领草案》中，列宁指出："要实现共产主义，绝对需要在全国范围内把劳动最高度地最严格地集中起来，这就要首先克服工人在职业上和地区上的散漫性和分散性。"⑤ 同年 3 月，俄共（布）八大通过的党纲强调："苏维埃政权现时的任务，是坚定不移地继续在全国范围内用有计划有组织的产品分配来代替贸易。目的是把全体居民组织到统一

① 王伟光主编：《社会主义通史》第 4 卷，人民出版社 2011 年版，第 108 页。
② 《列宁全集》第 42 卷，人民出版社 1987 年版，第 7 页。
③ 《列宁选集》第 4 卷，人民出版社 2012 年版，第 450 页。
④ 《列宁全集》第 37 卷，人民出版社 1985 年版，第 113 页。
⑤ 《列宁选集》第 3 卷，人民出版社 2012 年版，第 728 页。

的消费公社网中，这种公社能把全部分配机关严格地集中起来，最迅速、最有计划、最节省、用最少的劳动来分配一切必需品。"① 正是在这样的思想指导下，在 1920 年末到 1921 年初内战已基本结束的情况下，俄共（布）还制订了不少战时共产主义色彩更浓的政策。1921 年 10 月，列宁在谈到这个问题时做了如下解释："当时设想不必先经过一个旧经济适应社会主义经济的时期就直接过渡到社会主义。我们设想，既然实行了国家生产和国家分配的制度，我们也就直接进入了一种与以前不同的生产和分配的经济制度。"② 1921 年 10 月 29 日，列宁在《在莫斯科省第七次党代表会议上关于新经济政策的报告》中，更是明确承认了有过"直接过渡"的思想。他说："回想一下我们党从 1917 年底到 1918 年初所作的各种正式的和非正式的声明就可以发现，我们那时已认为，革命的发展、斗争的发展的道路，既可能是比较短的，也可能是漫长而艰辛的。但是，在估计可能的发展道路时，我们多半（我甚至不记得有什么例外）都是从直接过渡到社会主义建设这种设想出发的，这种设想也许不是每次都公开讲出来，但始终是心照不宣的。"③

但是，俄国毕竟是一个经济文化比较落后的国家，在这样的国度里不能直接过渡到社会主义，只能是采取迂回、间接的方法。"战时共产主义"政策严重损害了农民的利益。余粮收集制"实际上是从农民手里拿来了全部余粮，甚至有时不仅是余粮，而是农民的一部分必需的粮食"④。这可以说是对农民的变相剥夺，不仅使农民失去生产和经营的积极性，而且还极大地动摇了工农联盟的经济基础，造成了严重的经济和政治危机。1921 年 10 月 17 日，在全俄政治教育委员会第二次代表大会上的报告中，列宁明确指出："在经济战线上，由于我们企图过渡到共产主义，到 1921 年春天我们就遭到了严重的失败，这次失败比高尔察克、邓尼金或皮尔苏茨基使我们遭到的任何一次失败都严重得多，重大得多，危险得多。这次失败表现

---

① 《苏联共产党代表大会、代表会议和中央全会决议汇编》第 1 分册，人民出版社 1964 年版，第 546 页。
② 《列宁选集》第 4 卷，人民出版社 2012 年版，第 598 页。
③ 《列宁选集》第 4 卷，人民出版社 2012 年版，第 596 页。
④ 《列宁选集》第 4 卷，人民出版社 2012 年版，第 501 页。

在：我们上层制定的经济政策同下层脱节，它没有促成生产力的提高。"①

2. 新经济政策

国内战争结束后，苏维埃俄国面临恢复国民经济的繁重任务。在总结"战时共产主义"政策经验教训的基础上，列宁和俄共（布）果断提出了向新经济政策的战略性转变。

（1）向新经济政策转变的背景

1920 年国内战争基本结束。4 年的帝国主义战争和 3 年的国内战争，使苏维埃俄国的国民经济处于濒临破产的状态。1920 年的工业产值仅相当于战前的 1/7，所剩无几的企业由于缺乏燃料和原料，处于无法开工或严重开工不足的状态。农产品的产量只为 1913 年的 65%，谷物总产量减少了 45%，粮食和其他必需的食品严重短缺。1921 年俄国爆发了全面性的饥荒。这种经济危机，又迅速演化成政治危机。在内战结束之际，国内出现各阶层普遍不满情绪，并发生了一系列暴动和骚乱。最先揭竿而起的是农民。广大农民对"战时共产主义"政策，尤其是余粮收集制的不满情绪日益增长，并上升为怨气和骚动。从 1920 年底到 1921 年春天，全国各地普遍发生农民暴动。规模最大的骚动是发生在西伯利亚，参加人数达 10 万多人。他们的口号是：没有共产党人的苏维埃，取消粮食收集制，自由支配粮食的权利。农民的不满也牵动着工人和士兵。由于不断削减口粮的定量，不断减少工厂的劳动岗位，工人群众中存在着严重的不满情绪，他们举行罢工，各地爆发工潮。工业重镇彼得格勒的工潮尤为严重，并直接酿成了喀琅施塔得水兵暴动。1921 年 2 月 28 日，在海军要塞喀琅施塔得发生水兵暴动。参加者大多是刚刚穿上军装的青年农民。他们提出了"要苏维埃，不要布尔什维克党""政权归苏维埃，不归布尔什维克党""立即取消征粮队"等口号。喀琅施塔得兵变表明，国内存在的不满情绪已经到了危及革命政权的程度。此时正值俄共（布）十大召开之际，代表大会被迫休会，并出动 6 万红军，于 3 月 18 日平息了兵变。

农民的暴动和士兵的叛乱，造成了苏维埃俄国自十月革命以来最严重的一次政治危机。列宁说："当我们度过了，而且是胜利地度过了国内战争的最重要阶段以后，我们就遇到了苏维埃俄国内部很大的——我认为是最

---

① 《列宁专题文集·论社会主义》，人民出版社 2009 年版，第 253 页。

大的——政治危机。这个内部危机不仅暴露了相当大的一部分农民的不满，而且也暴露了工人的不满。"① 虽然暴动和叛乱得到平息，但事实说明，如果不调整政策，苏维埃政权会面临更大的危机。在这样的情况下，列宁坦率地承认："我们计划（说我们计划欠周地设想也许较确切）用无产阶级国家直接下命令的办法在一个小农国家里按共产主义原则来调整国家的产品生产和分配。现实生活说明我们错了。"② "我们在经济进攻中前进得太远了……向纯社会主义形式和纯社会主义分配直接过渡，是我们力所不及的，如果我们不能实行退却，即把任务限制在较容易完成的范围内，那我们就有灭亡的危险。"③ 在这种情况下，1921 年 3 月举行的俄共（布）十大，一致通过了《关于以实物税代替余粮收集制的决议》，宣布废除对农民的余粮收集制，决定实行粮食税政策。同年 4 月，列宁发表《论粮食税》这一小册子，强调粮食税是新经济政策的基础。以俄共（布）十大的召开和《论粮食税》的发表为标志，苏维埃俄国开始了从"战时共产主义"向新经济政策的过渡。

（2）新经济政策的基本内容

第一，用粮食税代替余粮收集制。国内战争结束后，苏维埃俄国面临恢复国民经济的繁重任务。起初，俄共（布）中央和苏维埃政府决定首先从恢复和发展大工业入手。为此，全俄苏维埃第八次代表大会专门通过了国家电气化计划。但是，随后发生的经济和政治危机表明，首先恢复和发展大工业，特别是重工业的方针是行不通的。因为，国民经济的恢复和发展、城市工人生活状况的改善，都离不开粮食和其他农产品的生产和收购，"必须立刻采取迅速的、最坚决的、最紧急的办法来改善农民的生活状况和提高他们的生产力"④。列宁认为，"要做到这点，就非认真改变粮食政策不可"⑤。在这种情况下，1921 年 3 月，俄共（布）十大通过了《关于以实物税代替余粮收集制的决议》。根据决议精神，余粮收集制被征收实物税代之，农民只需将自己收成的一部分作为赋税上交给国家，其余的粮食归个

---

① 《列宁选集》第 4 卷，人民出版社 2012 年版，第 719－720 页。
② 《列宁选集》第 4 卷，人民出版社 2012 年版，第 570 页。
③ 《列宁选集》第 4 卷，人民出版社 2012 年版，第 720 页。
④ 《列宁选集》第 4 卷，人民出版社 2012 年版，第 500 页。
⑤ 《列宁选集》第 4 卷，人民出版社 2012 年版，第 501 页。

人自由支配。粮食税的重点征收对象是富农和富裕农户，中农纳税额较小，贫困民则部分或全部免征。列宁把粮食税看作是新经济政策的核心，强调"只有经过这种办法才能做到既改善工人生活状况，又巩固工农联盟，巩固无产阶级专政"①。粮食税的实行，不仅减轻了农民的负担，而且也保证了他们的经济利益和自由，从而极大地激发了农民生产积极性，促进了农业经济的发展。

第二，恢复商品货币关系。实行粮食税，允许农民自由支配余粮，就必然会走向贸易自由。在俄共（布）十大上，列宁指出俄国是一个农民经济占优势的国家，"在农民占大多数的国家里，我们必须会采取从经济上满足农民要求的办法"②，而农民最迫切的要求就是恢复流通自由，因为"小农只要还是小农，他们就必须有同他们的经济基础即个体小经济相适应的刺激、动力和动因。这就离不开地方流转自由"③。允许农民"流转自由"，就必然使商品交换迅速发展起来。列宁认为，苏维埃政权"应当把商品交换提到首要地位，把它作为新经济政策的主要杠杆"④。他强调，商业"是无产阶级先头部队同农民结合的唯一可能的环节，是促使经济开始全面高涨的唯一可能的纽带"⑤。在他看来，经济文化落后国家实现从小农经济向社会主义过渡，商品经济的发展是一个不可逾越的阶段，除了商品经济这条道路之外，"没有其他道路可以过渡到共产主义"⑥。为此，他要求苏维埃的工作人员学会经商，学会同外国人"做生意"；要求把商业原则引入国有企业，实行"商业核算"，"把国民经济的一切大部门建立在同个人利益的结合上面"⑦；要求建立和健全与商业原则相适应的财政、金融等制度和机构。

第三，允许私人小工业企业发展。实行粮食税后，农民的生活状况得到了较大改善，对工业品的需求也随之增加，但是国家却难以一下子满足农民的这一需求。在这种情况下，"帮助恢复小工业是必要的，因为它不需要机器，不需要国家的和大批的原料、燃料和粮食的储备，却能够立刻给

---

① 《列宁选集》第 4 卷，人民出版社 2012 年版，第 501 页。
② 《列宁全集》第 41 卷，人民出版社 1986 年版，第 23 页。
③ 《列宁选集》第 4 卷，人民出版社 2012 年版，第 449 页。
④ 《列宁选集》第 4 卷，人民出版社 2012 年版，第 533 页。
⑤ 《列宁全集》第 42 卷，人民出版社 1987 年版，第 348 页。
⑥ 《列宁选集》第 4 卷，人民出版社 2012 年版，第 570 页。
⑦ 《列宁选集》第 4 卷，人民出版社 2012 年版，第 582 页。

农民经济以相当帮助并提高其生产力"①。新经济政策果断终止了国内战争时期关于工业企业普遍国有化的措施，允许私人经营企业。国家或者将小企业归还原业主经营，或者将小企业通过租赁合同，租给私人企业家或者合作社经营。1921 年 12 月 10 日，全俄苏维埃中央执行委员会颁布法令，规定凡工人人数在 5 人以下、拥有发动机和工人人数在 10 人以下、没有发动机的小型企业，一律解除国有化。这样做的结果，不仅大大减少了中小企业主及少数个体经营者的不满情绪，而且可以大幅度地促进工业经济的发展。

第四，培植国家资本主义。列宁把利用国家资本主义作为实施新经济政策的主要途径。在他看来，无产阶级专政下的国家资本主义，与资本主义制度下的国家资本主义性质是完全不同的。在无产阶级专政条件下，由于国家政权和国民经济命脉掌握在无产阶级手里，国家资本主义是一种特殊的国家资本主义。特就特在国家资本主义是"受无产阶级国家监督和调节的资本主义"②，是无产阶级国家"能够加以限制、能够规定其范围的资本主义"③。所以，它的发展终点是社会主义，而不是资本主义。从这个意义上讲，国家资本主义能够成为向社会主义过渡的"桥梁"，苏维埃俄国能"通过国家资本主义走向社会主义"。④ 就国家资本主义的具体形式，列宁根据俄国新经济政策时期经济关系的特点，可以采取租让制、租赁制、合作制和代购代销制。国家把一些暂时无力恢复生产的国有大型工业企业租给资本家，利用资本主义的资金和技术使它尽快恢复生产，发展社会主义经济。

（3）新经济政策的实质

新经济政策实施后，效果异常明显，在短短一两年间苏维埃俄国就摆脱了经济和政治危机，呈现出经济发展和政治稳定的局面。新经济政策实施后的第二年即 1922 年，苏俄工业总产值增长 36.6%，农业在遭受自然灾害的情况下，谷物产量仍增加了 20%。1922 年 12 月 30 日，苏维埃社会主义共和国联盟（简称苏联）正式成立。然而，新经济政策的提出和实施，在开始的时候却遭到了党内一些人的反对，一些老布尔什维克甚至认为这

---

① 《列宁选集》第4卷，人民出版社 2012 年版，第 503 页。
② 《列宁选集》第4卷，人民出版社 2012 年版，第 541 页。
③ 《列宁选集》第4卷，人民出版社 2012 年版，第 670 页。
④ 《列宁选集》第4卷，人民出版社 2012 年版，第 570 页。

是"资本主义在俄国的复辟"。这种情况表明，他们不了解新经济政策的实质。

为了帮助人们了解新经济政策的实质，列宁做了大量的说服教育工作，他反复阐明了实施新经济政策的出发点和必要性，强调新经济政策不会导致资本主义复辟。从 1921 年 5 月至 1922 年 11 月，列宁从不同的角度对"新经济政策的实质"进行了概括。其一，1921 年 5 月，列宁从新经济政策的初期目标的角度概括其实质，他指出："新经济政策的实质：最大限度地提高生产力和改善工人和农民的生活状况，利用私人资本主义并把它纳入国家资本主义的轨道，全面支持地方的首创精神，同官僚主义和拖拉作风作斗争。"① 其二，1921 年 12 月，列宁从粮食政策的角度，指出："用粮食税代替余粮收集制，这就是我们新经济政策的实质。"② 其三，1921 年 12 月，列宁从通过商业交换建立工农联盟这个意义上论述了新经济政策的实质，指出："既然没有一个能够组织得立刻用产品满足农民需要的发达的大工业，那么，为了逐渐发展强大的工农联盟，只能在工人国家的领导和监督下利用商业并逐步发展农业和工业，使其超过现有水平，此外没有任何别的出路。现实迫使我们非走这条路不可。我们新经济政策的基础和实质全在于此。"③ 他又指出：新经济政策"退却任务的实质是：同农民经济结合起来，满足其最迫切的经济需要，建立牢固的经济联盟，首先提高生产力，恢复大工业"④。其四，1921 年 12 月，列宁还从阶级关系角度来概括新经济政策的实质，他指出："新经济政策的实质是无产阶级同农民的联盟，是先锋队无产阶级同广大农民群众的结合。"⑤ 其五，1921 年 10 月以后，列宁明确承认"战时共产主义"作为建设社会主义的道路失败了，提出要用新经济政策重新探索小农国家社会主义建设的道路。他说："我们现在正用'新经济政策'来纠正我们的许多错误，我们正在学习怎样在一个小农国家里进一步建设社会主义大厦而不犯这些错误。"⑥ 其六，1922 年列宁多次从

---

① 《列宁全集》第 41 卷，人民出版社 1986 年版，第 393 页。
② 《列宁全集》第 42 卷，人民出版社 1987 年版，第 335 页。
③ 《列宁全集》第 42 卷，人民出版社 1987 年版，第 335 页。
④ 《列宁全集》第 42 卷，人民出版社 1987 年版，第 514 页。
⑤ 《列宁全集》第 42 卷，人民出版社 1987 年版，第 347 页。
⑥ 《列宁选集》第 4 卷，人民出版社 2012 年版，第 569 页。

特殊的经济制度的意义上讲新经济政策的实质，将新经济政策看作是无产阶级政权下，由多种经济成分相互依存构成的一种经济体制。1922年10月，他指出："新经济政策的真正实质在于：第一，无产阶级国家准许小生产者有贸易自由；第二，对于大资本的生产资料，无产阶级国家采用资本主义经济学中叫做'国家资本主义'的一系列原则。"① 1922年11月，列宁还提出了这样一个公式："新经济政策 = （1）经济命脉在我们手里；（2）土地归国家所用；（3）农民经济活动的自由；（4）大工业（和大农业）在我们手里；（5）私人资本主义——它有可能同国家资本主义竞争；（6）国家资本主义是这样的：我们把私人资本吸收过来同我们的资本合在一起。"②

从列宁的有关论述可以看出，新经济政策是一个体系，是由各方面内容相互联系构成的整体。在新经济政策的体系中，主要环节有三：一是正确对待小生产者。依靠工农联盟，发挥农民建设社会主义的积极性，并以合作社作为"阶梯"，将正在建设的社会主义经济与农民经济结合起来，引导他们走向社会主义。二是正确对待资本主义成分。将其作为"中间环节"，作为发展生产力的有力手段，创造社会主义物质条件。三是正确对待商品货币关系。把商品经济作为"中心环节"，运用市场机制把各种经济成分联系起来，促进生产力的快速发展需要。这样一来，一条由一系列"阶梯""中间环节"和"中心环节"组成的"间接过渡"到社会主义的"迂回道路"，已经被开通。③ 因此，从"战时共产主义"到新经济政策的转变，本质上是从向社会主义的"直接过渡"转变为向社会主义的"迂回过渡"。新经济政策的实质可以说是列宁终于在实践中找到的符合落后国家的俄国国情的社会主义建设的新道路，即向社会主义"间接过渡"的道路。④

（四）世界革命领导中心：共产国际

共产国际又称第三国际，是十月革命胜利后，以列宁为首的俄国布尔什维克党领导创建的世界各国共产党和共产主义团体的国际联合组织。1919年3月4日成立于莫斯科，1943年6月10日正式宣告解散。它是20世纪

---

① 《列宁选集》第4卷，人民出版社2012年版，第713页。
② 《列宁全集》第43卷，人民出版社1987年版，第427页。
③ 宋士昌主编：《科学社会主义通史》第2卷，人民出版社2004年版，第251页。
④ 高继文：《新经济政策理论研究》，中国人民公安大学出版社2000年版，第13-15页。

20 年代至 40 年代前期各国共产党的总部和国际共产主义运动的领导中心。共产国际在捍卫马克思主义，推动国际工人运动进而亚非拉民族解放运动，反对法西斯和帝国主义战争，促进国际共运发展等方面做出了重要贡献。同时，共产国际由于其机制和指导上的失误，也给一些国家的革命运动造成过重大损失。

1. 共产国际的创建

第一次世界大战爆发后，第二国际陷于分裂，已名存实亡。以列宁为代表的俄国布尔什维克党对国际社会党领袖们的背叛行为进行了严厉谴责，并亲自领导各国无产阶级为建立一个新的革命的国际组织而斗争。1914 年 11 月，列宁在为俄国社会民主工党中央委员会起草的《战争和俄国社会民主党》的声明中，率先提出了建立新国际的任务。1915 年 9 月，由意大利社会党、瑞士社会民主党和俄国社会民主工党联合发起的国际社会主义者代表会议，在瑞士伯尔尼市附近的齐美尔瓦尔得村召开。这是战争中各国社会党人较大规模的一次集会，12 个欧洲国家的 37 名代表和 1 名观察员出席会议。虽然与会者大多数为右翼，左派试图酝酿建立新国际的努力没有成功，但是会议的召开毕竟"在同机会主义实行决裂方面前进了一步"①。在这次会议上，组成了以列宁为首的"齐美尔瓦尔得左派常务局"，达成了左派的初步联合。第二年 4 月，在瑞士附近的昆塔尔村举行了国际社会主义者第二次代表会议，又称第二次齐美尔瓦尔得会议，虽然左派关于建立新国际的主张再次被否决，但左派的力量得到进一步加强。左派酝酿并建议同第二国际决裂，建立一个新的国际，但遭到会议的拒绝。

俄国二月革命爆发后，齐美尔瓦尔得左派同右派的分歧进一步加深。后来鉴于齐美尔瓦尔得组织已为考茨基派控制，列宁明确指出，"应当毫不延迟地建立起革命的无产阶级的新国际"②。十月革命的胜利，苏俄成为工农民主国家，布尔什维克党担负起了筹建新国际的任务。1918 年以后，一大批国际主义者从俄国回国，促进了各所在国左派社会主义者同右派乃至中派的彻底决裂，组织独立的共产党。1918 年 1 月，阿根廷国际社会党宣告成立，并于 1920 年底改名为阿根廷共产党。1918 年下半年，欧洲有 6 个

---

① 《列宁全集》第 27 卷，人民出版社 1990 年版，第 46 页。
② 《列宁选集》第 3 卷，人民出版社 2012 年版，第 62 页。

共产党先后成立，它们是芬兰共产党（1918 年 8 月）、奥地利共产党（1918年 11 月）、匈牙利共产党（1918 年 11 月）、希腊共产党（1918 年 11 月）、德国共产党（1918 年 12 月）、波兰共产党（1918 年 12 月，原称波兰共产主义工人党）。与此同时，瑞士、捷克斯洛伐克、法国、英国、土耳其、美国、加拿大、巴西、澳大利亚、南非等国，也陆续建立了共产主义组织。这些共产党和共产主义组织的建立，为新国际的创建奠定了组织基础。

第一次世界大战结束后，在俄国十月革命的鼓舞下，欧洲掀起无产阶级革命风暴。为了取得对战后工人运动的领导权，1919 年 2 月，原第二国际一些社会党的右翼和中派领导人在瑞士首都伯尔尼成立伯尔尼国际，企图复活第二国际，将工人运动重新纳入改良主义轨道。客观形势的发展要求各国共产党和左派组织必须抓紧时机建立自己的新的国际。在这种情况下，1918 年 12 月 24 日，俄共（布）中央委员会发出建议成立共产国际的电报，得到了各国共产党的积极响应。1919 年 1 月，在莫斯科召开了有匈牙利共产党国外局、波兰共产主义工人党国外局、德意志奥地利共产党国外局、拉脱维亚共产党俄国局、芬兰共产党中央委员会、巴尔干革命社会民主联盟执行委员会、美国社会主义工人党以及俄共（布）中央委员会代表参加的会议，讨论召开新国际第一次代表大会问题。会议通过了俄共（布）中央根据列宁建议起草并经列宁亲自修改的《共产国际第一次代表大会的邀请书》，决定于 1919 年 3 月初在莫斯科召开共产国际的成立大会，号召德国等 39 个共产党、左翼社会党以及革命团体和组织参加会议。这次会议在准备召开共产国际成立大会方面迈出了决定性的一步。《共产国际第一次代表大会的邀请书》于 1 月 24 日首先发表在《真理报》上，同时通过无线电台向各国广播，得到了各国共产党人的热烈响应。

1919 年 3 月 2 日，在俄共（布）的积极筹备下，由欧美和亚洲的 21 个国家、35 个政党和组织、52 名代表出席的国际共产主义代表会议在莫斯科召开。会议从 3 月 4 日起改为共产国际成立大会。列宁向大会做了《关于资产阶级民主和无产阶级专政》的报告，大会通过列宁的报告作为共产国际的政治纲领。大会制定了《共产国际行动纲领》。行动纲领明确指出了无产阶级必须夺取政权和建立无产阶级专政的历史任务，明确了无产阶级专政的经济任务就是改造私有制经济，建立社会主义经济制度。这个行动纲领还总结了无产阶级的斗争策略，强调各国无产阶级坚持无产阶级国际主义原则。大会还通过了关于成立共产国际的决议以及《告全世界无产者》的宣言等文件。大会选出由列宁、季诺维也夫、拉科夫斯基、托洛茨基和普拉廷等 5 人组成执行局，由俄、德、奥、瑞士、瑞典及巴尔干联盟党的代表组成执行委员会，季诺维也夫任共产国际执行委员会主席。共产国际的成立，是国际共产主义运动中的重大事件，它表明各国左派力量已同第二国际修正主义彻底决裂，并在马克思主义的革命基础上团结起来，组成了一个统一的战斗组织。共产国际的建立标志国际共产主义运动开始了一个新的发展时期。

2. 共产国际前期的活动（1919—1923）

从 1919 年 3 月至 1923 年，是共产国际活动前期，也是在列宁领导下成就显著时期。这一时期，共产国际共召开了四次代表大会，在 6 大洲范围内建立起庞大的共产党组织体系，极大地推动了国际共产主义运动的发展。

1920 年 7 月 19 日至 8 月 7 日，共产国际举行第二次代表大会。大会在彼得格勒开幕，后移至莫斯科举行。参加大会的有来自 41 个国家、67 个政党和组织的 217 名代表。① 大会主要有三方面的议题：一是加强共产国际的组织建设。列宁认为，要防止共产党重蹈第二国际的覆辙，就必须加强和完善自身组织建设。为此，大会通过了《加入共产国际的条件》和《共产国际章程》。《加入共产国际的条件》也称"21 条"，其中特别强调，加入共产国际的各国共产党必须积极宣传无产阶级专政思想，并在实际活动中承认无产阶级专政；必须同改良主义和"中派"政策完全彻底地决裂，而且严格执行共产国际代表大会及其执行委员会的一切决议；必须按照民主集中制的原则建党，在党内实行近似军事纪律那样的铁的纪律；必须无情地揭露帝国主义殖民政策，坚决支持殖民地人民的解放斗争；在共产党不能进行公开活动的国家里，必须把合法工作和不合法工作结合起来；必须全力支持每一个苏维埃共和国同反革命势力进行的斗争；等等。"21 条"旨在反对右倾机会主义，防止出现"在一定的情况下，共产国际有被那些

---

① 黄修荣、黄黎：《共产国际与中国共产党关系探源》上卷，人民出版社 2016 年版，第 18页。

还没有摆脱第二国际意识形态的、不坚定和不彻底的集团溶蚀的危险"①，但这种高度集权的领导方式在一定程度上也限制了各国共产党独立自主的发展。二是反对国际共产主义运动中的"左派"幼稚病，制定正确的战略策略。在世界革命高潮中，欧美一些工人政党中出现了一股"左"倾思潮，他们空有革命热情，却脱离群众，否定议会斗争、否定工会的作用，拒绝任何妥协，反对利用一切合法斗争去联系群众、积蓄并发展无产阶级革命力量。他们甚至反对建立有严格纪律的无产阶级革命政党，否认党的纪律，提出了"打倒领袖""摧毁政党"的无政府主义口号，等等。列宁把这一思潮称为共产主义运动中的"左派"幼稚病。会前，列宁发表了《共产主义运动中的"左派"幼稚病》，对这一思潮进行了批判，并将其作为二大的基本文件发至各位代表。列宁在文章中总结了俄国革命和国际共产主义运动的经验教训，详细分析了"左派"幼稚病的错误及危害性，全面阐明了马克思主义关于无产阶级革命战略策略的基本原理。他将革命的战略策略概括为"争取最大多数的群众"和把普遍的革命原则同本国的特点相结合，在革命斗争形式多样化的基础上保持国际共产主义运动整体策略的统一这两个总原则。三是初步制定民族殖民地问题的战略策略和方针政策。列宁为大会起草了《民族和殖民地问题提纲初稿》，并在会上做了《民族和殖民地问题的报告》。报告指出，目前帝国主义阶段的特点就是全世界已经划分为被压迫民族和压迫民族两部分，在解决一切殖民地和民族问题时，都要从这一具体的现实出发。报告认为，殖民地人民革命运动的第一步是进行反帝反封建的资产阶级民主革命。在这场革命中，革命的领导阶级是无产阶级，主力军是农民。无产阶级政党如果不同农民运动发生一定的关系，不在实际上支持农民运动，而要在这些落后国家里实行共产主义的策略和共产主义的政策，那就是空想。会后，共产国际召开了东方民族代表大会，季诺维也夫在大会开幕词中明确提出"全世界无产者和被压迫民族联合起来"的口号，号召共同进行反对帝国主义的革命斗争。

20 世纪 20 年代初，国际形势发生了重大变化。苏俄在 1920 年彻底粉碎了帝国主义武装干涉和国内反革命势力武装叛乱，新经济政策的实施，使苏维埃政权得到了进一步加强。国际帝国主义虽然比苏俄强大，但也无

---

① 《列宁选集》第 4 卷，人民出版社 2012 年版，第 250 页。

法将其消灭，因而不得不承认苏俄的存在。国际形势形成一种均势，"这种均势虽然极不稳定，但毕竟造成了世界政治中一种特殊的局面"①。与此同时，在俄国十月革命影响下掀起的欧洲无产阶级革命高潮，因资本主义的镇压而走向低潮。面对着新的革命形势，无产阶级必须采取新的策略。1921年6月22日至7月12日，共产国际在莫斯科召开第三次代表大会，52个国家的605名代表参加了大会。大会的主题是统一对世界革命形势的认识，确定共产国际及其各支部在新形势下的任务，制定新的斗争策略。列宁向大会做了关于俄共（布）策略问题的报告，对当前国际形势的新特点进行了精确的估计。根据列宁在会上所做报告的精神，大会通过了列宁主持起草的《论策略提纲》。大会认为，当前，在国际资产阶级与苏俄之间已形成了不稳定的、相对的力量均势，世界革命高潮已经过去，当前革命走上了一条缓慢发展的道路，在革命形势暂时处于低潮的情况下，共产国际必须在坚持原则的前提下改变自己的策略，应由全面进攻转为防御，以便为未来革命做更周密、更扎实的准备。大会指出，当前共产国际的首要任务是争取工人阶级的大多数完全处于共产国际的影响之下。大会基于多数殖民地、半殖民地国家的亿万被压迫的群众"已经觉醒过来，开始参加政治生活"②这一特点，提出了"到群众中去"这一明确的策略口号。

共产国际三大闭幕后，1921年8月1日，共产国际执委会发出了《争取世界无产阶级统一》的号召，提出"联合一切国家的劳动群众为争取自身解放而进行斗争"。12月，共产国际执委会制定了《工人统一战线提纲》，即"十二月提纲"，提出采用统一战线的方式去团结广大工人群众的方针。1922年2月，共产国际执委会举行第一次扩大全会，进一步重申工人统一战线策略，提出应联合一切反对资本主义的力量，其中包括同社会民主党建立统一战线，争取社会民主党影响下的工人群众。

1922年11月5日至12月5日，共产国际第四次代表大会在彼得格勒开幕，11月9日起改在莫斯科举行。参加大会的有58个国家的66个政党和组织的408名代表。大会总结了共产国际三大以来贯彻争取群众大多数策略的经验教训，重申了争取群众的重要性。列宁在致大会的电文中指出，共

---

① 《列宁选集》第4卷，人民出版社2012年版，第536页。
② 《列宁选集》第4卷，人民出版社2012年版，第537页。

产国际的主要任务仍然是争取大多数工人。这个任务我们无论如何要完成。

大会期间，列宁带病向大会做了《俄国革命五周年与世界革命前途》的报告，这也是列宁对共产国际的最后一次演说。列宁在报告中介绍了俄国十月革命 5 年来，特别是布尔什维克党实行新经济政策以来的经验教训和取得的巨大成就。在报告中，列宁向各国共产党提出了学习的任务，指出："我们今天最重要的任务就是学习再学习。"① 他强调外国同志要学习俄国经验中主要的和基本的东西，而且，这个学习一定要同本国的具体情况结合起来。大会着重讨论了"建立工人统一战线"的策略方针，通过了关于策略问题的提纲，批评了来自"左"、右两方面对统一战线策略的歪曲，再次充分肯定了建立工人阶级统一战线的意义，指出："统一战线不是别的，而是共产党人反对资产阶级，保卫工人切身利益而向其他各党派组织的工人以及一切无党派工人提出的进行共同斗争的建议。"② 提纲还提出了建立"工人政府"的口号。大会讨论了东方民族殖民地问题，通过了《东方问题提纲》，要求东方各国共产党积极投入到反帝反封建的民族民主革命中，努力实现对革命的领导权，把反帝革命同土地革命结合起来，坚决支援西方无产阶级的革命斗争。《东方问题提纲》阐述了建立反帝统一战线的一系列重要问题，指出："如果说在西方，在有组织地积蓄革命力量的过渡时期，曾经提出过工人统一战线的口号，那么现在，在殖民地东方，就必须提出反帝统一战线的口号。这一口号之所以适宜，是由于要对世界帝国主义进行漫长而持久的斗争，而这种情势要求把一切革命因素动员起来。"③ 由于1922 年 10 月墨索里尼在意大利执政，大会讨论了法西斯主义问题，但对法西斯威胁的严重性估计不足。此外，大会就共产国际组织问题通过的决议，进一步加强了执委会的权力。高度集中的领导体制进一步强化，各国党的独立性进一步被削弱，为以后共产国际"左"倾路线在各国党内泛滥提供了沃土。

在共产国际建立反帝统一战线思想的指导下，东方国家的一些共产党制定了革命统一战线的方针。中国共产党第二次全国代表大会提出了建立

---

① 《列宁选集》第 4 卷，人民出版社 2012 年版，第 728 页。
② 《共产国际文件汇编》第 1 册，东方出版社 1986 年版，第 418 页。
③ 中国社会科学院近代史研究所翻译室编：《共产国际有关中国革命的文献资料（1919—1928）》第 1 辑，中国社会科学出版社 1981 年版，第 72 页。

民主联合战线的口号，并在共产国际和苏俄的支持下，实现了与中国国民党的第一次合作，革命运动出现了新的局面。

3. 共产国际中期的活动（1924—1933）

1924年1月列宁逝世后，共产国际内部的"左"倾思想开始抬头。1924年6月17日至7月8日，共产国际第五次代表大会在莫斯科召开，来自49个国家60个政党和组织的504名代表参加会议。大会的主要任务是总结前一时期无产阶级革命的经验教训，统一思想，整顿队伍，制定新时期的策略方针，加强各国共产党的建设。大会通过的《策略问题》提纲认为，世界革命的形势，就像俄国1917年七月事变到十月革命爆发那一段时期的形势一样，一个革命浪潮刚刚过去，新的革命浪潮就要到来。各国党的任务不是退却和防御资本主义的进攻，而是主动出击，主动进攻，党的各项活动都要为准备夺取政权而斗争。提纲把社会民主党不加分析地全部划入资产阶级政治力量的范畴，指出统一战线策略在过去和现在都是革命的手段，是四面受敌人包围的共产主义先锋队的革命的灵活策略，是首先用来反对反革命的社会民主党的叛卖领袖的策略，而绝不是同他们缔结联盟的策略。提纲用"工农政府"的口号代替了"工人政府"的口号，认为"工农政府"的口号就是用革命的语言，用人民群众的语言，来表达"无产阶级专政"的口号。

共产国际五大的另一个重要内容是向各国党提出了"布尔什维克化"的任务。《策略问题》提纲指出，党的布尔什维克化就是把俄国布尔什维主义过去和现在一切具有国际意义、普遍意义的东西，"应用到我们的各个支部中去"。大会特别强调，布尔什维克化绝对不应该理解为把俄国布尔什维克党的全部观点机械地应用。为此，大会还把各支部布尔什维克化问题，归纳为五个基本特征：（1）党必须是真正群众性的政党，时刻保持同群众的密切联系；（2）党应该有机动灵活的策略，善于在任何情况下采取灵活的战术对付敌人，而不是教条主义和宗派主义的；（3）党必须是在马克思主义的指导下，勇往直前，为争取无产阶级战胜资产阶级而斗争；（4）党应该是集中统一的、有严格纪律的，在党内不允许有派别集团的存在；（5）党应该在资产阶级军队中进行宣传和组织工作。

为了推动"布尔什维克化"，1925年3月21日至4月6日，共产国际在莫斯科召开了执行委员会第五次扩大全会，专门讨论和通过了《共产国际所属各国党的布尔什维克化》提纲。提纲的核心内容之一，是强调共产国际作为一个建立在民主集中制基础上的统一的世界共产党，要鲜明地反对联邦主义、宗派主义倾向，消除各自为政、集团宗派和小组习气等错误思想，维护各国党和世界党的团结和统一。提纲强调，"党的布尔什维克化就是把俄国布尔什维主义中过去和现在一切具有国际意义、普遍意义的东西，应用到我们的各个支部中去"。并且强调"这一口号绝不应理解为把俄国布尔什维克党的全部经验机械地应用到所有其他各政党中去"①。以上表明，共产国际既要求各国共产党学习俄国共产党的有益经验，又要求各国党不脱离本国实际，创造性地运用马克思主义原则，推动各国革命事业的发展。可以说，在这一时期，共产国际提出的实现各国党的布尔什维克化的含义和内容，其基本精神无疑是正确的，其出发点也是好的。但是，共产国际在贯彻"布尔什维克化"的过程中，从最初提出学习俄国具有国际意义的经验，发展到机械地搬用苏联经验，给各国共产党的建设带来了很大的负面影响。

在学习俄国经验的问题上，列宁在世时，十分注意各国党在解决无产阶级革命的问题上，要结合本民族的特点。他说，必须考察、研究、探索、揣测和把握民族的特点和特征。列宁特别反对把俄国革命的公式机械地套用到别的国家去。然而，共产国际在推行各国党布尔什维克化的过程中，忘却了列宁的教导，把苏联的经验神圣化了，把苏联的一切经验（有普遍意义的和没有普遍意义的，成功的和不成功的）统统作为布尔什维克化的内容，要求各国党去贯彻。共产国际通过权力高度集中的组织机构，按照所属各支部绝对服从共产国际的集中领导的原则要求各国党不加分析地学习俄共（布）的各种经验作为布尔什维克化的做法，同共产国际五大和五次扩大全会文件的要求是有矛盾的。但是，无论是共产国际，还是斯大林都要求按照俄共（布）的模式去改造各国党的意图是毋庸置疑的。因而五大以后各国党的布尔什维克化，实际上是在向苏联模式化的方面转变。

"布尔什维克化"在组织上要求加强共产国际这个"国际性的中心进行

---

① ［匈］贝拉·库恩编：《共产国际文件汇编》第2册，中国人民大学编译室译，生活·读书·新知三联书店1965年版，第118页。

全盘的领导"①，要求各国党无条件地、绝对地服从共产国际。1924 年 9 月，斯大林在《布尔什维克》杂志上发表了《论国际形势》一文，提出把"更换右派首领而提拔新的革命领袖"作为实现"布尔什维克化"的根本途径。1925 年 2 月 3 日，《真理报》发表斯大林的《关于德国共产党的前途和布尔什维克化》，进一步提出共产党的领导干部问题是实现布尔什维克化的根本问题之一。20 世纪 20 年代末 30 年代初，有 50 个共产党的领导人被撤换，最终确立了毫无自主权、完全听命于莫斯科和共产国际的领导机构和领导人。

"布尔什维克化"的口号对各国党学习联共（布）的经验、加强思想和组织建设起了一定作用，但滋长了把一国党的经验绝对化的倾向，以致认为布尔什维克党的一切经验都具有普遍意义，甚至把联共（布）党内斗争国际化，要求各国党照搬，产生不良后果。在共产国际执委会第四次（1924 年 7 月）到第九次（1928 年 2 月）全会上，讨论了各国党内反对托洛茨基主义和托洛茨基反对派的问题，并做出相应的决议。1926 年夏，季诺维也夫与托洛茨基结成联共（布）党内反对派联盟。同年 10 月联共（布）中央委员会和中央监察委员会联席会议通过决议，认为季诺维也夫不能继续在共产国际中工作。11 月 2 日共产国际执行委员会第七次扩大全会通过决议解除季诺维也夫第三国际执委会主席职务。12 月，第三国际执委会第七次全会决定取消第三国际执委会主席这一职务。

1928 年 7 月 17 日至 9 月 1 日，共产国际在莫斯科举行第六次代表大会，有 57 个党和 9 个组织的 532 名代表参加。这是共产国际历史上会期最长、规模最大、涉及问题最多的一次会议。大会认为，第一次世界大战后世界形势的发展可分为三个主要阶段，它们反映了资本主义制度内部危机的三个不同时期。第一个时期从 1918 年至 1923 年，是资本主义制度陷于严重危机时期，也是无产阶级采取直接革命行动的时期。这个时期在 1921 年达到顶峰，以 1923 年德国无产阶级的失败而告终。第二个时期从 1923 年至 1928 年，是资本主义制度渐趋稳定和局部稳定、资本主义经济"复兴"的时期，是资本主义攻势的加强和扩大时期，同时又是苏联迅速恢复，社会主义建

---

① ［匈］贝拉·库恩编:《共产国际文件汇编》第 2 册，中国人民大学编译室译，生活·读书·新知三联书店 1965 年版，第 495 页。

设事业获得重大成就时期。第三个时期从 1928 年开始，是资本主义总危机迅速发展的时期，同时也是新无产阶级革命高潮即将到来的时期。在这个时期必然导致帝国主义国家之间的战争、帝国主义国家反对苏联的战争和殖民地人民反对帝国主义的民族解放战争，是大规模阶级搏斗的时期。"第三时期"理论虽然揭示了资本主义危机的日益加剧和世界革命的有利形势，但过分夸大了资本主义危机的后果和世界革命力量的发展。在"第三时期"理论指导下，大会通过了《共产国际纲领》和《共产国际章程》。这样，"左"倾思潮在共产国际的六大上便占据了从理论到纲领到组织体制的全面优势，形成了完整的"左"倾路线和理论体系。

"第三时期"理论提出的第二年即 1929 年，从美国开始爆发了大规模世界性的资本主义经济危机。但是资本主义大危机并未发展到直接的革命形势，相反，世界上最反动的法西斯势力却在一些国家迅速蔓延。虽然共产国际对此做过揭露，但从总体上说，共产国际对法西斯的认识是不够的。1929 年 7 月召开的共产国际执委会第十次全会对"第三时期"下了一个十分明确的定义："这个时期是资本主义总危机增长，帝国主义的内部和外部基本矛盾迅速加剧，从而必然导致帝国主义战争，导致大规模的阶级冲突，导致各主要资本主义国家新的革命高潮发展，导致殖民地伟大的反帝国主义革命的时期。"[①] 此后，从 1931 年到 1933 年，共产国际先后召开了第十一、十二、十三次执委会全会。在这期间，共产国际的"第三时期"理论发展到了顶点。

"第三时期"理论不仅对世界革命形势估计过于乐观，对资本主义的自我调节能力和发展潜力估计严重不足，而且在具体的战略和策略上又扩大了打击面。共产国际六大认为，社会民主党已经成了资产阶级性质的"工人"政党，成了共产主义和无产阶级专政的最危险的敌人，各国共产党人应当把社会民主党当主要敌人予以打击，应当把反右倾斗争放在首位。共产国际执委会第十次全会通过的《国际形势和共产国际当前的任务（提纲）》，进一步把社会民主党说成是"社会法西斯主义"，要求各国党"加强反对社会民主党'左翼'的斗争"。后来斯大林在联共（布）十六大的政治

---

① ［匈］贝拉·库恩编：《共产国际文件汇编》第 2 册，中国人民大学编译室译，生活·读书·新知三联书店 1965 年版，第 145 页。

报告中，又把社会民主党人称为"社会法西斯分子"。这直接影响了 20 世纪 30 年代的反法西斯斗争。

共产国际的"左"倾路线给各国党的工作造成了极大困难和重大损失。共产国际执委会第十次全会后，西方各国共产党按照"第三时期"理论和策略的要求，先后把无产阶级专政的任务提上了日程，由于严重脱离了本国斗争的实际而遭受了巨大损失。东方许多国家的共产党也是根据"第三时期"理论精神去确立革命行动路线的。印度共产党、印尼共产党等在革命条件不具备的情况下，都提出了"革命民主专政"和"苏维埃政权"的口号，造成了很大损失。在处理阶级关系上，许多共产党实行宗派主义和关门主义，把中间势力作为主要敌人。在中国共产党内，不论是李立三还是王明，实行的都是只要斗争不要联合的孤家寡人政策；印度共产党把甘地、尼赫鲁和鲍斯都当作反革命力量打击。总之，过左的政策使共产党处处受敌，日益陷入艰难境地。

1929—1933 年，资本主义世界爆发空前严重的经济危机。为了摆脱困境，美国实行罗斯福的新政；德国和日本则先后建立法西斯专政，在欧洲和远东形成两个战争策源地。共产国际对新的国际形势做出反应，各国工人阶级展开反对法西斯的激烈斗争。1933 年 2 月 27 日，德国法西斯策划国会纵火案，国际共产主义运动活动家季米特洛夫在莱比锡法庭上英勇揭露了法西斯的阴谋。1934 年 2 月，法国工人总罢工粉碎法西斯分子夺权的暴乱。10 月，西班牙工农群众举行总罢工和武装起义。法、意等国共产党开始与社会党接触，建立人民阵线。共产国际的政策开始转变。

4. 共产国际后期的活动 (1935—1943)

1935 年共产国际第七次代表大会到 1943 年解散是共产国际活动后期，也是在季米特洛夫领导下纠正某些失误、较有成就而又有若干严重错误的时期。

1935 年 7 月 25 日至 8 月 21 日，共产国际在莫斯科举行第七次代表大会。出席会议的有 65 个共产党和国际组织的 513 名代表。大会的中心任务是制定共产国际和各国党在反法西斯斗争中的策略方针。共产国际总书记季米特洛夫向大会做了《法西斯主义的进攻和共产国际为工人阶级反法西斯统一战线而斗争中的任务》的报告，深刻揭露了法西斯主义的反动本质，对"左"倾关门主义做了尖锐批评，同时提出防止右倾机会主义的侵蚀。

报告指出反对法西斯主义和战争的关键是建立在工人阶级统一战线基础上的广泛的人民阵线，而共产党在统一战线中必须保持无产阶级政党的特色。殖民地半殖民地国家的共产党首要任务是建立广泛的反帝民族统一战线，为争取国家的独立而斗争。报告对中国共产党提出的建立抗日民族统一战线的策略方针给予热烈赞扬。大会通过的《关于共产国际执行委员会工作》的决议要求把实际工作的领导权集中于各国党，指出各国党在局势发生变化的关键时刻，可以依据共产国际的精神，结合本国情况，独立自主地提出政治任务和制定必要的斗争策略。大会宣布，共产国际以后一般不再直接干涉各国共产党内部的组织事宜。七大是共产国际最后一次代表大会，在共产国际的历史上具有重要的历史意义。大会纠正了长期以来占据统治地位的"左"倾路线，实现了共产国际战略策略的转变，确立了建立反法西斯统一战线的方针，开始了一个反对战争、反对法西斯主义的新时期。大会把领导重心集中于各国党的决定以及后来领导方式的改变，对各国党独立自主地解决本国实际问题起了积极作用。

共产国际后期的辉煌成就与严重失误，都与反法西斯斗争有着密切的关联。鉴于法西斯已由各国的民族危险变为全世界的危险，1936 年 3—4 月间，共产国际执委会主席团召开会议，强调必须建立全世界的反法西斯和平统一战线。在共产国际七大新方针的指导下，各国共产党也努力结合本国的实际，广泛开展了各种统一战线运动。1939 年 8 月，苏联和德国签订了互不侵犯条约。9 月，第二次世界大战在欧洲战场全面爆发。苏联出于自身国家利益的需要，对世界大战做了歪曲事实的解释。受其影响，共产国际执委会号召各国共产党对战争持失败主义立场，谴责本国政府和社会民主党人。共产国际不允许各国党采取自主的行动，要求各支部一律执行共产国际的指示，对于执行不力的党，还进行了强制性的干预。共产国际政策的突然倒退，使共产党的威信和地位在英、法等国急剧下降，一些国家的党员大批退党，一些党甚至陷入了瘫痪状态。1941 年 6 月 22 日，法西斯德国入侵苏联。鉴于国际形势和苏联对外政策都发生了重大变化，共产国际号召各国共产党支援苏联的卫国战争，指出保卫苏联与保卫本国人民利益是一致的，并重申了建立广泛的反法西斯国际统一战线的必要性和紧迫性。此后，由于客观条件的限制，共产国际一方面积极展开了反法西斯斗争，另一方面也出现了干涉一些党的活动的情况。1943 年 6 月，共产国际宣告解散。

第三国际在其存在的 24 年间共召开过 7 次代表大会，领导过 65 个共产主义政党和组织。在推动各国共产党的创建，传播和捍卫马克思主义，支援国际工人运动和亚非拉民族解放运动，反对法西斯主义和帝国主义战争，促进国际共运发展等方面做出了重要贡献。但是，它在工作中也有许多失误，特别是长期受"左"倾思想的干扰，给国际共产主义运动带来过消极影响，其高度集中的组织形式曾影响了各党的独立自主和各党之间的平等关系。共产国际的历史功过，可以概括为"大功有成，'左'祸无穷"①。

（五）列宁晚年对社会主义建设的深邃思考

众所周知，科学社会主义创始人马克思、恩格斯在深入批判空想社会主义的基础上，对未来新社会的特征曾经做过一些描绘和预测。但是，应该看到这些分析和预测是建立在发达资本主义国家的基础上的，而且是粗线条的。因此，对于贫穷落后而情况复杂的俄国如何建设社会主义，马克思、恩格斯当时是预见不到的。新经济政策实施并初见成效后，列宁试图大胆探索一条适合俄国国情的特殊的社会主义建设道路。虽然不久列宁开始患病，但他一直没有放弃理论思考和研究。特别是 1922 年底列宁第二次中风后，他在病榻上口授、由秘书记录整理形成了《日记摘录》《论合作社》《论我国革命》《我们怎样改组工农检查院》《宁肯少些，但要好些》等一些极为重要的信件和论文。这些信件和论文探索和规划了社会主义建设的道路，成为俄国党和人民的宝贵财富，对整个国际共产主义运动也有重要的启示。

1. 发展经济是最大的政治

早在苏维埃政权建立伊始，列宁就提出了把党和国家的工作重心转移到和平经济建设上的设想，因为"劳动生产率，归根到底是使新社会制度取得胜利的最重要最主要的东西"②。但是战争打乱了这个计划。战争结束后，列宁不失时机地强调：现在，"经济工作则是我们大家的事情。这是我

---

① 程玉海、林建华等：《世界社会主义共产主义新论》上册，人民出版社 2010 年版，第 152 页。

② 《列宁选集》第 4 卷，人民出版社 2012 年版，第 16 页。

们最感兴趣的政治"①。

列宁认为，在俄国这样的国家建设社会主义，必须首先大力发展生产力，变小生产为大生产，变落后的生产力为先进的生产力。建设社会主义社会最重要的是建立它的物质基础，而社会主义社会的决定性的基础只有一个，这就是大工业。没有高度发达的大工业，那就谈不上社会主义。列宁强调指出："不挽救重工业，不恢复重工业，我们就不能建成任何工业，而没有工业，我们就会灭亡，而不能成为独立国家。……重工业是需要国家资助的。如果我们找不到这种资金，那我们就会灭亡，就不能成为文明国家，更不用说成为社会主义国家了。"② 而要发展大工业，就必须发展电气化。列宁赞扬全国电气化计划为"第二个党纲"，是一个把俄国转到共产主义所必需的真正经济基础上去的伟大的经济计划，并提出了"共产主义就是苏维埃政权加全国电气化"③ 的著名公式。他强调："恢复经济，这是基本任务，不过我们不能在旧的经济技术基础上进行恢复。这在技术上也是不可能的，而且是荒唐的；必须找到新的基础。这种新的基础就是电气化计划。"④

列宁在总结十月革命后有关实践经验教训的基础上，认识到商品货币关系是社会主义大工业发展的经济基础。他阐发了几个重要的思想：第一，商业是沟通工业和农业之间的渠道，是俄国向社会主义过渡的中心环节。第二，国营企业必须实行"商业化原则"，严格进行经济核算。1922 年 1 月，列宁把"商业化原则"写入了党代会的正式文件。第三，货币是社会财富和劳动的结晶，不能一下子废除。第四，要充分考虑市场关系和价值规律的作用，"完整的、无所不包的真正的计划＝官僚主义的空想"。第五，与商品货币关系联系在一起的是如何看待资本主义问题。列宁指出，资本主义愈不发达，所需要的过渡时间就愈长。利用国家资本主义是一种"退却"，但是"后退是为了更好地跃进"。第六，党员要重视和熟悉商业工作，"要善于把我们已经充分表现出来而且取得完全成功的革命气势、革命热情，同（这里我几乎要说）做一个有见识的和能写会算的商人的本领（有

---

① 《列宁全集》第 41 卷，人民出版社 1986 年版，第 324 页。
② 《列宁选集》第 4 卷，人民出版社 2012 年版，第 724 页。
③ 《列宁选集》第 4 卷，人民出版社 2012 年版，第 364 页。
④ 《列宁全集》第 38 卷，人民出版社 1986 年版，第 176 页。

了这种本领就足以成为一个优秀的合作社工作者）结合起来"①。他严厉批评一些党员轻视经商的想法，认为这是不可容忍的，就等于不执行自己的经济任务。他说："无产阶级国家必须成为一个谨慎、勤勉、能干的'业主'，成为一个精明的批发商。"②

为了实现工业化和电气化，列宁反复强调必须尽快把工作重心转移到经济建设上来。1920年12月，当国内战争即将结束时，列宁明确指出：由于国内战争结束，"经济任务、经济战线现在又作为最主要的、基本的任务和战线提到我们的面前来了"③。1923年1月列宁在病中口授《论合作社》总结道："我们不得不承认我们对社会主义的整个看法根本改变了。……从前我们是把重心放在而且也应该放在政治斗争、革命、夺取政权等等方面，而现在重心改变了，转到和平的'文化'组织工作上去了。"④ 列宁在这里所讲的"文化"，是一种广义上的文化，不仅包括精神文化，而且包括物质文化。

列宁认为，经济建设任务比军事斗争更困难、更复杂。为了发展经济和实现工业化，必须依靠广大劳动群众，"提高劳动者的纪律、工作技能、效率、劳动强度、改善劳动组织"，实现劳动人民民主管理经济。同时，党员干部应该学会尊重科学，摒弃门外汉和官僚主义者的"共产主义"的傲慢行为。

2. 通过合作社引导农民走上社会主义

十月革命后，苏维埃政权通过对大资本的剥夺，为社会主义大工业建立了一定的基础，但小生产仍占优势，用社会主义原则改造小生产者是当时俄国社会主义建设中最困难的任务之一。

在1921年春天以前，列宁坚持实行共耕制的政策。通过实践，列宁逐渐认识到，共耕制这种组织形式不是改造农业的理想形式。1922年2月，列宁听取了国营农场场长叶梅利杨诺夫的汇报后，严肃批评了当时土地改革中吃"大锅饭"、急躁冒进、侵吞公共财产和不会管理的现象。他指出：一方面是侵吞，另一方面是不会工作。"我们这里性急的人很多"，即使在一块很好的土地上也会长出杂草，以至丧失一切。为此，列宁提出了合作

---

① 《列宁选集》第4卷，人民出版社2012年版，第770页。
② 《列宁选集》第4卷，人民出版社2012年版，第570页。
③ 《列宁选集》第4卷，人民出版社2012年版，第346页。
④ 《列宁选集》第4卷，人民出版社2012年版，第773页。

社的设想。1923 年在《论合作社》一文中，列宁明确提出了用合作社的形式对农业和农民进行社会主义的改造的思想。他指出：俄国农村是一个分散的小农经济的汪洋大海，广大农民在心理和习惯上不会立即接受集体化，但社会主义的发展方向又要求逐步改造个体农民，实现社会化大生产。正是在这里，在新经济政策条件下，在小农经济广泛存在且必然有所发展而又必须接受改造的现实中，产生了合作社的重大意义。

列宁指出，合作社是"使农民感到简便易行和容易接受的"①，能把农民个人利益同国家利益有机结合起来的最好形式。因此，合作社能够逐步引导农业走上社会主义道路。"在实行新经济政策的条件下，使俄国居民充分广泛而深入地合作化，这就是我们所需要的一切，因为现在我们发现了私人利益即私人买卖的利益与国家对这种利益的检查监督相结合的合适程度，发现了私人利益服从共同利益的合适程度，而这是过去许许多多社会主义者碰到的绊脚石。"② 从这个意义上讲，找到了合作社也就找到了农民与国家之间"牢固的桥梁"，找到了引导小农走向社会主义过渡的方法和手段。在他看来，合作社的性质不是一成不变的，"在生产资料公有制的条件下，在无产阶级对资产阶级取得了阶级胜利的条件下，文明的合作社工作者的制度就是社会主义的制度"③。在苏维埃俄国的条件下，单是"合作社的发展也就等于社会主义的发展"④。列宁认为，必须贯彻自愿互利的原则，使用暴力，就是葬送全部事业。"为了通过新经济政策使全体居民人人参加合作社，这就需要整整一个历史时代。在最好的情况下，我们度过这个时代也要一二十年。"⑤ 实现合作化是一个长期的过程，改造小农的整个心理和习惯，决不能急躁冒进，只能靠成功的实际的例子，采用典型示范，向农民表明合作社的优越性。在列宁看来，提高农民文化水平是顺利实现合作化不可缺少的条件。"要是完全实现了合作化，我们也就在社会主义基地上站稳了脚跟。但完全合作化这一条件本身就包含有农民（正是人数众多的农民）的文化水平的问题，就是说，没有一场文化革命，要完全合作化

① 《列宁选集》第 4 卷，人民出版社 2012 年版，第 768 页。
② 《列宁选集》第 4 卷，人民出版社 2012 年版，第 768 页。
③ 《列宁选集》第 4 卷，人民出版社 2012 年版，第 771 页。
④ 《列宁选集》第 4 卷，人民出版社 2012 年版，第 773 页。
⑤ 《列宁选集》第 4 卷，人民出版社 2012 年版，第 770 页。

是不可能的。"①

3. 开展文化革命，提高全民素质

苏维埃政权建立后，布尔什维克党不仅接收了一个经济异常落后、混乱的烂摊子，而且还面对着文化教育严重滞后的困难局面，文盲占居民总数的78%。愚昧无知成为全党和全国人民的一大祸害。对此，列宁指出：我们深深知道，俄国文化不发达是什么意思，它对苏维埃政权有什么影响；苏维埃政权在原则上实行了高得无比的无产阶级民主，对全世界做出了实行这种民主的榜样，可是这种文化落后却贬低了苏维埃政权并使官僚制度复活。"在一个文盲的国家里是不能建成共产主义社会的。"② 因此，在农民中进行文化革命是一项"划时代的主要任务"。他创造性地提出了"无产阶级文化"的概念，并强调指出，"无产阶级文化应当是人类在资本主义社会、地主社会和官僚社会压迫下创造出来的全部知识合乎规律的发展"③ 的光辉论断。

列宁科学地阐明了文化革命与政治革命、文化建设同经济建设的辩证关系。他认为，实现政治革命是实现"文化变革、文化革命的先导"④，文化革命又是政治革命的继续、要求和保障。在列宁看来，改善国家机关，克服官僚主义，吸收劳动者参加国家管理，也需要提高文化水平，因为文盲是站在政治之外的。同时，经济建设是发展文化建设的物质基础，而文化建设是经济建设不可缺少的重要保证和条件。实现电气化离不开文化建设，实现合作化也需要文化革命。对于经济建设事业，文化建设绝不是可有可无的事情，"只要实现了这个文化革命，我们的国家就能成为完全社会主义的国家了"⑤。

在列宁看来，要实现文化革命，必须吸收和改造人类历史上一切有价值的优秀文化成果，要吸引国内外专家技术人才参加社会主义事业，特别是吸收和团结国内知识分子，包括资产阶级专家。对于资产阶级专家，"我们不应当采取吹毛求疵的政策。这些专家不是剥削者的仆役，而是有文化

---

① 《列宁选集》第4卷，人民出版社2012年版，第773页。
② 《列宁选集》第4卷，人民出版社2012年版，第294页。
③ 《列宁选集》第4卷，人民出版社2012年版，第285页。
④ 《列宁选集》第4卷，人民出版社2012年版，第774页。
⑤ 《列宁选集》第4卷，人民出版社2012年版，第774页。

的工作者。他们在资产阶级社会里为资产阶级服务，全世界的社会主义者都说过，这些人在无产阶级社会里是会为我们服务的。在这个过渡时期内，我们应当尽可能地使他们有较好的生活条件。这将是顶好的政策，这将是最经济的办法。不然的话，我们节省了几个亿，却可能造成用几十个亿也不能补偿的损失"①。针对"无产阶级文化派"反对吸收资产阶级专家参加社会主义建设的错误观点，列宁明确指出："那些虽然是资产阶级的但是精通业务的'科学和技术专家'，要比狂妄自大的共产党员宝贵十倍"，"这样的共产党员在我们这里很多，我宁可拿出几十个来换一个老老实实研究本行业务的内行的资产阶级专家"。②

列宁指出，文化建设主要包括提高人们的科学文化水平和提高人民的思想觉悟和道德素质两大方面。为改变苏维埃俄国文化教育严重落后的状况，提高人民的科学文化水平，列宁指出应当把教育任务"提到首位"。为此，他提出了一些切实可行的举措：一是增加教育投资。没有物质和财政上的帮助，就不可能把教育工作真正开展起来。所以，列宁主张在修改国家预算时，"应当削减的不是教育人民委员部的经费，而是其他部门的经费，以便削减下来的款项转用于教育人民委员部"，从而"使我们的整个国家预算首先去满足初级国民教育的需要"。③ 除了政府投入外，还应当动员社会力量，开辟其他筹资渠道。二是努力提高教师的地位。列宁指出："应当把我国国民教师的地位提到在资产阶级社会里从来没有、也不可能有的高度。这是用不着证明的真理。为此，我们必须经常不断地坚持不懈地工作，既要振奋他们的精神，也要使他们具有真正符合他们的崇高称号的全面修养，而最最重要的是提高他们的物质生活水平。"④

为了提高人民的思想觉悟和道德素质，列宁指出，要把科学知识的启蒙和理想信念教育有机结合起来，用共产主义理想教育人民大众。他特别强调共青团员应当把自己培养成共产主义者，"青年团的任务就是要这样来安排自己的实际活动：使团员青年在学习、组织、团结和斗争的过程中把他们自己和那些以他们为带头人的人培养成共产主义者。应该使培养、教

---

① 《列宁选集》第 3 卷，人民出版社 2012 年版，第 768 页。
② 《列宁选集》第 4 卷，人民出版社 2012 年版，第 442 页。
③ 《列宁选集》第 4 卷，人民出版社 2012 年版，第 763 页。
④ 《列宁选集》第 4 卷，人民出版社 2012 年版，第 764 页。

育和训练现代青年的全部事业，成为培养青年的共产主义道德的事业"①。

4. 反对官僚主义，加强党和国家机关建设

在社会主义建设过程中，列宁逐渐察觉到党和政府机关内官僚主义等不良现象的滋长和蔓延。对此，列宁表示严重的关切和忧虑：第一，不仅十月革命后接受下来的许多国家机关，在很大程度上是旧事物的残余，而且苏维埃的新机构也受到了官僚主义等腐败现象的污染和侵蚀。第二，监督检查机构工作不力，威信不高，机构臃肿。第三，在组织形式和工作方法上，党政不分、外行领导内行、无组织无原则的争论等影响了党的稳定和团结。

列宁认为，官僚主义作风是旧社会遗留下来的上层建筑，而"我们的机关实质上是从旧制度继承下来的"，即"是从沙皇和资产阶级那里拿过来的旧机关"。② 从旧机构中留下来的大量的官员虽然在新政权下工作，但他们把旧制度的恶习带到了新制度中来，用消极怠工等办法反对新政权。除了旧社会的影响外，由于文化落后、经济管理体制集中等原因，新政权内部也有严重的官僚主义倾向。列宁认为，在革命后建立的一大批人民委员部，比较好的只有外交人民委员部和粮食人民委员部。就连作为新政权监督机关的工农检查院的情况也很糟糕，机构很庞大，却不能真正发挥监督、检查和改善国家机关的作用。列宁说："工农检查人民委员部现在没有丝毫威信。大家都知道，再没有比我们工农检查院这个机关办得更糟的机关了，在目前情况下，对这个人民委员部没有什么可要求的了。"③ 而且，在党的机关里也有严重的官僚主义作风，列宁尖锐指出："官僚主义者不仅在我们苏维埃机关里有，而且在我们党的机关里也有。"④ 因此，对于官僚主义，不能指望一下子根除。因为我们"可以赶走沙皇，赶走地主，赶走资本家"，但是，在一个农民国家中，却不能"赶走"，不能"彻底消灭"官僚主义，只能慢慢地经过顽强的努力减少它。

对于改革国家机关，列宁郑重地告诫人们，这又是一项"划时代的主

要任务"。从事这项工作"应该遵守一条准则：宁可数量少些，但要质量高些"①。与其匆忙从事而毫无希望得到优秀人才，倒不如再过两年甚至三年好些，要"七次量，一次裁"②。列宁认为，改革国家机关的主要举措应是加强监督，充分发挥人民监督和专门机构监督的作用。他以改组工农检查院为核心，提出了一系列设想：一是将工农检查院与党中央监察委员会结合起来，即把原来党政平行的监督机关变成一个统一的强大的人民监督系统。列宁认为，这种结合"对于两个机关都有好处"③。一方面可以提高工农检查院的威信，另一方面使中央委员会更紧密地联系群众，使它的工作更有条理、更踏实。这种改革还有一个好处，"就是在我们中央委员会里纯粹个人因素和偶然情况的影响会减少，从而分裂的危险也会减少"④。二是要精简人员，提高干部素质。1922 年 10 月，列宁在第九届全俄中央执行委员会第四次常委会上指出："1918 年 8 月间，我们对我们在莫斯科的机关进行了一次调查统计，当时在莫斯科的国家和苏维埃职员共 231000 人，这包括中央的和莫斯科市的职员。不久以前，在 1922 年 10 月，又进行了一次调查统计，我们本来以为，我们已经精简了臃肿的机关，它现在一定缩小了。结果发现它竟有 243000 人。"⑤ 因此，必须采取坚决而切实的措施来精简机构，以便克服官僚主义，提高效率。同时，要提高干部的质量，要从共产党员中"百里挑一，千里挑一"地选拔干部，"把具有真正现代素质的人才，即同西欧优秀人才相比并不逊色的人才"⑥ 集中到国家机关当中。列宁设想，把工农检查院的职员数减到 300～400 人，这些人员要经过考试，熟悉业务，认真负责，兢兢业业。三是加强机关干部队伍的建设。列宁提出，进入国家机关的工作人员"必须通过关于我们国家机关知识的考试"，"通过有关我们国家机关问题的基本理论、管理科学、办文制度等等基础知识的考试"。⑦ 公职人员必须学习组织劳动的科学，特别是组织行政管理事务的科学。针对当时苏维埃国家机关干部普遍缺乏文化科学知识和业务能力

---

① 《列宁选集》第 4 卷，人民出版社 2012 年版，第 786 页。
② 《列宁选集》第 4 卷，人民出版社 2012 年版，第 786 页。
③ 《列宁选集》第 4 卷，人民出版社 2012 年版，第 780 页。
④ 《列宁选集》第 4 卷，人民出版社 2012 年版，第 782 页。
⑤ 《列宁全集》第 43 卷，人民出版社 1987 年版，第 247 页。
⑥ 《列宁选集》第 4 卷，人民出版社 2012 年版，第 784 页。
⑦ 《列宁选集》第 4 卷，人民出版社 1995 年版，第 788 页。

的实际，列宁把培训干部看作是革新国家机关的根本大计。他向广大干部提出了"第一是学习，第二是学习，第三还是学习"① 的任务。

列宁加强政权建设的另一个重要考虑，就是从最高层领导人的特点及其相互关系的现状出发，提出了避免党的分裂，加强集体领导的重大措施。主要有：第一，吸收第一线的工人参加中央委员会，增加中央委员会的人数。列宁建议把中央委员会的人数增加到 50 ~ 100 人，新增加的委员应来自普通工人和农民，没有官僚主义习气。列宁要求来自生产第一线的工人"出席中央委员会的一切会议，出席政治局的一切会议，阅读中央委员会的一切文件，能够成为忠诚拥护苏维埃制度的骨干，他们，第一，能使中央委员会本身具有稳定性，第二，能真正致力于革新和改善机关"②。第二，加强对党和国家权力机关的监督。列宁重申了这样检查委员会在党内权力结构中与中央委员会的平行地位。列宁认为要"把中央全会完全变成党的最高代表会议，每两月开会一次，有中央监察委员会参加"，这样"中央委员会就会同中央监察委员会一起最终走上变成党的最高代表会议的道路"。③为了加强监察委员会的监督职能，提高其威望，列宁还建议提升监察委员的素质，他说："代表大会从工人和农民中选出 75 ~ 100 名（这当然是大致的数字）新的中央监察委员。当选者也像一般中央委员一样，应该经过党的资格审查，因为他们也应享有中央委员的一切权利。"④ 并认为"我们吸收来当中央监察委员的工人，应当是无可指责的共产党员"，同时"为了使他们学会工作方法和胜任工作任务，还应该对他们进行长期的培养"。⑤ 第三，中央要适度分权，以防权力过度集中和被滥用。斯大林成为党的总书记之后，列宁非常担忧，认为斯大林的权力太大，"斯大林同志当了总书记，掌握了无限的权力，他能不能永远十分谨慎地使用这一权力，我没有把握"⑥。列宁建议党的代表大会解除斯大林的总书记职务。

---

① 《列宁选集》第 4 卷，人民出版社 2012 年版，第 786 页。
② 《列宁选集》第 4 卷，人民出版社 2012 年版，第 748 页。
③ 《列宁选集》第 4 卷，人民出版社 2012 年版，第 780 页。
④ 《列宁选集》第 4 卷，人民出版社 2012 年版，第 780 页。
⑤ 《列宁选集》第 4 卷，人民出版社 2012 年版，第 788 页。
⑥ 《列宁选集》第 4 卷，人民出版社 2012 年版，第 745 页。

四、社会主义建设的第一个模式
——苏联模式的兴衰

苏联模式又称斯大林模式或传统社会主义模式，它是苏联共产党建设社会主义的一种组织体系和思想体系。苏联模式是 20 世纪社会主义建设道路的一种探索，它在特定的历史时期曾发挥过重要的历史作用，取得了巨大成就，但也存在严重的弊端。为了克服这种模式的缺陷，苏东社会主义国家进行过一些改革尝试，却未取得实质性突破。戈尔巴乔夫担任苏共中央总书记后，苏联和东欧的社会主义改革逐渐偏离社会主义的方向，最终酿成了东欧剧变、苏联解体这一 20 世纪世界社会主义运动历史上的悲剧。

（一）争论与选择：苏联模式的发轫

从 1924 年 1 月列宁逝世一直到 1929 年，围绕着苏联社会主义建设道路问题，斯大林先后同托洛茨基、布哈林等人展开了激烈的理论争论。争论的主题涉及列宁主义、一国能否建成社会主义和新经济政策等问题。苏共中央总书记斯大林以中央路线代表者的身份，把党内持不同意见者打成"反对派"，把争论视为"反对派"反对中央路线的行为。这场争论持续了整整 5 年时间，到 1929 年底以斯大林的胜利而告终。这些理论争论，对苏联社会主义建设道路的选择和对苏联社会主义模式的形成产生了重要的影响。

1. 关于列宁主义的争论

1924 年列宁逝世后，布尔什维克党和苏维埃国家面临着种种理论与实践的难题，需要对列宁留下的珍贵理论遗产进行梳理，从中寻找解决这些难题的方法和途径。俄共（布）的主要领导人纷纷著书、写文章，纪念列宁，宣传和研究列宁的思想，阐述列宁主义。他们虽然都高举列宁主义的旗帜，引经据典，但各自对列宁主义的理解却有很大的分歧。对什么是列宁主义的不同理解，是 20 世纪 20 年代党内社会主义建设道路之争的一个深层原因。

托洛茨基是俄共（布）党内较早地使用"列宁主义"术语并试图进行阐释的领导人之一。他在 1924 年 1 月出版的小册子《新方针》中阐述了对列宁主义的看法。托洛茨基认为，列宁主义的精髓是不断革命论，是一种从实际出发的马克思主义分析方法。他说："马克思主义是进行分析和确定政治方向的方法，而不是事先准备好的一大堆决议。列宁主义是这种方法在特定历史时代的应用。列宁主义正是这种历史特点和这种方法的结合，它制定出大胆和自信的政策，列宁为我们树立了急剧转变政策的光辉榜样，并且不止一次作了理论上的阐述和概括。"① "作为革命行动体系的列宁主义，就是由思维和经验养成的革命嗅觉，这种社会领域里的嗅觉，如同体力劳动中肌肉的感觉一样。"② 可见，托洛茨基的列宁主义定义突出的是"政治方向""急剧转变""革命行动""革命嗅觉"等，而没有概括出列宁主义的丰富内容和真正特点。

季诺维也夫认为，托洛茨基用"不断革命论"来概括列宁主义的精髓是不正确的，马克思主义者所阐述的"不断革命"思想与托洛茨基的理论有原则区别。他批评托洛茨基忽视了农民的作用，强调指出："农民的作用问题是布尔什维主义即列宁主义的基本问题。"季诺维也夫把农民占多数的俄国作为理解列宁主义的基本切入点，将列宁主义定义为："列宁主义是帝国主义战争时代和一个农民占多数的国家里直接开始的世界革命时代的马克思主义。"③ 季诺维也夫对列宁主义的定义，突出了列宁主义的俄国特点和主要内容，可以说是抓住了列宁主义的要领。但是，他没有把从新经济政策开始的列宁晚年的重要探索纳入列宁主义的范畴，认为新经济政策是退却，是对农民的让步，是国家资本主义，而不是建设社会主义的长远政策，并指责托洛茨基的特点就是利用列宁的名义，以所谓的"战略退却"来修正列宁主义。④ 可见，季诺维也夫并没有真正以发展的眼光抓住列宁后

---

① 《托洛茨基言论》（上），生活·读书·新知三联书店 1979 年版，第 453 页。
② 《托洛茨基言论》（上），生活·读书·新知三联书店 1979 年版，第 456 页。
③ 郑异凡：《苏联春秋：大转变》，上海人民出版社 2018 年版，第 53 页。
④ 王伟光主编：《社会主义通史》第 4 卷，人民出版社 2011 年版，第 233 页。

期思想的精髓。

最早全面系统阐述列宁主义的领导人当数斯大林。1924 年 4—5 月间，斯大林发表了《论列宁主义基础》，对托洛茨基的"不断革命论"进行了批判。他认为，托洛茨基的"不断革命论"是孟什维主义的东西，与马克思列宁主义的"不断革命"思想没有任何共同之处：它"不仅过低估计了农民在俄国革命中的作用和无产阶级领导权思想的意义，而且改变了（改坏了）马克思的'不断'革命的思想，使它不合实用了"①。在此基础上，斯大林对列宁主义做了定义，指出："列宁主义是帝国主义和无产阶级革命时代的马克思主义。确切些说，列宁主义是无产阶级革命的理论和策略，特别是无产阶级专政的理论和策略。"② 斯大林说他对列宁主义的定义所以正确，在于他正确地指出了列宁主义的历史根源，正确指出了列宁主义的国际性质，正确地指出了列宁主义同马克思学说的有机联系，并且批评其他人的定义恰恰是忽视了这几个方面，因而是不正确的。实际上，斯大林对列宁主义的定义，过分强调了列宁主义的国际性和普遍意义，却忽视了列宁主义的民族特点。这样做表面上看好像是抬高了列宁主义的意义，实际上却离列宁主义的精神实质更远了，甚至歪曲了列宁主义。列宁主义主要是俄国无产阶级革命和建设经验的总结，是马克思主义普遍真理同俄国具体实践相结合的产物。没有这一结合，就没有列宁主义。1926 年 1 月，斯大林在《列宁主义的几个问题》中又对季诺维也夫关于"农民的作用问题是列宁主义的基本问题"的观点进行了批评，说这是否定了列宁主义的国际性。在他看来，农民问题只是列宁主义的"派生"问题，是应该服从无产阶级专政问题的，"列宁主义中的基本问题，列宁主义的出发点，并不是农民问题，而是无产阶级专政、争取无产阶级专政的条件、巩固无产阶级专政的条件等问题"③。斯大林对列宁主义的理解重点放在无产阶级革命和专政的理论上，也有明显的缺陷，说明他对列宁主义的理解还停留在十月革命和国内战争阶段，未能完整地反映列宁主义的历史贡献。列宁主义的一个伟大历史贡献，是深入研究了经济落后的俄国进行社会主义建设的理

---

① 《斯大林选集》上卷，人民出版社 1979 年版，第 212 页。
② 《斯大林选集》上卷，人民出版社 1979 年版，第 185 页。
③ 《斯大林选集》上卷，人民出版社 1979 年版，第 226 页。

论，这是社会主义史上的新东西，而斯大林的定义却恰恰忽视了这一点。斯大林后来匆匆抛弃新经济政策，用革命、专政办法搞建设，恢复战时共产主义做法，与对列宁主义的这种片面理解有很大关系。

总的来看，20 世纪 20 年代苏共党内关于列宁主义的争论有以下特点：其一，各人强调的重点和侧面不同，缺乏对列宁主义的全面理解；其二，对列宁后期思想发展过程研究不够，特别是对列宁关于小农国家建设社会主义的思想研究不够，抓不住其要害，没有使之得到应有发展；其三，没有深入掌握列宁将马克思主义与俄国实际相结合的科学态度，往往离开本国实际，突出列宁主义的世界意义，滋长了教条主义倾向，影响列宁主义的发展。究其原因，一是当时党内理论水平不高，对社会主义建设这个新事物不熟悉；二是理论争论与权力斗争相交织，存在着各取所需的实用主义现象。这场争论的最后结局是托洛茨基、季诺维也夫等人先后以列宁主义的敌人被打倒，斯大林取得了最终胜利，他的理论被说成是唯一继承列宁主义的理论。①

2. 关于一国能否建成社会主义的争论

列宁在世时，囿于种种困难，对"一国建成社会主义"问题未做充分论述。列宁去世后，围绕这一关系苏联前途和命运的问题，在党内引发了一场激烈的争论。争论主要在斯大林、布哈林与托洛茨基、季诺维也夫、加米涅夫等人之间进行。由于对于建成社会主义的标准、内外条件的理解不同，斯大林、布哈林认为可以建成，而托洛茨基等反对派则认为不能建成。

斯大林、布哈林认为，社会主义的胜利问题可以分为"一国建成"和"最终胜利"两个不同方面。斯大林指出："在苏联建成社会主义的问题是战胜本'民族的'资产阶级的问题，而社会主义的最终胜利问题是战胜世界资产阶级的问题。"② 前者是苏联一国胜利进行社会主义建设的问题，即社会主义能否建成的问题，"对于这个问题应当给以肯定的回答"③。斯大林指出：社会主义能够在一个国家内建成，"这就是可能用我国内部力量来解

---

① 高继文：《新经济政策理论研究》，中国人民公安大学出版社 2000 年版，第 75 页。
② 《斯大林选集》上卷，人民出版社 1979 年版，第 512 页。
③ 《斯大林选集》上卷，人民出版社 1979 年版，第 435 页。

决无产阶级和农民间的矛盾，这就是在其他国家无产者的同情和支援下，但无须其他国家无产阶级革命的预先胜利，无产阶级可能夺得政权并利用这个政权来在我国建成完全的社会主义社会"①。建成的标准是依靠本国工农联盟的力量战胜国内资本主义，建立起社会主义的经济基础。后者是苏联一国能否免除资本主义国家通过武装干涉复辟资本主义制度的问题，"对于这个问题应当给以否定的回答"②。社会主义不可能在单独一个国家内获得完全的最终胜利，"这就是说，没有至少几个国家革命的胜利，就不可能有免除武装干涉因而不可能有免除资产阶级制度复辟的完全保障"③。也就是说，要战胜世界资本主义，必须依靠国际无产阶级的共同努力。在一国能否建成社会主义的问题上，布哈林是斯大林的坚定同盟者。他反复阐明，苏联能否建成社会主义的问题，指的是革命的性质问题，国内阶级力量的配合问题，"或者说，用自己本身的力量战胜我国资产阶级的可能性。或者说，在我国胜利进行社会主义革命的可能性，也就是关于我国革命的性质问题"④。虽然由于经济技术落后，社会主义的发展会非常缓慢，甚至以乌龟速度爬行，但"我们"终究将能够把它建成。"如果我们不相信我们有足够的内部力量建成社会主义，那么当时我们就根本用不着走社会主义的街垒了。"⑤

托洛茨基、季诺维也夫、加米涅夫等人不同意上述观点。在他们看来，建成社会主义就是社会主义的最终胜利，其标准就是消灭阶级。托洛茨基说："真正建成社会主义就是消灭阶级，然后就是国家消亡。"⑥ 他认为："建成社会主义的前提是消灭阶级，是用全部生产和分配的社会主义组织取代阶级社会。问题在于克服城乡之间的矛盾，这又要求农业本身的高度工业化。而这一切都要在资本主义依然包围的环境下进行。不能把这个问题和仅仅对国内的资产阶级的胜利混为一谈。"⑦ 季诺维也夫在联共（布）十四大上做的副报告中明确地指出落后的俄国如果没有世界革命的援助是不可能建成社会主义的。他说："能不能在一个国家中，况且不是在美国，而

① 《斯大林选集》上卷，人民出版社 1979 年版，第 438 页。
② 《斯大林选集》上卷，人民出版社 1979 年版，第 435 页。
③ 《斯大林选集》上卷，人民出版社 1979 年版，第 438 页。
④ 《"一国社会主义"问题论争资料》，东方出版社 1986 年版，第 253 页。
⑤ 《布哈林文选》中册，人民出版社 1981 年版，第 178 页。
⑥ 《"一国社会主义"问题论争资料》，东方出版社 1986 年版，第 245 页。
⑦ 《"一国社会主义"问题论争资料》，东方出版社 1986 年版，第 245 页。

是在我们这样的农民国家按照最后建成社会主义并巩固社会主义制度呢？我们用不着争辩，在一个国家中建成社会主义是不可能的。"① 他在《列宁主义》一书中也明确指出："社会主义的完全的和最终的胜利是向共产主义的过渡，即向无阶级的社会过渡，即废除无产阶级专政。"② 他引用斯大林在《论列宁主义基础》中的有关论述，指责"一国建成社会主义"的提法违背了列宁主义，是一种充满"民族狭隘性的气味"③ 的胡说。加米涅夫也持类似的观点。可见，他们几人坚持的标准是马列主义的传统标准。

对于建成社会主义的内外条件的认识上，斯大林、布哈林与托洛茨基、季诺维也夫、加米涅夫等人之间也存在分歧。斯大林分析了当时的国际环境，认为世界上各种矛盾和资本主义国家、殖民地附属国中革命运动、解放运动的发展，以及全世界无产者对苏联各种形式的支持和援助，使苏联取得"喘息"时机，使帝国主义包围中的苏联一国获得建成社会主义的国际条件。④ 斯大林、布哈林认为建成社会主义的唯一障碍就是武装干涉复辟资本主义，本国经济落后并不是障碍，世界经济的压力也不是障碍。只要依靠本国人民的力量，巩固工农联盟，就能取得胜利。布哈林说："尽管我国在技术上落后，尽管我国有许多农民，尽管技术和经济还极其落后，我们还是能够一步一步地建设社会主义，如果资本主义列强不用武装干涉来进行阻碍的话，我们就会把社会主义彻底建成。"⑤

反对派对斯大林、布哈林的上述观点进行了批驳。他们认为外国武装干涉绝不是建成社会主义的唯一的障碍，决不能忽视本国经济落后、世界经济对落后的苏联经济的威胁。加米涅夫指出，不仅武装干涉，而且如果苏联的经济发展水平不能赶上或超过资本主义国家，都会成为建设完全的社会主义事业的障碍。"就因为这缘故，同资本主义关系发展速度相比的我国经济发展速度，迅速赶上和超过前者的可能性，同免除武装干涉一样，是在我国取得社会主义最终胜利的必要前提。"⑥ 托洛茨基也强调指出："问

---

① 陆南泉等：《苏联兴亡史论》，人民出版社 2002 年版，第 342 页。
② 《"一国社会主义"问题论争资料》，东方出版社 1986 年版，第 8 页。
③ 《斯大林选集》上卷，人民出版社 1979 年版，第 140 页。
④ 《斯大林选集》上卷，人民出版社 1979 年版，第 513—514 页。
⑤ 《"一国社会主义"问题论争资料》，东方出版社 1986 年版，第 253 页。
⑥ 《"一国社会主义"问题论争资料》，东方出版社 1986 年版，第 107 页。

题不是如此简单。武装干涉是战争，而战争是政治通过其他手段的继续，政治则是集中表现的经济。可见，问题在于苏联和资本主义国家的全部经济关系。这种相互关系决不限于所谓武装干涉这种特殊形式。这些关系更加具有连续的和深刻的性质。"① 他严厉批驳了布哈林提出的"乌龟速度"的论点，指出："用乌龟速度爬行我们是永远建不成社会主义的，因为我们受到世界市场日益严密的控制。"② 所以，在世界经济联系已经形成和日益加强的条件下，"企图在研究个别国家经济和政治的命运时硬要抽掉这个国家同世界经济整体的联系和相互依赖，这是根本错误的"③。在托洛茨基等人看来，在苏联要想建成社会主义，就要有发达的工业和高于资本主义的生产力，这是一国所做不到的，必须借助于发达国家无产阶级的直接帮助。在欧洲无产阶级夺取政权前，苏联一国是建不成高度发达的社会主义经济的，更谈不上消灭阶级，连防止本国资产阶级复辟也办不到。

托洛茨基等反对派虽然认为一国不能建成社会主义，但认为苏联是社会主义国家，苏联要坚持进行社会主义建设。斯大林以反对派否定苏联一国可以建成社会主义为理由，断言他们对社会主义缺乏信心，实际上是让党放弃政权而转到在野党的地位。这显然是不符合反对派的原意的。托洛茨基认为，这完全是虚伪之词。他说："如果我们不认为我们的国家是无产阶级国家（虽然有官僚主义病态），即还需要不顾某些官僚主义的错误主张而大大接近工人阶级的国家；如果我们不认为我们的建设是社会主义的建设；如果我们不认为我国有足够的资源来推进社会主义经济；如果我们不确信我们能获得完全的和最后的胜利，那我们显然就不能留在共产党的队伍中。"④ 反对派一再重申，一国不能建成社会主义，"这决不是说，我们的建设是非社会主义的，也不是说，我们不能够和不应当全力以赴地推进社会主义建设"⑤。

争论的结果是反对派的观点被打倒，斯大林一国建成社会主义的理论和政策逐渐成为党领导社会主义的指导思想。托洛茨基、季诺维也夫和加

① 《"一国社会主义"问题论争资料》，东方出版社 1986 年版，第 154 页。
② 《"一国社会主义"问题论争资料》，东方出版社 1986 年版，第 155 页。
③ 《"一国社会主义"问题论争资料》，东方出版社 1986 年版，第 241 页。
④ 《"一国社会主义"问题论争资料》，东方出版社 1986 年版，第 159 页。
⑤ 《"一国社会主义"问题论争资料》，东方出版社 1986 年版，第 159 页。

米涅夫等人不仅失去了党政领导职务，而且在 1927 年年底被开除出党。与此同时，一些拥护斯大林的人被补充到中央政治局。斯大林的地位不断得到巩固，总书记的职能开始由负责日常事务性工作向垄断权力方向转变。但是，斯大林一国建成社会主义的理论带有很强的现实意义，这是他获得胜利的重要原因。它不仅继承和发展了列宁关于落后国家建设社会主义的理论，而且鼓舞了广大人民群众建设社会主义的信心和热情；它不仅仅是理论的合乎逻辑的延伸，更是基于对实践的认识。① 正如安娜·路易斯·斯特朗所说的，"对于一个拥有富饶的但是疮痍满目的国土的人民，看不到能够从其他国家得到任何帮助但是意识到自己的集体财富的人民"而言，"一国建成社会主义"理论恰恰表达了人民的意志，斯大林"不是从理论中，而是从人民的意志中挖掘出这个目标"，"他比旁人更能亲切地觉察并表达人民的意志"。②

3. 关于新经济政策的争论

由"战时共产主义"政策向新经济政策转变，实质上是列宁对俄国社会主义建设道路做出的一种新的选择。但是中央领导层中对这一政策的实质和前途的理解并不相同。由于列宁病重和逝世后政治形势复杂，这种分歧逐渐尖锐起来，一直持续到 20 世纪 20 年代末。这几次争论总体上可分为两个阶段：第一阶段是 1923—1927 年以斯大林和布哈林为代表的中央多数同托洛茨基反对派、新反对派、联合反对派的争论；第二阶段是 1928 年初以后斯大林与布哈林的争论。争论的结果是反对派的观点被打倒，斯大林的理论和政策主张取得了胜利。

托洛茨基曾经赞成并支持以新经济政策取代"战时共产主义"政策。但是，他始终认为实行新经济政策是形势所迫，是一种暂时的退却，一种权宜之计。随着新经济政策的发展和深化，托洛茨基对新经济政策的一些具体措施提出越来越尖锐的批评。他断言，新经济政策下私人资本的迅速发展"是无产阶级革命的严重危险，这是反革命可能胜利的征兆"③。

---

① 程玉海，林建华等：《世界社会主义共产主义运动新论》下册，人民出版社 2010 年版，第 384 页。

② ［美］安娜·路易斯·斯特朗：《斯大林时代》，石人译，世界知识出版社 1979 年版，第 17 页。

③ 《托洛茨基言论》（上），生活·读书·新知三联书店 1979 年版，第 445 页。

1924—1925 年，党和政府为提高个体农民的积极性，调整了农村政策，扩大了农村新经济政策的范围，受到农民的欢迎。季诺维也夫、加米涅夫等新反对派竭力指责中央的政策有富农倾向，对富农的让步过多，侵害了贫农的利益，主张在农村开展反对富农的斗争。托洛茨基也提出要在农村开展一场新的阶级斗争，进行所谓的"第三次革命"。1926 年，托洛茨基 - 季诺维也夫反对派联盟在向联共（布）中央七月全会递交的《十三人声明》中指出："二千五百万小农户是俄国资本主义势力的根源。逐渐从这一大批人中出现的富农阶层，正在重演资本原始积累的过程，在社会主义的基础下埋藏一个大地雷。"① 在他们看来，如果继续实行新经济政策，国家将会发展到资本主义道路上去。为了防止这种危险，应该与私人资本进行斗争，消灭私人资本，实行计划经济。托洛茨基从不断革命立场出发，主张由经济、政治、文化一切阵地上不断进行阶级斗争来解决防止资本主义复辟的问题。

对于新经济政策，布哈林给予了充分肯定，认为新经济政策是"无产阶级在经济战线上的一个宏伟的、预计到要执行多年的战略措施"②。他坚持列宁关于社会主义必须大力发展生产力的思想，指出新经济政策是"旨在发展国内生产力的政策"③，是"利用一切经济力量并且真正提高国家生产力的经济政策"④。他说："新经济政策的最深刻的意义在于，我们第一次开辟了各种经济力量、各种经济成分互相繁荣的可能性，而只有在这个基础上才能得到经济的增长。"⑤ 布哈林极力主张将新经济政策推广到农村去，鼓励农民发展生产，发家致富。他说："应当对全体农民，对农民的所有阶层说：发财吧，积累吧，发展自己的经济吧！只有白痴才会说，我们永远应当贫穷；现在我们应当采取的政策，是要能在我国消除贫穷的政策。"⑥ 针对新反对派提出的党中央的农村政策有"富农倾向"的指责，斯大林对此进行了批驳。他认为，实行新经济政策以来，尽管农村有分化现象，但

---

① 《托洛茨基言论》（下），生活·读书·新知三联书店 1979 年版，第 772 页。
② 《布哈林文选》上册，人民出版社 1981 年版，第 31 页。
③ 《布哈林文选》上册，人民出版社 1981 年版，第 109 页。
④ 《布哈林文选》上册，人民出版社 1981 年版，第 360 页。
⑤ 《布哈林文选》上册，人民出版社 1981 年版，第 357 页。
⑥ 《布哈林文选》上册，人民出版社 1981 年版，第 368 页。

中农仍然是农村中的基本群众，党在农村的基本任务不是掀起阶级斗争，而是争取中农团结在无产阶级周围，壮大工农联盟。他说："我们实行贸易自由，容许资本主义活跃，实行新经济政策，都是为了提高生产力，增加全国产品的数量，巩固我们同农民的结合。"① 应该说，布哈林、斯大林的这些看法是符合列宁新经济政策理论的精神，也符合苏联 20 年代中期的情况，制定的农村政策也是正确的。

1927 年冬和 1928 年春，苏联发生粮食收购危机，斯大林对新经济政策的态度开始转变。围绕如何看待粮食危机以及解决粮食危机的问题，斯大林与布哈林逐渐爆发了激烈的争论。争论不断升级，逐步演化为一场中止还是继续新经济政策的严重的路线分歧。他们之间的分歧主要体现在以下三个方面。

第一，关于国家工业化问题。斯大林认为，这次粮食收购危机是由于工业的发展速度太慢，社会主义积累太少，以致农村商品供应不足，必须从重工业入手进行社会主义工业化，把优先发展重工业放到压倒一切的重要地位。斯大林指出，苏联的工业化不可能采用资本主义掠夺殖民地的方法，只能走"靠本国节约来发展工业的道路，即社会主义积累的道路"，这是苏联实现工业化的"唯一的道路"。② 为了发展重工业，农民需要为国家工业化做出牺牲，国家向农民征收一种额外税——"贡税"，即农民"在购买工业品时多付一些钱，而在出卖农产品时少得一些钱"③，通过这种工农产品的"剪刀差"来获得工业发展的资金。斯大林说："如果我们不想破坏我国工业，不想减低为整个国家从事生产并把我国国民经济推向社会主义的我国工业的一定发展速度，那么我们是不能立刻取消这种额外税的。"④布哈林反对片面发展重工业，反对"贡税"论。他认为国民经济各部门之间，特别是工业和农业之间必须平衡发展，保持一种"动的经济平衡"，工业的高度发展必须以农业能有迅速的真正积累为前提，那种高速发展工业的政策是"疯人政策"。他特别反对采用"贡税"办法，靠牺牲农民去搞工业化，认为这是对农民实行"军事封建剥削"。他批评那种以为这样就"能

① 《斯大林全集》第 7 卷，人民出版社 1954 年版，第 292 页。
② 《斯大林选集》上卷，人民出版社 1979 年版，第 464 页。
③ 《斯大林全集》第 12 卷，人民出版社 1955 年版，第 45 页。
④ 《斯大林全集》第 11 卷，人民出版社 1955 年版，第 164 页。

够保证整个工业最大发展速度"的想法是"幼稚的"，不仅不符合社会主义原则，而且还会破坏工农联盟，也不能真正搞好工业化。工业化的资金来源，不能靠剥夺农民来取得，其主要来源只能从质量上提高全民劳动生产率，并且同一切非生产性的开支进行坚决斗争。

第二，关于农业集体化问题。斯大林认为，粮食收购危机表明用市场方法从富农那里取得粮食已不可能，而贫农和中农的小生产商品率太低，没有生命力，也不可能为城市和工业化提供足够的粮食。为了从根本上解决粮食危机问题，避免农村分化，出路在于搞全盘农业集体化，把小生产转到集体大生产轨道上来。因此，一是"必须逐步而又坚定不移地把出产商品最少的个体农民经济联合为出产商品最多的集体经济，联合为集体农庄"；二是"必须使我国各地区毫无例外地都布满集体农庄（和国营农场），它们在向国家缴纳粮食方面不仅能够代替富农而且能够代替个体农民"[1]。布哈林认为，个体经济仍然具有生命力，不应当把发展个体经济同建设集体农庄对立起来，不能用强制手段"把农民赶进公社"，要在自愿的原则基础之上通过合作社逐步把农民组织起来，按经济规律引导农民通过合作社走向社会主义。

第三，关于经济政策与阶级斗争问题。在斯大林看来，造成粮食收购危机的原因，除了工业发展的速度太慢和小农经济生产的商品粮太少外，另一个很重要的原因就是富农的投机破坏。他认为，富农的投机倒把"标志着农村资本主义分子在新经济政策的条件下对苏维埃政权发动的第一次严重的进攻"[2]。在1928年的联共（布）中央全会上，斯大林明确阐述了他的"阶级斗争尖锐化"理论，指出，"我们所有的进展，我们在社会主义建设方面的每一个稍微重大的成就，都是我们国内阶级斗争的表现和结果"，"随着我们的进展，资本主义分子的反抗将加强起来，阶级斗争将更加尖锐"[3]。此后，斯大林在多种场合重申和论证了他的这一理论。在他看来，"阶级的消灭不是经过阶级斗争熄灭的道路，而是经过阶级斗争加强的道路达到的"[4]。布哈林否认"阶级斗争越来越尖锐"的估计，认为阶级斗争在

---

① 《斯大林全集》第 11 卷，人民出版社 1955 年版，第 7 页。
② 《斯大林选集》下卷，人民出版社 1979 年版，第 32 页。
③ 《斯大林全集》第 11 卷，人民出版社 1955 年版，第 149 - 150 页。
④ 《斯大林全集》第 13 卷，人民出版社 1956 年版，第 190 页。

一定历史阶段某个特定历史时期会很尖锐，但这不是一种经常的趋势，经常趋势应当是趋于缓和。他坚决反对将富裕起来的农民当作富农，将富农作为资本主义的代表消灭掉，在农村夸大阶级斗争。

通过 1924—1929 年期间同以托洛茨基为首的反对派，以季诺维也夫、加米涅夫为首的"新反对派"，以托洛茨基、季诺维也夫为首的"托李联盟"和以布哈林为首所谓"右倾集团"的争论和斗争，斯大林从组织上先后排除了托洛茨基、季诺维也夫、加米涅夫、布哈林、李可夫等党政领导人，确立了自己至高无上、唯一正确的领导人地位。到 1929 年，新经济政策实际上已终止。这年 12 月 27 日，斯大林在马克思主义土地问题专家代表会议发表讲话时，就直截了当地说："我们所以采取新经济政策，就是因为它为社会主义事业服务。当它不再为社会主义事业服务的时候，我们就把它抛开。"① 从此，新经济政策被终止，取而代之为斯大林模式。

（二）苏联模式的历史地位

斯大林战胜党内反对派后，随即在全国推行高速工业化、农业全盘集体化和大清洗三大运动，完全改变了新经济政策的道路，形成了后人所称的斯大林模式，即苏联社会主义模式。苏联模式是 20 世纪社会主义建设道路的一种探索，它在特定的历史时期曾发挥过重要的历史作用，取得了巨大成就，但也存在严重的弊端。

1. 苏联模式的形成

苏联社会主义模式是伴随着高速工业化、农业全盘集体化和大清洗三大运动形成的。

（1）社会主义工业化道路

1925 年底，苏联国民经济基本恢复到战前水平，列宁在新经济政策初期提出的"谁战胜谁"的问题逐步得到解决。于是，当年 12 月召开的联共（布）第十四次代表大会提出了把苏联从农业国变为工业国的任务，将实现国家工业化确定为党的总路线。

尽快实现国家的工业化，是当时苏联面临的国内外形势的迫切需要。从国际形势看，由于得不到西欧先进国家无产阶级革命的支援，苏联成为

---

① 《斯大林选集》下卷，人民出版社 1979 年版，第 232 页。

被资本主义重重包围的一座社会主义孤岛。孤立的社会主义随时都有可能在资本主义世界的经济优势和军事进攻面前归于毁灭。对此，斯大林讲得非常清楚，他说："我们不能知道帝国主义者究竟会在哪一天进攻苏联，打断我国的建设，他们随时都可以利用我国技术上经济上的弱点来进攻我们，这一点却是不容置疑的。所以，党不得不鞭策国家前进，以免错过时机，而能尽量利用喘息时机，赶快在苏联建立工业的基础，富强的基础。党不可能等待和应付，它应当实行最高速度的政策。"① 他指出，苏联必须在10年时间实现工业化，缩小与发达国家50～100年的差距，以对付帝国主义战争的威胁。斯大林强调说："延缓速度就是落后。而落后者是要挨打的。"②从国内来看，十月革命后建立起来的世界上第一个社会主义国家，经济发展水平与先进国家相比还比较落后，工业基础薄弱，农业以小商品农民经济为主，而小商品农民经济是资本主义的根基。对此，斯大林指出："苏维埃政权不能长久地建立在落后的工业的基础上，只有不仅不逊于而且过一个时候能够超过资本主义各国工业的现代大工业才能成为苏维埃政权的真正的和可靠的基础。"③ 在斯大林看来，资本主义在苏联恢复的危险是当时一切可能有的危险中最现实的危险，"我国的经济建设不仅要在它同外部资本主义经济相对立的情况下，并且在我国内部各种不同的成分相对立的情况下，即在社会主义成分同资本主义成分相对立的情况下进行"④。为了保证对资本主义成分的胜利，斯大林强调必须集中力量发展工业，实现国家工业化。

1926年，苏联开始了社会主义工业化的进程。当年9月，苏联的工业总产值第一次超过了战前水平。1926—1927财政年度末，工业总产值达到战前的109%。1927—1928财政年度末，工业总产值为战前水平的122%。为了社会主义工业化有计划地展开，从1928年10月起，苏联开始实行第一个五年计划，其基本任务是要在苏联"创立一种不仅能把全部工业而且能把运输业和农业都按社会主义原则进行改造和改组的工业"⑤。"一五"计

---

① 《斯大林全集》第13卷，人民出版社1956年版，第168页。
② 《斯大林选集》下卷，人民出版社1979年版，第273页。
③ 《斯大林全集》第13卷，人民出版社1956年版，第158页。
④ 《斯大林全集》第7卷，人民出版社1954年版，第246页。
⑤ 《斯大林全集》第13卷，人民出版社1956年版，第158页。

划用了 4 年 3 个月就提前完成。"一五"期间，全国有 1500 多个大型工业企业建成投产，工业产值相当于 1913 年的 234.5%。从 1933 年起，苏联开始执行第二个五年计划。到 1937 年，苏联的工业总产值的绝对值超过英、法、德诸国，从原来的欧洲第四位、世界第五位跃居欧洲第一位、世界第二位，仅次于美国，创造了连资产阶级政治家都不得不叹服的"工业化奇迹"。这标志着苏联基本实现了社会主义工业化。

苏联工业化运动的特点：一是高速度，二是优先发展重工业，三是采用行政命令，四是依靠科学技术。据当时苏联官方公布的统计数据，在工业化时期，苏联工业发展速度比历史上任何西方国家在工业化时期的最高速都高得多。如美国在 1880—1898 年的年均增长速度为 8.5%，西欧在 1870—1900 年为 3.7%，日本在 1907—1913 年为 8.6%。沙皇俄国的工业在 19 世纪 90 年代末的发展速度是当时世界上最快的，在 1895—1900 年的年均增长速度也只有 9.2%，而苏联工业在 1929—1940 年的年均增长速度为 16.8%，其中在 1929—1932 年工业化高潮时期的年均增长速度为 19.2%。[①] 在斯大林看来，没有重工业就无法保卫国家。在优先发展重工业这一方针指导下，工业在工农业产值中所占的比例不断增加，1913 年为 42%，1932 年为 70.7%，1937 年达到了 77.4%。[②] 优先发展重工业造成了一种重工业超前发展、轻工业发展缓慢、农业严重落后的经济结构。苏联从 1928 年 10 开始实行第一个五年计划。计划由中央统一编制，宏观、微观方面都由国家统一决策，然后从上到下，按部门或地区逐级下达计划指标。这些计划都是强制性的，"计划就是法令"，各行业、各地区必须执行。可以说，五年计划的制定和实施过程，就是苏联高度集中的指令性计划经济体制的形成和确立过程。斯大林在 1931 年 2 月、1935 年 5 月先后提出了"技术决定一切""干部决定一切"这两个口号，极大地促进了苏联生产技术的迅速发展和科学技术队伍的迅速成长。斯达汉诺夫运动[③]的出现就是最明显的例

---

① 王伟光主编：《社会主义通史》第 4 卷，人民出版社 2011 年版，第 317 页。

② 孔寒冰、项佐涛：《社会主义制度：从一国到多国的演进（1917—1991）》，北京师范大学出版社 2018 年版，第 81 页。

③ 苏联早期以斯达汉诺夫命名的社会主义竞赛的群众运动。顿涅茨矿区采煤工人斯达汉诺夫在 1935 年 8 月 30 日创造了一班工作时间内用风镐采煤 102 吨的纪录，超过定额 13 倍。这一事迹，在苏联第二个五年计划时期得到广泛传播，形成了斯达汉诺夫运动。它的特点是社会主义竞赛与新技术相联系。

证。1935 年的斯达汉诺夫运动不仅表明了能够操纵新技术、推进新技术的人才和干部队伍的迅速成长，而且也表明由于掌握了新技术、新设备、新工厂，劳动生产率有了极大的提高。

（2）农业集体化运动

在推进国家工业化的同时，苏联大力推进农业集体化。在斯大林看来，苏联高速推进工业化，必须消灭能够产生资本主义分子的个体小农经济，大力推进农业集体化，因为苏维埃政权不能长久地建立在两个对立的基础上，建立在消灭资本主义分子的社会主义大工业和生产资本主义分子的个体小农经济上。否则，"这样下去，总有一天会使整个国民经济全部崩溃"[①]。所以，斯大林在同反对派争论取得决定性胜利之后，就在苏联掀起了农业集体化的高潮。可以说，农业集体化运动主要是为配合国家工业化运动而实行的一种措施。

1927 年底，斯大林在联共（布）党的十五大上就提出，集体农庄是改造小农经济的唯一出路，但是他的这一提法未被大会完全采纳。十五大做出的决议是：要"把个体经济联合并改造成大规模的集体经济"作为党在农村中的基本任务，但要采取小农自愿的办法，不能使用强迫的办法，也必须在使农民进一步合作化的基础上进行。1928 年初，斯大林在巡视西伯利亚时，指出解决粮食收购危机的根本途径，是在农村"不惜人力和物力，大力展开集体农庄和国营农场的建设"[②]，从而达到整个农业的社会主义化。1929 年初，斯大林给布哈林等人戴上右倾反党集团的帽子，并对他们进行组织处理后，接着对农村中的"富裕党员"和同富农有"直接联系"的党员进行了清洗，从而为大规模开展农村集体化运动扫清了障碍。等到 1929 年 11 月斯大林发表《大转变的一年》时，这个运动实际上已经发展成全盘集体化运动。斯大林自己也坦称："从 1929 年夏季起，我们进入了全盘集体化的阶段，开始了向消灭富农阶级的政策方面的转变。"[③]

1930 年 1 月，联共（布）中央通过《关于集体化的速度和国家支持集体农庄建设的措施》的决议，决议要求在五年计划内，使 20% 的播种面积

---

① 《斯大林选集》下卷，人民出版社 1979 年版，第 213 页。

② 《斯大林全集》第 11 卷，人民出版社 1955 年版，第 6 页。

③ 《斯大林全集》第 12 卷，人民出版社 1955 年版，第 157 页。

实现集体化,而且能使绝大多数农户实现集体化。像伏尔加河中下游、北高加索这样重要的产粮区基本上在 1930 年秋天或至迟在 1931 年春天完成集体化,而其他产粮地区的集体化基本上可以在 1931 年秋天或至迟在 1932 年春天完成。1930 年 1 月,有 300 万农户加入,2 月又有 700 万农户加入。据集体农庄中心的统计资料,1929 年 10 月 1 日,全苏加入集体经济组织的共有 194.3 万户,占全体农户的 7.5%;1930 年 1 月 20 日,共有 439.3 万户,占 21.6%;1930 年 2 月 20 日,共有 1367.5 万户,占 52.7%;1930 年 3 月 20 日,共有 1393.7 万户,占 53.5%。① 1930 年秋,联共(布)中央决定再次推进集体化运动,号召共产党员到农民中积极开展工作,以使集体农庄运动达到新的强有力的高涨。1931 年 8 月,联共(布)中央又通过《关于下一步集体化的速度和巩固集体农庄的任务》的决议。决议规定:一个区或一个州只要 68% ~ 70% 的农户和 75% ~ 80% 的播种面积加入集体农庄,就可以认为基本上完成了集体化任务。1932 年被宣布为"完成全盘集体化的一年"。至 1932 年底,全苏建立 21.11 万个集体农庄,有 1490 万农户参加,占农户总数的 61.5%,集体农庄和国营农庄占全国播种面积的 80%。1933 年 1 月,联共(布)中央全会通过决议,宣布"把分散的个体小农经济纳入社会主义大农业的轨道的历史任务已经完成"。这以后,政府又用几年的时间把剩下的个体农户吸收进集体农庄。1933 年 7 月 1 日,集体化的比率为 65.6%,1934 年 7 月 1 日为 71.4%,1935 年 7 月 1 日为 83.2%,1936 年 7 月 1 日为 90.5%。到第二个五年计划的 1937 年底,全国共建立了243700 个集体农庄,参加集体农庄的有 1850 万户,占全部农户的 93%,集体化耕地占全国耕地面积的 99.1%。② 当第二个五年计划宣告结束时,农业集体化运动也基本完成。

农业集体化使苏联的农业从个体经济变为集体经济,完成了对传统农业的深刻改造,形成了有利于保障工业化的农业经济体制。但是,苏联全盘农业集体化运动存在一系列严重问题。在集体化中,富农被看作是"集体农庄运动的死敌",对所谓的富农采取了消灭的政策,严重侵犯了通过新经济政策成长起来的中农和富裕农民甚至贫农的利益。有些地方为了完成

---

① 徐天新:《斯大林模式的形成》,人民出版社 2013 年版,第 35 页。
② 徐天新:《斯大林模式的形成》,人民出版社 2013 年版,第 64 页。

集体化的指标，没有遵循自愿、互利的原则，强迫农户加入集体农庄，将集体农庄作为农村集体经济的唯一组织形式，脱离了苏联农业生产力发展的实际水平。一些地方为了完成国家粮食征购任务，用强制的手段把农民手中所有的粮食都收走，导致了 1931—1933 年的严重饥荒，大量农民饿死。这些做法严重损害了农民的生产积极性，对苏联农业的长期发展产生了消极影响。"从根本上说，全盘农业集体化是苏联社会主义建设史上的一大败笔，大大阻碍甚至破坏了农业生产力，影响极为深远，这体现在：不仅苏联的粮食生产力到 1953 年还低于 1913 年的俄国，而且这种做法为后来其他走社会主义道路的国家所效仿。"①

（3）大清洗运动

在进行国家工业化和农业集体化大转变的同时，斯大林也在思想意识形态领域进行大转变，并进行了造成严重后果的"大清洗"。斯大林意识形态领域的大转变是和他的"阶级斗争尖锐化"的理论联系在一起的。斯大林认为，随着社会主义的进展，敌对阶级的反抗会越来越加强，因此阶级斗争会越来越尖锐。1929 年 12 月，斯大林在马克思主义土地问题专家代表会议上发表的《论苏联土地政策的几个问题》讲话中，点名批判了布哈林、恰亚诺夫、格罗曼、巴扎洛夫等经济学家，由此展开了一场深入到哲学、历史学、文学艺术等领域的"全面进攻"和全面批判。

1934 年 12 月 1 日，联共（布）中央政治局委员、组织局委员和中央书记基洛夫在列宁格勒遇刺身亡。斯大林利用基洛夫被害事件，采取了大规模的镇压措施来消灭异己。此后大清洗全面展开并指向党政军高层领导人。从 1934 年底到 1938 年秋的近四年时间，苏联先后出现两次大规模清洗高潮，组织了震惊世界的对"托洛茨基 - 季诺维也夫联合总部案""托洛茨基反苏平行总部案""右派和托派反苏联盟案"的三次大审判，制造了大量的冤假错案。大清洗运动，表现出三个特点：它的指导思想是阶级斗争越来越尖锐；它的运作过程脱离党的领导并且严密控制司法机关和司法程序，采取逼供、诱供办法；它的主要打击对象是党政军高级干部和知识界精

---

① 孔寒冰、项佐涛：《社会主义制度：从一国到多国的演进（1917—1991）》，北京师范大学出版社 2018 年版，第 84 - 85 页。

英。① 在大清洗运动中，凡是与斯大林意见不一的党政主要领导人和军事将领，如布哈林、季诺维也夫、加米涅夫、皮达可夫、拉狄克、吐哈切夫斯基等都被说成是"叛徒""人民公敌""外国间谍"等，并先后被枪决。据统计：俄共（布）八大选出的 8 名政治局委员和候补委员，有 5 人被枪决；从八大到十七大曾当选过的 27 名政治局委员和候补委员，有 15 人死于政治斗争；参加十七大的 1961 名代表，有 1108 名因"反革命罪"被逮捕，大会选出的 139 名中央委员和候补中央委员，有 98 名被逮捕或被处决；在军队系统，经过秘密或者不经公开审判就处决的有 5 名元帅中的 3 名，57 名军长中的 50 名，159 名师长中的 110 名，220 名旅长中的 186 名。②

大清洗运动是为了压制党内外对苏联国家工业化运动和农业全盘集体化运动的不满情绪而采取的措施。从某种意义上讲，它是高速工业化运动和农业全盘集体化运动的衍生物。这场大清洗直接导致了苏联高度集权的、专制主义体制的形成，导致了斯大林个人集权制的形成，促进了斯大林模式的形成。

综上所述，苏联模式是逐渐形成的。斯大林的一国建成社会主义理论，赋予了苏联社会主义模式特有的理论根据。国家工业化运动和全盘农业集体化运动，使苏联社会主义模式有了经济内涵。1936 年 11 月苏维埃第八次非常代表大会通过的苏联新宪法，明确规定了苏联是工农社会主义国家。通过意识形态的大批判运动和大清洗，使苏联社会主义模式具有了深刻而牢固的政治支柱。1938 年 10 月，由斯大林主持编写的《联共（布）党史简明教程》将阶级斗争尖锐化的理论说成是"列宁主义的著名原理"，把苏联的上述运动固定化、理想化，说成是唯一正确的道路。1939 年召开的联共（布）十九大宣布苏联已经消灭了人剥削人的现象，确立了社会主义制度。《联共（布）党史简明教程》的出版和联共（布）十九大，标志着苏联社会主义模式最终确立。

2. 苏联模式的功过分析

所谓苏联模式，即指苏联在特定的经济社会环境和历史条件下，在长

---

① 高放、李景治、蒲国良主编：《科学社会主义的理论与实践》，中国人民大学出版社 2005 年版，第 120 页。

② 戴隆斌等：《斯大林模式若干问题研究》，中央编译出版社 2014 年版，第 17 – 18 页。

期的社会主义实践中，形成的制度、体制以及建设社会主义的方针、政策。自 20 世纪 30 年代形成以后，苏联模式经历了巩固、僵化和解体三个时期。这一模式一直是苏联社会的主流模式，甚至也是其他社会主义国家建立初期的主流模式。就其内涵而言，苏联模式主要包含两个层面：一是社会基本制度的层面，二是具体体制机制的层面。

社会基本制度是一种社会制度区别于另一种社会制度的最基本方面，是一种社会制度内在所固有的质的规定性的最一般反映，涉及基本经济制度、基本政治制度、基本文化制度等领域。从基本经济制度看，苏联建立了社会主义公有制，并在此基础上实行了按劳分配原则；在基本政治制度方面，苏联确立并坚持苏联共产党在苏联社会中的领导地位，形成了以工人阶级为领导、以工农联盟为基础的苏维埃政权；在意识形态领域，苏联共产党坚持马克思列宁主义的指导地位。这些都体现了苏联制度的社会主义性质，也反映了苏联模式的本质，贯穿于苏联模式形成、发展的整个过程，带有稳定性、根本性的特点。从这个意义说，苏联模式是社会主义性质的社会发展模式。由于苏联是人类建设社会主义制度的第一次尝试，没有先例可循，所以它建立起来的社会主义制度还是很不完善的，在经济、政治和思想文化各个领域和各项具体的体制机制上都反映出过度集权的特征。

苏联模式包括基本制度和具体体制机制这两层内涵。评价苏联模式的历史地位，也应该从这两个层面来进行。苏联模式中包含的社会主义基本制度是正确的，它是苏联共产党人把科学社会主义基本原理与本国实践相结合的伟大创造，是经济文化相对落后国家走向社会主义的制度创新，是人类历史上出现的崭新的社会制度。它第一次把马克思、恩格斯创立的科学社会主义理论变成了活生生的客观现实，使社会主义制度成为与资本主义制度不同的新型社会制度，从此改变了资本主义一统天下的局面，这是对人类文明发展和社会进步的重要贡献。对具体体制机制而言，也要坚持把它放到特定的历史条件下加以考察，而不能抽象地谈论它的功过是非。

苏联模式是在特定的历史条件下形成的，有着深刻的社会历史背景和根源。这一模式适应了当时苏联生存和发展的迫切需要，显示了社会主义发展初期的优越性；赢得了反法西斯战争的胜利，彰显了社会主义的强大生命力。

第一，适应了当时苏联生存和发展的迫切需要，显示了社会主义发展初期的优越性。俄国资本主义社会比西欧主要国家要晚得多，同西方发达国家相比，生产力水平低，经济文化落后。第一次世界大战前，俄国是个落后的农业国，小农经济占优势，农业人口占全国总人口的82%；工业总产值只占世界工业总产值的2.6%，相当于美国的6.9%，英国的22%，德国的17.2%，法国的40.3%。第一次世界大战又使俄国工业下降了36%。①到20年代中期，苏联的国民经济虽已基本恢复，但总的水平还是非常低的，与西方相比还落后了50～100年。同时，当时苏联作为处于资本主义汪洋大海包围中的"红色孤岛"，随时都可能被国际垄断资本主义和帝国主义的惊涛骇浪所吞没。这一特定的社会历史背景，决定了苏联必须实行超常规的发展，这是苏联在帝国主义包围之中求生存求发展的必然选择。斯大林要求，苏联必须用10年时间跑完西方国家50～100年才走完的路，"或者我们做到这一点，或者我们被敌人打倒"②。他还说："如果不在工业和农业方面不断提高劳动生产率，我们就不能解决改造的任务，就不仅不能赶上并超过各先进资本主义国家，而且连自己的独立生存也不能保住。"③ 高度集中的经济政治体制，最大的优点就是具有强大的组织动员能力和资源集聚优势，有利于克服困难，有利于实现目标。苏联社会主义模式中，优先发展重工业，不仅符合马克思主义关于扩大再生产中生产资料有限增长的理论，也基本上适合当时苏联的基本国情的。事实表明，从1928—1940年间苏联共建成约9000个工业企业，整个工业增长了9倍，年平均增长16.8%。苏联人民在这一社会主义模式下创造的"工业化奇迹"，从根本上改变了苏联经济在世界经济中的地位，大大缩小了苏联与各资本主义国家在经济上的差距，有效地巩固了苏联社会主义制度。苏联工业高速发展的实施，有力证明了社会主义制度的优越性，同时也对资本主义世界产生了巨大的吸引力。据美国作家威廉·曼彻斯特在他的《光荣与梦想》一书中记载，在30年代初美国经济大危机时，苏联驻美国的贸易公司每天平均收到350份美国工人要求移居苏联的申请书。④

---

① 顾海良主编：《马克思主义发展史》，中国人民大学出版社2009年版，第353页。
② 《斯大林全集》第13卷，人民出版社1956年版，第38页。
③ 《斯大林全集》第12卷，人民出版社1955年版，第287页。
④ 黄苇町：《苏共亡党十年祭》，江西高校出版社2002年版，第58页。

第二，赢得了反德国法西斯战争的胜利，彰显了社会主义的强大生命力。德国法西斯发动侵略战争后，法国等一些西方资本主义国家先后被法西斯打得一败涂地，损失惨重。战争初期，尽管由于种种原因，苏联遭受了重大损失，但是，联共（布）依靠高度集中的政治、经济体制，很快把国家纳入了战争轨道，有效地组织和动员了自身的反法西斯力量。战争爆发后，仅用8天时间，就征集530万人入伍。不到半年时间，苏联就新组建了400多个师。卫国战争前半年，苏联就有110万共产党员奔赴前线，其中包括500名各加盟共和国党中央至区委的各级党组织的书记，2270名党中央机关的负责人。在共产党的直接组织下，1941年7月至11月的四个月间，从靠近前线的西部地区向乌拉尔、西伯利亚和哈萨克等地区搬迁了1500多家工业企业和1000多万人员，并在这些地区组建了强大的军事工业基地，承担了供给苏军武器和装备的重任。卫国战争期间，苏联的军事工业有了很大的发展，为前线作战提供了强大的物质保证。这主要归功于战前业已实现的以发展重工业为主的国家工业化。从"一五"计划到战前，苏联的钢产量从430万吨增加到1830万吨，石油产量从170万吨增加到3420万吨，煤产量从3550万吨增加到16470万吨。机床产量从2000台增加到58400台，电力从50亿千瓦小时增加到483亿千瓦小时。没有这个基础，苏军的胜利是无法想象的。卫国战争的最后三年，苏联每年能够生产4万架飞机，3万辆坦克，12万门大炮，45万支机关枪，300多万支步枪，200多万支冲锋枪，10万门迫击炮。① 到战争后期，苏联在武器装备数量和装备水平方面已经超过了法西斯德国。苏联卫国战争实质上是社会主义制度与法西斯制度之间的较量，充分彰显了由苏联社会主义模式所体现出来的社会主义制度的强大生命力。"如果没有这种高度集中体制，苏联的反法西斯战争是不可能这样迅速地取得胜利的，'即便胜利也会经历艰难得多、曲折得多的历程'。"②

当然，苏联模式也存在着弊端，有的弊端还挺严重。在经济领域主要体现在：一是追求纯而又纯的单一的所有制结构。只承认国家所有制和集

---

① 顾海良主编：《马克思主义发展史》，中国人民大学出版社2009年版，第354页。
② 刘克明、金挥主编：《苏联政治经济体制七十年》，中国社会科学出版社1990年版，第401页。

体所有制的社会主义公有制，排斥其他任何经济成分。到 1937 年，苏联工农业中非公有经济所占的比重已经微乎其微，在工业总产值中，国有经济在工业总产值中占 99.8%，在农业总产值中占 98.6%，在商品流通中占 100%。二是非均衡的经济发展。片面强调以发展重工业为主，追求外延式的粗放增长，追求高速度，不讲求质量效益，导致国民经济比重严重失调，严重影响国民经济的平衡发展，也使国民经济失去了持续发展的能力。在优先发展重工业的同时，过于忽视轻工业和农业。在第一个五年计划期间（1928—1932），工农业总产值中工业产值占 70.7%，其中，重工业与轻工业的比重由 1928 年的 60.5∶39.5 变为 1932 年的 46.4∶53.4，在第二个五年计划期间（1933—1937），重工业增长速度为 19%，产值增加了 1.4 倍；轻工业增长速度为 14.8%，产值增加了 1 倍；但农业产值只增加了 54%。[①]三是依靠行政手段组织社会经济生活，实行高度集中统一而又无所不包的指令性计划体制，排斥市场调节和价值规律的作用。这种计划不仅无法实现对资源的合理配置，容易造成资源浪费，而且还阻碍了劳动者生产的积极性和创造性的发挥；对外贸易方面实行国家完全的垄断，企业根本无权直接进行对外贸易。在政治领域主要体现在：国家的权力过度集中于党，党的权力过度集中于中央，中央的权力过度集中于个人；实行自上而下的干部委任制和实际的终身制；监督制约机制缺失；片面强调阶级斗争和无产阶级专政，国家安全机关凌驾于党和政府之上；忽视社会主义民主法制建设，个人崇拜严重盛行。在思想文化方面主要体现在：对思想文化活动实行严格控制，高度的舆论一律，学术研究政治化，采用行政手段甚至暴力手段处理学术问题；个人崇拜盛行，领袖言论成为真理与错误的唯一标准；将资本主义文化和社会主义文化截然对立起来。此外，在民族问题上实行大俄罗斯沙文主义，在对外政策上推行大国主义和民族利己主义。

（三）苏联和东欧国家的改革尝试

二战结束后，在苏联模式的影响下，一系列欧亚国家走上社会主义发展道路，社会主义由一国发展为十六国。与此同时，苏联社会主义模式也

---

① 孔寒冰、项佐涛：《社会主义制度：从一国到多国的演进（1917—1991）》，北京师范大学出版社 2018 年版，第 88 页。

在这些国家推广。苏联模式的推广为其他社会主义国家提供了可资借鉴的社会主义建设道路，但是也很快造成了"水土不服"。20 世纪 50 年代中期以后，苏联自身也逐渐认识到这一模式存在的弊端，开始调整与改革。

1. 苏联模式的推广

反法西斯战争胜利的最大成果，是战后在欧亚两洲出现了南斯拉夫、波兰、罗马尼亚、捷克斯洛伐克、匈牙利、保加利亚、阿尔及利亚、德意志民主共和国、越南、朝鲜、蒙古、中国等 12 个人民民主国家。社会主义从苏联一国发展到多国，形成了占世界土地面积 1/3、人口 1/4 的社会主义阵营，动摇了资本主义的世界统治，最终导致了帝国主义旧殖民体系的瓦解。20 世纪 60 年代，拉丁美洲的古巴走上社会主义发展道路。1975 年印度支那半岛人民抗美战争取得胜利后，柬埔寨、老挝也走上了社会主义发展道路。至此，共产党领导的社会主义国家达到 16 个。

苏联模式的扩展，有深刻复杂的背景。其一，欧亚社会主义各国大都是由苏联红军解放或者在苏联帮助下走上社会主义发展道路的，社会主义对这些国家来讲是一个新生事物，怎样建设社会主义是极为困难而且必须解决的课题，苏联不仅是第一个社会主义国家，而且其社会主义建设取得了巨大的成就。可以说，苏联模式是当时唯一可资借鉴的样板。其二，欧亚社会主义各国的生产力发展水平大都比较低，需要迅速改变贫穷落后的面貌，而苏联模式中高度集中的政治经济体制这一特点，恰恰符合当时欧亚各国的需要。其三，战后以美国为首的西方国家对社会主义阵营实行冷战遏制的政策，东欧各国内部党派林立、政局不稳，需要强化共产党的执政地位，确立一党执政和议行合一的政治模式。其四，欧亚社会主义国家的共产党都是在共产国际的号召和帮助下建立的，而苏联共产党又实际上是共产国际的领导党，欧亚各国共产党掌握政权后也必然向苏联共产党靠拢。其五，斯大林长期把苏联党同其他党的关系看作是领导与被领导的关系，甚至是父子党关系，把苏联模式当作神圣不可侵犯的教条，把别国走自己的道路视为"异端"，强行推行苏联模式。正是在上述多种因素的作用下，苏联模式从一国走向多国。①

由于苏联是第一个社会主义国家，大多数效仿苏联建立起的社会主义

---

① 顾海良主编：《马克思主义发展史》，中国人民大学出版社 2009 年版，第 345 - 346 页。

制度，基本形成了类似苏联模式的高度集中的经济政治体制。这种影响连美国反共政论家布热津斯基也说："这种趋势不可避免地促使新创立的几十个原殖民地国家最初采用各种各样国家社会主义建国方针。其中不少国家最初是从苏联的经验中寻求灵感，并把苏联的经验当作仿效的样板……在50年代和60年代许多第三世界国家赞颂苏联模式是实现现代化和社会主义的最佳最快的途径。""苏联社会主义制度的表面胜利逐渐产生的重要影响，几乎把20世纪变成了一个以共产主义的崛起和影响为主的时代。……正是由于共产主义传播到中欧和中国，才从根本上改变了世界政治格局。共产主义成为知识界议论的主要话题，并似乎代表了历史发展的吉兆。"① 苏联模式的推广产生过积极作用，曾帮助没有经验的新兴社会主义国家建立起社会主义制度。但是，由于历史文化传统和经济发展水平存在的差异，照搬苏联模式很快就造成了"水土不服"，给这些国家的社会主义发展埋下了隐患。

2. 苏联的改革尝试

二战结束以后，苏联面临的国内外形势发生了重大变化，进入了一个新的发展时期。从国际条件看，社会主义已经由一国发展为多国，形成了连成一片的社会主义阵营，与战前世界资本主义包围中的"红色孤岛"已不可同日而语。从国内条件看，过去被战备和战争所掩盖或缓和的弊端，在战争结束后日益暴露出来，人们强烈要求改变缺乏效率和积极性的农业集体劳动和普遍贫穷制度，高度集中的经济政治体制也明显地不再适应现实发展的需要，党内外要求改革的呼声也愈来愈强烈。

1947年春天，为了克服饥荒，乌克兰库尔斯克地区被迫大面积地实行包产到组。具体办法是：集体农庄把农具、牲畜、耕地包给生产组，期限至少一年或一个轮作期，生产组独立完成全部农活，按指标给集体农庄上交一部分产品，向国家收购站直接交售一部分农产品，其余由生产组的成员分配。"包产到组"极大地调动了农民的农业生产积极性，1947年乌克兰农业就获得了好收成，1948年收成更好，全年粮食收购任务比1947年提前5个星期完成，上缴国家粮食比1947年多11500万普特。"包产"前后的巨

---

① 转引自顾海良主编：《马克思主义发展史》，中国人民大学出版社2009年版，第354 - 355页。

大变化，使主管农业的联共（布）中央政治局委员、全苏集体农庄事务委员会主席安德烈耶夫十分兴奋。1947年9月，他在《真理报》上撰文肯定了库尔斯克州的包产到组的做法，指出集体农庄劳动基本形式越是以小组或个别庄员为形式就越能在物质利益上起到鼓励作用，对发展粮食和畜牧业越有效。但是，斯大林却认为，包产到组是变相地朝集体化之前的小农经济回归。因此，这一改革尝试仅实行了一年，就遭到严厉批判，并被废止。对农业体制的有限改革被压制下去，苏联也错失了战后第一次改革的时机。

斯大林逝世后，苏共领导人逐渐认识到其经济社会体制存在弊端。1953年9月赫鲁晓夫担任苏共中央第一书记后，对苏联模式开始进行了第一次大规模的改革。在政治上，赫鲁晓夫领导了全国范围内的平反冤假错案工作，对国家安全机关进行整顿，健全司法制度；批判斯大林的个人迷信和个人集权，恢复集体领导原则，实行党政领导职务分开，决定定期召开党代会和中央全会；改革干部体制，取消领导干部任职终身制，实行干部定期轮换制度；对干部结构进行了调整，建立干部更新制度，取消一些高级干部的特权；自上而下改组党的领导机构，把党组织划分为工业党和农业党。在经济上，取消集体农庄的义务交售制和给机器拖拉机站的实物报酬制，国家按统一价格收购农产品；放宽对自留地的限制，鼓励农民饲养牲畜，鼓励发展家庭副业；全面改革农产品采购制度，大幅度提高农产品收购价格，大幅度削减自留地的物产税；改革基层劳动组织形式，推广小组包工奖励制度；把农业机械转卖给集体农庄，撤销拖拉机站；改革农业计划管理体制，扩大农庄、农场的自主权；改组工业和建筑业管理体制，进一步扩大地方在企业运行中的管理权、财政经营权和计划权。

赫鲁晓夫的改革有些是有成效的，如平反冤假错案、增产粮食等。到1957年，已有近2000万受害者被恢复名誉，几百万政治犯获得自由，从劳动改造营返家与亲人团聚。农业改革措施也使农业生产明显好转，粮食产量1953年为8000万吨，到1956年就上升到1.3亿吨，1958年达1.4亿吨。有些改革既有成绩，同时又伴有错误，如取消国营拖拉机站。为了壮大集体农庄经济，1958年赫鲁晓夫要求集体农庄买下全部的国营拖拉机站，尽管这一计划在1959年底完成了，却给苏联农业带来了严重的财政危机：集体农庄为了购买昂贵的机械设备，不得不推迟或取消许多生产项目，而且不得不向银行大量贷款，造成了许多集体农庄长期负债。有些改革很不彻底，前后不能贯彻始终，如规定党政最高职务分开，可是自1958年起，赫鲁晓夫又身兼党中央第一书记和部长会议主席，独揽党政大权。有些改革是心血来潮地蛮干，盲目性非常大。如，赫鲁晓夫把许多中央直属企业下放给地方管理，把以部门为主的条条管理改为以地方为中心的块块管理。这种改革只是在企业隶属关系上换了一个新"婆婆"，未能从根本上解决企业作为独立的商品生产者的地位问题。结果老问题没有解决，又带来分散主义和地方主义泛滥的新问题，阻碍了经济的发展。又如，1962年9月9日苏联哈尔科夫工程经济学院的经济学教授叶·利别尔曼在《真理报》上发表《计划·利润·奖金》一文，提出"要以利润、奖金、价格、货币等纯经济手段取代行政手段来刺激企业的生产"的建议。赫鲁晓夫曾支持利别尔曼的建议，并开始了这方面的试点。但同时，他又把统一的党组织划分为工业党和农业党，企图再次依靠性质组织的改组，推动经济的发展，结果造成经济生活一片混乱，也招致一片抱怨声。可见，赫鲁晓夫的改革未能突破苏联模式的框架，而且在改革的过程中，急躁冒进、急于过渡的思想又膨胀起来。1958年农业大丰收后，赫鲁晓夫被胜利冲昏了头脑，提出共产主义也不是遥远的理想，而是"我们最近的明天"。1961年10月，他竟在苏共二十二大的总结报告中说，到1980年要"基本建成共产主义社会"。既然共产主义马上就要实现了，于是改革过程中已经放宽的政策又重新收紧，分配制度中的平均主义和"共产风"发展起来，从而使苏联又一次失掉改革的好时机。

1964年10月，赫鲁晓夫被"宫廷政变"赶下台，勃列日涅夫就任苏共中央第一书记，开始了为期18年的执政，时间之长仅次于执政30年之久的斯大林。这18年大致可分为两个阶段：从开始执政到20世纪70年代初为第一阶段，勃列日涅夫对改革持积极态度；从70年代上半期到1982年勃列日涅夫逝世为第二阶段，保守、僵化与停止改革趋势日益明显，后来实际上取消了改革。

勃列日涅夫执政之初，汲取了赫鲁晓夫的教训，纠正了赫鲁晓夫时期那种草率推行的改革。在农业政策方面，进一步扩大农庄、农场自主权，提高农产品的收购价格，降低农业税率，大幅度增加农业投资以及国家每年拨专款补贴农庄庄员养老金等。在工业政策方面，扩大企业经营管理的自主权，提高企业的主动性和积极性；管理经济由行政方法与经济方法相结合，逐步转向以经济方法为主，加强经济杠杆作用；贯彻国家、企业和个人三者利益结合的原则。在政治领域，重新恢复按地区生产特征建立统一的党组织与领导机关，取消赫鲁晓夫时期以生产原则为基础分别成立的工业党组织与农业党组织；强调要恢复被斯大林破坏了的集体领导原则，勃列日涅夫与部长会议主席柯西金和最高苏维埃主席波德戈尔内三人，形成了被称为"三驾马车"的集体领导架构。

勃列日涅夫执政之初的改革取得了显著成效。"八五"计划期间（1966—1970），在劳动力增长速度下降的情况下，国民收入年均递增7.7%，工业劳动生产率年均递增5.7%，都超过改革前的"七五"计划（1961—1965）的6.5%和4.7%的增长率，整个工业企业的盈利率也从1965年的13%提高到1970年的21.5%。粮食产量也明显增加，从"七五"计划期间的年均产量1.303亿吨增加到"八五"计划期间的1.676亿吨，人民生活水平显著提高。① 苏共中央智囊格奥尔吉·阿尔巴托夫后来谈到这个时期说，在勃列日涅夫执政"早期"，他懂得改革的必要，"他与柯西金一起进行了在农业与工业方面的某些改革，使得第八个五年计划（1966—1970）成为我国历史上最好的一个五年计划（至少从开始实行五年计划以来）"②。

改革的显著成效，使20世纪60年代后期到70年代初期的苏联，出现了一个相对稳定的局面。但是，勃列日涅夫没有抓住机遇，对高度集中的体制进行全面彻底的改革。他推行的改革主要集中于局部、浅层次的方面，大多数是停留在旧体制框架内的修修补补，并没有使体制发生根本性变化。1971年的苏共二十四大后，就不准用"改革"一词了，改用"完善"一词，认为苏联对原有的体制不需要改革。俄罗斯很多学者认为，这一改变是苏联向"停滞"过渡的标志。1972年年底，苏联共产党对柯西金主持的"新经济体制"改革明确做出了否定性评价。

这一时期，苏联走上了与美国争夺世界霸权的道路，投入大量资源与西方开展军备竞赛，使苏联经济社会发展由顶峰逐渐陷入危机中。勃列日

---

① 黄苇町：《苏共亡党二十年祭》，江西高校出版社2013年版，第184页。

② ［俄］格·阿·阿尔巴托夫：《苏联政治内幕：知情者的见证》，徐葵等译，新华出版社1998年版，第172页。

涅夫时期最大的败笔，是与新科技革命失之交臂。新科技革命使西方发达国家的产业结构和经济增长方式发生了重大变化，而苏联却依旧采取传统的粗放型经济发展模式，拉大了与西方国家的差距。

与此同时，在政治领域，过度集权、缺乏民主的传统政治体制没有得到应有改革，而且出现了不少倒退。随着勃列日涅夫地位的巩固与加强，他把第一书记改称为总书记，并兼任最高苏维埃主席和国防委员会主席，总揽了党、政、军大权。由于个人集权加强，独断专行现象严重，党内民主日益流于形式。尤其是 20 世纪 70 年代中期以后，苏共最高领导层年龄老化，思想僵化，不思进取，极不利于改革创新。赫鲁晓夫下台前夕的 1964 年，政治局委员平均年龄为 61 岁，书记处成员为 54.1 岁。到 1981 年苏共二十六大时，政治局委员平均年龄为 70 岁，书记处成员为 68 岁，核心成员的平均年龄高达 75 岁，成为不折不扣的"老人政治"。由于政治体制倒退，使经济体制改革停滞不前，勃列日涅夫错过了苏联历史上最好的改革时机。

勃列日涅夫于 1982 年 11 月病故，接替他的是 68 岁的病人安德罗波夫。他继任后不久就推出了一些改革措施，但是只在任上 1 年零 3 个月就去世了。后继者是 72 岁的契尔年科，只在任上 1 年零 1 个月又死去，很多改革措施也是未来得及实行。

3. 东欧的改革尝试

在苏联进行改革和调整的同时，东欧社会主义国家也进行了较大程度的调整和改革。东欧各国的改革始终贯穿着两条主线：一是努力突破苏联模式，探索适合本国国情的社会主义建设道路；二是努力摆脱苏联大党大国主义的控制，争取国家和民族的自主自决权利。[①]

在南斯拉夫，南共领导人一贯主张各国应探索适合本国国情的社会主义发展道路。随着苏南关系的破裂，为争取国家的独立自主，南共提出了建立"自治社会主义"的目标，进行了发展社会主义经济民主和政治民主的尝试。南斯拉夫的社会主义自治主要经历了三个阶段：一是工人自治阶段（1950—1963 年）。这一阶段主要是将企业交给工人管理，通过工人自己选举产生的工人委员会、管理委员会和经理对企业进行管理，由生产者直

---

① 中共中央宣传部理论局：《世界社会主义五百年》（党员干部读本），学习出版社、党建读物出版社 2014 年版，第 108 页。

接决定和管理生产资料、劳动条件和劳动成果，并对原来的计划体制、财政体制、投资体制进行了全面的改革。一系列改革调动了企业的积极性和创造性，经济得到了迅速发展。在 1953—1963 年间，南斯拉夫社会产值增加了 109.47%，其中工业增加了 216.09%，农业增加了 37.56%。二是社会自治阶段（1963—1971 年）。这一阶段自治超出了工矿企业的范围，扩大到国家机关和事业单位。1963 年 4 月颁布被称为"自治宪章"的新宪法。1964 年 12 月，南共联盟召开八大，强调要加强自治组织的物质基础和经济单位中的直接自治。根据八大的精神，在金融管理体制、价格体制等方面又推出了一系列新的改革。但是这一阶段的改革遇到了巨大的困难和阻力。为了克服改革阻力，南共联盟进行了机构改革和干部制度改革，实行干部政策民主化，同时改革了干部任免制度。三是联合劳动自治阶段（1971—1980 年）。这一阶段的主要做法是：在工矿企业、商业、农工联合企业普遍建立起劳动联合组织，确立了社会主义自治制度。自治社会主义是南共联盟对社会主义建设道路的有益探索，打破了社会主义只有一种模式的观念，使南斯拉夫经济社会发展取得了长足进步。但是频繁的改革也使南斯拉夫的民族主义和分离主义倾向加剧，为后来南斯拉夫解体埋下了祸患。

波兰是东欧国家中最早提出并尝试经济体制改革的国家。早在 1945 年 12 月，波兰工人党领导人就提出了"通向社会主义的波兰道路"。1956 年 6 月发生的"波兹南事件"① 对社会产生了严重影响。波兰党顶住苏联的压力和威胁，1956 年 10 月，波共二届八中全会选举改革派领导人哥穆尔卡为党中央第一书记，哥穆尔卡再次提出走"波兰道路"。翌年召开的波共二届九中全会将"波兰道路"归结为：工人委员会、人民会议和议会、农民自治。从此，波兰开始了经济体制和政治体制改革的尝试。在经济上，尝试工人自治，扩大企业经营自主权，对农村和农民实行宽松的政策；在政治上，主要是提高议会和地方人民议会的作用。1957 年 6 月，成立了以经济学家奥斯卡·兰格为领导的波兰经济委员会，提出了系统的经济体制改革规划。这些改革举措取得了一定的成效，1960 年波兰的工业生产比 1955 年增长了

---

① 1956 年 6 月 28 日，波兰波兹南市的工人提出增加工资、降低赋税和改善劳动条件等要求，遭到政府拒绝后，在少数别有用心的分子的煽动下，正义行动很快演变为反对政府、反对苏联的大规模示威游行，并酿成了流血事件，死伤 200 多人，这就是波兹南事件。

59.6%，农业生产增长了 20%，职工的实际工资增长了 23%。但是，哥穆尔卡的改革遭到国内保守势力的抵制和苏联的非难。苏联部长会议主席布尔加宁警告说："我们不能闭眼不看那些打着所谓'民族特点'的招牌，削弱社会主义阵营国际联系的企图；我们也不能闭眼不看那些打着所谓扩大民主的招牌，破坏人民民主国家的政权的企图。"① 在强大的压力下，波兰被迫放弃改革，又重新恢复了以优先发展重工业、高度的计划经济体制为特征的苏联模式，经济形势不断恶化，人民生活水平改善放缓。盖莱克就任党中央第一书记后提出了"高速发展战略"。但是，"高速发展战略"严重脱离了本国生产力发展的实际水平，过分依赖西方的优惠贷款、技术和国际资源市场，很快陷入了严重的经济危机。20 世纪 80 年代以后，由于长期积累的经济社会矛盾，加重了人民群众的不满，在西方敌对势力的支持和策动下，波兰社会出现了严重动荡。

在匈牙利，1956 年 10—11 月，发生了"匈牙利事件"②。以卡达尔为首的匈牙利社会主义工人党在深刻总结匈牙利事件的教训的基础上，开始酝酿经济体制改革。改革从调整农产品的价格开始，1957 年取消了义务交售制，只保留收购价格和自由价格。1962 年提出建立社会主义计划经济的新管理体制，推行"计划与市场相结合"的经济体制改革。经过几年的前期改革和充分准备，从 1968 年 1 月 1 日起匈牙利实施经济体制的全面改革，在所有制、企业管理体制、计划体制、价格体制、财税体制等方面全面展开，形成了匈牙利特色的社会主义经济模式。这一改革在初期取得了较好成效。1968—1973 年是匈牙利发展的黄金时期，国民收入和工业增长率都在 6% 以上，人民消费水平每年提高 5% ~6%。1975 年后，由于石油危机的影响和国际市场环境发生变化，匈牙利经济陷入困境，加上国内外反动势力的阻挠，改革一度处于停滞状态。进入 80 年代后，随着国际局势的变

---

① 转引自王伟光主编：《社会主义通史》第 6 卷，人民出版社 2011 年版，第 190 页。

② 1947 年以后，匈牙利劳动人民党的主要领导人拉科西·马加什不顾本国的历史传统与现实，一味照搬苏联模式，并且大搞个人崇拜和极权政治。苏共二十大之后，在匈牙利党内、社会各界人士和人民群众中，要求批判拉科西·马加什的情绪日益强烈。1956 年 7 月，匈牙利劳动人民党中央全会宣布解除拉科西·马加什中央第一书记职务，匈牙利政治形势日趋恶化。1956 年 10 月 23 日清晨，布达佩斯 10 余万市民举行示威游行，要求进行战争经济体制改革，提高人民生活水平，反对苏联大国沙文主义。示威游行随后演变为流血冲突。10 月 24 日和 11 月 4 日，苏联两次派兵镇压，史称"匈牙利事件"。

化特别是苏联局势的变化，国内矛盾进一步激化，经济出现严重困难，人民生活水平下降，社会处于动荡之中。

在建国初期，捷克斯洛伐克基本上照搬苏联的做法，导致权力高度集中，国民经济结构失衡，群众生活改善缓慢，从而引起了人民群众的不满。1953 年 6 月，斯柯达汽车厂工人进行大罢工，并引发骚乱事件。迫于压力，捷共提出了进行国民经济管理体制改革的设想，如减少管理层次，以劳动生产率等指标取代总产值指标，给企业一定的自主权，实行普遍的奖励制度，从物质利益上对企业职工进行刺激等。经过这些改革，捷克斯洛伐克劳动生产率有所提高，国民收入平稳增长，但这些改革并没有触动高度集中的经济管理体制。1968 年 1 月，杜布切克就任捷共中央第一书记后决定全面开展政治、经济体制改革。西方国家把这场改革称之为"布拉格之春"。这一方案主要体现在以下几个方面：一是改革党的领导体制，主张实行党政适当分开；二是改革国家政治体制，主张权力不宜过分集中，以防止独断专行；三是改革旧的经济体制，实行有计划的市场经济；四是执行独立的对外政策。但是随着改革的深入，在西方势力的挑动下，社会舆论和媒体开始失控，国内出现反苏情绪，要求冲破苏联模式，摆脱苏联和苏共的控制，从而突破了苏联"容忍"的底线。苏联最终采取了出兵武力干预的行动，所谓的"布拉格之春"夭折，捷克的全面经济体制改革也随之告终，不得不又重新回到了苏联模式上。

其他东欧社会主义国家，大都走过了与上述各国类似的改革道路。

（四）苏东剧变及其历史教训

20 世纪 80 年代，东欧国家的改革陷入困境，举步维艰。东欧剧变首先是从波兰、匈牙利开始的。波兰本来一直由统一工人党掌握政权。1980 年团结工会在罢工浪潮中建立。他们迅速发展会员，最多时高达 1000 多万人。1981 年 2 月波兰当局宣布取缔团结工会。1988 年，团结工会利用当时的经济困难和改革浪潮，在西方国家的支持和怂恿下，在各地组织了大规模的罢工，并提出了"政治多元化""议会民主"和允许"反对派"参政等强硬的口号和要求。面对团结工会的步步紧逼，波兰党和政府无原则地与反对派举行圆桌会议，正式承认反对派的合法地位。1989 年 6 月，波兰举行议会和参议院选举，团结工会获得胜利，团结工会的马佐维耶茨基出任总理。9 月，团结工会领导的联合政府成立，波兰统一工人党由执政党变为参政党。1990 年 1 月 27 日，波党十一大宣布波党停止活动。一个执政 45 年、曾拥有近 300 万党员的大党就这样结束了执政生命。波兰剧变的"多米诺骨牌"倒塌效应迅速蔓延到东欧其他社会主义国家，并最终导致了苏联的解体。1991 年 8 月 24 日，世界上第一个社会主义国家的缔造者和领导者——苏联共产党被迫解散。12 月 25 日，苏联国旗从克里姆林宫降下，苏维埃社会主义共和国联盟不复存在。苏共解散和苏联解体，社会主义国家接连垮台，上演了一幕 20 世纪世界社会主义运动史上的悲剧。

东欧剧变、苏联解体，是 20 世纪 80 年代末 90 年代初发生的有重要影响的世界性历史事件。苏共从成功夺取政权，到领导苏联人民取得对抗国内外反动势力绞杀的胜利，到夺取卫国战争的伟大胜利，以及领导苏联人民在短短 20 多年时间内取得工业化建设的伟大成就，一跃而成与美国相抗衡的超级大国。然而，在历经 74 年执政之后，苏共及其领导的政权一夜之间却悄无声息地土崩瓦解，这一残酷的现实给包括中国共产党在内的世界共产主义执政党留下了深刻的警示。

1. 意识形态工作的失败，动摇了党执政的思想根基

任何一种类型的政权都离不开意识形态及其所提供的合法性支持，都需要发挥意识形态的合法化功能。意识形态建设工作事关国家政权稳定和社会发展。"如果从观念上来考察，那么一定的意识形态的解体足以使整个时代覆灭。"① 由于苏东国家共产党意识形态工作的失败，导致政权稳定的思想基础发生动摇，从而使苏东共产党政权归于灭亡。

第一，缺乏理论创新的动力与机制，导致党的自我革新能力退化。列宁可以说开马克思主义理论创新之先河，十月革命的胜利就是列宁在把马克思主义与俄国实际相结合的基础上，大胆创新的结果。在领导社会主义建设的实践中，列宁更加强调执政党必须摆脱教条主义，根据实践发展，不断创新，并明确提出了根据实践来认识社会主义的命题。

令人遗憾的是，列宁逝世后，随着理论领域中的斗争和清洗，马克思主义开始丧失了自己的理论活力，党的理论资源日益枯竭。1930 年 12 月 9 日，斯大林在一次讲话中指出，理论战线的主要任务是"展开全面的批判。

---

① 《马克思恩格斯全集》第 46 卷（下），人民出版社 1980 年版，第 35 页。

主要的问题是进攻。向所有的方向，向没有进攻过的地方展开进攻"，并明确提出要把学术问题政治化，"任何背离了马克思主义的倾向，即使在最抽象的理论问题上的背离，在阶级斗争日益尖锐的情况下都具有政治意义"。① 在"讲话"的指导下，苏联开始了理论和学术领域中的清洗，目的就是"从现在起，要在各个领域包括哲学领域在内确立一个权威，这个权威就是我们的领袖斯大林"②。1938 年斯大林发表了《论辩证唯物主义和历史唯物主义》，为马克思主义哲学提供了唯一的解释范式。在党史领域，许多著名的历史学家、党史和革命史专家被批判和处死，在"造神运动"中斯大林成为整个俄国革命史上唯一与列宁并列的"好人"。1938 年出版的《联共（布）党史简明教程》成为官方学马克思主义的标准范本。理论领域中的斗争和清洗使马克思主义开始丧失了自己的理论活力。从此以后，党的领袖拥有了对真理的垄断权。苏共领导人对马克思主义的理解和解释也被奉为经典，不容置疑，任何怀疑、探讨都被指责为异端邪说。在这种情况下，"被认为是真理的不是那些符合实际和经过实验的东西，而是那些经过'斯大林同志'所肯定的东西才是真理"，对"斯大林的著作的引证，在科学中成为对这一或那一原理的主要证据"。③ 这种错误的做法使得苏共及其领导人长期不能克服思想理论上的失误，同时还在党内和理论工作者中间造成一种趋炎附势的现象，"唯书""唯上"的不良学风充斥着思想理论界。④ 马克思主义丧失了自己的理论活力，党的理论资源日益枯竭。

斯大林之后，从赫鲁晓夫到勃列日涅夫，对于马克思主义的理解更加僵化教条。比如 20 世纪 70 年代，苏联的计划经济模式已经危机四显，社会经济已经开始停滞，但苏共领导人关于计划经济是社会主义的天然优越性的观念仍然没有改变。苏共著名的意识形态"大管家"苏斯洛夫在 1971 年的一篇文章中指出，苏联经济"高速度按计划地发展着，不会出现危机、

---

① 陆南泉等：《苏联兴亡史论》，人民出版社 2002 年版，第 441－445 页。

② 陈之骅等：《苏共兴亡史纲》，中国社会科学出版社 2004 年版，第 171 页。

③ ［苏］罗·亚·麦德维杰夫：《让历史来审判》（下），赵洵等译，人民出版社 1981 年版，第 852 页。

④ 王建国、王洪江：《社会主义国家执政党建设的历史、理论与实践》，中国社会科学出版社 2008 年版，第 217 页。

衰退、停滞、失业和资本主义所固有的其他祸害和弊病"①。通过对马克思主义一次比一次更"左"的解释来掩盖社会现实矛盾和压制改革。尽管苏共二十大后苏联对斯大林模式进行过几次改革，但由于党的理论资源单一，而且不断趋于枯竭，导致党的理论能力和政治能力不断退化。这样，到了70年代后期和80年代初期，苏共已经基本上丧失了认识、解释世界新的发展趋势的理论能力，丧失了走出斯大林模式和领导改革的政治能力。② 苏联《真理报》主编阿法纳西耶夫曾是苏共报告"起草班子"的重要成员。他在《〈真理报〉总编辑沉浮录》一书中回忆说，为勃列日涅夫起草文件，并不要求有什么"新思想"，更不要说有什么"独到的思想"了。只要你善于把那些早已陈旧、无人感兴趣的思想换上新的形式，找到新的表达方式，应当说就已经体现出十分卓越的"创造性"了。"我们就这样一天一天地、一周一周地、一月一月地写作、炮制、发展马克思列宁主义。"他还指出："为他人起草某种东西，在'创造性地发展马克思列宁主义'的旗帜上勉为其难地从自己的头脑里挤出一些词、句子和段落，这项工作虽然十分光荣，但却也令人极为头痛和疲惫。"因为"当你看到、感到美好的理想、崇高的言词和信誓旦旦的许诺与事实不符，你就会对自己的所作所为感到痛苦"。③

第二，放弃马克思列宁主义的指导地位，鼓吹意识形态多元化。1985年3月，在内外交困之际，戈尔巴乔夫上台执政。在执政的初期，他还没有公开否定社会主义，并希望通过改革，争取发展生产力。由于各种原因，经济改革难以推动，戈尔巴乔夫便转向政治改革，提出了"更新"社会主义的口号，力求为经济改革扫除障碍。正是在这时，暴露出了这位苏共"二十二大产儿"的真实面貌。他全面彻底地批判苏联社会主义建设模式，攻击苏联的"意识形态"是改革的"敌人"。提出的所谓纠正办法却是非阶级的、非历史的和非意识形态的属于"全人类共同价值标准"的"人道的民主的社会主义"，即用所谓"全人类标准"来改造社会主义。

在"新思维"的招牌下，戈尔巴乔夫上台对马克思列宁主义作为党的指导思想进行了否定，一步步把苏共推向"意识形态多元化"的境地。

---

① ［苏］苏斯洛夫：《苏斯洛夫言论选》（下），上海师范大学历史系世界组译，上海人民出版社1976年版，第912页。

② 任晓伟：《论苏共理论资源的枯竭及其政治生命》，《社会主义研究》2007年第1期。

③ 季正矩：《腐败与苏共垮台》，《当代世界与社会主义》2000年第4期。

1988 年 6 月，戈尔巴乔夫在苏共第十九次全国代表会议上的讲话中指出："公开性、民主化和社会主义意识形态多元化是苏共的三项'革命性倡议'。"① 1990 年 7 月苏共二十八大通过的《纲领性声明》和《苏联共产党章程》，通篇未提以马克思列宁主义作为党的指导思想，只是笼统地说，在建设性地反思 20 世纪的历史经验以及摆脱了教条主义解释的马克思、恩格斯、列宁遗产的基础上发展社会主义的理论和实践，并声明坚决放弃所谓意识形态的"垄断主义"。戈尔巴乔夫在《改革与新思维》一书中宣称："要使每种报刊上都出现社会主义的多元论。"② 他在苏共第十九次全国代表会议上说，"公开性要求有关对国内政策和国际政策的任何问题的意见多元化"，"我们肯定意见的多元化，摒弃精神垄断的做法"。③ 可见，戈尔巴乔夫是把坚持以马列主义作为党的指导思想当作"精神垄断"来加以否定的。更有甚者，从取消马列主义对苏共的指导地位和作用进而发展到取消马列主义本身。1989 年 12 月，苏联国民教育委员会颁布命令，从 1990 年 2 月开始的新学期起，在全苏所有的高等院校取消"马克思列宁主义"这门必修课，而代之以"20 世纪的政治史"。1990 年 6 月，戈尔巴乔夫批准《新闻出版法》，通过法律的形式对"意识形态多元化"加以肯定。1991 年 11 月，戈尔巴乔夫在出版的《八月政变》一书中更加露骨地提出，要"彻底修正马克思主义的理论原则"。美国前总统安全事务助理布热津斯基认为，"戈尔巴乔夫在改革的过程中已经逐渐走上了修正主义的道路"，"他不仅要改革苏联的经济结构，还要修改苏联制度的思想基础"。④ "苏联现在放弃的不仅是斯大林主义，还有列宁主义。"⑤ 可以说，苏共二十八大后，戈尔巴乔夫积极推行"人道的、民主的社会主义"理论和路线在意识形态多元化思想指导下，使原苏联共产党逐步丧失了文化领导权，使苏共很快变成了一个思想混杂、失去了政治灵魂的队伍，丧失了凝聚力和战斗力，以致在反共势力的攻击下，节节败退，最终垮台。

---

① 李宗禹：《欧美共运风云录（1945—1991）》，人民出版社 1994 年版，第 198 页。

② ［苏］米·谢·戈尔巴乔夫：《改革与新思维》，苏群译，新华出版社 1987 年版，第 91 页。

③ 《苏共的失败及教训》，中共中央党校出版社 1994 年版，第 147 页。

④ ［美］兹·布热津斯基：《大失败——二十世纪共产主义的兴亡》，军事科学院外国军事研究部译，军事科学出版社 1989 年版，第 66 页。

⑤ ［美］布热津斯基：《要混乱而不要镇压》，（美国）《新闻周刊》1990 年 2 月 19 日。

第三，否定自己的历史，自掘坟墓。赫鲁晓夫上台后，掀起了一场批判和否定斯大林的运动。赫鲁晓夫在苏共二十大上做了《关于个人崇拜及其后果》的秘密报告，拉开了全面否定斯大林的序幕。客观地说，批判和纠正斯大林所犯的错误，对于改革和推进苏联社会主义建设是有一定积极意义的。但是这一运动对斯大林采取的是一棍子打死的做法，全盘否定斯大林就等于否定了苏共执政的历史，在苏共党内和苏联民众中乃至在整个国际共产主义运动中造成了严重的思想混乱。

戈尔巴乔夫是赫鲁晓夫时期成长起来的。1961 年，戈尔巴乔夫作为斯塔夫罗波尔边疆地区代表出席苏共二十二大，聆听了赫鲁晓夫公开做有关斯大林"罪行"的最详细的最骇人听闻的报告，这把戈尔巴乔夫的"政治个性便固定下来了"。对社会主义的怀疑和反对为以后他能够提出"新思维"打下了基础。戈尔巴乔夫上台后，苏联掀起了一股否定历史的思潮。1986 年 10 月，戈尔巴乔夫在全苏高等学校社会科学教研室主任会议上，对包括历史学在内的社会科学各学科的状况进行了严厉批评，指出各类社会科学的基本教科书在叙述原则问题时存在公式主义、教条主义、形式主义和枯燥无味的毛病，因此，必须根本重写。1987 年 1 月苏共中央全会上，戈尔巴乔夫进一步提出：苏联历史中"不应该有被遗忘的人物和空白点"。3 月苏联科学院历史学部召开会议落实中央指示，由此拉开大规模重评历史序幕。1988 年 6 月，苏联教育部门做出决定，全国所有学校的苏联历史课本在 1989 年全部销毁，并取消学校的历史考试，直至供学校使用的新的"更真实的"苏联历史课本编写出来之后再恢复。这实际上等于官方承认迄今在学校使用的历史教科书掩盖了苏联历史的真相。① 在"重评历史"运动中，关于"重评斯大林"是重点。他们把斯大林搞的国家工业化贬损得一无是处；他们把卫国战争初期斯大林的失误肆意歪曲、扩大，甚至否定卫国战争的胜利是苏共和斯大林领导的结果。这股清算思潮自 1987 年底开始，到 1988 年达到高潮。批判的矛头由针对斯大林个人进而指向了 20 年代至50 年代苏联的社会制度，把曾经造成苏联历史辉煌的整个国家的社会主义制度，说成是"极权主义"，是万恶之源。1989 年以后，对斯大林的批判，

---

① 王建国、王洪江：《社会主义国家执政党建设的历史、理论与实践》，中国社会科学出版社 2008 年版，第 395－396 页。

逐渐转变为对十月革命对列宁主义和列宁本人的批判与否定。在官方鼓励下，意识形态领域的这场批判，进而像一股巨大的龙卷风席卷整个社会，而且越刮越猛。一些对"反思历史"特别激进的报刊如《星火》画报和《莫斯科新闻》逐渐暴露其真面目：借否定过去，否定苏共历史，否定社会主义，进而公然打出向资本主义方向"改革"的旗号。本来"历史记忆中存储的信息和象征，能把人们结合成为一个社会，并且保障共同语言和正常交往管道的存在"①，但是历史虚无主义破坏了这一切。

全盘否定历史的后果是极其严重的。它不仅否定了苏联共产党和苏联社会主义制度产生、发展的历史必然性、合理性，造成共产党的领导和社会主义制度的"合法性危机"，动摇了人们对共产党和社会主义的理想信念，而且为各种反共反社会主义势力的滋长打开了缺口，为其开展反共反社会主义的活动大开方便之门。正如两位英美驻莫斯科记者所评论的那样：戈尔巴乔夫之流"拆掉了原有的路标，鼓励人们怀疑现行制度和重新解释历史，从而使苏联出现了动荡和骚乱"，因此，他们在"主持社会主义及其道德、政治和经济理想崩溃的过程的同时，也在主持俄罗斯帝国解体的过程"②。据来自各方面的民间抽样调查，1988年前的几年对苏共的信任率达70%左右，1990年则下降到20%，1991年初进一步降为百分之十几。③ 戈尔巴乔夫否定历史的做法，无疑是自掘坟墓，最终酿出了苏共亡党亡国的苦酒。

2. 高度集权的政治体制，削弱了党执政的法理基础

苏东共产党丧失执政地位，是苏东国家几十年来不断积累的社会矛盾恶性发展和总爆发的结果，而体制上的漏洞是关键性的因素。

第一，党政不分，以党代政。当代社会是一个复杂系统，公民、政党、国家与社会在这一系统中扮演着不同的角色，拥有各自的功能。只有在上述因素正确发挥自身功能的条件下，一个社会才能健康、稳定地发展。苏联解体的一个重要原因在于未能正确处理好党政关系，长期以党代政。列

---

① ［俄］谢·卡拉·穆尔扎：《论意识操纵》，徐昌翰等译，社会科学文献出版社2004年版，第617页。

② 马岩：《意识形态与苏联解体》，《马克思主义研究》1997年第3期。

③ 李慎明主编：《居安思危——苏共亡党二十年的思考》，社会科学文献出版社2011年版，第122页。

宁晚年思考的一个重要问题就是如何理顺党政关系。但遗憾的是，他还没来得及解决这一问题就去世了。自斯大林起，逐步形成了党政不分、以党代政、高度集权的体制和模式。正如布哈林所说："党和国家已经完全合在一起了——这就是全部不幸。"① 这种党政不分、高度集权的体制存在严重的弊端。高放先生把这种体制的弊端概括为四个方面：第一，党凌驾于政权之上，政权缺少独立性，立法、行政、司法三权都在党严密控制之下，缺乏生机和活力，无法正常行使自己的职权；第二，一旦党的决策失误，政权机关无法进行抵制和制衡，结果势必贻害全国，造成极大损失；第三，人民群众的积极性、主动性和创造性无法发挥出来，这样人民当家作主只能停留在字面上，实际上无法真正实现；第四，使党无法集中精力抓好自身的思想建设、组织建设、作风建设，这样势必影响党的战斗堡垒作用、监督保证作用以及党员的先锋模范作用。② 苏共在把所有权力都掌握在自己手中的同时，其实肩上已担负了无限的责任和沉重的包袱。尽管苏联社会发展的许多责任是应由公民个人、国家机构和社会组织来承担的，但由于苏共把权力都抓到了自己手中，所以社会发展的所有责任也都落到了苏共的头上。戈尔巴乔夫上台后，已认识到这一体制的严重弊端，宣称进行"根本革新"，但无论是改革的指导思想，还是改革的方法和步骤，都存在致命的弱点，最终使苏共陷入了绝境。

第二，民主集中制遭到曲解和破坏。民主集中制是共产党根本的组织和运行原则。工人阶级政党能否切实贯彻这一原则，直接关系到党的成败兴衰乃至生死存亡。苏东国家共产党之所以失去政权是与其破坏民主集中分不开的。民主集中制原则是列宁首先提出来的，是工人阶级政党的重要组织原则和领导原则。在民主集中制中，民主和集中是有机统一的。由于布尔什维克党是在艰苦的革命斗争环境中创建、成长起来的，适应这种需要，起初特别强调集中制的一面。十月革命胜利后，布尔什维克成了执政党，有了更好地实行民主的条件，所以列宁又突出强调发展、完善民主制的重要性。斯大林开始也是比较重视民主集中制的。但是，随着他在党内的威望增长和地位巩固，逐渐滋长了独断专行的家长制作风，党的民主集

---

① 中国社会科学院编：《论布哈林和布哈林思想》，贵州人民出版社 1982 年版，第 166 页。
② 王进芬：《列宁共产党执政思想研究》，中共中央党校出版社 2008 年版，第 304 页。

中制遭到破坏。

赫鲁晓夫揭批了对斯大林的个人崇拜及其严重后果，但是，却又重新搞起对他自己的新的个人崇拜。在利用各种手段清洗了自己的对立面后，逐步把党政军大权集于自己一身，凌驾于党和国家之上，独断专行，不遗余力地为自己树碑立传。勃列日涅夫是靠政变上台的，他不仅继续批判斯大林的个人迷信，也大批赫鲁晓夫的个人迷信，但是他自己很快也走上了大搞个人迷信的老路。在他当政时期，也是大搞"一言堂"，个人决定党和国家的重大问题。据赫鲁晓夫回忆，斯大林在苏共十九大后，亲自召开了中央委员会第一次全体会议，建议成立 25 人的主席团。斯大林从口袋里取出一些文件，向会议宣读了新的主席团人选名单，没有讨论就通过了。至于名单是谁提供的，直到最后都没有一个确切的说法。① 勃列日涅夫在为自己歌功颂德、制造个人迷信方面比他的前任毫不逊色。1976 年以庆祝勃列日涅夫 70 诞辰为标志，对他的迷信达到了高潮，《真理报》竟连续七天开辟专栏，对勃列日涅夫极尽吹捧之能事，"全民上演了一出荒唐的戏"②。在 1981 年苏共二十六大上，勃列日涅夫的工作报告曾被"78 次掌声、40 次长时间的掌声和 8 次暴风雨般的掌声打断"，其"盛况"甚至超过了斯大林时期。③ 赫鲁晓夫和勃列日涅夫之所以一方面靠揭批个人迷信起家，一方面自己又大搞个人迷信，究其原因，除了利用个人迷信来维护自己的统治地位外，更主要的是他们都没有认识到导致个人迷信盛行的根源是权力过分集中的领导体制，以致民主集中制一直形同虚设，发挥不了它应有的作用。④

戈尔巴乔夫上台后，并没有使党的民主集中制得到恢复，在"民主化""公开化"的旗帜下，由过去以个人专断、个人迷信否定民主集中制转到以民主化、公开性否定民主集中制上来。戈尔巴乔夫提出："党的革新要求对党进行深入、包罗万象的民主化，重新认识民主集中制原则，重点放在民主化、党的群众权力上面。"⑤ 苏共二十八大党章虽保留了"民主集中制"

---

① ［苏］赫鲁晓夫：《赫鲁晓夫回忆录》，张岱云等译，东方出版社 1988 年版，第 397 – 399 页。

② 陆南泉等：《苏联兴亡史论》，人民出版社 2002 年版，第 599 页。

③ 陈之骅等：《苏共兴亡史纲》，中国社会科学出版社 2004 年版，第 491 页。

④ 李爱华：《苏共蜕变的历史教训》，《政治学研究》2004 年第 2 期。

⑤ 中共中央党校科研部：《苏共的失败及教训》，中共中央党校出版社 1994 年版，第 147 页。

一词，但对其内容做了根本性修改。如：在少数服从多数问题上，在"保护少数"的名义下，允许党员公开发表与组织决议不同的意见；在下级服从上级问题上，实行各级党组织的"自治原则"，下级党组织的决议"只要不违背党的纲领性目的"，上级党组织无权予以改变。1991年7月公布的新纲领则完全不提"民主集中制"，只强调各共和国共产党"独立自主"和基层组织"广泛自治"，承认党内派别活动等，彻底抛弃了民主集中制的"集中性"。苏共成了一个组织涣散、派别林立、各行其是的联合体。戈尔巴乔夫当政后，苏共在短短几年里便走向崩溃，这与他否定民主集中制有着直接的关系。

第三，干部制度的任命制和终身制。毋庸讳言，列宁时期苏共党内就已经存在任命制。据统计，仅从1922年到1923年，中央登记分配部就在负责岗位上进行了多达4750项任命，其中更换了大多数省委和县委书记，在191个地方组织的新领导人中，只有97个是在党的代表大会上选举的，其余全是"从上面"任命。① 这种做法是为了尽快接管和巩固苏维埃政权而在当时所采取的一种迫不得已的办法。但是列宁仅仅是把任命制当作当时不得已而采取的临时措施，因此提出了由任命制向选举制转变的任务。遗憾的是，自斯大林开始把干部委任制度绝对化，党章规定的民主选举成为一纸空文。这种自上而下的干部任命制，不仅破坏了苏共党内权力的民主运行原则和正常授受关系，而且还培育了上下级干部之间的人身依附关系，从而破坏了苏共与人民群众之间的血肉联系。与普遍委任制相随的是事实上的终身制。干部终身制的一个严重后果就是领导干部队伍的老化，以至于苏联出现了"老人政治""病夫治国"的局面。在勃列日涅夫时期，苏共中央政治局委员的平均年龄，1964年为61岁，1981年苏共二十六大时上升为70.6岁。中央书记处的平均年龄，1964年为54.1岁，1981年上升为68岁。部长会议正副主席的平均年龄，1964年为55.1岁，1980年上升为68.1岁，后经改组降到64.1岁。苏共二十六大选出的14名政治局委员中，70岁以上的竟有8人，占57.1%，60~70岁的有4人，二者合起来占85.7%，60岁以下的仅有2人。这14名政治局委员在1985年3月戈尔巴乔夫上任为止的4年多时间里，竟有6人先后老死在岗位上，占43%。勃列日涅夫后

---

① 陈之骅等：《苏共兴亡史纲》，中国社会科学出版社2004年版，第138页。

期的领导核心成员平均年龄高达 75 岁，成了真正的"老人集团"。① 终身制使得干部队伍严重老化，阻碍了年轻干部的成长，使得干部队伍老化、保守，各级干部因循守旧，安于现状，脱离群众，无所作为，缺乏活力，党的生命力日渐衰竭。

3. 党内特权和腐败现象不断蔓延，丧失了党执政的群众基础

自 20 世纪 30 年代起，苏联对领导干部，尤其是高级领导干部实行"特供制"和高薪制，这是苏联党内特权的开始。1934 年，苏联最高工资与最低工资的比例是 30∶1。此后，这一比例进一步扩大。到 1953 年，苏联部长级的工资是 5000 ~ 6000 卢布，加特定工资 6000 ~ 8000 卢布，合计是 11000 ~ 14000 卢布，而当时的工人最低工资是 250 卢布，相差 44 ~ 56 倍。在勃列日涅夫之前，"虽然苏共内部已经出现了特权现象和特权者，但他不构成阶层。只是到了勃列日涅夫时期，随着特权人数的大幅度增长，这些共同构成了一个稳定的、具有相当规模并具有一系列共同特征的社会政治阶层"②。据俄国学者估计，当时这个阶层大约有 50 万 ~ 70 万人，加上他们的家属，共有 150 多万人之多，约占全国总人口的 1.5%。有学者概括了"特权阶层"的主要特征：第一，他们掌握着一些党政军领导机构和企业、农庄的绝对领导权。第二，多数人文化受过高等教育，有高级专业技术职称，经常去西方国家访问。第三，这些人已不是当年的无产阶级革命家，马克思主义对他们来说只是口头上说的东西，共产主义、社会主义理想在他们头脑中已经淡薄。第四，他们不以享有比一般规定的高级干部待遇还要大得多的特权为满足，而且以各种方式侵吞国家财产。③ 戈尔巴乔夫上台后，面对官僚特权现象和人民群众的强烈不满，提出要对"党的自身建设进行彻底改革"。但是，他的错误改革不仅没有扼杀官僚特权现象，反而推动其向纵深发展。

苏共党内的特权现象的发展，进一步助长了苏共党内腐败现象。斯大林时期，随着特权现象的出现，苏共党内腐败现象开始滋长。到了勃列日涅夫时期，随着党内特权阶层的形成，苏共腐败现象也迅速蔓延。他的女

---

① 王建国、王洪江：《社会主义国家执政党建设的历史、理论与实践》，中国社会科学出版社 2008 年版，第 317 页。

② 郭春生：《社会政治阶层与苏联剧变》，当代世界出版社 2006 年版，第 107 页。

③ 季正矩：《腐败与苏共垮台》，《当代世界与社会主义》2000 年第 4 期。

婿——内务部副部长丘尔巴诺夫是苏联时期各种腐败行为的集大成者。他经常以各种理由到苏联各地"视察"，每次都要带一大批随员，以显示其地位与身份。他所到之处，不仅大吃大喝，而且还拿走金银首饰、文物珠宝、高级工艺品、成捆的卢布。据后来的调查资料显示，在 20 世 70 年代末到 80 年代初，丘尔巴诺夫共收受贿赂 654200 卢布，约合 105 万美元。① 戈尔巴乔夫执政时期，苏共各级官员更是利用改革之机，变本加厉地运用手中的权力，大肆贪污受贿和"掠夺国家财产"，许多官员一夜之间成为"暴发户"。俄罗斯《消息报》的统计显示：在俄罗斯的旧有精英阶层中，有 86% 的人进入新精英阶层，而只有 10% 的人失去了原来的地位。1993 年后俄罗斯的新式精英中有 49% 是旧有精英"梯队"中的后备人才。到 1996 年，苏联时期的官僚在总统机构中占 75%、政府中占 74.3%、政党领袖中占 57.1%、地方精英中占 82.3%、经济精英中占 61%。以至于美国的一位俄罗斯问题专家发出慨叹，苏共是唯一在自己的葬礼上致富的政党。苏联解体前，当时的苏联社会科学院曾进行过一次问卷调查，被调查者认为苏共仍然能够代表工人的仅占 4%，认为代表全体人民的仅占 7%，认为苏共代表全体党员的也只占 11%，而认为苏共代表党的官僚、代表干部、代表机关工作人员的，竟占 85%。② 也就是说，绝大多数苏联人民并不认为共产党是他们利益的代表，苏共已失去了广大人民的支持。"而一个无产阶级政党的生命力便在于和广大人民群众的紧密联系，一个社会主义政权的力量便在于人民的支持。一旦失去了这些，就失去了自己最主要的力量，失去了自己存在的合法性。在这种情况下，再强大的军队，威力再巨大的核武器，也不能挽救它，因为它不是亡于入侵的外敌，而是亡于腐败的内敌。"③

4. 党员数量的膨胀及其质量的下降，削弱了党的执政能力

列宁时期，苏共党员数量由执政初期的 35 万发展到 1924 年的 47 万。这一时期办共非常重视党员的质量，党员规模虽然有所扩人，但党员的成分还是以职业革命家为主，这一时期的苏共是一个展示出先进性和纯洁性形象的精英党。斯大林时期，苏共党员数量不断增加，从 1925 年的 80 万增

---

① 王长江、姜跃主编：《世界执政党兴衰史鉴》，中共中央党校出版社 2005 年版，第 34 页。
② 李保东：《社会主义理论、历史与现实》，国防工业出版社 2004 年版，第 186 页。
③ 黄苇町：《苏共亡党十年祭》，江西高校出版社 2002 年版，第 264 页。

加到 1952 年的 670 万，苏共逐渐由精英党变为群众党，整体素质与老布尔什维克相比有所下降。在大规模发展新党员的同时，苏共也进行了几次清党。但是，斯大林清党主要是出于排除异己的目的，被清洗的对象也主要是老布尔什维克。当年"列宁遗嘱"中提到的 6 位布尔什维克领导人，除斯大林外，另外 5 人——托洛茨基、季诺维也夫、加米涅夫、布哈林、皮达科夫全部被杀害。领导十月革命的第六届中央委员会成员的 2/3 被枪决，十一大选出的中央委员会 27 人有 20 人被枪决。35000 名红军指挥员在战前被清洗，包括 80% 以上的高级指挥员被处决。① 被大清洗严重伤害元气的苏军在二战初期节节败退，丢尽了脸面。希特勒曾幸灾乐祸地说："苏联高级军事干部最优秀的部分已于 1937 年被斯大林消灭了。这样一来，那些正在成长的接班人暂时还缺乏作战所必需的智慧。"②

随着大量老布尔什维克被清洗，一批没有革命理想却非常听话的官吏被补充和提拔上来。这些人因循守旧，唯上是从，不善创新，致使苏共的自我革新能力大大下降。斯大林之后，苏共进入片面追求党员数量而忽视党员质量的阶段，党员规模急速膨胀。1989 年苏共党员数量达到顶点的 19487822 人。在规模急剧膨胀的过程中，越来越多的人仅仅将党员资格作为谋取个人利益的一种手段，党员的信仰不断下降，苏共的战斗力和执政能力也大为削弱。不仅如此，反体制因素开始出现。到 20 世纪 80 年代末90 年代初，这些持不同政见者真正成了苏共的掘墓人。③

5. 未能正确处理好农民和知识分子问题

俄国十月革命的胜利和苏维埃政权的建立，与得到了全体农民的支持是分不开的。列宁之后，斯大林过早终止了新经济政策，代之以集体农庄制度，实行国家对集体农庄和庄员的全面控制。后来虽经赫鲁晓夫、勃列日涅夫和戈尔巴乔夫的调整改革，但这一制度的基本状况并未改变。长期积累的农民问题得不到解决，使苏共逐步丧失了力量之源。第一，因为农业改革没有先行一步，导致农业基础薄弱，严重挫伤了群众参与改革的积极性。戈尔巴乔夫后来曾回忆说："我们"没有把农业当作改革进程的起始

---

① 黄苇町：《苏共亡党二十年祭》，江西高校出版社 2012 年版，第 85 - 86 页。
② 葛新生：《赫鲁晓夫传》，世界知识出版社 1997 年版，第 30 页。
③ 项佐涛：《苏共党员数量的变化与其执政能力的关系探析》，《中共四川省委省级机关党校学报》2012 年第 5 期。

点，后来又半途而废，"我想这就是我自己最大的失误"。第二，庄员长期生活在农庄这个封闭落后的狭小天地里，思想保守，因循守旧。第三，一些人在自己管辖地区内实行家长统治，导致民众的强烈不满，危机四伏。

如何正确对待知识分子，是社会主义国家建设中一个带有特殊性的重大问题。在苏联剧变中，凡是知识分子成堆的地方，共产党失败得最惨重。这不是偶然的。第一，在理论上，苏共始终没有解决好知识分子的地位和作用问题。第二，在政治上，知识分子不仅受到歧视，而且在历次政治清洗中又首当其冲而且受害最深。第三，由于缺乏宽松的环境，知识分子的积极性和创造性无法发挥，难以进行自由的理论研究。第四，分配上的平均主义，使按劳分配的原则在知识分子身上发生了严重扭曲。[①] 由于苏共始终把工人阶级只限于体力劳动者或主要从事体力劳动者，把科技人员、管理工作者的脑力劳动排除在外，而且在党的组织建设方面又采取对知识分子的歧视措施，特别是勃列日涅夫上台以后，严格限制在知识分子中发展党员，"每接受 3 个工人入党，才能接受 1 个工程师入党"[②]，或者"基本不接受知识分子入党，只在工人、农民、干部和军人中发展党员"[③]。这样做不仅使苏联越来越落后于世界科技革命的发展形势，使其自我革新能力、自我完善能力和自我提高能力不断削弱，而且更为严重的是实际上一步步把苏共引向衰落并最后导致灭亡。

6. 西方敌对势力的"和平演变"战略

长期以来，以美国为首的西方敌对势力处心积虑地对苏联推行"和平演变"战略。正是在西方敌对势力的"和平演变"战略的攻势下，苏共一步步走上覆亡的道路。可以说，西方敌对势力的"和平演变"战略是苏共亡党亡国的一支催化剂。

第一，通过支持和利用"持不同政见者"，培植和壮大苏联境内的政治反对派。"持不同政见者"是苏联社会一种独特的社会政治文化现象，这种现象是从赫鲁晓夫时期开始出现的。在勃列日涅夫时期逐步发展壮大起来的。西方国家经常利用所谓犹太人问题、少数民族问题、宗教问题、人权

---

① 季正矩：《苏联共产党兴衰成败的十个经验教训》，《当代世界与社会主义》2004 年第 1 期。

② 利加乔夫：《苏联：必然倾倒的大厦》，《当代世界》2001 年第 8 期。

③ 卢基扬诺夫：《是谁葬送了苏联》，《当代世界》2001 年第 8 期。

问题来攻击苏联，借此对"持不同政见者"进行多方面的支持。自戈尔巴乔夫上台后，随着超阶级的"民主化"、不加限制的"公开性"方针的推行，苏联国内的"持不同政见者"活跃起来，他们相继获得合法身份，并公开进行政治活动。随着戈尔巴乔夫"公开性""民主化"运动的推进，从1986年开始，苏联又出现了"非正式组织"问题，而且发展速度非常之快，最终酿成大祸。据苏联报刊报道，这种"非正式组织"，1987年12月有3万个，1989年2月增加到6万个，1990年又发展到9万多个。① 这些"非正式组织"的发展与壮大与西方国家的支持是分不开的。这些组织积极传播西方价值观念、大力推广西方生活方式，同时积极声援苏东国家内部反对派、配合西方势力对苏联和东欧实行"和平演变"。

第二，通过新闻媒介进行舆论宣传，进行"思想战"和"心理战"。在以美国为首的西方敌对势力对苏联进行"和平演变"的过程中，新闻媒介充当了重要角色。20世纪50年代，美国总统艾森豪威尔说，要从几十年到几代人的角度来考虑问题，在宣传上花1美元，其功效等于在国防上花5美元。美国前总统尼克松在《真正的战争》一书中说：要"使西方的信息穿过每一道极权主义的屏障"，"我们不应当怕进行宣传战——不管是在苏联帝国内部，还是在世界上其余地方"。为了利用新闻媒介搞"和平演变"，以美国为首的西方国家专门建立了针对苏联和其他社会主义国家的宣传机器。其中最主要、影响较大的有：美国之音、自由欧洲电台、自由电台、英国BBC电台等。1987年12月，里根在美国之音建台45周年贺词中赞扬：美国之音是"巨大的非军事力量，是在共产主义社会黑暗中点火的力量"②。除了利用本土的"美国之音"外，美国还分别于1950年和1951年在西欧设立了两个专门针对苏联和东欧等社会主义国家的大型广播电台——"自由欧洲电台"和"自由电台"。这两个电台利用俄语和苏联的11个少数民族语言以及东欧各国语言广播，每周播音时间长达1097小时。尼克松曾经赞扬说，单是"自由欧洲电台"和"自由电台"，就防止了苏联把共产主义意识形态完全灌输给苏联和东欧人民。

---

① 李慎明主编：《居安思危——苏共亡党二十年的思考》，社会科学文献出版社2011年版，第225页。

② 李慎明主编：《居安思危——苏共亡党二十年的思考》，社会科学文献出版社2011年版，第440页。

第三，利用贸易和经济援助等手段，进行"经济战"。利用一切可能的手段，从经济上拖垮苏联，是西方国家一贯坚持的战略。到 20 世纪 80 年代，苏联陷入经济危机之中。西方国家认为时机已到，便加紧了拖垮苏联经济这一策略的实施。最突出的就是大幅度降低国际石油价格。随着国际油价大幅度下跌以及苏联军费开支猛增，苏联经济日益恶化。以美国为首的西方国家又以经济援助为诱饵，逼迫苏联在政治上做出让步，加紧对其"和平演变"。美国前总统尼克松在《华盛顿邮报》发表的文章一针见血地披露了西方援助的目的，他说：美国的关键战略利益不在于经济上挽救莫斯科，而是要摧毁苏联的共产主义制度。事实上，西方的这一目的达到了。进入 20 世纪 90 年代，戈尔巴乔夫为应付国内危机，便主动向西方请求援助。1991 年 5 月，戈尔巴乔夫委托经济学家亚夫林斯基去美国，同哈佛专家一起制定了"哈佛计划"。该计划规定，西方每年援助苏联 300 亿至 500 亿美元，5 年共计援助 1500 亿至 2500 亿美元，援助要同苏联改革挂钩，苏联必须实行"市场化""私有化"。到 1991 年底，西方见戈尔巴乔夫的大势已去，便强调自己困难，把责任推给苏联，这项庞大的援助计划也就不了了之了。至此，西方国家以极小的代价，达到了自己的目的。

五、社会主义改变了中国的命运
——从新民主主义革命到社会主义实践

科学社会主义诞生半个世纪后传入中国。1899 年，英国传教士李提摩太在上海广学会主办的《万国公报》上，首次提到马克思的名字及马克思的学说，但当时并没有引起中国知识界的广泛注意。十月革命胜利之后，马克思主义和社会主义开始在中国得到广泛传播，使苦苦探寻国家出路的中国先进分子看到了光明与希望。经过反复的比较，历史和人民最终选择了马克思主义和社会主义。以毛泽东为主要代表的中国共产党人把马克思主义基本原理与中国实际相结合，创立了毛泽东思想，实现了马克思主义中国化的第一次历史性飞跃。在毛泽东思想的指引下，中国共产党领导中国人民取得了新民主主义革命和社会主义革命的胜利，建立了新中国并确立了社会主义制度，实现了 20 世纪中国第二次历史性巨变。在此基础上，毛泽东提出了将马克思主义与中国实际进行"第二次结合"的任务，并对如何建设社会主义进行了初步探索。但是由于缺乏社会主义建设的经验，在建设社会主义过程中，也出现了一些曲折甚至发生了全局性的错误。

（一）比较与选择：只有社会主义才能救中国

中华民族有着 5000 多年悠久的历史，曾经为世界文明做出过巨大贡献。但是，自近代以来，中国却落伍了，列强入侵，山河破碎。自 1840 年起，摆在中国人民面前的有两大历史任务：一是求得民族独立和人民解放；二是实现国家的繁荣富强和人民的共同富裕。为了完成这两大任务，先进的中国人进行了苦苦探寻。

1. 历史和人民选择了马克思主义①

从 1840 年的第一次鸦片战争到 1901 年《辛丑条约》的签订，西方殖民者通过发动大规模的侵华战争和签订一系列不平等条约，把中国由一个主权独立的封建社会变为半殖民地半封建社会。面对近代以来"数千年之奇变"，无论是清朝统治者还是社会精英、各阶层民众，都在思索着救中国的出路。地主阶级的思想家林则徐、魏源提出了"师夷长技以制夷"的思想。农民起义领袖洪秀全，把西方基督理论进行改造，糅合中国传统文化中"大同""均贫""下凡"等思想，创立了拜上帝教，把宗教和反清结合起来，动员农民起来推翻清政府统治，试图建立一个"无人不饱暖，无处不均匀"的理想社会。地主阶级洋务派李鸿章等，面对内忧外患的国情，采用"中体西用"模式，以自强求富为目的，向西方学习，举办了一系列洋务事业。但是随着甲午战争北洋水师的全军覆没，经营 30 多年的洋务运动彻底失败。甲午战争失败后，资产阶级改良派康有为、梁启超等，企图效仿日本，实行君主立宪制，走上资本主义的发展道路，但经历了 103 天的维新变法最终失败。以孙中山为代表的资产阶级革命派，以实现三民主义和民主共和制为目标，进行了辛亥革命，推翻了 2000 多年的封建帝制，建立了中华民国，实现了 20 世纪中国第一次历史性巨变。但辛亥革命仍没有改变中国半殖民地半封建社会性质，袁世凯篡夺政权后，中国又陷入北洋军阀的专制统治下。

从上述中国各阶层的探索看，先进的中国人从 1840 年起，一直面向西方寻找救国救民的真理，即以西方的思想、理论、制度为武器，探求走向民族独立和富强的道路，但经过近 80 年的探索，都没有成功。它的失败证明了"中体西用"和资产阶级共和国的方案在中国都行不通。

袁世凯篡夺辛亥革命胜利成果后，中国社会就进入了北洋军阀统治时期。1913 年 10 月，袁世凯强迫国会选他为总统。此后，下令解散国民党和国会。1914 年 5 月，又废除《中华民国临时约法》，公布反动的《中华民国约法》，改责任内阁制为总统制。为了取得帝国主义对其独裁统治和复辟帝制的支持，袁世凯不惜出卖国家主权和民族利益，接受了日本觊觎的旨在

---

① 本部分内容参考了赵付科等：《〈中国近现代史纲要〉热点难点专题教学研究》，山东人民出版社 2017 年版，第 66 – 77 页。

灭亡中国的"二十一条"。袁世凯死后，帝国主义为了维护并扩大自己在华特权和利益，各自寻找和扶持一派军阀充当自己的工具。在它们的操纵和支持下，北洋军阀公开分裂成几个派系，中国出现了军阀纷争的混乱局面。经济上，军阀横征暴敛，疯狂掠夺。为进行战争和镇压人民反抗，拼命扩军备战。1914年全国陆军47.5万人，1918年增加到85万人，1919年初达138万人。在北洋军阀的财政支出中，军费约占70%，地方军阀军费有的高达财政支出的90%。为筹措庞大军费，军阀除保留清政府全部捐税外，又巧立名目，增设各种苛捐杂税，人民不堪重负。北洋军阀统治时期，民族危机日益严重，人民生活在水深火热之中。

中国的出路在哪里？这个问题再一次被提到了中国人民的面前。辛亥革命的失败和北洋军阀统治的建立，使一些先进分子陷入了深深的绝望、苦闷和彷徨之中。"无量头颅无量血，可怜购得假共和。"对此，李大钊感慨道："共和自共和，幸福何有于吾民也？"①鲁迅在《自选集》自序中也倍感失望：见过辛亥革命，见过二次革命，见过袁世凯称帝，张勋复辟，看来看去，就看得怀疑起来，于是失望、颓唐得很了。瞿秋白也表达了对现实的苦闷："残酷的社会，好像严厉的算术教授给了我一极难的天文算题，闷闷的不能解决。"②他们在努力探求改变现状的出路。

中国的先进分子痛心于军阀统治下的混乱与黑暗，他们从辛亥革命失败的教训中认识到，要防止君主复辟，实现名副其实的民主共和国，必须发动一场反封建的思想启蒙运动，来唤起大多数人民的民主主义觉悟，扫除人们头脑中的封建愚昧思想。他们在旧路走不通的情况下，又开辟了一条新路径。这样，新文化运动应运而生。

1915年9月，陈独秀在上海创办《青年杂志》（从第2卷第1号改名为《新青年》），标志着新文化运动的开始。新文化运动的主将们高举"民主（Democracy）"与"科学（Science）"两面大旗，向封建专制、封建礼教、封建思想猛烈开火。陈独秀认为，"我们中国多数国民口里虽然是不反对共和，脑子里实在充满了帝制时代的旧思想"，"如今要巩固共和，非先将国

---

① 《李大钊文集》上册，人民出版社1984年版，第4页。
② 《瞿秋白文集》（文学编）第1卷，人民文学出版社1985年版，第14页。

民脑子里所有反对共和的旧思想——洗刷干净不可"。① "欲求根本之救
亡",必须改造中国的国民性。他在《新青年》创刊号上刊发《敬告青年》
一文,明确提出:"国人而欲脱蒙昧时代,羞为浅化之民也,则急起直追,
当以科学与人权并重。"② 这里的"人权"就是指民主。新文化运动的倡导
者强调人权,并把人权作为衡量民主的标尺,具有时代的进步意义。他们
不仅揭露了国民中存在的"劣根性",诸如"安贫乐道""知足常乐""退
缩苟安""雌退礼让""逆来顺受""惟命是从""惟上是听""听天由命"
"犯而不校"等,而且还提出了"现代人"所必须具有的品格,那就是自主
的而非奴隶的,进步的而非保守的,进取的而非退隐的,世界的而非锁国
的,实利的而非虚文的,科学的而非想象的。现在看来,这是对现代人意
识的相当精确的概括。

新文化运动为中国打开了一个崭新的世界。它打破了长期以来禁锢在
人们头脑中的封建思想枷锁,动摇了封建正统思想的统治地位,从而极大
地震动了中国思想界,打开了遏制新思想涌流的闸门,在中国掀起了富于
革命和进步性的、生机勃勃的思想解放运动。新文化运动给人们带来了思
想的大解放,为马克思主义在中国的广泛传播准备了良好的思想条件。

新文化运动兴起之时,正值第一次世界大战爆发之际,在此期间俄国
的十月革命又取得了成功。这一世情的重大变化导致了西方的分裂:一战
以前的西方是一个整体的西方,中国人眼中的"西方"是把欧美、俄国、
日本视为一个整体。而一战后的西方则发生了分裂,俄国从中分裂出来,
成为新的国家——苏俄。日本借欧洲大战时机,出兵山东,后又与袁世凯
秘密签订"二十一条",成为中国人民最仇恨的敌人。所以,一战后的西方
实际上分裂为三个部分,即欧美、苏俄和日本。这一世界局势的重大变化
对中国先进分子在选择什么样的思想武器问题上产生了极大的影响。

最大的影响就是中国先进分了由醉心西学到怀疑西学。他们认为"西
方"不再是一个整体的"美好新世界",而是一个复合体,西方的模式有好
有坏,良莠并存。原因有二:一是民国后中国人在尝试了西方议会民主制
后感到失望,民初国会的无效率和腐化皆不让晚清政治,民国政治反不如

---

① 任建树主编:《陈独秀著作选编》第 1 卷,上海人民出版社,2009 年版,第 333－334 页。
② 任建树主编:《陈独秀著作选编》第 1 卷,上海人民出版社,2009 年版,第 162 页。

清，成为包括孙中山在内的大量士人的共同陈述，于是对西方的民主制度就怀疑了，至少认为有不适合于中国的地方。二是欧战的战火把西方倡导的自由、平等、正义撕了个粉碎。长达四年之久的世界大战，给欧洲大陆留下的是满目疮痍，是令人震惊的灾难和混乱，社会危机、经济和政治危机不断，工厂倒闭，工人失业。战争的空前残酷和战后社会的极度混乱等诸多现象，使中国以新文化运动主将为代表的先进分子，由醉心西学转而开始怀疑西方文明的价值，不断批判西方资本主义制度的种种缺陷和弊端。李大钊说，欧战以来，"弹烟血雨"，"战祸洪流"，造成"举世滔天之祸，全欧陆沉之忧"，"此次战争，使欧洲文明之权威大生疑念。欧洲人自己亦对于其文明之真价不得不加以反省"①。

《西方文明史》的主编马文·佩里指出：毫无疑问，任何能允许毫无意义的大屠杀持续四年之久的文明，都已经表明了它的弊端丛生，正走向衰败。所以，大战之后，欧洲人对他们自己和他们的文明有了另外一种看法，即不再自信西方文化是首善的了。在此种新认识中，最为深刻也最具勇气的见解是德国的斯宾格勒在 1918 年 7 月写的《西方的没落》。他明确反对"西方中心论"，承认世界文明的多元发展。他断言：西方文明正面临着没落的命运，浮士德文化正走向死亡。这本书当时被称为轰动西方世界的一本书。

战后访问过中国的罗素曾提到，访华期间有不少人对他说，1914 年前自己对于西方文化不甚怀疑，但及欧战起，却不能不相信它必有自己的缺陷。《东方杂志》的主编杜亚泉在欧战初期发表文章认为：欧战将激起国人的"爱国心"和"自觉心"，西方文化在战争中已尽弊端，这绝非个人的偏见。继杜亚泉后，中国老资格的思想家梁启超发表了更有分量的批评西方文化的意见。欧战结束，梁启超与蒋百里、张君劢等 7 人赴欧，先后考察了英、法、比、荷、瑞、意、德诸国，旅途中，梁启超随录自己的观感《欧游心影录》。他生动地描绘了战后欧洲哀鸿遍野、凄楚悲凉的情景，指出西方"科学万能"的迷梦已告破产。

另一个重大影响就是中国人不再把日本作为学习的榜样。近代中国人眼中的西方也包括日本。维新派曾把日本作为样板，希望通过君主立宪实

---

① 《李大钊文集》上册，人民出版社 1984 年版，第 565 页。

现制度变革，以挽救民族危机。晚清政府中立宪派也企图推行"新政"，效仿日本，实行"宪政"来挽救清朝统治的危机。但这些努力都失败了。那么，是什么原因使中国人放弃学日本的幻想，并把它作为敌人呢？主要是两个原因：一是1914年第一次世界大战爆发，日本借口对德宣战，攻占青岛和胶济铁路全线，控制了山东省，夺去德国在山东强占的各种权益。二是1915年日本提出"二十一条"这样的险恶要求，再次向中国人民提醒了帝国主义侵略威胁的存在。此次事件实为中国人心目中日本形象根本转变的一个里程碑。如果说以前中国人对日态度是好恶参半、憎恨中夹有羡慕的话，到"二十一条"之时，憎恨达到高峰而羡慕已降到最低点。在这次事件之后的中国政治和中国社会中，已基本没有什么公开的"亲日"力量。

可见，第一次世界大战及世界格局的变动，改变了中国人对"西方"的看法。从醉心西学到怀疑西学，从羡慕日本到憎恨日本。这种对西方文明的怀疑，促使人们开始破除对西方文明的迷信和盲从，而这时从旧俄国演变而来的新国家——苏俄，以其崭新的形象、独特的思想魅力感召着先进的中国人，从而为他们接受马克思主义准备了适合的土壤。

对西方资本主义怀疑了，但中国先进分子面对的还有源自西方的各种"主义"和思潮。五四时期，西方各种新思想、新文化纷至沓来。有民主主义、社会主义，还有实用主义、马赫主义、柏格森主义、尼采主义等。就社会主义思潮而言，除了马克思的科学社会主义外，还有空想社会主义、第二国际社会主义、基尔特社会主义、民粹主义、新村主义，还有各种无政府主义。这一时期，各种思潮互相冲突搏斗，又互相影响激荡。面对诸多的选择，中国先进分子从探索中国出路，实现改造中国的强烈愿望出发，适应时代发展要求，对包括马克思主义在内的各种主义学说进行了学习讨论、实践比较、鉴别推求，最后将学习的目标锁定在俄国，选择了马克思主义。

毛泽东讲，十月革命一声炮响，给中国送来了马克思列宁主义。十月革命给中国先进分子带来怎样的影响呢？

首先，十月革命帮助中国的知识分子重新考虑自己的问题。他们认识到：在中国按照资产阶级国家的办法长期不能解决的问题（如维新变法、资产阶级共和国方案），在俄国经过十月革命已获得迅速、彻底的解决；社会主义既然能解决俄国的问题，是不是也能解决中国的问题？他们经过比较两国的国情，感到确有相似之处：第一，两国都是大国，地大人多；第二，经济文化都相对落后；第三，两国都长期受封建专制统治的影响，政治腐败。俄国革命是在马克思主义指导下取得胜利的，中国人在欢呼十月革命胜利时，自然不会忘却十月革命的指导思想——马克思主义。战后强权主义有增无减的现实，尤其是俄国革命的感召力，使以李大钊为代表的新文化运动的左翼，开始转换思路，将学习的榜样转向苏俄。

早在 1918 年，李大钊在《法俄革命之比较观》一文中，即已感悟到"桐叶落而天下惊秋"，法兰西文明已成为明日黄花，俄国革命则若春天的惊雷，预示人类文明的发展正经历"绝大之变动"。李大钊用不同寻常的视角看待欧战的终结，认为这件功业，与其说是威尔逊等的功业，毋宁说是列宁的功业，是马克思的功业。其后他又连续发表了《庶民的胜利》《布尔什维克主义的胜利》《我的马克思主义观》等重要文章，更进一步地指明了欧战是"资本家的政府"之间的不义战争，而俄国十月革命的胜利则开辟了世界历史的新纪元。在李大钊的影响下，经过五四运动洗礼后的中国先进分子开始把目光投向苏俄。

其次，俄国政府的两次对华宣言也是促使中国先进分子转向的重要因素。1919 年 7 月、1920 年 9 月，俄国政府分别发表两次对华宣言。第一次对华宣言提出废除 19 世纪末至十月革命前夕沙皇政府单独与中国政府订立的中俄密约（1896 年）、辛丑条约（1901 年）和俄日签订的侵华条约。第二次对华宣言称"以前俄国历届政府同中国订立的一切条约全部无效，放弃以前夺取中国的一切领土"[①]。这些声明，反映了俄国对帝国主义的态度和援助被压迫民族的外交政策，表达了对中国人民的平等友好态度。当时《新青年》杂志刊登的中国舆论界对苏俄第一次对华宣言的反应中，就有人这样说：这个宣言体现了新俄国宪法的"要铲除资本主义侵略主义的精神"，我们应当由此前进一步，去"研究俄国劳农政府的主义"，赞同"俄国劳农政府所根据的真理"。长期饱受资本主义列强欺凌的中国人民在得知宣言的内容之后，感到"无比欢喜"，全国有 13 个民众团体致电称赞，认为俄国工人、农民、士兵是世界上"最可爱的人类"。苏俄以新的形象和新

---

① 薛衔天等编：《中苏国家关系史资料汇编（1917—1924）》，中国社会科学出版社 1993 年版，第 87 页。

的平等外交政策展现在中国人面前，大大提高了马克思主义的影响和信誉，对中国先进分子选择马克思主义产生了巨大的影响。

可以说，十月革命的成功，给中国人提供了将社会主义理论转化为实践，由理想转化为现实的可操作性的"范式"。

与此同时，巴黎和会上西方列强的背信弃义使中国先进分子的幻想与迷梦破灭了。第一次世界大战结束后，1919 年 1 月，战胜国在法国巴黎的凡尔赛宫举行"和平会议"，即"巴黎和会"。中国以战胜国的身份派代表参加会议，并向和会提出了三条正当要求：（1）取消列强在华的七项特权；（2）废除"二十一条"；（3）归还大战期间被日本夺去的德国在山东的各项权利。会议在英、法、美等帝国主义操纵下，无视中国的权利，对中国代表提出的（1）（2）两项要求，以不在会议议题范围之内为理由，拒绝讨论。在讨论山东问题时，反而明文规定将德国在山东的特权全部让给日本。中国在巴黎和会上的外交完全失败。

社会主义的俄国与西方列强对中国的不同的外交政策和态度，立即在中国引起了完全相反的强烈反响。中国人本来希望在巴黎和会上能够实现公理战胜强权，但最终还是强权战胜了公理，这一结果惊醒了中国的先进分子，使他们的幻想与迷梦破灭。他们认为现在的世界是个"强盗的世界"。1919 年 5 月 4 日，陈独秀在《每周评论》上说："巴黎和会，各国都重在本国的权利，什么公理，什么永久和平，什么威尔逊总统的十四条和平宣言，都成了一文不值的空话。"[1] 李大钊也愤怒地指出：人道、和平这些名词，都是强盗政府的假招牌。"我们且看巴黎和会所议决的事，那一件有一丝一毫人道、正义、平和、光明的影子。"[2] 他愤怒地抨击这个世界是相杀的世界，黑暗的世界，压迫的世界，兽行的世界，强权的世界，认为中国人对列强的种种幻想是我们的大罪。西方所崇尚的自由平等、民主法治固然很先进，但他们连基本的公理都不讲，甚至尊重别国的主权都做不到，怎么会推动中国社会的发展？巴黎和会还使中国先进分子明白了为什么先生总是侵略学生。正如瞿秋白所说，"中国民族几十年受剥削，到今日才感受殖民地化的况味。帝国主义压迫的切骨的痛苦，触醒了空泛的民主

---

① 任建树主编：《陈独秀著作选编》第 1 卷，上海人民出版社 2009 年版，第 90 – 91 页。

② 《李大钊全集》第 2 卷，人民出版社 2006 年版，第 837 页。

主义的噩梦。……工业先进国的现代问题是资本主义，在殖民地上就是帝国主义"，所以"学生运动倏然一变而倾向社会主义，就是这个原因"。①

苏俄的平等友好与西方列强的背信弃义形成强烈的反差，深深刺激着中国先进分子的思想，严酷的现实促使他们逐步转向对马克思主义的信仰。

另外，1919年3月共产国际建立后，苏俄和共产国际又逐渐加强与中国的联系，派代表来中国帮助建立共产党组织，直接带来了马克思列宁主义，促进了马克思主义在中国的广泛传播。

信仰是建立在了解、认知的基础之上，对马克思主义的信仰依赖于马克思主义的广泛传播。李大钊、陈独秀等首先从各种社会主义思潮的迷雾中冲出来，接受并大力传播马克思主义。李大钊、陈独秀既是新文化运动的干将，又是北京大学的师长、教授、知名学者，他们的思想信仰在实践中的影响力是其他人所无法比拟的。从李大钊的生平和个性看，他学的是政治经济学，对政治感兴趣，有政治天赋，具备了传播马克思主义的特质。他最早发现十月革命对中国的意义和价值，第一次将马克思主义的唯物史观、政治经济学和科学社会主义向国人做了全面的介绍。有人回忆起李大钊对自己的影响时说：从他的文章里有生以来第一次明白了精神与物质的关系，初步地离开了唯心论的迷魂阵，跨上了唯物主义的道路。在李大钊、陈独秀的影响下，一大批先进分子转向马克思主义信仰。如毛泽东、张国焘、邓中夏、罗章龙、瞿秋白、高君宇、赵世炎、何孟雄、王尽美、邓恩铭等。

李达、李汉俊、杨匏安等早年在日本留学时期即开始接触学习马克思主义，五四运动后，他们大力介绍和宣传马克思主义，参与对各种非马克思主义观点批判。董必武回忆："当时社会上有无政府主义、社会主义、日本的合作运动等等，各种社会主义在头脑里打仗，李汉俊来了，把头绪理出来了，说要搞俄国的马克思主义。"②

周恩来、蔡和森、李立三、赵世炎、陈延年等人，他们在五四运动后便走上学习研究马克思主义的道路，在赴法勤工俭学后，利用国外有利条

---

① 《瞿秋白诗文选》，人民文学出版社1982年版，第34－35页。
② 《"一大"前后——中国共产党第一次代表大会前后资料选编》（二），人民出版社1980年版，第370页。

件，深入钻研马克思主义理论。被称为"极端马克思派"的蔡和森在法国"猛看猛译"，并不时将自己的心得和最新信息传回国内，为毛泽东等留在国内的人输送新鲜养分。董必武、林祖涵、吴玉章等部分老同盟会会员，在十月革命和五四运动的影响下，从辛亥革命以来的实践中认识到资产阶级革命老路走不通了，转向马克思主义的信仰。

报刊是传播马克思主义的重要路径。1919—1920年一年内，全国涌现出宣传新思潮的报刊达400多种。大众传媒因时效性强，发行量大，信息传播快，读者面广，宜于阅读与保存等优势，颇受社会欢迎，成为宣传新文化和马克思主义的主阵地。在李大钊等人的影响和带动下，宣传马克思主义的刊物和社会主义的团体像雨后春笋般在全国各地纷纷涌现出来。当时有人这样写道："一年以来，社会主义底思潮在中国可以算得风起云涌了。报章杂志底上面，东也是研究马克思主义，西也是讨论鲍尔希维主义；这里是阐明社会主义底理论，那里是叙述劳动运动底历史，蓬蓬勃勃，一唱百和，社会主义在今日的中国，仿佛有雄鸡一唱天下晓底情景。"① 五四时期在报刊上发表的介绍马克思主义的文章多达200多篇。这样集中地介绍国外的一种思想理论，在中国近代报刊史上是罕见的。

一种思想理论之所以产生价值，值得人们去关注它、研究它、信仰它，它必然具备两个条件：主体需要和客体能够满足主体的需要。从上述的分析中可以看出，中国人民在老路走不通、旧理论又不灵的情况下，迫切需要一种新理论能够满足他们反帝反封的救国需求。在诸多社会思潮中，马克思主义显示出它的魅力。首先，马克思主义具有科学性和革命性。它鲜明的反帝特色，主张民族平等的革命精神，对于饱受列强侵略之痛，又经过五四洗礼的一部分先进分子来说，极易引起思想共鸣。其次，马克思主义理论具有鲜明的阶级性、先进性及博大、切实的思想特征。它公然宣称自己的理论是为无产阶级和广大劳动人民服务的，这也正是其他学说主义所不具备的特性。而且，与其他理论相比，马克思主义对未来社会的设计最完整、最先进、最具理想性。这对于追求进步新知的青年人具有极大的吸引力。再次，马克思主义的唯物史观为中国人民争取民族独立和人民解放提供了现实的方法指导。最后，马克思主义思想特质中，还有和中国传

---

① 潘公展：《近代社会主义及其批评》，《东方杂志》18卷4号，1921年2月25日。

统文化相融、相通之处，易于为中国人所认同和接纳。比如，中国传统文化的"大同"思想与马克思主义关于共产主义的社会构想；"民贵君轻""民为邦本"的传统民本思想与马克思主义的人本主义思想、无产阶级专政理论；"经世致用"、不畏强暴、敢于斗争的思想与马克思主义的阶级斗争学说；中国哲学中丰富的古代唯物主义和辩证法的思想与马克思主义主中主体、客体统一于实践的认识论等，都有契合点，经过中国先进分子的解读，中国传统文化与马克思主义新文化能够相融、相通。

中国的先进分子经过学习研究、实践比较和批判斗争，才认识真正的马克思主义，接受马克思主义，最终确立了马克思主义的信仰。1919 年至 1920 年间围绕着马克思主义的传播，思想界展开了三次大的论争。即关于"问题与主义"的论争，关于社会主义与资本主义的论争，关于马克思主义与无政府主义的论争。经过这三次论争，使马克思主义在五四运动后焕发出更加旺盛的生命力，大批激进青年弄清了马克思主义与无政府主义的界限，从而走上了马克思主义的道路，有些原为无政府主义的信仰者也由此转向马克思主义。

这里还有一个问题需要弄清，为什么五四时期的其他社会思潮没有成为中国先进分子的选择？实际上，从上述几个方面的阐述中已部分解答了这一问题。综合起来分析，还可从以下几个方面来理解。

首先，从实践性来看，其他社会思潮都解决不了中国的出路问题。从辛亥革命的失败到五四运动这一时期，中国先进分子面临的最大问题和最大困惑是寻找中国的出路，也就是国家独立和人民解放问题。是为了找出路而选"主义"，而不是盲目地"拿来"某种主义或为了"主义"而研究"主义"。所以，实用主义、基尔特社会主义、无政府主义、泛劳动主义、新村主义等都解决不了中国的出路，满足不了中国人民反帝反封的现实需要。

其次，从理论性来看，它们都有各自的局限性。比如，实用主义作为一种思想行为方法，有其合理性，但作为一种社会改造理论，就有其局限性。尤其是五四运动后，反帝、反对强权政治、主张民族自决成为思想主流后，更加凸显出实用主义的理论局限性。正如美国学者莫里斯·迈斯纳所说："当胡适与李大钊争论'问题与主义'之时，中华民族的存亡已经成为迫切的问题。主张研究具体问题，提倡缓进的社会改良，就是设想已经存在或将要出现一个合理的社会制度和政治制度。……但这种设想无论从当时的局势或是今后的发展上看都是不现实的。从整个中国危机来看，杜威的纲领是注定要失败的。"主张"绝对自由"的无政府主义，因在中国缺乏基础，其走极端的思想性格与中国传统重和谐、主中庸的民族性有极大的抵触，虽能一时产生影响，但经过马克思主义的批判，其思想趋于沉静。

最后，其他社会思潮在与马克思主义的论争及社会实践中，渐行渐远，走出中国先进分子的视野。马克思主义在与其他主义的三次论争中，暴露出其他主义的不足和缺陷，使当时众多的进步青年划清了科学社会主义与其他社会主义、无政府主义的界限，加入到马克思主义的信仰中来。有的是在实践中转变了认识，放弃了其他主义的信仰或尝试。像李大钊、陈独秀、毛泽东、恽代英等早年都曾受进化论、互助论、民粹主义、民治主义、无政府主义、泛劳动主义等思潮的影响。

尽管其他社会思潮没有成为中国先进分子的选择，但不可否认中国第一批马克思主义者在那个剧烈变动的历史时代，从这些思潮中吸取了营养，辨明了方向，理清了思路，同时，在各种思潮的相互激荡争斗中认识到马克思主义的价值和魅力。

从以上分析可以看出，中国第一批马克思主义者，由于他们的人生经历、价值取向、个性特点的不同，他们选择马克思主义道路各具特色。有的是在打破了民主主义的幻想之后，接受了马克思主义；有的是在各种新思想的影响和鉴别中选择了马克思主义；有的是在国外大量阅读马克思主义著作后，建立起对马克思主义的信仰；有的是在国内的现实探索中逐步形成了马克思主义的立场。尽管路径不同，但有几点是相同的：他们都是知识分子，但又不是纯粹的知识分子；他们关心国家的政治命运，不畏艰险，敢于担当；他们都具有中国传统知识分子以天下为己任的使命感、责任感，有探寻中华民族救亡图存之路的人生价值追求，有开阔的历史眼光和世界视野；他们面对当时中国国情、世情的重大变化，能够顺应时代的要求，积极思考、研究探索、勇于实践，在中国大地上树起了马克思主义旗帜。

2. 马克思主义中国化时代化的第一次历史性飞跃

中国的先进分子在选择了马克思主义之后，就自觉地把马克思主义运用于革命的实践，积极投身工人运动和群众斗争。1919 年的五四运动使中国的工人阶级作为一支独立的政治力量登上了历史舞台。随着马克思主义与中国工人运动的不断结合，1921 年中国共产党诞生。中国共产党的成立，是一个开天辟地的大事变。它给灾难深重的中国人民带来了光明与希望。从此，中国人民有了坚强的领导核心，中国革命有了正确的前进方向，中国的命运有了光明的发展前景。

在中国这样一个半殖民地半封建社会、经济文化极其落后的东方大国，无产阶级政党如何进行资产阶级民主主义性质的革命，马克思主义经典作家没有现成答案，也没有可以套用的其他国家的现成经验，必须把马克思主义基本原理同中国革命的具体实际结合起来，走中国特色的革命道路。中国特色的革命道路，就是"农村包围城市，武装夺取政权"的道路。这条革命道路的开辟，是以毛泽东为主要代表的中国共产党人在大革命失败后的艰难环境中总结经验教训，同国民党新军阀进行斗争并不断探索革命道路的结果，是根据中国革命的实际情况，冲破马列主义本本的教条，冲破欧洲革命经验的框框，冲破"左"和右的束缚，灵活运用马列主义基本原理创造性开辟的符合中国国情的革命道路。

大革命失败后的危急关头，1927 年 8 月 7 日，中国共产党在汉口召开"八七会议"。毛泽东在会上做了发言，提出了"以后要非常注意军事。须知政权是由枪杆子中取得的"① 论断，并对在第一次国共合作时期，共产党只抓民众运动，不抓军事运动的做法进行反思和批评。1927 年 8 月 18 日，毛泽东在中共湖南省委第一次会议上的发言时又对这一思想做了进一步阐述，指出："我们党从前的错误，就是忽略了军事。现在应以百分之六十的精力注意军事运动，实行在枪杆子上夺取政权，建设政权。"② 毛泽东认为，孙中山是"专做军事运动"，不做民众运动，因此不能成功，而共产党在第一次国共合作时期，不做军事运动专做民众运动，也遭到巨大损失，得了深刻教训。因此，分离军事运动和民众运动，必然导致革命事业的失败或者严重挫折。中国革命要成功，必须走党领导下的军事运动和民众运动相结合的道路。

反思大革命失败的教训，得到了武装反抗国民党反动派的结论。因此，

---

① 《毛泽东文集》第 1 卷，人民出版社 1993 年版，第 47 页。
② 《毛泽东军事文集》第 1 卷，军事科学出版社、中央文献出版社 1993 年版，第 7 页。

从南昌起义开始，中国共产党展开了独立领导革命斗争、创建人民军队的历程，并在接下来的革命中组织了秋收起义、广州起义等一些以中心城市为目标的起义。秋收起义中，在攻打长沙严重受挫的情况下，毛泽东毅然决定放弃起义的原计划，把起义军转到敌人统治力量薄弱的农村区域，寻找落脚点，在农村中保存革命力量，再图发展。在毛泽东的领导之下，起义军向文家市转兵，实现了由进攻城市向进军农村的转变，开始探索一条新的路子。在经过三湾改编后，探索了一条与农民运动相结合、建立农村革命根据地的保存和发展革命力量的道路。斯诺在《红星照耀中国》中写到过毛泽东后来回忆说："因为秋收起义的纲领没有获得中央委员会批准，也因为第一军遭受惨重损失，还因为从城市的角度出发，这场运动似乎注定要失败，所以在这个时候，中央委员会明确地否定了我。我在政治局和前敌委员会的职务被撤销。湖南省委也抨击我们，管我们叫'枪杆子运动'。然而，我们还是将部队在井冈山团结起来。坚信我们正沿着正确的路线前进。以后发生的事情充分证明这一点。"① 毛泽东在革命道路的探索中，第一次实现了由城市向农村的转变，也为其他地区的革命发展提供了指引。

列宁曾经说过：没有革命的理论，就不会有革命的运动。毛泽东对此是非常认可的，他指出："指导一个伟大的革命运动的政党，如果没有革命理论，没有历史知识，没有对于实际运动的深刻的了解，要取得胜利是不可能的。"② 毛泽东在中国民主革命的过程中，特别注意理论总结，进行理论创建，创造性地形成了"工农武装割据"的理论，回答了当时现实中困扰人们思想的重大理论问题，解决了诸多疑问。

中国国情的特殊性和复杂性，决定了中国革命必须有适应自己国情的道路。但是，在探索革命道路的过程中，由于共产国际的影响、党的认识的偏颇、革命条件的艰苦等因素的影响，现实中出现了许多对革命问题的疑惑，诸如"红旗到底打得多久"、中国革命究竟走什么道路、红色政权能否长期存在和发展等。这些问题是半殖民地半封建的中国革命实践对马列主义者提出的一个新的理论问题。毛泽东指出："这是一个最基本的问题，不答复中国革命根据地和中国红军能否存在和发展的问题，我们就不能前

---

① ［美］埃德加·斯诺：《红星照耀中国》，王涛译，长江文艺出版社 2018 年版，第 125 页。
② 《毛泽东选集》第 2 卷，人民出版社 1991 年版，第 533 页。

进一步。"① 因此，他总结井冈山和其他农村根据地的经验，从 1928 年 10 月至 1930 年 5 月，毛泽东先后发表了《中国的红色政权为什么能够存在？》《井冈山的斗争》《星星之火，可以燎原》《反对本本主义》等著作，从理论上阐释"工农武装割据"的思想，解决具有中国特色的革命道路问题。

但是由于党处于幼年时期，理论上政治上还不成熟，特别是缺乏对中国革命实际的深刻认识，党内出现了把马克思主义教条化、把共产国际决议和苏联经验神圣化倾向，使中国革命事业遭受重大挫折。从 1927 年 7 月大革命失败到 1935 年 1 月遵义会议召开之前，"左"倾错误先后三次在党中央的领导机关取得了统治地位。特别是王明等人的"左"倾教条主义错误，对中国革命造成了极其严重的危害，使红军第五次反"围剿"失败，不得不退出南方根据地实行战略转移——长征。1935 年 1 月，中央政治局在长征途中召开了遵义会议，确立了以毛泽东为代表的马克思主义的正确路线在党中央的领导地位，从而在极其危急的关头挽救了中国共产党、挽救了中国工农红军、挽救了中国革命，成为中国共产党历史上一个生死攸关的转折点。从此，中国革命逐步走上了顺利发展的道路。

全民族抗战开始以后，国民党顽固派刻意宣传"一个主义""一个政党"的主张，大肆鼓吹"共产主义不适合中国国情"。中国向何处去的问题，尖锐地摆在每一个中国人面前。

1938 年 10 月，在党的六届六中全会上，毛泽东明确提出了"马克思主义的中国化"的重大命题。他强调："离开中国特点来谈马克思主义，只是抽象的空洞的马克思主义。因此，马克思主义的中国化，使之在其每一表现中带着中国的特性，即是说，按照中国的特点去应用它，成为全党亟待了解并亟须解决的问题。"②

为了将丰富的中国革命实际经验马克思主义化，系统地阐明党的理论和纲领，回答中国向何处去的问题，以更好地指导抗日战争和中国革命，1939 年、1940 年之交，毛泽东撰写了《〈共产党人〉发刊词》《中国革命和中国共产党》《新民主主义论》等重要理论著作，科学分析了旧中国半殖民地半封建社会的性质和各阶级状况，回答了中国革命的性质、任务、对象、

---

① 《毛泽东选集》第 1 卷，人民出版社 1991 年版，第 188 页。
② 《中共中央文件选集》第 11 册，中共中央党校出版社 1991 年版，第 658 – 659 页。

领导权、依靠力量和发展前途等一系列重大问题，系统阐明了新民主主义理论。

毛泽东指出，中国共产党领导的整个中国革命运动，是包括新民主主义革命和社会主义革命两个革命阶段在内的全部革命运动。而 1919 年五四运动以后的中国民主革命，已经是无产阶级领导的人民大众的反帝反封建的新民主主义革命。区别新民主主义革命和旧民主主义革命的根本标志，是无产阶级的领导权问题。

毛泽东阐明了中国共产党在新民主主义革命阶段的基本纲领，即：政治上，推翻帝国主义和封建主义压迫，建立一个"无产阶级领导下的一切反帝反封建的人们联合专政的民主共和国，这就是新民主主义的共和国"①。经济上，没收操纵国计民生的大银行、大工业、大商业，建立国营经济；没收地主土地归农民所有，并引导农民发展合作经济；允许民族资本主义经济的发展和富农经济的存在。文化上，废除封建买办文化，发展民族的科学的大众的文化。

毛泽东指出，新民主主义革命的发展前途必然是社会主义。新民主主义革命和社会主义革命是两个不同的革命阶段，不能"毕其功于一役"，但两个革命阶段必须也必然是衔接的，不容横插一个资产阶级专政。毛泽东总结中国共产党成立以来的历史经验，指出统一战线、武装斗争、党的建设，是中国共产党在中国革命中战胜敌人的三个主要法宝。

新民主主义理论是马克思主义中国化的重大理论成果。它的提出和系统阐明，标志着毛泽东思想得到多方面展开而趋于成熟。这个理论从思想上武装了中国共产党人，使他们极大地增强了参加和领导抗日战争和新民主主义革命的自觉性。②

为总结和吸取党的历史上的经验教训，以提高广大党员、干部，尤其是党的高级干部的思想理论水平，增强党的凝聚力和战斗力，在 20 世纪 40 年代前期，中国共产党以延安为中心，在全党范围内开展了一场整风运动。1944 年 5 月至 1945 年 4 月，党的扩大的六届七中全会召开。全会通过了

---

① 《毛泽东选集》第 2 卷，人民出版社 1991 年版，第 675 页。
② 本书编写组：《中国共产党简史》，人民出版社、中共党史出版社 2021 年版，第 98 - 100 页。

《关于若干历史问题的决议》，对建党以后特别是党的六届四中全会至遵义会议前这一段党的历史及其经验教训进行了总结，对若干重大历史问题做出了结论，使全党对中国革命基本问题的认识达到一致。至此，整风运动胜利结束。整风运动是一次深刻的马克思主义思想教育运动，实现了在以毛泽东同志为核心的党中央领导下全党新的团结和统一，为抗日战争的胜利和新民主主义革命在全国的胜利，奠定了重要的思想政治基础。

1945 年 4 月，党的七大在延安杨家岭中央大礼堂开幕。党的七大将以毛泽东同志为主要代表的中国共产党人把马克思列宁主义基本原理同中国具体实际相结合所创造的理论成果，正式命名为毛泽东思想。七大通过的新党章第一次明文规定："中国共产党，以马克思列宁主义的理论与中国革命的实践之统一的思想——毛泽东思想，作为自己一切工作的指针。"① 刘少奇在《关于修改党章的报告》中强调毛泽东思想是"中国的马克思主义"，是"马克思主义民族化的优秀典型"，是"发展着与完善着的中国化的马克思主义"，是"中国人民完整的革命建国理论"，是"中国民族智慧的最高表现和理论上的最高概括"。② 从此，毛泽东思想作为我们党的指导思想，明确写在党的旗帜上。

党的七大在中国共产党历史上具有重要里程碑意义，标志着党在政治上思想上组织上走向成熟。它为建立新民主主义的新中国制定了正确路线方针政策，确立了毛泽东在党中央和全党的领导核心地位、毛泽东思想在全党的指导地位，形成了一支高举毛泽东旗帜的久经考验的政治家集团。

3. 人民共和国：中国人民的历史性选择

从 1921 年中国共产党诞生至 1949 年新中国成立以前的时期，中国仍然是半殖民地半封建社会，在帝国主义、封建主义和官僚资本主义"三座大山"重压下，民族资本主义的发展困难重重。这一时期中国存在着三种主要的政治力量：一是地主阶级和买办性的大资产阶级，二是民族资产阶级，三是工人阶级、农民阶级和城市小资产阶级。三种政治力量分别提出了三种不同的建国方案：③

---

① 《中共中央文件选集》第 15 册，中共中央党校出版社 1991 年版，第 115 页。
② 《刘少奇选集》（上），人民出版社 1981 年版，第 333－335 页。
③ 本书编写组：《中国近现代史纲要》，高等教育出版社 2015 年版，第 95－96 页。

一是地主阶级和买办性的大资产阶级的方案。他们是反动势力（有时称顽固势力）、民主革命的对象。其政治代表先是北洋政府，以后主要是国民党统治集团。在长时间里，地主阶级与买办性的大资产阶级是半殖民地半封建的中国社会中占统治地位的力量。他们同广大人民处于尖锐对立的地位，因而主张继续实行地主阶级、买办性的大资产阶级的军事独裁统治，使中国继续走半殖民地半封建社会的道路。

二是民族资产阶级的方案。他们是中间势力、民主革命的力量之一。其政治代表是民主党派的某些领导人物和若干无党派民主人士。在旧中国，民族资产阶级在政治上始终没有占据统治地位，其基本政治主张是建立一个名副其实的资产阶级共和国，以为资本主义发展扫清障碍，使中国成为一个独立的资本主义社会。尽管辛亥革命的流产已经宣告资产阶级共和国方案在中国行不通，但资产阶级及其代表人物还是对其情有独钟，一次又一次地把这个方案重新提了出来。抗日战争胜利以后，一些民主党派的领导人物大力鼓吹"中间路线"，企图在国民党坚持的地主阶级与买办性的大资产阶级专政和共产党主张的无产阶级领导的革命阶级联合专政的政权之外，另找一条道路，在政治上实现英美式的民主政治，在经济上发展民族资本主义，实际上就是资产阶级共和国的道路。这种资产阶级共和国的方案，对于地主阶级与买办性的大资产阶级专政的政治现实是一种批判，但在实际上却并不具备现实的可行性。

三是工人阶级、农民阶级和城市小资产阶级的方案。工人、农民和城市小资产阶级是进步势力、民主革命的主要力量，是中国民主革命的基本动力和主要依靠，其政治代表是中国共产党。该方案主张，中国人民应当在工人阶级及其政党的领导下，首先进行一场彻底的反帝反封建的新式资产阶级民主革命，即新民主主义革命，以便建立一个工人阶级领导的人民共和国，即人民民主专政的国家；并经过这个人民共和国，逐步到达社会主义和共产主义。毛泽东科学地阐述了新民主主义革命与社会主义革命的相互关系。他指出："中国共产党领导的整个中国革命运动，是包括民主主义革命和社会主义革命两个阶段在内的全部革命运动；这是两个性质不同的革命过程，只有完成了前一个革命过程才可能去完成后一个革命过程。民主主义革命是社会主义革命的必要准备，社会主义革命是民主主义革命的必然趋势。而一切共产主义者的最后目的，则是在于力争社会主义社会和共产主义社会的最后的完成。"① 新民主主义革命，即新式的资产阶级民主主义革命，它是相对于旧民主主义革命而言的。新民主主义革命的"新"主要体现在三个方面：一是新民主主义革命是由无产阶级领导的而非资产阶级；二是新民主主义革命的前途是社会主义而非资本主义；三是新民主主义革命是世界无产阶级革命的一部分而非世界资产阶级革命的一部分。

尽管在长时期里，上述三种建国方案始终摆在中国人民的面前，由他们在自己的政治实践中去做出选择，但是，基于当时中国所处的时代条件和国内阶级关系的状况，资产阶级共和国的方案并不具备现实性。

帝国主义列强来到中国，不是为了使中国成为一个独立、富强的资本主义国家，而是为了掠夺中国，发展它们自己的资本主义。对于它们来说，政治上、经济上不独立的中国，乃是理想的倾销商品的市场、投资的场所与廉价原料、廉价劳动力的供应地。如果中国成为独立、富强的资本主义国家，它就要在平等的基础上与西方发达国家建立和发展关系，与列强利益并不一致。西方列强既不愿意失去在中国的殖民主义利益，更不愿意看到中国在国际市场上成为它们的竞争对手。正因为如此，毛泽东指出，帝国主义侵略中国，反对中国独立，反对中国发展的历史，就是中国的近代史。

民族资产阶级希望中国通过建立资产阶级共和国走上独立、富强之路。但是，在"三座大山"重压下的民族资产阶级力量软弱，没有勇气和能力去领导人民进行彻底反帝反封建的革命斗争，从而为建立资产阶级共和国扫清障碍。民族资产阶级提不出彻底的土地革命的纲领，无法动员农民这个最广大的群众；不敢进行革命的武装斗争，根本不掌握军队。因此，他们的政治能量极为有限，往往把实现民主政治的希望，寄托在统治阶级让步的幻想之上。而中国的反动统治者由于自身社会基础的极其狭窄，其统治十分残暴却又极度虚弱，它既不能容忍，更经受不住任何的民主改革，绝不会对于中间势力关于建立民主共和国的要求做出原则性的让步。某些中间党派、中间人士虽然一再声称自己要"以民主的方法争取民主，以合法的手段争取合法地位"，反动统治者还是不断地用暴力对他们施行迫害，直至取缔他们的组织，监视、逮捕以至杀害他们个人。1947 年 7 月，国民

---

① 《毛泽东选集》第 2 卷，人民出版社 1991 年版，第 651－652 页。

党政府把民盟等党派列入镇压名单，至 9 月底，各地民主党派成员被捕者达数千人，许多成员遭到杀害，民主同盟被迫解散，其他民主党派也纷纷转入地下活动。1947 年 12 月，毛泽东在《目前形势和我们的任务》一文中指出："如果说，在一九四六年，在蒋介石统治下的上层小资产阶级和中等资产阶级的知识分子中，还有一部分人怀着所谓第三条道路的想法，那末，在现在，这种想法已经破产了。"① 严酷的事实教育了他们，使他们逐步放弃了走中间路线的幻想，而站到了拥护共产党主张的新民主主义革命的立场上来。

既然资产阶级共和国方案是走不通的，那么可供中国人民选择的方案主要是两个：或者是继续半殖民地半封建的旧中国，或者是创建新民主主义的新中国。两个中国之命运和前途进行了全方位的博弈与较量，最终地主阶级与买办性的大资产阶级的方案遭到了广大中国人民的唾弃。共产党提出的关于建立人民共和国的方案，逐步获得了工人、农民、城市小资产阶级乃至民族资产阶级及其政治代表的拥护，由此成了中国最广大人民群众的共同选择。1948 年 4 月 30 日，党中央发出纪念"五一"劳动节口号："各民主党派、各人民团体、各社会贤达，迅速召开没有反动分子参加的新的政治协商会议，讨论并实现召集人民代表大会，成立民主联合政府。"这个号召得到各民主党派和社会各界的热烈响应，认为"五一口号""适合人民时势之要求，尤符同人等之本旨"。这标志着各民主党派公开、自觉地接受了中国共产党的领导，走上了新民主主义革命道路，标志着中国共产党领导的多党合作和政治协商局面的奠基。②

1949 年春，毛泽东在同有关人士谈话时提出，民主党派应"积极参政，共同建设新中国"③。这标志着民主党派地位的根本变化。它们不再是国民党政权下的在野党，而将在中国共产党领导下，共同担负起管理新中国和建设新中国的历史重任。④ 从此，各民主党派走上了新的历史道路。中国共产党领导的多党合作的政治格局，正是在这个基础上形成的。

---

① 《毛泽东选集》第 4 卷，人民出版社 1991 年版，第 1256 - 1257 页。
② 中共中央宣传部理论局：《世界社会主义五百年》（党员干部读本），学习出版社、党建读物出版社 2014 年版，第 137 页。
③ 中共中央文献研究室编：《毛泽东传（1893—1949）》（下），中央文献出版社 1996 年版，第 932 页。
④ 中共中央党史和文献研究院：《中国共产党的一百年》（新民主主义革命时期），中共党史出版社 2022 年版，第 310 - 311 页。

随着解放战争的胜利发展，建立新中国的任务被提上日程。1948 年 9 月，中央政治局召开扩大会议。毛泽东在会上论述了即将成立的新中国的国体和政体，即国家政权的阶级性和构成形式。1949 年 3 月召开的党的七届二中全会，规定了党在全国胜利后在政治、经济、外交方面应当采取的基本政策，指出了中国由农业国转变为工业国、由新民主主义社会转变为社会主义社会的发展方向。全会讨论了党的工作重心由乡村转移到城市的问题，指出用乡村包围城市的时期已经完结，从现在起开始了由城市到乡村并由城市领导乡村的时期。在这次会议上，毛泽东告诫全党，夺取全国胜利，这只是万里长征走完了第一步，中国的革命是伟大的，但革命以后的路更长，工作更伟大，更艰苦。据此，毛泽东提出了"两个务必"的思想，强调"务必使同志们继续地保持谦虚、谨慎、不骄、不躁的作风，务必使同志们继续地保持艰苦奋斗的作风"①。毛泽东还指出，在胜利面前，必须警惕"糖衣炮弹"的攻击，不要在这种攻击面前打败仗。

党的七届二中全会后，1949 年 3 月 23 日上午，中共中央离开中国革命最后一个农村指挥所——西柏坡，向北平进发。临行前，毛泽东对周恩来说，今天是进京的日子，进京"赶考"去。周恩来说，我们应当都能考试及格，不要退回来。毛泽东说，退回来就失败了。我们决不当李自成，我们都希望考个好成绩。这就是著名的"赶考对"。3 月 25 日，毛泽东等中央领导人与中央机关、人民解放军总部进驻北平香山，标志着中国革命重心从农村转向城市。

为了向全国人民阐明中国共产党在建立新中国问题上的主张，1949 年 6 月 30 日，毛泽东发表《论人民民主专政》一文，明确指出，人民民主专政需要工人阶级的领导，其基础是工人阶级、农民阶级和城市小资产阶级的联盟，而主要是工人和农民的联盟。进行中国人民革命和发展中国的经济，需要团结民族资产阶级，但它不能充当革命的领导者，也不应当在国家政权中占主要的地位。

党的七届二中全会的决议和毛泽东的《论人民民主专政》，为新中国的建立奠定了理论基础和政策基础。筹备成立新中国的工作，是通过新政治协商会议（即中国人民政治协商会议）进行的。

---

① 《毛泽东选集》第 4 卷，人民出版社 1991 年版，第 1438－1439 页。

1949 年 9 月 21—30 日，中国人民政治协商会议第一届全体会议在北平中南海怀仁堂召开，会议通过了《中国人民政治协商会议共同纲领》，对新中国的国体和政体做了明确规定：中华人民共和国为新民主主义即人民民主的国家，实行工人阶级领导的、以工农联盟为基础的、团结各民主阶级和国内各民族的人民民主专政。中华人民共和国的国家政权属于人民。人民行使国家政权的机关为各级人民代表大会和各级人民政府。各级政权机关一律实行民主集中制。毛泽东在会议上致辞指出："现在的中国人民政治协商会议是在完全新的基础之上召开的，它具有代表全国人民的性质，它获得全国人民的信任和拥护。因此，中国人民政治协商会议宣布自己执行全国人民代表大会的职权。"他庄严宣告："占人类总数四分之一的中国人从此站立起来了。"[①]

（二）从以俄为师到以苏为鉴：中国社会主义建设道路的艰辛探索与教训

新中国成立后，中国共产党用三年多的时间完成了新民主主义革命未完成的任务，恢复和发展国民经济。在此基础上，提出了党在过渡时期的总路线，到 1956 年底三大改造基本完成，社会主义制度在中国确立。随着苏联模式弊端的暴露，毛泽东提出马克思主义和中国实际的"第二次结合"的任务，开始探索适合中国情况的社会主义建设道路，但这一探索经历了艰苦曲折的过程。

1. 社会主义制度在中国的确立[②]

1949 年 10 月 1 日，中华人民共和国的成立，标志着中国新民主主义革命的基本结束和社会主义革命的开始。接下来，最重要的任务就是如何进行社会主义革命和如何建立社会主义制度。在当时的特殊国情下，确立社会主义制度就要着眼于实现从新民主主义到社会主义的过渡。以毛泽东为代表的中国共产党人坚持从中国实际出发，创造性地运用马克思主义基本原理，在中国探索出了一条有中国特点的社会主义改造道路，完成了新民主义向社会主义的转变，确立了社会主义制度，实现了中国历史上最深

[①] 《毛泽东文集》第 5 卷，人民出版社 1996 年版，第 343 页。

[②] 本部分内容参考了赵付科等：《〈中国近现代史纲要〉热点难点专题教学研究》，山东人民出版社 2017 年版，第 160 – 174 页。

刻、最伟大的社会变革。

毛泽东在《新民主主义论》中就阐述过新民主主义社会是向社会主义社会转变的过渡形式，是属于社会主义体系的和逐步过渡到社会主义社会去的社会。新民主主义社会的经济和政治，都体现出过渡性的特点。从经济上看，新民主主义社会中存在五种经济成分，即社会主义性质的国营经济、半社会主义性质的合作社经济、农民和手工业者的个体经济、私人资本主义经济和国家资本主义经济。从经济形态上看，这是一种多元经济结构，是社会主义因素与资本主义因素，以及个体经济同时并存。从政治上来看，新民主主义社会的政治与经济相适应，与五种经济成分相连的中国社会阶级构成主要是三种基本力量，即工人阶级、农民阶级和其他小资产阶级、民族资产阶级。在政治形态上，新民主主义的政治也是多元的，实行的是工人阶级领导的、以工农联盟为基础的、有城市小资产阶级和民族资产阶级及其他爱国民主分子参加的人民民主专政。这种几个革命阶级的联合专政，也是社会主义因素和资本主义因素并存。社会主义因素和资本主义因素共存于社会中，并且还不断进行着限制与反限制、改造与反改造的斗争。但是，随着新民主主义经济的恢复和政治的不断加强，社会主义因素的优越性和主导地位也会不断加强，并最终在与资本主义因素的斗争中获得胜利，从而实现新民主主义社会向社会主义社会的过渡。

党的七届二中全会提出了使中国由农业国转变为工业国，由新民主主义社会转变为社会主义社会的总任务和主要途径。提出要对民族资本主义实施限制政策，还提到要使分散的个体农业经济和手工业经济向现代化和集体化方向发展。而且毛泽东讲到，人民民主专政在革命胜利以后，要"迅速地恢复和发展生产，对付国外的帝国主义，使中国稳步地由农业国转变为工业国，把中国建设成一个伟大的社会主义国家"①。由此可见，当时毛泽东已明确认定新中国成立以后要有一个恢复和发展经济的时期，但不要一个长时期的新民主主义社会，伴随着工业化的实现同时向社会主义社会发展。

新中国成立后的三年，就是要恢复国民经济，同时这也是向社会主义过渡的开始。主要表现在以下三个方面：一是没收官僚资本，确立社会主

---

① 《毛泽东选集》第4卷，人民出版社1991年版，第1437页。

义性质的国营经济。1949 年上半年，党中央按照确立的接收官僚资本企业的方针政策，到 1950 年初，就没收官僚垄断企业 2800 多家，拥有职工 129 万人，其中包括了国民党政府的经济核心"四行二局一库"系统，以及运输、贸易、兵工、工矿等领域的企业。这些被没收的官僚资本变成了具有社会主义性质的国营经济，为以后的社会主义改造奠定了物质基础。二是引导农民在土地改革的基础上开展农村互助合作运动。在自愿互利的原则下，让农民组织起来，进行劳动互助或者加入农业生产合作社。农村互助合作运动促进了农村生产力的发展，也逐步引导农民走上向社会主义过渡的道路。三是将资本主义纳入国家资本主义轨道。国家通过加工、订货、统购包销、经销代销等形式，全面展开对工商业的调整，使私营工商业和国营经济联系起来，实现对私营企业的控制，使私营经济在国民经济中的比重下降。新中国成立头三年中的这些行动，促进了社会主义因素的增长，为进一步实现向社会主义的过渡、确立社会主义制度创造了必要的物质条件。

中国走社会主义道路，实现新民主主义到社会主义的过渡，是中国共产党在民主革命时期就已经明确的思想。对于如何实现向社会主义的过渡，随着民主革命遗留任务的完成和国民经济的恢复与发展，毛泽东和党中央也改变了原来那种"先建设，后改造"的想法，提出"十年到十五年基本上完成社会主义"的设想，开始酝酿和提出向社会主义过渡的时间和步骤，并在 1953 年 6 月形成了党在过渡时期总路线的完整表述，即：从中华人民共和国的成立到社会主义改造基本完成，这是一个过渡时期。党在这个过渡时期的总路线和总任务，是要在一个相当长的时期内，逐步实现国家的社会主义工业化，并逐步实现国家对农业、对手工业和对资本主义工商业的社会主义改造。这就是著名的"一化三改""一体两翼"的总路线，体现了发展生产力和变革生产关系的有机统一，是一条社会主义建设和社会主义改造并举的总路线。

中国共产党在这个时期提出的过渡时期总路线反映了历史的必然性。第一，过渡时期总路线把实现社会主义工业化作为党和国家的主要任务，是因为社会主义工业化是国家独立富强的必然要求和必备条件。近代以来，为了完成我国面临的实现民族独立和国家富强的任务，无数仁人志士把中国工业化的实现作为梦寐以求的理想，共产党人更是敏锐地认识到国家的繁荣富强不可能建立在落后的农业国的基础上。1945 年，毛泽东在党的七大所做的《论联合政府》政治报告中坚定地宣示："在新民主主义的政治条件获得之后，中国人民及其政府必须采取切实的步骤，在若干年内逐步地建立重工业和轻工业，使中国由农业国变为工业国。"① 只有实现了国家工业化，才能避免"挨打"的历史遭遇，才能自立于世界民族之林。但是，经过新中国成立后三年的国民经济恢复，我国依然没有形成现代化的农业和国防工业。正如毛泽东所说："没有工业，便没有巩固的国防，便没有人民的福利，便没有国家的富强。"② 因此，实现国家的工业化已经成为我国独立富强的必然要求。

从世界范围来看，实现工业化道路的模式大体上有资本主义和社会主义两条道路。在中国这样一个经济落后的国家搞工业化，应该走哪条道路？毛泽东指出，资本主义道路也可增产，但时间要长，而且是痛苦的道路。因此，这条道路，中国走不得。社会主义工业化道路成为中国的必然选择，而且我国也具备了走社会主义工业化道路的条件。胡乔木认为，"中国经济在五十年代的最重要事件就是选择了社会主义"③。"就五十年代中国经济和中国历史的全局而论，重要的是，无论早几年或迟几年，保留多少私有成分，经济管理上和计划方法上，具有多大程度应有的灵活性，总之，对社会主义的选择是不可避免的。"④

第二，对农业、手工业、资本主义工商业进行社会主义改造是实现社会主义工业化的必要条件。工业化的实现需要农业的支持，但是土改后小农经济的发展依然面临诸多困难，如生产经营规模小，生产工具不足，资金缺乏，无力发展多种经营，也不能兴修大规模农田水利工程，这一方面带来了农村小农经济发展的不稳定性，容易出现新的两极分化，另一方面使得农业发展受限，不能提供满足工业发展所需要的农业产品。这些问题的解决，必然要求农民走互助合作的道路，进一步解放和发展生产力，为工业化的发展提供条件，正如毛泽东指出的，"社会主义工业化是不能离开农业合作化而孤立地去进行的"，不解决合作化问题，"我们的社会主义工

---

① 《毛泽东选集》第 3 卷，人民出版社 1991 年版，第 1081 页。
② 《毛泽东选集》第 3 卷，人民出版社 1991 年版，第 1080 页。
③ 《胡乔木文集》第 2 卷，人民出版社 1994 年版，第 252 页。
④ 《胡乔木文集》第 2 卷，人民出版社 1994 年版，第 260 页。

业化事业就会遇到绝大的困难，我们就不可能完成社会主义工业化"。[①] 对资本主义工商业的改造，是由当时的国内主要矛盾决定的。"五反"运动对资本家不法活动的揭露和 1953 年粮食市场上出现的严峻形势使党和人民逐渐明确地认识到：资本主义所有制和社会主义所有制之间的矛盾，资本主义生产的无政府状态和国家有计划的经济建设之间的矛盾，资本主义企业内工人和资本家之间的矛盾，严重影响了国家的工业化发展。因此，在实现国家工业化的过程中，对资本主义工商业进行社会主义改造是必然的要求。只有通过国家资本主义的形式将资本主义工商业逐步改造为社会主义，国家才能实现工业化。

以毛泽东同志为主要代表的中国共产党人带领人民在中国大地上进行社会主义改造，成功探索出一条中国特色社会主义改造道路，只用了三年多的时间，就实现了对农业、手工业和资本主义工商业的社会主义改造，成功地把农业和手工业由个体所有制改造为社会主义集体所有制，把私营工商业由资本主义私有制改造成了社会主义所有制，建立了按劳分配的社会主义分配制度，在国民经济第一个五年计划期间还建立了计划经济体制。1954 年 9 月，第一届全国人民代表大会第一次会议在北京召开，一致通过了《中华人民共和国宪法》，标志着人民代表大会制度作为新中国的根本政治制度正式确立，是中国政治制度的一次伟大变革。到 1956 年底，随着三大改造的完成，社会主义制度在中国得以确立。社会主义制度的确立，是中华民族历史发展进程中的一个新的起点，为当代中国一切发展进步奠定了根本政治前提和制度基础，具有十分重大的历史意义。

但是，现实中出现的一些否定社会主义改造的观点也要引起我们充分的重视。有些历史虚无主义者打着反思历史的旗号，对社会主义制度在中国的合法性进行否定，首要的就是来否定确立社会主义制度的"三大改造"，或者认为"三人改造"搞早了，或者认为"三大改造"带来了太多的遗留问题，搞糟了，或者以改革开放以后的社会主义实践来否定前期的社会主义改造，认为社会主义改革是重新回到新民主主义社会，等等。

所谓社会主义改造搞早了的观点，是认为中国并没有经过资本主义的高度发展，也没有实现工业化，在此情况下搞社会主义革命是头脑发热，

---

① 《毛泽东文集》第 6 卷，人民出版社 1999 年版，第 431 页。

是离开中国实际而想过早进入社会主义。这种观点实质是关于经济文化落后的国家在一定条件下能不能干社会主义革命，能不能全面建立社会主义基本制度这样一个根本性的原则问题。① 关于无产阶级社会主义革命的思想，马克思、恩格斯在《资本论》中提出："生产资料的集中和劳动的社会化，达到了同它们的资本主义外壳不能相容的地步。这个外壳就要炸毁了。资本主义私有制的丧钟就要响了。剥夺者就要被剥夺了。"② 根据 19 世纪中叶资本主义的具体条件，马克思、恩格斯论证了社会主义革命只能在资本主义经济比较发达、无产阶级占人口多数的国家首先发生，并且认为只有在一切先进的或者至少大部分先进的资本主义国家的无产阶级同时发动的情况下才可能取得革命的胜利。但是，列宁根据帝国主义发展的特点和变化，创造性地发展了马克思主义关于无产阶级社会主义革命的理论，提出"一国革命首先胜利论"，领导并成功实现了俄国十月革命的胜利。针对有些人提出的经济文化落后的俄国不具备社会主义革命的条件，列宁回答：要在俄国通过驱逐地主、驱逐俄国资本家等方法，创造建立社会主义需要的文明前提，然后走向社会主义。并且列宁认为，世界历史发展的一般规律，不仅丝毫不排斥个别发展阶段在发展的形式上或顺序上表现出特殊性，反而是以此为前提的。不懂得这一点，就是对马克思主义中有决定意义的东西即革命辩证法一点也不理解，就是对马克思主义的理解迂腐到了无以复加的程度。毛泽东在此基础上结合中国国情，对该理论进行了创造性发挥，指出"生产关系的革命，是生产力的一定发展所引起的。但是，生产力的大发展，总是在生产关系改变以后"③。邓小平也曾经在 1977 年的一次谈话中指出，落后可以搞社会主义。因为"当时中国已经有了先进的无产阶级政党，有了初步的资本主义经济，加上国际条件，所以在一个很不发达的中国能搞社会主义。这和列宁讲的反对庸俗的生产力论一样"④。总之，从马克思主义的理论发展和实践经验来看，20 世纪 50 年代中国搞社会主义改造，走社会主义道路，符合马克思主义理论的要求，现实中也有成功经验可以借鉴，是正确的，不存在搞早了的问题。

---

① 沙健孙：《中国共产党领导社会主义改造的历史经验》，《党建研究》2000 年第 2 期。
② 《马克思恩格斯选集》第 2 卷，人民出版社 2012 年版，第 299 页。
③ 《毛泽东文集》第 8 卷，人民出版社 1999 年版，第 132 页。
④ 《邓小平思想年谱》，中央文献出版社 1998 年版，第 47 页。

那社会主义改造是否搞糟了呢？世界上的任何一场改革，都不会是完美的。中国的社会主义改造也是如此，在改造过程中出现了一些错误和偏差，遗留了一些问题。改造过程中出现问题是难免的，但是，不能因为出现问题而对社会主义改造带给我国的巨大成就视而不见，这些问题也不应该成为否定社会主义改造并进而认定社会主义改造搞糟了的依据。社会主义改造搞得如何，是否搞糟了，这需要一个对社会主义改造的评价标准。社会主义改造是生产关系方面由私有制到公有制的一场伟大变革。衡量生产关系变革是否正确和必要，主要的标准应当是看这种变革对生产力的发展起促进作用还是起阻碍与破坏作用。不可否认，中国进行社会主义改造的那几年是中国国民经济快速发展的时期，社会生产力获得很大进步，这是一个客观现实。从农业发展来说，1957 年全国农业总产值 536.7 亿元（1957 年不变价格），比 1952 年的 417 亿元增长 24.8%（似为 28.7%——引者注），平均每年递增 4.5%（似为 5.74%——引者注）。占农业总产值 80% 以上的农作物产值从 1952 年的 346.6 亿元，增长到 1957 年的 432.6 亿元，增长 24.8%，平均每年递增 4.5%（似为 4.96%——引者注）。从工业发展来说，就全国公私合营工业的产值而言，当年与上一年比较，1950 年增长 17.3%，1952 年增长 32.2%，1953 年增长 28.3%，1954 年增长 25.1%，1955 年增长 2.91%。公私合营工业企业人均劳动生产力与私营企业相比，1951 年超过 18%，1952 年超过 52%，1953 年超过 73%，1954 年超过 87%，1955 年超过 100%。1956 年全行业公私合营后，全国公私合营工业企业的总产值比 1955 年增加 32%，1957 年又比 1956 年增长 8%；公私合营商业零售额 1956 年比 1955 年增加 15%。[①] 可见，社会主义改造实现的生产关系的变化，没有导致社会的动荡和生产力的衰退下滑，反而在一定阶段使经济的发展保持了一个较高的增长速度。可以说，社会主义改造成为我国经济发展和人们生活水平提高的直接动力，社会主义改造是适应社会发展的客观要求，而不是搞糟了。正如邓小平所说的，"我们的社会主义改造是搞得成功的，很了不起"[②]。

社会主义改造不是完美无缺的，问题伴随着成绩而存在。如何正确认

---

① 罗平汉：《关于社会主义改造的几个问题》，《毛泽东邓小平理论研究》2012 年第 12 期。

② 《邓小平文选》第 2 卷，人民出版社 1994 年版，第 302 页。

识社会主义改造中的问题和偏差，并确立对整个社会主义改造的客观评价，需要客观、慎重地做出结论。对社会主义改造过程中出现的问题视而不见、淡化漠视，或者夸大社会主义改造过程中出现的问题和偏差，进而否定社会主义改造的伟大成绩，都不是科学的做法。1981 年，党的十一届六中全会通过的《关于建国以来党的若干历史问题的决议》（以下简称《决议》）对社会主义改造做了全面的评价："在过渡时期中，我们党创造性地开辟了一条适合中国特点的社会主义改造的道路。对资本主义工商业，我们创造了委托加工、计划订货、统购包销、委托经销代销、公私合营、全行业公私合营等一系列从低级到高级的国家资本主义的过渡形式，最后实现了马克思和列宁曾经设想过的对资产阶级的和平赎买。对个体农业，我们遵循自愿互利、典型示范和国家帮助的原则，创造了从临时互助组和常年互助组，发展到半社会主义性质的初级农业生产合作社，再发展到社会主义性质的高级农业生产合作社的过渡形式。对于个体手工业的改造，也采取了类似的方法。在改造过程中，国家资本主义经济和合作经济表现了明显的优越性。到一九五六年，全国绝大部分地区基本上完成了对生产资料私有制的社会主义改造。这项工作中也有缺点和偏差。在一九五五年夏季以后，农业合作化以及对手工业和个体商业的改造要求过急，工作过粗，改变过快，形式也过于简单划一，以致在长期间遗留了一些问题。一九五六年资本主义工商业改造基本完成以后，对于一部分原工商业者的使用和处理也不很适当。但整个来说，在一个几亿人口的大国中比较顺利地实现了如此复杂、困难和深刻的社会变革，促进了工农业和整个国民经济的发展，这的确是伟大的历史性胜利。"[1] 《决议》的这个评价是十分中肯客观的，也是经得住历史的检验的。把这些缺点放到当时的历史环境中，进行具体问题具体分析，不难看出，这些社会主义改造过程中的问题和偏差，其产生原因从根本上来说是对"什么是社会主义"这一问题缺乏深刻认识，另外，也与当时没有摆脱苏联经济模式的影响有关，因此导致了在工作方法、工作步骤、工作安排上出现了偏差，而不是根本的方向性和路线性错误。这些问题和偏差一旦在现实中被充分认识，是可以得到纠正的。事实上，我们在社会主义改造后的一段时间，以及在改革开放后的时间里，不断地实

---

[1] 《三中全会以来重要文献选编》（下），人民出版社 1982 年版，第 800－801 页。

现了对社会主义改造中出现问题的纠正，并促进了社会主义的不断完善和发展。另外，坚持辩证法对历史问题的分析，除了看到社会主义改造过程中出现的问题，也不能忽视社会主义改造的巨大成就。我国社会主义改造取得的成就远远大于其偏差和失误，不能以偏差和失误来贬低甚至否定成就。从农业的社会主义改造来看，"在这场广大而深刻的社会主义改造运动中，没有引起社会震荡，没有出现毛泽东所担心的牲口大批死亡和粮食减产的情况，相反，粮食连年增产。在集体经济的基础上，办了许多单家独户的个体农民根本办不了的事情，在抗御自然灾害中显示出力量，特别是在全国普遍开展规模不等的农田水利基本建设，为以后农业的发展提供了长期发挥效益的物质条件，为实行机械耕作、机械排灌和科学种田，创造了有利条件。这些，都是有着深远影响的"①。从资本主义工商业的社会主义改造来看，经过国家资本主义道路，用赎买的方式把资本主义的生产资料私有制转变为社会主义公有制，用和平的方式把"资本家改造成了劳动者"，这是共产党的伟大创举，也产生了深刻的国际影响。总之，从社会主义改造的整体来看，我国能"在如此复杂、困难和深刻的社会变革中，做到了国民经济的稳定增长和人民群众的广泛拥护，从而比较顺利地实现了社会主义的目标，这个事实说明，总的看来，党对社会主义改造的领导是成功的"②。

中国实行改革开放后，走上了一条中国特色社会主义道路。学术界也出现了以我们当今进行的社会主义改革、实行的路线方针政策，来否定当年的社会主义改造的声音。改革开放后的中国社会在所有制结构上与新民主主义社会有着相似性，都是多种所有制并存，由此也有人发出"早知今日，何必当初"的感慨，其意也是在于否定搞社会主义改造的必要性。因此，正确分析这些观点，科学把握社会主义改革与社会主义改造的关系，对于我们正确对待历史和现实，推进社会主义建设都有重要意义。

社会主义改革与社会主义改造是互相区别、互相联系，辩证统一的。第一，社会主义改革和社会主义改造是互相区别的。二者发生在不同的历

---

① 中共中央文献研究室编：《毛泽东传（1949—1976）》（上），中央文献出版社 2003 年版，第 418 页。

② 胡绳主编：《中国共产党的七十年》，中共党史出版社 1991 年版，第 385 页。

史时期，分别有着不同的任务。社会主义改造发生在 20 世纪 50 年代，主要任务是完成从新民主主义社会到社会主义社会的过渡，在中国确立起社会主义制度。社会主义改革发生在 20 世纪 70 年代末，主要任务是在社会主义制度已经确立的情况下，进一步建设社会主义、巩固和完善社会主义制度。第二，社会主义改革与社会主义改造是辩证统一的。社会主义改造是社会主义改革的前提和基础。没有 20 世纪 50 年代社会主义制度的确立，也不存在以后对社会主义制度进行完善的任务，也不可能有社会主义改革的出现。社会主义改革是社会主义改造发展的必然结果。社会主义改革就是要针对社会主义改造遗留问题进行完善和发展，从而推动社会主义建设的发展和社会主义制度的巩固。第三，社会主义改革和社会主义改造统一于对生产力的解放和发展的追求目标。

社会主义改革不是退回新民主主义社会，社会主义初级阶段也不等同于新民主主义社会。虽然社会主义初级阶段的经济结构与新民主主义社会有很大的相似性，但是二者却是不同的，在社会性质、主要矛盾、纲领路线，以及各种经济成分在国民经济中所占比重等方面，都有着本质区别。首先，从社会性质来看，社会主义初级阶段的内涵之一就是我国社会从性质上已经是社会主义性质的了，社会主义建设是在社会主义制度确立的前提下展开的；新民主主义社会虽然有社会主义因素，但是不是社会主义性质的，它的政治、经济、文化等与社会主义初级阶段都是不同的。其次，从主要矛盾上看，新民主主义社会的主要矛盾是无产阶级和资产阶级两个阶级、社会主义和资本主义两条道路的斗争。社会主义初级阶段的主要矛盾在十八大之前是人民日益增长的物质文化需要同落后的社会生产之间的矛盾；在十八大之后则已经转化为人民日益增长的美好生活需要和不平衡不充分的发展之间的矛盾。再次，从两个社会的纲领路线来看，新民主主义社会在完成了民主革命的遗留任务后，过渡时期的总路线和总任务就是要在一个相当长的时期内，逐步实现社会主义工业化和对农业、手工业和资本主义工商业的社会主义改造。社会主义初级阶段的纲领路线是领导和团结全国各族人民，以经济建设为中心，坚持四项基本原则，坚持改革开放，自力更生，艰苦创业，为把我国建设成为富强民主文明和谐美丽的社会主义现代化强国而奋斗。最后，从各种经济成分在国民经济中的比重来看，社会主义初级阶段，公有制经济在国民经济中占主体。但是在新民主主义社会初期，私有经济曾经是国民经济的主体，后来逐步被公有制经济取代。由此可见，社会主义初级阶段和新民主主义社会是不能等同的，"今日当初"的论调也是站不住脚的。社会主义改革是在继承社会主义改造成果基础上的社会主义制度的自我完善和发展，并不是对社会主义改造的否定，也不是回到新民主主义社会，更不是补上"新民主主义"这一课。

2. 中国社会主义建设道路的艰辛探索

在社会主义改造完成以后，我国国内的主要矛盾，已经是人民对于建立先进的工业国的要求同落后的农业国的现实之间的矛盾，已经是人民对于经济文化迅速发展的需要同当前经济文化不能满足人民需要的状况之间的矛盾。党和全国人民的当前的主要任务，就是要集中力量来解决这个矛盾，把我国尽快地从落后的农业国变为先进的工业国。如何在经济文化比较落后的国家建设社会主义，是中国共产党面临的崭新课题。中国共产党对这一课题的探索，经历了一个艰辛曲折的过程。

中国的社会主义建设是从学习苏联开始的。中国共产党向苏联学习可谓是源远流长。如前所述，中国的新民主主义革命就是在俄国十月革命的直接影响下发生和发展起来的。毛泽东说："十月革命一声炮响，给我们送来了马克思列宁主义。十月革命帮助了全世界的也帮助了中国的先进分子，用无产阶级的宇宙观作为观察国家命运的工具，重新考虑自己的问题。走俄国人的路——这就是结论。"[①] 在新民主主义革命时期，毛泽东多次肯定和倡导苏联建设的经验，认为"社会主义胜利建设的苏联"，是我们"向前发展的活榜样"，提出了要向苏联学习。新中国建立后，我们面临建设社会主义的任务，但自身没有实践经验，除了苏联是唯一可资借鉴的模式外，没有其他别的借鉴。而当时苏联模式的弊端尚未完全暴露，我们对苏联模式也没有深入的考察和研究，在认识上存在局限，认为苏联模式符合马克思、恩格斯对未来共产主义的原则设想，在公有制、按劳分配、计划经济等方面都提供了成功的经验。再有，苏联对我们的帮助是真诚的。在"一五"计划期间就派来了3000多名专家，承担了156个骨干工程的援建工作，为我国建立基础工业体系和国防工业体系奠定了初步基础。在这种情况下，中国共产党提出以俄为师，向苏联学习，是符合逻辑也是很自然的，是历

---

① 《毛泽东选集》第4卷，人民出版社1991年版，第1471页。

史的必然。新中国成立前夕，毛泽东在《论人民民主专政》一文中就指出：苏联人民在列宁、斯大林的领导下，"不但会革命，也会建设。他们已经建设起来了一个伟大的光辉灿烂的社会主义国家。苏联共产党就是我们的最好的先生，我们必须向他们学习"①。1950 年年初，毛泽东出访苏联时又说："苏联经济文化及其他各项重要的建设经验，将成为新中国建设的榜样。"② 1953 年 2 月 7 日，毛泽东在政协一届四次会议上的讲话中再次指出："我们要进行伟大的国家建设，我们面前的工作是艰苦的，我们的经验是不够的，因此，要认真学习苏联的先进经验。……我们要在全国范围内掀起学习苏联的高潮，来建设我们的国家。"③

在上述背景和方针指导下，我国"一五"计划的制订和经济建设工作，基本上都是按照苏联模式并在苏联直接帮助下进行的。应当说，当时那样做是对的，在实践上也是很有成效的。通过学习苏联社会主义建设的经验，为进一步探索社会主义建设道路奠定了初步的物质文化基础，建立了一整套制度、体制和管理办法。如果说有什么缺点的话，就是"缺乏创造性，缺乏独立自主的能力"④。但是由于苏联的一些东西并不完全符合中国实际，而且苏联模式本身就存在着许多缺陷和不足，在实践中产生了许多问题，我们党早就意识到这一点了。1954 年 6 月，毛泽东在关于宪法草案的讲话中就提出了破除迷信的问题。他说："我们除了科学以外，什么都不要相信，就是说，不要迷信。中国人也好，外国人也好，死人也好，活人也好，对的就是对的，不对的就是不对的，不然就叫做迷信。要破除迷信。不论古代的也好，现代的也好，正确的就信，不正确的就不信，不仅不信而且还要批评。这才是科学的态度。"⑤ 1956 年 2 月，赫鲁晓夫在苏共"二十大"做了《关于个人崇拜及其后果》的秘密报告，全盘否定了斯大林，捅了篓子，造成了严重的思想混乱，给国际共产主义运动带来了巨大冲击，但同时也揭开了盖子，打破了对苏联的迷信，揭露了苏联社会主义建设中的许多缺点和错误。正是在这种情况下，毛泽东明确提出要"以苏为鉴"，

---

① 《毛泽东选集》第 4 卷，人民出版社 1991 年版，第 1481 页。
② 《建国以来毛泽东文稿》第 1 册，中央文献出版社 1987 年版，第 266 页。
③ 《建国以来毛泽东文稿》第 4 册，中央文献出版社 1990 年版，第 45 - 46 页。
④ 《毛泽东文集》第 8 卷，人民出版社 1999 年版，第 305 页。
⑤ 《建国以来毛泽东文稿》第 4 册，中央文献出版社 1990 年版，第 506 - 507 页。

把马克思主义基本原理同中国实际进行"第二次结合",探索适合中国情况的社会主义建设道路。

实践证明,提出"第二次结合"并不等于就能够实现这个"结合",这是一个艰辛的探索过程。以 1966 年 5 月发动"文化大革命"为界线,前后可分为两大阶段:1956—1966 年,即"文化大革命"前十年,是全面建设社会主义的十年;1966—1976 年,即"文化大革命"十年,是党和国家遭到严重挫折的十年。

为了准备召开党的八大和迎接大规模的经济建设,1955 年底至 1956 年春,毛泽东、刘少奇等中央领导同志进行了大量周密而系统的调查研究。在此基础上,1956 年 4 月,毛泽东在中央政治局扩大会议上做了《论十大关系》的报告。报告明确了一个基本方针,就是"一定要努力把党内党外、国内国外的一切积极的因素,直接的、间接的积极因素,全部调动起来,把我国建设成为一个强大的社会主义国家"[1]。这是毛泽东关于怎样建设社会主义的一个根本指导思想。报告既总结我国经验,也总结苏联的经验,着力研究我国社会主义建设中的突出问题,论述了必须处理好社会主义建设 10 个方面的重要关系,即:重工业与轻工业、农业的关系,沿海工业和内地工业的关系,经济建设和国防建设的关系,国家、生产单位和生产者个人的关系,中央和地方的关系,汉族和少数民族的关系,党和非党的关系,革命和反革命的关系,是非关系,中国和外国的关系。十大关系的主旨就是以苏联模式为鉴戒的。十大关系的每一条,几乎都是将我国的情况同苏联做比较,试图突破苏联模式,走出一条适合我国情况的建设社会主义的道路。毛泽东在报告中尖锐地提出了"以苏为鉴"的问题。他说:"最近苏联方面暴露了他们在建设社会主义过程中的一些缺点和错误,他们走过的弯路,你还想走?过去我们就是鉴于他们的经验教训,少走了一些弯路,现在当然更要引以为戒。"[2] 这就明确了中国的社会主义建设必须从中国实际国情出发、走自己的道路这一根本思想。《论十大关系》是我们党探索适合中国国情的社会主义建设道路的第一个重要理论成果,为党的八大召开做了理论上的准备,对当时和以后的社会主义建设都有很强的针对性

---

① 《毛泽东文集》第 7 卷,人民出版社 1999 年版,第 44 页。

② 《毛泽东文集》第 7 卷,人民出版社 1999 年版,第 23 页。

和理论指导作用。毛泽东在回顾这段历史时多次说过：前几年经济建设主要学外国经验，1956 年 4 月《论十大关系》，开始提出自己的建设路线，有我们自己的一套内容。

1956 年 9 月，中国共产党第八次全国代表大会在北京召开，这是中国共产党在全国执政后召开的第一次全国代表大会。毛泽东在八大开幕词中开宗明义地指出："我们这次大会的任务是：总结从七次大会以来的经验，团结全党，团结国内外一切可能团结的力量，为了建设一个伟大的社会主义的中国而奋斗。"① 党的八大正确分析国内形势和国内主要矛盾的变化，明确规定了党和全国人民在新形势下的主要任务。大会指出，社会主义改造完成后，社会主义制度在我国已经基本建立起来了，我国国内的主要矛盾是人民对于建立先进的工业国的要求同落后的农业国的现实之间的矛盾，已经是人民对于经济文化迅速发展的需要同当前经济文化不能满足人民需要的状况之间的矛盾，因此，当前党和全国人民的主要任务是集中力量发展生产力，尽快地把我国由落后的农业国变为先进的工业国。大会还制定了党在经济、政治、文化以及执政党建设等方面的方针和政策。在经济建设上，大会坚持既反保守又反冒进在综合平衡中稳步前进的方针；政治上，大会确定了扩大社会主义民主，健全社会主义法制，党和政府的活动要有法可依、有法必依的方针；文化上，大会把毛泽东提出的"百花齐放，百家争鸣"正式确定为发展我国文化教育和科学事业的指导方针；在执政党建设方面，大会强调要提高全党的马克思列宁主义思想水平，健全民主集中制，坚持集体领导，反对个人崇拜，发展党内民主和人民民主，加强党和人民群众的联系等。党的八大路线是正确的，提出的许多新方针和新设想是富于创造精神的，表明我们党在探索适合中国情况的社会主义建设道路上迈出了重要的一步。②

1957 年 2 月，在最高国务会议第十一次（扩大）会议上，毛泽东做了《关于正确处理人民内部矛盾的问题》报告，创造性地论述了社会主义社会的矛盾学说。他指出：矛盾是普遍存在的，社会主义社会也充满矛盾，正

---

① 《毛泽东文集》第 7 卷，人民出版社 1999 年版，第 114 页。
② 中共中央宣传部理论局：《世界社会主义五百年》（党员干部读本），学习出版社、党建读物出版社 2014 年版，第 148 页。

是这些矛盾推动着社会主义社会不断地向前发展。社会主义社会的基本矛盾仍然是生产力和生产关系、经济基础和上层建筑之间的矛盾。但是，社会主义社会的基本矛盾同旧社会的矛盾具有根本不同的性质和情况，可以经过社会主义制度本身的自我调整和完善，不断地得到解决。在社会主义制度下，人民的根本利益是一致的，但还存在着两类不同性质的矛盾，一类是敌我矛盾，一类是人民内部的矛盾。必须正确区分社会主义社会两类不同性质的社会矛盾，把正确处理人民内部矛盾作为国家政治生活的主题。围绕这一主题，毛泽东系统地分析和阐明了社会主义建设的一系列重大问题：在政治方面，坚持社会主义道路和党的领导；在经济方面，坚持实行统筹安排和兼顾国家、集体与个人的利益，走出一条中国工业化的道路；在科学文化工作中，贯彻"百花齐放，百家争鸣"的方针；在与民主党派关系上，实行"长期共存、互相监督"的方针；在汉族和少数民族方面，一定要搞好关系，关键是克服大汉族主义，同时应当克服地方民族主义；对知识分子应当从根本上改善同他们的关系，给予信任，善于团结，同时加强对他们的教育和思想政治工作。他强调，敌我矛盾需要用强制、专政的方法来解决，人民内部矛盾只能用民主的、说服教育的、"批评—团结—批评"的方法去解决，决不能用解决敌我矛盾的方法去解决人民内部的矛盾。毛泽东提出正确处理人民内部矛盾的问题，有一个重要的指导思想，这就是：革命时期大规模的疾风暴雨式的群众阶级斗争基本结束，我们的根本任务已经由解放生产力变为在新的生产关系下面保护和发展生产力，"团结全国各族人民进行一场新的战争——向自然界开战，发展我们的经济，发展我们的文化，使全体人民比较顺利地走过目前的过渡时期，巩固我们的新制度，建设我们的新国家"①。《关于正确处理人民内部矛盾的问题》是一篇重要的马克思主义文献，它在国际共产主义运动史上第一次提出并创造性地阐述了社会主义社会矛盾学说，是对科学社会主义理论的重大贡献，对中国社会主义事业具有长远的指导意义，是中国共产党在探索中国自己社会主义建设道路上取得的一个伟大理论成果。

从 1958 年 11 月起，毛泽东多次向各级领导干部提出读书的建议。从 1959 年 12 月 10 日至 1960 年 2 月 9 日，毛泽东亲自组织了一个读书小组，

---

① 《毛泽东文集》第 7 卷，人民出版社 1999 年版，第 216 页。

开始了阅读苏联科学院经济研究所编的《政治经济学教科书》（第三版，下册）的活动。这次读书是分别在杭州、上海（火车上）和广州进行的。在两个月中，毛泽东读完了下册第20—36章全部及结束语。与此同时，刘少奇、周恩来等中央领导同志也分别组织了读书小组，阅读苏联的《政治经济学教科书》。在中央领导同志带动下，全党掀起了一个学习运动。毛泽东在读书的过程中，发表了许多谈话，比较系统地总结了中国革命和社会主义建设的经验，提出了一些正确和富有价值的理论观点，反映了他对社会主义建设进行探索的思想轨迹。比如，关于社会主义社会发展阶段问题，毛泽东指出："社会主义这个阶段，又可能分为两个阶段，第一个阶段是不发达的社会主义，第二个阶段是比较发达的社会主义。后一个阶段可能比前一个阶段需要更长的时间。"① 再如，关于国民经济的发展问题，毛泽东指出："生产资料优先增长的规律，是一切社会扩大再生产的共同规律。"② "我们把生产资料优先增长的公式具体化为：在优先发展重工业的条件下，实行几个同时并举；每一个并举中间，又有主导的方面。"③ 关于商品经济问题，毛泽东认为商品生产与一定的经济条件相联系，主张取消商品、消灭商品的人，没有区分社会主义商品生产和资本主义商品生产的本质区别。关于社会主义现代化的目标，毛泽东说："建设社会主义，原来要求是工业现代化，农业现代化，科学文化现代化，现在要加上国防现代化。在我们这样的国家，完成社会主义建设是一个艰巨任务，建成社会主义不要讲得过早了。"④ 1960年2月，周恩来在阅读苏联《政治经济学教科书》的发言中，将"科学文化现代化"改为"科学技术现代化"。1964年12月，在三届全国人大一次会议上，周恩来在政府工作报告中郑重地提出了实现"四个现代化"的历史任务，指出："在不太长的历史时期内，把我国建设成为一个具有现代农业、现代工业、现代国防和现代科学技术的社会主义强国，赶上和超过世界先进水平。"中央还确定了分两步走实现现代化的战略构想，即：从第三个五年计划开始，第一步，经过三个五年计划时期，建立一个独立的比较完整的工业体系和国民经济体系；第二步，全面实现农业、

---

① 《毛泽东文集》第8卷，人民出版社1999年版，第116页。
② 《毛泽东文集》第8卷，人民出版社1999年版，第121页。
③ 《毛泽东文集》第8卷，人民出版社1999年版，第124页。
④ 《毛泽东文集》第8卷，人民出版社1999年版，第116页。

工业、国防和科学技术的现代化，使中国经济走在世界前列。"四个现代化"从此成为中国共产党和全国各族人民的共同奋斗目标，成为凝聚和团结全国各族人民不懈奋斗的强大精神力量。

可以说，"文化大革命"前十年，在对社会主义建设道路的探索中，我们党积累了许多新的经验，形成了建设社会主义的初步理论和实践成果。既然是探索，就难免会有曲折。这十年党的工作在指导方针上也有过严重失误。由于中国共产党在全国范围执政时间不长，对于如何治国理政和开展全面大规模的社会主义建设，缺乏足够的思想认识和经验，加上当时复杂多变的国际形势和自然灾害的影响，这一时期，发生了 1957 年的反右扩大化，1958 年的"大跃进"和人民公社化运动，1959 年的所谓"反右倾"斗争，1963—1965 年城乡基层社会主义教育运动，使社会主义事业受到严重影响，党内许多干部和党员受到不应有的打击。这一时期也对一批文艺作品、学术观点和文艺界、学术界的一些代表人物进行了过火的政治批判。这些错误发生后，有的及时采取措施进行了纠正，但是，"左"倾错误在经济工作上的指导思想并未得到彻底纠正，甚至在政治和思想文化方面还有发展。十年间，成功与挫折交替，正确与错误交织，充分表现了党的探索历程的复杂性。不过，十年中的"左"倾错误暂时地被限制在一定范围之内，还没有达到支配全局的程度，无论在规模、程度、性质上都不能同"文化大革命"的错误等量齐观，两者是有质的区别的。但是，正如不能不看到两者的区别一样，也不能不看到两者的联系，历史证明，前者是后者的先导和准备。①

1966 年 5 月开始的"文化大革命"，使共和国陷入了一场延续 10 年之久的内乱。实践证明，"文化大革命"运动是一场历史的悲剧。在这 10 年中，共和国遭受了严重灾难，中国共产党的发展也遇到了重大挫折。中国共产党和广大人民群众在"文化大革命"中同"左"倾错误特别是林彪、江青反革命集团的斗争是艰难曲折的，但是一直没有停止过。由于全党全国人民的共同斗争，"文化大革命"的破坏受到了一定程度的限制，并最终纠正了这个错误。

---

① 中共中央党史研究室：《中国共产党历史》第 2 卷（1949—1978），中共党史出版社 2011 年版，第 744 页。

"文化大革命"不是也不可能是任何意义上的革命和社会进步，而是一场内乱。"文化大革命"以尖锐的形式，相当充分地暴露出党和国家在工作体制等方面的缺陷，给后人留下了许多深刻的经验教训。

第一，在建立了社会主义制度、消灭了剥削阶级以后，必须把党和国家的工作重心转移到以经济建设为中心的社会主义现代化建设上来。社会主义的根本任务是解放和发展社会生产力，不断提高人民的生活水平。这就要求无产阶级夺取国家政权以后，必须坚定不移地把党和国家的工作重点转移到以经济建设为中心的轨道上来，决不能因为出现这样或那样的干扰而偏离这个中心。"文化大革命"十年犯"左"倾错误的一个重要的思想根源，就在于背离了实事求是的思想路线，背离了中国国情和社会发展阶段，忽视经济发展，而时时处处"以阶级斗争为纲"，这在理论和实践上都是一个重大失误，给党和国家造成了不可估量的损失。

第二，必须正确认识和处理社会主义社会的阶级斗争和其他社会矛盾。必须正确认识和处理社会主义条件下的阶级斗争，正确区分人民内部矛盾和敌我矛盾这两类不同性质的矛盾，采取正确的处理方法，不能搞阶级斗争扩大化。中国社会主义改造基本完成后，阶级斗争作为一种社会现象在一定范围内还将长期存在，但已不是社会的主要矛盾。"文化大革命"十年的实践证明，在社会主义制度下无限制地夸大阶级斗争，人为地制造阶级斗争，搞所谓的"无产阶级专政下继续革命"，有百害而无一益，是完全错误的。

第三，必须坚持集体领导原则，禁止任何形式的个人崇拜。历史唯物主义认为，历史是由人民群众创造的，无产阶级革命领袖只是在群众斗争中自然产生的。任何领导人都不是万能的主宰者，他们自身不可能没有缺点错误，所以不应当将其神化。对待革命领袖，一方面要维护他的个人权威，另一方面又要防止任何形式的个人崇拜、个人迷信。因此，从群众中产生的领袖们必须树立实行集体领导的原则，禁止任何形式的个人崇拜，决不允许任何人凌驾于党组织之上。只有这样，才能保证党不犯或少犯错误，正确地领导国家建设事业又好又快地发展。除此之外还必须加强党内制度建设，从源头上遏制个人专断、个人崇拜的发生。

第四，要健全社会主义法制，切实保障全体人民的民主权利，使社会主义民主制度化、法律化。社会主义民主和社会主义法制是不可分的。社会主义国家的宪法和法律是保障人民的民主权利的。破坏了宪法和法律，也就不可能有真正的社会主义民主。"文化大革命"时期，人民代表大会和行政机构受到严重破坏，国家宪法和各项法律遭到践踏，个人专断作风、极端民主化和无政府主义泛滥，整个社会局面极度混乱。这表明，民主和法制建设关系到社会主义优越性的发挥和社会主义的兴衰成败，是极其重要的理论和现实问题。唯有高度的民主和健全的法制，才能保证党和国家沿着正确的道路健康发展。

3. 必须充分肯定改革开放前近三十年取得的巨大成就

从新中国成立到 1976 年间，尽管经历了曲折甚至遭受过严重挫折，但是对这一阶段历史的认识和分析，应该坚持全面的、历史的观点，充分肯定这近 30 年探索的巨大成就，以及这些成就为以后社会主义建设事业的发展在理论和实践上起到的基础性作用。

第一，中华人民共和国的成立和社会主义制度的确立，是我国历史上最深刻、最伟大的社会变革，这是后来我国发展的根本政治前提和制度基础。近代以来，中国面临着实现民族独立和国家富强的任务，中国共产党带领人民，在马克思主义的指导之下，完成了民族独立并建立了新中国。此后，中国围绕着国家富强和人民幸福的核心任务，展开了对中国现代化发展道路的探索，并找到了适合中国国情的发展道路。1952 年，随着民主革命遗留任务的彻底完成，国内的阶级关系和主要矛盾的深刻变化，以及国民经济的恢复和初步发展，党中央在 1953 年提出了过渡时期的总路线，明确了三大改造的总任务。并且，仅用四年时间，中国就完成了对农业、手工业和资本主义工商业的社会主义改造，实现了由新民主主义向社会主义的转变，确立了社会主义基本经济制度，引导全国人民走上社会主义道路，占世界人口四分之一的东方大国进入了社会主义社会。另外，全国人民代表大会制度、中国共产党领导的多党合作和政治协商制度、民族区域自治制度等一系列政治制度的确立和发展，也为中国以后的一切进步和发展奠定了基础。正如习近平在庆祝中国共产党成立 95 周年大会上的讲话中指出的，"这个伟大历史贡献，就是我们党团结带领中国人民完成社会主义革命，确立社会主义基本制度，消灭一切剥削制度，推进了社会主义建设。这一伟大历史贡献的意义在于，完成了中华民族有史以来最为广泛而深刻的社会变革，为当代中国一切发展进步奠定了根本政治前提和制度基础，为中国发展富强、中国人民生活富裕奠定了坚实基础，实现了中华民族由不断衰落到根本扭转命运、持续走向繁荣富强的伟大飞跃。"[1]

第二，经济保持了较快的发展速度，建立了独立的、比较完整的工业体系和国民经济体系，还在基础设施建设方面取得了重要成绩，这些都为后来的发展奠定了经济基础。从 1952 到 1978 年间，我国的工农业平均年增长率为 8.2%，其中工业年均增长 11.4%。谷物和主要工业产品（如钢、石油、煤、电力、水泥、化肥、硫酸、化纤、棉布等）产量在世界上的排名明显提前。在这期间，国家经济实力显著增强。按照不变价格计划，1952 年国内生产总值为 679 亿元人民币，1976 增加到 2965 亿元。人均国内生产总值从 1952 年的 119 元增加到 1976 年的 319 元。这个数字虽然还很低，但在原有基础上的增长仍是很明显的。二十多年的高速工业化，中国成功建立了独立的、比较完整的工业体系。到 1975 年，中国工业总产值增长了 30 倍。即使"文革"期间，工业总产值也有大幅增长，从 1965 年的 1402 亿元发展到 1976 年的 3207 亿元。从"一五"计划开始，中国在苏联帮助下，建成了一批门类比较齐全的基础工业项目，涉及冶金、汽车、机械、煤炭、石油、电力、通信等领域，为国民经济的发展打下了坚实的基础。另外，中国还从无到有，在航空、航天、原子能及军工等方面进行探索，并取得巨大成绩，建立起自己独立的体系。到毛泽东逝世时的 1976 年，中国的工业门类齐全程度、技术水平和开发能力在发展中国家中是首屈一指的，并在部分领域接近甚至达到发达国家水平。基础设施建设是关系国计民生的重要内容，我国在短短的近三十年时间中，就在公路、铁路、水利等基础设施建设方面取得重要成绩。80 多万公里的公路和 4 万多公里的铁路，基本确立起来中国的路网骨架。水利建设方面，对大江大海进行治理，修建水库，仅淮河就修建了 3400 座水库，很多水库至今仍在农业生产中发挥着最基础和中坚性作用，这些都为社会主义新时期中国经济的发展创造了条件，打下了物质技术的基础。独立的、比较完整的工业体系和国民经济体系的建立，使中国在赢得政治上的独立之后赢得了经济上的独立，为中国以后的发展奠定了牢固的物质技术基础，而且也为中国同包括西方发达国家在内的世界各国在平等互利的原则下发展对外贸易和经济往来创建了前提。

---

① 习近平：《在庆祝中国共产党成立 95 周年大会上的讲话》，《人民日报》2016 年 7 月 2 日。

第三，文化、教育、医疗、科技事业得到很大发展，人民生活水平不断提高。新中国成立后，重视人民的文化素质的提高，不断加大对基础教育和高等教育的投资。我国在"文革"结束时基本实现了义务教育，教育经费投入最高曾达国民生产总值的5%，建立了上千所大专院校和完善的基础教育体系。医疗事业也蓬勃发展，医院的增加和医疗水平的提高，使全国人口的死亡率从1949年的20‰下降到1976年的7.25‰，人均预期寿命，从1949年的35岁提高到1976年的68.18岁。在科技发展方面，中国先后制定了两个科学技术长远发展规划，并在核技术、人造卫星、运载火箭等尖端科技领域，取得了一些重要成就，甚至在某些方面接近世界先进水平。1964年10月16日，中国成功地爆炸了第一颗原子弹。1967年6月，爆炸了第一颗氢弹。1970年1月，第一枚中远程导弹发射成功。同年4月，第一颗人造地球卫星发射成功。1975年，可回收人造地球卫星试验成功。正如邓小平说的："如果六十年代以来中国没有原子弹、氢弹，没有发射卫星，中国就不能叫有重要影响的大国，就没有现在这样的国际地位。这些东西反映一个民族的能力，也是一个民族、一个国家兴旺发达的标志。"①

第四，理论探索方面形成一系列重要成果。实践的探索与和理论的探索是分不开的。改革开放前的近三十年，我们在对社会主义社会的认识、社会主义建设的规律探讨分析等方面也取得了重要进展，形成了一系列独创性的成果。社会主义刚刚起步的时候，毛泽东就创造性地提出了马克思主义同中国实际的"第二次结合"思想，从中国的国情和实际出发，寻找社会主义建设的正确道路。同时期，《关于正确处理人民内部矛盾》创造性地分析了社会主义社会的矛盾，这为下一步的改革打下了理论基础。在对社会主义社会的性质、矛盾、发展阶段等问题进行正确分析的基础上，展开了对社会主义现代化建设的理论探讨，形成了关于社会主义建设的"两步走"的发展战略和把中国建成一个具有现代农业、现代工业、现代国防和现代科学技术的强国的目标。在社会主义的经济建设、民主政治建设、社会主义文化建设、国防建设和军队建设、共产党的自身建设等方面都初步形成了一系列理论成果。这些重要的理论成果，以及探索这些理论成果所运用的观点和方法等，是我党的宝贵的精神财富，也是社会主义建设理论发展的基础和源头。

---

① 《邓小平文选》第3卷，人民出版社1993年版，第279页。

（三）毛泽东的历史性贡献

习近平在纪念毛泽东同志诞辰 120 周年座谈会的讲话中指出："毛泽东同志是伟大的马克思主义者，伟大的无产阶级革命家、战略家、理论家，是马克思主义中国化的伟大开拓者，是近代以来中国伟大的爱国者和民族英雄，是党的第一代中央领导集体的核心，是领导中国人民彻底改变自己命运和国家面貌的一代伟人。"① "在革命和建设长期实践中，以毛泽东同志为主要代表的中国共产党人，根据马克思列宁主义基本原理，形成了适合中国情况的科学指导思想，这就是毛泽东思想。毛泽东思想以独创性理论丰富和发展了马克思列宁主义。"②

1. 毛泽东是马克思主义中国化的奠基人和开拓者

十月革命一声炮响，给中国送来了马克思列宁主义。从纷然杂陈的各种观点和路径中，经过反复比较和鉴别，毛泽东毅然选择了马克思列宁主义，选择了为实现共产主义而奋斗的崇高理想。在此后的革命生涯中，毛泽东坚持把马克思主义基本原理同中国实际相结合，不断推进马克思主义中国化，创立了毛泽东思想，实现了马克思主义中国化的第一次历史性飞跃。在此，我们以毛泽东创造性地开辟中国特色革命道路为例，来具体分析一下毛泽东之所以能成为马克思主义中国化奠基人和开拓者的原因。

其一，毛泽东善于将理论和实际相结合。俄国革命运用马克思主义指导获得成功的经验，给中国共产党和中国革命很大的启示。但是，中国革命是在中国特殊的国情下发生的，这就决定了我们不能照搬别国的做法，必须结合中国现实条件运用马克思主义，才能为中国革命的发展寻找到正确的道路和方针。正如毛泽东所说："不研究中国的特点，而去搬外国的东西，就不能解决中国的问题。"③ "我们要把马、恩、列、斯的方法用到中国来，在中国创造出一些新的东西。只有一般的理论，不用于中国的实际，打不得敌人。但如果把理论用到实际上去，用马克思主义的立场、方法来

---

① 《十八大以来重要文献选编》（上），中央文献出版社 2014 年版，第 687 页。
② 《十八大以来重要文献选编》（上），中央文献出版社 2014 年版，第 691 – 692 页。
③ 《毛泽东文集》第 2 卷，人民出版社 1993 年版，第 407 页。

解决中国问题，创造些新的东西，这样就用得了。"① 农村包围城市革命道路的开辟，实现了中国革命由城市向乡村的历史性转变，就是运用马克思主义解决中国革命问题的突出体现。之所以强调中国革命必须把马列主义基本原理与中国实际相结合，一是由中国国情的复杂性和中国革命的艰巨性和曲折性决定的。马列主义基本原理没有针对中国现实提出中国革命的现成答案，我们必须根据中国国情运用马列主义基本原理，得出中国革命正确的路线、方针政策。毛泽东分析中国国情，认为中国革命必须先在农村站住脚，发展红军，积聚力量，才能最终获得革命胜利。二是由于共产国际的错误干预和党内存在的一些错误认识，中国革命要成功，必须要同这些错误进行斗争，正确分析中国实际，用马克思主义指导做出符合中国特点的决定。例如大革命失败后，共产国际代表罗米那兹来到中国，在帮助中国共产党纠正右倾错误的同时，也出现了一些不符合中国革命实际的"左"的错误。混淆民主革命和社会主义革命的界限，不承认中国革命处于低潮，认为中国革命形势不断高涨，这些错误为后来党中央的"左"倾路线提供了依据。毛泽东则从中国实际出发，对这些错误进行了一定抵制。毛泽东在领导秋收起义过程中，审时度势，从中国革命实际出发，在起义受挫之后，做出了从进攻大城市到向农村进军的转变，这是对"城市中心论"领导的一次抵制。这是符合中国革命的具体情况的，也是符合马列主义基本原则的。邓小平曾经说过"列宁领导的布尔什维克党是在帝国主义世界的薄弱环节搞革命，我们也是在敌人控制薄弱的地区搞革命，这在原则上是相同的，但我们不是先搞城市，而是先搞农村，用农村包围城市"②。

其二，毛泽东善于调查研究。注重调查研究，不"唯书"，不"唯上"，是毛泽东在革命过程中一贯坚持的做法。《湖南农民运动考察报告》就是毛泽东在亲自深入到湖南 5 县农村进行了 32 天实际考察的结果，是深入调研、认清国情基础上形成的农民运动的光辉文献。红四军党的第九次代表大会通过的《古田会议决议案》，也是毛泽东组织政工干部，展开军地调查研究的结果。注重调查研究，必定是和反对"主观主义"相联系的。在《关于

---

① 《毛泽东文集》第 2 卷，人民出版社 1993 年版，第 408 页。
② 《邓小平文选》第 2 卷，人民出版社 1983 年版，第 126 – 127 页。

纠正党内的错误思想》中，毛泽东就批评了那种不注重调查研究、唯书唯上、不从实际出发的主观主义。他针对性地指出："主观主义，在某些党员中浓厚地存在，这对分析政治形势和指导工作，都非常不利。因为对于政治形势的主观主义的分析和对于工作的主观主义的指导，其必然的结果，不是机会主义，就是盲动主义。"① 并且，毛泽东还提出了三点纠正的方法："（一）教育党员用马克思列宁主义的方法去作政治形势的分析和阶级势力的估量，以代替主观主义的分析和估量。（二）使党员注意社会经济的调查和研究，由此来决定斗争的策略和工作的方法，使同志们知道离开了实际情况的调查，就要堕入空想和盲动的深坑。（三）党内批评要防止主观武断和把批评庸俗化，说话要有证据，批评要注意政治。"② 寻乌调查是毛泽东集中半个多月时间，进行的一次大规模调查。他采用登门访问、实地考察和主要召开座谈会的方式，向社会各阶层代表人物做深入调查。调查形成的成果《寻乌调查》，让毛泽东获得了城市商业情况，掌握了分配土地的各种数据，为制定正确地对待城市贫民和商业资产阶级的政策以及土地分配政策提供了依据。并且，结合这一次的调查，毛泽东针对党内存在的"唯书唯上"的本本主义，写成了非常富有战斗性的《反对本本主义》一文。这是一篇专门论述调查研究、了解国情的重要著作，是毛泽东长期倡导和进行调查研究的实践经验总结，标志着毛泽东调查研究、认识中国国情理论的形成。在《反对本本主义》中，毛泽东首次提出"没有调查，没有发言权"③ 的著名论断，强调调查研究对于制定和贯彻正确的思想路线和保证革命胜利的重要意义。"调查就是解决问题"，要注重调查！反对瞎说！只要对一个问题的现状和历史完全调查明白了，对那个问题的解决方法也就有了。毛泽东正是通过调查研究的方法，了解了中国革命的实际情况，并找到了解决问题的方法。他强调马列主义理论和中国实际相结合，"马克思主义的'本本'是要学习的，但是必须同我国的实际情况相结合"④。他强调联系群众，向群众做实际调查，实现马克思主义基本原理与中国实际情

---

① 《毛泽东选集》第 1 卷，人民出版社 1991 年版，第 91 页。
② 《毛泽东选集》第 1 卷，人民出版社 1991 年版，第 92 页。
③ 《毛泽东选集》第 1 卷，人民出版社 1991 年版，第 109 页。
④ 《毛泽东选集》第 1 卷，人民出版社 1991 年版，第 111—112 页。

况的结合，并针对迷信共产国际决议和苏联经验的观点，提出"中国革命斗争的胜利要靠中国同志了解中国情况"①。毛泽东始终坚持调查研究，在我们党的领导人中，像毛泽东一样能进行如此长时间的、次数频繁的、规模宏大的社会调查研究的人不多，这也是毛泽东和同时代其他人相比的一个突出优点，也是毛泽东能够探索出"农村包围城市、武装夺取政权"的中国特色革命道路的重要原因。正如叶剑英在《在庆祝中华人民共和国成立三十周年大会上的讲话》中指出：1927 年大革命失败后，毛泽东是"在非常困难的条件下，从中国的具体实际出发而不是从本本出发，创造性地解决了我国革命的一系列根本问题，找到了我国革命的正确道路"②。

其三，毛泽东善于总结经验。毛泽东曾经在接见李宗仁夫妇和秘书程思远的时候，提出"我是靠总结经验吃饭的"这一观点。"靠总结经验吃饭"，是毛泽东探索中国革命道路过程中的一个重要方法，也是马克思主义中国化的基本环节。中国特色革命道路的探索过程，就是一个不断总结经验，进而找到适合中国实际的革命道路的过程。大革命失败之后，毛泽东在八七会议上发言，总结在国共合作时期，共产党只注重搞民众运动，忽视军事运动的错误，提出军事运动和民众运动相结合的思想，并且在实践中为实行军事运动与民众运动的结合，奋斗了 20 多年。进入武装反抗国民党统治阶段后，毛泽东领导秋收起义进展不顺，工农革命军严重受挫。毛泽东非常重视这次严重挫折，在浏阳文家市主持党前敌委员会会议，认真总结经验教训，确定了工农革命军的行动方向。他反对师长余洒度"取浏阳直攻长沙"的打中心城市主张，决定工农革命军经萍乡向南转移，到反动势力薄弱的农村、山区落脚，保存实力，继续战斗。这也是在总结经验教训的基础上实现由城市到农村的战略转移。在南昌起义、广州起义这些以中心城市为目标的起义在现实中都遭到挫败之后，总结这些起义失败的经验教训，毛泽东认识到在中国强敌占据中心城市的情况下，不能像苏联那样走先夺取城市后占领农村的道路，这不适合中国国情，并以巨大的理论勇气提出了"工农武装割据"的思想，认为"工农武装割据"的思想，

---

① 《毛泽东选集》第 1 卷，人民出版社 1991 年版，第 115 页。
② 《三中全会以来重要文献选编》（上），人民出版社 1982 年版，第 208－209 页。

是共产党和割据地方的工农群众必须充分具备的一个重要思想。这是红色政权理论的核心。中国要发展革命，巩固政权，必须走"工农武装割据"的道路。1928 年秋毛泽东撰写了《中国的红色政权为什么能够存在?》《井冈山的斗争》等重要文章，全面分析和论述了中国红色政权存在和发展的原因和条件，总结了实行工农武装割据的斗争形式和经验，开始找到了一条适合中国具体国情的正确革命道路，即农村包围城市、武装夺取政权。毛泽东指出："在民主革命时期，经过胜利、失败，再胜利、再失败，两次比较，我们才认识了中国这个客观世界。"①

其四，毛泽东善于学习思考。毛泽东从少年时期就喜欢读书，在他早年所作的《讲堂录》中曾经说过，"才不胜今人，不足以为才；学不胜古人，不足以为学"。他博览群书，特别喜欢读中国古代的传奇小说，"尤其是关于造反的故事"，如《水浒传》《三国演义》《西游记》等，还特别喜欢读中国历史方面的书籍，仅《资治通鉴》他就读过 17 遍。从这些书中，毛泽东学会了思考，看到了"武士"与"农民"的本质区别，他的思想也在慢慢发生变化。毛泽东在这些书中批判地吸收了中国传统文化中的一些精华，形成了对中国古代文化、历史有着许多独到而深刻的见解。毫无疑义，这对于毛泽东从事革命活动，开辟革命根据地提供了良好的条件。历史上农民起义的经验教训，是启发毛泽东探索革命新道路的重要因素之一，例如在《关于纠正党内的错误思想》一文中，毛泽东就批评了流寇主义思想，指出："历史上黄巢、李闯式的流寇主义，已为今日的环境所不许可。"② 与毛泽东同在井冈山战斗过的谭震林也曾经回忆道："毛泽东同志曾总结历史上农民起义失败的教训，对我们说：李自成为什么失败了？很重要的一个原因，就是没有巩固的根据地。"③ 毛泽东不仅吸收中国传统文化中的精华以及农民革命的经验，还关注并吸收国外的一些理论和革命经验。1920 年前后，毛泽东在北京开始接受马克思主义的一些基本思想，主要书籍有《共产党宣言》、考茨基的《阶级斗争》和柯卡普的《社会主义史》

---

① 《毛泽东文集》第 8 卷，人民出版社 1999 年版，第 299 页。
② 《毛泽东选集》第 1 卷，人民出版社 1991 年版，第 94 页。
③ 井冈山革命博物馆等编：《井冈山革命根据地》下册，中共党史资料出版社 1987 年版，第 10 页。

等。这些书让毛泽东更好地了解了俄国情况，也让毛泽东确立起对马克思主义的信仰。毛泽东不仅进行理论学习，还学习俄国十月革命的经验。并结合十月革命的经验，来论中国革命的问题。一是俄国革命的胜利让中国人看到了工农的巨大革命力量。毛泽东在《民众的大联合》中，提出"俄罗斯以民众的大联合，和贵族的大联合资本家的大联合相抗，收了'社会改革'的胜利"①。这实际上是得出了革命需要动员广大的民众参加进来，和统治阶级相抗衡，取得革命胜利的思想。二是认识到武装夺取政权的重要性。十月革命的道路，归根到底就是暴力革命道路，是武装夺取政权的道路。毛泽东认为走俄国人的道路，是中国在各条道路都走不通的情况下选的一条道路，这条道路在中国具有更大的可能性。因此，毛泽东在认可了十月革命的道路后，在中国也选择了武装夺取政权的方法。当然，并不是说有了马克思主义理论和十月革命的经验，毛泽东就自然找到了"农村包围城市、武装夺取政权"的革命道路，因为马克思主义和十月革命提供的是城市中心的革命道路，这不能直接拿来照抄。马克思主义的最本质的东西，马克思主义的活的灵魂，就在于具体地分析具体的情况。毛泽东结合中国的特殊国情，在批判借鉴俄国革命经验的基础上，创造性地探索出了农村包围城市的中国特色革命道路。

其五，毛泽东敢于挑战权威。在 20 世纪 20 年代后期和 30 年代前期，在国际共产主义运动中和我们党内盛行的把马克思主义教条化，把共产国际决议和苏联经验神圣化的错误倾向，曾使中国革命几乎陷于绝境。毛泽东思想是在同这种错误倾向斗争并深刻总结这方面的历史经验的过程中逐渐形成和发展起来的。毛泽东思想形成的重要标志，就是"农村包围城市、武装夺取政权"的中国特色革命道路的开辟。这条革命道路开辟的过程，也是毛泽东同各种权威的错误做斗争并找到正确道路的过程。大革命失败的现实，证明了陈独秀等"领袖同志"的右倾主张是错误的，被他们否定过的毛泽东的《湖南农民运动考察报告》的思想是正确的。在这一过程中，毛泽东经过反思，破除了"我素以为领袖同志的意见是对的"迷信，实现了思想认识上的飞跃，也开始了毛泽东从实际出发，破除迷信，同权威的

---

① 《毛泽东早期文稿》，湖南出版社 1990 年版，第 339 页。

错误思想做斗争的历程。毛泽东在这一过程中体现出的勇于探索和创新的特质，也是毛泽东为开辟中国特色革命道路做出突出贡献的重要因素。大革命失败前，共产国际执委会做出《关于中国革命当前形势的决议》，指令中国共产党开展土地革命，推进中国革命。同时，共产国际派出代表罗米那兹来中国贯彻这个决议。但是，在这个决议和罗米那兹的活动中，都出现了一些不符合中国实际的东西，毛泽东对这些不符合中国实际的东西进行了一定的抵制，没有迷信权威。在秋收暴动中应该打什么旗子的问题以及湖南全省暴动还是湘中暴动的问题上，他都提出了和共产国际代表不同的观点，并在实践中抵制错误指示。

2. 毛泽东是中国社会主义事业的奠基人和中国社会主义建设道路的开创者

新中国成立后，以毛泽东同志为核心的党的第一代中央领导集体带领人民，在迅速医治战争创伤、恢复国民经济的基础上，不失时机提出了过渡时期总路线，创造性地完成了由新民主主义革命向社会主义革命的转变，成功解决了一个经济文化落后的东方农业国如何通过社会主义工业化建设和社会主义改造同时并举而逐步确立社会主义基本制度的问题，使中国这个占世界四分之一人口的东方大国进入了社会主义社会，成功实现了中国历史上最深刻、最伟大的社会变革。新民主主义革命的胜利，社会主义基本制度的确立，为当代中国一切发展进步奠定了根本政治前提和制度基础。正如毛泽东在1956年1月指出的："我们进行社会主义革命所用的方法是和平的方法。对于这种方法，过去在共产党内和共产党外，都有许多人表示怀疑。但是从去年夏季以来，由于农村中合作化运动的高潮和最近几个月以来城市中社会主义改造的高潮，他们的疑问已经大体解决了。在我国的条件下，用和平的方法，即用说服教育的方法，不但可以改变个体的所有制为社会主义的集体所有制，而且可以改变资本主义所有制为社会主义所有制。"①

社会主义基本制度确立以后，如何在中国建设社会主义，是党面临的崭新课题。毛泽东对适合中国情况的社会主义建设道路进行了艰苦探索。

---

① 《毛泽东文集》第7卷，人民出版社1999年版，第1-2页。

他以苏联的经验教训为鉴戒，提出要创造新的理论、写出新的著作，把马克思列宁主义基本原理同中国实际进行"第二次结合"，找出在中国进行社会主义革命和建设的正确道路，制定把我国建设成为一个强大的社会主义国家的战略思想。

毛泽东在社会主义发展的理论创新上有三大突破：一是突破社会主义无矛盾、无冲突的思想框框，形成社会主义基本矛盾和人民内部矛盾的学说；二是突破社会主义建设必须以"重—轻—农"为序的思想框框，形成具有中国特点的以"农—轻—重"为序、充分发挥两个积极性、两条腿走路的社会主义现代化理论；三是突破社会主义阵营必须以苏联为中心的思想框框，形成独立自主地搞建设、独立自主地搞国防、独立自主地搞尖端技术、独立自主地搞外交、独立自主地进行道路探索的思想。总之，毛泽东是推动科学社会主义在中国成功实践的第一人。① 正如党的十八大报告指出的那样，以毛泽东为代表的中国共产党人在对社会主义建设道路的探索中，"虽然经历了严重曲折，但党在社会主义建设中取得的独创性理论成果和巨大成就，为新的历史时期开创中国特色社会主义提供了宝贵经验、理论准备、物质基础"②。

3. 毛泽东思想的历史地位

毛泽东思想是马克思列宁主义在中国的运用与发展，是被实践证明了的关于中国革命和建设的正确的理论原则和经验总结，是中国共产党集体智慧的结晶。毛泽东思想是一个科学的理论体系，在六个方面以其独创性的内容丰富和发展了马克思主义。这六个方面是关于新民主主义革命，关于社会主义革命和社会主义建设，关于革命军队的建设和军事战略，关于政策和策略，关于思想政治工作和文化工作，关于党的建设。实事求是、群众路线、独立自主是毛泽东思想活的灵魂。

毛泽东思想是马克思主义基本原理同中国实际相结合的第一次历史性飞跃的理论成果。"第一次历史性飞跃"主要表现为以下几方面：首先，毛泽东思想坚持运用马克思列宁主义历史唯物主义观点、方法及列宁关于民

---

① 李捷：《从五大坐标看毛泽东的历史地位和历史贡献》，《中共党史研究》2013 年第 10 期。
② 《十八大以来重要文献选编》（上），中央文献出版社 2014 年版，第 8 页。

族殖民地问题的学说分析中国国情。其次，毛泽东思想坚持和发展了马克思主义关于无产阶级在民主革命中的领导权的原理与马克思主义的无产阶级专政学说。再次，毛泽东思想坚持和发展了马克思主义的暴力革命原则以及马克思的阶级分析方法和具体情况具体分析的辩证方法。最后，毛泽东思想坚持和发展了列宁的过渡时期理论。

毛泽东思想是中国共产党的指导思想和中国人民的宝贵精神财富。毛泽东思想是中国革命和建设史上最适合中国实际的具有开拓性、奠基性的中国化马克思主义，也是被中国革命和建设实践所检验并被巨大成就所证明的正确理论，是中国共产党的指导思想。正是在毛泽东思想的指引下，中国共产党领导中国人民取得了新民主主义革命的胜利，创造性地完成了从新民主主义向社会主义的过渡，在中国大地上确立了社会主义制度。随着社会主义建设在探索中曲折发展，积贫积弱的农业大国转变为一个拥有比较完整的工业体系和国民经济体系的独立的社会主义国家，为开辟中国特色社会主义道路奠定了物质基础。毛泽东思想不仅来源于马克思主义，扎根于中国革命实际，也是中国传统优秀文化的集中体现和继承弘扬。比如，《实践论》和《矛盾论》是毛泽东哲学思想的重要组成部分，这"两论"不仅来自毛泽东对马克思主义哲学原理的运用发展和中国革命经验的总结，还是对中国哲学与文化传统的批判继承。《实践论》扬弃了中国五千年来传统的知行观，解决了中国哲学中的知行关系问题。《矛盾论》则是对中国丰富而古老的辩证法思想的革命性再创造。[①]

毛泽东思想是中国特色社会主义理论体系的理论渊源。毛泽东思想与中国特色社会主义理论体系具有内在的统一性，马克思主义是两大理论成果共同的理论基础；人民利益标准是两大理论成果共同的价值取向；实事求是是两大理论成果的精髓。毛泽东社会主义建设思想是中国特色社会主义理论体系的直接思想来源。比如，在经济建设方面，提出的要正确处理农业、轻工业和重工业的关系，走中国工业化道路的思想，发展社会主义商品经济的思想，对今天社会主义经济体制改革仍具有主要的指导意义。在政治建设方面，提出的关于实行人民代表大会制度、共产党领导的多党

---

① 郑德荣：《毛泽东思想的历史地位与当代价值新论》，《马克思主义研究》2013 年第 5 期。

合作和政治协商制度、民族区域自治制度的思想，提出的关于正确处理两类不同性质的矛盾等思想，对于中国特色社会主义民主政治建设仍具有重要的指导意义。在文化建设方面，毛泽东倡导坚持的"百花齐放、百家争鸣"和"古为今用、洋为中用"的文化工作基本方针、"德、智、体全面发展"的教育方针等都一直为我们所沿用至今。在党的建设方面，毛泽东在《一九五七年夏季的形势》中提出的"又有集中又有民主，又有纪律又有自由，又有统一意志、又有个人心情舒畅、生动活泼，那样一种政治局面"①的思想，对于全面从严治党、严肃党内政治生活仍具有重要启迪。在国际战略思想方面，毛泽东坚决反对霸权主义和强权政治，积极倡导并坚持和平共处五项原则，坚持独立自主的和平外交方针，这些国际战略思想对当代中国准确研判国际战略局势，科学制定外交方针和战略提供了正确的和具有前瞻性的指导原则。

---

① 《建国以来毛泽东文稿》第 6 册，中央文献出版社 1992 年版，第 543 页。

六、走出一条建设社会主义的新路
——中国特色社会主义的开创和发展

1978 年 12 月召开的党的十一届三中全会，实现了党的工作重心的转移，做出了改革开放的伟大决策，翻开了中国社会主义建设的崭新一页。改革开放 40 多年来，中国共产党坚定不移地高举中国特色社会主义伟大旗帜，既不走封闭僵化的老路，也不走改旗易帜的邪路，走出了一条建设社会主义的新路。

（一）改革开放历史新时期的开启

1976 年 10 月，持续 10 年之久的"文化大革命"终于结束，长期的阴霾被驱散，党和人民欢欣鼓舞。党和国家采取了稳定局势的一系列措施，首先开展了对"四人帮"的揭批、清查运动。在揭发批判中，把"四人帮"和林彪两个反革命集团联系起来，把揭批"四人帮"罪行同清查他们的帮派体系、整顿各级领导班子结合起来，同恢复国民经济、促进安定团结结合起来。经过艰苦努力，到 1977 年上半年，派系造成的武斗和动乱基本被制止。到 1978 年，揭批"四人帮"运动取得了决定性的胜利，人民群众期盼已久的安定政治局面开始形成。

1. 关于真理标准问题的大讨论

"文化大革命"给党和人民以及社会主义事业带来严重灾难，要在短时间内彻底消除"文化大革命"所造成的政治思想上的混乱是非常不容易的。在一段时间里，"左"的思想教条不仅没有得到及时纠正，而且愈演愈烈，党的领导工作不同程度地偏离了实事求是的思想路线，最突出的表现就是提出和贯彻"两个凡是"错误方针。1977 年 2 月 7 日，《人民日报》、《红旗》杂志、《解放军报》发表社论《学好文件抓住纲》。这篇社论明确提出了"两个凡是"的方针，即"凡是毛主席作出的决策，我们都坚决拥护；凡是毛主席的指示，我们都矢志不渝地遵循"。"两个凡是"错误方针的提出，就是要继续坚持所谓"无产阶级专政下继续革命"的理论，继续维护"文化大革命"的"左"的错误，这只能使中国继续陷入混乱甚至动乱的危局。

最早起来批判"两个凡是"错误方针的是邓小平。1977 年 4 月 10 日，尚未恢复领导职务的邓小平在给党中央的信中提出，"我们必须世世代代用准确的完整的毛泽东思想来指导我们全党、全军、全国人民，把党和社会主义事业，把国际共产主义事业，胜利地推向前进"[1]。这封信不是采用简单的方法，说什么是对什么是错，而是从根本上提出一个新的理论、新的思维、新的理解，要求科学地掌握毛泽东思想的体系，实事求是地对待毛泽东的决策和指示，必须以马克思主义的态度，实事求是地对待，正确的坚持，错误的纠正，而不能以教条主义的态度和"两个凡是"的方针去对待。5 月 3 日，党中央向全党传达了这封信，全党为之一振。这封信成了全党解放思想的先导，也给了全党一个反对"左"倾错误的锐利武器。[2] 此后，邓小平又在不同的场合多次批评"两个凡是"。同年 7 月召开的党的十届三中全会通过了《关于恢复邓小平同志职务的决议》。在这次会议的讲话中，邓小平再次强调："要对毛泽东思想有一个完整的准确的认识，要善于学习、掌握和运用毛泽东思想的体系来指导我们各项工作。只有这样，才不至于割裂、歪曲毛泽东思想，损害毛泽东思想。"[3] 他特别强调要把毛泽东倡导的实事求是的作风恢复起来。8 月，他在党的十一大闭幕词中，又着重强调了要恢复和发扬实事求是的传统的问题。党的十一大以后，陈云、叶剑英、聂荣臻、徐向前等老一辈无产阶级革命家也纷纷发表文章，反复强调实事求是的优良传统，抵制"两个凡是"的推行。邓小平等老一辈无产阶级革命家对实事求是优良传统的大力倡导，进一步引起人们对"两个凡是"观点的质疑，由此引发了 1978 年下半年的真理标准问题的讨论。

1978 年 5 月 10 日，中央党校内部刊物《理论动态》发表经中央党校副

---

① 《邓小平年谱（1975—1997）》（上），中央文献出版社 2004 年版，第 157 页。
② 陈明显主编：《中华人民共和国史教程》，中国人民大学出版社 2009 年版，第 164 页。
③ 《邓小平文选》第 2 卷，人民出版社 1994 年版，第 42 页。

校长胡耀邦审定的《实践是检验真理的唯一标准》一文。5 月 11 日，《光明日报》以特约评论员的名义公开发表这篇文章，新华社向全国转发。随后，《人民日报》《解放军报》及全国绝大多数省、自治区、直辖市报纸也都陆续转载。这篇文章从理论上根本否定了"两个凡是"的错误方针，在广大干部群众中产生强烈的反响，一场对后来中国发展产生深远影响的大讨论，由此在全党全国展开，有力推动了广大干部群众的思想大解放。

邓小平对这场大讨论给予了及时而有力的支持。1978 年 6 月 2 日，他在全军政治工作会议上批评了把坚持实事求是等说成是"犯了弥天大罪"的奇谈怪论，批评了"两个凡是"的观点，强调指出："实事求是，是毛泽东思想的出发点、根本点。""我们也有一些同志天天讲毛泽东思想，却往往忘记、抛弃甚至反对毛泽东同志的实事求是、一切从实际出发、理论与实践相结合的这样一个马克思主义的根本观点，根本方法。不但如此，有的人还认为谁要是坚持实事求是，从实际出发，理论和实践相结合，谁就是犯了弥天大罪。他们的观点，实质上是主张只要照抄马克思、列宁、毛泽东同志的原话，照抄照转照搬就行了。要不然，就说这是违反了马列主义、毛泽东思想，违反了中央精神。他们提出的这个问题不是小问题，而是涉及到怎么看待马列主义、毛泽东思想的问题。"① 在此基础上，邓小平号召"一定要肃清林彪、'四人帮'的流毒，拨乱反正，打破精神枷锁，使我们的思想来个大解放"②。此后，《解放军报》《人民日报》《光明日报》等报刊接连发表文章，许多老一辈革命家也以不同方式支持或参与讨论。据不完全统计，1978 年下半年，报刊上发表专文 650 多篇，关于真理标准问题的讨论会，不包括中央单位，仅地方上就召开了 70 余次。真理标准问题大讨论是中国共产党又一次具有深远意义的思想解放运动，使广大干部和群众从过去盛行的个人崇拜和教条主义的精神枷锁中解放出来，"实践是检验真理的唯一标准"这一马克思主义的基本观点成为全党的共识。这场讨论，是继延安整风之后又一场马克思主义思想解放运动，成为拨乱反正和改革开放的思想先导，为党重新确立实事求是的思想路线，纠正长期以来的"左"倾错误，实现历史性的转折和开辟中国特色社会主义道路做了

① 《邓小平文选》第 2 卷，人民出版社 1994 年版，第 114 页。
② 《邓小平文选》第 2 卷，人民出版社 1994 年版，第 119 页。

思想理论准备。

2. 党的十一届三中全会：历史性的伟大转折

1978 年 11 月 10 日至 12 月 15 日，中共中央在北京召开工作会议。12 月 13 日，邓小平在中央工作会议闭幕会上，发表了题为《解放思想，实事求是，团结一致向前看》的重要讲话。邓小平在讲话中突出强调了"解放思想是当前的一个重大政治问题"，指出："解放思想，开动脑筋，实事求是，团结一致向前看，首先是解放思想。只有思想解放了，我们才能正确地以马列主义、毛泽东思想为指导，解决过去遗留的问题，解决新出现的一系列问题。"① 邓小平充分肯定了真理标准讨论的实质和意义，指出："一个党，一个国家，一个民族，如果一切从本本出发，思想僵化，迷信盛行，那它就不能前进，它的生机就停止了，就要亡党亡国。"② "从这个意义上说，关于真理标准问题的争论，的确是个思想路线问题，是个政治问题，是个关系到党和国家的前途和命运的问题。"③ 邓小平提出各方面的新情况都要研究，各方面的新问题都要解决，尤其要注意研究和解决管理方法、管理制度、经济政策这三方面的问题。在管理方法上，当前要特别注意克服官僚主义。在管理制度上，当前要注意加强责任制。在经济政策上，要允许一部分地区、一部分企业、一部分工人农民，由于辛勤努力成绩大而收入先多一些，生活先好起来。邓小平认为"这是一个大政策，一个能够影响和带动整个国民经济的政策"④。邓小平的这篇讲话是在"文化大革命"结束以后，中国面临向何处去的重大历史关头，冲破"两个凡是"的禁锢，开辟新时期新道路、开创建设有中国特色的社会主义新理论的宣言书。这篇讲话实际上成为随后召开的党的十一届三中全会的主题报告。

1978 年 12 月 18—22 日，党的十一届三中全会在北京召开。全会坚决地批判了"两个凡是"的错误思想，高度评价了关于实践是检验真理的唯一标准问题的讨论，提出要完整准确地掌握毛泽东思想的科学体系，一切从中国实际出发制定党的路线、方针和政策。全会指出：只有全党同志和全国人民在马列主义、毛泽东思想的指导下，解放思想，努力研究新情况、

---

① 《邓小平文选》第 2 卷，人民出版社 1994 年版，第 141 页。
② 《邓小平文选》第 2 卷，人民出版社 1994 年版，第 143 页。
③ 《邓小平文选》第 2 卷，人民出版社 1994 年版，第 143 页。
④ 《邓小平文选》第 2 卷，人民出版社 1994 年版，第 152 页。

新事物、新问题，坚持实事求是、一切从实际出发、理论联系实际的原则，我们党才能顺利地实现工作重心的转变，才能正确提出实现四个现代化的具体道路、方针、方法和措施。全会实现了政治路线上最根本的拨乱反正，确定党的工作重心转移到社会主义经济建设上来。全会决定，适应国内外形势发展变化，必须及时地、果断地结束全国范围的大规模的揭批林彪、"四人帮"的群众运动，从 1979 年起将全党工作的着重点和全国人民的注意力转到社会主义现代化建设上来，从而解决了 1957 年以来没有解决好的工作重心转移问题。全会举起了改革开放的旗帜，对改革开放问题进行了深入探讨，在经济管理、经济体制、利用外资、引进技术和设备等方面提出了一系列改革开放的思想主张，吹响了改革开放的进军号。由此，中国开始了从"以阶级斗争为纲"到以经济建设为中心、从僵化半僵化到全面改革、从封闭半封闭到对外开放的历史性转变。全会总结和吸取党的历史经验教训，决定健全党的民主集中制，健全党规党法，严肃党纪，选举产生了以陈云为第一书记的中央纪律检查委员会。

党的十一届三中全会是新中国成立以来党的历史上具有深远意义的伟大转折。全会结束了粉碎"四人帮"后两年在徘徊中前进的局面，标志着中国共产党重新确立了马克思主义的思想路线、政治路线、组织路线，开始了在思想、政治、组织等领域的全面拨乱反正，形成了以邓小平为核心的党的第二代中央领导集体，拉开了社会主义改革开放的序幕。以这次全会为起点，中国进入改革开放和社会主义现代化建设的历史新时期，中国共产党和中国人民踏上建设中国特色社会主义新的伟大征程，以一往无前的进取精神和波澜壮阔的创新实践，开创和发展中国特色社会主义。

3. 改革开放的起步

党的十一届三中全会以后，党和国家按照实事求是、有错必纠的原则加快了平反冤假错案的步伐。1980 年 2 月，党的十一届五中全会决定为刘少奇彻底平反并恢复荣誉。经过大量艰苦细致的工作，到 1982 年底，全国大规模的平反冤假错案工作基本结束。在此期间，全国共纠正了 300 多万名干部的冤假错案，47 万名共产党员恢复了党籍，他们心情舒畅地重新走上工作岗位或担任新的职务。在大规模平反冤假错案的同时，党实事求是地处理历史遗留问题，采取积极措施调整各种社会关系，摘掉地主、富农分子的帽子，为国民党投诚起义人员落实政策，将小商、小贩、小手工业者等劳动者同原工商业者区别开来，支持各民主党派恢复活动，认真落实民族政策和宗教政策，重申侨务政策，落实知识分子政策，等等。平反冤假错案和调整社会关系，有效地调动了全党同志和社会各阶层人员的积极性，为推动改革开放和社会主义现代化建设事业发展奠定了必不可少的社会基础和群众基础。

在此期间，针对 1977 年至 1978 年这两年出现的国民经济比例失调的情况，党和国家在 1979 年提出和制定了"调整、改革、整顿、提高"的八字方针，积极调整农业和农村经济政策，大力压缩基本建设规模，加快轻纺工业发展，大幅度提高城乡居民收入，加强财政信贷管理，稳定市场物价。1979 年至 1983 年，经过经济调整，国民经济主要比例关系趋向协调，长期存在的积累率过高和农业、轻工业严重滞后的情况有了根本改变，积累率从 1978 年的 36.5% 降为 1983 年的 30%。在工业总产值中，轻工业所占比重从 43.1% 上升到 48.5%。经过调整，中国经济取得了较好成就。五年间，国内生产总值递增 8.1%，人均国内生产总值年增 6.65%。工业增加值和总产值分别递增 7.6% 和 7.9%，农业增加值和总产值分别年增长 6.2% 和 6.85%，轻、重工业总产值分别年增 11.2% 和 5.1%。人民生活水平有较大幅度提高。职工平均工资年递增 2.8%，城镇居民可支配收入年递增 7.2%，农村居民人均纯收入年递增高达 14.7%。[①] 经济调整取得的成绩，为随后开创社会主义现代化建设新局面奠定了基础。

在对国民经济进行调整的同时，改革开放在各个领域开展起来，其中起步最早的是农村。从 1978 年开始，安徽、四川的基层干部和农民群众，在省委的支持下，开始探索试行包产到组、包产到户、包干到户等，所执行是的农业生产责任制，取得了良好的效果。其他一些省份也采取了类似的做法。这些大胆的尝试，拉开了我国农村改革的序幕。在这种情况下，1979 年 9 月，党的十一届四中全会通过了《关于加快农业发展若干问题的决定》，明确指出："我们的一切政策是否符合发展生产力的需要，就要看这种政策能否调动劳动者的生产积极性。""除有法律规定者外，不得用行政命令的方法强制社、队执行，应该允许他们在国家统一计划的指导下因

---

① 当代中国研究所：《中华人民共和国史稿（1976—1984）》第 4 卷，人民出版社、当代中国出版社 2012 年版，第 122-123 页。

时因地制宜，保障他们在这方面的自主权，发挥他们的积极性。"1980 年 5 月 31 日，邓小平发表《关于农村政策的谈话》，肯定了包产到户这种形式，指出它不会影响我们制度的社会主义性质。同年 9 月，党中央印发《关于进一步加强和完善农业生产责任制的几个问题》，在强调进一步搞好集体经济的同时，指出：在生产队领导下实行的包产到户是依存于社会主义经济，而不会脱离社会主义轨道的，没有什么复辟资本主义的危险。1982 年的中央一号文件又进一步肯定包产到户、包干到户是社会主义集体经济的生产责任制。在党中央的支持和推动下，以包产到户、包干到户为主要形式的家庭联产承包责任制，在全国各地逐渐推广开来。家庭联产承包责任制突破了平均主义、"大锅饭"的人民公社制度，使广大农民长期被压制的生产积极性极大释放出来。这期间，城市经济体制改革也开始探索。如逐步扩大国有企业经营自主权，把部分中央和省属企业下放给城市管理，开始实行政企分开，进行城市经济体制改革综合改革试点等。

随着改革的推进，对外开放开始有重大突破。党的十一届三中全会之前，在同国际社会日益密切的联系中，对外开放政策即开始酝酿。1978 年 10 月，邓小平在接见外国代表团时说："要实现四个现代化，就要善于学习，大量取得国际上的帮助。要引进国际上的先进技术、先进装备，作为我们发展的起点。"[1] 正如改革需要从农村突破、把农村作为一个"窗口"一样，对外开放政策的实施也需要一个"窗口"，而"特区是个窗口，是技术的窗口，管理的窗口，知识的窗口，也是对外政策的窗口"[2]。创办经济特区是实行对外开放的一个伟大创举。1979 年 4 月，党中央工作会议提出了"试办出口特区"的要求。同年 7 月，党中央、国务院批转了广东省委、福建省委《关于对外经济活动实行特殊政策和灵活措施的两个报告》，决定对两省的对外经济活动实行特殊政策和灵活措施，给地方以更多的自主权。1980 年 3 月，国务院召开广东、福建两省研究试办出口特区情况的会议，会议建议将"出口特区"改名为"经济特区"。同年 5 月，党中央决定在深圳、珠海、汕头、厦门设立经济特区，采取多种形式吸引和利用外资，学习国外的先进技术和经营管理方法。经济特区的设立，有力促进了这些地

---

① 《邓小平文选》第 2 卷，人民出版社 1994 年版，第 133 页。
② 《邓小平文选》第 3 卷，人民出版社 1993 年版，第 51－52 页。

区的发展，并发挥了重要的带动和示范作用。发展最快的是深圳，1984 年特区工业产值达 13 亿元，比 1979 年增长 20 倍；财政收入 4.5 亿元，比 1979 年增长 10.6 倍。这些成绩的取得，使昔日边陲小镇、荒滩渔村，在短短几年内迅速发展成为初具规模的现代化城市，并为此后的对外开放提供了有益的实践经验。

在创办经济特区的同时，国家还非常重视利用外国资金、引进国外先进技术等方面的工作，并为此采取了一系列措施，从而使我国对外开放的基本格局得以初步形成。截至 1982 年，中国政府同日本、丹麦、科威特、比利时等国政府以及世界银行、国际开发协会、国际复兴开发银行、国际农业发展基金等国际金融组织正式签订建设贷款协议项目 31 个，累计金额 28.3 亿美元。在中国境内兴办的中外合资经营企业发展到 83 家，累计外商投资约 1.4 亿美元；中外合作经营企业发展到近 800 家，累计外商投资 27 亿美元，补偿贸易签订合同 880 多项，引进设备价值 7.6 亿美元。在引进技术方面，从 1979 年到 1981 年，我国引进技术总额达 42.3 亿美元。

4. 拨乱反正任务的胜利完成

在拨乱反正的过程中，广大干部和群众从过去盛行的个人崇拜和教条主义的精神枷锁中解脱出来，党内党外思想活跃，出现了努力研究新情况、解决新问题的新气象。这是当时国内政治形势的主流。但是与此同时，也出现了一些值得引起注意和警觉的现象。这就是，在拨乱反正、解放思想的过程中，特别是在党的十一届三中全会前后，对"文化大革命"和毛泽东、毛泽东思想的议论出现了两种错误倾向：一种倾向是一些人受"左"的思想束缚，对党的十一届三中全会以来的路线、方针、政策表示怀疑，极少数人甚至散布流言蜚语，有抵触情绪。有人说农村联产承包责任制是"辛辛苦苦几十年，一夜回到解放前"，有人担心特区会不会变成新的租界和殖民地，有人认为引进国外和港澳的私人资本不符合马克思主义原则，有人认为改革开放是搞资本主义，等等。另一种倾向是极少数人利用党进行拨乱反正的时机，曲解"解放思想"的口号，极端夸大党的错误，企图否定党的领导，否定社会主义制度，否定毛泽东和毛泽东思想。这股思潮混杂在群众要求平反冤假错案的呼声中，随着上访的人流和街头大字报而弥漫。社会上，甚至出现了无政府主义和极端民主化倾向，譬如，提出了"废弃毛泽东思想""取消阶级斗争、暴力革命和一切形式的专政""中国应该实行资本主义"等口号。还有人成立非法组织，出版非法刊物，甚至发生冲击党政机关等行为。据不完全统计，到 1979 年 3 月，北京、上海、天津、贵州、武汉、广州等地出现的自发组织有 80 多个，自发刊物 2 个，其中大多是由少数坏人控制和把持的。在党内，一些党员在党揭露和纠正自己所犯错误时，思想发生动摇。他们不承认这股否定党的领导和社会主义制度的思潮的存在，甚至给予某种程度的支持。显然，这些思想认识和理论问题不解决，不可能排除错误倾向的干扰，顺利实现党中央刚刚确定的全党工作重点转移。

针对这种情况，1979 年 3 月 30 日，邓小平在党的理论工作务虚会上做了题为《坚持四项基本原则》的长篇讲话，旗帜鲜明地指出，要在中国实现四个现代化，必须在思想上、政治上坚持社会主义道路、坚持无产阶级专政、坚持共产党的领导、坚持马列主义毛泽东思想这四项基本原则。这是实现四个现代化的根本前提。邓小平明确指出："每个共产党员，更不必说每个党的思想理论工作者，决不允许在这个根本立场上有丝毫动摇。如果动摇了这四项基本原则中的任何一项，那就动摇了整个社会主义事业，整个现代化建设事业。"① 他在批评怀疑党的十一届三中全会路线的"左"的错误的同时，着重揭露和批判了某些人以"社会改革"的名义鼓吹资本主义的实质，明确指出："我们要有计划、有选择地引进资本主义国家的先进技术和其他对我们有益的东西，但是我们决不学习和引进资本主义制度，决不学习和引进各种丑恶颓废的东西。"② 他在讲话中对"解放思想"的内涵做了科学界定，指出，"解放思想，就是要运用马列主义、毛泽东思想的基本原理，研究新情况，解决新问题"③，以便推进中国的社会主义事业，决不允许一些人借此攻击马列主义、毛泽东思想。"毛泽东思想过去是中国革命的旗帜，今后将永远是中国社会主义事业和反霸权主义事业的旗帜，我们将永远高举毛泽东思想的旗帜前进。"④ 邓小平认为，坚持四项基本原则与贯彻执行十一届三中全会路线、方针、政策并不矛盾，"这四项基本原则并不是新的东西，是我们党长期以来所一贯坚持的。粉碎'四人帮'以

① 《邓小平文选》第 2 卷，人民出版社 1994 年版，第 173 页。
② 《邓小平文选》第 2 卷，人民出版社 1994 年版，第 168 页。
③ 《邓小平文选》第 2 卷，人民出版社 1994 年版，第 179 页。
④ 《邓小平文选》第 2 卷，人民出版社 1994 年版，第 172 页。

至三中全会以来，党中央实行的一系列方针政策，一直是坚持这四项基本原则的。"① 邓小平的讲话不仅在当时，而且在以后的党和国家政治生活中，对排除来自"左"和右的方面的干扰和影响，保证改革开放和现代化建设事业的顺利进行，提供了可靠的政治基础，指明了正确的方向。此后，经过党的十二大、十三大，四项基本原则同以经济建设为中心和改革开放一起，构成了党在社会主义初级阶段的基本路线。这个基本路线，是新时期党的路线、方针、政策的核心。

全面拨乱反正，必然要求对新中国成立以来中国共产党的重大历史问题做出结论，以便统一全党和全国人民的思想，团结一致向前看。1979 年 9 月，党的十一届四中全会讨论通过叶剑英在庆祝中华人民共和国成立 30 周年大会上的讲话。这个讲话对新中国成立以来的历史经验进行了初步总结。同年 10 月下旬，中共中央政治局常委会决定，以叶剑英在国庆 30 周年上的讲话为基础，着手起草新中国成立以来党的若干历史问题的决议。起草工作由邓小平主持，胡耀邦、胡乔木、邓力群组织实施，胡乔木主要负责。经过一年半时间的讨论和修改，1981 年 6 月，党的十一届六中全会一致通过了《关于建国以来党的若干历史问题的决议》（以下简称为《决议》）。

《决议》共分八部分，运用辩证唯物主义和历史唯物主义立场、观点、方法，回顾了党的 60 年战斗历程，对新中国成立 32 年来党的重大历史事件特别是"文化大革命"做出了正确的总结，对毛泽东同志和毛泽东思想做了科学的评价。《决议》指出，"文化大革命"不是也不可能是任何意义上的革命或社会进步。它是一场由领导者错误发动，被反革命集团利用，给党、国家和各族人民带来严重灾难的内乱。《决议》强调，党在新中国成立以来的历史，总的来说是在马克思列宁主义、毛泽东思想指导下，领导全国各族人民进行社会主义革命和社会主义建设并取得巨大成就的历史。32 年来我们取得的成就是主要的。忽视错误、掩盖错误，或忽视成就、否定成就及取得这些成就的成功经验，都是错误的。

《决议》科学地评价了毛泽东同志和毛泽东思想的历史地位，指出毛泽东同志是伟大的马克思主义者，是伟大的无产阶级革命家、战略家和理论家。他虽然在"文化大革命"中犯了严重的错误，但就他的一生来看，他

---

① 《邓小平文选》第 2 卷，人民出版社 1994 年版，第 165 页。

对中国革命的功绩远远大于他的过失。他的功绩是第一位的，错误是第二位的。《决议》将毛泽东晚年的错误思想与毛泽东思想加以区别，对毛泽东思想的科学内涵进行了阐释，指出毛泽东思想是马克思列宁主义在中国的运用与发展，是被实践证明了的关于中国革命的正确的理论原则和经验总结，是中国共产党集体智慧的结晶。《决议》还从关于新民主主义革命、关于社会主义革命和社会主义建设、关于革命军队的建设和军事战略、关于政策和策略、关于思想政治工作和文化工作、关于党的建设等六个方面具体论述了毛泽东思想的内容，并对毛泽东思想的活的灵魂（实事求是、群众路线、独立自主）做了概括，有力地论证了毛泽东思想以独创性的理论丰富和发展了马克思列宁主义。《决议》强调毛泽东思想是我们党的宝贵的精神财富，它将长期指导我们的行动。《决议》批评对待毛泽东思想的两种错误态度：或者是因为毛泽东晚年犯了错误而否认毛泽东思想的科学价值和指导作用，或者采取教条主义态度照抄照搬，甚至不愿意承认毛泽东晚年犯了错误并且还企图坚持这些错误。《决议》要求必须继续坚持毛泽东思想，并以符合实际的新原理和新结论丰富和发展毛泽东思想。

《决议》是党的历史上具有深远影响的纲领性文献，标志党在指导思想上的拨乱反正胜利完成，也为开创建设中国特色社会主义道路做出了不可磨灭的历史贡献。

（二）中国特色社会主义在改革开放中开创

党的十二大明确提出建设有中国特色的社会主义的重大命题，改革开放由此全面展开。党的十三大系统阐述了社会主义初级阶段理论，明确概括了党在社会主义初级阶段的基本路线，确定了"三步走"的发展战略，对"什么是社会主义、怎样建设社会主义"做了初步回答。1992年初邓小平南方谈话，是开创我国改革开放和社会主义现代化建设新阶段的宣言书。

1. 党的十二大和社会主义现代化建设宏伟纲领的制定

在全面拨乱反正基本完成和改革开放取得初步进展的基础上，为了总结"文化大革命"结束以来特别是党的十一届三中全会以来的历史经验，确定继续前进的正确道路、战略步骤和方针政策，全面开创社会主义现代化建设的新局面，1982年9月1日至11日，中国共产党第十二次全国代表大会在北京召开。

20 世纪 80 年代初的中国同世界上当时的其他社会主义国家同样面临一个重大的选择：通过怎样的途径和道路建设社会主义。这既是一个重大的理论问题，更是重大的实践课题，而且紧迫和现实地摆在中国共产党人和全国人民面前。这也是党的十二大首先要回答的一个问题。邓小平在大会的开幕词中明确提出了"建设有中国特色的社会主义"的重大命题。他说："我们的现代化建设，必须从中国的实际出发。无论是革命还是建设，都要注意学习和借鉴外国经验。但是，照抄照搬别国经验、别国模式，从来不能得到成功。这方面我们有过不少教训。把马克思主义的普遍真理同我国的具体实际结合起来，走自己的路，建设有中国特色的社会主义，这就是我们总结长期历史经验得出的基本结论。"① 汤应武在《1976 年以来的中国》中分析说："我们的现代化建设，必须从中国的实际出发"，这就为建设有中国特色的社会主义找准了立足点、出发点；社会主义没有固定的模式，"照抄照搬别国经验、别国模式，从来都不能成功"，这就为建设有中国特色的社会主义提供了理论依据和历史依据；"把马克思主义的普遍真理同我国的具体实际结合起来"，这就为建设有中国特色的社会主义确立了理论基础和指导原则；"建设有中国特色的社会主义"，这就既为我们规定了奋斗目标，又明确了社会主义现代化建设和改革开放的指导思想；"走自己的路"，这就确定了通向中国特色社会主义目标的实现途径和道路；"这就是我们总结长期历史经验得出的基本结论"，这就说明了"走自己的路，建设有中国特色的社会主义"的正确性和重要性，同时也表明了要沿着这条道路走下去的决心。"建设有中国特色的社会主义"重大命题的提出，鲜明地回答了进入改革开放新时期后中国走什么样的道路这一人们最为关心的重大问题，成为指引新时期改革开放和社会主义现代化建设的伟大旗帜。

胡耀邦做了《全面开创社会主义现代化建设的新局面》的报告，提出了党在新的历史时期的总任务：团结全国各族人民，自力更生，艰苦奋斗，逐步实现工业、农业、国防和科学技术的现代化，把我国建设成为高度文明、高度民主的社会主义国家。根据这个总任务，大会确定了经济建设的战略目标：从 1981 年到 20 世纪末的 20 年，力争全国工农业的年总产值翻两番，即由 1980 年的 7100 亿元增加到 2000 年的 28000 亿元左右。实现了

① 《邓小平文选》第 3 卷，人民出版社 1993 年版，第 2 - 3 页。

这个奋斗目标："我国国民收入总额和主要工农业产品的产量将居于世界前列，整个国民经济的现代化过程将取得重大进展，城乡人民的收入将成倍增长，人民的物质文化生活可以达到小康水平。"① 把 20 世纪末的奋斗目标由先前的实现四个现代化改为实现小康，这符合我国经济落后和发展很不平衡的实际情况，充分考虑了我国实现现代化的长期性和艰巨性，从指导思想上解决了长期存在的急于求成、急躁冒进的问题。没有战略重点，就不可能保证战略目标的实现。大会实事求是地提出了经济建设战略重点，指出："在今后二十年内，一定要牢牢抓住农业、能源和交通、教育和科学这几个根本环节，把它们作为经济发展的战略重点。"② 为了实现 20 年的奋斗目标，报告提出了两步走的战略部署：前 10 年主要是打好基础，积蓄力量，创造条件；后 10 年要进入一个新的经济振兴时期。"这是党中央全面分析了我国经济情况和发展趋势之后作出的重要决策。"③

大会的一个显著的特点，是在提出经济建设目标的同时，强调了精神文明和民主问题。报告站在科学社会主义的理论高度和我国社会发展前途的政治高度，论述了建设以共产主义思想为核心的社会主义精神文明的重大意义、内容和任务。报告指出：社会主义精神文明是社会主义的重要特征，是社会主义制度优越性的重要表现。"我们在建设高度物质文明的同时，一定要努力建设高度的社会主义精神文明。这是建设社会主义的一个战略方针问题。社会主义的历史经验和我国当前的现实情况都告诉我们，是否坚持这样的方针，将关系到社会主义的兴衰和成败。"④ 社会主义精神文明建设大体上可以分为文化建设和思想建设两个方面。文化建设既是建设物质文明的重要条件，也是提高人民群众思想觉悟和道德水平的重要条件；思想建设决定着精神文明的社会主义性质，其中最重要的是革命的理想、道德和纪律。要用革命的思想和革命的精神振奋起广大群众建设社会主义的巨大热情，使越来越多的社会成员成为有理想、有道德、有文化、守纪律的劳动者。

大会指出，社会主义的物质文明和精神文明建设，都要靠继续发展社

① 《十二大以来重要文献选编》（上），人民出版社 1986 年版，第 14 页。
② 《十二大以来重要文献选编》（上），人民出版社 1986 年版，第 16 页。
③ 《十二大以来重要文献选编》（上），人民出版社 1986 年版，第 16 页。
④ 《十二大以来重要文献选编》（上），人民出版社 1986 年版，第 25 页。

会主义民主来保证和保持。建设高度的社会主义民主，是我们的根本目标和根本任务之一。社会主义民主的建设必须同社会主义法制的建设紧密地结合起来，使社会主义民主制度化、法律化。其中最重要的步骤之一就是要制定和通过新宪法，这将使中国社会主义民主的发展和法制建设进入一个新的阶段。党的十二大把民主提到社会主义的根本目标和根本任务的高度，这不仅在中国共产党的历史上是第一次，在国际共运史上也是第一次。长期以来，我们也强调发扬民主，但那是把民主作为手段，并且认为社会主义国家人民当家作主，已经自然而然地实现了民主。诚然，社会主义民主从理论上讲是优越于资本主义民主，但同时历史和现实也告诉我们，社会主义民主还十分不完善。上述思想和任务的提出，表明党对社会主义的认识不断深化。

大会提出了"把党建设成为领导社会主义现代化事业的坚强核心"的目标，指出当前党的建设上要着重解决以下几个问题：一是健全党的民主集中制，使党内政治生活进一步正常化；二是改革领导机构和干部制度，实现干部队伍的革命化、年轻化、知识化、专业化；三是密切党同人民群众的联系；四是用三年时间，有计划、有步骤地进行整党，使党风根本好转。大会制定了新党章。新党章总结了我们党长期的历史经验，不仅消除了十一大党章中"左"的错误，继承和发展了党的七大和八大党章的优点，而且总结了新中国成立以来党的建设正反两个方面的经验教训；为适应新时期的需要，把党在新时期的总任务写进了总纲之中，作为社会主义现代化建设的指导方针。

党的十二大是进入新时期后中国共产党召开的第一次全国代表大会。自这次大会起，按照党章规定，党的全国代表大会每五年召开一次，实现了制度化。这次代表大会对我国全面开创社会主义现代化建设的新局面起着巨大的指导作用，确立了建设有中国特色的社会主义的根本方向和发展道路，揭开了中国社会主义现代化建设的历史新篇章。正如邓小平所指出的，十二大同七大所起的作用一样，七大把革命引向胜利，十二大把建设引向胜利。①

---

① 《邓小平年谱（1975—1997）》（下），中央文献出版社 2004 年版，第 850 页。

2. 改革开放的全面展开

党的十二大以后，改革开放全面展开，从农村改革到城市改革，从经济体制改革到各方面体制改革，从对内搞活到对外开放，从局部开放到全方位开放，广袤的中华大地展开了建设中国特色社会主义波澜壮阔的历史进程。[①]

农村改革以稳定和完善家庭联产承包责任制为主要任务。1982 年至 1984 年，中央连续发出 3 个"一号文件"，把包干到户和包产到户为主要形式的家庭联产承包责任制推行到了全国农村。从此，土地仍属集体所有，由农户承包、家庭经营，成为中国农村基本经济单元和主要经营形式。正如后来邓小平在南方谈话中指出的："农村搞家庭联产承包，这个发明权是农民的。农村改革中的好多东西，都是基层创造出来，我们把它拿来加工提高作为全国的指导。"[②] 在新中国成立 35 周年国庆游行队伍中，当农民抬着"联产承包好"的巨型标语牌通过检阅台时，广场上顿时欢呼起来，人们齐声高喊：中央一号文件好！到 1987 年，全国有 1.8 亿农户实行了家庭联产承包责任制，占全国农户总数的 98%。

家庭联产承包责任制的普遍推行，从根本上动摇了"三级所有、队为基础"和政社合一的人民公社体制，彻底改革势在必行。1979 年 8 月，四川省广汉县进行人民公社管理体制改革试点。在总结试点经验基础上，1983 年 10 月，党中央、国务院发出《关于实行政社分开建立乡政府的通知》，撤销原来作为国家政权在农村的基层单位的人民公社，建立乡、镇政府，作为基层政权；撤销作为行政机构的生产大队，成立村民委员会作为群众性自治组织，办理本村居民的公共事务和公益事业。到 1984 年底，全国各地基本完成了政社分离，建立起 9.1 万个乡（镇）政府，92.7 万个村民委员会。到 1985 年春，撤社建乡（镇）工作完成，实行了近 27 年的人民公社制度至此不复存在。

家庭联产承包责任制的普遍实行，人民公社制度的取消，为农村商品经济的发展创造了条件。1984 年 10 月党的十二届三中全会后，农村改革进

---

① 中共中央宣传部理论局：《世界社会主义五百年》（党员干部读本），学习出版社、党建读物出版社 2014 年版，第 176 页。

② 《邓小平文选》第 3 卷，人民出版社 1993 年版，第 382 页。

入第二步，重点是调整农村产业结构，大力发展商品经济。1985 年 1 月 1 日，党中央、国务院发出中央一号文件《关于进一步活跃农村经济的十项政策》，规定从 1985 年起改革农产品统购派购制度，除个别品种外，国家不再向农民下达农产品统购派购任务；按照不同情况，分别实行合同订购和市场收购；大力帮助农村调整产业结构，打破农业经济发展的传统格局；积极发展乡镇企业。文件还对放宽山区、林区政策，兴办交通事业，发展和完善农村合作制等做了具体规定。这样，就把农村经济纳入了有计划的商品经济的轨道，促使传统农业逐步向专业化、商品化、现代化方向发展。

家庭联产承包责任制的广泛推行，使农村出现了大量剩余劳动力，加上党的政策的鼓励和扶持，使乡镇企业异军突起。乡镇企业的起飞是从大城市郊区的农村开始的，他们利用自己的地理优势，与城市工业横向联系，得到较快发展，并逐步推动了广大农村乡镇企业的兴起。到 1987 年，乡镇企业从业人数达到 8805 万人，总产值达到 4764 亿元，占农村社会总产值的50.51%，第一次超过了纯农业总产值的比重。这是我国农村经济的一个历史性的变化。乡镇企业的发展，给农村经济的发展注入了新的生机和活力，加速了农村实现小康和农业现代化的进程，推进了我国的工业化进程。随着乡镇企业的发展，我国兴起了一大批小城镇。这是在建设中国特色社会主义进程中产生的一个新事物，在我国经济社会发展中具有重要的战略地位。

1984 年 10 月，党的十二届三中全会通过《中共中央关于经济体制改革的决定》（以下简称为《决定》）。《决定》总结了新中国成立以来特别是党的十一届三中全会以来经济体制改革的经验，比较系统地阐明了经济改革中的一系列重大理论和实践问题。《决定》突破了把计划经济与商品经济对立起来的传统观念，明确提出我国社会主义经济是"公有制基础上的有计划的商品经济。商品经济的充分发展是社会经济不可逾越的阶段，是实现我国经济现代化的必要条件"[①]。这在科学社会主义理论上具有划时代的意义，是对马克思主义政治经济学的新发展。在《决定》思想的指引下，从1983 年起，以城市为重点的整个经济体制改革全面展开。在这一阶段，随着对改革目标的认识不断深化，市场取向的改革逐步得以明确，市场化的

---

① 《十二大以来重要文献选编》（中），人民出版社 1986 年版，第 568 页。

进程也趋于加快。深化国有企业的改革，是城市经济体制改革的中心环节。在十二届三中全会召开前夕的 1984 年 5 月，国务院颁布了《关于进一步扩大国营工业企业自主权的暂行规定》，决定从生产经营、产品价格、资金使用、机构设置、工资奖金等 10 个方面放宽对企业的约束。十二届三中全会后，按照政企分开、所有权和经营权相分离的原则，扩大国有企业的生产经营自主权，以放权让利和改善企业外部环境、培育企业动力机制为特征的改革不断加快步伐，从而为国有企业改革向纵深发展创造了有利氛围。从 20 世纪 80 年代中期起，开始了以职工内部持股和定向法人持股为主要形式的股份制试点工作，并取得了初步成效。在坚持公有制经济为主体并进一步壮大集体经济的前提下，私营经济、个体经济、"三资"企业等多种经济成分得到充分发展，改变了原来那种与现实生产力不完全适应的单一的公有制结构。改革高度集中的计划管理体制，经济杠杆在国家宏观调控中的作用明显增强。1987 年与 1978 年相比，在全国工业总产值中，全民所有制企业的产值有相当的增长，而它所占的比重由 77.6% 下降到 59.7%，仍占绝对优势；集体经济由 22.4% 上升为 34.6%；个体经济、私营经济、"三资"企业和其他非公有制经济成分则由几乎为零上升为 5.6%。80% 的国有企业实行了各种形式的承包经营责任制。列入指令性计划的工业产品从 120 种减少到 60 种，统一调配物资由 259 种减少到 26 种。在城市经济体制综合改革中，国家在财政、税收、价格、金融、商业、劳动工资等方面也进行了不同程度的改革，都取得了良好的效果和经验。

随着经济体制改革的全面展开，政治体制、科技体制、教育体制以及其他领域的体制改革也不断推进。1980 年 8 月 18 日，在中共中央政治局扩大会议上，邓小平发表《党和国家领导制度的改革》的讲话，系统地总结了党和国家领导体制和领导制度方面的经验和教训，尖锐地指出这方面的主要弊端就是官僚主义现象、权力过分集中的现象、家长制现象、干部领导职务终身制现象和形形色色的特权现象，明确提出了政治体制改革的目标、任务和要求。邓小平的这篇讲话，是新时期中国政治体制改革的动员令。1982 年 2 月 20 日，党中央发出《关于建立老干部退休制度的决定》。同年 4 月 10 日，国务院发出《关于老干部离职休养制度的几项规定》。这两个文件基本确定了干部离退休制度，对废除领导干部职务终身制起到了关键作用。1982 年 12 月，五届全国人大五次会议通过了新的《中华人民共和国宪法》，标志着中国特色社会主义法治建设迈出了重大的一步，此后中国特色社会主义法律体系逐步形成和确立，为改革开放和现代化建设顺利发展提供了重要保障。1985 年 3 月和 5 月，党中央先后做出了《关于科学技术体制改革的决定》和《关于教育体制改革的决定》，开始推进科技和教育体制的改革。1986 年 9 月，十二届六中全会通过了《中共中央关于社会主义精神文明建设指导方针的决定》，阐述了社会主义精神文明建设的战略地位和根本任务、基本方针。

在推进城乡改革的同时，对外开放也迈出了新步伐。经济特区呈现出强劲发展的势头。到 1984 年底，四个经济特区与外商签订的各种经济合作协议已达 4700 多项，协议投资额达 40 亿美元，已实际投入使用的为 8.4 亿美元，占全国利用外资总额的 1/5。但是由于经验的缺乏致使特区也出现了一些问题，例如广东、福建等沿海一带一时走私贩私较为严重，各种责难接踵而来，有人甚至提出要取消经济特区。在特区建设艰难推进之际，邓小平于 1984 年 1 月 24 日至 2 月 17 日，对深圳、珠海、厦门经济特区进行了实地考察，对经济特区的发展给予了充分肯定。当他看到昔日荒凉的小镇正变成初具规模的现代化城市后，当即给深圳题词："深圳的发展和经验证明，我们建立经济特区的政策是正确的。"在珠海他提笔写下了"珠海经济特区好"的题词。① 考察期间，邓小平还特别指出：我从来不走回头路；办特区是我提倡的，看来路子走对了；开放政策不是收的问题，还是开放得还不够。② 回到北京后，邓小平同几位中央负责同志谈道："除现在的特区之外，可以考虑再开放几个港口城市，如大连、青岛。这些地方不叫特区，但可以实行特区的某些政策。我们还要开发海南岛，如果能把海南岛的经济迅速发展起来，那就是很大的胜利。"③ 在此之前，1983 年 4 月，党中央、国务院已决定对海南岛实行经济特区的优惠政策，给予其较多的自主权，以加快海南岛的开发和开放。

1984 年 5 月，党中央、国务院批转了《沿海部分城市座谈会纪要》，决定开放 14 个沿海港口城市，即大连、秦皇岛、天津、烟台、青岛、连云港、

---

① 《邓小平文选》第 3 卷，人民出版社 1993 年版，第 51 页。
② 《邓小平年谱（1975—1997）》（下），中央文献出版社 2004 年版，第 956 – 960 页。
③ 《邓小平文选》第 3 卷，人民出版社 1993 年版，第 52 页。

南通、上海、宁波、温州、福州、广州、湛江、北海，形成了我国对外开放的"黄金海岸"。之所以进一步开放 14 个沿海港口城市，是由于这些地区在实施对外开放中具有较大优势和有利条件：一是这些沿海港口城市与国外经济交往历史悠久，拥有较好的经济基础和经济实力；二是这些沿海港口城市的科技力量集中，教育比较发达；三是这些沿海港口城市具有较好的对外经贸基础设施，是中国进出口物资的重要集散地；四是这些沿海港口城市的地理位置优越，教育发达，为对外开放提供了便利条件。开放14 个沿海港口城市，是实行对外开放政策新的重大步骤，把中国对外开放由相对集中的四个"点"延伸发展成为由沿海城市组成的一条"线"。① 这对于发挥沿海大中港口城市优势、扩大对外开放、加速现代化建设，具有重要的战略意义。

1984 年 10 月，党的十二届三中全会做出关于经济体制改革的决定后，中国加快了对外开放的步伐。在沿海港口城市开放的基础上，1985 年 2 月，党中央、国务院决定将长江三角洲、珠江三角洲和闽南厦漳泉三角地区划为沿海经济开放区，这是我国实施对内搞活经济、对外改革开放的具有重要战略意义的布局。形成沿海经济开放区，标志着中国对外开放从城市扩展到农村，极大地推动了对外开放的领域和规模，从而形成对外全面开放的格局。1988 年初，又决定将辽东半岛和山东半岛全部对外开放，与已经开放的大连、秦皇岛、天津、烟台、青岛等连成一片，形成环渤海开放区。同年 4 月，七届全国人大一次会议通过了建立海南省的决定，同时通过了建立海南经济特区的决定。这样，就逐步形成了"经济特区—沿海开放城市—沿海经济开放区—内地"这样一个多层次、有重点、点面结合的对外开放格局，在引进外资、先进技术和设备以及提高出口创汇能力方面取得显著成效。到 1987 年，全国累计签订利用外资协议（合同）项目 10305 项，累计协议金额 625.09 亿美元，其中外商直接投资等达 257.73 亿美元。

3. 探索中国特色社会主义道路的重大突破

1987 年 10 月，中国共产党第十三次全国代表大会召开。大会的突出贡献是系统地阐述了关于社会主义初级阶段的理论和党在社会主义初级阶段的基本路线。

---

① 王伟光主编：《社会主义通史》第 8 卷，人民出版社 2011 年版，第 246 – 247 页。

在中国社会的发展阶段问题上，党内曾经出现过"左"、右两种错误倾向，对中国革命和社会主义建设都造成了很大损失。右倾观点认为在中国近代具体条件下必须经过资本主义的很充分发展才能走上社会主义道路，反对中国过早地走上社会主义道路，是革命发展问题上的机械论；"左"倾观点则认为中国社会可以不经过生产力的巨大发展就能进入共产主义，是革命发展问题上的空想论，也是典型的超越阶段论。进入新时期，"左"的、右的这两种声音也始终伴随着中国改革开放的进程。

党的十一届三中全会后不久，党在总结历史经验的时候，便开始从认识我国社会主义所处的发展阶段来分析以往发生失误和曲折的原因。1979年9月，叶剑英在庆祝中华人民共和国成立30周年大会上的讲话中指出，我国现在还是发展中的社会主义国家，社会主义制度还不完善，经济和文化还不发达，社会主义制度还处在幼年时期。在这里，一方面肯定了中国已经建立起社会主义制度，另一方面又指出它还不成熟完善，孕育着社会主义初级阶段的思想。1981年6月，党的十一届六中全会通过的《关于建国以来党的若干历史问题的决议》，针对当时社会上那种否定社会主义制度的思潮，第一次明确提出"我们的社会主义制度还是处于初级的阶段"，指出："尽管我们的社会主义制度还是处于初级的阶段，但是毫无疑问，我国已经建立了社会主义制度，进入了社会主义社会，任何否认这个基本事实的观点都是错误的。"① 此后，党的十二大报告和十二届六中全会通过的《关于社会主义精神文明指导方针的决议》，都重申了关于社会主义初级阶段的观点。

党的十三大在以往认识基础上，总结历史经验和改革开放新鲜经验，坚持实事求是的思想路线，把马克思主义基本原理同中国实际相结合，做出了我国处于社会主义初级阶段的科学论断。我国所处的社会主义初级阶段，包含两层含义："第一，我国社会已经是社会主义社会。我们必须坚持而不能离开社会主义。第二，我国的社会主义社会还处在初级阶段。我们必须从这个实际出发，而不能超越这个阶段。"② 大会指出：我国社会主义初级阶段不是泛指任何国家进入社会主义都会经历的起始阶段，而是特指

① 《三中全会以来重要文献选编》（下），人民出版社1982年版，第838页。
② 《十三大以来重要文献选编》（上），人民出版社1991年版，第9页。

我国在生产力落后、商品经济不发达的条件下建设社会主义的必经阶段。我国从 20 世纪 50 年代生产资料私有制的社会主义改造基本完成，到社会主义现代化的基本实现，至少需要上百年的时间，都属于社会主义初级阶段。

大会指出："正确认识我国社会现在所处的历史阶段，是建设有中国特色社会主义的首要问题，是我们制定和执行正确的路线和政策的根本依据。"① 大会分析了社会主义初级阶段的主要矛盾，指出当前我国社会的主要矛盾是人民日益增长的物质文化需要同落后的社会生产之间的矛盾。阶级斗争在一定范围内还会长期存在，但已经不是主要矛盾。社会主义社会的根本任务是发展生产力。在初级阶段，为摆脱贫穷和落后，尤其要把发展生产力作为全部工作的中心。是否有利于发展生产力，应当成为我们考虑一切问题的出发点和检验一切工作的根本标准。总的来说，社会主义初级阶段是一个由不发达向比较发达转变的过程。初级阶段是逐步摆脱贫穷、摆脱落后的阶段；是由农业人口占多数的手工劳动为基础的农业国，逐步变为非农产业人口占多数的现代化的工业国的阶段；是由自然经济半自然经济占很大比重，变为商品经济高度发达的阶段；是通过改革和探索，建立和发展充满活力的社会主义经济、政治、文化体制的阶段；是全民奋起，艰苦创业，实现中华民族伟大复兴的阶段。"社会主义初级阶段理论的提出，为正确理解新中国成立以来的成功和失误提供了一把钥匙，也为改革开放、坚持和发展中国特色社会主义提供了有力的理论武器。这是中国共产党人对科学社会主义理论的重要贡献。"②

从社会主义初级阶段这一新的认识出发，十三大制定了党在社会主义初级阶段的基本路线：领导和团结全国各族人民，以经济建设为中心，坚持四项基本原则，坚持改革开放，自力更生，艰苦创业，为把我国建设成为富强、民主、文明的社会主义现代化国家而奋斗。这条基本路线也被简要概括为"一个中心，两个基本点"，即以经济建设为中心，坚持四项基本原则、坚持改革开放。党的基本路线的内容，包括五个要点：一是一个中心。经济建设处于中心地位，党和国家的其他各项工作都要服从和服务于

---

① 《十三大以来重要文献选编》（上），人民出版社 1991 年版，第 9 页。
② 中共中央党史研究室：《中国共产党的九十年》（改革开放和社会主义现代化建设新时期），中共党史出版社、党建读物出版社 2016 年版，第 742 页。

这个中心，不能颠倒主次关系，不能干扰它，冲击它。二是两个基本点。坚持四项基本原则、坚持改革开放是两个基本点。四项基本原则是立国之本，改革开放是强国之路。三是三项奋斗目标。建设富强、民主、文明的社会主义现代化国家，这三项奋斗目标是一个整体，缺一不可。四是自力更生，艰苦创业。这是党的一个优良传统，也是建设社会主义现代化国家的基本方针。五是领导力量和依靠力量。中国共产党是领导社会主义现代化建设事业的核心力量，社会主义现代化建设事业要由党领导和团结全国各族人民来完成。实践证明，党在社会主义初级阶段的基本路线是党和国家的生命线、人民的幸福线，也是不断夺取中国特色社会主义新胜利的根本保证。

十三大提出社会主义初级阶段生产力发展的两大目标：一是实现国家工业化，二是实现生产的商品化、社会化、现代化。由农业人口占多数的农业国逐渐变为非农业人口占多数的工业国，从自给半自给的自然经济向大规模商品经济转化，从以手工工具劳动占多数的生产力发展到以先进机械化劳动为主的阶段，从封闭式经济转向开放型经济。要完成中国现代化的艰巨任务，必须经过长期的、有步骤的、分阶段的奋斗才能实现。为此，十三大制定了社会主义现代化建设"三步走"的战略部署。第一步，实现国民生产总值比1980年翻一番，解决人民的温饱问题，这个任务已经基本实现；第二步，到20世纪末，使国民生产总值再增长一倍，人民生活达到小康水平；第三步，到21世纪中叶，人均国民生产总值达到中等发达国家水平，人民生活比较富裕，基本实现现代化。"三步走"的发展战略，既表明党和国家制定的不是一个过急的目标，又表明中国人民决心用一百年左右的时间完成发达国家用几百年时间实现的现代化任务，体现了中国社会主义现代化建设的长期性和中国人民的雄心壮志。

大会高度评价了党的十一届三中全会以来党开辟建设有中国特色的社会主义道路在马克思主义中国化历史进程中的伟大意义，首次提出了马克思主义中国化的两次历史性飞跃。60多年来，马克思主义与我国实践结合的过程中，有两次历史性飞跃。"第一次飞跃，发生在新民主主义革命时期，中国共产党人经过反复探索，在总结成功和失败经验的基础上，找到了有中国特色的革命道路，把革命引向胜利。第二次飞跃，发生在十一届三中全会以后，中国共产党人在总结建国三十多年来正反两方面经验的基础上，在研究国际经验和世界形势的基础上，开始找到一条建设有中国特色的社会主义的道路，开辟了社会主义建设的新阶段。"①

十三大还对中国特色社会主义理论轮廓做出初步概括。报告指出："十一届三中全会以来，我们党在对社会主义再认识的过程中，在哲学、政治经济学和科学社会主义等方面，发挥和发展了一系列科学理论观点。包括：关于解放思想，实事求是，以实践作为检验真理的唯一标准的观点；关于建设社会主义必须根据本国国情，走自己的路的观点；关于在经济文化落后的条件下，建设社会主义必须有一个很长的初级阶段的观点；关于社会主义社会的根本任务是发展生产力，集中力量实现现代化的观点；关于社会主义经济是有计划商品经济的观点；关于改革是社会主义社会发展的重要动力，对外开放是实现社会主义现代化的必要条件的观点；关于社会主义民主政治和社会主义精神文明是社会主义重要特征的观点；关于坚持四项基本原则同坚持改革开放的总方针这两个基本点相互结合、缺一不可的观点；关于用'一个国家、两种制度'来实现国家统一的观点；关于执政党的党风关系到党的生死存亡的观点；关于按照独立自主、完全平等、互相尊重、互不干涉内部事务的原则，发展同外国共产党和其他政党的关系的观点；关于和平与发展是当代世界的主题的观点；等等，这些观点，构成了建设有中国特色的社会主义理论的轮廓，初步回答了我国社会主义建设的阶段、任务、动力、条件、布局和国际环境等基本问题，规划了我们前进的科学轨道。"②

4. 邓小平南方谈话

随着以城市为重点的全面经济体制改革的展开和对外开放的深入，国民经济保持着强劲的发展势头。但是在国民经济持续加速发展的过程中，也出现了一些问题，主要是通货膨胀、物价上涨和重复建设导致的严重资源浪费，并引发了一系列的社会问题。1988 年 1—10 月，物价上涨指数高达 16%，引起社会各界群众普遍关注和忧虑不安。与通货膨胀和物价上涨相互动的是"官商"盛行，"官倒"猖獗，不仅大大加剧了经济秩序特别是

---

① 《十三大以来重要文献选编》（上），人民出版社 1991 年版，第 56 页。
② 《十三大以来重要文献选编》（上），人民出版社 1991 年版，第 56 - 57 页。

流通领域内的混乱，也助长了贪污行贿等腐败现象的蔓延。为了改变严峻的经济形势，1988 年 9 月，党的十三届三中全会召开。全会对全国的经济形势做了冷静、客观的分析，提出了"治理经济环境，整顿经济秩序，全面深化改革"的基本方针。这一方针是符合经济建设和经济体制改革客观要求的正确决策。

正当治理整顿工作深入开展的时候，1988 年末至 1989 年初，在若干大城市特别是在北京，极少数人利用党和政府工作中的失误和人民群众对物价上涨的焦虑，以及对一些党员干部中存在的腐败现象的不满情绪，进行煽动反对共产党的领导、反对社会主义制度的活动。1989 年春夏之交，这一活动很快演变成动乱和暴乱，这是新中国成立以来从未有过的一次严重的政治风波。与此同时，在 20 世纪 80 年代末 90 年代初，国际局势也发生了重大变化，东欧剧变、苏联解体，世界社会主义遭受严重挫折。究竟如何看待党在十一届三中全会以来的路线、方针和政策，怎样看待改革的性质和"姓社姓资"问题，究竟如何来衡量改革的得失成败，马克思主义到底还灵不灵，资本主义灭亡有无必然性，怎么来看中国改革开放的国际环境，等等。这些重大认识问题，不仅关系到 20 世纪 90 年代中国能否实现第二步战略目标，而且关系到即将在 1992 年下半年召开的中国共产党第十四次全国代表大会应制定什么样的方针政策，如何保证建设中国特色社会主义事业继续前进的问题。

在这个重要历史关头，1992 年 1 月 18 日至 2 月 21 日，88 岁高龄的邓小平先后到武昌、深圳、珠海和上海等地进行视察，沿途发表了一系列重要谈话。谈话贯穿了一个鲜明的中心思想，这就是：必须坚定不移地全面贯彻执行党的"一个中心、两个基本点"的基本路线，解放思想，实事求是，放开手脚，大胆试验，排除各种干扰，抓住有利时机，加快改革开放步伐，集中精力把经济建设搞上去，不断地把中国特色社会主义事业全面推向前进。①

邓小平认为，解决中国的发展问题，关键是要坚持党的基本路线不动摇。他强调，要坚持党的十一届三中全会以来的路线、方针、政策，关键是坚持"一个中心、两个基本点"。不坚持社会主义，不改革开放，不发展

---

① 王伟光主编：《社会主义通史》第 8 卷，人民出版社 2011 年版，第 358－359 页。

经济，不改善人民生活，只能是死路一条。基本路线要管一百年，动摇不得。只有坚持这条路线，人民才会相信你，拥护你。谁要改变三中全会以来的路线、方针、政策，老百姓不答应，谁就会被打倒。邓小平指出，在这么短的十几年内，我们国家发展得这么快，使人民高兴，世界瞩目，这就足以证明三中全会以来路线、方针、政策的正确性，谁想变也变不了。说过来说过去，就是一句话，坚持这个路线、方针、政策不变。当然，随着实践的发展，该完善的完善，该修补的修补，但总的要坚定不移。①

邓小平十分关注推进改革开放问题。他指出，革命是解放生产力，改革也是解放生产力。② 改革开放胆子要大一些，敢于试验，不能像小脚女人一样。看准了的，就大胆地试，大胆地闯。没有一点闯的精神，没有一点"冒"的精神，没有一股气呀、劲呀，就走不出一条好路，就干不出新的事业。改革开放迈不开步子，不敢闯，说来说去就是害怕资本主义的东西多了，走了资本主义的道路。要害是姓"资"还是姓"社"的问题。判断的标准，应该主要看是否有利于发展社会主义社会的生产力，是否有利于增强社会主义国家的综合国力，是否有利于提高人民的生活水平。特区姓"社"不姓"资"。③ "三资"企业受到我国整个政治、经济条件的制约，是社会主义经济的有益补充，归根到底是有利于社会主义的。④ 邓小平认为，对改革开放，一开始就有不同意见，这是正常的。我们的政策就是允许看。允许看，比搞强制好得多。不争论，大胆地试，大胆地闯。农村改革是如此，城市改革也应如此。⑤ 针对对改革开放的责难，邓小平强调指出，右可以葬送社会主义，"左"也可以葬送社会主义。中国要警惕右，但主要是防止"左"。把改革开放说成是引进和发展资本主义，认为和平演变的主要危险来自经济领域，这些就是"左"。我们必须保持清醒的头脑，这样就不会犯大错误。⑥

针对长期困扰我们的计划和市场的关系问题，邓小平指出，计划多一

---

① 《邓小平文选》第 3 卷，人民出版社 1993 年版，第 370 – 371 页。
② 《邓小平文选》第 3 卷，人民出版社 1993 年版，第 370 页。
③ 《邓小平文选》第 3 卷，人民出版社 1993 年版，第 372 页。
④ 《邓小平文选》第 3 卷，人民出版社 1993 年版，第 373 页。
⑤ 《邓小平文选》第 3 卷，人民出版社 1993 年版，第 374 页。
⑥ 《邓小平文选》第 3 卷，人民出版社 1993 年版，第 375 页。

点还是市场多一点，不是社会主义与资本主义的本质区别。计划经济不等于社会主义，资本主义也有计划；市场经济不等于资本主义，社会主义也有市场。计划和市场都是经济手段。① 这就突破了对计划经济和市场经济的僵化观念，为经济体制改革解放了思想，从根本上解除了把计划经济和市场经济看作是属于社会基本制度范畴的思想束缚。在此基础上，邓小平明确提出了社会主义本质的问题。社会主义本质，是解放生产力，发展生产力，消灭剥削，消除两极分化，最终达到共同富裕。② 这就科学地回答了"什么是社会主义"的问题，为建设有中国特色的社会主义找到了方向。邓小平强调，社会主义要赢得与资本主义相比较的优势，就必须大胆吸收和借鉴人类社会创造的一切文明成果，吸收和借鉴当今世界各国包括资本主义发达国家的一切反映现代社会化生产规律的先进经营方式、管理方法。

抓住时机，加快发展，是邓小平在谈话中反复强调的重大问题之一。邓小平认为，中国的经济发展正面临着严峻的挑战和发展的机遇。现在，周边一些国家和地区经济发展比我们快，如果我们不发展或发展得太慢，老百姓一比较就有问题了。所以，能发展就不要阻挡，有条件的地方要尽可能搞快点，只要是讲效益，讲质量，搞外向型经济，就没有什么可以担心的。低速度就等于停步，甚至等于后退。要抓住机会，现在就是好机会。③ 邓小平强调，发展才是硬道理，这个问题要搞清楚。我国的经济发展，总要力争隔几年上一个台阶。当然，不是鼓励不切实际的高速度，还是要扎扎实实，讲求效益，稳步协调地发展。④ 邓小平指出，现在，我们国内条件具备，国际环境有利，再加上发挥社会主义制度能够集中力量办大事的优势，在今后的现代化建设长过程中，出现若干个发展速度比较快、效益比较好的阶段，是必要的，也是能够办到的。我们就是要有这个雄心壮志！⑤ 邓小平强调，经济发展得快一点，必须依靠科技和教育。科学技术是第一生产力。要提倡科学，靠科学才有希望。高科技领域，中国也要在

---

① 《邓小平文选》第3卷，人民出版社1993年版，第373页。
② 《邓小平文选》第3卷，人民出版社1993年版，第373页。
③ 《邓小平文选》第3卷，人民出版社1993年版，第375页。
④ 《邓小平文选》第3卷，人民出版社1993年版，第375页。
⑤ 《邓小平文选》第3卷，人民出版社1993年版，第377页。

世界占有一席之地。搞科技，越高越好，越新越好。①

邓小平强调，两手都要抓，两手都要硬。他指出，要坚持两手抓，一手抓改革开放，一手抓打击各种犯罪活动。这两只手都要硬。打击各种犯罪活动，扫除各种丑恶现象，手软不得。开放以后，一些腐朽的东西也跟着进来了，中国的一些地方也出现了丑恶的现象，如吸毒、嫖娼、经济犯罪等。要注意很好地抓，坚决取缔和打击，决不能任其发展。他强调，在整个改革开放过程中都要反对腐败。对干部和共产党员来说，廉政建设要作为大事来抓。还是要靠法制，搞法制靠得住些。只要我们的生产力发展，保持一定的经济增长速度，坚持两手抓，社会主义精神文明建设就可以搞上去。邓小平指出，在整个改革开放的过程中，必须始终注意坚持四项基本原则。要长期坚持反对资产阶级自由化。资产阶级自由化泛滥，后果极其严重，必须在苗头出现时及时制止。运用人民民主专政的力量，巩固人民的政权，是正义的事情，没有什么输理的地方。②

正确的政治路线要靠正确的组织路线来保证。邓小平指出，中国的事情能不能办好，社会主义和改革开放能不能坚持，经济能不能快一点发展起来，国家能不能长治久安，从一定意义上说，关键在人。中国要出问题，还是出在共产党内部。对这个问题要清醒，要注意培养人，要按照"革命化、年轻化、知识化、专业化"的标准，选拔德才兼备的人进领导班子。要选人，人选好了，帮助培养，让更多的年轻人成长起来。他们成长起来，我们就放心了。现在还不放心啊！说到底，关键是我们共产党内部要搞好，不出事，就可以放心睡大觉。十一届三中全会确立的这条中国的发展路线，是否能够坚持得住，要靠大家努力，特别是要教育后代。③

面对世界社会主义出现的低潮，邓小平满怀信心地指出："我坚信，世界上赞成马克思主义的人会多起来的，因为马克思主义是科学。"④ 马克思主义是很朴实的东西，很朴实的道理。它运用历史唯物主义揭示了人类社会发展的规律。社会主义经历一个长过程发展后必然代替资本主义。这是

---

① 《邓小平文选》第3卷，人民出版社1993年版，第377-378页。
② 《邓小平文选》第3卷，人民出版社1993年版，第378-379页。
③ 《邓小平文选》第3卷，人民出版社1993年版，第380-381页。
④ 《邓小平文选》第3卷，人民出版社1993年版，第382页。

社会历史发展不可逆转的总趋势，但道路是曲折的。一些国家出现严重曲折，社会主义好像被削弱了，但人民经受锻炼，从中吸收教训，将促使社会主义向着更加健康的方向发展。因此，不要惊慌失措，不要认为马克思主义就消失了，没用了，失败了。哪有这回事！① 他强调，我们搞社会主义才几十年，还处在初级阶段。巩固和发展社会主义制度，还需要一个很长的历史阶段，需要我们几代人、十几代人，甚至几十代人坚持不懈地努力奋斗，决不能掉以轻心。

邓小平南方谈话，是在国际国内政治风波严峻考验的重大历史关头，提出要坚持十一届三中全会以来的理论和路线，深刻回答长期束缚人们思想的许多重大认识问题，大大深化对"什么是社会主义、怎样建设社会主义"的认识，把改革开放和现代化建设推进到新阶段的一个解放思想、实事求是的宣言书。

总之，党的十一届三中全会后，以邓小平同志为核心的党的第二代中央领导集体带领全党全国各族人民，深刻总结我国社会主义建设正反两方面经验，借鉴世界社会主义历史经验，做出把党和国家工作中心转移到经济建设上来、实行改革开放的历史性决策，深刻揭示社会主义本质，确立社会主义初级阶段基本路线，明确提出走自己的路、建设中国特色社会主义，科学回答了建设中国特色社会主义的一系列基本问题，用新的思想观点继承和发展了马克思主义，创立了邓小平理论，成功开创了中国特色社会主义。

（三）中国特色社会主义的捍卫与跨世纪发展

20 世纪 80 年代末 90 年代初，苏联和东欧发生剧变，我国发生严重政治风波。在国内外形势十分复杂、世界社会主义出现严重曲折的严峻考验面前，中国共产党处变不惊、沉着应对，捍卫和发展了中国特色社会主义，并把中国特色社会主义成功地推向了 21 世纪。

1. 中国特色社会主义事业的继续推进

政治风波平息不久，1989 年 6 月 23 日至 24 日，党的十三届四中全会

---

① 《邓小平文选》第 3 卷，人民出版社 1993 年版，第 383 页。

在北京举行。全会分析了国内政治风波的性质及原因，初步总结了经验教训，明确了当前和今后一个时期党的方针和任务，对中央领导层机构进行了调整。全会认为，在关键时刻，党中央总书记赵紫阳犯了支持动乱和分裂党的严重错误，决定撤销赵紫阳的中共中央总书记、政治局常委、政治局委员、中央委员、中央军委第一副主席的职务；增选江泽民、宋平、李瑞环为中央政治局常委；选举江泽民为中共中央总书记；新的中共中央政治局常委会由江泽民、李鹏、乔石、姚依林、宋平、李瑞环6人组成。

全会召开前后邓小平多次表示，等新的领导班子建立威信，他就坚决退出中央领导岗位。他反复强调，一个国家的命运建立在一两个人的威望上面，是很不健康的，是很危险的。1989年11月召开的党十三届五中全会接受了邓小平辞去中央军委主席职务的请求，决定由江泽民任中央军事委员会主席。全会认为，邓小平从党和国家的根本利益出发，在自己身体还健康的时候辞去现任职务，实现他多年来一再提出的从领导岗位上完全退下来的夙愿，表现了一个无产阶级革命家的广阔胸怀。对他身体力行地为废除干部领导职务终身制所做出的表率，全会表示崇高的敬意。全会高度评价邓小平为党和国家建立的卓著功勋，指出：邓小平是中国各族人民公认的享有崇高威望的杰出领导人，在党所领导的革命和建设的各个历史时期都做出了重大贡献。特别是党的十一届三中全会后，邓小平成为党的第二代领导集体的核心，领导中国人民在社会主义现代化建设中取得举世瞩目的成就，在社会主义新中国的历史上开创了一个新的时期。

经过党的十三届四中、五中全会，中共中央顺利完成第二代领导集体向第三代领导集体的交替，这对于保证党的路线、方针、政策的稳定性、连续性，实现国家长治久安，具有重大的意义。

1989年政治风波出现的一个重要原因是由于腐败现象的滋长，使一部分群众对党和政府丧失了信心。新的中央领导集体上任伊始，立即采取切实步骤，严厉惩治腐败，以取信于民。1989年7月28日，中共中央、国务院做出《关于近期做几件群众关心的事的决定》，要求从党中央、国务院的领导同志做起，在制止腐败和带头廉洁奉公、艰苦奋斗方面先做七件事：进一步清理整顿公司；坚决制止高干子女经商；取消对领导同志少量食品的"特供"；严格按规定配车，禁止进口小轿车；严禁请客送礼；严格控制领导干部出国；严肃认真查处贪污、受贿、投机倒把等案件。这些惩治腐败的举措，取得了良好的社会效果和反响。

鉴于 1989 年政治风波集中暴露出党内存在的思想混乱、组织涣散、脱离群众等严重问题，8 月 28 日，中共中央紧急发出《关于加强党的建设的通知》，要求"各级党委必须按照党的基本路线的要求，聚精会神地抓党的建设，下决心解决好当前党的建设中的迫切问题"①。针对一部分党组织严重不纯的状况，中央强调要对党员干部进行重新登记，加强基层党组织的整顿和建设。江泽民强调，党的建设是一项新的伟大工程，是关乎社会主义事业生死存亡的大问题，全党必须高度重视并常抓不懈。1990 年 3 月召开的党的十三届六中全会，通过了《关于加强党同人民群众联系的决定》，强调能否保持和发展党同人民群众的血肉联系，直接关系到党和国家的兴衰存亡；提出在党内普遍深入地进行马克思主义群众观点和党的群众路线的再教育，克服党内存在的各种腐败现象。

在大力抓党的建设的同时，思想战线的工作，对人民群众尤其是对青年学生的思想政治工作也得到加强。邓小平在分析风波发生的原因时说："十年最大的失误是教育，这里我主要是讲思想政治教育。"② 为此，1989 年 7 月，中共中央政治局会议通过《中共中央关于加强宣传、思想工作的通知》，强调全党要重视和加强对宣传、思想工作的领导，切实反对资产阶级自由化，真正让社会主义思想占领意识形态领域。经过一个时期的努力，马列主义、毛泽东思想基本理论的教育重新受到重视，一度泛滥的资产阶级自由化思想及其作品得到清理，思想宣传战线发生了积极变化。

政治风波过后，以美国为首的西方国家纷纷以保护"人权"为借口，对中国施加政治压力和"经济制裁"。面对复杂严峻的局面，中国政府既坚持原则，顶住压力，又利用矛盾，多做工作，积极开展睦邻外交，稳定同周边国家的关系，加强同第三世界国家的友好合作，继续发展同西方发达国家的关系。1990 年 9 月 22 日至 10 月 7 日，中国北京成功举办第十一届亚运会，睦邻外交政策初显成效。至 1991 年底，中国同大多数西方国家的关系基本上回到正常轨道。到 1992 年，中国已同 154 个国家建立外交关系，同 200 多个国家和地区发展贸易、科技、文化交流与合作，赢得了更加有利

---

① 《十三大以来重要文献选编》（中），人民出版社 1991 年版，第 588 页。
② 《邓小平文选》第 3 卷，人民出版社 1993 年版，第 306 页。

的国际环境和周边环境，有力地维护了国家主权和尊严。

2. 社会主义市场经济体制改革目标的确立和深入推进

1992 年春天，邓小平发表南方谈话。3 月 9 日至 10 日，江泽民主持召开中共中央政治局全体会议，研究贯彻落实邓小平南方谈话精神，讨论我国改革和发展的若干重大问题。随后，党中央、国务院做出关于加快改革开放和经济发展的一系列决定。为进一步用邓小平南方谈话精神统一全党思想，迎接党的十四大的召开，6 月 9 日，江泽民在中央党校省部级干部进修班上发表讲话，明确提出"社会主义市场经济体制"的论断，进一步为经济体制改革指明了方向。

1992 年 10 月 12 日至 18 日，中国共产党第十四次全国代表大会在北京召开。江泽民代表十三届中央委员会做题为《加快改革开放和现代化建设步伐，夺取有中国特色社会主义事业的更大胜利》的报告。党的十四大是在我国加快改革开放和社会主义现代化建设的新形势下召开的一次十分重要的大会。

大会确立了邓小平建设有中国特色社会主义理论在全党的指导地位，并从发展道路、发展阶段、根本任务、发展动力、外部条件、政治保证、战略步骤、领导力量和依靠力量、祖国统一等九个方面，概括了邓小平建设有中国特色社会主义理论的主要内容。大会指出，这个理论"是在和平与发展成为时代主题的历史条件下，在我国改革开放和社会主义现代化建设的实践过程中，在总结我国社会主义胜利和挫折的历史经验并借鉴其他国家社会主义兴衰成败历史经验的基础上，逐步形成和发展起来的。它是马克思列宁主义基本原理与当代中国实际和时代特征相结合的产物，是毛泽东思想的继承和发展，是全党全国人民集体智慧的结晶，是中国共产党和中国人民最可珍贵的精神财富"①。它第一次比较系统地初步回答了中国这样的经济文化比较落后的国家如何建设社会主义、如何巩固和发展社会主义的一系列基本问题，用新的思想、观点继承和发展了马克思主义。

十四大的重大贡献之一，就是系统阐述了社会主义与市场经济的关系，确立了建立社会主义市场经济体制的改革目标与方向。把社会主义制度与市场经济结合起来，建立和完善社会主义市场经济体制，是前无古人的伟

---

① 《十四大以来重要文献选编》（上），人民出版社 1995 年版，第 13 页。

大创举，是中国共产党人对马克思主义的重大发展，也是社会主义发展史上的重大突破。

大会指出："我国经济体制改革确定什么样的目标模式，是关系整个社会主义现代化建设全局的一个重大问题。这个问题的核心，是正确认识和处理计划与市场的关系。传统的观念认为，市场经济是资本主义特有的东西，计划经济才是社会主义经济的基本特征。十一届三中全会以来，随着改革的深入，我们逐步摆脱这种观念，形成新的认识，对推动改革和发展起了重要作用。十二大提出计划经济为主，市场调节为辅；十二届三中全会指出商品经济是社会经济发展不可逾越的阶段，我国社会主义经济是公有制基础上的有计划商品经济；十三大提出社会主义有计划商品经济的体制应该是计划与市场内在统一的体制；十三届四中全会后，提出建立适应有计划商品经济发展的计划经济与市场调节相结合的经济体制和运行机制。"① 1992 年初邓小平南方谈话进一步指出，计划经济不等于社会主义，资本主义也有计划；市场经济不等于资本主义，社会主义也有市场。计划和市场都是经济手段。计划多一点还是市场多一点，不是社会主义与资本主义的本质区别。"这个精辟论断，从根本上解除了把计划经济和市场经济看作属于社会基本制度范畴的思想束缚，使我们在计划与市场关系问题上的认识有了新的重大突破。"② 改革开放十多年来，市场范围逐步扩大，大多数商品的价格已经放开，计划直接管理的领域显著缩小，市场对经济活动调节的作用大大增强。实践表明，市场作用发挥比较充分的地方，经济活力就比较强，发展态势也比较好。我国经济要优化结构，提高效益，加快发展，参与国际竞争，就必须继续强化市场机制的作用。

江泽民在十四大报告中明确指出："我国经济体制改革的目标是建立社会主义市场经济体制，以利于进一步解放和发展生产力。"③ 我们要建立的社会主义市场经济体制，就是要使市场在社会主义国家宏观调控下对资源配置起基础性作用，使经济活动遵循价值规律的要求，适应供求关系的变化。社会主义市场经济体制是同社会主义基本制度结合在一起的。在所有

---

① 《十四大以来重要文献选编》（上），人民出版社 1995 年版，第 17 – 18 页。
② 《十四大以来重要文献选编》（上），人民出版社 1995 年版，第 18 页。
③ 《十四大以来重要文献选编》（上），人民出版社 1995 年版，第 19 页。

制结构上，以公有制包括全民所有制和集体所有制经济为主体，个体经济、私营经济、外资经济为补充，多种经济成分长期共同发展，不同经济成分还可以自愿实行多种形式的联合经营。在分配制度上，以按劳分配为主体，其他分配方式为补充，兼顾效率与公平。在宏观调控上，我们社会主义国家能够把人民的当前利益与长远利益、局部利益与整体利益结合起来，更好地发挥计划和市场两种手段的长处。

大会认为："建立和完善社会主义市场经济体制，是一个长期发展的过程，是一项艰巨复杂的社会系统工程。既要做持久的努力，又要有紧迫感；既要坚定方向，又要从实际出发，区别不同情况，积极推进。"[1] 大会要求，围绕社会主义市场经济体制的建立，必须抓紧制定总体规划，有计划、有步骤地实施。为了加速改革开放，推动经济发展和社会全面进步，江泽民在十四大报告中提出了必须努力实现十个方面关系全局的任务：一是围绕社会主义市场经济体制的建立，加快经济改革的步伐；二是进一步扩大对外开放，更多更好地利用国外资金、资源、技术和管理经验；三是调整和优化产业结构，高度重视农业，加快发展基础工业、基础设施和第三产业；四是加快科技进步，大力发展教育，充分发挥知识分子作用；五是充分发挥各地优势，加快地区经济发展，促进全国经济布局合理化；六是积极推进政治体制改革，使社会主义民主和法制建设有一个较大的发展；七是下决心进行行政管理体制和机构改革，切实做到转变政府职能、理顺关系、精兵简政、提高效率；八是坚持两手抓，两手都要硬，把社会主义精神文明建设提高到新水平；九是不断改善人民生活，严格控制人口增长，加强环境保护；十是加强军队建设，增强国防实力，保障改革开放和社会主义现代化建设顺利进行。[2]

以邓小平南方谈话和党的十四大为标志，改革开放和现代化建设事业进入从计划经济体制向社会主义市场经济体制转变的新阶段，由此打开了中国经济、政治、文化发展的崭新局面。

1993 年 11 月 11 日至 14 日，党的十四届三中全会审议并通过了《中共中央关于建立社会主义市场经济体制若干问题的决定》（以下简称《决

---

① 《十四大以来重要文献选编》（上），人民出版社 1995 年版，第 20 页。
② 《十四大以来重要文献选编》（上），人民出版社 1995 年版，第 20－33 页。

定》），对建立社会主义市场经济做出了总体规划和全面部署。社会主义市场经济体制是同社会主义基本制度结合在一起的。《决定》指出："建立社会主义市场经济体制，就是要使市场在国家宏观调控下对资源配置起基础性作用。"① 为实现这个目标，必须坚持以公有制为主体、多种经济成分共同发展的方针，进一步转换国有企业经营机制，建立适应市场经济要求，产权清晰、权责明确、政企分开、管理科学的现代企业制度；建立全国统一开放的市场体系，实现城乡市场紧密结合，国内市场与国际市场相互衔接，促进资源的优化配置；转变政府管理经济的职能，建立以间接手段为主的完善的宏观调控体系，保证国民经济的健康运行；建立以按劳分配为主体，效率优先、兼顾公平的收入分配制度，鼓励一部分地区一部分人先富起来，走共同富裕的道路；建立多层次的社会保障制度，为城乡居民提供同我国国情相适应的社会保障，促进经济发展和社会稳定。这些主要环节是相互联系和相互制约的有机整体，构成社会主义市场经济体制的基本框架。《决定》还提出要深化农村、对外经贸、科技、教育等方面的体制改革，强调市场经济本质上是法制经济，社会主义市场经济体制的建立和完善必须有完备的法制来规范和保障。《决定》强调："经济体制改革是一场涉及经济基础和上层建筑许多领域的深刻革命，必然要改变旧体制固有的和体制转变过程中形成的各种不合理的利益格局，不可避免地会遇到这样或那样的困难和阻力。"② 必须从总体上处理好改革、发展和稳定的关系，处理好各方面的利益关系，调动一切积极因素，为国民经济健康发展创造有利条件。《决定》将十四大提出的经济体制改革的目标和基本原则进一步具体化，创造性地将市场经济的一般规律同社会主义制度和中国国情有机结合起来，勾画了社会主义市场经济体制的基本框架，成为 20 世纪 90 年代进行经济体制改革的行动纲领。

按照党的十三届四中全会的部署，经济体制改革沿着建立社会主义市场经济的目标在各方面深入推进。1993 年 12 月 15 日、12 月 25 日和 1994 年 1 月 11 日，国务院分别做出了《关于实行分税制财政管理体制的决定》《关于金融体制改革的决定》《关于进一步深化对外贸易体制改革的决定》。

---

① 《十四大以来重要文献选编》（上），人民出版社 1995 年版，第 520 页。
② 《十四大以来重要文献选编》（上），人民出版社 1995 年版，第 547 页。

1994 年又推出了投资体制改革、计划体制改革、价格管理体制改革、福利分房制度改革。从 1994 年底开始，本着"产权清晰、权责明确、政企分开、管理科学"的要求，选择 100 家国有大中型企业，进行建立现代企业制度试点。随后，全国各地先后选定了 2700 多家国有企业参与现代企业制度试点。这些试点企业在清产核资、明确企业法人财产权基础上，逐步建立了国有资产出资人制度，建立了现代企业制度的领导体制和组织制度，初步形成了企业法人治理结构。在进行现代企业制度试点的同时，国务院还选择了 18 个城市进行"优化资本结构"的配套改革试点，1996 年试点范围增加到 58 个城市。通过上述改革，计划经济体制向社会主义市场经济体制转轨的步伐加快，市场在资源配置中的基础性作用明显增强，全国呈现出改革开放全面推进、经济建设迅猛发展的蓬勃景象。

在经济高速发展的过程中，也出现了经济过热的问题，主要表现为高投资增长、高货币投放、高物价上涨和高贸易逆差。面对我国经济发展过程中出现的过热现象和日趋严峻的经济形势，为了保证国民经济健康、持续发展，加强和改善国家对于经济的宏观调控势在必行。1993 年 4 月，中央召开经济情况通报会。江泽民在会上就当前经济工作发表重要意见，提出既要抓住机遇、加快发展，又要注意可能出现的各种问题，以保证改革开放和经济发展的顺利进行，做到既加快发展，尽力而为，又从实际出发，量力而行。同年 6 月 24 日，党中央、国务院下发了《关于当前经济情况和加强宏观调控的意见》，提出了以紧缩银根、整顿金融秩序为重点的 16 条重要措施。为了加强对宏观调控的领导，1993 年 7 月 2 日，全国人民代表大会常务委员会任命朱镕基兼任中国人民银行行长。为了贯彻 16 条措施，国务院召开了全国金融工作会议，强调整顿金融秩序在强化宏观调控中的作用。此后，宏观调控措施开始在全国逐步实施。经过努力，宏观调控取得显著成效，过度投资得到控制，金融秩序迅速好转，物价逐渐放开且涨幅明显回落，通货膨胀得到抑制，经济增长仍然保持较高速度，从而实现了从发展过快到"高增长、低通胀"的"软着陆"，避免了经济的大涨大落。

1995 年，"八五"计划胜利完成。"八五"期间，国民经济持续快速增长，国民生产总值年均增长 12.3%，1995 年达到 61130 亿元。原定 2000 年比 1980 年翻两番的"三步走"战略的第二步目标提前五年完成。同年 9 月

25 日至 28 日，党的十四届五中全会在北京召开。全会审议并通过了《中共中央关于制定国民经济和社会发展"九五"计划和 2010 年远景目标的建议》（以下简称《建议》）。《建议》提出："九五"时期国民经济和社会发展的主要奋斗目标是全面完成现代化建设的第二步战略部署，到 2000 年在我国人口比 1980 年增长 3 亿左右的情况下，实现人均国民生产总值比 1980 年翻两番；基本消灭贫困现象，人民生活达到小康水平；加快现代企业制度建设，初步建立起社会主义市场经济体制。2010 年的主要目标是：实现国民生产总值比 2000 年翻一番，使人民小康生活更加富裕，形成比较完善的社会主义市场经济体制。实现上述目标的关键是实行两个具有全局意义的根本性转变：一是实现经济体制从传统的计划经济体制向社会主义市场经济体制转变；二是实现经济增长方式从粗放型向集约型转变。9 月 28 日，江泽民在全会闭幕时发表讲话，深刻阐述了社会主义现代化建设的 12 个重大关系，指出改革、发展、稳定的关系是总揽全局的，要把改革的力度、发展的速度和社会可承受的程度协调统一起来，"做到在政治和社会稳定中推进改革和发展，在改革和发展的推进中实现政治和社会的长期稳定"①。这是对党的十一届三中全会以来改革开放实践经验的科学总结。

3. 中国特色社会主义的跨世纪发展

1997 年 2 月 19 日，中国改革开放和社会主义现代化建设的总设计师邓小平与世长辞。在邓小平去世后，中国将举什么旗、走什么路，全世界瞩目。

9 月 12 日至 17 日，中国共产党第十五次全国代表大会在北京举行。大会的主题是：高举邓小平理论伟大旗帜，把建设有中国特色社会主义事业全面推向 21 世纪。大会首次使用"邓小平理论"这个概念，并把这个概念写入党章作为党的指导思想。大会报告指出，旗帜问题至关重要。旗帜就是方向，旗帜就是形象。坚持党的十一届三中全会以来党的路线不动摇，就是高举邓小平理论的旗帜不动摇。在社会主义改革开放和现代化建设的新时期，在跨越世纪的新征途上，一定要高举邓小平理论的伟大旗帜，用邓小平理论来指导我们整个事业和各项工作。这是党从历史和现实中得出的不可动摇的结论。大会指出："马克思列宁主义同中国实际相结合有两次

---

① 《十四大以来重要文献选编》（中），人民出版社 1997 年版，第 1462 页。

历史性飞跃，产生了两大理论成果。第一次飞跃的理论成果是被实践证明了的关于中国革命和建设的正确的理论原则和经验总结，它的主要创立者是毛泽东，我们党把它称为毛泽东思想。第二次飞跃的理论成果是建设有中国特色社会主义理论，它的主要创立者是邓小平，我们党把它称为邓小平理论。"① 坚持邓小平理论，就是真正坚持马克思列宁主义、毛泽东思想；高举邓小平理论的旗帜，就是真正高举马克思列宁主义、毛泽东思想的旗帜。

大会阐明了建设有中国特色社会主义的经济、政治和文化的基本目标和基本政策，提出了党在社会主义初级阶段的基本纲领。建设有中国特色社会主义的经济，就是在社会主义条件下发展市场经济，不断解放和发展生产力；建设有中国特色社会主义的政治，就是在中国共产党领导下，在人民当家作主的基础上，依法治国，发展社会主义民主政治；建设有中国特色社会主义的文化，就是以马克思主义为指导，以培育有理想、有道德、有文化、有纪律的公民为目标，发展面向现代化、面向世界、面向未来的，民族的、科学的、大众的社会主义文化。这三个方面的基本目标、基本政策有机统一，不可分割，构成党在社会主义初级阶段的基本纲领。"这个基本纲领，是邓小平理论的重要内容，是党的基本路线在经济、政治、文化等方面的展开，是这些年来最主要经验的总结。"② 大会明确了我国的跨世纪发展的战略部署，从现在起到新世纪的前十年，是我国实现现代化建设第二步战略目标，向第三步战略目标迈进的关键时期。"在这个时期，建立比较完善的社会主义市场经济体制，保持国民经济持续健康发展，是必须解决好的两大课题。"③

大会就社会主义初级阶段的所有制结构和公有制实现形式，推进政治体制改革、依法治国、建设社会主义法治国家等问题提出了新的论断。大会指出："公有制为主体、多种所有制经济共同发展，是我国社会主义初级阶段的一项基本经济制度。"④ 公有制经济不仅包括国有经济和集体经济，还包括混合所有制经济中的国有成分和集体成分。国有经济控制国民经济

---

① 《江泽民文选》第 2 卷，人民出版社 2006 年版，第 8 页。
② 《江泽民文选》第 2 卷，人民出版社 2006 年版，第 18 页。
③ 《江泽民文选》第 2 卷，人民出版社 2006 年版，第 18 页。
④ 《江泽民文选》第 2 卷，人民出版社 2006 年版，第 19 页。

命脉，对经济发展起主导作用，主要体现在控制力上。公有制的实现形式可以而且应当多样化，一切反映社会化生产规律的经营方式和组织方式都可以大胆地利用。"依法治国，就是广大人民群众在党的领导下，依照宪法和法律规定，通过各种途径和形式管理国家事务，管理经济文化事业，管理社会事务，保证国家各项工作都依法进行，逐步实现社会主义民主的制度化、法律化，使这种制度和法律不因领导人的改变而改变，不因领导人看法和注意力的改变而改变。依法治国，是党领导人民治理国家的基本方略，是发展社会主义市场经济的客观需要，是社会文明进步的重要标志，是国家长治久安的重要保障。"①

党的十五大在世纪之交的关键时刻，继承邓小平遗志，承前启后，继往开来，明确回答了中国的改革开放和社会主义现代化建设继续向前发展的一系列重大理论问题和实践问题，从思想上、政治上、组织上为中国特色社会主义事业的跨世纪发展提供了根本保证。

党的十五大之后，中国特色社会主义事业是在应对来自经济、政治和自然界等方面的一系列严峻考验中稳步推进的。1997年下半年，东南亚爆发的金融危机，对中国经济产生了严重冲击。1998年夏，长江、嫩江、松花江等流域遭遇了一场历史罕见的特大洪涝灾害。1999年，又接连发生以美国为首的北约袭击中国驻南斯拉夫大使馆、李登辉抛出"两国论"、"法轮功"邪教组织策划非法聚众闹事等事件。面对这些风险和考验，党中央、国务院冷静分析，正确把握，果断决策，采取一系列措施，取得了一个又一个的胜利，充分显示了我国社会主义制度的优越性和党中央驾驭全局、解决复杂问题的能力，使党和人民在推进改革开放和现代化建设、实现跨世纪发展奋斗目标的道路上更加充满信心。这一时期，党中央又及时提出和实施了科教兴国战略、可持续发展战略、西部大开发战略、对外开放"走出去"战略以及科技强军战略等多项战略，实施了新时期党的建设新的伟大工程，对中国特色社会主义事业的跨世纪发展起到了强有力的推动作用。

1997年7月1日、1999年12月20日，中国政府分别对香港、澳门恢复行使主权。香港、澳门的顺利回归是祖国统一大业进程中的重要里程碑，

---

① 《江泽民文选》第2卷，人民出版社2006年版，第28－29页。

是中国共产党对中华民族的重大历史性贡献。香港、澳门的回归，使"一国两制"由科学构想变为现实，充分说明了"一国两制"构想是正确、可行的。2001 年 11 月 10 日，在卡塔尔多哈举行的世界贸易组织第四届部长级会议通过了中国加入世贸组织法律文件，标志着中国终于成为世贸组织新成员。中国加入世贸组织，标志着一个封闭时代的彻底结束和一个全新的开放时代的开始，中国的对外开放进入到新的阶段：由有限范围和领域内的开放，转变为全方位的对外开放；由试点为特征的政策主导下的开放，转变为法律框架下可预见的开放；由单方面的自我开放，转变为与世贸组织成员之间的相互开放。

经过 20 多年的建设和改革开放，到 20 世纪末，我国的经济实力和国际竞争力有了显著的提高。到 2000 年，国内生产总值达 99776 亿元，是 1980 年的 6 倍，超过了原定比 1980 年翻两番的目标。人均国民生产总值比 1980 年翻两番的目标在 1997 年提前 3 年完成。到 2000 年，我国主要工农业产品产量位居世界前列，商品短缺状况基本结束。与此同时，城乡居民收入大幅度大增加，农村居民家庭人均收入和城镇居民家庭人均可支配收入，2000 年分别达到 2253 元和 6280 元。人民群众衣、食、住、行、用消费水平不断提高，生活质量显著提升，人民生活总体上达到小康水平。社会主义民主法制建设和精神文明建设进一步加强，科技、教育、文化、卫生、体育等各项事业全面进步。2000 年 10 月，党十五届五中全会通过《中共中央关于制定国民经济和社会发展第十个五年计划的建议》（以下简称《建议》）。《建议》指出，从新世纪开始，我国将进入全面建设小康社会，加快推进社会主义现代化建设的新的发展阶段，今后五年到十年，要以发展为主题，以结构调整为主线，以改革开放和科技进步为动力，以提高人民生活水平为根本出发点，推进经济发展和社会全面进步。2001 年 3 月，九届全国人大四次会议批准了"十五"计划纲要，为新世纪的改革开放和现代化建设明确了指导方针和奋斗目标。

党的十三届四中全会以来，以江泽民同志为主要代表的中国共产党人，高举邓小平理论伟大旗帜，准确把握时代特征，科学判断我们党所处的历史方位，围绕建设中国特色社会主义这个主题，集中全党智慧，以马克思主义的巨大理论勇气进行理论创新，形成了"三个代表"重要思想。"三个代表"重要思想作为完整的概念，是 2000 年 2 月江泽民在广东考察工作时提出来的。他指出："总结我们党七十多年的历史，可以得出一个重要结论，这就是：我们党所以赢得人民的拥护，是因为我们党在革命、建设、改革的各个历史时期，总是代表着中国先进生产力的发展要求，代表着中国先进文化的前进方向，代表着中国最广大人民的根本利益。"① 2001 年 7 月 1 日，江泽民在庆祝中国共产党成立 80 周年大会上发表讲话，系统阐述"三个代表"重要思想的科学内涵和基本内容。"三个代表"重要思想用一系列紧密联系、相互贯通的新思想、新观点、新论断，进一步回答了"什么是社会主义、怎样建设社会主义"的问题，创造性地回答了"建设什么样的党、怎样建设党"的问题，丰富和发展了中国特色社会主义理论体系。"三个代表"重要思想是对马克思列宁主义、毛泽东思想和邓小平理论的继承和发展，反映了当代世界和中国的发展变化对党和国家工作的新要求，是加强和改进党的建设、推进我国社会主义自我完善和发展的强大理论武器，是全党集体智慧的结晶。党的十六大将"三个代表"重要思想与马克思列宁主义、毛泽东思想和邓小平理论一道写入党章，成为党必须长期坚持的指导思想。

（四）在新的历史起点上推进中国特色社会主义

新世纪伊始，中国发展面临难得的机遇和巨大的挑战。从国际形势看，"9·11"事件后，世界多极化趋势越来越明显，世界各大国都在谋求局势朝着有利于自己的方向发展，力量对比保持着相对的稳定和平衡。同时，经济全球化的速度在加快，程度在加深，世界各国间特别是各大国间的经济联系日益密切，共同利益领域增多扩大。世界新科技革命浪潮继续迅猛发展，为后发现代化国家追赶发达国家提供了新的机遇和动力。世界虽仍然很不安宁，但和平与发展这一时代主题没有改变。从国内看，中国进入全面建设小康社会的关键时期，这也是中国实现现代化"三步走"战略承上启下的关键时期。据世界银行统计，2001 年，中国人均 GDP 达到 1000 美元。从此中国进入人均 GDP 1000～3000 美元的关键发展时期，这一时期既是各种矛盾的凸显期，也是黄金发展时期。同时，自 1992 年确立社会主义市场经济体制改革目标，用了大约 10 年时间，在 20 世纪末已初步建立社会

---

① 《江泽民文选》第 2 卷，人民出版社 2006 年版，第 2 页。

主义市场经济体制，但这种市场经济体制还很不完善，中国进入完善社会主义市场经济体制的关键时期，同时也进入全面提高对外开放水平的新时期。正是基于此，中国共产党做出了21世纪头20年是可以大有作为的重要战略机遇期的重大判断。2002年11月，党的十六大召开，胡锦涛当选为中共中央总书记。以胡锦涛为主要代表的中国共产党人，领导全国各族人民成功地在新的历史起点上坚持和发展了中国特色社会主义。

1. 全面建设小康社会战略目标的确定

2002年11月8日至14日，中国共产党第十六次全国代表大会在北京召开。大会明确了全面建设小康社会的奋斗目标。

全面建设小康社会思想，是在"三步走"发展战略前两步战略目标已经实现的情况下开始逐步酝酿的，在实践中经历了一个逐步酝酿、形成与完善的过程。① 1995年，我国国民生产总值实现了比1980年翻两番，提前5年实现了"三步走"战略的第二步发展目标，人民生活即将实现由温饱向总体小康的跨越。随着小康社会的实现，中国共产党开始考虑"三步走"战略的第三步怎么走的问题。1995年9月，党的十四届五中全会在制定"九五"计划和2010年远景目标的建议中强调"必须把社会全面发展放在重要战略地位"②，这是党第一次把社会发展提到重要战略地位，使之与经济建设、政治建设、文化建设等全局性的主要任务和战略部署并列。翌年10月，江泽民在党的十四届六中全会上进一步提出了"社会主义社会是全面发展、全面进步的社会"的重要思想。这些是中国共产党对"三步走"战略的第三步"怎么走"的最初思考，体现了党关于经济社会要全面发展、全面进步的思想。党的十五大提出了党在社会主义初级阶段的基本纲领，并指出"建设有中国特色社会主义的经济、政治、文化的基本目标和基本政策，有机统一，不可分割"，这实际上就是强调中国特色社会主义建设的全面性、协调性。同时，十五大还提出了21世纪前50年的新"三步走"战略，即：新世纪第一个10年实现国民生产总值比2000年翻一番，使人民的小康生活更加宽裕，形成比较完善的社会主义市场经济体制；再经过10

---

① 张雷声、袁银传主编：《马克思主义中国化史》第四卷（1992年以来），中国人民大学出版社2015年版，第220－223页。

② 《十四大以来重要文献选编》（中），中央文献出版社1997年版，第1486页。

年努力，到中国共产党成立 100 年时，使国民经济更加发展，各项制度更加完善；到中华人民共和国成立 100 年时，基本实现现代化，建成富强、民主、文明的社会主义国家。这是党第一次对实现小康社会之后的经济社会发展目标提出明确的要求，即"使人民的小康生活更加宽裕"，"国民经济更加发展，各项制度更加完善"，为全面建设小康社会的提出做了必要的准备。1998 年 12 月，在纪念十一届三中全会召开 20 周年大会上的讲话中，江泽民再次强调："社会主义社会作为人类历史上崭新的社会形态，是以经济建设为重点的全面发展、全面进步的社会。"①

2000 年 6 月，江泽民在全国党校工作会议上的讲话中指出："我国社会主义现代化进入一个新的发展时期"，"我们要在胜利完成第二步战略目标的基础上，开始实施第三步战略目标，全面建设小康社会并继续向现代化目标迈进"。② 江泽民第一次提出了"全面建设小康社会"的概念，同年 10 月，党的十五届五中全会确认了"全面建设小康社会"的概念，并对什么时候开始进入全面建设小康社会这一新的历史发展阶段做了明确回答："从新世纪开始，我国将进入全面建设小康社会，加快推进社会主义现代化的新的发展阶段。"③ 2001 年 7 月，江泽民在庆祝中国共产党成立 80 周年大会上的讲话中宣布"十二亿多中国人不仅解决了温饱问题，而且从总体上达到小康水平"，重申了"我国已进入了全面建设小康社会、加快推进社会主义现代化的新的发展阶段"，强调"要尽快地使全国人民都过上殷实的小康生活，并不断向更高水平前进"。④

在此基础上，2002 年 11 月党的十六大对全面建设小康社会的思想做出了全面系统阐述。大会郑重地指出：21 世纪头 20 年，对我国来说，是一个必须紧紧抓住并且可以大有作为的重要战略机遇期。根据十五大提出的到 2010 年、建党 100 年和新中国成立 100 年的发展目标，我们要在本世纪头 20 年，集中力量全面建设惠及十几亿人口的更高水平的小康社会，使经济更加发展、民主更加健全、科教更加进步、文化更加繁荣、社会更加和谐、人民生活更加殷实。这是实现现代化建设第三步战略目标必经的承上启下

---

① 《江泽民文选》第 2 卷，人民出版社 2006 年版，第 385 页。
② 江泽民：《论"三个代表"》，中央文献出版社 2001 年版，第 29 页。
③ 《十五大以来重要文献选编》（中），中央文献出版社 2001 年版，第 1369 页。
④ 《江泽民文选》第 3 卷，人民出版社 2006 年版，第 294 页。

的发展阶段，也是完善社会主义市场经济体制和扩大对外开放的关键阶段。

大会提出了全面建设小康社会的具体目标，包括了中国特色社会主义经济、政治、文化建设，以及可持续发展等方面的具体奋斗目标。在优化结构和提高效益的基础上，国内生产总值到 2020 年力争比 2000 年翻两番，综合国力和国际竞争力明显增强。基本实现工业化，建成完善的社会主义市场经济体制和更具活力、更加开放的经济体系。社会主义民主更加完善，社会主义法制更加完备，依法治国基本方略得到全面落实，人民的政治、经济和文化权益得到切实尊重和保障。基层民主更加健全，社会秩序良好，人民安居乐业。全民族的思想道德素质、科学文化素质和健康素质明显提高，形成比较完善的现代国民教育体系、科技和文化创新体系、全民健身和医疗卫生体系。可持续发展能力不断增强，生态环境得到改善，资源利用效率明显提高，促进人与自然的和谐，推动整个社会走上生产发展、生活富裕、生态良好的文明发展道路。大会确立的全面建设小康社会的目标，是中国特色社会主义经济、政治、文化全面发展的目标，是与加快推进现代化相统一的目标，符合我国国情和现代化建设的实际，是对邓小平"三步走"发展战略的深化，为本世纪头 20 年我国现代化建设勾画出了宏伟蓝图。

2. 不断推动经济社会科学发展

党的十六大以后，以胡锦涛为主要代表的中国共产党人深入总结国内外发展的经验教训，立足社会主义初级阶段基本国情，牢牢把握新世纪新阶段国内外形势的变化，带领全党全国人民紧紧抓住重要战略机遇期，在全面建设小康社会的进程中不断推进经济社会科学发展。

2003 年 1 月，胡锦涛在北京考察工作时强调：发展是党执政兴国的第一要务。同时强调发展的全面性、协调性和持续性。这年上半年，我国遭遇突如其来的"非典"疫情的冲击，使我们对发展中的不平衡问题有了切肤之痛。以胡锦涛为主要代表的中国共产党人以处理突发事件为切入点，深刻反思我国经济社会发展中存在的突出矛盾和问题，开始对新的发展理念进行系统而深入的思考。同年 7 月，胡锦涛在全国防治"非典"工作会议上，阐述了加强经济社会协调发展、统筹城乡协调发展的要求。他指出："我们讲发展是党执政兴国的第一要务，这里的发展绝不只是指经济增长，而是要坚持以经济建设为中心，在经济发展的基础上实现社会全面发展。我们要更好地坚持全面发展、协调发展、可持续发展，更加自觉地坚持推动物质文明、政治文明和精神文明协调发展，坚持在经济社会发展的基础上促进人的全面发展，坚持促进人与自然的和谐。"① 2003 年 8 月，胡锦涛在江西考察时首次明确提出了"科学发展观"的概念。在此基础上，同年10 月，胡锦涛在党的十六届三中全会的讲话中，对科学发展观的重大意义和历史背景做了阐释，正式提出了坚持以人为本、全面协调可持续的科学发展观。全会通过的《中共中央关于完善社会主义市场经济体制若干问题的决定》对于科学发展观的基本概念、基本内涵、基本要求做了全面而系统的阐释，明确指出："坚持以人为本，树立全面、协调、可持续的发展观，促进经济社会和人的全面发展。"② 并将其作为指导方针。为贯彻这一方针，中国共产党采取了一系列重大措施和做法，促进经济社会的协调发展。

2004 年 9 月，党的十六届四中全会提出了构建社会主义和谐社会的战略任务。翌年 2 月，胡锦涛在中央党校省部级主要领导干部专题研讨班上，对构建社会主义和谐社会的重大战略进行了全面论述，指出我们所要建设的社会主义和谐社会，应该是民主法治、公平正义、诚信友爱、充满活力、安定有序、人与自然和谐相处的社会。2006 年 10 月，党的十六届六中全会在北京举行，将"构建社会主义和谐社会"直接作为大会主题，审议通过了《中共中央关于构建社会主义和谐社会若干重大问题的决定》（以下简称《决定》）。《决定》指出，社会和谐是中国特色社会主义的本质属性，是国家富强、民族振兴、人民幸福的重要保证。构建社会主义和谐社会，是从中国特色社会主义总体布局和全面建设小康社会全局出发提出的重大战略任务。《决定》提出到 2020 年构建社会主义和谐社会的目标和主要任务是：社会主义民主法制更加完善，依法治国基本方略得到全面落实，人民的权益得到切实尊重和保障；城乡、区域发展差距扩大的趋势逐步扭转，合理有序的收入分配格局基本形成，家庭财产普遍增加，人民过上更加富足的生活；社会就业比较充分，覆盖城乡居民的社会保障体系基本建立；基本公共服务体系更加完备，政府管理和服务水平有较大提高；全民族的思想道德素质、科学文化素质和健康素质明显提高，良好道德风尚、和谐人际

---

① 《十六大以来重要文献选编》（上），中央文献出版社 2004 年版，第 396－397 页。
② 《十六大以来重要文献选编》（上），中央文献出版社 2004 年版，第 465 页。

关系进一步形成；全社会创造活力显著增强，创新型国家基本建成；社会管理体系更加完善，社会秩序良好；资源利用效率显著提高，生态环境明显好转；实现全面建设惠及十几亿人口的更高水平的小康社会的目标，努力形成全体人民各尽其能、各得其所而又和谐相处的局面。《决定》首次将"和谐"列入现代化建设的奋斗目标，号召全国各族人民"为把我国建设成为富强民主文明和谐的社会主义现代化国家而奋斗"。构建社会主义和谐社会战略思想的提出，使中国特色社会主义事业的总体布局由社会主义经济建设、政治建设、文化建设"三位一体"发展为社会主义经济建设、政治建设、文化建设、社会建设"四位一体"，丰富和拓展了马克思主义关于社会主义社会建设的理论。

区域、城乡发展不平衡，是制约我国经济社会发展的突出问题。为缩小地区发展差距，实现区域协调发展，我们党在推进西部大开发战略的同时，相继又做出振兴东北地区等老工业基地、促进中部地区崛起、鼓励东部地区率先发展等战略，形成了东中西部互动、优势互补、相互促进、共同发展的新格局。2011 年，中部地区、西部地区生产总值占全国的比重分别为 22.1%、21.2%，分别比 2002 年提高了 3.2、3.8 个百分点。条件较好地区进一步推进开发开放，新的区域增长极不断涌现。经济特区、上海浦东新区、天津滨海新区开发开放迈出新步伐，长三角、珠三角和京津冀三大都市圈仍是我国经济发展的"三大引擎"。成都、重庆、武汉、长株潭作为国家新批准的综合配套改革试验区，发挥了中心城市的辐射带动作用。广西北部湾、关中—天水、成渝三大经济区发展势头强劲，正在成为我国区域发展中新的活跃力量。[①]

解决"三农"问题、缩小城乡差距，也是实现我国经济社会协调发展的重要方面。党的十六大明确提出要统筹城乡经济社会发展。2003 年 12 月 31 日，中共中央、国务院印发《关于促进农民增加收入若干政策的意见》，强调按照统筹城乡经济社会发展的要求，坚持"多予、少取、放活"的方针。2005 年 7 月，党的十六届五中全会提出了建设社会主义新农村的战略任务，提出了"生产发展、生活宽裕、乡风文明、村容整洁、管理民主"

---

① 中共中央党史研究室：《中国共产党的九十年》（改革开放和社会主义现代化建设新时期），中共党史出版社、党建读物出版社 2016 年版，第 909 页。

的要求。同年 12 月，中央发布了《关于推进社会主义新农村建设的若干意见》。2008 年 10 月，党的十七届三中全会通过了《关于推进农村改革发展若干重大问题的决定》。2011 年中共中央、国务院印发《中国农村扶贫开发纲要（2011—2020）》。中央密集出台了一系列的强农、惠农、富农政策。2005 年 12 月 29 日，十届全国人大常委会第十九次会议决定废止《中华人民共和国农业税条例》。从此，中国农民告别绵延 2600 多年的"皇粮国税"，极大地减轻了农民的负担。据统计，到 2006 年全面取消农业税后，与免税前的 1999 年同口径相比，全国农村税费改革每年减轻农民负担 1250 亿元，人均 140 多元，平均减负率达到 80%，农民负担重的状况得到根本性扭转。① 随着农民负担的减轻，农民的积极性也极大地调动起来。从 2003 年到 2015 年，中国粮食产量实现半个世纪以来首次连续 12 年增产，2007 年以来连续 10 年总产量稳定在 1 万亿斤以上。2011 年城镇化率首次突破 50%，我国进入以城市型社会为主体的新时代。在采取措施增加农民收入、减轻农民负担的基础上，国家以制度缺失为重点，按照广覆盖、保基本、多层次、可持续的原则，积极构建我国农村社会保障制度基本框架，增强了广大农民的幸福感、尊严感和安全感。

3. 深化改革开放和夺取全面建设小康社会新胜利

2007 年 10 月 15 日至 22 日，中国共产党第十七次全国代表大会在北京举行。大会全面总结了过去 5 年的工作和改革开放近 30 年的伟大进程、巨大成就和宝贵经验，对继续推进改革开放和社会主义现代化建设、实现全面建设小康社会的宏伟目标做出了全面部署。十七大报告指出，"改革开放以来我们取得一切成绩和进步的根本原因，归结起来就是：开辟了中国特色社会主义道路，形成了中国特色社会主义理论体系。"② 高举中国特色社会主义伟大旗帜，最根本的就是要坚持这条道路和这个理论体系。大会对中国特色社会主义道路和马克思主义中国化第二次飞跃的理论成果——中国特色社会主义理论体系的内涵进行了概括。中国特色社会主义道路，就是在中国共产党领导下，立足基本国情，以经济建设为中心，坚持四项基

---

① 中共中央党史研究室：《中国共产党的九十年》（改革开放和社会主义现代化建设新时期），中共党史出版社、党建读物出版社 2016 年版，第 911 页。

② 《十七大以来重要文献选编》（上），中央文献出版社 2009 年版，第 8 - 9 页。

本原则，坚持改革开放，解放和发展社会生产力，巩固和完善社会主义制度，建设社会主义市场经济、社会主义民主政治、社会主义先进文化、社会主义和谐社会，建设富强民主文明和谐的社会主义现代化国家。中国特色社会主义道路之所以完全正确，之所以能够引领中国发展进步，关键在于我们既坚持了科学社会主义的基本原则，又根据我国实际和时代特征赋予其鲜明的中国特色。在当代中国，坚持中国特色社会主义道路，就是真正坚持社会主义。中国特色社会主义理论体系，就是包括邓小平理论、"三个代表"重要思想以及科学发展观等重大战略思想在内的科学理论体系。这个理论体系，坚持和发展了马克思列宁主义、毛泽东思想，凝结了几代中国共产党人带领人民不懈探索实践的智慧和心血，是马克思主义中国化最新成果，是党最可宝贵的政治和精神财富，是全国各族人民团结奋斗的共同思想基础。中国特色社会主义理论体系是不断发展的开放的理论体系。党的十八大将科学发展观同马克思列宁主义、毛泽东思想、邓小平理论、"三个代表"重要思想一道写入党章，确立为党必须长期坚持的指导思想。

党的十六大以来，国民经济保持周期上升的良好态势，国民经济增长率连续五年超过10%，国家综合国力和国际竞争力全面提高。经济结构快速转型，社会活力不断增强，人民生活显著改善，社会主义市场经济体制日趋完善，社会政治大局保持稳定。为了适应国内外形势发展的新变化，满足人民过上美好生活的新期待，党的十七大在十六大的基础上，对全面建设小康社会的奋斗目标提出新的更高的要求：一是增强发展协调性，努力实现经济又好又快发展；二是扩大社会主义民主，更好保障人民权益和社会公平正义；三是加强文化建设，明显提高全民族文明素质；四是加快发展社会事业，全面改善人民生活；五是建设生态文明，基本形成节约能源资源和保护生态环境的产业结构、增长方式、消费模式。[①] 十七大报告指出，到2020年全面建设小康社会目标实现之时，我们这个历史悠久的文明古国和发展中社会主义大国，将成为工业化基本实现、综合国力显著增强、国内市场总体规模位居世界前列的国家，成为人民富裕程度普遍提高、生活质量明显改善、生态环境良好的国家，成为人民享有更加充分民主权利、具有更高文明素质和精神追求的国家，成为各方面制度更加完善、社会更

---

① 《十七大以来重要文献选编》（上），中央文献出版社2009年版，第15－16页。

加充满活力而又安定团结的国家，成为对外更加开放、更加具有亲和力，为人类文明做出更大贡献的国家。

党的十七大以后，党中央带领全国各族人民万众一心，开拓奋进，为夺取全面建设小康社会新胜利努力奋斗。2008 年下半年以来，由美国次贷危机引发的国际金融危机愈演愈烈，国际经济形势急转直下，中国发展压力加大。面对危机，党中央、国务院果断地把宏观调控的主要任务从防止经济增长由偏快改为过热、防止价格由结构性上涨演变为明显通货膨胀，即"防过热、防通胀"，转为"保增长、控物价"，即把宏观调控的主要任务调整为保持经济平稳较快发展、控制物价过快上涨，再进一步转向"扩内需、促增长、保发展"，即采取一系列进一步扩大内需、促进经济增长的政策措施，全力保持经济平稳较快发展。2009 年初，中央又出台一系列政策措施，形成了应对国际金融危机、促进经济平稳较快增长的一揽子计划，主要包括：大规模增加政府投资，实行结构性减税，大范围实施汽车、钢铁等十个重点产业调整振兴规划，大力推进科技进步和自主创新，大幅度提高社会保障水平等。经过艰苦努力，我国在世界上率先实现经济回升向好。2010 年 10 月，党的十七届五中全会通过《中共中央关于制定国民经济和社会发展第十二个五年规划的建议》，明确"十二五"时期要以科学发展为主题，以加快转变经济发展方式为主线，并贯穿经济社会发展全过程和各领域，为全面建成小康社会打下具有决定性意义的基础。

社会主义民主法治建设和政治体制改革不断推进。人民代表大会制度、中国共产党领导的多党合作和政治协商制度、民族区域自治制度以及基层群众自治制度等不断得到发展完善。经过各方面坚持不懈的共同努力，到2010 年底，一个立足中国国情和实际、适应改革开放和社会主义现代化建设需要、集中体现中国共产党和中国人民意志，以宪法为统帅，以宪法相关法、民法商法等多个法律部门的法律为主干，由法律、行政法规、地方性法规等多个层次法律规范构成的中国特色社会主义法律体系已经形成，国家经济建设、政治建设、文化建设、社会建设以及生态文明建设的各个方面实现有法可依。中国特色社会主义法律体系，是中国特色社会主义永葆本色的法制根基，是中国特色社会主义创新实践的法制体现，是中国特色社会主义兴旺发达的法制保障。它的形成，是中国社会主义民主法制建设的一个重要里程碑，体现了改革开放和社会主义现代化建设的伟大成果，具有重大的现实意义和深远的历史意义。

在推动经济社会发展的同时，中国共产党高度重视文化建设。党的十七大明确提出"提高国家文化软实力"①，指出要坚持社会主义先进文化前进方向，兴起社会主义文化建设新高潮，激发全民族文化创造活力，提高国家文化软实力。2011 年 10 月召开的党的十七届六中全会，通过《中共中央关于深化文化体制改革、推动社会主义文化大发展大繁荣若干重大问题的决定》，第一次以全会决定的方式对文化改革发展做出部署，第一次提出建设社会主义文化强国的宏伟目标和战略任务，将"坚持中国特色社会主义文化发展道路，努力建设社会主义文化强国"上升至国家文化建设战略思想的高度，使我国文化建设进入新的发展阶段。

社会建设与人民幸福安康息息相关。党的十七大对加快推进以改善民生为重点的社会建设进行了部署，指出必须在经济发展的基础上，更加注重社会建设，着力保障和改善民生，推进深化体制改革，扩大公共服务，完善社会管理，促进社会公平正义，努力使全体人民学有所教、劳有多得、病有所医、老有所养、住有所居，推动建设和谐社会。按照中央的要求，各级党委政府大力推进以保障和改善民生为重点的社会建设，在教育、就业、收入分配、社会保障、医疗卫生、社会管理等六个方面推出了一系列重大举措，以维护社会的公平正义，激发社会创造活力，使越来越多的人民群众享受到改革发展成果。

建设生态文明，是关系人民群众福祉、关乎民族未来的长远大计。改革开放之初，中国共产党就把保护环境作为基本国策。随着改革开放和中国特色社会主义的向前推进，社会主义现代化建设开始遭遇严重的生态瓶颈，可持续发展的压力愈来愈大。党的十七大第一次提出"建设生态文明"②的思想，将生态文明建设明确为实现全面小康社会奋斗目标的新要求。2012 年党的十八大正式将生态文明建设纳入中国特色社会主义"五位一体"总体布局。我国生态文明建设、环境保护工作进入新的发展阶段。

在稳步推进国内改革发展的同时，中国共产党十分注意营造良好的外部环境。党的十六大以后，党和国家在坚持一贯奉行的独立自主的和平外

---

① 《十七大以来重要文献选编》（上），中央文献出版社 2009 年版，第 26 页。
② 《十七大以来重要文献选编》（上），中央文献出版社 2009 年版，第 16 页。

交方针的同时，提出了坚持走和平发展道路的主张。2005 年 4 月 22 日，在雅加达亚非峰会上，胡锦涛又提出了推动建设"和谐世界"的主张。党的十七大再次提出"各国人民携手努力，推动建设持久和平、共同繁荣的和谐世界"①，推动和谐世界在党代会文件中得到确认。为推动建设和谐世界，中国按照"大国是关键、周边是首要、发展中国家是基础、多边是重要舞台"的总体布局，全方位开展对外交往，积极参与国际事务。中国在国际事务中的代表权和话语权明显增强，国际地位大幅度提升，中国特色社会主义的国际影响越来越大。

面对世情、国情、党情的深刻变化，中国共产党在推动科学发展、促进社会和谐的过程中，始终高度重视党的自身建设，坚持以执政能力建设和先进性建设为主线，紧密结合治国理政实践，全面推进党的建设新的伟大工程。党的十六大首次提出"加强党的执政能力"的命题。2004 年 9 月党的十六届四中全会通过的《中共中央关于加强党的执政能力建设的决定》，提出要不断提高驾驭社会主义市场经济的能力、发展社会主义民主政治的能力、建设社会主义先进文化的能力、构建社会主义和谐社会的能力、应对国际局势和处理国际事务的能力。为提高党的执政能力，从 2005 年 1 月起，全党开展了为期一年半的以实践"三个代表"重要思想为主要内容的保持共产党员先进性教育活动。党的十七大又做出在全党开展深入学习实践科学发展观活动的部署。2009 年 9 月，党的十七届四中全会通过《中共中央关于加强和改进新形势下党的建设的若干重大问题的决定》，做出建设马克思主义学习型政党的重大决策。党的十八大提出建设马克思主义学习型、创新型、服务型政党的战略任务，对党的建设科学化水平做了全面部署。

在党中央、国务院坚强领导下，我国化解了难事、办好了喜事、办成了大事。我们夺取了抗击四川汶川特大地震、南方雨雪冰冻极端天气、青海玉树强烈地震和甘肃舟曲特大泥石流等严重自然灾害和灾后恢复重建的胜利；妥善处置了一系列重大突发事件，特别是有效应对国际金融危机带来的严重冲击，在全球率先实现经济企稳回升；实现了载人航天、探月工程、超级计算机的重大突破，三峡水利枢纽、青藏铁路、南水北调等重大

---

① 《十七大以来重要文献选编》（上），中央文献出版社 2009 年版，第 36 页。

工程建设捷报频传；成功举办了北京奥运会和残奥会、上海世博会，在人类奥运史上留下了不可磨灭的中国印记，谱写了中国人民同世界各国人民交流互鉴的新篇章。

从十六大到十八大，以胡锦涛为主要代表的中国共产党人，在新的历史起点上推进中国特色社会主义的实践中，形成了科学发展观。科学发展观是马克思主义与当代中国实际和时代特征相结合的产物，是马克思主义关于发展的世界观和方法论的集中体现，对新形势下实现什么样的发展、怎样发展等重大问题做出了新的科学回答，开拓了当代中国马克思主义发展新境界。

（五）中国特色社会主义进入新时代

党的十八大以来，以习近平同志为核心的党中央团结带领全国各族人民，高举中国特色社会主义伟大旗帜，锐意进取，攻坚克难，继往开来，开拓了中国特色社会主义更为广阔的发展前景，中国特色社会主义进入新时代。

1. 党的十八大和全面建成小康社会目标的确定

2012 年 11 月 8 日至 14 日，中国共产党第十八次全国代表大会在北京胜利召开。大会贯穿始终的一条主线就是坚持和发展中国特色社会主义。

大会强调："中国特色社会主义道路，中国特色社会主义理论体系，中国特色社会主义制度，是党和人民九十多年奋斗、创造、积累的根本成就，必须倍加珍惜、始终坚持、不断发展。"① 大会对中国特色社会主义道路、中国特色社会主义理论体系、中国特色社会主义制度的内涵进行了阐释，指出：中国特色社会主义道路，就是在中国共产党领导下，立足基本国情，以经济建设为中心，坚持四项基本原则，坚持改革开放，解放和发展社会生产力，建设社会主义市场经济、社会主义民主政治、社会主义先进文化、社会主义和谐社会、社会主义生态文明，促进人的全面发展，逐步实现全体人民共同富裕，建设富强民主文明和谐的社会主义现代化国家。中国特色社会主义理论体系，就是包括邓小平理论、"三个代表"重要思想、科学发展观在内的科学理论体系，是对马克思列宁主义、毛泽东思想的坚持和

---

① 《十八大以来重要文献选编》（上），中央文献出版社 2014 年版，第 9 页。

发展。中国特色社会主义制度，就是人民代表大会制度的根本政治制度，中国共产党领导的多党合作和政治协商制度、民族区域自治制度以及基层群众自治制度等基本政治制度，中国特色社会主义法律体系，公有制为主体、多种所有制经济共同发展的基本经济制度，以及建立在这些制度基础上的经济体制、政治体制、文化体制、社会体制等各项具体制度。报告认为，这三者是密不可分的，"中国特色社会主义道路是实现途径，中国特色社会主义理论体系是行动指南，中国特色社会主义制度是根本保障，三者统一于中国特色社会主义伟大实践"①。

大会指出，我国仍处于并将长期处于社会主义初级阶段的基本国情没有变，人民日益增长的物质文化需要同落后的社会生产之间的矛盾这一社会主要矛盾没有变，我国是世界最大发展中国家的国际地位没有变。正是基于这"三个没有变"，大会阐明建设中国特色社会主义的总依据是社会主义初级阶段。第一个没有变，是从社会性质、发展程度、历史跨度等方面对我国基本国情的总体判断。第二个没有变是从初级阶段社会主义社会的矛盾形态进行的判断。第三个没有变是从我国在国际社会中所处的实际坐标进行的判断。

建设中国特色社会主义的总布局是经济、政治、文化、社会、生态文明建设"五位一体"。中国特色社会主义建设的总布局经历了从"两位一体""三位一体"到"四位一体"再到"五位一体"的演化。以邓小平为代表的中国共产党人首次提出了物质文明、精神文明"两个文明一起抓"的社会主义建设布局。在此基础上，以江泽民为代表的中国共产党人提出了建设社会主义政治文明的思想，开创了物质文明、政治文明、精神文明协调发展的"三位一体"的新布局。进入新世纪新阶段，社会建设问题日益突出，以胡锦涛为代表的中国共产党人对建设中国特色社会主义总布局的认识有了新的拓展，形成了经济建设、政治建设、文化建设、社会建设"四位一体"的总布局。党的十七大第一次提出"建设生态文明"的思想。党的十八大正式将生态文明建设作为中国特色社会主义"五位一体"整体建设之一提了出来。"五位一体"总布局的确立，使得我们推进中国特色社会主义事业的发展方略更加成熟、发展目标更加明确、发展内涵更加丰富、

---

① 《十八大以来重要文献选编》（上），中央文献出版社 2014 年版，第 10 页。

发展道路更加宽广，为全面建成小康社会、实现社会主义现代化和中华民族伟大复兴提供了总的遵循。

建设中国特色社会主义的总任务是实现社会主义现代化和中华民族伟大复兴。1982年党的十二大报告的主题是"全面开创社会主义现代化建设的新局面"，并且明确提出了中国共产党在新的历史时期的总任务：团结全国各族人民，自力更生，艰苦奋斗，逐步实现工业、农业、国防和科学技术的现代化，把我国建设成为高度文明、高度民主的社会主义国家。党的十三大在系统阐述社会主义初级阶段理论的同时提出了"实现中华民族伟大复兴"[1] 的概念，指出从社会主义改造基本完成到社会主义现代化的基本实现，这一阶段是全民奋起，艰苦创业，实现中华民族伟大复兴的阶段，并在社会主义初级阶段的基本路线中提出"为把我国建设成为富强、民主、文明的社会主义现代化国家而奋斗"[2]。党的十四大、十五大分别提出到21世纪中叶新中国成立一百年，基本实现社会主义现代化。在此基础上，党的十八大明确提出了建设中国特色社会主义的总任务是实现社会主义现代化和中华民族伟大复兴。

十八大报告指出，中国特色社会主义，既坚持了科学社会主义基本原则，又根据时代条件赋予其鲜明的中国特色，以全新的视野深化了对共产党执政规律、社会主义建设规律、人类社会发展规律的认识，从理论和实践结合上系统回答了在中国这样人口多底子薄的东方大国建设什么样的社会主义、怎样建设社会主义这个根本问题，使我们国家快速发展起来，使我国人民生活水平快速提高起来。实践充分证明，中国特色社会主义是当代中国发展进步的根本方向，只有中国特色社会主义才能发展中国。

大会强调："发展中国特色社会主义是一项长期的艰巨的历史任务，必须准备进行具有许多新的历史特点的伟大斗争。我们一定要毫不动摇坚持、与时俱进发展中国特色社会主义，不断丰富中国特色社会主义的实践特色、理论特色、民族特色、时代特色。"[3] 在新的历史条件下夺取中国特色社会主义新胜利，必须牢牢把握以下八项基本要求，即：必须坚持人民主体地

---

① 《十三大以来重要文献选编》（上），人民出版社1996年版，第13页。
② 《十三大以来重要文献选编》（上），人民出版社1996年版，第15页。
③ 《十八大以来重要文献选编》（上），中央文献出版社2014年版，第11页。

位、必须坚持和发展社会生产力、必须坚持推进改革开放、必须坚持维护社会公平正义、必须坚持走共同富裕道路、必须坚持促进社会和谐、必须坚持和平发展、必须坚持党的领导。

党的十八大认真总结了十六大以来全面建设小康社会取得的巨大成就，顺应各民族人民过上更好生活的新期待，深刻分析了国内外形势发展新变化以及全面建成小康社会面临的新情况、新矛盾、新问题，立足中国特色社会主义的新实际，在十六大、十七大确立的全面建设小康社会目标的基础上，确立了到 2020 年实现全面建成小康社会的宏伟目标。从改革开放之初的"中国式现代化""小康之家"，到 20 世纪末的"总体小康"，从十六大、十七大"全面建设小康社会"到十八大"全面建成小康社会"，是中国共产党人对于小康社会和社会主义现代化建设目标认识新的飞跃。十八大提出的全面建成小康社会的新要求是：经济持续健康发展，转变经济发展方式取得重大进展，在发展平衡性、协调性、可持续性明显增强的基础上，实现国内生产总值和城乡居民人均收入比 2010 年翻一番；人民民主不断扩大；文化软实力显著增强；人民生活水平全面提高；资源节约型、环境友好型社会建设取得重大进展。为此，必须以更大的政治勇气和智慧，不失时机深化重要领域改革，坚决破除一切妨碍科学发展的思想观念和体制机制弊端，构建系统完备、科学规范、运行有效的制度体系，使各方面制度更加成熟更加定型。大会郑重提出了"两个一百年"的奋斗目标，即在中国共产党成立一百年时全面建成小康社会，在新中国成立一百年时建成富强民主文明和谐的社会主义现代化国家。"两个一百年"奋斗目标，是实现中华民族伟大复兴的总体战略部署，是对社会主义现代化建设"三步走"战略的进一步细化和发展。

党的十八大的召开，标志着中国已经进入全面建成小康社会的决定性阶段。随后召开的十八届一中全会选举习近平为中共中央总书记，决定习近平为中共中央军事委员会主席，批准王岐山为中央纪律检查委员会书记。翌年 3 月，十二届全国人大一次会议选举习近平为中华人民共和国主席、中华人民共和国中央军事委员会主席，张德江为全国人大常委会委员长，决定李克强为国务院总理；全国政协十二届一次会议选举俞正声为政协第十二届全国委员会主席。

2. 实现中华民族伟大复兴中国梦的提出

2012 年 11 月 29 日，习近平在参观《复兴之路》展览时首次提出了"中国梦"的概念。他说："每个人都有理想和追求，都有自己的梦想。现在，大家都在讨论中国梦，我以为，实现中华民族伟大复兴，就是中华民族近代以来最伟大的梦想。"① 在这之后，习近平又在国内外很多重要场合，对中国梦进行了深刻阐述。中国梦凝聚了几代中国人的夙愿，体现了中华民族和中国人民的整体利益，成为激励中华儿女团结奋进、开辟未来的一面精神旗帜。

在 5000 多年的历史进程中，中华民族创造了辉煌灿烂的中华文明，在世界文明史上曾经长期处于领先地位。但从 1840 年帝国主义列强撬开中国的大门，中国一步步沦为半殖民地半封建社会，中华民族到了亡国灭种的边缘。从此，中华民族开始了民族复兴的历史，也就是开始了中国梦的历史。实现中国梦要解决的是"民族独立和人民解放"和"国家富强和人民幸福"这两大历史性课题。如果从 1840 年鸦片战争算起，到 2050 年我们建成社会主义现代化强国，中华民族的圆梦之路长达 200 多年。

从鸦片战争到新中国成立的 100 年，是中国人民争取民族独立和人民解放的阶段。这个 100 年，是从无路可走，到找到复兴之路，实现国家独立、民族解放的历史。这是民族复兴的第一个阶段。面对民族生死存亡的危机，无数仁人志士为了民族危亡实现民族复兴进行了艰苦的探索。但是，无论是"天国梦""洋务梦"还是"改良梦""共和梦"都先后破灭了，一时间陷入了无路可走的境地。1921 年 7 月，马克思主义与中国工人运动相结合诞生了中国共产党。中国共产党的成立是开天辟地的大事变。从此，在中国共产党的领导下，中国人民逐渐找到了走向民族复兴的道路。以毛泽东为代表的中国共产党人将马克思主义基本原理与中国半殖民地半封建社会的具体国情相结合，经过 28 年的奋斗，终于推翻了压在中国人民头上的三座大山，建立了中华人民共和国，实现了民族独立和人民解放。

从新中国成立到本世纪中叶的 100 年，是实现国家富强和人民幸福的阶段。实现"民族独立和人民解放"，为圆"国家富强和人民幸福"之梦，创设了不可或缺的政治和社会前提。但是"国家富强和人民幸福"之梦如果

---

① 《十八大以来重要文献选编》（上），中央文献出版社 2014 年版，第 84 页。

实现不了，按照毛泽东的说法，我们仍然会被"开除球籍"。因此，只有实现了这个梦想，才能最后实现民族复兴这一"最伟大的中国梦"。新中国成立后，中国共产党领导中国人民创造性地完成了从新民主主义社会向社会主义社会的过渡，建立了社会主义制度，开始在社会主义道路上实现中华民族伟大的历史征程。改革开放40年来，在中国特色社会主义道路上，我国经济实力、综合国力大大增强，人民生活显著改善，实现了从温饱不足到总体小康再向全面小康迈进的跨越。经过170多年的奋斗，中华民族伟大复兴展现出光明的前景，现在是到了快要梦想成真的时候。正如习近平指出的："我们比历史上任何时期都更接近中华民族伟大复兴的目标，比历史上任何时期都更有信心、有能力实现这个目标。"[1] 中国梦视野宽广、内涵丰富、意蕴深远。

第一，国家富强、民族振兴和人民幸福是"中国梦"的基本内涵。2013年3月17日，习近平在十二届全国人大一次会议上的讲话中指出："实现全面建成小康社会、建成富强民主文明和谐的社会主义现代化国家的奋斗目标，实现中华民族伟大复兴的中国梦，就是要实现国家富强、民族振兴、人民幸福，既深深体现了今天中国人的理想，也深深反映了我们先人们不懈追求进步的光荣传统。"[2] 3月23日，在莫斯科国际关系学院的演讲中，习近平明确指出：中国梦的"基本内涵是实现国家富强、民族振兴、人民幸福"[3]。同年5月，在接受拉美三国媒体联合采访时，习近平明确指出："在新的历史时期，中国梦的本质是国家富强、民族振兴、人民幸福。"[4] 可见，中国梦是国家情怀、民族情怀、人民情怀相统一的梦。这个梦想，把国家、民族和个人作为一个命运共同体，把国家的追求、民族的向往、人民的期盼融为一体，体现了中华民族和中国人民的整体利益，表达了每一个中华儿女的共同愿景。

第二，中国梦归根到底是人民的梦。习近平主要从以下三个方面做了阐述：一是中国梦反映人民的期盼。习近平指出："历史告诉我们，每个人

① 《十八大以来重要文献选编》（上），中央文献出版社2014年版，第83页。
② 《十八大以来重要文献选编》（上），中央文献出版社2014年版，第234页。
③ 《十八大以来重要文献选编》（上），中央文献出版社2014年版，第261页。
④ 《习近平关于实现中华民族伟大复兴的中国梦论述摘编》，中央文献出版社2013年版，第7页。

的前途命运都与国家和民族的前途命运紧密相连。国家好、民族好，大家才会好。"① 中国梦凝聚了几代中国人的夙愿，体现了中华民族和中国人民的整体利益，是每一个中华儿女的共同期盼。二是中国梦为了人民的幸福。习近平指出："我们的人民热爱生活，期盼有更好的教育、更稳定的工作、更满意的收入、更可靠的社会保障、更高水平的医疗卫生服务、更舒适的居住条件、更优美的环境，期盼孩子们能成长得更好、工作得更好、生活得更好。人民对美好生活的向往，就是我们的奋斗目标。"② 三是中国梦依靠人民来实现。习近平指出："中国梦归根到底是人民的梦，必须紧紧依靠人民来实现，必须不断为人民造福。"③ 只要每个人都把个人理想融入国家和民族的伟大梦想之中，敢于有梦、勇于追梦、勤于圆梦，就会汇聚成实现中国梦的强大力量。

第三，中国梦还是和平发展合作共赢的梦。习近平主要从以下三个方面进行了阐述：一是近代的战争灾难使中国人民追求和平。习近平指出："中华民族是爱好和平的民族。消除战争，实现和平，是近代以后中国人民最迫切、最深厚的愿望。走和平发展道路，是中华民族优秀文化传统的传承和发展，也是中国人民从近代以后苦难遭遇中得出的必然结论。中国人民对战争带来的苦难有着刻骨铭心的记忆，对和平有着孜孜不倦的追求，十分珍惜和平安定的生活。中国人民怕的就是动荡，求的就是稳定，盼的就是天下太平。"④ 二是实现我们的奋斗目标需要和平国际环境。习近平指出："实现我们的奋斗目标，必须有和平国际环境。没有和平，中国和世界都不可能顺利发展；没有发展，中国和世界也不可能有持久和平。我们一定要抓住机遇，集中精力把自己的事情办好，使国家更加富强，使人民更加富裕，依靠不断发展起来的力量更好走和平发展道路。"⑤ 和平是人民的永恒期望。和平犹如空气和阳光，受益而不觉，失之则难存。没有和平，发展就无从谈起。三是中国梦是实现中国与世界共赢的梦。习近平指出："实现中

---

① 《十八大以来重要文献选编》（上），中央文献出版社 2014 年版，第 84 页。
② 《十八大以来重要文献选编》（上），中央文献出版社 2014 年版，第 70 页。
③ 《十八大以来重要文献选编》（上），中央文献出版社 2014 年版，第 235 页。
④ 《习近平关于实现中华民族伟大复兴的中国梦论述摘编》，中央文献出版社 2013 年版，第 65 页。
⑤ 《习近平关于实现中华民族伟大复兴的中国梦论述摘编》，中央文献出版社 2013 年版，第 66 页。

国梦，必须坚持和平发展。我们将始终不渝走和平发展道路，始终不渝奉行互利共赢的开放战略，不仅致力于中国自身发展，也强调对世界的责任和贡献；不仅造福中国人民，而且造福世界人民。实现中国梦给世界带来的是和平，不是动荡；是机遇，不是威胁。"①

习近平指出，实现中国梦必须走中国道路、弘扬中国精神、凝聚中国力量。首先，实现中国梦必须走中国道路，这就是中国特色社会主义道路。"这条道路来之不易，它是在改革开放三十多年的伟大实践中走出来的，是在中华人民共和国成立六十多年的持续探索中走出来的，是在对近代以来一百七十多年中华民族发展历程的深刻总结中走出来的，是在对中华民族五千多年悠久文明的传承中走出来的，具有深厚的历史渊源和广泛的现实基础。"② 历史和现实已经充分证明，无论是封闭僵化的老路还是改旗易帜的邪路，都是绝路和死路。只有中国特色社会主义道路是实现中国梦的正路。其次，实现中国梦必须弘扬中国精神，这就是以爱国主义为核心的民族精神和以改革创新为核心的时代精神。"这种精神是凝心聚力的兴国之魂、强国之魂。爱国主义始终是中华民族坚强团结在一起的精神力量，改革创新始终是鞭策我们在改革开放中与时俱进的精神力量。"③ 最后，实现中国梦必须凝聚中国力量，这就是全国各族人民的大团结的力量。中国梦是民族的梦，也是每个中国人的梦。只要我们紧密团结，万众一心，为实现共同梦想而奋斗，实现梦想的力量就无比强大，我们每个人为实现自己梦想的努力就拥有广阔的空间。

当前，我国仍处于并将长期处于社会主义初级阶段的基本国情没有变，我国是世界上最大发展中国家的国际地位没有变，在前进道路上还会遇到许多难以预料的问题和困难，"实现中国梦，创造全体人民更加美好的生活，任重而道远，需要我们每一个人继续付出辛勤劳动和艰苦努力"④。实现中国梦，最终要靠全体人民辛勤劳动。因为"劳动是财富的源泉，也是幸福的源泉。人世间的美好梦想，只有通过诚实劳动才能实现；发展中的

---

① 《习近平关于实现中华民族伟大复兴的中国梦论述摘编》，中央文献出版社 2013 年版，第 70 页。

② 《十八大以来重要文献选编》（上），中央文献出版社 2014 年版，第 234 页。

③ 《十八大以来重要文献选编》（上），中央文献出版社 2014 年版，第 235 页。

④ 《十八大以来重要文献选编》（上），中央文献出版社 2014 年版，第 236 页。

各种难题，只有通过诚实劳动才能破解；生命里的一切辉煌，只有通过诚实劳动才能铸就。劳动创造了中华民族，造就了中华民族的辉煌历史，也必将创造出中华民族的光明未来"①。

3. 统筹推进"五位一体"总体布局②

进入新时代，以习近平同志为核心的党中央深刻把握社会主义建设规律，统筹推进"五位一体"总体布局，引领中国特色社会主义各项事业全面发展、全面进步。党的十八大以后的五年，党和国家事业取得了历史性成就，发生了历史性变革。

（1）经济建设取得重大成就

统筹推进"五位一体"总体布局，经济建设是根本。进入 21 世纪的第二个十年，我国已成为世界第二大经济体。能不能驾驭好世界第二大经济体，能不能保持经济社会持续健康发展，从根本上讲取决于党在经济社会发展中的领导核心作用发挥得好不好。2012 年 12 月，中央经济工作会议明确提出必须切实加强党对经济工作的领导。此后，党中央不断加强对经济工作的战略谋划和统一领导，不断完善党领导经济工作的体制机制，形成定期分析研究经济形势和重大经济问题等制度。

科学认识当前形势，准确研判未来走势，是做好经济工作的基本前提。2013 年 7 月，习近平在中央政治局常委会会议上指出，我国经济正处于增长速度换挡期、结构调整阵痛期、前期刺激政策消化期叠加的阶段。基于"三期叠加"时期的基本特征和工作要求，党中央做出我国经济发展进入新常态的重大判断。2013 年 12 月，习近平在中央经济工作会议上提出"新常态"。2014 年 5 月，习近平在河南考察期间指出，要从当前我国经济发展的阶段性特征出发，适应新常态，保持战略上的平常心态。同年 11 月 9 日在亚太经合组织工商领导人峰会开幕式上，习近平指出了"新常态"的三大特征，概括起来就是：速度变化、结构优化、动力转化。增长速度要从高速转向中高速，发展方式要从规模速度型转向质量效率型，经济结构调整要从增量扩能为主转向调整存量、做优增量并举，发展动力要从主要依靠

---

① 《习近平关于实现中华民族伟大复兴的中国梦论述摘编》，中央文献出版社 2013 年版，第 81 页。

② 本部分内容参考了中共中央党史和文献研究院编写的《中国共产党的一百年》（中国特色社会主义新时代）一书的相关内容。

资源和低成本劳动力等要素投入转向创新驱动。随后，12 月召开的中央经济工作会议对"经济进入新常态"做出系统阐释，指出了消费需求、投资需求、出口和国际收支、生产能力和产业组织方式、生产要素相对优势、市场竞争特点等九大"新常态"趋势性变化。会议强调：我国经济发展进入新常态，是我国经济发展阶段性特征的必然反映，是不以人的意志为转移的；认识新常态，适应新常态，引领新常态，是当前和今后一个时期我国经济发展的大逻辑。要深刻认识我国经济发展新特点、新要求，着力解决制约经济持续健康发展的重大问题。

我国经济发展进入新常态，是党中央综合分析世界经济长周期和我国发展阶段性特征及其相互作用做出的重大战略判断，既进一步深化了对我国经济发展怎么看这一重大问题的认识，又为怎么干指明了方向，有力引导了全党全社会对经济形势的判断，统一了思想，稳定了市场预期。[1]

面对经济发展进入新常态出现的一系列困难矛盾、风险挑战，党的十八届五中全会坚持以人民为中心的发展思想，鲜明地提出了创新、协调、绿色、开放、共享的新发展理念，用新的发展理念引领发展全局。发展理念是否对头，决定着发展成效乃至成败。新发展理念符合国情，顺应时代要求，是针对我国经济发展进入新常态、世界经济复苏低迷形势提出的治本之策。创新发展注重解决发展动力问题，协调发展注重解决发展不平衡问题，绿色发展注重解决人与自然和谐问题，开放发展注重解决发展内外联动问题，共享发展注重解决社会公平正义问题。以人民为中心的发展思想和新发展理念，深刻总结国内外发展经验教训，深入分析国内外发展大势，集中反映了我们党对我国经济发展规律的新认识。

推进供给侧结构性改革，是适应和引领经济发展新常态的重大创新。2015 年 11 月 10 日，习近平在中央财经领导小组第十一次会议上首次提出推进"供给侧结构性改革"。他强调，在适度扩大总需求的同时，着力加强供给侧结构性改革，着力提高供给体系质量和效率，增强经济持续增长动力，推动我国社会生产力水平实现整体跃升。我国经济发展虽然有周期性、总量性问题，但结构性问题最突出，矛盾的主要方面在供给侧。习近平指

① 中共中央党史和文献研究院：《中国共产党的一百年》（中国特色社会主义新时代），中共党史出版社 2022 年版，第 1001 页。

出，推进供给侧结构性改革，要从生产端入手，重点是促进产能过剩有效化解，促进产业优化重组，降低企业成本，发展战略性新兴产业和现代服务业，增加公共产品和服务供给，提高供给结构对需求变化的适应性和灵活性。简言之，就是"三去一降一补"，即去产能、去库存、去杠杆、降成本、补短板。

党的十八大以后，针对关系全局、事关长远的问题，党中央提出、实施了一系列重大发展战略，主要包括：创新驱动发展战略、京津冀协同发展战略、长江经济带建设、"一带一路"建设、新型城镇化战略、国家粮食安全战略、粤港澳大湾区建设、能源安全新战略等。

在新发展理念正确指引下，党中央坚持稳中求进工作总基调，以推进供给侧结构性改革为主线，主动适应、把握、引领经济发展新常态，我国经济发展取得历史性成就、发生历史性变革。2012 年至 2017 年间，国内生产总值从 53.9 万亿元增加到 83.2 万亿元，年均增长 7.2%，稳居世界第二，对世界经济增长的贡献率年均超过 30%，成为世界经济增长的主要动力源和稳定器。我国经济实力、经济结构、经济活力和韧性、对全球发展的影响力都迈上了一个新台阶。

（2）民主政治建设迈出重大步伐

人民民主是中国共产党始终高举的旗帜，社会主义政治文明是中国共产党始终不渝的追求。新中国成立以来，尤其是改革开放以来，中国共产党团结带领全国各族人民在发展社会主义民主政治方面取得了重大进展，成功开辟和坚持了中国特色社会主义政治发展道路，为实现最广泛的人民民主确立了正确方向。

中国特色社会主义民主政治具有强大生命力，中国特色社会主义政治发展道路是符合中国国情、保证人民当家作主的正确道路。2012 年 12 月 4 日，在首都各界纪念现行宪法公布施行 30 周年大会上，习近平概括了中国特色社会主义政治发展道路的核心内涵，强调坚持中国特色社会主义政治发展道路，关键是要坚持党的领导、人民当家作主、依法治国有机统一，以保证人民当家作主为根本，以增强党和国家活力、调动人民积极性为目标，扩大社会主义民主，发展社会主义政治文明。党的领导是人民当家作主和依法治国的根本保证，人民当家作主是社会主义民主政治的本质特征，依法治国是党领导人民治理国家的基本方式，三者统一于我国社会主义民主政治伟大实践。走中国特色社会主义政治发展道路，必须坚持正确的政治方向。如果这一点把握不好，把握不牢，走偏了方向，不仅政治文明建设很难搞好，而且会给党和人民的事业带来损害。我们需要借鉴国外政治文明有益成果，但绝不能放弃中国政治制度的根本。"照抄照搬他国的政治制度行不通，会水土不服，会画虎不成反类犬，甚至会把国家前途命运葬送掉。只有扎根本国土壤、汲取充沛养分的制度，才最可靠、也最管用。"①

我国是工人阶级领导的、以工农联盟为基础的人民民主专政的社会主义国家，国家一切权力属于人民。我国社会主义民主是维护人民根本利益的最广泛、最真实、最管用的民主。2014 年 9 月 5 日，习近平在庆祝全国人民代表大会成立 60 周年大会上的讲话中指出："人民民主是社会主义的生命。没有民主就没有社会主义，就没有社会主义的现代化，就没有中华民族伟大复兴。"② 发展社会主义民主政治就是要体现人民意志、保障人民权益、激发人民创造活力，用制度体系保证人民当家作主。

人民代表大会制度是符合中国国情和实际、体现社会主义国家性质、保证人民当家作主、保障实现中华民族伟大复兴的好制度。进入新时代，人民代表大会制度始终与改革同步，与发展相融，紧扣全面依法治国，抓住提高立法质量这个关键，科学立法、民主立法、依法立法水平不断提高。"十二届全国人大及其常委会共制定法律 25 件，修改法律 127 件次，通过有关法律问题和重大问题的决定 46 件次，作出法律解释 9 件。"③ 新时代立法工作呈现出数量多、分量重、节奏快、效果好的特点，以宪法为核心的中国特色社会主义法律体系更加完善。

社会主义协商民主是中国特色社会主义民主政治的特有形式和独特优势，是切实保障人民当家作主的制度安排。2015 年 1 月，中共中央印发《关于加强社会主义协商民主建设的意见》，对新形势下开展协商民主等做出了全面部署，推进社会主义协商民主广泛多层制度化发展，把协商民主嵌入我国社会主义民主的全过程。"从党的十八大到十九大的五年间，党中央召开或委托有关部门召开的协商会、座谈会、情况通报会共计 113 次，其

---

① 《十八大以来重要文献选编》（中），中央文献出版社 2016 年版，第 60 页。
② 《十八大以来重要文献选编》（中），中央文献出版社 2016 年版，第 55 页。
③ 中共中央党史和文献研究院：《中国共产党的一百年》（中国特色社会主义新时代），中共党史出版社 2022 年版，第 1015 页。

中习近平主持召开或出席的就有 21 次。"① 与此同时，中国共产党领导的多党合作和政治协商制度实现新发展。2015 年 5 月，中共中央颁布《中国共产党统一战线工作条例（试行）》，首次将"参加中国共产党领导的政治协商"作为民主党派基本职能之一。

基层群众自治制度是我国的一项基本政治制度。在党中央大力支持和推动下，新时代基层群众自治制度建设充满活力。人民群众通过村民委员会、居民委员会、职工代表大会等，广泛、直接参与社会事务管理。以城乡村（居）民自治为核心，民主选举、民主协商、民主决策、民主管理、民主监督为主要内容的基层群众自治制度基本建立并不断完善。

民族区域自治制度是我国的一项基本政治制度，是中国特色解决民族问题正确道路的重要内容和制度保障。党的十八大以来，党和政府坚持统一和自治相结合、民族因素和区域因素相结合，不断坚持和完善民族区域自治制度。党中央高度重视民族地区经济社会发展，完善无差别化的区域政策，优化转移支付和对口支援机制，实施促进民族地区和人口较少民族发展、兴边富民行动等规划，确保少数民族和民族地区同全国一道实现全面小康和现代化。党中央以铸牢中华民族共同体意识为主线，促进各民族像石榴籽一样紧紧抱在一起。民族区域自治法配套法规建设不断加强，民族工作法律法规体系不断健全，有力推进民族事务治理体系和治理能力现代化。

巩固和发展最广泛的爱国统一战线是发展社会主义民主政治的重要内容。党中央高度重视统一战线工作，党的十八大至十九大期间，先后召开了中央统战会议、中央民族工作会议、全国宗教工作会议、第二次中央新疆工作座谈会、中央第六次西藏工作座谈会和全国新的社会阶层人士统战工作会议，颁布了党关于统一战线的第一部党内法规《中国共产党统一战线工作条例（试行）》，全面规范各领域各方面统战工作，统一战线不断创新发展、巩固壮大，在中国特色社会主义事业中发挥了重要的法宝作用。

（3）思想文化建设取得重大进展

文化是一个国家、一个民族的灵魂。2016 年 6 月 28 日，习近平在十八

---

① 中共中央党史和文献研究院：《中国共产党的一百年》（中国特色社会主义新时代），中共党史出版社 2022 年版，第 1018 页。

届中央政治局第33次集体学习时提出坚定"四个自信"，即中国特色社会主义道路自信、理论自信、制度自信、文化自信，明确把文化自信纳入"四个自信"之中。进入新时代之后，党中央紧紧围绕建设社会主义文化强国的战略目标，以高度的文化自信、文化自觉、文化担当，深刻回答新的历史条件下文化建设中具有方向性、全局性、战略性的重大问题，对文化建设做出全面安排、提出明确要求，形成了全面系统、科学完整的工作体系和工作框架，推动中国特色社会主义文化建设呈现崭新局面。

党对意识形态工作的领导发生深刻变革。意识形态工作，关系党的前途命运、国家长治久安、民族凝聚力和向心力。进入新时代之后，随着人们思想活动的独立性、选择性、多变性、差异性明显增强，舆论生态、媒体格局、传播方式发生深刻变化，意识形态工作面临的国内外环境更趋复杂。为加强和改进宣传思想工作，从2013年到2016年，党中央先后召开了全国宣传思想工作会议、文艺工作座谈会、党的新闻舆论工作座谈会、网络安全和信息化工作座谈会、全国党校工作会议、哲学社会科学座谈会和全国高校思想政治工作会议，习近平发表一系列重要讲话，深刻回答了新的历史条件下宣传思想文化工作的重大理论和现实问题。党中央还做出了一系列重大工作部署，出台了一系列文件，坚持和加强党对意识形态工作的全面领导。经过不懈努力，意识形态领域敢抓敢管、敢于亮剑，党牢牢掌握意识形态工作领导权、管理权、话语权，人心凝聚、团结向上的良好局面日益形成，我国意识形态领域形势发生了全局性、根本性转变。

培育和践行社会主义核心价值观。党的十八大提出，要倡导富强、民主、文明、和谐，倡导自由、平等、公正、法治，倡导爱国、敬业、诚信、友善，积极培育和践行社会主义核心价值观。2013年12月，中共中央办公厅印发《关于培育和践行社会主义核心价值观的意见》，要求把培育和践行社会主义核心价值观融入国民教育全过程、落实到经济发展实践和社会治理中。2014年2月，十二届全国人大常委会第七次会议决定，将9月3日确定为中国人民抗日战争胜利纪念日，将12月13日设立为南京大屠杀死难者国家公祭日。同年8月，十二届全国人大常委会第十次会议决定，将9月30日设立为烈士纪念日，并规定每年的9月30日国家举行纪念烈士活动。通过有计划地建立和规范一些礼仪制度，发挥其社会教化作用。2015年12月，党中央印发《关于建立健全党和国家功勋荣誉表彰制度的意见》。同月，全国人大常委会审议通过《中华人民共和国国家勋章和国家荣誉称号法》，把国家勋章和国家荣誉称号的设立、授予对象、授予程序等最主要、最基本的制度建立起来。2016 年 12 月，中共中央办公厅、国务院办公厅印发《关于进一步把社会主义核心价值观融入法治建设的指导意见》。经过努力，社会主义核心价值观逐渐成为凝心聚力的社会新风尚，日益成为全民奋发向上、团结和睦的精神纽带。

实施中华优秀传统文化传承发展工程，推动中华优秀传统文化创造性转化、创新性发展。2017 年 1 月，《关于实施中华优秀传统文化传承发展工程的意见》印发实施。这是党的历史上第一次以中央文件形式，专题阐述中华优秀传统文化的传承发展工作。在一系列方针政策的支持和引导下，推动中华优秀传统文化创造性转化、创新性发展扎实开展，并取得积极成效。

文化事业和文化产业蓬勃发展。2017 年 3 月，《中华人民共和国公共文化服务保障法》施行，实现了人民群众基本文化权益的法律保障。在整体经济下行压力较大的背景下，文化产业保持较高增长速度，"2012 年至 2017 年我国文化产业年均增长 13% 以上，2017 年我国文化产业及其相关产业增加值达 3.47 万亿元，占 GDP 比重提升到 4.2%"[①]。同时，讲好中国故事，传播好中国声音，中华文化国际影响力竞争力进一步扩大。

（4）人民生活不断改善

民生是人民幸福之基、社会和谐之本。2012 年 11 月 15 日，习近平在十八届中央政治局常委同中外记者见面时指出："我们的人民热爱生活，期盼有更好的教育、更稳定的工作、更满意的收入、更可靠的社会保障、更高水平的医疗卫生服务、更舒适的居住条件、更优美的环境，期盼孩子们能成长得更好、工作得更好、生活得更好。人民对美好生活的向往，就是我们的奋斗目标。"[②] 这段话朴实亲切、饱含深情，温暖了亿万人的心。进入新时代，党中央把增进人民福祉、促进人的全面发展作为一切工作的出发点和落脚点，顺应人民群众对美好生活的向往，坚持以人民为中心，以

---

① 中共中央党史和文献研究院：《中国共产党的一百年》（中国特色社会主义新时代），中共党史出版社 2022 年版，第 1038 页。

② 《十八大以来重要文献选编》（上），中央文献出版社 2016 年版，第 70 页。

保障和改善民生、加强和创新社会治理为重点，大力推进社会建设。

收入是民生之源，是改善民生、实现发展成果由人民共享最重要、最直接的方式。党和政府坚持按劳分配原则，拓宽居民劳动收入和财产性收入渠道，完善按要素分配的体制机制，调节过高收入，取缔非法收入，增加低收入者收入，努力扩大中等收入群体，促进收入分配更合理、更有序。"2013 年到 2017 年，全国居民人均可支配收入从 18311 元增长到 25974 元。2017 年，城乡居民人均可支配收入之比为 2.71，比 2012 年下降 0.17。"[1] 就业是最大的民生。党的十八大以来，党和政府深入实施就业优先战略和更加积极的就业政策，推动实现更加充分、更高质量的就业。"2013 年至 2017 年，每年城镇新增就业 1300 万人以上，城镇登记失业率保持在较低水平。"[2]

教育是民族振兴和社会进步的基石，事关国家未来。紧扣立德树人的根本任务深化教育改革，构建德智体美劳全面培养的教育体系，中国特色社会主义教育制度体系的主体框架基本确立，一些长期制约教育事业发展的体制机制障碍得到破解。社会保障发挥着社会稳定器作用。坚持全覆盖、保基本、多层次、可持续的方针，不断深化社会保障制度改革，建成世界上规模最大的社会保障体系。"2017 年，全国参加城镇职工基本养老保险人数 40199 万，参加城乡居民基本养老保险人数 51255 万，参加基本医疗保险人数 117664 万。基本实现全民参保；失业、工伤、生育保险的参保人数，均为 2 亿人左右。"[3] 健康中国战略全面深入实施。2016 年 10 月，中共中央、国务院印发《"健康中国 2030"规划纲要》，对健康中国做出全面部署。根据这个方针和部署，医药卫生体制改革坚持医疗、医保、医药"三医"联动，坚持防治结合、联防联控、群防群控，不断推进疾病治疗向健康管理转变。

以体制创新为关键，加强和创新社会治理。2013 年 11 月，党的十八届

---

① 中共中央党史和文献研究院：《中国共产党的一百年》（中国特色社会主义新时代），中共党史出版社 2022 年版，第 1040 页。

② 中共中央党史和文献研究院：《中国共产党的一百年》（中国特色社会主义新时代），中共党史出版社 2022 年版，第 1041 页。

③ 中共中央党史和文献研究院：《中国共产党的一百年》（中国特色社会主义新时代），中共党史出版社 2022 年版，第 1042 页。

三中全会提出创新社会治理体制的要求，并从改进社会治理方式、激发社会组织活力、创新有效预防和化解社会矛盾体制、健全公共安全体系等四个方面进行了部署。

（5）生态文明建设成效显著

习近平指出，绿水青山就是金山银山。这一生动形象的比喻，深刻阐明了经济发展和生态环境保护之间的辩证关系，为我们建设生态文明、建设美丽中国提供了根本遵循。建设生态文明，重在建章立制。2015年，中共中央、国务院先后印发《关于加快推进生态文明建设的意见》和《生态文明体制改革总体方案》，从总体目标、基本理念、主要原则、重点任务、制度保障等方面对生态文明建设进行全面系统部署安排。在这些顶层设计下，生态文明制度建设全面展开并不断向纵深推进，取得一系列重大突破。

生态环境问题归根结底是发展方式和生活方式问题。2013年5月，习近平在十八届中央政治局第六次集体学习时指出，更加自觉地推动绿色发展、循环发展、低碳发展，决不以牺牲环境为代价去换取一时的经济增长，决不走"先污染后治理"的路子。2017年5月，习近平在十八届中央政治局第四十一次集体学习时强调，推动绿色发展方式和生活方式是发展观的一场深刻革命。党中央把推动形成绿色发展方式和生活方式摆在更加突出的位置，采取了一系列有力的政策行动。

全方位、全地域、全过程加强生态环境保护。党中央把环境治理作为重大民生实事紧紧抓在手上，以解决损害群众健康突出环境问题为重点，坚持预防为主、综合治理，强化大气、水、土壤等污染治理，坚决向污染宣战。2015年开始建立环境保护督察工作机制，对压实生态文明建设和生态环境保护责任发挥了关键作用。与此同时，中国积极参与全球环境与气候治理，成为全球生态文明建设的重要参与者、贡献者、引领者。

在统筹推进"五位一体"总体布局的过程中，党中央还就加强国防和军队建设、"一国两制"和祖国统一、外交工作等提出了一系列重要思想观点，引领这些方面的工作取得重大的和积极的进展。

4. 协调推进"四个全面"战略布局

党的十八大以来，以习近平同志为核心的党中央从坚持和发展中国特色社会主义全局出发，立足中国发展实际，坚持问题导向，逐步形成并积极推进全面建成小康社会、全面深化改革、全面依法治国、全面从严治党的战略布局。"'四个全面'战略布局是从我国发展现实需要得出来的，是从人民群众的热情期待中得出来的，也是为推动解决我们面临的突出矛盾和问题提出来的。"①"四个全面"战略布局②是中国共产党在新的历史条件下的治国理政方略，也是实现中华民族伟大复兴中国梦的重要保障。

"四个全面"的战略布局，是在党的十六大提出的"全面建设小康社会"奋斗目标基础上，在党的十八大以来新的伟大实践中，逐步提出并形成的，其间经历了从"一个全面"到"两个全面"、从"两个全面"到"三个全面"、从"三个全面"到"四个全面"三个阶段。③

从"一个全面"到"两个全面"。2002 年召开的党的十六大在报告中提出了"一个全面"，即"全面建设惠及十几亿人口的更高水平的小康社会"④。2007 年召开的党的十七大在报告中重申了这"一个全面"的奋斗目标，并且把"全面建设小康社会"改为"全面建成小康社会"。2012 年召开的党的十八大，统一提出了"全面建成小康社会和全面深化改革开放的目标"⑤，从而把党的十六大、十七大报告提出的"全面建设小康社会"这"一个全面"扩展为"两个全面"。此后，2013 年召开的党的十八届三中全会《关于全面深化改革若干重大问题的决定》把党的十八大报告提出的"全面深化改革开放"简化为"全面深化改革"。

从"两个全面"到"三个全面"。2014 年召开的党的十八届四中全会，审议通过了《关于全面推进依法治国若干重大问题的决定》（以下简称《决定》）。《决定》提出："全面建成小康社会、实现中华民族伟大复兴的中国梦，全面深化改革、完善和发展中国特色社会主义制度，提高党的执政能力和执政水平，必须全面推进依法治国。"⑥ 这样，就把"两个全面"进一步扩展为"三个全面"。

从"三个全面"到"四个全面"。在十八届四中全会闭幕后不久，2014年 12 月 14 日，习近平在江苏考察调研时提出："要全面贯彻党的十八大和

---

① 《十八大以来重要文献选编》（中），人民出版社 2016 年版，第 249 页。

② 随着全面建成小康社会目标的实现，目前，"四个全面"战略布局中的"全面建成小康社会"已调整为"全面建设社会主义现代化国家"。

③ 施芝鸿：《"四个全面"战略布局是怎样形成的》，《北京日报》2015 年 3 月 2 日。

④ 《江泽民文选》第 3 卷，人民出版社 2006 年版，第 543 页。

⑤ 《胡锦涛文选》第 3 卷，人民出版社 2016 年版，第 625 页。

⑥ 《十八大以来重要文献选编》（中），人民出版社 2016 年版，第 155 页。

十八届三中、四中全会精神，落实中央经济工作会议精神，主动把握和积极适应经济发展新常态，协调推进全面建成小康社会、全面深化改革、全面依法治国、全面从严治党，推动改革开放和社会主义现代化建设迈上新台阶。"① 至此，把"三个全面"首次扩展为"四个全面"。需要指出的是，在党的十六大、十七大、十八大报告中，虽然都提出过"全面推进党的建设新的伟大工程"，但"全面从严治党"是习近平在这次江苏考察调研中首次提出来的，并且是同全面建成小康社会、全面深化改革、全面依法治国组合在一起，作为"四个全面"首次提出来的。

全面建成小康社会，在"四个全面"战略布局中居于引领地位。全面深化改革、全面依法治国、全面从严治党是三大战略举措，为如期全面建成小康社会提供重要保障。全面建成小康社会是实现中华民族伟大复兴的重要基础、关键一步，也是我们党向人民、向历史做出的庄严承诺。全面小康和民族复兴是两个相互联系、相互交融的阶段。没有全面小康的实现，民族复兴就无从谈起。

全面建成小康社会，更重要、更难做到的是"全面"。"小康"讲的是发展水平，"全面"讲的是发展的平衡性、协调性、可持续性。如果到2020年我们在总量和速度上达到了全面小康标准，但是发展不平衡、不协调、不可持续，这就算不上真正达到了全面建成小康的标准。第一，全面小康，覆盖的领域要全面，是"五位一体"全面进步。全面小康社会要求经济更加发展、民主更加健全、科教更加进步、文化更加繁荣、社会更加和谐、人民生活更加殷实。要在坚持以经济建设为中心的同时，全面推进经济建设、政治建设、文化建设、社会建设、生态文明建设，促进现代化建设各个环节、各个方面协调发展。第二，全面小康，覆盖的人口要全面，是惠及全体人民的小康，是不让一个人掉队的小康。全面建成小康社会突出的短板主要在民生领域，发展不全面的问题很大程度上也表现在不同群体民生保障方面，而农村贫困人口脱贫则是最突出的短板。第三，全面小康，覆盖区域要全面，是城乡区域共同的小康。没有农村的全面小康和欠发达地区的全面小康，就没有全国的全面小康。因此，努力缩小城乡区域发展差距，是全面建成小康社会的一项重要任务。2021年7月1日，习近平在

---

① 《十八大以来重要文献选编》（中），人民出版社2016年版，第247页。

庆祝中国共产党成立 100 周年大会的讲话中代表党和人民庄严宣告："经过全党全国各族人民持续奋斗，我们实现了第一个百年奋斗目标，在中华大地上全面建成了小康社会，历史性地解决了绝对贫困问题，正在意气风发地建成社会主义现代化强国的第二个百年奋斗目标迈进。"①

全面深化改革是"四个全面"战略布局中具有突破性和先导性的关键环节。2013 年召开的党的十八届三中全会审议通过《关于全面深化改革若干重大问题的决定》，勾画了到 2020 年全面深化改革的时间表、路线图。围绕全面深化改革，习近平也发表一系列重要讲话，提出许多新思想、新观点、新举措，形成了包含"十论"的完整思想体系。其中，"改革的价值论"回答"为什么要全面深化改革"的问题；"改革的时态论""改革的系统论""改革的目标论"回答"当前的改革是一个什么样的改革"的问题；"改革的方向论""改革的条件论""改革的合力论""改革的方法论""改革的主体论""改革的保障论"回答"如何全面深化改革"的问题。它们为实现中国梦提供强大的精神动力和理论支撑。②

就改革的价值而言，习近平强调指出，改革开放是中国共产党领导的新的伟大革命，也是唤起中国共产党新的理论自觉的伟大觉醒，是决定能否实现中国梦及其"两个一百年"奋斗目标的关键一招；改革开放是当代中国发展进步的活力之源，是我们党和人民大踏步赶上时代前进步伐的重要法宝，是坚持和发展中国特色社会主义的必由之路。针对改革的"时态"问题，习近平坚持历史唯物主义和辩证唯物主义的观点，认为改革具有长期性和艰巨性，只有进行时没有完成时。而在整体上，改革又是"进行时"与"完成时"的辩证统一，是长期性与阶段性的有机结合。全面深化改革是由若干领域的改革组成的复杂系统工程。与中国特色社会主义"五位一体"的总布局相适应，全面深化改革这个大系统包含着经济体制、政治体制、文化体制、社会体制和生态文明体制这样"五大体制"的改革。全面深化改革的总目标，是完善和发展中国特色社会主义制度、推进国家治理体系和治理能力现代化。改革开放是新的伟大革命，必须坚持正确的方向。

---

① 习近平：《在庆祝中国共产党成立 100 周年大会上的讲话》，人民出版社 2021 年版，第 2 页。

② 赵付科、季正聚：《习近平全面深化改革思想论纲》，《中共中央党校学报》2014 年第 6 期。

在深刻阐明世界社会主义五百年曲折发展，特别是总结苏联东欧剧变教训的基础上，习近平提出两个"死路一条"：不实行改革开放死路一条，搞否定社会主义方向的"改革开放"同样是死路一条。党的十八届三中全会提出"三个进一步解放"，即进一步解放思想、进一步解放和发展社会生产力、进一步解放和增强社会活力。作为一个有机整体，"三个进一步解放"中的第一个"进一步"是"前提"，是"总开关"；后两个"进一步解放"是第一个"进一步解放"的"必然结果"和"重要基础"。全面深化改革，必须坚定信心，凝聚共识，形成改革合力。共识越多，合力就越强。全面深化改革能否顺利推进，很大程度上取决于改革的方法是否有效。习近平指出，推进改革要坚持正确的方法。对此，必须深入调查研究，在此基础上加强顶层设计和整体规划，着力处理好六大关系：一是处理好解放思想与实事求是的关系，二是处理好整体推进与重点突破的关系，三是处理好全局与局部的关系，四是处理好顶层设计与摸着石头过河的关系，五是处理好胆子要大与步子要稳的关系，六是处理好改革发展稳定的关系。人民是历史的创造者，也是改革开放的实践主体。习近平强调，必须坚持和尊重人民的主体地位，充分发挥人民群众在改革中的积极性、主动性和创造性。这是我国改革开放的宝贵经验，也是全面深化改革的基本遵循。在当代，全面深化改革严峻地考验着我们党的执政能力和领导水平。面对这项复杂的系统工程，必须建立相应的领导机制，以便统筹协调，总体推进。加强和改善中国共产党的领导，是全面深化改革取得成功的根本保障。

党的十八大以后的五年，党中央举旗定向、谋篇布局，以前所未有的决心和力度推进全面深化改革，先后召开38次中央全面深化改革领导小组会议，审议通过365个重要改革文件，确定357个重点改革任务，出台1500多项改革举措，压茬拓展改革广度和深度，改革涉及范围之广、出台方案之多、触及利益之深、推进力度之大前所未有，中国特色社会主义制度更加成熟更加定型，国家治理体系和治理能力现代化水平不断提高，党和国家事业焕发出新的生机活力。

全面建成小康社会，全面深化改革，必须全面推进依法治国，更好地发挥法治的引领和规范作用。2014年10月，党的十八届四中全会专题研究依法治国问题，并审议通过了《关于全面推进依法治国若干重大问题的决定》，开启了中国法治的新时代。围绕全面依法治国，习近平也发表一系列重要讲话，形成了包含"法治意义论""法治道路论""法治目标论""法治价值论""法治布局论""法治任务论""法治队伍论""法治改革论"等在内的完整思想体系。

习近平指出，法治是治国之重器，是国家治理体系和治理能力的重要依托。全面推进依法治国，是解决党和国家事业发展面临的一系列重大问题，解放和增强社会活力、促进社会公平正义、维护社会和谐稳定、确保党和国家长治久安的根本要求。就法治道路而言，他一再强调，全面推进依法治国，必须走对路。如果路走错了，南辕北辙了，那再提什么要求和举措也都没有意义了。全面依法治国，必须坚定不移地走中国特色社会主义法治道路。为此，必须坚持中国共产党的领导，坚持人民主体地位，坚持法律面前人人平等，坚持依法治国和以德治国相结合，坚持从中国实际出发。全面依法治国，总目标是建设中国特色社会主义法治体系，建设社会主义法治国家。这个总目标既明确了全面推进依法治国的性质和方向，又突出了全面推进依法治国的工作重点和总抓手，对全面推进依法治国具有纲举目张的意义。法治体系作为法治建设的"纲"，是国家治理体系的骨干工程。全面依法治国，就要加快形成完备的法律规范体系、高效的法治实施体系、严密的法治监督体系、有利的法治保障体系，形成完善的党内法规体系。全面依法治国，必须紧紧围绕保障和促进社会公平正义来进行。公平正义是中国特色社会主义的内在要求，是我们党追求的一个十分崇高的价值目标。准确把握全面推进依法治国工作布局，坚持依法治国、依法执政、依法行政共同推进，坚持法治国家、法治政府、法治社会一体建设。全面推进依法治国是一项庞大的系统工程，必须统筹兼顾、把握重点、整体谋划，在共同推进上着力，在一体建设上用劲。准确把握全面推进依法治国重点任务，着力推进科学立法、严格执法、公正司法、全民守法。全面推进依法治国，必须从目前法治工作基本格局出发，突出重点任务，扎实有序推进。全面推进依法治国，建设一支德才兼备的高素质法治队伍至关重要。我国专门的法治队伍主要包括在人大和政府从事立法工作的人员，在行政机关从事执法工作的人员，在司法机关从事司法工作的人员。全面推进依法治国，首先要把这几支队伍建设好。习近平指出，解决法治领域的突出问题，根本途径在于改革。必须坚定不移推进法治领域改革，坚决破除束缚全面推进依法治国的体制机制障碍。如果完全停留在旧的体制机制框架内，用老办法应对新情况、新问题，或者用零敲碎打的方式来修修补补，是解决不了大问题的。党的十八届四中全会提出了180多项重要改革举措，许多都是涉及利益关系和权力格局调整的"硬骨头"。①

党的十八大以来，中国特色社会主义法治体系不断健全，法治中国建设迈出坚实步伐，法治固根本、稳预期、利长远的保障作用进一步发挥，党运用法治方式领导和治理国家的能力显著增强。

全面从严治党着眼保持党的先进性和纯洁性，是我们党提高执政能力、完成执政使命的迫切要求，为全面建成小康社会、全面深化改革、全面依法治国提供根本保证。党的十八大以来，围绕全面从严治党，先后开展了党的群众路线教育实践活动、"三严三实"专题教育、"两学一做"学习教育、"不忘初心，牢记使命"主题教育。2016年10月召开的党的十八届六中全会专门聚焦全面从严治党。全面从严治党基础在全面，关键在严，要害在治。"全面"就是管全党、治全党，面向9000多万名党员、460多万个党组织，覆盖党的建设的改革领域、各个方面、各个部门，重点是抓住领导干部这个"关键少数"。"严"就是真管真严、敢管敢严、长管长严。"治"就是从党中央到省市县党委，从中央部委、国家机关部门党组（党委）到基层党支部，都要肩负起主体责任，党委书记要把抓好党建当作分内之事、必须担当的责任；各级纪委要担负起监督责任，敢于瞪眼黑脸，敢于执纪问责。②

党的十八大以来，围绕全面从严治党，习近平也发表了一系列重要讲话，强调必须找准着力点，要坚持思想建党和制度治党相结合、抓住从严治吏这一关键、守住党纪和党内政治生活的规矩、用好巡视这把反腐"利剑"，同时要敞开大门、发挥人民监督作用。一是柔刚结合：思想建党和制度治党同发力。思想建党和制度治党，是我们党加强自身建设的重要经验和行之有效的治党方略。思想建党是党建之源，制度治党是党建之本。二者一柔一刚，需要紧密结合。习近平指出："从严治党靠教育，也靠制度，二者一柔一刚，要同向发力、同时发力。"③ 全面从严治党，首先要"补钙"，用坚定的理想信念练就"金刚不坏之身"，为从严治党练就看家本领、

---

① 习近平：《加快建设社会主义法治国家》，《求是》2015年第1期。
② 《习近平总书记系列重要讲话读本》，学习出版社、人民出版社2016年版，第105页。
③ 《十八大以来重要文献选编》（中），人民出版社2016年版，第94页。

提供持久内在动力，切实增强从严治党的自觉性。制度问题带有根本性、全局性、稳定性和长期性。全面从严治党，必须坚持制度治党。制度要精，要务实管用。"要使加强制度治党的过程成为加强思想建党的过程，也要使加强思想建党的过程成为加强制度治党的过程。"① 二是抓住关键：从严治党关键是从严治吏。政治路线确定之后，干部就是决定因素。"从严治党，关键是从严治吏。"② 从严治吏，要坚持从严选拔、从严培养和从严监督。要坚持从严选拔，严把从严治吏的"入口关"。从严选拔要严在标准、程序和机制上。要坚持从严培养，这是从严治吏的基础。从严培养要严在教育、磨炼和台阶上。坚持从严监督，这是从严治吏的关键。从严监督要严在权力制约、权力公开和问责上。三是守住规矩：严明纪律与严肃党内政治生活。纪律不严，从严治党就无从谈起。要加强纪律建设，把守纪律、讲规矩摆在更加重要的位置。党内政治生活是锻炼党性、提高思想觉悟的熔炉。"从严治党必须从党内政治生活严起。"③ 严肃党内生活，最根本的是认真执行民主集中制，着力解决"四个不够"问题，即"发扬民主不够、正确集中不够、开展批评不够、严肃纪律不够"。四是握紧利剑：用好巡视这把反腐"利剑"。巡视作为党内监督的战略性制度安排，是从严治党、维护党纪的重要手段。习近平指出：巡视"不是权宜之计，要用好巡视这把反腐'利剑'"④。党的十八大以来，中央把发现问题作为巡视工作的重点，围绕"四个着力"开展巡视，着力发现涉及"四风"、贪腐、违反政治纪律、选人用人等方面存在的突出问题。由于对巡视工作的精准定位，巡视工作的质量和效果得到进一步提高。用好巡视这把反腐"利剑"，必须抓好工作创新，完善工作机制，增强巡视工作的针对性、实效性。五是敞开大门：发挥人民监督作用。习近平指出："人民群众中蕴藏着治国理政、管党治党的智慧和力量，从严治党必须依靠人民。"⑤ 发挥人民监督作用，首先要保障人民的知情权，其次还必须畅通建言献策和批评监督两个渠道。要把群众

---

① 《十八大以来重要文献选编》（中），人民出版社 2016 年版，第 95 页。

② 《十八大以来重要文献选编》（上），人民出版社 2014 年版，第 350 页。

③ 《习近平关于党风廉政建设和反腐败斗争论述摘编》，中央文献出版社、中国方正出版社 2015 年版，第 46 页。

④ 《习近平关于党风廉政建设和反腐败斗争论述摘编》，中央文献出版社、中国方正出版社 2015 年版，第 113 – 114 页。

⑤ 《十八大以来重要文献选编》（中），人民出版社 2016 年版，第 101 页。

的意见作为一面最好的镜子，将各级党组织和党员干部的表现交给人民去评判。要变压力为推力，紧紧依靠人民全面推进从严治党，将人民满意不满意、是哭还是笑，作为检验全面从严治党成效的根本标准。①

党的十八大以来，经过坚决斗争，全面从严治党的政治引领和政治保障作用充分发挥，党的自我净化、自我完善、自我革新、自我提高能力显著增强，管党治党宽松软状况得到根本扭转，反腐败斗争取得压倒性胜利并全面巩固，消除了党、国家、军队内部存在的严重隐患，党在革命性锻造中更加坚强。

5. 党的十九大和习近平新时代中国特色社会主义思想指导地位的确立

2017年10月18日至24日，中国共产党第十九次全国代表大会在北京举行。这是在全面建成小康社会决胜阶段、中国特色社会主义进入新时代的关键时期召开的一次十分重要的大会。大会的主题是：不忘初心、牢记使命，高举中国特色社会主义伟大旗帜，决胜全面建成小康社会，夺取新时代中国特色社会主义伟大胜利，为实现中华民族伟大复兴的中国梦而不懈奋斗。大会批准了习近平代表十八届中央委员会所做的《决胜全面建成小康社会，夺取新时代中国特色社会主义伟大胜利》的报告，批准了中央纪律检查委员会的工作报告，审议通过了《中国共产党章程（修正案）》，选举产生了新一届中央委员会和中央纪律检查委员会。随后召开的十九届一中全会选举产生了中央政治局，选举习近平、李克强、栗战书、汪洋、王沪宁、赵乐际、韩正为中央政治局常委，选举习近平为中共中央总书记，决定习近平为中共中央军事委员会主席。

（1）党和国家事业的历史性成就和历史性变革

大会认为，十八大以来的五年，是党和国家发展进程中极不平凡的五年。报告从经济建设取得重大成就、全面深化改革取得重大突破、民主法治建设迈出重大步伐、思想文化建设取得重大进展、人民生活不断改善、生态文明建设成效显著、强军兴军开创新局面、港澳台工作取得新进展、全方位外交布局深入展开、全面从严治党成效显著等十个方面，用一系列数据和事实，总结了过去五年党和国家事业取得的历史性成就、发生的历史性变革。习近平深刻指出："五年来的成就是全方位的、开创性的，五年

---

① 赵付科：《习近平全面从严治党思想论析》，《当代世界与社会主义》2015年第6期。

来的变革是深层次的、根本性的。"① 这一精辟概括，阐明了过去极不平凡的五年最鲜明的特征。

之所以说成就是全方位的，是因为过去五年成就是体现在改革发展稳定、内政外交国防、治党治国治军等各个方面，是体现在经济建设、政治建设、文化建设、社会建设、生态文明建设和党的建设等各个领域，是全面开花、处处结果，是壮美中华的精彩呈现。之所以说成就是开创性的，是指这五年以习近平同志为核心的党中央，以一往无前的宏大气魄和敢为人先的无畏勇气，提出一系列新理念、新思想、新战略，出台一系列重大方针政策，推出一系列重大举措，推进一系列重大工作，解决了许多长期想解决而没有解决的难题，办成了许多过去想办而没有办成的大事。可以说，五年成就使我国各方面面貌为之一新，欣欣向荣、气象万千，焕发出无限生机和活力。深层次的变革"深"在哪儿？五年来，以习近平同志为核心的党中央，以英勇的气概和卓越高超的智慧推进全面深化改革，敢于涉深水、闯险滩、啃硬骨，先后出台1500多项改革举措，重要领域和关键环节改革取得突破性进展，其变革的力度、广度和深度，在古今中外改革史上亘古未有、绝无他例。之所以说变革是根本性的，是因为五年来，以习近平同志为核心的党中央，在破中立，在立中破，坚持破立结合，推动党的面貌、国家的面貌、人民的面貌、军队的面貌、中华民族的面貌都发生了前所未有的变化。可以说，五年的变革直击要害、触及本质，对未来发展具有方向性和决定性的深远影响。

（2）确立习近平新时代中国特色社会主义思想的历史地位

党的十八大以来，国内外形势变化和我国各项事业发展提出了一个重大时代课题，这就是必须从理论和实践结合上系统回答新时代坚持和发展什么样的中国特色社会主义、怎样坚持和发展中国特色社会主义。围绕这个重大时代课题，以习近平同志为核心的党中央进行艰辛理论探索，取得了重大理论创新成果，创立了习近平新时代中国特色社会主义思想。伟大时代需要伟大理论的引领。党的十九大一个突出亮点和重大历史贡献，就是把习近平新时代中国特色社会主义思想确立为我们党必须长期坚持的指导思想，并写入党章，实现了党的指导思想又一次与时俱进。这反映了全

---

① 《中国共产党第十九次全国代表大会文件汇编》，人民出版社2017年版，第7页。

党全国人民的共同愿望。

习近平新时代中国特色社会主义思想内涵丰富，其中最重要、最核心的内容就是"八个明确"。大会强调：新时代中国特色社会主义思想，明确坚持和发展中国特色社会主义，总任务是实现社会主义现代化和中华民族伟大复兴，在全面建成小康社会的基础上，分两步走在本世纪中叶建成富强民主文明和谐美丽的社会主义现代化强国；明确新时代我国社会主要矛盾是人民日益增长的美好生活需要和不平衡不充分的发展之间的矛盾，必须坚持以人民为中心的发展思想，不断促进人的全面发展、全体人民共同富裕；明确中国特色社会主义事业总体布局是"五位一体"、战略布局是"四个全面"，强调坚定道路自信、理论自信、制度自信、文化自信；明确全面深化改革总目标是完善和发展中国特色社会主义制度、推进国家治理体系和治理能力现代化；明确全面推进依法治国总目标是建设中国特色社会主义法治体系、建设社会主义法治国家；明确党在新时代的强军目标是建设一支听党指挥、能打胜仗、作风优良的人民军队，把人民军队建设成为世界一流军队；明确中国特色大国外交要推动构建新型国际关系，推动构建人类命运共同体；明确中国特色社会主义最本质的特征是中国共产党领导，中国特色社会主义制度的最大优势是中国共产党领导，党是最高政治领导力量，提出新时代党的建设总要求，突出政治建设在党的建设中的重要地位。这"八个明确"，构成了系统完备、逻辑严密、内在统一的科学体系，支撑起了宏伟思想大厦的整体框架。掌握了这"八个明确"，就能真正做到观其全貌、提纲挈领、举要驭繁。

大会提出了新时代坚持和发展中国特色社会主义的基本方略，即坚持党对一切工作的领导、坚持以人民为中心、坚持全面深化改革、坚持新发展理念、坚持人民当家作主、坚持全面依法治国、坚持社会主义核心价值体系、坚持在发展中保障和改善民生、坚持人与自然和谐共生、坚持总体国家安全观、坚持党对人民军队的绝对领导、坚持"一国两制"和推进祖国统一、坚持推动构建人类命运共同体、坚持全面从严治党。这"十四个坚持"，既是习近平新时代中国特色社会主义思想的重要组成部分，也是落实习近平新时代中国特色社会主义思想的实践要求，是思想化为行动的导航仪、路线图、方法论。

大会强调，习近平新时代中国特色社会主义思想，是对马克思列宁主义、毛泽东思想、邓小平理论、"三个代表"重要思想、科学发展观的继承和发展，是马克思主义中国化最新成果，是党和人民实践经验和集体智慧的结晶，是中国特色社会主义理论体系的重要组成部分，是全党全国人民为实现中华民族伟大复兴而奋斗的行动指南，必须长期坚持并不断发展。

（3）我国发展新的历史方位和社会主要矛盾的变化

大会指出，经过长期努力，中国特色社会主义进入了新时代，这是我国发展新的历史方位。确定中国特色社会主义进入新时代，是整个党的十九大报告的"逻辑起点"。深刻领会十九大精神，必须准确把握"新时代"这个概念。

把握"新时代"这个概念，首先必须认清进入新时代的基本依据。十九大做出"中国特色社会主义进入新时代"的判断，一是基于改革开放以来特别是十八大以来取得的历史性成就。经过改革开放近 40 年的发展，我国经济实力、科技实力、国防实力、综合国力进入世界前列，推动我国国际地位实现前所未有的提升；党的面貌、国家的面貌、人民的面貌、军队的面貌、中华民族的面貌发生了前所未有的变化。这两个"前所未有"，构成了中国特色社会主义进入新时代的基础。尤其是党的十八大以来发生的历史性变革，则是进入新时代的直接性的标志。十八大以来的五年是极不平凡的五年，这五年取得的成就是全方位的、开创性的，变革是深层次的、根本性的，解决了许多长期想解决而没有解决的难题，办成了许多过去想办而没有办成的大事，推动党和国家事业发生历史性变革。二是基于我国社会主要矛盾的转化。党和国家事业发生的历史性变革，使我国社会主要矛盾发生了历史性变化。十九大报告指出："我国社会主要矛盾已经转化为人民日益增长的美好生活需要和不平衡不充分的发展之间的矛盾。"[1] 我国社会主要矛盾的转化，反映的是由较低层级供需矛盾向中高层级供需矛盾的转化。社会主要矛盾是衡判时代的重要因素。我国社会主要矛盾的变化是关系全局的历史性变化，对党和国家工作提出了许多新要求。我们要在继续推动发展的基础上，着力解决好发展不平衡不充分问题，大力提升发展质量和效益，更好满足人民在经济、政治、文化、社会、生态等方面日益增长的需要，更好推动人的全面发展、社会全面进步。

---

[1] 《中国共产党第十九次全国代表大会文件汇编》，人民出版社 2017 年版，第 9 页。

十九大报告用"三个意味着""四个发展史""五个是"，对新时代的意义和内涵进行了深刻的阐释。中国特色社会主义进入新时代，在中华人民共和国发展史上，就是进入到决胜全面建成小康社会，进而全面建设社会主义现代化强国的时代，也就是进入到实现"两个一百年"奋斗目标的时代。在中华民族发展史上，就是进入到全国各族人民团结奋斗、不断创造美好生活、逐步实现全体人民共同富裕的时代，进入到全体中华儿女勠力同心、奋力实现中华民族伟大复兴中国梦的时代。它意味着近代以来久经磨难的中华民族迎来了从站起来、富起来到强起来的伟大飞跃，迎来了实现中华民族伟大复兴的光明前景。在世界社会主义发展史上，就是进入到在新的历史条件下继续夺取中国特色社会主义伟大胜利的时代。它意味着科学社会主义在 21 世纪的中国焕发出强大生机活力，在世界上高高举起了中国特色社会主义伟大旗帜。在人类社会发展史上，就是进入我国日益走近世界舞台中央、不断为人类做出更大贡献的时代。它意味着中国特色社会主义道路、理论、制度、文化不断发展，拓展了发展中国家走向现代化的途径，给世界上那些既希望加快发展又希望保持自身独立性的国家和民族提供了全新选择，为解决人类问题贡献了中国智慧和中国方案。

新时代是"变"与"不变"的辩证统一。第一，时代变了，基本国情没有变。中国特色社会主义进入新时代，但是我国仍处于并将长期处于社会主义初级阶段的基本国情没有变，我国是世界最大发展中国家的国际地位没有变。全党要牢牢把握社会主义初级阶段这个基本国情，牢牢立足社会主义初级阶段这个最大实际，牢牢坚持党的基本路线这个党和国家的生命线、人民的幸福线，领导和团结全国各族人民，以经济建设为中心，坚持四项基本原则，坚持改革开放，自力更生，艰苦创业，为把我国建设成为富强民主文明和谐美丽的社会主义现代化强国而奋斗。第二，时代变了，第一要务没有变。发展是党执政兴国的第一要务。1993 年邓小平与弟弟邓垦谈话时指出，发展起来以后的问题不比不发展时少。十九大报告从七个方面总结了发展起来以后面临的问题。发展是解决我国一切问题的基础和关键。解决发展起来以后面临的问题，也只能靠发展。当然，这里的发展必须是科学发展，必须是坚定不移贯彻创新、协调、绿色、开放、共享的发展理念的发展。进入新时代，要在继续推动发展的基础上，着力解决好发展不平衡不充分问题，大力提升发展质量和效益。第三，时代变了，初心使命没有变。中国共产党人的初心和使命，就是为中国人民谋幸福，为中华民族谋复兴。这个初心和使命是激励中国共产党人不断前进的根本动力。党的十九大闭幕后，习近平率领中央政治局常委会的同志前往上海和嘉兴瞻仰中共一大会址和红船，重温入党誓词并发表重要讲话。这实际上就是向全党发出了一定要永远与人民同呼吸、共命运、心连心，永远把人民对美好生活的向往作为奋斗目标，以永不懈怠的精神状态和一往无前的奋斗姿态，继续朝着实现中华民族伟大复兴的宏伟目标奋勇前进的重要宣示。这个初心和使命，不会因为中国特色社会主义进入新时代而改变。

（4）新时代中国特色社会主义发展的战略安排

1949 年，毛泽东在天安门城楼上庄严宣告中华人民共和国中央人民政府成立。中国人民站起来了，中华民族从此开启了现代化的百年新航程。新中国成立初期，我们党明确提出实现"四个现代化"，把我国建设成为社会主义强国的任务和目标。改革开放初期，我们党对社会主义现代化建设做出战略安排。1987 年 10 月，党的十三大提出中国经济建设"三步走"的战略部署：第一步目标，1981 年到 1990 年实现国民生产总值比 1980 年翻一番，解决人民的温饱问题，这在 20 世纪 80 年代末已基本实现；第二步目标，1991 年到 20 世纪末国民生产总值再翻一番，人民生活总体上达到小康水平；第三步目标，到 21 世纪中叶人均国民生产总值达到中等发达国家水平，人民生活比较富裕，基本实现现代化。

随着解决人民温饱问题、人民生活总体上达到小康水平这两个目标的提前实现，1997 年党的十五大提出新的"三步走"战略：展望 21 世纪，我们的目标是，第一个十年实现国民生产总值比 2000 年翻一番，使人民的小康生活更加富裕，形成比较完善的社会主义市场经济体制；再经过 10 年的努力，到建党 100 周年时，使国民经济更加发展，各项制度更加完善；到 21 世纪中叶中华人民共和国成立 100 周年时，基本实现现代化，建成富强民主文明的社会主义国家。2002 年党的十六大，又重申了十五大的战略目标，强调：要在本世纪头二十年，集中力量，全面建设惠及十几亿人口的更高水平的小康社会，使经济更加发展、民主更加健全、科教更加进步、文化更加繁荣、社会更加和谐、人民生活更加殷实。这是实现现代化建设第三步战略目标必经的承上启下的发展阶段，也是完善社会主义市场经济体制和扩大对外开放的关键阶段。

进入新时代，中国特色社会主义已经成功走完了现代化的"前半程"，站了一个新的起点上。党的十九大对未来30多年现代化的"后半程"进行了战略安排，确定了决胜全面建成小康社会、开启全面建设社会主义现代化国家新征程的目标。大会强调：从现在到2020年，是全面建成小康社会决胜期。要紧扣我国社会主要矛盾变化，突出抓重点、补短板、强弱项，特别是要坚决打好防范化解重大风险、精准脱贫、污染防治的攻坚战，使全面建成小康社会得到人民认可、经得起历史检验。

大会强调，从十九大到二十大，是"两个一百年"奋斗目标的历史交汇期。我们既要全面建成小康社会、实现第一个百年奋斗目标，又要乘势而上开启全面建设社会主义现代化国家新征程，向第二个百年奋斗目标进军。综合分析国际国内形势和我国发展条件，从2020年到本世纪中叶可以分两个阶段来安排：第一个阶段，从2020年到2035年，在全面建成小康社会的基础上，再奋斗15年，基本实现社会主义现代化；第二个阶段，从2035年到本世纪中叶，在基本实现现代化的基础上，再奋斗15年，把我国建成富强民主文明和谐美丽的社会主义现代化强国。这个宏伟的战略安排，吹响了决胜全面建成小康社会、夺取新时代中国特色社会主义伟大胜利的冲锋号，激励全体人民朝着伟大目标奋勇前进。

从"四个现代化"到"三步走"，从"新三步走"再到"两步走"，构成了完整的中国共产党为建设社会主义现代化强国、实现中华民族伟大复兴接续奋斗的时间表和路线图，这也是中国共产党从一个胜利走向另一个胜利的秘诀所在。

新时代"两步走"战略安排，深化了中国共产党对三大规律的认识，丰富了党的第二个百年奋斗目标的内涵，体现了我国发展量的提升和质的飞跃的统一。

第一，基本实现社会主义现代化的时间提前了15年。中国共产党过去提出的奋斗目标是到新中国成立100周年时基本实现现代化，十九大"两步走"的战略安排将这个目标实现的时间提前到了2035年，提前了15年。这一重大决策，是在综合分析国内外形势和我国发展条件之后做出的，是实事求是、符合实际的。主要基于以下四个方面的考虑：一是从历史成就看，经过改革开放近40年的发展，我国社会主义现代化建设的实际进程已大大超过当初设想。改革开放极大解放了社会生产力、激发了社会活力，原来设定的社会主义现代化建设三步走战略部署及奋斗目标，前两步都已提前完成，其中第一步到 1990 年实现国民生产总值比 1980 年翻一番的目标，在 1987 年就实现了，比原计划提前了 3 年；第二步原定 2000 年 GDP 比 1980 年翻两番的目标，在 1995 年就实现了，比原计划提前了 5 年。改革开放近 40 年我国经济持续快速增长，各项事业不断进步，我们党与时俱进地制定体现更高要求的奋斗目标是必要的、可行的。二是从未来发展的条件看，对基本实现社会主义现代化的目标提出更高要求也是可行的。按照 GDP 年均增长 6.5% 计算，到 2020 年经济总量将超过 90 万亿元，人均 GDP 也将达到 1 万美元。按照从 2021 年到 2035 年 GDP 年均增长 5%、价格指数 2%、假定汇率不变测算，到 2035 年我国现价国内生产总值将达到 290 万亿元、约合 43.6 万亿美元，人均 GDP 将达 20.6 万元、约合 3 万美元，届时可达到中等发达国家水平，有把握基本实现社会主义现代化。[①] 三是从国际环境看，也有利于我们加快社会主义现代化国家建设。世界正处于大发展、大变革、大调整时期，和平与发展仍然是时代主题。世界多极化、经济全球化、社会信息化、文化多样化深入发展，全球治理体系和国际秩序变革加速推进，国际力量对比更趋平衡，和平发展大势不可逆转。我国国际地位得到前所未有的提升，正日益走近世界舞台中央。四是从国内环境看，中国特色社会主义进入新时代。十八大以来，党和国家事业取得一系列历史性成就、发生了历史性变革，社会主要矛盾已经转化为人民日益增长的美好生活需要和不平衡不充分的发展之间的矛盾。虽然我国长期面临的一些突出矛盾和问题尚未得到根本解决，又出现了一些新情况、新问题，但这些都是前进中的问题。我国发展仍处于重要战略机遇期。我们要抓住和利用这个战略机遇期，乘势而上。

第二，第二个百年奋斗目标实现的步骤更加明确。中国共产党过去对第二个百年奋斗目标的设计，还没有划分出具体的实现步骤。党的十三大对第二个百年奋斗目标的表示是，"到下个世纪中叶，人均国民生产总值达到中等发达国家水平，人民生活比较富裕，基本实现现代化"。党的十四大第一次提出了两个·百年的国家发展的奋斗目标，对第二个百年奋斗目标，

---

① 中共中央宣传部：《习近平新时代中国特色社会主义思想三十讲》，学习出版社 2018 年版，第 129－130 页。

也只是说"到下世纪中叶建国一百周年的时候，就能够达到第三步发展目标，基本实现社会主义现代化"①。党的十五大从总体上清晰地描绘了进入21世纪中国现代化建设的新"三步走"发展战略，在谈到第二个百年的奋斗目标时，强调要用21世纪前20年的时间把我国的总体小康发展成为全面的小康，用之后的30年时间，把我国从一个全面小康的社会建设成为基本实现现代化的社会主义国家。十六大报告把实现中国现代化建设第三步战略目标的21世纪的前50年，划分为前20年全面建设小康社会和后30年基本实现现代化两个历史发展阶段，对第二个百年奋斗目标的实现步骤也没有做出明确描绘。十七大、十八大同样没有对第二个百年奋斗目标的实现步骤进行具体设计。从十九大到二十大，是"两个一百年"奋斗目标的历史交汇期。我们既要全面建成小康社会，实现第一个百年的奋斗目标，又要向第二个百年奋斗目标进军，开启全面建设社会主义现代化国家新征程。在综合分析国际国内形势和我国发展条件，十九大做出了从2020年到本世纪中叶"两步走"的战略安排：第一步，到2035年，基本实现社会主义现代化；第二步，到2050年，把我国建成富强民主文明和谐美丽的社会主义现代化强国。这样，改革开放以来我国社会主义现代化建设的时间表、路线图就完整展现出来，实际上共分五个阶段，即解决温饱问题、达到总体小康、全面建成小康社会、基本实现现代化、建成社会主义现代化强国。

第三，第二个百年奋斗目标的要求得以提升。过去对第二个百年奋斗目标的内涵描述比较宏观，就是到21世纪中叶，人均国民生产总值达到中等发达国家水平，基本实现现代化，把我国建成富强民主文明和谐的社会主义国家。十九大提出的"两步走"战略安排，对奋斗目标的内涵有具体设计和微观描述。更重要的是，在目标内涵的总体设计上，"两步走"战略做出了两处调整：一是战略目标的指向性更明确，将"现代化国家"改为"现代化强国"；二是战略目标的内容更丰富，在"富强民主文明和谐"之后加上了"美丽"两个字。显然，从中等发达国家水平的现代化到综合国力和国际影响力领先的社会主义现代化强国，这不仅是量的提升，更是质的飞跃。增加了"美丽"这一生态文明的内容，有利于加快建设美丽中国，也与中国特色社会主义"五位一体"总体布局相吻合，体现了伟大事业与

① 《江泽民文选》第1卷，人民出版社2006年版，第253页。

伟大梦想的统一。

这一战略安排更加注重发展质量，不仅有数量指标，而且更注重质的提升，让广大人民群众对美好生活有更多更实在的获得感、幸福感、安全感。这充分表明我们党进一步深化了对社会主义现代化建设规律的认识。①同时，在全面建设社会主义现代化国家的第一步目标中，突出强调到2035年要使我国各方面制度更加完善，国家治理体系和治理能力现代化基本实现；在第二步目标中强调，到本世纪中叶，要实现国家治理体系和治理能力现代化。这不仅拓展和深化了我国社会主义现代化建设的内涵和外延，也将为全面建成社会主义现代化强国提供了可靠制度保证。②

（5）新时代中国共产党的历史使命

实现中华民族伟大复兴是近代以来中华民族最伟大的梦想。今天，我们比历史上任何时期都更接近、更有信心和能力实现中华民族伟大复兴的目标。但是，中华民族伟大复兴，绝不是轻轻松松、敲锣打鼓就能实现的。全党必须准备付出更为艰巨、更为艰苦的努力。

实现伟大梦想，必须进行伟大斗争。我们党要团结带领人民有效应对重大挑战、抵御重大风险、克服重大阻力、解决重大矛盾，必须进行具有许多新的历史特点的伟大斗争，任何贪图享受、消极懈怠、回避矛盾的思想和行为都是错误的。全党要充分认识这场伟大斗争的长期性、复杂性、艰巨性，发扬斗争精神，提高斗争本领，不断夺取伟大斗争新胜利。

实现伟大梦想，必须建设伟大工程。这个伟大工程就是我们党正在深入推进的党的建设新的伟大工程。全党要更加自觉地坚定党性原则，勇于直面问题，敢于刮骨疗毒，消除一切损害党的先进性和纯洁性的因素，清除一切侵蚀党的健康肌体的病毒，不断增强党的政治领导力、思想引领力、群众组织力、社会号召力，确保我们党永葆旺盛生命力和强大战斗力。

实现伟大梦想，必须推进伟大事业。中国特色社会主义是改革开放以来党的全部理论和实践的主题，是党和人民历尽千辛万苦、付出巨大代价取得的根本成就。全党要更加自觉地增强道路自信、理论自信、制度自信、

---

① 中共中央宣传部：《习近平新时代中国特色社会主义思想三十讲》，学习出版社2018年版，第130页。

② 中共中央宣传部：《习近平新时代中国特色社会主义思想三十讲》，学习出版社2018年版，第131页。

文化自信，既不走封闭僵化的老路，也不走改旗易帜的邪路，保持政治定力，坚持实干兴邦，始终坚持和发展中国特色社会主义。

伟大斗争，伟大工程，伟大事业，伟大梦想，紧密联系、相互贯通、相互作用，是一个有机统一的整体。伟大梦想指引前进方向，为伟大斗争、伟大工程、伟大事业提供领航导向；伟大斗争昭示担当精神，为伟大工程、伟大事业、伟大梦想扫除障碍，提供牵引；伟大工程锻造领导力量，为伟大斗争、伟大事业、伟大梦想提供坚强保证；伟大事业宣示道路旗帜，为伟大斗争、伟大工程、伟大梦想开辟前进路径。在"四个伟大"中，起决定性作用的是党的建设新的伟大工程。推进伟大工程，要结合伟大斗争、伟大事业、伟大梦想的实践来进行，确保党在世界形势深刻变化的历史进程中始终走在时代前列，在应对国内外各种风险和考验的历史进程中始终成为全国人民的主心骨，在坚持和发展中国特色社会主义的历史进程中始终成为坚强领导核心。

大会对推进新时代中国特色社会主义伟大事业做出具体部署。在经济建设上，要贯彻新发展理念，建设现代化经济体系；在政治建设上，健全人民当家作主制度体系，发展社会主义民主政治；在文化建设上，要坚定文化自信，推动社会主义文化繁荣兴盛；在社会建设上，要提高保障和改善民生水平，加强和创新社会治理；在生态文明建设上，加快生态文明体制改革，建设美丽中国；在国防和军队建设上，坚持走中国特色强军之路，全面推进国防和军队现代化；在港澳台工作上，要坚持"一国两制"，推进祖国统一；在外交工作上，要坚持和平发展道路，推动构建人类命运共同体；在党的建设上，要坚定不移全面从严治党，不断提高党的执政能力和领导水平。

6. 开启全面建设社会主义现代化国家新征程

党的十九大至二十大之间的五年，是极不寻常、极不平凡的五年。党中央统筹中华民族伟大复兴战略全局和世界百年未有之大变局，召开七次全会，分别就宪法修改，深化党和国家机构改革，坚持和完善中国特色社会主义制度、推进国家治理体系和治理能力现代化，制定"十四五"规划和二〇三五年远景目标，全面总结党的百年奋斗重大成就和历史经验等重大问题做出决定和决议，就党和国家事业发展做出重大战略部署，团结带领全党全军全国各族人民有效应对严峻复杂的国际形势和接踵而至的巨大风险挑战，以奋发有为的精神把新时代中国特色社会主义不断推向前进。

（1）脱贫攻坚取得全面胜利

打赢脱贫攻坚战，是全面建成小康社会的底线任务。越到冲刺阶段，越要全力以赴啃硬骨头、持续用力攻坚拔寨。以习近平同志为核心的党中央，坚持以人民为中心的发展思想，把脱贫攻坚摆在治国理政重要位置，提升到全面建成小康社会、实现第一个百年奋斗目标的执政高度，充分发挥党的领导和我国社会主义制度的政治优势，采取了许多具有原创性、独特性的重大举措，组织实施了人类历史上规模最大、力度最强的脱贫攻坚战。

2017年10月，党的十九大向全党全国人民发出坚决打赢脱贫攻坚战的动员令。2018年6月，中共中央、国务院印发《关于打赢脱贫攻坚战三年行动的指导意见》，要求以更有力的行动、更扎实的工作，集中力量攻克贫困的难中之难、坚中之坚，确保如期完成全面脱贫任务。2019年10月，党的十九届四中全会提出"坚决打赢脱贫攻坚战，巩固脱贫攻坚成果，建立解决相对贫困的长效机制"。

习近平高度重视消除贫困问题，2015年以来，先后在陕西、贵州、宁夏、山西、四川、重庆等地主持召开了7次脱贫攻坚座谈会。2015年在延安召开革命老区脱贫致富座谈会、在贵阳召开部分省区市扶贫攻坚与"十三五"时期经济社会发展座谈会，2016年在银川召开东西部扶贫协作座谈会，2017年在太原召开深度贫困地区脱贫攻坚座谈会，2018年在成都召开打好精准脱贫攻坚战座谈会，2019年在重庆召开解决"两不愁三保障"突出问题座谈会。2020年3月，在国内疫情蔓延势头得到初步遏制后，习近平出席决战决胜脱贫攻坚座谈会并发表重要讲话强调，到2020年现行标准下的农村贫困人口全部脱贫，是党中央向全国人民做出的郑重承诺，必须如期实现，没有任何退路和弹性。这是一场硬仗，越到最后越要绷紧这根弦，不能停顿、不能大意、不能放松。要克服新冠疫情影响，坚决夺取脱贫攻坚的全面胜利。

脱贫攻坚涉及面广、要素繁多、极其复杂，需要强有力的组织领导和贯彻执行。以习近平同志为核心的党中央充分发挥党的政治优势、组织优势，建立中央统筹、省负总责、市县乡抓落实的工作机制，强化党政一把手负总责的责任制，五级书记抓扶贫，形成"专项扶贫、行业扶贫、社会扶贫"的"三位一体"大扶贫格局。集中精锐力量投向脱贫攻坚主战场，全国累计选派 25.5 万个驻村工作队、300 多万名第一书记和驻村干部，同近 200 万名乡镇干部和数百万名村干部一道奋战在扶贫一线，鲜红的党旗始终在脱贫攻坚主战场上高高飘扬。在脱贫攻坚斗争中，1800 多名同志将生命定格在了脱贫攻坚征程上，生动诠释了共产党人的初心使命。

2020 年，这场举全党全国之力的脱贫攻坚战取得全面胜利。11 月 23 日，是一个载入史册的不平凡的日子，我国最后 9 个贫困县实现贫困退出。2021 年 2 月 25 日，全国脱贫攻坚总结表彰大会举行，习近平在会上庄严宣告：经过全党全国各族人民共同努力，在迎来中国共产党成立 100 周年的重要时刻，我国脱贫攻坚战取得了全面胜利，现行标准下 9899 万农村贫困人口全部脱贫，832 个贫困县全部摘帽，12.8 万个贫困村全部出列，区域性整体贫困得到解决，完成了消除绝对贫困的艰巨任务，创造了又一个彪炳史册的人间奇迹！这是中国人民的伟大光荣，是中国共产党的伟大光荣，是中华民族的伟大光荣！在这次会上，习近平强调，我们走出了一条中国特色减贫道路，形成了中国特色反贫困理论，将其概括为"七个坚持"[1]，即：坚持党的领导，为脱贫攻坚提供坚强政治和组织保证；坚持以人民为中心的发展思想，坚定不移走共同富裕道路；坚持发挥我国社会主义制度能够集中力量办大事的政治优势，形成脱贫攻坚的共同意志、共同行动；坚持精准扶贫方略，用发展的办法消除贫困根源；坚持调动广大贫困群众积极性、主动性、创造性，激发脱贫内生动力；坚持弘扬和衷共济、团结互助美德，营造全社会扶危济困的浓厚氛围；坚持求真务实、较真碰硬，做到真扶贫、扶真贫、脱真贫。

农村贫困人口全部脱贫，为实现全面建成小康社会目标任务做出了关键性贡献；脱贫地区经济社会发展大踏步赶上来，整体面貌发生历史性巨变；脱贫群众精神风貌焕然一新，增添了自立自强的信心勇气；党群干群关系明显改善，党在农村的执政基础更加牢固。同时，创造了减贫治理的中国样本，为全球减贫事业做出了重大贡献。[2] 我国提前 10 年实现《联合国 2030 年可持续发展议程》减贫目标，赢得国际社会广泛赞誉。

---

① 参见《习近平著作选读》第二卷，人民出版社 2023 年版，第 437 – 441 页。
② 参见《习近平著作选读》第二卷，人民出版社 2023 年版，第 432 – 435 页。

脱贫攻坚战的全面胜利，标志着我们党在团结带领人民创造美好生活、实现共同富裕的道路上迈出了坚实的一大步。同时，脱贫摘帽不是终点，而是新生活、新奋斗的起点。解决发展不平衡不充分问题、缩小城乡区域发展差距、实现人的全面发展和全体人民共同富裕仍然任重道远。2020年12月，中共中央、国务院印发《关于实现巩固拓展脱贫攻坚成果同乡村振兴有效衔接的意见》，强调要在巩固拓展脱贫攻坚成果的基础上，做好乡村振兴这篇大文章，接续推进脱贫地区发展和群众生活改善。

（2）全面建成小康社会宏伟目标如期实现

党的十八大以来特别是"十三五"期间，面对错综复杂的国际形势、艰巨繁重的国内改革发展稳定任务特别是新冠疫情严重冲击，以习近平同志为核心的党中央不忘初心、牢记使命，团结带领全党全国各族人民砥砺前行、开拓创新，奋发有为推进党和国家各项事业，在中华大地上全面建成了小康社会。

2021年7月1日，习近平在庆祝中国共产党成立100周年大会上庄严宣告："经过全党全国各族人民持续奋斗，我们实现了第一个百年奋斗目标，在中华大地上全面建成了小康社会，历史性地解决了绝对贫困问题，正在意气风发向着全面建成社会主义现代化强国的第二个百年奋斗目标迈进。"[1]

全面建成小康社会，成效卓著、成果丰硕、成色十足。我国经济实力、科技实力、综合国力和人民生活水平跃上新的大台阶。国内生产总值从2012年的53.9万亿元跃升到2020年的101.6万亿元，经济总量占世界经济比重超过17%，稳居世界第二大经济体，人均国内生产总值超过1万美元，实现从低收入国家到中等偏上收入国家的历史性跨越。我国已是世界第一制造业大国、全球货物贸易第一大国、外汇储备第一大国。我国科技实力跨越式发展，跻身创新型国家行列，正在从科技大国迈向科技强国，一大批战略高技术领域和前沿方向原创性研究取得重大突破，一系列重大创新成果竞相涌现。我国社会实现了全面进步，人民民主不断扩大，社会公平正义不断彰显，文化更加繁荣发展，人民精神文化生活日益丰富活跃，民生福祉显著提升，绿色发展方式和生活方式逐步下层，每一个中国人的生

活都发生了实实在在的变化。

全面建成小康社会，实现了中华民族千百年来的夙愿。无论在落后的农耕文明时代，还是在积贫积弱的近代，小康对百姓来说，都只能是遥不可及的奢望。只有在中国共产党领导下，这一梦想才能实现。中国共产党自成立之日起，就坚定扛起为人民谋幸福、为民族谋复兴的大旗，经过一代一代的接续奋斗，全面小康终于梦想成真。实现这一目标，我国发展和人民生活水平跃上新的大台阶。

全面建成小康社会是实现中华民族伟大复兴中国梦的关键一步。"小康梦"是中国梦的阶段性目标，没有全面小康的实现，民族复兴就无从谈起。如期全面建成小康社会，标志着第一个百年奋斗目标胜利实现，中华民族千百年来存在的绝对贫困问题历史性地得到解决，实现了从大幅度落后于时代到大踏步赶上时代、引领时代的新跨越。如期全面建成小康社会，极大彰显了中国特色社会主义制度的优势，极大提升了民族自信心自豪感，极大增强了实现中华民族伟大复兴的能量。如期全面建成小康社会，中华民族迎来了从站起来、富起来到强起来的伟大飞跃，实现中华民族伟大复兴进入了不可逆转的历史进程。

全面建成小康社会，是对人类社会的伟大贡献。全面建成小康社会，大大提升了人类社会整体发展水平，社会主义中国以更加雄伟的身姿屹立于世界东方。中国全面建成小康社会，使得世界上人均国内生产总值超过1万美元的人口数量翻了将近一番，充分彰显了中国特色社会主义制度的强大生命力和巨大优越性。全面建成小康社会的理论和实践，深化了对社会主义本质的认识和理解，开拓了社会主义发展新境界，使科学社会主义在21世纪的中国焕发出强大生机活力。全面建成小康社会的成功探索，拓展了发展中国家走向现代化的路径，给世界上那些既希望加快发展又希望保持自身独立性的国家和民族提供了全新选择，为解决人类问题贡献了中国智慧和中国方案。

全面建成小康社会第一个百年奋斗目标实现后，中国共产党团结带领中国人民，意气风发地踏上了全面建设社会主义现代化国家、实现中华民族伟大复兴的新征程，这是中华民族伟大复兴历史进程中的大跨越，标志着我国进入了一个新的发展阶段。2020年10月，党的十九届五中全会召开。全会锚定2035年基本实现社会主义现代化的远景目标，综合考虑未来一个时期国内外发展趋势和我国发展条件，对"十四五"时期把握新发展阶段、贯彻新发展理念、构建新发展格局、推动高质量发展做出了系统谋划和战略部署。

（3）全面总结党的百年奋斗重大成就和历史经验

2021年是中国共产党成立100周年。隆重庆祝中国共产党成立100周年，是中国共产党从全局和战略高度做出的重大部署，是党和国家政治生活中的大事。2月20日，党史学习教育动员大会召开。习近平指出，全党同志要做到学史明理、学史增信、学史崇德、学史力行，学党史、悟思想、办实事、开新局。4月，按照党中央统一部署，"永远跟党走"群众性主题宣传教育活动在全国城乡广泛开展起来。6月18日，在中国共产党历史展览馆开馆之际，习近平前往中国共产党历史展览馆，参观"'不忘初心、牢记使命'中国共产党历史展览"，并带领党员领导同志重温入党誓词。

7月1日，庆祝中国共产党成立100周年大会在北京天安门广场隆重举行，各界代表7万余人以盛大仪式欢庆中国共产党百年华诞。庆祝大会上，习近平发表重要讲话。讲话立足中国共产党百年华诞的重大时刻和"两个一百年"历史交汇的关键节点，系统回顾了中国共产党成立100年来，团结带领全国各族人民开辟的伟大道路、创造的伟大事业、取得的伟大成就；庄严宣告实现了第一个百年奋斗目标，全面建成了小康社会，郑重宣示坚持和发展新时代中国特色社会主义、向全面建成社会主义现代化强国的第二个百年奋斗目标迈进的坚定决心，精辟概括"坚持真理、坚守理想，践行初心、担当使命，不怕牺牲、英勇斗争，对党忠诚、不负人民"① 的伟大建党精神，深刻阐述以史为鉴、开创未来的根本要求，向全体党员发出了为党和人民争取更大光荣的伟大号召。

2021年11月，党的十九届六中全会召开，审议通过了《中共中央关于党的百年奋斗重大成就和历史经验的决议》（以下简称《决议》）。《决议》回顾总结了党走过的百年奋斗历程，总结党的百年奋斗重大成就和历史经验，着重阐释党的十八大以来的党和国家事业取得的历史性成就、发生的历史性变革，对实现第二个百年奋斗目标提出明确要求。《决议》指出，党的百年奋斗从根本上改变了中国人民的前途命运，开辟了实现中华民族伟

---

① 《习近平著作选读》第二卷，人民出版社2023年版，第480页。

大复兴的正确道路，展示了马克思主义的强大生命力，深刻影响了世界历史进程，锻造了走在时代前列的中国共产党。《决议》系统全面地概括了党的百年奋斗所积累的具有根本性和长远指导意义的十条历史经验，这就是坚持党的领导、坚持人民至上、坚持理论创新、坚持独立自主、坚持中国道路、坚持胸怀天下、坚持开拓创新、坚持敢于斗争、坚持统一战线、坚持自我革命。《决议》是一篇马克思主义的纲领性文献，是新时代中国共产党牢记初心使命、坚持和发展中国特色社会主义的政治宣言，是以史为鉴、开创未来、实现中华民族伟大复兴的行动指南。

（4）党的二十大的召开和以中国式现代化全面推进中华民族伟大复兴

2022 年 10 月 16 日，中国共产党第二十次全国代表大会在北京隆重开幕。习近平代表第十九届中央委员会向大会做题为《高举中国特色社会主义伟大旗帜，为全面建设社会主义现代化国家而团结奋斗》的报告。党的二十大是在全党全国各族人民迈上全面建设社会主义现代化国家新征程、向第二个百年奋斗目标进军的关键时刻召开的一次十分重要的大会。大会的主题是：高举中国特色社会主义伟大旗帜，全面贯彻新时代中国特色社会主义思想，弘扬伟大建党精神，自信自强、守正创新，踔厉奋发、勇毅前行，为全面建设社会主义现代化国家、全面推进中华民族伟大复兴而团结奋斗。

党的二十大充分肯定了党的十九大以来取得的成就，强调：十九大以来的五年，是极不寻常、极不平凡的五年。党中央统筹中华民族伟大复兴战略全局和世界百年未有之大变局，就党和国家事业发展做出重大战略部署，团结带领全党全军全国各族人民有效应对严峻复杂的国际形势和接踵而至的巨大风险挑战，以奋发有为的精神把新时代中国特色社会主义不断推向前进。五年来，我们党团结带领人民，攻克了许多长期没有解决的难题，办成了许多事关长远的大事要事，推动党和国家事业取得举世瞩目的重大成就。

在总结新时代十年工作时，习近平指出，十年来，我们经历了对党和人民事业具有重大现实意义和深远历史意义的三件大事：一是迎来中国共产党成立一百周年，二是中国特色社会主义进入新时代，三是完成脱贫攻坚、全面建成小康社会的历史任务，实现第一个百年奋斗目标。这是中国共产党和中国人民团结奋斗赢得的历史性胜利，是彪炳中华民族发展史册的历史性胜利，也是对世界具有深远影响的历史性胜利。十年来，我们坚持马克思列宁主义、毛泽东思想、邓小平理论、"三个代表"重要思想、科学发展观，全面贯彻新时代中国特色社会主义思想，全面贯彻党的基本路线、基本方略，采取一系列战略性举措，推进一系列变革性实践，实现一系列突破性进展，取得一系列标志性成果，经受住了来自政治、经济、意识形态、自然界等方面的风险挑战考验，党和国家事业取得历史性成就、发生历史性变革，推动我国迈上全面建设社会主义现代化国家新征程。新时代十年的伟大变革，在党史、新中国史、改革开放史、社会主义发展史、中华民族发展史上具有里程碑意义。

党的二十大强调，马克思主义是我们立党立国、兴党兴国的根本指导思想。实践告诉我们，中国共产党为什么能，中国特色社会主义为什么好，归根到底是马克思主义行，是中国化时代化的马克思主义行。不断谱写马克思主义中国化时代化新篇章，是当代中国共产党人的庄严历史责任。只有把马克思主义基本原理同中国具体实际相结合、同中华优秀传统文化相结合，坚持运用辩证唯物主义和历史唯物主义，才能正确回答时代和实践提出的重大问题，才能始终保持马克思主义的蓬勃生机和旺盛活力。

党的二十大强调，党的十八大以来，我们党勇于进行理论探索和创新，以全新的视野深化对共产党执政规律、社会主义建设规律、人类社会发展规律的认识，取得重大理论创新成果，集中体现为习近平新时代中国特色社会主义思想。党的十九大、十九届六中全会提出的"十个明确""十四个坚持""十三个方面成就"概括了这一思想的主要内容，必须长期坚持并不断丰富发展。继续推进实践基础上的理论创新，首先要把握好新时代中国特色社会主义思想的世界观和方法论，坚持好、运用好贯穿其中的立场观点方法。坚持人民至上，坚持自信自立，坚持守正创新，坚持问题导向，坚持系统观念，坚持胸怀天下。

在谈到新时代新征程中国共产党的使命任务时，党的二十大强调，从现在起，中国共产党的中心任务就是团结带领全国各族人民全面建成社会主义现代化强国、实现第二个百年奋斗目标，以中国式现代化全面推进中华民族伟大复兴。中国式现代化，是中国共产党领导的社会主义现代化，既有各国现代化的共同特征，更有基于自己国情的中国特色。中国式现代化是人口规模巨大的现代化、全体人民共同富裕的现代化、物质文明和精神文明相协调的现代化、人与自然和谐共生的现代化、走和平发展道路的现代化。中国式现代化的本质要求是：坚持中国共产党领导，坚持中国特色社会主义，实现高质量发展，坚持和发展全过程人民民主，丰富人民精神世界，实现全体人民共同富裕，促进人与自然和谐共生，推动构建人类命运共同体，创造人类文明新形态。全面建成社会主义现代化强国，总的战略安排是分两步走：从二〇二〇年到二〇三五年基本实现社会主义现代化，从二〇三五年到本世纪中叶把我国建成富强民主文明和谐美丽的社会主义现代化强国。前进道路上，必须牢牢把握重大原则：坚持和加强党的全面领导，坚持中国特色社会主义道路，坚持以人民为中心的发展思想，坚持深化改革开放，坚持发扬斗争精神。

党的二十大对未来一个时期党和国家事业发展做出战略部署，强调必须加快构建新发展格局，着力推动高质量发展；实施科教兴国战略，强化现代化建设人才支撑；发展全过程人民民主，保障人民当家作主；坚持全面依法治国，推进法治中国建设；推进文化自信自强，铸造社会主义文化新辉煌；增进民生福祉，提高人民生活品质；推动绿色发展，促进人与自然和谐共生；推进国家安全体系和能力现代化，坚决维护国家安全和社会稳定；实现建军一百年奋斗目标，开创国防和军队现代化新局面；坚持和完善"一国两制"，推进祖国统一；促进世界和平与发展，推动构建人类命运共同体。

党的二十大强调，全面建设社会主义现代化国家、全面推进中华民族伟大复兴，关键在党。我们党作为世界上最大的马克思主义执政党，要始终赢得人民拥护、巩固长期执政地位，必须时刻保持解决大党独有难题的清醒和坚定。必须持之以恒推进全面从严治党，深入推进新时代党的建设新的伟大工程，以党的自我革命引领社会革命，落实新时代党的建设总要求，健全全面从严治党体系，全面推进党的自我净化、自我完善、自我革新、自我提高，坚持和加强党中央集中统一领导，坚持不懈用习近平新时代中国特色社会主义思想凝心铸魂，完善党的自我革命制度规范体系，建设堪当民族复兴重任的高素质干部队伍，增强党组织政治功能和组织功能，坚持以严的基调强化正风肃纪，坚决打赢反腐败斗争攻坚战持久战。

党的二十大强调，坚持党的全面领导是坚持和发展中国特色社会主义的必由之路，中国特色社会主义是实现中华民族伟大复兴的必由之路，团结奋斗是中国人民创造历史伟业的必由之路，贯彻新发展理念是新时代我国发展壮大的必由之路，全面从严治党是党永葆生机活力、走好新的赶考之路的必由之路。这是我们在长期实践中得出的至关紧要的规律性认识，必须倍加珍惜、始终坚持。大会指出，全党同志务必不忘初心、牢记使命，务必谦虚谨慎、艰苦奋斗，务必敢于斗争、善于斗争，坚定历史自信，增强历史主动，谱写新时代中国特色社会主义更加绚丽的华章。

党的二十大批准了习近平代表十九届中央委员会所做的报告和十九届中央纪律检查委员会的工作报告，审议通过了《中国共产党章程（修正案）》。新修订的党章充分体现了马克思主义中国化时代化的最新成果，党的十九大以来党中央提出的治国理政新理念新思想新战略，以及党的工作和党的建设的新鲜经验。

党的二十大认为，进入新时代，党和国家面临的形势之复杂、斗争之严峻、改革发展稳定任务之艰巨世所罕见、史所罕见，正是因为确立了习近平同志党中央的核心、全党的核心地位，确立了习近平新时代中国特色社会主义思想的指导地位，党才有力解决了影响党长期执政、国家长治久安、人民幸福安康的突出矛盾和问题，消除了党、国家、军队内部存在的严重隐患，从根本上确保实现中华民族伟大复兴进入了不可逆转的历史进程。"两个确立"是党在新时代取得的重大政治成果，是推动党和国家事业取得历史性成就、发生历史性变革的决定性因素。全党必须深刻领悟"两个确立"的决定性意义，更加自觉地维护习近平同志党中央的核心、全党的核心地位，更加自觉地维护以习近平同志为核心的党中央权威和集中统一领导，全面贯彻习近平新时代中国特色社会主义思想，坚定不移在思想上政治上行动上同以习近平同志为核心的党中央保持高度一致。

10月22日，党的二十大选举出由205名委员、171名候补委员组成的二十届中央委员会，选举出二十届中央纪律检查委员会委员133名。10月23日，党的二十届一中全会选举习近平、李强、赵乐际、王沪宁、蔡奇、丁薛祥、李希为中央政治局常委，选举习近平为中央委员会总书记，决定习近平为中央军事委员会主席，批准李希为中央纪律检查委员会书记。

百年成就无比辉煌，百年大党风华正茂。回首过去，展望未来，中国共产党用伟大奋斗创造了历史伟业，也一定能用新的伟大奋斗在以中国式现代化全面推进中华民族伟大复兴的伟大实践中创造新的伟业。

七、当代世界社会主义的百花园
——丰富多彩的当代国外社会主义理论与实践

苏东剧变之后，社会主义国家阵营解散，世界社会主义运动进入低潮。但是，经过 20 多年的思考、调整、改革和探索之后，当代世界社会主义开始缓慢复苏，已由最初的"动荡期"转入在困难中探索、在曲折中发展的相对"稳定期"。当代国外社会主义实践形式越来越多地表现为民族或地域特点，世界各国执政的和没有执政的共产党（社会党），从本国本地的实际情况出发，探索符合本国本地实际的社会主义发展道路。

（一）当代越南、朝鲜、老挝、古巴社会主义国家的理论与实践

苏东剧变后，越南、朝鲜、老挝、古巴等社会主义政权一度面临艰难处境。一方面，苏东社会主义国家的解体，使越南、朝鲜、老挝、古巴等失去了重要的政治和经济依托；另一方面，美国加大了对包括四国在内的社会主义国家经济封锁和"和平演变"的力度，试图搞垮社会主义政权。然而，在如此严峻的形势下，他们经过一系列举措，成功化解了危机，维护了党的执政地位，保持了政权的稳定，其社会主义政权显示了强大的生命力。

1. 坚持社会主义方向不动摇，走符合本国国情的社会主义道路

马克思主义政党与社会主义是生命共同体，党的执政地位能否长久与社会主义制度能否稳固息息相关。意识形态可以为政权提供合法性支持。所以，要巩固党的执政地位，保持政权稳定，首先就必须坚持社会主义方向不动摇，扩大意识形态的包容性，以增强人民群众对执政党的认同感。

第一，坚持社会主义方向不动摇。1991 年 6 月召开的越南共产党七大认真总结了苏东剧变的原因和教训，认为苏联和东欧各国共产党的垮台，

使革命处于空前的低潮，使越南革命事业更加复杂、困难，但苏联模式的失败只是社会主义革命历程中暂时的挫折和反复，并不改变时代的性质，人类仍处于从资本主义向社会主义过渡时期，人类终将进入社会主义，因为这是历史进化的规律。资本主义仍然是一种压迫、剥削和不公的制度，"资本主义以其不可调和的矛盾，肯定不是历史的最高阶梯；社会主义命运不会像一些人误认为的那样业已结束"。"不管有多少曲折、复杂，历史终将找到自己的归宿，人类的未来必定属于社会主义。"① 越共强调，对越南来说，坚持社会主义道路，坚持共产党的领导，是符合人类历史发展的规律的，同时也是越南唯一的选择。越共七大报告明确指出：越南人民"决不会接受社会主义道路以外的任何道路"。鉴于苏东剧变的教训，越共提出了"坚持共产党的领导、坚持社会主义方向、坚持马克思列宁主义和胡志明思想、坚持无产阶级专政、坚持爱国主义同国际主义的结合"的"五项基本原则"。

1989 年 10 月，在东欧剧变之后不久召开的老挝人民革命党四届八中全会上，老挝提出必须坚持"六项原则"，即坚持社会主义目标，紧紧掌握新时期老挝革命的性质；马列主义是党指导老挝人民革命事业的思想基础；老挝人民革命党的领导是老挝人民革命事业胜利的决定条件；提倡和发扬民主集中制原则；加强人民民主专政的力量和效力；把爱国主义和无产阶级国际主义、社会主义的国际主义相结合。1991 年 8 月，老挝颁布第一部宪法，将"六项原则"载入其中。2011 年 3 月，老挝人民革命党九大强调，老挝将继续坚持社会主义道路，推进革新事业，建立社会主义方向的市场经济体制，建设社会主义法治国家，为实现 2020 年摆脱国家欠发达状况奠定坚实基础，继续向社会主义目标迈进。

1989 年东欧开始动荡和剧变时，卡斯特罗强调古巴要捍卫社会主义，并首次提出"誓死捍卫社会主义，誓死捍卫马列主义"的口号。1989 年 7 月 26 日，卡斯特罗在纪念攻打蒙卡达兵营 36 周年大会上就提醒古巴人民：社会主义大家庭可能"瓦解"，苏联可能"发生内战或解体"。他号召古巴人民要坚持斗争到底。"我们应该警告帝国主义，不要幻想一旦社会主义大家庭瓦解，古巴革命会停止抵抗……即使有一天我们一觉醒来，得知苏联

---

① 李慎明主编：《社会主义：理论与实践》，社会科学文献出版社 2001 年版，第 23 页。

发生内战或者苏联解体，即使在这种情况下，古巴和古巴革命仍将继续斗争，继续抵抗到底！"① 苏东剧变后，面对各种困难和挑战，古巴共产党在以卡斯特罗为核心的党中央的领导下，坚定社会主义立场，毫不动摇地坚持社会主义发展方向。古共坚定地提出："古巴宁可沉入大海，也决不改变航向，任凭它惊涛骇浪。"② 2002 年 6 月，古巴全国人民政权代表大会举行全民公决修改宪法，将社会主义制度以法律形式固定下来。古巴共产党还把坚持社会主义同维护国家主权独立、人民自决和反对帝国主义的斗争紧密联系起来，以加强社会主义政权的政治基础和凝聚力，指出："没有社会主义，就没有古巴的独立、主权和未来。"③ 2016 年 4 月，古共七大重申要更新社会主义的方针路线，坚定共产主义理想，决不走资本主义之路。2021 年 4 月，古共八大召开。此次会议实现了古巴党的领导人的代际更替，开启了古巴社会主义的新时期，古巴社会主义建设事业进入了新征程。古巴共产党人强调继续坚持共产党的领导不动摇，更充分发挥社会主义的优越性，努力建设繁荣富强的未来。④

第二，将马克思主义本土化，走符合本国国情的社会主义道路。越共七大第一次提出了"胡志明思想"与经典的马列主义一样是越共的指导思想，强调全党、全民将永远在胡志明思想的指引下，沿着胡志明选择的道路走下去。2006 年 4 月召开的越共十大对党的性质有了新的认识，从原来的"越南共产党是越南工人阶级的先锋队"修改补充为"越南共产党是越南工人阶级的先锋队，同时也是越南劳动人民和全越南民族的先锋队，是越南工人阶级、劳动人民和全民族利益的忠实代表"。在这次代表大会文件中，还允许党员从事私人经济活动，并讨论了私人企业家入党的问题，这无疑扩大了执政党的阶级基础和社会基础。⑤ 本次大会全面总结了越南革新开放以来的经验，确立了"越南基本建成社会主义"的理论体系。朝鲜劳

---

① 肖枫：《世界社会主义热点·焦点·难点》，当代世界出版社 2016 年版，第 302 – 303 页。

② 肖枫：《古巴压而不垮的奥秘》，《科学社会主义》2006 年第 3 期。

③ 王建国、王洪江：《社会主义国家执政党建设的历史、理论与实践》，中国社会科学出版社 2008 年版，第 537 页。

④ 钟梅嘉：《从古共八大看古巴特色社会主义建设：探索历程和发展前景》，《当代世界》2021 年第 6 期。

⑤ 王建国、王洪江：《社会主义国家执政党建设的历史、理论与实践》，中国社会科学出版社 2008 年版，第 529 页。

动党是比较早地进行马克思主义民族化探索的。主体思想是金日成在 20 世纪 50 年代提出、60 年代形成的思想，1972 年写入朝鲜社会主义宪法作为指导思想。面对苏东剧变后国际共产主义运动思想混乱的局面，朝鲜劳动党进一步加强了对全党的主体思想教育。金正日成为朝鲜最高统帅后，对主体思想做了进一步发展，正式提出"先军政治"口号，认为只有坚持"先军政治"的路线，走社会主义道路，建设"强盛大国"才能够保障思想、政治制度和国家稳定。金正恩成为朝鲜最高领导人后，朝鲜劳动党于 2016 年 5 月召开七大，强调要高举金日成金正日主义旗帜，全面建设社会主义强国。1991 年 3 月，老挝人民革命党召开五大。在党的指导思想的问题上，老挝人民革命党在继续强调把马列主义的普遍原理作为党的基本指导理论的基础上，同时提出要根据老挝的具体实际，继承、吸收人类智慧的优秀成果，学习借鉴各国的科学理论和实践经验。2016 年 1 月，老挝人民革命党召开十大。大会认真回顾了老挝革新 30 年历程，强调坚持"七条经验"，其中第一条就是必须坚持党的有原则的全面革新路线，继续在坚持社会主义目标和国家独立的基础上，创造性地运用和发展马列主义理论、凯山·丰威汉思想。老挝党十大在党的文件中首次将凯山·丰威汉思想与马列主义并列作为党的思想理论基础，体现了老挝党将马列主义与本国国情相结合的初步成果，是对老挝特色社会主义理论的积极探索。

在坚持社会主义方向不动摇的基础上，古巴共产党适时修改党章党纲，将马克思主义本土化。首先是把何塞·马蒂思想与马列主义并列为古共的指导思想。马蒂思想在过去的一个多世纪里一直在影响、鼓舞和激励着古巴人民进行反对外来压迫、维护民族独立、争取社会进步的正义斗争。特别是他的"正义在民、由全民组成并为全民谋福利的共和国"思想，在古巴民众中有深远的影响。1991 年 10 月，古共四大第一次将马蒂思想作为党的指导思想的组成部分。1992 年通过的古巴宪法明确宣称："以马蒂思想和马列主义为指导的古巴共产党是古巴民族有组织的先锋队，是社会和国家最高的领导力量，它组织和指导为实现建设社会主义的崇高目标和向共产主义社会迈进的共同努力。"① 把马蒂思想与马克思主义相结合，融入党的

---

① 王建国、王洪江：《社会主义国家执政党建设的历史、理论与实践》，中国社会科学出版社 2008 年版，第 538 页。

指导思想，突出了古共和古巴革命的民族性和本土化，大大加强了古共的社会基础和政治基础。其次是修改宗教政策，扩大党的社会基础。1991 年 10 月古共四大修改了党章，取消了党章中关于"有宗教信仰的革命者不能入党"的规定，允许符合条件的宗教人士中的优秀分子入党。这些人入党后仍然可以继续参加宗教活动，但不得影响党的工作，如果二者发生矛盾，必须优先考虑党的需要。古共还宣布此举不是权宜之计，而是党的一项长期原则。与此同时，古共还修改了宗教政策，规定："国家承认、尊重和保障信仰和宗教的自由，同时也承认、尊重和保障每个公民有改变宗教信仰或不信仰任何宗教的自由，有在遵守法律的前提下，信仰自己所喜欢的宗教自由。"古巴共产党根据国情的需要，修改党章和宗教政策，不仅有助于扩大党的代表性，巩固和加强党的执政地位，同时也改善了与宗教界的关系和古巴的国际形象，赢得了更多的国际同情和支持。[1] 1997 年 10 月，在古共五大的中心文件《团结、民主和捍卫人权的党》中，首次提出古巴共产党是"以马列主义、马蒂学说和菲德尔的思想为指导的"。2016 年 4 月，古共七大通过的《古巴社会主义经济社会模式的理念》，再次强调：古巴共产党是古巴唯一的、有组织的无产阶级先锋队，它是由马克思主义、列宁主义、马蒂学说和菲德尔思想武装起来的，是古巴社会和国家的最高的领导力量。2019 年新修订的《古巴共和国宪法》第 5 条明确指出，古巴共产党是古巴唯一合法政党，是古巴民族组织严密的先锋队，是古巴社会和国家最高的政治领导力量，以马蒂思想、菲德尔思想、马列主义作为指导思想。[2]

2. 大力发展经济，切实关注民生

执政党要想巩固执政地位，就必须大力发展经济，保持经济快速增长。同时在推进现代化建设的过程中，一定要牢记劳动阶层是社会大多数的这一最大实际，切实关注民生，始终把广大劳动大众作为最重要的执政基础。

第一，坚持改革（革新）开放，大力发展经济。1986 年底，在世界社会主义国家改革运动全面高涨的大格局下，越共六大做出了重大决策，全面推进革新开放，集中力量进行经济建设，努力使越南摆脱社会经济危机。

---

① 中共中央党校党建教研部课题组：《古巴共产党密切党群关系的基本做法和经验》，《当代世界与社会主义》2006 年第 4 期。

② 吴洪英：《试析古巴修宪的原因、内容及影响》，《现代国际关系》2019 年第 4 期。

2001 年越共九大提出了追赶中国、追赶东盟、追赶发达国家的"追赶战略"。其主要措施有：构建"社会主义定向的市场经济"体制，激发各种经济成分的潜能和推动经济发展；把发展农村家庭承包责任制和"庄园经济"作为改变经济滞后和加速经济发展的突破口；发挥私营经济在发展各种经济中的"鲇鱼效应"，激活经济，加快发展；发展外资经济，融入国际经济和地区经济，借助外力实现经济腾飞；等等。通过实施"追赶战略"，越南实现了新的飞跃。"追赶战略"提出以来，越南经济保持着较高的增长速度。2001—2010 年，越南年均 GDP 增长速度达到 7.3%，高于泰国、新加坡、马来西亚和菲律宾。1986 年越南的人均 GDP 不到 100 美元，2008 年越南人均 GDP 首次突破 1000 美元，2015 年上升为 2200 美元，越南已经从世界最不发达国家进入了中等收入国家行列。2011 年 1 月，越共十一大提出继续全面推进革新路线，在 2020 年基本建成现代化的工业国家，到 21 世纪中叶，把越南建成民富、国强、民主、公平、文明的社会主义国家。2016 年 1 月，越共十二大召开。越共中央明确提出建设和完善社会主义定向的市场经济是越南经济体制改革的目标，既增加了"完善"二字，同时统一了越南对社会主义定向的市场经济的各种组成部分、市场的地位、国家的地位、人民的地位以及在发展过程中实现社会进步和公平目标的认识。

2018 年 4 月，朝鲜劳动党七届三中全会明确提出了"全党全国集中一切力量进行社会主义经济建设"的战略路线，标志着朝鲜社会主义事业发展进入了新阶段。[1] 2019 年 4 月，朝鲜劳动党召开七届四中全会，大力倡导自力更生，将发展自立型民族经济视为关系朝鲜革命成败的"生命线"，明确提出继续走"集中全部精力发展经济"的战略路线。

1986 年 11 月，老挝人民革命党四大首次提出"革新开放"的战略方针。1996 年 3 月，老挝人民革命党召开六大，全面总结了近 10 年革新所取得的成就和重要经验，进一步提出要实行"有原则的全面革新"。自 1986 年实行革新开放以来，政局稳定，经济发展取得巨大成就，尤其是 2006 年老挝党八大后，积极实行"资源换资金"战略，大力吸引外资，经济快速增长。2013 年，老挝 GDP 达 101.9 亿美元，同比增长 8%，人均 GDP 达 1534 美元。2016 年 1 月，老挝人民革命党十大强调继续坚持有原则的全面

---

① 莽九晨：《朝鲜经济建设取得新成就》，《人民日报》2019 年 6 月 19 日。

革新路线。大会对未来 5 年、10 年发展做出全面部署，并提出未来 15 年远景规划：到 2020 年，争取实现人均国内生产总值达 3190 美元，解决贫困问题，摆脱欠发达状态。到 2025 年，使老挝成为中等收入的发展中国家，解决大多数人民群众温饱问题，完全实现联合国千年发展目标，基本实现联合国可持续发展目标。到 2030 年，使老挝成为中高收入的发展中国家，国内生产总值较 2015 年增长 4 倍以上，经济实现平稳可持续增长，财政实现独立自主，社会主义方向的市场经济体制逐步形成。

苏东剧变后，古共越来越意识到搞好经济建设、提高生产力、提高人民生活水平的重要性和紧迫性。为了发展经济，古巴走上了经济改革和对外开放之路。正如国务委员会副主席卡洛斯·拉赫所说："古巴将继续推动国家经济改革和对外开放，因为这是解决国家经济问题的唯一出路。"1991 年 10 月，卡斯特罗在古共四大上明确提出了古巴对外开放的政策，将对外开放作为国策确定下来。1992 年古巴政府修改了外资法，放宽了对外资的限制，随后通过的新宪法把合资企业作为古巴经济的一种所有制形式。在对外开放的同时，古共也迈开了经济改革的步伐。1993 年 7 月，卡斯特罗首次宣布了几项重大的经济改革措施。古共五大后，古巴又继续推出一些新的改革举措。古巴的改革已取得明显的成效。改革的第二年，古巴经济就停止下滑，逐步回升。1995 年古巴国内生产总值增长 2.5%，1996 年增长 7.8%。到 1996 年古巴已度过了"和平时期的最困难阶段"，经济形势逐步好转，GDP 连续增长，人民生活得到改善。2005 年实现了 11.8% 的经济增长率。现在，古巴逐步走上了经济复兴的道路。2016 年 4 月，劳尔·卡斯特罗在古共七大中心报告中再次就强调：古巴将坚定不移地在社会主义旗帜下，推动深化经济模式"更新"的进程，既不走封闭僵化的老路，也不走改旗易帜的邪路。2021 年 4 月召开的古巴八大再次强调要继续推进经济社会模式更新，通过了《2021—2026 年党和革命的经济社会政策指导方针》，为古巴党和政府下阶段推进经济社会模式更新指明了方向。

第二，注重社会公平，切实关注民生。越共非常注重社会公平问题，通过采取多种消除饥饿、减少贫困的措施，使贫困阶层在越南总人口中所占比例从 1993 年的 58% 降至 2004 年的 19.5%，失业率降到 5% 左右。2003 年以来，越南陆续提高了最低工资、养老金和公务员工资，也促使民营企业加薪，国内储蓄从 1995 年的 17% 上升到 2005 年的 34%。消费水平得到提高，形成了与其他发展中国家不同的个人消费主导型经济结构，个人消费在 2004 年国内生产总值中占 67%，而这一比例在中国为 43%。① 为减轻就业压力，越共采取国家、社会和个人共同努力的办法拓展就业渠道。一方面，政府努力创造就业机会，鼓励个人自由择业，并对失业人员进行再就业培训。另一方面，在巩固和扩大原有海外劳动力市场的同时，积极开辟新的市场，增加劳动力的输出。以上这些卓有成效的举措，使越共深得越南人民的认同和支持。

古共在发展经济的同时，非常注意实现和维护社会公平，注意维护广大群众的社会福利。虽然古巴经济发展水平比较低，到目前为止，蛋糕做得仍然比较小，但他们特别注意把仅有的蛋糕分得科学合理而且匀称，社会贫富差距不大，没有两极分化现象。1959 年革命胜利后，古巴即着手按照社会主义的原则和要求打造新的社会保障制度。1963 年 4 月颁布的古巴第一部社会保障法标志着体现社会主义理念的新社会保障制度的初步确立。2009 年 1 月开始实施的新社会保障法开启了古巴社会保障制度改革的新进程。统一性、全民性、全面性是古巴社会保障制度的显著特征。古巴自 1963 年公布第一部社保法起就实现了社保制度的全国统一。在统一的管理下实行统一的原则和标准体现了社会主义制度的公平性。早在 20 世纪 80 年代中期，古巴就建立了一套覆盖率达 100% 的社会保障体系，实现了对每个国民的保障。古巴基本上实现了"从襁褓到坟墓"的全面保障。古巴有着一套全民医疗体系，全国城乡居民均能享受终身公费医疗。由于享有良好的医疗卫生条件，古巴平均寿命 79.5 岁，在世界名列前茅。古巴打而不倒、压而不垮，一个重要奥秘是人民群众从革命和建设中得到了实惠，他们是古巴社会主义的受益者和拥护者，从而使古巴社会主义具有深厚的群众基础。

3. 重视党内民主，推进民主政治建设

苏共失去政权的原因是多方面的，而根本原因却在党内。其中党内民主缺乏又是一个关键性原因。在反思苏共亡党亡国的经验教训基础上，越南、老挝、朝鲜、古巴四国的共产党认为，要使政权保持稳定，就必须高度重视党内民主，充分保障党员群众的基本权利。

---

① 《越南经济令人刮目相看》，《参考消息》2006 年 10 月 15 日。

第一，严格执行民主集中制原则，坚持集体领导原则。在胡志明主席去世后，为防止权力过分集中到一个人或少数人手中，越共党章明确规定"以民主集中制为基本组织原则，实行集体领导，个人负责"。2001年，越共制定了中央委员会、政治局、书记处、中央检查委员会新的工作制度，将集体领导和个人分工负责紧密相结合。一些重大的问题，如党的决议、重大政策主张、重要干部任免、大型工程项目等，都必须通过集体民主讨论后表决通过，个人不得擅自拍板；采取少数服从多数的原则，少数人的意见允许保留，而且党组织会定期对不同意见进行动态调研，吸收其合理部分；但是，一经表决通过，就必须按集体的决定去做，不允许再散布个人意见。

建党60多年来，总的来说，老挝人民革命党没有脱离民主集中制原则，党的组织结构严密，组织程序比较规范，并且不断严明组织纪律。首先，完善了党的集体领导、分工负责的制度，凡涉及党的重大决策部署、干部任免、重点工程项目开展等事项都坚持民主集中制原则，集体讨论决定。其次，建立和完善了党的各级代表大会制，完善了党内选举制度和国会质询制度。为了进一步巩固组织纪律建设成果，2013年2月，老挝人民革命党中央书记处下发第07号文件，要求在全党范围内开展"党内整顿"政治生活活动。党内民主关系着党的生命。2013年6月，老挝人民革命党中央各部委和省级党委均召开党委扩大和特别会议，部署开展组织整顿工作，着力解决工作作风及党员干部队伍中存在的消极现象，发挥党员先锋示范作用。2014年6月，老挝人民革命党九届八中全会就"预算收入困难、市场物价居高、扶贫不力、政府办事效率低以及社会消极现象蔓延"等问题开展了党内批评与自我批评。①

1991年古巴四大关于党章的决议指出，要坚持民主集中制，就必须把高度自觉的纪律性与广泛的党内民主真正有机结合起来，高度重视实行集体领导和个人负责制。在古共五大上，卡斯特罗在谈及如何保证革命及其连续性问题时说，这"不靠个人，而要靠党、靠集体领导"。他强调："确实应该考虑得更远一些，应该考虑集体领导，即使菲德尔和劳尔不在了也应该保障党的领导，如果不考虑这个问题，确实是一些不负责任和缺乏远

---

① 方文：《老挝人民革命党管党治党的经验教训》，《当代世界与社会主义》2016年第5期。

见的人。"①

第二，充分保障党员群众的民主权利。越共在保障党员群众的民主权利方面进行了一些有益的探索。实行党务公开，广开言路。越共在 1986 年六大召开前，就将政治报告草案发放到部分党内人士手中，在小范围内征求意见。然后，越共中央对收集的各方面意见进行认真审议，将草案进行了根本性的修改。后来，越共的七大、八大都沿袭了提前公布政治报告的做法。2001 年召开的越共九大采取了在更广的范围内征求意见的做法。在大会召开前，越共中央通过新闻媒体向全社会提前公布政治报告草案，然后根据反映的意见对政治报告逐条进行补充修改。越共十三大召开前夕，祖国阵线及各政治社会组织于 2020 年 10 月 15 日至 11 月 15 日向人民征集对越共十三大相关文件草案的意见，具体包括越共十三大政治报告草案、关于落实《2011 至 2020 年十年经济社会发展战略》和制定《2021 至 2030年十年经济社会发展战略》情况的总结报告草案、2016 至 2020 年五年经济社会发展任务落实情况和 2021 至 2025 年五年经济社会发展任务方向报告草案、党建和党章执行情况总结报告等。越共通过数百场会议、研讨会、座谈会以及线上等形式，广泛征集人民意见，集中全民智慧，凝心聚力，营造了社会各种力量、各种成分参与国家主张、政策、体制决策的良好氛围。为了最大程度地选举出德才兼备的人才，最大限度保障党员主体地位和民主权利，越南共产党把党的事务展现于全体党员面前并接受监督。通过修改党章，允许党员以党员自荐、组织推荐、党代会推举的途径加入选举阵营，除中央委员会正式委员外，还设有中央委员会候补委员一职。为了方便党员群众反映意见和实施监督，所有代表的基本情况都要公布于众，实行质询制。2002 年，越共九届五中全会首次实行了质询制度。越共加强党内民主建设的重大举措推动了社会民主的发展。2002 年 5 月举行的第十一届越南国会选举被称为是越南建国以来首次"真正意义上的民主选举"，充分体现了越共要加大民主选举力度的决心。自国会质询制度实施至今，质询问题涉及政治、经济、教育和工业等各个领域，人民通过质询对国家政策实施进行全面了解和监督。今后越南将会更加重视民意测评结果，在充

---

① 本书编写组：《兴衰之路——外国不同类型政党建设的经验与教训》，当代世界出版社、中共中央党校出版社 2002 年版，第 55 页。

分参考人民意见的前提下对政府官员做出质询，确保党和国家干部对人民负责、受人民监督。①

古共十分注意调动群众参与国家重大事务的积极性和政治热情。古共发展新党员和选拔党的领导干部都要征求群众意见。古共吸收党员要经过群众的推荐，党章明确规定："接纳党员和预备党员只能在征求群众意见之后履行手续。"为此，古巴在基层普遍建立了劳动者代表大会推荐党员的制度。古共还强调"全国和谐"的原则，即一切重要决策出台前，都要先经过群众的共同讨论，广泛征求党员群众的意见。首先要在广大党员中进行讨论，征求意见，将意见统一后再对决策加以确定和实施。如古共四大的主要文件《号召书》，不仅在广大党员中进行了广泛、深入的讨论，而且还吸收350万党外群众对文件进行了认真讨论，共提出了100多万条意见。再如古共五大在1997年10月召开，但其政治文件草案早在1997年5月就公布并交党内外讨论，广泛征求意见。在历时两个多月的时间里，包括党员在内，全国14岁以上的650万人参加了大讨论。② 古共六大在2011年4月召开。2010年11月9日，古共就公布了准备在"六大"讨论通过的主要文件《经济和社会政策的纲要》草案（以下简称《纲要》）。随后，先后在高级党校举办了两期高级干部培训班，学习和讨论《纲要》，之后从2010年12月1日起至2011年2月底，在全国各地组织党内外群众对《纲要》进行了广泛讨论，征求意见和建议。据统计，共有891万多人次参加讨论，召开了16.3万次会议，有300万人在会上发言，提出了78万多条意见和建议。③

从2013年起，古巴政府酝酿修宪，2018年4月正式启动修宪进程。2018年8月13日至11月15日，在全国范围内广泛征求民意。2019年2月24日，在"全国选举委员会"组织下，古巴举行了全民公投，对新宪法草案投票裁决。根据2019年2月25日全国选举委员会公布的数据，古巴共有登记选民9298277人，此次参加投票选民7848343人，占登记选民的

---

① 徐秦法、秦艺菲：《越共十二大以来政治革新的进展及态势研究》，《当代世界社会主义问题》2021年第1期。

② 王建国、王洪江：《社会主义国家执政党建设的历史、理论与实践》，中国社会科学出版社2008年版，第545－548页。

③ 徐世澄：《古共"六大"：承前启后，继往开来》，《当代世界》2011年第5期。

84.41%。其中赞同新宪法草案的选民占投票选民的 86.85%。①

4. 狠抓党风廉政建设，提升党的权威

越共十分注意党风和廉政建设。在越南革新开放事业的深入发展、人民生活水平提高的同时，越南党内外各种消极腐败现象也日益严重起来，贪污受贿行为盛行，违法乱纪严重，被人民痛斥为"国难"，极大地影响了党在人民群众心目中的形象和威信。越共充分认识到腐败严重危及党的事业和国家的前途命运，因此把党风廉政建设当作极其重要的任务常抓不懈，不断加大反腐败斗争的力度。一方面，越共党和政府健全制度法规，完善监督约束机制。另一方面，开展经常性的反腐败运动。越共从 1999 年 5 月 19 日至 2001 年 5 月 19 日在全党开展为期两年的党的建设和整顿运动。2001 年，党的九大后相继出台了财产申报、财政公开等一系列规章制度。2005 年 11 月，越南国会又通过了《预防和打击腐败法》。2006 年 2 月，越南政府批准了《贯彻落实〈预防和打击腐败法〉的政府行动计划》。2006 年 8 月，越共国会常委会批准成立了中央防治腐败指导委员会，指导全国的反腐败斗争。2012 年起，越共中央总书记担任该委员会主任。2016 年越共十二大把整党治党作为大会政治报告的主题，提出了党建的十项任务，其中第二项新任务就是加强与贪污腐败、浪费作斗争的力度。同年 10 月召开的越共十二届四中全会通过了《关于加强建设和整顿党，制止和打击思想政治、道德、生活作风蜕化以及内部"自我演变""自我转化"现象的决议》，明确指出，党员干部在思想政治、道德、生活作风上继续蜕化的状况损害了党的领导地位，降低了人民对党的信任，直接威胁了党和社会主义制度的生死存亡，必须切实加以整顿。2018 年越共十二届七中全会提出了干部建设任务，将发挥干部主动性、创造性与对权力的监督监察充分结合，大力营造健康良好的政治生态。2013—2020 年期间，超过 13 万名官员因腐败受到处罚。

老挝人民革命党认为，党的队伍廉洁与否直接关系党的执政地位和政治生命，因此把严肃廉洁纪律上升为最重要的执政理念。老挝人民革命党党章规定，党是工人阶级先锋队，始终作为工人阶级最高政治组织，始终作为工人阶级、爱国劳动人民和全民族利益的忠实代表。60 多年来，老挝

---

① 吴洪英：《试析古巴修宪的原因、内容及影响》，《现代国际关系》2019 年第 4 期。

人民革命党一直坚持把为国家和人民服务作为行动指南，不谋私利，不搞特权，获得了人民群众的信任。为了能够严肃廉洁纪律，保持共产党人清正为民、公平用权的政治本色，老挝人民革命党于 1992 年制定了《反贪污腐败条例》，1993 年成立了中央反贪污委员会。2002 年起，对全国县处以上干部实行个人财产登记制度，并颁布了《关于党员干部的 14 条禁令》。2012 年以来，相继制定了《政治局关于党员干部禁止事项的规定》《中央委员会和政治局关于新条件下加强纪检监督和反贪污腐败的决议》《关于加强党委对党组织和党员监督工作的规定》《2012—2020 年国家反贪污腐败战略（草案）》《关于领导管理干部财产和收入申报的总理令》等多份重要文件。从 2014 年开始，老挝人民革命党提出，要严格公务员入职或任职前财产公示制度以遏制腐败行为，价值 2000 万基普（约合 1.5 万元人民币，包括土地、房产、车辆、机械以及各类贵重物品）以上的各类财产都必须上报。2013 年，老挝人民革命党共有 341 名党员领导干部因不廉洁受到党纪政纪处分，179 人被开除党籍，18 人被撤职，其中 6 人为县委书记，被判刑的 59 人中，党的高级干部占 12 人。2015 年，有 567 名党员领导干部受到党纪政纪处分，306 人被清退出党。2016 年上半年，有 95 名党员领导干部受到党纪政纪处分。① 2019 年 5 月召开的老挝人民革命党十届八中全会，特别强调了要下大力气解决繁文缛节和官僚主义问题。

古共强调党员，特别是领导干部要与群众同甘共苦，不搞特殊化。国家规定，党政机关干部的工资不得高于同级的企业领导人的工资。在食品供应方面，党政高级领导干部没有特殊供应，各级领导干部与普通群众一样凭证到国营商店排队购买定量的食品和物品。古共清醒地认识到，腐败丧权，廉洁兴党。卡斯特罗特别强调指出，"在腐败未侵蚀党的肌体之前，就必须把毒瘤切除"。古共中央要求各级党组织包括省、市党委和各基层支部，每月讨论一次防止和反对腐败问题，检查本地本单位有没有问题，出现问题要及时纠正。古共的反腐败首先是加强对领导干部的制度约束。1996年古共颁布了对国家干部的 26 条戒律，规定高级干部除非公务，即使自己有外汇也不能去旅游饭店消费；领导干部装修房子即使是用自己的钱也要经过批准；政治局委员、部长不得更换新型汽车；部以上干部及其家属不

---

① 方文：《老挝人民革命党管党治党的经验教训》，《当代世界与社会主义》2016 年第 5 期。

能在企业兼职或担任名誉职务；不允许高级干部子女经商；不允许企业领导人把家属和亲戚安排在本企业工作；等等。其次，古共十分重视监督的作用，建立了一整套监督机制。一方面，加强组织监督。古共设立中央、省、市三级申诉委员会，设立全国群众举报委员会，建立了全国审计办公室，各省省委下设专事监督的审计局，并设立对公车私用行为的专门监督机构。另一方面，加强群众监督。部以上干部在下班后与普通居民一样，要接受居住地保卫革命委员会的管理和监督。保卫革命委员会有义务向党政干部所在单位报告他们及其家属和子女在社区的表现，对党政干部的年度考核、任用和选拔也有发言权。最后，古共对腐败和违纪行为决不迁就姑息，坚决将腐败分子撤职或查办。古共规定，领导干部贪污受贿金额在300美元以上，不论其职位高低，坚决免除其领导职位，需要法办的就要法办。[1]

（二）当代社会党的民主社会主义理论与实践

民主社会主义或社会民主主义，是西方资本主义国家的社会主义流派中影响最大的一派。民主社会主义最早出现于1848年欧洲革命中，后在第二国际中广泛流行。从历史演变看，西方的社会民主党已经由初始的资本主义的反叛者演变为资本主义的改良者，再变为资本主义的共生者。作为一种改良主义的政治思想体系，民主社会主义与科学社会主义两者间有原则性的区别。民主社会主义既取得了一些很大的历史成就，也存在着曲解和歪曲马克思主义的基本理论观点以及经常背叛自己高谈的主张的灰色记录。

1. 民主社会主义的三次转型

自诞生以来，民主社会主义一直处在不停发展变化之中。民主社会主义共发生过三次转型，经历了从资本主义的反叛者到资本主义的改良者和共生者。[2]

第一次转型以伯恩施坦修正主义为标志。本书第二章对此曾做讨论述。

---

① 王建国、王洪江：《社会主义国家执政党建设的历史、理论与实践》，中国社会科学出版社2008年版，第545－548页。

② 季正矩：《如何看待民主社会主义》，《理论视野》2009年第8期。

恩格斯逝世后，社会党主流派逐渐把和平的普选途径视为唯一的斗争方式，即改良主义的道路，同列宁的布尔什维主义产生分歧。列宁逝世后，社会党对斯大林所建立的社会主义模式持更加否定的态度。在两次世界大战之间，为了与苏联的布尔什维主义相对抗，社会主义工人国际及其各成员党此时逐渐用"民主社会主义"一词来取代"社会民主主义"。这一时期，社会民主党虽然在实践中已全面转向合法主义－改良主义的立场，但在理论上和纲领上仍保留了不少传统的马克思主义词句和革命口号。

第二次转型以德国社会民主党的哥德斯堡纲领为标志。第二次世界大战后，西欧各国社民党基本上完成了对资产阶级国家认同的过程，全盘接受了资产阶级议会民主制的政治游戏规则，不再讳言自己是改良主义政党，与"科学社会主义"相对立的"民主社会主义"成了社会党国际及其成员党对自己的理论与实践的正式称谓。1959 年通过的哥德斯堡纲领从理论上概括了社会民主党在战后所遵循的各项原则，彻底切断了社会民主主义在世界观和理论方面形式上仍保留着的与马克思主义的历史渊源关系，摒弃了对马克思主义所论证的社会主义"最终目标"及其"历史必然性"信仰的残余，逐步从制度社会主义向价值社会主义转向，逐步淡化社会制度变革诉求。

第二次世界大战后，欧洲资本主义进入国家垄断资本主义阶段，再次进入和平繁荣发展时期。此时欧洲各国社会党在参与欧洲战后重建的过程中，转变为改良主义的全民党。随着欧洲资本主义发展进入黄金期，民主社会主义在欧洲也曾经辉煌一时。但自 20 世纪 70 年代起，受到经济滞胀的影响，民主社会主义开始逐渐陷入困境。一些历史悠久、力量较强并曾长期执政的发达国家的社会党、社会民主党纷纷在选举中失败而下野。从 20 世纪 70 年代末起，社会党选情持续低迷。1976 年，自 1932 年大选后上台，连续执政 44 年的瑞典社会民主党在大选中失利而下野。在英国，1979 年，在战后 6 次组阁，前后执政 17 年的英国工党在选举中败给保守党而下台。此后，英国工党一直无缘问鼎政权，直至 1997 年。英国工党在野长达 18 年之久。在德国，1982 年施密特下台，结束了德国社会民主党长达 13 年的执政地位。紧接着又失去了 1983 年大选和 1990 年大选，直到 1998 年中大选获胜，德国社民党在野时间已经长达 16 年之久。

与此同时，发达国家的社会党、社会民主党的党员人数、选举中的得票率都普遍呈下降趋势。20 世纪 70 年代中期，瑞典社会民主党党员人数曾超过 110 万，1989 年党员人数下降到 60 万。1982 年再次上台执政后支持率节节下降，1985 年大选中得票率为 44.7%，1988 年大选中得票率为 43.5%。1976 年鼎盛时期德国社会民主党的党员人数超过 100 万，1989 年苏东剧变前降到 92 万。在 1983 年的大选中得票率为 38.2%，1987 年降为 37%，且均未取得胜利。英国工党，在 1983 年、1987 年的大选中分别以 28.3%、30.8% 的得票率败北。西班牙工社党的选票也不断减少，1982 年大选得票率为 48.2%，1986 年为 44.06%，1989 年降为 39.5%。苏东剧变后，进入 20 世纪 90 年代，发达国家社会党、社会民主党力量下滑的势头更加明显，有的党处于严重的危机之中。1990 年 12 月，德国举行两德统一后的首次大选，德国社会民主党得票率仅为 33.55%，是 20 世纪 60 年代以来的最低点。瑞典社会民主党在 1991 年的大选中得票率仅为 37.6%，是自 1932 年以来最惨重的一次失败，被迫再次下台。法国社会党在 1993 年的大选中得票率仅为 17.62%，议席 53 个，与上届选举相比，分别下降了 17 个百分点和减少了 215 个议席，是该党建党以来的最低点。意大利社会党在 1994 年的全国大选中得票率低于 4%，被排除在议会之外，几乎从意大利政坛上销声匿迹。在 20 世纪 90 年代前半期，英、法、德、意四大国中，没有一个社会党、社会民主党执政，这种情况自 20 世纪 60 年代以来是罕见的，社会民主党在发达国家政坛上的地位跌到了低谷。①

20 世纪 90 年代中期，特别是震惊世界的亚洲金融危机以后，新自由主义的声望急剧衰落，欧洲的政治钟摆再次向左移动，新自由主义全球化造成的贫富分化和金融危机已经达到威胁政治稳定，令西欧社会难以继续承受的地步。在这种历史背景下，西欧社会民主主义政党的处境开始好转，其力量和影响开始缓慢回升，再次获得竞选获胜上台执政的机会，社会民主主义得以复兴。

欧洲社会民主主义的复兴最早是从荷兰开始的。1994 年 5 月，荷兰工党赢得选举，组成了自 1976 年以来第一个由工党领导的联合政府。社会民主党的力量和影响回升最快的是北欧。1994 年 9 月，瑞典社会民主党时隔三年后东山再起，重新上台执政。丹麦社会民主党也于 1994 年 9 月在大选

---

① 王伟光主编：《社会主义通史》第 7 卷，人民出版社 2011 年版，第 267－269 页。

中获胜，组成了由社民党人任首相的三党联合政府。芬兰社会民主党在1995年3月的大选中获胜，以议会第一大党的身份组成四党联合政府。挪威工党在1993年大选中虽然只获得36.9%的选票，但是由于对手软弱涣散，所以工党得以组成少数派政府单独执政。这样，北欧政坛1995年出现了历史上不多见的四国社民党和工党同时执政的局面。紧接着，意大利中左联盟"橄榄树联盟"于1996年在全国议会选举中获胜；1997年5月，英国工党选举获胜，组阁执政，结束了保守党将近20年的统治，同年7月，法国社会党与共产党、绿党组成联合政府；1998年9月，德国社会民主党与绿党结盟，赢得选举获胜。这次政治钟摆的向左移动被称为"20世纪末社会民主主义的神奇复归"。1999年，欧盟15国曾一度有13国是社会民主党人单独或联合执政，欧洲呈现出一片耀眼的粉红色，扭转了20世纪80年代新自由主义独占天下的霸权局面。①

民主社会主义的第三次转型的标志是第三条道路。苏东剧变以后，民主社会主义原本指望分享苏东剧变"红利"的情况落空后，民主社会主义恢复了以前的社会民主主义的称谓，同时，提出了走第三条道路。第三条道路既不是针对社会革命与社会改良的历史分野，也不是针对共产主义与资本主义两种思想体系和社会制度的冲突和对抗，而是针对资本主义社会内部传统的左/右政治意识及其政治运作模式。它要在日益衰落的福利社会主义与新自由主义之间努力寻找一条中间路线。在"超越左右"的口号下，试图把传统左翼的国家干预主义模式和新自由主义的自由市场模式的积极方面结合起来，在政治上扩大了同西方保守主义的"趋同"。

1997年5月，英国工党领袖布莱尔第一次作为首相走入唐宁街。此后，他公开宣布工党政府将在老左派的民主社会主义和新右派的新自由主义之间寻找一条重振社会民主党的中左之路，即"第三条道路"，并从理论上论证。1998年9月，费边社发表布莱尔撰写的小册子《第三条道路：新世纪的新政治》，标志着"第三条道路"在理论上已经成型。② 受英国"第三条道路"的启发，德国社会民主党、法国社会党等其他社会党也纷纷效仿，

---

① 张世鹏：《西欧社会民主主义政党指导思想的历史演变》，山东人民出版社2014年版，第363页。

② 张世鹏：《西欧社会民主主义政党指导思想的历史演变》，山东人民出版社2014年版，第371页。

推出了自己国家版的"第三条道路"。它主要体现在以下四个方面：第一，在政治上，实行以中间化为核心的政党改革。在打破左右分野的旗号下，"第三条道路"在政党政策取向上由工人阶级全面转向中间阶级。布莱尔认为："第三条道路就是目前进步的中左力量在英国和其他地方正在形成的新政治的最好的称号。""中左派应该是21世纪的精英领导阶级。"第二，在经济体制上，建立既强调市场功能又强调政府作用的"新的混合经济"，以建立"有活力的社会市场经济"。"第三条道路"主张大幅度削减政府对市场的管制，充分发挥市场竞争优势，以期达到所谓的经济效率。第三，在福利制度上，主张通过积极的福利政策替代以往消极的福利政策，把改革的重点放在培养个人对自己负责的精神和独立意识，确立"没有责任就没有权利"的原则。第四，在国家问题上，要建立强大的公民社会，承认政府在社会领域的有限作用；从政府管理型向治理型转变，以"广泛包容"的政策推进机会平等和公共参与决策的实现。在全球化时代，世界治理必须提上日程，各个民族国家应该将部分主权让渡给以联合国和欧盟为代表的国际机构。

"第三条道路"表面上看起来是一条"超越老派的社会民主主义和新自由主义"[1] 的新路，但实质上是对传统民主社会主义的背离。正如英国社会学家斯图亚特所说，"第三条道路""接受了新自由主义的经济理论，而这种经济理论是与实现更大范围的平等、为公众提供福利服务以及促进社会改善等社会民主主义的历史目标背道而驰的"[2]。所以，"经历过'第三条道路'改革运动后的民主社会主义，已经不能再被称为民主社会主义了，而只能称作社会民主主义或社会的民主主义"[3]。

纵观社会民主主义的三次转型，可以看出：第一次转型的主要特征是修正马克思主义，第二次转型的主要特征是抛弃马克思主义，第三次转型的主要特征则是逐步告别作为替代制度的社会主义。从历史演变看，西方

---

[1] ［英］安东尼·吉登斯：《第三条道路：社会民主主义的复兴》，郑戈译，北京大学出版社2000年版，第27页。

[2] ［英］斯图亚特·汤普森：《社会民主主义的困境：思想意识、治理与全球化》，贺和风、朱艳圣译，重庆出版社2008年版，第11页。

[3] 王学军、张森林：《"第三条道路"与民主社会主义的终结》，《马克思主义研究》2012年第11期。

的社会民主党已经由初始的资本主义的反叛者演变为资本主义的改良者，再变为资本主义的共生者。

进入 21 世纪，西方资本主义进入了一个持续的危机阶段。世界社会党特别是西方国家社会党再次陷入低迷状态。国际金融危机和欧债危机以来，西方国家多数社会党继续深受其冲击，一些党在大选中成为危机的"牺牲品"，德国、英国、葡萄牙、西班牙、希腊等多个社会党输掉大选、丧失政权，而且德国社民党、葡萄牙社会党在选举中得票率均跌到历史低点，分别降到 23%、28% 的新低。西方国家许多社会党在反思"第三条道路"的基础上，对党的理论纲领进行适度调整，更加强调社会公正。瑞典社民党也重新定位社会公正，强调要更加重视就业和社会保障，关注弱势群体。德国社民党在 2007 年底通过的最新纲领——《汉堡纲领》中重提民主社会主义，提出要继续将"民主社会主义"作为自己的政治理想，并保留了社会主义这一概念，这是在政治上左倾、回摆的表现之一。英国工党和德国社民党 2009 年在"共同文件"中提出要建设一个政治民主、团结互助、社会公正、经济和生态可持续发展的美好社会。该文件同两党在 1999 年发表的共同政策文件相比，其关注重点发生明显变化，从经济效率转向了社会公正。法国社会党自危机以来多次召开全国会议，全面梳理该党的发展理念、社会公正等理论，提出要发展"社会生态主义"、创新型社会和"税制革命"，建设一个平等、公正、和谐的新社会。①

2. 民主社会主义与科学社会主义的区别②

作为一种改良主义的政治思想体系，民主社会主义与科学社会主义两者间有原则性的区别，主要体现在指导思想、追求的目标、依靠的社会力量、实现社会主义的道路和方法、作为其载体的党的性质和作用五个方面。

其一，指导思想不同。科学社会主义在实践中始终坚持以马克思主义为唯一的指导思想，反对指导思想多元化。相反，民主社会主义否认马克思主义是唯一科学的社会主义理论，主张世界观的多元性和社会主义论证的多元性。蒲鲁东主义、工联主义和费边社会主义、拉萨尔主义、伯恩施坦

---

① 代金平、唐海军：《当今国外一些社会党新情况新变化与困境探析》，《当代世界与社会主义》2013 年第 4 期。

② 季正矩：《如何看待民主社会主义》，《理论视野》2009 年第 8 期。

主义、考茨基主义等成为现代民主社会主义的直接思想来源。马克思主义经典作家生前曾经批评和批判过这些思潮。恩格斯曾经指出，蒲鲁东主义都渗透着一种反动的特性：厌恶工业革命，希望把全部现代工业"统统抛掉"，是一种小生产者主义。费边社害怕革命，他们的社会主义是市政社会主义。针对英国工联主义，马克思指出：尽管工联为提高工人工资和福利的"行动颇有成效"，但"他们服用止疼剂，而不切除病根"。对拉萨尔主义，马克思在《哥达纲领批判》中对其错误进行了全面剖析。

其二，追求的目标不同。科学社会主义坚持用社会主义制度代替资本主义制度，并认为实现共产主义是社会主义发展的最终目标。民主社会主义反对为社会主义设定任何终极目标，而只抽象地设定民主社会主义的基本价值——自由、公正、互助，已经回避其先辈们曾经高扬的社会主义旗帜。

其三，依靠的社会力量不同。科学社会主义不仅揭示了社会主义代替资本主义的历史必然性，而且指出了实现这一社会发展规律的社会力量——现代无产阶级。民主社会主义虽然也起源于工人运动，但在后来的发展中却与工人运动日渐疏远，转而向全社会，特别是向力量日益壮大的新中产阶级寻求支持。

其四，实现社会主义的道路和方法不同。科学社会主义主张通过无产阶级反对资产阶级的阶级斗争，用革命方式，即彻底变革社会的方式推翻资本主义制度，建立社会主义制度。民主社会主义主张通过和平的、民主的、改良的道路走向社会主义，因而反对暴力革命，反对打碎旧的国家机器，反对无产阶级专政，革命的锋芒日渐弱化和消失，甚至反对推翻资本主义制度。不仅甘心当"资本主义病榻前的医生"，而且强调对资本主义的驯服。

其五，作为其载体的党的性质和作用不同。作为科学社会主义载体的共产党是无产阶级政党，是工人阶级的先锋队组织。它以马克思主义为指导思想，由工人阶级的先进分子按照民主集中制原则组织起来，具有统一的意志和严格的组织纪律，是社会主义革命和建设的领导核心。

3. 正确评价民主社会主义的历史功讨①

民主社会主义取得了一些很大的历史成就。西方社会党无论是上台执

---

① 季正矩：《如何看待民主社会主义》，《理论视野》2009 年第 8 期。

政还是在野，无论是理论还是实践，都有很多建树和成效，在西方社会留下了深深的烙印，改变了早期资本主义的野蛮面貌，推动了社会主义因素在资本主义国家内的形成和发展，推动了社会主义思潮在发展中国家的传播和兴起。例如，扩大了选举权，保证了妇女甚至移民的选举权；推动建立了各种形式的公民政治参与和经济民主；推行国家的宏观调控和适度干预，限制了垄断资本的恶性膨胀；通过改革税制，完善医疗、教育、卫生和工资制度，完善了社会财富的分配，推动了社会公正，推动了广大民众的劳动和生活条件的改善，为社会主义国家提供了某些可资借鉴的经验。为反对法西斯、支持民族解放运动、保护全球环境、加强南北合作、维护世界和平，都做出了一定贡献。可以说，尽管民主社会主义的活动没有突破资本主义的大框架，但是没有民主社会主义，资本主义的面貌可能更加狰狞。

第一，推动西、北欧国家普遍建立起"福利国家"。特别是西、北欧民主社会主义政党在资本主义制度框架内，在二战以后，在凯恩斯经济学和福利经济学的指导下，利用选举上台执政的有利时机，大力推动"福利国家"制度建设，特别是瑞典建立了一套"从摇篮到坟墓"的完整的福利国家模式，大大改善了中下层民众的生活水平，缓和了社会矛盾，进而为西、北欧发展创造了稳定的社会政治条件。在当今世界，民主社会主义之所以具有吸引力，主要的原因就在这里。战后西、北欧国家何以能够建立起"福利国家"？仅仅是民主社会主义发挥了"神奇功效"，还是有更多的因素在起作用？建立"福利国家"制度首先要有雄厚的物质基础，西方国家建立"福利国家"的物质基础从哪里来呢？从历史基础来看，西欧国家是资本主义的摇篮，最早建立了先进的资本主义生产关系，占取了发展的先机，取得了对其他前资本主义国家的优势，这些国家在经济科技上的"制高点效应"使它们可以在世界上获取大量的"超额利润"。从国际环境来看，二战以后，由于共产党国际影响力上升，一些国家的共产党通过暴力革命夺取了政权，美国这个新的世界强权为了遏制共产主义"瘟疫"的蔓延，选择了扶持欧洲的国际战略。拥有强大的经济、技术、军事优势的美国通过"马歇尔"计划对战后西欧的援助，对这一地区的经济复兴发挥了重要影响。

第二，为社会主义国家提供了某些可资借鉴的经验。改良主义的民主社会主义作为世界社会主义运动中的一个流派，有自己的理论家、信徒和政党。无论其他社会主义流派是否承认它、认同它，它都是客观存在的，并经历着自己理论与实践的创造。二战以后，民主社会主义因各种复杂的原因，逐步在世界社会主义运动中赢得了较高的声誉，影响不断扩大。这就使所有关心社会主义前途命运的人，必须重新客观审视民主社会主义的理论。通过系统分析民主社会主义的理论体系，尽管改良主义的民主社会主义在理论上存在一些根本性的缺陷，如否定历史发展的规律性，否定公有制对实现社会主义价值目标的根本性意义，但的确，民主社会主义有一些理论是能够经得起历史检验的真知灼见，是世界社会主义运动的共同理论财富，可以为科学社会主义吸收借鉴。例如：它反对轻信企业转为公有就一定为公共利益服务的传统观念；它认为取消市场的调节作用对现代经济来说是不能设想的，充分肯定市场对经济的调节作用；它重视自由、民主对社会主义的重要性；它认为如果只有政治民主，这个民主是不健全的，还必须有经济民主、社会民主来充实提高；它主张在混合经济条件下，通过分解和限制私有者的经济权力，最大限度地使私有者的利益与公共利益相一致；它把社会主义的实现看作一个不能"毕其功于一役"的持久任务。

另外，民主社会主义对资本主义、社会主义、民主问题、所有制和发展模式问题、公平公正和福利国家、和平安全观、全球治理战略等问题也有一些突破性发挥和延伸性理解、务实性解释和探索，也值得我们关注和研究。

任何东西都不能照搬，民主社会主义在欧洲取得了一些成就。主要归因于欧洲特殊的历史、政治以及社会发展阶段，并不具备普适性。中国的国情和欧洲的不同。同时，民主和民生问题是当前中国面临的主要问题，民主社会主义在这方面取得了一些成就，但是民主社会主义所采取的政策并不具有专利性、垄断性，它的一些好的政策也是吸收其他政党、政府好的经验教训基础上进行的，同样，中国特色社会主义也可以大胆吸收人类文明的一切成果。可以把社会主义比作大海，海不辞水，故能成其大；也可以把社会主义比作高山，山不辞石，故能成其高。

而且，作为改良主义的民主社会主义也有很多缺陷和灰色记录。

第一，曲解和歪曲马克思主义的基本理论观点。如把马克思主义的历史唯物主义理解成某种宿命论的东西。在通过暴力革命还是和平手段夺取政权的问题上，伯恩施坦等人硬说恩格斯晚年放弃了暴力革命主张，转而赞成通过和平手段夺取政权。今天，可以负责地说，唯一能经得起历史考验的，还是马克思主义创始人的观点。伯恩施坦主义的改良道路在西方国家实行普选权的情况下，具有历史的合理性，但不能把改良的道路绝对化。

第二，"和平长入社会主义"的道路具有若干不确定性。"和平长入社会主义"可以避免剧烈的社会动荡，但是它的局限也很明显。在那些经济条件比较薄弱，又面临外来威胁，群众的生存、物质生活条件恶劣的国家，群众更容易接受激进的理论和政治行动。所以，从夺取政权的方式来说，"和平长入社会主义"并不具有普世价值。走革命道路还是走和平道路，时势使然，一切要依各国的具体情况而定。

第三，一些民主社会主义者和政党经常背叛无产阶级国际主义和自己高谈的和平主张。一旦要他们在非常时期选择在坚持无产阶级国际主义和维护狭隘的民族利益之间做出选择，他们往往会选择后者。正是第二国际右派对军国主义和护国主义的支持导致第二国际的破产，并造成社会主义工人运动发生分裂，以列宁为首的左派宣布脱掉社会党"肮脏的衬衫"，成立共产党，共产党与社会民主党分道扬镳。在战后很长时期，社会党实际上紧随美国的反苏反共政策，充当美国的"冷战"得力助手，没有担当起促进世界和平的角色。直到"冷战"结束以后，社会党国际有的成员党政府，打着"人权高于主权"的旗号，紧随美国的黩武政策，先后参与征战南联盟、阿富汗和伊拉克，致使该政府在国内外声名狼藉。二战以后，西方一些社会党政府为了转嫁危机，对殖民地的经济剥削程度达到了前无古人、后无来者的地步，甚至对印度支那和北非殖民地争取独立的行动采取强硬政策，不惜进行武装镇压。

总之，整个20世纪的历史发展表明，在政治光谱上，民主社会主义具有双重属性，可以说是左翼的右翼、右翼的左翼。也就是说，在国际工人运动的光谱上，相对于共产党，它是右翼；而在各国政党政治的光谱上，相对于资产阶级政党，它又属于左翼的范围。民主社会主义尽管有向资产阶级新保守主义妥协的问题，但仍然是它的对立面。

（三）当代发达国家共产主义政党的社会主义理论与实践

自1847年马克思、恩格斯在资本主义世界创立世界上第一个共产党组织"共产主义者同盟"的170多年来，资本主义世界内的共产党组织及党员不断增加。到1945年二战结束时，世界上已有75个共产党、2000多万党员。共产党的力量在20世纪后半叶获得巨大发展，到20世纪80年代后期，共产党的数量几乎翻了一倍，党员的数量翻了两番。① 但是，苏东剧变带来的"苏东波"冲击，严重影响了资本主义世界的共产党，一些国家的共产党自动解散，有的改变了党的名称。目前，资本主义世界的共产党基本上度过了苏东剧变初期最为严峻的困难时期，发展趋于稳定。其中，法国共产党、西班牙共产党、意大利重建共产党、希腊共产党、葡萄牙共产党、日本共产党、美国共产党等主要发达资本主义国家共产党，根据新的形势，对社会主义发展道路进行了探索，成为本国政坛上重要的政治力量。

1. 法国共产党

法国共产党成立于1920年12月。二战后初期政治实力达到顶峰，最多时拥有党员90.8万名，曾是法国第一大党。1977年3月，意共、法共和西共领导人在马德里举行高级会晤，联合发表《在民主、自由中实现社会主义》的纲领，宣告了"欧洲共产主义"的正式诞生。《马德里宣言》全面阐述"欧洲共产主义"的基本主张，主要是：第一，争取在民主与自由中实现社会主义；第二，实现多党制，保证和发展一切个人和集体的自由；第三，同各种民主力量、教会力量进行对话，争取谅解和合作；第四，各党将在独立自主、权利平等、互相尊重的基础上坚持国际主义团结，尊重各自选择的社会主义道路；第五，反对军事集团，摆脱美苏控制，争取建立一个和平、民主、独立的欧洲。"欧洲共产主义"在当时是作为既不同于社会党的"社会民主主义"，也不同于"苏联模式"的"第三条道路"而提出来的。在其发展鼎盛期，欧洲14个共产党和日本、澳大利亚、墨西哥等国共产党宣布奉行"欧洲共产主义"路线。意共、法共和西共被视为"欧洲共产主义"的三大支柱。然而，"欧洲共产主义"在西方共产主义运动中几乎是昙花一现。20世纪80年代以来，欧洲共产主义出现衰落。

随着欧洲共产主义的衰落，法共的影响力开始下降。从战后到1977年，法共在立法选举中得票率一直保持在20%～25%之间，但自20世纪80年

---

① 高放、李景治、蒲国良主编：《科学社会主义的理论与实践》，中国人民大学出版社2005年版，第246页。

代开始，在历次重大选举中，它的得票率逐次下降。党员的人数也由 1979 年的 71 万，下降到 1990 年的 60 万。① 苏东剧变使法共遭到了更加严重的冲击，经历了"建党以来最困难的时期"。然而，在西欧一些共产党纷纷改名或解散和分裂之时，以马歇总书记为首的法共在"革新派"和多数党员的支持下顶住国内外的压力，对历史经验进行反思和总结，坚持共产主义的名称和共产主义的奋斗目标。但是，法共也放弃了以前坚持的许多原则。

法共在加深对苏东社会主义经验再认识的同时，也对资本主义发达国家如何走社会主义道路的问题进行了重新思考，并加大了党的革新力度。首先，否定苏联模式社会主义。法共曾在相当长的时间内同苏共保持着非常密切的联系，在重大国际问题上也追随苏共的立场，在苏东剧变前始终没能真正摆脱苏联模式的影响。1995 年 2 月，前法共全国书记罗贝尔·于作为法共总统候选人，在竞选活动时发表讲话，首次宣布苏东社会主义是"共产主义的蜕变"，其经验"从总体上说不是积极的"，② 从而改变了法共长期肯定苏东社会主义经验的基本立场。1996 年底，法共二十九大在以罗贝尔·于为首的"革新派"的大力推动下，提出了与苏联"现实社会主义"彻底决裂的新主张。随着对苏联模式失败原因讨论的深入，法共决定放弃民主集中制。法共认为："民主集中制已不再是法共的观念，应当完全超越，党内唯一运转的原则是民主。按照这种原则，党员是党的主人，支部有头等重要的意义；党要通过观点多样化和思想交锋，来建立多样化的统一；党的决定要以民主的方式通过多数做出；但党内不允许存在有组织的派别。"③

其次，提出"新共产主义"理论。法共过去长期遵循"法国特色的社会主义"，即"民主的、多元化的、自治管理的社会主义"。1995 年，法共全国书记罗贝尔·于提出"新共产主义"的政治主张，强调法共为共产主义而奋斗，但这种共产主义既不同于过去苏联主张的、现已死亡的那种共产主义，又比马克思的共产主义思想新颖，因而是新共产主义。④ 1996 年底

---

① 王伟光主编：《社会主义通史》第 7 卷，人民出版社 2011 年版，第 287 - 288 页。
② 肖枫主编：《社会主义向何处去——冷战后世界社会主义运动大扫描》，当代世界出版社 1999 年版，第 542 页。
③ 王伟光主编：《社会主义通史》第 7 卷，人民出版社 2011 年版，第 297 页。
④ 王伟光主编：《社会主义通史》第 7 卷，人民出版社 2011 年版，第 298 页。

召开的法共二十九大正式放弃"法国特色社会主义"的提法，提出了"新共产主义"理论。法共提出"新共产主义"的奋斗目标是建立一个人人自由平等、相互联合、尊重个人能力和个人发展的社会；一个人类共同担负责任，共享资源、知识、信息和权力的社会；一个既没有失业、压迫、动荡和不公正，也没有暴力和武器的社会与世界。2000 年，法共三十大再次确认党的革新路线，决定对党进行"彻底变革"，把法共建设成为一个"现代的、开放的、充满活力的和民主的"新型共产党。三十大对党的组织原则做出全面调整，改变过去自上而下、高度集中的"金字塔"的组织机构。2016 年，法共三十七大又对"新共产主义"理论做了进一步完善与发展。

再次，采取和平方式"超越资本主义"。法共认为，应改变过去那种消灭资本主义社会秩序的观念，强调要实行"超越资本主义"战略。"超越资本主义"是一种新型的革命，是一种不是通过暴力，而是通过和平方式进行的革命；是一种不是通过限制民主，而是通过发展民主来进行的革命。超越资本主义是一个"过程"，要以法国人民为动力，通过投票和斗争，推动法国沿着人道的、公民的和互助的现代化道路前进。法共三十七大仍然主张"超越资本主义"，主张实行全面变革政策，推出了基于马克龙政策的社会替代方案，强调要与人民进行对话，建立参与式民主。

最后，主张在公民干预的基础上实行左翼进步力量联盟。法共认为，在争取参政甚至执政的过程中，需要选民的广泛支持。为争取更多的选民，避免政治上处于孤立地位，党必须超越传统的思想，扩大自己的支持者群体。法共据此提出了建立左翼进步力量联盟的主张，认为"只有实现法国人民的多数联合，实现左翼、进步力量和生态学派那样尊重多元化和拒绝任何领导权的联盟，才能实行真正的变革"。1997 年 6 月，法共在法国提前举行的立法选举中获得国民议会中的 36 个议席（总数 577 个议席），并且参加了以社会党为主体的若斯潘政府。此后 5 年参政情况表明，作为若斯潘政府的第二大党，法共起到了"建设性参政"的重要作用。进入 21 世纪以来，法国共产党遭遇到更多新挑战。法共在总统选举中接连惨败，2002 年只获得 3.4% 的选票，2007 年获 2.3% 的选票，在 5 年里失掉了近 100 万选民，甚至不如绿党得票率。2012 年法国总统大选中，法共并没有从党内推出自己的候选人，反而提名左翼党的领导人梅朗松参选。这些都印证了法共在法国政治生活中继续边缘化的趋势。

进入 21 世纪后，随着法国社会的日益多元化，法共的追随者不断被分裂，党员持续流失。到 21 世纪的第二个十年，法共的党员人数已经降到 10 万以下。① 2018 年 11 月 23—25 日，法共三十八大召开，法比恩·鲁塞尔当选该党新一任全国书记；取消了党徽上传统的镰刀和斧头图案取代之以欧洲左翼党的五角星标志；通过了题为《21 世纪共产党宣言》的文件，重提共产主义的未来目标，呼吁加强党的团结和战斗精神，开展以捍卫购买力、打出避税、推动生态变革为主题的积极行动，开启了发展新征程。②

2. 西班牙共产党

西班牙共产党成立于 1920 年 4 月，是西欧共产主义运动中具有重要社会影响的共产党组织。在西欧地区，西共是在独裁统治下长期坚持地下斗争的三个主要共产党之一（从 1939 年佛朗哥独裁统治开始至 1977 年结束，长达 38 年之久）。1977 年 4 月，西共获得合法地位。西共党员数从原来的不到 10 万迅速发展到 20 万，并在 1977 年进行的首次民主选举中获得了 9.3% 的选票。但就在西共顺利发展的同时，党内高层领导人之间逐渐开始产生矛盾和分歧。1986 年，西共一分为三，其力量被极大地削弱了。为了迎接西班牙 1986 年大选，西共积极建立左翼阵线。通过谈判，与人民共产党和社会主义行动党等六个社会党左翼政治组织建立了新的联盟——联合左翼，并以左派联盟的身份参加了 6 月的全国大选。虽然在大选中联合左翼只得到了 4.6% 的选票，但这种左翼联合形式为西共走出低谷、实现振兴带来了希望。1989 年大选，联合左翼赢得了 9.1% 的选票，一举成为西政坛第三大政治力量。苏东剧变后，西共"改革派"要求解散西共，参加左联。1991 年 12 月，西共十三大否决了"改革派"的主张，坚持不改名称、不解散，在坚持马克思主义思想、坚持共产主义发展方向、保持联合左翼的现存结构等问题上统一了全党思想。在 1993 年和 1996 年的全国大选中，以西共为主体的联合左翼分别赢得了 9.6% 和 10.5% 的支持率。③ 此后，由于西共党内权力斗争日益突出，联合左翼内部分歧加剧，联合左翼在全国议会选举中的支持率一路下滑，从 2000 年的 5.4%，到 2004 年的 4.9%，直到

---

① 郭春生：《社会主义革新：从地区到全球的拓展（1978—2016）》，北京师范大学出版社 2018 年版，第 306 – 307 页。
② 于海青：《2018 年国外共产党的新发展与新态势》，《当代世界》2019 年第 2 期。
③ 于海青：《21 世纪初探索中前进的西班牙共产党》，《国外理论动态》2003 年第 2 期。

2008 年的 3.8%，西共与联合左翼遭遇前所未有的巨大挫败。

在理论政策方面，作为"欧洲共产主义"三大创始党之一，西共继承了"欧洲共产主义"的思想，又根据政治斗争的新特点以及社会结构出现的新变化，增添了许多适应形势发展需要的新内容和新主张。

首先，坚持共产主义方向。1995 年，西共十四大将党的未来目标确立为"建设一个消灭剥削的社会主义社会，建设一个没有阶级、没有国家的共产主义社会"。在西共看来，只有这样的社会才能解决当代世界存在的不公正的现象，才能结束各种形式的压迫和剥削，从而实现公正、自由和互助的人类大同。西共十六大报告进一步指出，在发展工人运动、进行社会改造的过程中，仍然必须坚持马克思主义的思想指导，以马克思主义为科学理论基础的共产主义不仅可以实现，而且可能是从资本主义生产模式创造的文明框架中实现。

其次，主张通过民主实现社会主义。西共认为，苏东社会主义的弊端表现为中央极权化的政治模式，其实质是由官僚主义国家机构垄断、包揽一切的"国家主义"，完全窒息了集体和个人的积极性、能动性。社会主义不应该是集权化发展的结果，而应该是民主化彻底发展的结果，民主是直接的生产力，在社会主义建设进程中尤其如此。社会主义是通过对西班牙的政治、经济、社会和文化进行长期的民主改变后，在民主和自由中通过资本主义的辩证否定和超越建立起来的。

最后，实行左翼力量的联合，建立社会主义的欧洲联盟。西共认为，应该建立一个包括所有具有社会主义倾向的人的新的政治组织，实行左翼力量的联合。当前进行政治斗争的重要目标是建立一个以社会主义为前景，具有自由、平等、互助精神的欧洲联盟。西共十六大对全球化和新自由主义展开了猛烈抨击，着重强调了反对资本主义全球化的重要性，把通过"民主与和平"的方式进行反对全球化和反对新自由主义的斗争，作为西共未来的主要任务。①

2009 年 11 月召开的西共十八大，在以往理论的基础上，提出了一个新的概念——"21 世纪的社会主义"。作为"欧洲共产主义"理论在新时代条件下的延伸，"21 世纪的社会主义"成为当前西共一面新的理论旗帜。总

---

① 王伟光主编：《社会主义通史》第 7 卷，人民出版社 2011 年版，第 301 - 303 页。

的来说，"21 世纪的社会主义"是西共围绕如何从现实资本主义过渡到共产主义社会构建的一种发展模式。在西共看来，"21 世纪的社会主义"就是过渡到共产主义的一种民主过程，"是民主的连贯发展和充分实现过程"。民主是"21 世纪的社会主义"方案的核心内容。2017 年 12 月，西共二十大召开，重新将列宁主义作为党的指导思想，恢复了民主集中制原则。①

3. 意大利重建共产党

意大利共产党是 1921 年从意大利社会党分裂出来的一个左派组织。意共曾是西欧共产主义运动中最大、最有影响的共产党，也是意大利国内第二大党。苏东剧变使意共遭到毁灭性的打击。在反思苏东剧变的过程中，意共错误地认为苏东的变化标志着实践中的共产主义运动明显失败，共产主义道路已经走到了尽头，再坚持社会主义已毫无意义，因而共产党已无存在的必要。在 1991 年 2 月召开的党的二十大上，党内多数成员投票同意将党更名为左翼民主党，从而改变了党的共产主义特征，走上社会民主主义道路。而以科苏塔为首的反对意共更名的少数党员则坚持共产主义理想，发起了"重建共产主义运动"。1991 年 12 月，正式宣布成立"重建共产党"。

重建共成立初期着力凸显共产主义政党的身份特征，力图塑造鲜明的政府反对派形象，在选举中孤军奋战，与左翼民主党等其他左翼力量保持距离。1993 年 5 月，时任重建共总书记的戈拉维尼曾提出与左民党共同行动的建议，但遭到党主席科苏塔以及大多数党员的反对，被迫于同年 6 月辞职。在重建共作为政府反对党积极进行斗争的同时，意大利政治格局发生深刻变化，长期把持国家政权的以天民党和社会党为中心的执政体系垮台，为其他政治力量的崛起释放了巨大的政治空间。1993 年意大利颁布了新的选举法。这种新选举体制的出台，要求各政党必须建立起广泛的选举联盟。在实践中，这一新的选举制度进一步推动了重建共向左翼阵营靠拢。1994 年重建共第二次全国代表大会及时对原有政策进行了调整，重新确定了党的政治斗争方向，改变了"做坚定反对派"的立场，提出了"以参政为目标"的政治纲领，由此开始了与中左联盟合作。随后的全国大选，虽然进

---

① 于海青：《联合左翼中的西班牙共产党：发展演进、理论战略与前景》，《马克思主义研究》2013 年第 12 期。

步联盟不敌"意大利力量"等中右力量联盟，但这种中左联盟的形式为1996年大选中"橄榄树联盟"的最终胜出，以及战后首届中左政府诞生奠定了基础。然而在接下来的几年里，重建共的左翼联盟政策时有反复。这不仅表现在它对待"橄榄树"中左政府的态度上，也表现在此后对待中左派选举联盟问题上的犹疑不决。在2001年的议会选举中，由于重建共在关键时刻拒绝参加中左联盟，导致中左联盟在与右翼势力的对决中功亏一篑，右翼政府上台。近年来，重建共在国内政治中愈益边缘化。

意大利重建共产党在积极开展政治活动的同时，也致力于理论的探索和革新。在很大程度上，重建共产党的建立，是出于对原意共放弃传统共产主义价值理念而选择了社会民主主义发展方向不满的结果。因此，在1996年召开的第三次全国代表大会上，重建共强调自身的共产主义性质，并重新确立马克思主义的指导地位，提出要回到马克思主义，认为重建共必须对资本主义进行变革，最终代替资本主义社会。而要进行反资本主义选择的斗争，则必须追随马克思主义思想，重新回到马克思主义。① 意大利重建共认为，把苏东剧变说成是共产党没有理由再存在下去显然是站不住脚的，在经历了苏东社会主义垮台之后，新的共产主义的希望在全世界重新发展。

20世纪90年代中期以后，随着逐渐地转入现实斗争领域，随着党内矛盾分歧的加剧，重建共对党的身份特征认识有所淡化，开始更多地关注党的自身建设与发展。2002年召开的重建共第五次代表大会，直接把党的开放与革新作为新阶段的口号提了出来。重建共认为当前的世界正处在变革的阶段。一方面，资本主义的矛盾和固有的不稳定性暴露无遗；而另一方面，世界范围内一场崭新的持续性抗议运动已经形成。这一新的发展态势既为全球的反资本主义力量带来了机遇，但同时也带来了风险。为应对挑战，重建共必须全面革新自己的政治文化、组织文化和行为。重建共提出，开放要求重建共抛弃与社会的一维关系，构建一种多维关系。要给他人以同等的政治尊重，确立互谅互让的精神，永远抛弃党以革命先锋队自居的态度。同时，向社会的开放必须与党自身的开放结合起来。党必须能够进

---

① 王伟光主编：《社会主义通史》第7卷，人民出版社2011年版，第304—305页。

行真正自由的讨论，政治争论和立场观点要保持透明性。① 2018 年是马克思诞辰 200 周年。2018 年 5 月 4 日，重建共在意大利斯波莱托组织了题为"马克思 2018：重建共产主义，重建欧洲"的纪念大会。

4. 希腊共产党

希腊共产党前身是 1918 年 11 月成立的希腊社会主义工人党，1920 年加入共产国际，1924 年改称希腊共产党。在历史上，希共曾多次被反动势力打入地下，却始终坚贞不屈；曾两次领导希腊人民开展反法西斯的武装斗争，建立过人民政权；曾发生三次大的分裂，但都重新团结和振兴起来。希共现为希腊第三大党，是现在欧洲最有影响力的共产党之一。

苏东剧变以来，与西欧一些国家共产党不断衰落的迹象相反，希腊共产党坚持马克思列宁主义，有效应对党内分裂，统一了党的思想认识，维护了党的团结统一，站稳脚跟。在 1993 年 10 月的议会选举中，希共获得了 4.5% 的得票率、9 个议席，成为希腊议会第四大党。在 1994 年欧洲议会选举中，希共得到了 6% 的选票。在 1996 年 9 月举行的全国大选中，希共获 5.6% 的选票，议席增加到 11 席，重新成为希腊政坛的第三大党。

进入新世纪，希腊共产党在地方议会、国家议会和欧洲议会斗争中取得了持续而鲜明的成绩。第一，在地方议会选举中，2002 年希腊共产党在全国 54 个省议会中，有 48 人进入议会，而在 2006 年的选举中，增加了 16 人进入省议会。第二，在国家议会选举中，希腊共产党自 1996 年以来一直保持议会中的第三大党地位。其中比较突出的年份是 2007 年，希腊共产党获得 8.15% 的选票，斩获 22 个议席，这是 1993 年希腊共产党所获议席的两倍，仅次于轮流坐庄的新民主党和泛希腊社会主义运动党，创下了苏东剧变后的历史新高。在 2010 年的国家大选中，希腊共产党仍然获得了 7.54% 的选票和 21 个议席的重大成就，对两党制形成了重大冲击。第三，在欧洲议会选举中，希腊共产党一直保持 2 个席位，2004 年的议席曾突破到了 3 个。② 希腊共产党的国际活动是当前资本主义国家中最为活跃的。1998 年 5 月 22—24 日，为庆祝《共产党宣言》发表 150 周年和希腊共产党成立 80 周

---

① 于海青：《意大利重建共产党的理论政策调整及面临的问题》，《当代世界社会主义问题》2004 年第 1 期。

② 王喜满、王芳、华玉龙：《希腊共产党探索社会主义的当前成就、历史经验和未来走向》，《中国矿业大学学报》（社会科学版）2016 年第 4 期。

年，在希腊共产党倡议下，来自 50 个国家的 57 个共产党工人党齐聚希腊雅典，围绕"当前形势下的共产主义政党"这一主题，就广泛传播《共产党宣言》、反对社会民主主义和修正主义、反对北约扩张等问题进行了研讨。这被认为是苏东剧变以来共产党第一次大规模的反帝国主义力量聚会。从 1999 年开始，大会正式改称"共产党和工人党国际会议"，实行年会制，每年召开一次。自 1999 年至今已举办 21 次，其中第 1—7 届和第 13 届、第 20 届由希共承办。2019 年是共产国际成立 100 周年。2019 年 10 月 16—20 日，由土耳其共产党与希腊共产党共同承办的第 21 届共产党和工人党国际会议在土耳其伊兹密尔举行，来自 58 个国家 74 个政党的 137 名与会者，围绕大会的核心议题"共产国际成立 100 周年：争取和平与社会主义的斗争仍在继续"进行了广泛讨论。"共产党和工人党国际会议"是冷战结束后希腊共产党发起创办的旨在促进世界共产党等左翼力量进行国际联合的合作机制，在当代世界社会主义运动中有着重要影响。

希共在积极开展政治活动的同时，也致力于理论的探索和革新，提出了一系列具有自身鲜明特点的理论见解和主张。

第一，关于当今世界社会主义运动的理论。希共将苏东剧变称为"反革命的胜利"，是社会的倒退。希共认为，反革命之所以能够在苏东得逞，是这些国家主客观因素和内外部因素综合作用的结果。这些国家在经济方面，忽视了社会矛盾的解决，工农业发展不平衡现象严重，工农业产品价格存在剪刀差，导致了工人和农民之间的矛盾加深，导致社会生产和消费、个人和社会利益的冲突，根本违背了"各尽所能，按需分配"的原则。反革命的"改革"和"新思维"政策是苏东剧变的最直接原因，帝国主义的和平演变是促使原苏东国家变化的外因，执政党的蜕化变质则是这些国家失败的关键因素。希共认为，尽管苏东社会主义国家发生剧变，但社会主义国家为人类和平、解放、进步和团结做出的重大贡献是抹杀不了的。当今时代仍然处于从资本主义向社会主义过渡的时代，希腊共产党是以马克思列宁主义为指导的有觉悟的、有组织的工人阶级先锋队，以社会主义革命推翻资本主义，达到建立社会主义和共产主义为最终目标。

第二，关于反帝反垄断民主革命的理论。当前希腊人民面临着反帝和反垄断两项历史性的任务。希共提出，现阶段反帝反垄断民主革命的主要政治纲领是"人民经济"和"人民政权"。所谓"人民经济"就是以公有制为主体，允许多种经济成分并存的经济。所谓"人民政权"就是工人阶级领导的各革命民主阶级的联合专政。在当前阶段，党的主要任务是建立一个反帝反垄断的民主阵线。

第三，关于未来社会主义社会的理论。希共认为，社会主义社会是共产主义的第一阶段和较低级的阶段，它不是一个独立的社会经济形态，而是不成熟、不发达的共产主义，还存在倒退到资本主义的可能性。社会主义国家不管采取什么国体，从阶级实质的角度来说，将是工人阶级的革命政权，是无产阶级专政。民主集中制将作为社会主义国家建立、运行和发展的基本原则。[①]

5. 葡萄牙共产党

葡萄牙共产党诞生于 1921 年 3 月。葡共曾长期遭受法西斯政权的压制，直到 20 世纪 70 年代中期，随着反动独裁政权的垮台，葡共才获得合法身份。取得合法地位后的几年，葡共力量获得了很大发展，选票稳步攀升，其党员人数也迅速达到了 20 万。20 世纪 80 年代以后，葡共的支持率有所回落。苏东剧变后，葡共内部发生分裂。在 1991 年 12 月的立法选举中，葡共遭到惨败，丧失了 1/3 的选票和将近一半的议席。之后，葡共在巩固党的团结的基础上，着手进行新老领导层的换代和交接工作。1992 年 12 月，葡共召开十四大，修改了党纲、党章，卡瓦略斯当选为新一届党的总书记。在此后召开的党的十五大和十六大上，卡瓦略斯顺利获得连任。在卡瓦略斯领导下的葡共，继续旗帜鲜明地坚持共产主义信念，积极推进国家政治生活的民主化，在地方政权、共和国议会、欧洲议会、欧洲委员会等各种政治机构，工会以及在群众参与和群众斗争的实践中，努力开展维护普通劳动者合法权益的斗争，致力于在葡萄牙建设一个没有剥削、没有压迫、没有不平等、没有不公正、没有社会弊病的新社会。苏东剧变后的二十多年来，葡共顶住了来自各方面的压力，继续努力拓展党的社会基础和生存空间。现在葡共已基本上摆脱了 20 世纪 90 年代初的被动局面，发展态势相对稳定。目前，葡共党员人数一直保持在 14 万左右；在历次议会选举中虽

---

① 王喜满：《苏东剧变后希腊共产党对社会主义发展道路的探索》，《当代世界与社会主义》2010 年第 1 期。

然得票率时有起伏，但一直维持在 8% 上下的水平上。① 但是，在 2019 年
10 月举行的葡萄牙议会选举中，葡共支持率下滑，获得 12 个议席，较 2015
年减少 5 个席值。现任总书记是罗尼莫·德索萨，2004 年 11 月葡共十七大
当选，就任至今。

葡萄牙共产党在 90 年的奋斗历程中，始终坚持社会主义和共产主义的
奋斗目标，并根据国际国内形势的变化和自身斗争实践的发展，不断深化
和调整了对社会主义和共产主义的认识。第一，坚持共产党的性质。葡共
是无产阶级政党，是工人阶级和葡萄牙全体劳动者的政党，是工人阶级和
所有劳动者的先锋队。根据社会阶级结构的发展变化，葡共十六大明确指
出，21 世纪的葡共不仅是工人阶级和全体劳动者的政党，同时也是提出了
反映其他非垄断阶级和阶层根本利益的替代政策的政党。党的理论基础是
马克思列宁主义。民主集中制是葡共的组织运行原则。在党纲中，2008 年
召开的葡共十八大再次重申其最终目标是在葡萄牙建设社会主义和共产
主义。

第二，对 20 世纪世界社会主义受挫原因进行分析。葡共认为，苏东社
会主义的失败，与敌对势力宣称的"共产主义的死亡"和"共产党不可逆
转的衰退"正好相反，它不是共产主义的思想和目标的失败，而是一个特
定的历史"模式"的失败，而这种模式失败的主要原因是在政权建设、民
主、党的作用和对待马列主义理论的态度等问题上背离了共产主义理想的
一些主要方面。

第三，对资本主义新变化的分析。葡共认为，新的科学技术革命推动
了生产力的快速发展，资本主义在不断的调整中表现出了很强的适应能力。
但是，资本主义的发展变化并没有也不可能解决其内部所固有的矛盾，恰
恰相反，资本主义内部的各种矛盾日益尖锐，资本主义不可能解决人类面
临的严重的经济和社会问题。只有社会主义才是克服资本主义制度危机的
唯一出路。

6. 日本共产党

日本共产党成立于 1922 年 7 月，是亚洲建立最早的共产党之一，迄今

---

① 于海青：《葡萄牙共产党的现状、理论政策及在新世纪初面临的问题》，《当代世界与社会
主义》2003 年第 3 期。

已有一百多年的历史。苏东剧变后，日共已成为目前发达国家中最大的共产党组织。当前，日共占有 465 个众议院议席中的 12 席，242 个参议院议席中的 13 席，以及 62 个地方议席，日共由此成为日本国会第六大政党、第四大在野党。2019 年，日共党员人数为 28 万人。①

苏东剧变后，日共不仅没有像西欧一些国家共产党那样受到巨大冲击，反而取得了空前的成就，一个重要原因就在于它有一套独特的理论模式。进入 21 世纪后，日共又对其理论做了调整。第一，关于日本共产党的性质。长期以来，日本共产党将自己定性为"工人阶级的先锋党"，也常常将自己定位于各种运动的领导党派，"是工人和国民各种组织中最先进的组织"，众多党员一直引以为豪。但是，2000 年 11 月日共二十二大通过的新党章，基于对日本面临的国内外形势的认识和判断，对党的性质做了全新规定，即：日本共产党是日本工人阶级的政党，同时也是日本国民的政党，为了民主主义、独立、和平、提高国民生活和日本的未来而努力，向所有的人敞开大门。党的最终目标，是要创造一个人与人之间没有剥削、没有压迫、没有战争，实现真正平等与自由的共同社会。党的组织原则是民主集中制。② 虽然摘掉了"工人阶级的先锋党"这块招牌，而且还将自身定位为"国民的政党"，但党章中仍然强调"日本共产党以科学社会主义为理论基础"。

第二，关于日本共产党的奋斗目标。长期以来，以自民党为首的日本一些政党一直试图孤立和排挤日本共产党，标志性的事件是 1920 年日本社会党与公明党达成的协议。此后，日本政界排挤日本共产党的尝试就从未停止过。在日共成立 94 周年纪念大会上，党的委员长志位和夫提出"市民与在野党共斗"的时代课题。但是，当时党内部分党员对"在野党共斗能否顺利进行"持怀疑态度。2022 年将迎来日本共产党建党 100 周年。2017 年，在日共二十七大上，日本共产党明确了党的奋斗目标，将实现在野党联合政权上升为党的决议，提出了到建党 100 周年时，推翻安倍政府，建立一个由在野党联合执政的新政府。为实现这一目标，日共二十七大提出了

---

① 曹天禄、朱旭旭：《日本共产党第 28 次全国代表大会述评》，《当代世界社会主义问题》2020 年第 1 期。

② 《日本共产党章程》，张伯玉译，《当代世界社会主义问题》2003 年第 2 期。

"两步走"的战略：第一步是在野党通过政治协商达成政治共识，第二步是建立一个包括全国在野党在内的在野党联合政权，同时要构建以满足国民需求为根本准则的联合政权。①

第三，关于全面加强党的建设。日共认为，建设一个强大的共产党必须双轮驱动：一是要努力满足人民群众的期待，二是要加强党的建设。因此，日共要求所有党支部都要制定"政策与计划"，并在党的活动中发挥关键作用。党员是党的肌体的细胞。日共强调，必须把吸收新党员作为加强党的建设的基础性工作，既要注重党员的数量又要注重党员的质量，加强党员对党纲和科学社会主义的日常学习。要注重加强在工人、青年、大学生中党的组织建设，扩大党在人民群众中的知名度和影响力，增进广大人民群众对于日本共产党的理论认同和政治认同，积极培养党的后备力量。

7. 美国共产党

美国共产党成立于 1919 年 9 月。在国际共运中，美共曾始终追随苏共，视苏共为世界革命运动中的"活样板""带头人"。苏东剧变给美共带来激烈冲击。1991 年召开的美共二十五大，经过斗争，统一了思想。在稳住阵脚后，美共进行了深刻总结和反思。美共认为，苏东剧变不是社会主义思想和制度本身的危机，而是这些国家的共产党偏离社会主义原则的结果。这些国家没有建立起行之有效的、持之以恒的意识形态教育制度，苏联的改革旨在以更多的直接物质刺激来弥补精神刺激的不足，从而为西方反共思想打开了闸门；20 世纪 60 年代末，苏共特权制度形成，党群隔阂不断，广大人民对现实不满的情绪日益滋长蔓延；70 年代后苏联没有及早认识到增加投资发展高技术的必要性，使自己在与西方的"和平竞赛"中逐渐落伍并陷入危机，最终付出沉重的代价。美共认为，苏东剧变不会阻挡世界革命的进程，唯有社会主义才能解决资本主义长期无法解决的问题，只有通过社会主义才能实现人类社会进步的未来。唯有共产党才能帮助工人阶级提高觉悟并最终完成其肩负的历史使命。②

在党的队伍得到巩固之后，美共中央把党建工作的重点逐步转移到发展上来，大力加强理论创新，增强党对人民的吸引力。美共认为，美共过

---

① 禚明亮：《日本共产党二十七大述评》，《马克思主义研究》2017 年第 9 期。

② 王伟光主编：《社会主义通史》第 7 卷，人民出版社 2011 年版，第 330 页。

去发展缓慢，重要原因之一是紧跟苏共，缺乏理论创新，因而对人民缺乏吸引力。美共长期被局限在很小的范围内活动，一直在谋求发展壮大。1991年召开的美共二十五大首次提出"超越阶级界限"的新概念，提出建设群众性的党的方针。美共二十六大进一步强调，把共产党和群众性的党互相对立起来的传统观念是完全错误的。2014年6月召开的美共三十大提出，要加强党的建设，将党建设成为一个现代、成熟、富有战斗性的群众性政党。美共三十大提出的社会主义愿景，是民主、自由、平等的社会主义，以马克思主义为指导思想，以实现人民的平等为目标。同时强调，美共将在美国历史、文化和传统的背景下运用马克思、恩格斯、列宁等提出的科学观点。

在加强党的建设的同时，美共还对具有美国特色的社会主义进行了新探索。美共认为，社会主义建设要基于美国民主传统，把民主作为社会主义的核心和本质特征。之所以强调民主，是因为：首先，任何把社会主义民主本质最小化在美国都会在争取群众选民的行动中失败；其次，过去一个世纪的经验以及马克思、列宁的理论著作中讲过，人民自己应成为社会主义的缔造者。[1] 这样，为民主和民主的价值观而斗争成了美共在每一个斗争阶段中最基本的社会主义观。2019年是美国共产党建党100周年。2019年6月21—23日，美共三十一大在芝加哥召开。美共以马克思主义指导，批判了特朗普执政后美国的社会矛盾和问题，揭露了资本主义"利润第一主义"原则对世界性政治经济危机的影响，强调必须加强工人阶级团结，积极构建与右翼势力相抗衡的统一战线，推动美国社会主义运动更快地发展。[2]

（四）当代发展中国家共产主义政党的社会主义理论与实践

发展中国家共产党[3]的理论与实践同社会主义国家、发达资本主义国家的共产党有许多共同的地方，如强调党的无产阶级性质、马克思主义的指

---

① 高放、李景治、蒲国良主编：《科学社会主义的理论与实践》，中国人民大学出版社2005年版，第255页。

② 周亚茹：《美国共产党三十一大的策略主张及其新动向》，《世界社会主义研究》2020年第1期。

③ 此处的"发展中国家共产党"是指社会主义国家之外的发展中国家共产党。

导作用、统一战线的重要地位以及以社会主义制度代替旧的剥削制度等。但是，由于发展中国家共产党所处的环境和发展经历不同于发达资本主义国家以及社会主义国家的共产党，决定了他们的社会主义理论与实践有其自身的特色。

1. 亚洲的共产党

二战后，亚洲一些国家的社会主义运动蓬勃发展。各国共产党积极投身于民族独立运动和社会进步事业，力图有所发展，但发展不平衡，道路极其曲折。

（1）南亚的共产党。南亚地区是目前世界非执政的共产党力量最为强大地区。印度共产党成立于 1925 年 12 月。该党成立初期主张武装斗争，提出了"反对英国帝国主义统治"和"解放印度"的口号，但斗争并不顺利。1951 年 10 月，印度共产党放弃武装斗争，主张通过选举，用和平方式取得政权。20 世纪 60 年代，国际共产主义运动出现大论战，印度共产党内对社会主义性质的认识也出现了不同的意见。1964 年 4 月，印度共产党的全国会议出现分裂。当年 10 月 31 日至 11 月 7 日，以党的总书记南布迪里巴德等为首的一派单独在加尔各答召开了党的第七次代表大会，选举孔达拉亚为总书记，改党的名称为印度共产党（马克思主义）。随后，以党的主席丹吉为首的另一派在孟买又召开了党的第七次代表大会，选举丹吉为党的总书记，继续沿用印度共产党的名称。至此，印度共产党的主体一分为二。到 1969 年，印共（马克思主义）中又有一部分人认为印共（马）背离列宁主义和毛泽东思想，而另建印共（马列）。苏东剧变，对印度的共产党组织产生了巨大影响，但没有改变他们的基本信念。1992 年 2 月，印共召开十五大，修改了党纲和党章，坚持印共"是印度工人阶级政党"，但将党的奋斗目标由建立"社会主义社会"改为建立"公正社会"。1990 年 5 月，印共（马）重申了坚持马列主义和社会主义的信念。1993 年 5 月，印共（马）倡议在加尔各答举行了 21 个党参加的"当代世界形势和马克思主义有效性"国际研讨会。由于策略得当，印共（马）影响持续扩大。在 2004 年 5 月的大选中，印共（马）获得人民院 43 席，成为第三大党。2012 年 4 月，印共（马）召开二十大，再次明确指出：印共（马）的奋斗目标是建立人民民主国家，以代替现在的资产阶级—地主阶级国家，完成印度革命未完成的民主革命任务，为实现社会主义铺平道路。印共（马）是当今印度国内最大的左翼政党。在西孟的拉邦，印共（马）从 1977 年到 2011 年连续执政长达 34 年。在特里普拉邦，印共（马）从 1993 年到 2018 年连续执政 25 年。近年来，印共（马）在选举中受挫严重。在 2019 年的第 17 届人民院选举中，印共（马）仅获得 3 席。

尼泊尔共产党成立于 1949 年 3 月。在 20 世纪 50—60 年代，尼泊尔共产党由于路线分歧而发生了大分裂，由此产生了十多个共产党派系。1991 年 1 月，尼共（马列）与尼共（马）中央委员会举行联合会议，宣告组成尼共（联合马列）。1993 年 12 月，尼共（联合马列）合并了尼泊尔共产党（阿玛蒂亚）。1994 年，尼共（联合马列）在议会选举中的得票率上升至 30.85%，获 88 席，成为议会第一大党并上台执政，时任尼共（联合马列）主席曼·莫汉·阿迪卡里出任首相。尼共（联合马列）通过议会选举上台执政，不仅在尼泊尔历史上是第一次，而且在亚洲也是第一次。但是，1995 年，尼共（联合马列）在议会不信任投票中失败下野。2014 年 7 月 3 日至 9 日，尼共（联合马列）召开九大。大会指出，金融危机是资本主义的特征，它终将结束资本主义，并为建立社会主义奠定社会和经济的基础。社会主义是不可避免的，共产主义和左派的价值观是值得追求的。大会提出了党的奋斗目标：到 2023 年使尼泊尔从最不发达国家发展成为一个发展中国家；到 2050 年使尼泊尔达到中等发达国家水平。尼共（联合马列）要建立的是一个繁荣富强的尼泊尔，是使全体尼泊尔人幸福快乐的国家。① 2016 年 5 月 19 日，多个相互独立的尼泊尔共产党主义派别宣布合并，成立新的政党——尼共（毛主义中心）。2017 年 10 月 3 日，尼共（联合马列）与民共（毛主义中心）宣布组成竞选联盟，随后，两党组成的左翼竞选联盟在竞选中获胜组成联合政府，使尼泊尔成为资本主义世界中唯一由共产党执政的国家。2018 年 5 月 17 日，两党正式合并为尼泊尔共产党。

（2）东南亚的共产党。过去东南亚国家的共产党程度不同地受到中国的影响。但是，自 20 世纪 70 年代末，"中国已经调整了对东南亚的政策，开始奉行国家关系同党的关系相分离的原则，停止对东南亚共产党的物质上的支持，取消了他们设在中国的电台，中国等报刊也不再有东南亚共产党武装斗

---

① 刘春元：《尼泊尔共产党（联合马列）九大述评》，《当代世界与社会主义》2014 年第 5 期。

争的报道"①。除菲律宾共产党外，其余非执政的共产党逐渐归于沉寂。

自1930年11月成立以来，菲律宾共产党坚持与菲政府开展长期的武装斗争，是目前世界上为数不多仍然坚持武装斗争的共产党组织之一。1956年，受中共和苏共论战的影响，菲共内部也开始在关于革命道路的选择问题上出现了严重的分歧。1967年，菲共分裂为主战和主和两派。1968年12月26日，主张武装斗争的何塞·玛利亚·西松在中吕宋召开党代表大会，宣布重建菲共，西松被选为主席。代表大会规定新菲共以马列主义、毛泽东思想为指导，遵循全面的全国民主革命的路线，主张运用武装斗争和统一战线，走农村包围城市的道路。1969年3月，菲共建立了新人民军。20世纪80年代后期到90年代初，由于大批高级领导干部被捕或流亡海外，菲共的力量受到严重削弱。1992年，为了统一党内思想，菲共中央发动了"第二次整风运动"，重申以马列毛主义为指导，以农村包围城市为基本战略，以持久的人民战争为基本斗争方式。在这之后，菲共的力量逐渐得到恢复和发展。"9·11"事件后，菲政府将新人民军宣布为恐怖组织。2007年9月5日，阿罗约总统签署赦免令，赦免菲共当中没有严重犯罪的党员和新人民军成员。2011年2月，政府与菲共重启和谈，双方商定未来18个月达成全面和解，政府不再视菲共为恐怖组织。目前，菲共已成为菲律宾国内主要的左翼政党的代表。在理论主张方面，菲共声称该党是无产阶级和广大人民群众的先锋队，党的指导思想是马克思列宁、毛泽东主义。在他们看来，毛泽东主义是马克思主义发展的第三阶段，是世界无产阶级在马克思列宁主义指导下对长期革命经验的总结，是菲律宾人民分析其历史和所处环境的最新的、最重要的和最有效的工具。菲共坚持武装斗争是夺取政治权力斗争的主要形式，但同时也充分认识到开展城市合法斗争的重要性。菲共主张建立无产阶级领导的、协调各革命阶级和阶层利益的新民主主义共和国；主张没收帝国主义者和剥削阶级的财产以造福于无产阶级和半无产阶级；主张必须用民主的、科学的、大众的文化，压倒现在的帝国主义的、封建的和反人民的文化。在对外政策方面，菲共倡导积极的、独

---

① 张镇锡：《当代东南亚政治》，广西人民出版社1994年版，第457页。

立的、和平的外交政策。①

和菲律宾共产党相似，缅甸、泰国、马来西亚的共产党也在 20 世纪 50—70 年代开展武装斗争，影响很大。缅共在二战期间，积极领导人民开展抗日武装斗争，曾掌握数万人的武装。缅甸独立后，缅共被宣布为非法组织，被迫转入地下进行推翻政府的武装斗争。1964 年 9 月，缅共提出了"赢得战争、夺取政权"的战略方针，全力进行武装斗争。从 20 世纪 70 年代后期，缅共武装斗争陷入困境。1990 年，缅共失去最后的武装力量和根据地，被迫自动解散。泰国共产党曾为驱逐日寇和争取国家独立自主进行过不懈的斗争。战后，泰国政府实行反共政策。从 1952 年起，泰共完全转入地下。1965 年 8 月，泰共正式走上武装斗争的道路。到 20 世纪 70 年代末，泰共各种武装力量已达 1 万多人，在全国 1/3 以上的地区开展反政府活动，争取建立爱国民主联合战线。进入 20 世纪 80 年代，由于大批泰共高级干部被捕，泰共力量明显削弱。战后，马来西亚共产党被迫转入农村、边境地区开展武装斗争。1949 年马来西亚共产党正式成立民族解放军，为"驱逐英帝国主义、建立马来西亚人民民主共和国"而斗争。20 世纪 50—70 年代，马共武装斗争取得很大战果。1989 年，马共与马、泰两国政府达成和平协议。1990 年，马共正式解散了自己的部队，放弃了武装夺取政权的斗争。1993 年，马共领导人宣布党将在宪法范围内活动。

（3）西亚的共产党。西亚地区的共产党主要有塞浦路斯劳动人民进步党、黎巴嫩共产党、叙利亚共产党、以色列共产党、约旦共产党、伊拉克共产党、巴勒斯坦共产党、伊朗人民党等。本书主要介绍黎巴嫩共产党。黎巴嫩共产党成立于 1924 年 10 月，是中东地区创建较早的共产党组织。黎共成立初期即致力于反对英法殖民占领、争取民族独立的工人运动，在黎巴嫩内战期间更是积极参战以废除教派政治，恢复国家的统一与民主。苏联和东欧剧变后，黎共在逆境中谋生存，重新调整了其理论主张和发展战略，强调在马列主义的指导下建设具有黎巴嫩特色的社会主义，注重扩大自身在世界社会主义阵营中的影响力。近年来，黎共在政治舞台上日趋活跃。2011 年 2 月，黎共组织筹备了首届阿拉伯左翼论坛，该论坛至 2016 年

---

① 袁群、黄家远：《菲律宾共产党的历史、理论与现状》，《当代世界与社会主义》2014 年第 4 期。

已经连续召开 7 届，先后有 28 个政党出席论坛，该论坛已发展成为阿拉伯地区左翼政党新的合作机制。2012 年 11 月，黎共主办了第 14 届共产党和工人党国际会议，来自全球 44 个国家 60 个政党的 84 名代表出席会议。黎共当前是共产党和工人党国际会议工作组的 19 个成员之一。

在思想理论和政策主张方面，黎共不断向世人揭露资本主义的弊端和危害，提出该党对未来社会主义社会的构想，积极宣传社会主义的优越性。黎共严厉谴责黎巴嫩资本主义催生的食利阶层及其腐朽政权的存在与危害，激烈声讨以美国为首的西方国家在中东地区推行霸权主义和强权政治的行径，并对席卷全球的资本主义经济危机进行批判性分析。在此基础上，黎共根据国内外社会现实，从经济、政治、文化等方面提出了关于未来社会主义社会的构想。黎共提出，社会主义经济的主要目标是发展生产，提高人民生活水平，促进国家繁荣昌盛，使黎巴嫩社会中的每名成员都成为生产资料的所有者。在民主政治方面，黎共认为要实现社会主义社会的民主政治，不仅需要支持各种社会主义变革力量之间的联盟，还需要保证群众和反对派的参政自由，确保个人和集体的自由与基本权利，尤其是保证公民在权利和义务上完全平等，不受宗教、教派和社会地位的限制。在文化建设方面，黎共强调，要从黎巴嫩丰富的文化遗产中汲取营养，创造具有本国特色和人道主义特点的社会主义文化，为黎巴嫩的现代文明建设做出贡献。①

2. 非洲的共产党

非洲是国际共产主义运动比较薄弱的地区。冷战时期非洲大陆的共产党大都处于非法状态，条件极为艰苦。冷战后，虽然取得了合法地位，但受国际共运的影响，这些国家的共产党力量都非常弱小。只有南非共产党发展迅速，影响较大。

南非共产党成立于 1921 年 7 月，是目前非洲大陆最有影响的社会主义政党，是南非重要的参政党。1990 年 2 月，南非共重新获得了合法地位，其力量和影响不断壮大。1991 年 1 月，有党员 5000 人；1991 年 11 月，有党员 2.1 万人。2005 年党员数量增加到了 3.5 万人。2007 年党员数量增加到了 51874 人。2012 年，南非共的党员数量已超过 16 万人。2014 年 3 月南

---

① 余维海、黄冰琼：《黎巴嫩共产党的历史演进、理论探索与现实挑战》，《阿拉伯世界研究》2017 年第 2 期。

非共党员数量已接近 19 万人，其中妇女党员占 45%。① 在 1990 年取得合法地位后，南非共先后实现了由非法政党向合法政党和由在野党向重要参政党的两大飞跃。② 自 1994 年南非首次举行不分种族大选以来，南非共一直作为"三方联盟"成员参与执政，但联盟内部一直矛盾冲突不断。

在力量和影响不断扩大的同时，南非共结合世界形势的发展变化对社会主义进行了新的探索。第一，对马克思主义、社会主义的认识。南非共认为，苏东社会主义国家的演变，并非社会主义制度的失败，而是被歪曲了的社会主义的失败。南非共仍然"对社会主义前途坚信不移"，仍然把马克思主义的基本原理和对历史进程的判断作为"强有力的武器"。南非共认为，实现共产主义的道路不止一条，各国必须从各自国情出发来选择合适的道路，并随形势的变化而不断调整。社会主义是位于资本主义社会和无阶级的共产主义社会之间的一种过渡性社会制度。民主、平等、自由和经济主要部分的社会化，是其四个基本特征。

第二，对党的性质、纲领和组织原则的认识。南非共特别指出，南非共不仅是一个马克思列宁主义的党，而且是一个非洲马克思列宁主义的党，更确切地说，是一个植根于南非革命现实的马克思列宁主义的党。党的长远目标是建立社会主义社会，实现共产主义。党要在推进、深化和捍卫民族民主革命以及实现社会主义的进程中，实现工人阶级的利益，并且力求在这一过程中，通过教育、组织和动员工人阶级及其盟友来实现这一目标，从而使党成为南非工人阶级的政治领导力量。2012 年 7 月，南非共十三大通过的新党章，特别增加和明确了"民主集中制"这一共产党人普遍遵循的根本组织原则。

第三，对社会主义革命阶段新策略的认识。经过长期的实践探索，南非共提出"（民族）民主革命和社会主义革命结合论"，放弃了 20 世纪 90 年代初曾经提出的"阶段化主义"，即先完成南非（民族）民主革命，再开始社会主义革命。南非共认为，一方面，南非（民族）民主革命"不是完成南非资本主义革命的阶段"，另一方面，"南非社会主义（革命）并不是在完成南非（民族）民主革命之后的又一个阶段"。南非共当前战略的两个

① 王建礼：《从新党章看南非共产党的新变化》，《社会主义研究》2014 年第 4 期。
② 张平：《冷战后南非共产党的新变化》，《当代世界与社会主义》2006 年第 2 期。

方面——（民族）民主革命和社会主义革命并不矛盾，而是互为补充。①

3. 拉丁美洲的共产党

20 世纪 80 年代以来，拉美国家及地区的共产党绝大多数恢复了合法地位，走上了合法斗争和议会斗争的道路。苏东剧变对拉美的共产党产生了巨大冲击，但大多数共产党经受住了考验。目前，拉美仍有巴西共产党、智利共产党、乌拉圭共产党、秘鲁共产党、哥伦比亚共产党等 20 多个共产主义政党。

巴西共产党成立于 1922 年 3 月。1985 年 7 月 9 日获得合法政治地位后，党的队伍迅速扩大，1990 年有党员 9 万人，1995 年增至 20 万人，2009 年为 32 万人，其中骨干党员约 2.5 万人，在全国 27 个州的 1703 个市建立了党的基层组织。② 巴共是拉丁美洲仅次于古巴共产党的第二大共产党，即最大的非执政共产党。苏东剧变后，巴共根据变化了的国内外客观形势，相应调整了自己的策略方针，其中非常重要的一点就是将巴西劳工党由竞争对手改为盟友加以对待，主动成为由劳工党领导的竞选联盟的一员。在 1990 年以来历次选举中，巴共取得了不错的成绩。国会选举中，1990 年、1994 年、1998 年、2002 年、2006 年、2010 年、2014 年分别在参议院中获得 1 席。在各州和市议会中也有不少共产党议员。2012 年有 976 名巴西共产党党员当选市议员，2014 年有 24 名共产党员在各州当选州众议员。党的副主席阿尔多·雷贝洛自 2003 年起任众议院党团领袖，2005 年至 2007 年年初还代任众议长。③

苏东剧变后，巴共顶住重重压力，坚持马克思主义和共产主义的理想信念不变。巴共现行党纲规定"巴西共产党以马克思列宁主义的科学理论和我国人民及世界革命运动的历史经验为基础"，现行党章则指出党以"由马克思和恩格斯创立、由列宁和其他马克思主义革命家发展的科学革命理论"为指导。巴共一如既往地坚持按照民主集中制原则加强和改进党的建设。对社会主义的认识，巴共认为，以共产主义为目标建设社会主义是包

---

① 刘巍、程光德：《南非共产党社会主义革命阶段的新策略》，《马克思主义研究》2011 年第 12 期。

② 王家瑞主编：《当代国外政党概览》，当代世界出版社 2009 年版，第 846 页。

③ 靳呈伟：《多重困境中的艰难抉择——拉美共产党的社会主义理论与实践》，中央编译出版社 2016 年版，第 152 页。

含若干阶段的复杂过程，巴西从资本主义过渡到共产主义将经历从资本主义到社会主义的初步过渡、完全社会化、社会主义的全面建设并向共产主义逐步过渡三个基本阶段。[①] 巴共认为，现阶段，巴西社会主义革命正处于从资本主义向社会主义过渡的"预备阶段"，党面临的任务是凝聚和团结民族的、民主的、人民大众的力量，通过"走向社会主义的巴西式道路"，推进一个革命性的、间接的过渡进程，以应对巴西所面临的历史性挑战。在政治上，确立"人民民主共和国"的终极政治目标；在经济上，逐步建立以生产资料社会所有制为导向的混合经济体制；在文化上，推动发展多元化多样性的巴西文化，增强巴西人民的文化自主性和文化创造性。[②] 2017年，党的十四大提出要同各民主力量、社会运动和左翼政党团结起来，通过劳工运动和意识形态斗争，更新党的组织，恢复民主，确保法治，保护法，捍卫国家主权和人民权利。[③] 2018 年 12 月 1 日，巴共与该国另一马列主义政党"圣保罗自由国土党"合并。

智利共产党成立于 1912 年 6 月，原名社会主义工人党，1922 年改为现名并加入共产国际。1936 年同激进党、社会党等结成人民阵线，并在 1938年大选中获胜。1941 年人民阵线破裂后又组成民主联盟，取得 1942—1946年大选的胜利。1948 年被挤出政府，转入地下。1958 年重新获得合法地位后，智共一直热衷进行合法的议会道路，积极参与各类选举，连续获得数个参议院席位和十几个众议院席位。[④] 1973 年 9 月智利发生军事政变，党被取缔。1990 年 10 月恢复合法地位。之后，智共开始积极参与到各类选举进程中，取得一定成绩。

在对社会主义的认识和理解上，智共长期与苏共保持一致立场，对戈尔巴乔夫提出的"新思维"表示赞成，并支持其"改革"。但是，苏联"8·19"事件后，智共立即改变了态度，转变了立场。尤其是当戈尔巴乔夫宣布

---

① 张志军：《20 世纪国外社会主义理论、思潮及流派》，当代世界出版社 2008 年版，第 205页。

② 王建礼：《巴西共产党社会主义革命理论与策略新发展论析》，《马克思主义研究》2019 年第 2 期。

③ 王建礼：《巴西共产党社会主义革命理论与策略新发展论析》，《马克思主义研究》2019 年第 2 期。

④ 徐世澄：《拉美左翼和社会主义理论思潮研究》，中国社会科学出版社 2017 年版，第 17 - 18 页。

"解散苏联共产党"并导致苏联解体后，立即对戈尔巴乔夫的思想及其改革进行了全面批判。1994 年 8 月，智共十六大对苏联解体的原因进行了分析，总结了国际共运的经验教训，指出苏联解体的原因是苏共领导人"脱离人民"起了"致命的作用"，要求共产党人重新"读一读马克思、列宁的著作"，这"将有助于建设一条通向参与性的社会主义道路"。智共认为社会主义没有统一模式，必须摒弃教条主义和依赖思想，从本国实际出发，探索本国社会主义的发展道路。鉴于苏东剧变的教训和自身发展过程中存在的问题，智共对自己的政策加以调整。在政治上，主张召开立宪大会，举行公民投票，修改军政府时期的宪法和选举法，结束反民主的制度，建立人民直接参与的机制，实现"真正的、人民的和参与的民主"；经济上，主张发展体现社会公正的和为人类服务的民族经济，反对新自由主义经济政策和国营企业私有化；对外政策上，主张奉行有利于合作的政策，尊重各国人民的自决权，反对霸权主义。①

（五）当代其他有较大影响的社会主义流派

1. 民族社会主义

民族社会主义是亚非拉发展中国家执政的民族主义政党所主张的社会主义。二战结束以来，亚非拉三大洲有 100 多个新独立的国家，其中除了极少数像中国、越南、朝鲜、老挝、古巴等在共产主义政党的领导下走上科学社会主义道路之外，绝大多数国家是在民族主义政党领导之下取得独立并且走上资本主义道路。受当时复杂的国际国内因素的影响，有很多民族主义政党在赢得国家独立后，提出了社会主义纲领，提出以社会主义为奋斗目标。这些民族主义政党从实质上说，有的是资产阶级或小资产阶级政党，有的是反映一些无产阶级和劳动人民利益的政党。②

（1）印度国大党的社会主义。印度国大党成立于 1885 年，是印度历史最悠久、最有影响的政党。1947 年印度独立后，国大党领导人尼赫鲁担任首任总理。印度国大党的社会主义一般指尼赫鲁的社会主义。1955 年 1 月，

---

① 王家瑞主编：《当代国外政党概览》，当代世界出版社 2009 年版，第 1047 页。

② 高放、李景治、蒲国良主编：《科学社会主义的理论与实践》，中国人民大学出版社 2005 年版，第 273 页。

由于尼赫鲁的提议，在国大党的阿瓦迪年会上通过了在印度建设"社会主义类型社会"的决议，把建设"社会主义类型社会"作为全党的奋斗目标。国大党作为一个整体接受了社会主义纲领。自 1955 年尼赫鲁提出建立"社会主义类型社会"以来，大体经历了四个发展阶段。第一阶段为 1955—1967 年：社会主义是国大党的追求目标。国大党认为，只有社会主义才能保证民族的独立、国家的自治和人民的民主。1964 年 1 月，在国大党的布巴内斯瓦尔年会上进一步明确要在印度建立一个"民主社会主义社会"。第二阶段为 1967—1980 年：社会主义由目标变成了工具。1964 年尼赫鲁去世。在尼赫鲁去世后基本上控制国大党的英迪拉·甘地仍然坚持社会主义。但是，她又认为，社会主义不是主要目的，只是工具和道路。第三阶段为从 1980 年到 20 世纪 90 年代初：国大党的社会主义开始明显撤退。1980 年 1 月，国大党领导人英·甘地上台执政，进一步对过去的政策进行调整，主要是强调农业发展和实行鼓励私人经济发展的"自由化"政策，着重宣扬"消除贫困"，而不再突出"社会主义"。从 20 世纪 80 年代中期开始，伴随着"尼赫鲁的社会主义"在印度的消退，在印度广为宣传的是"甘地的社会主义"。第四阶段为从 20 世纪 90 年代初期到现在：国大党的社会主义处于边缘化状态。很多报纸杂志在提到印度的社会主义时，往往用的修饰词是"past"，而且赞扬新印度终于摆脱了旧印度的福利社会主义的桎梏。总体来说，经过长期酝酿的以尼赫鲁为代表的国大党的社会主义，在独立后的地位与影响是逐渐衰退的，由前期的缓慢衰退，到快速衰退，最后处于边缘化状态。[①]

（2）坦桑尼亚的乌贾马社会主义。坦桑尼亚是非洲最早提出走社会主义道路的国家之一，其奉行的社会主义被称作"乌贾马社会主义"，是非洲社会主义的主要流派之一。1962 年坦桑尼亚革命党主席朱利叶斯·坎巴拉吉·尼雷尔首次提出"乌贾马式的非洲社会主义"。1967 年 2 月 5 日，尼雷尔发表著名的《阿鲁沙宣言》。该宣言正式宣告，要把坦桑尼亚建成"真正的社会主义国家"，要在自力更生的基础上建设社会主义，消灭贫困、疾病、愚昧，实现人人平等。20 世纪 80 年代末 90 年代初，随着苏东剧变和多党制浪潮在非洲大陆的兴起，坦桑尼亚也受到政治多元化的冲击。1992

---

① 张淑兰：《印度国大党的"社会主义"：回顾与展望》，《马克思主义研究》2010 年第 8 期。

年2月，坦革命党主动提出在坦桑尼亚实行多党制。同年3月，坦革命党修改了党章以适应多党制的需要。不久，又修改了宪法，删除有关执政党拥有最高权力等方面的规定。但是，此时坦革命党还没有放弃社会主义的目标。1992年12月，党的四大重申坚持《阿鲁沙宣言》和社会主义及自力更生原则，强调发展经济，政府只掌管关系国计民生的重要部门。1995年10月，坦桑尼亚举行了宣布多党制以来的首次大选，十几个政党参加角逐，革命党候选人姆卡帕和阿穆尔分别以获得61.8%和50.2%的选票，当选为坦桑尼亚和桑给巴尔总统。① 新一届政府继续贯彻革命党的既定方针，同时加快私有化步伐。随着经济私有化进程的推进，在坦桑尼亚经济发展的实践中，已难以找到社会主义的踪迹。2000年2月国民议会第13次通过宪法修正案，对"社会主义"的含义重新界定，明确坦桑尼亚不再具有社会主义国家性质。

（3）叙利亚复兴社会党的社会主义。1947年4月，叙利亚复兴社会党召开第一次全国代表大会，宣告复兴党正式成立，党纲强调复兴党正在领导"一个争取阿拉伯统一、自由和社会主义的人民民族革命运动"。至此，始于20世纪30年代中期的"阿拉伯复兴运动"正式以政党形式登上历史舞台。自1963年3月起，叙利亚开启了复兴党一党执政的政治历程。1970年11月，阿萨德发动政变推翻贾迪德政府，叙利亚进入阿萨德时代，直至2000年6月阿萨德因病去世。2001年7月，巴沙尔继任叙新总统。1991年苏联解体，叙利亚受到巨大震动。但是复兴党在挺过最困难的时期后，最终仍然没有放弃社会主义。为了应对国际共运的剧变，阿萨德对阿拉伯复兴社会主义做出新的解释，认为叙利亚社会主义与东欧社会主义有着本质的不同。阿拉伯复兴社会主义实质上是"民众社会主义"，它实现了政治多元主义，而全国进步阵线是叙利亚特色的阿拉伯复兴社会主义最具体、最完整的体现。② 苏联社会主义的失败只是一种社会主义实践的失败，而不是社会主义原则的失败。社会主义作为实现社会公正的制度仍然是富有生命力的，中国是世界社会主义的希望，要加强同中国的合作，走中国式的改革之路。为了适应形势发展的需要，复兴党加大了改革的力度，政治上放

---

① 肖枫主编：《社会主义向何处去》，当代世界出版1999年版，第952页。

② 王新刚：《阿拉伯复兴社会党及其理论与实践》，《西北大学学报》（哲学社会科学版）2002年第3期。

宽了民主和新闻自由，强调政治多元化，经济改革进一步市场化。巴沙尔继任叙总统后，进一步强化复兴党的绝对领导，实行渐进经济改革方针，适度开放民主，大力惩治腐败。①

2. 生态社会主义

生态社会主义是在西方绿党运动与生态运动中产生的一种社会思潮，起源于 20 世纪 70 年代的德国，在 90 年代逐渐成为一个异军崛起的社会主义思潮和流派。生态社会主义的发展大致经历了三个历史时期。②

第一个时期是 20 世纪 70 年代，典型的特征是"从红到绿"，主要代表人物是鲁道夫·巴罗和亚当·沙夫。鲁道夫·巴罗是原东德统一社会党党员，后因持不同政见出逃到西德，在汉诺威大学任教授，同时开始倡导"社会主义生态运动"，研究"生态学马克思主义"，谋求"绿色"（生态运动）和"红色"（共产主义运动）政治力量的结合，要求建立一个由绿党、生态运动、妇女运动和一切进步的非暴力社会组织组成的群众联盟。亚当·沙夫原是波兰共产党意识形态负责人和马克思主义哲学家，是波兰"人道主义马克思主义"的代表人物，1972 年成为罗马俱乐部最早的成员，1980 年任罗马俱乐部执行委员会主席。他们是最早介入绿党的共产党人，被看作是"红色"的"绿化"。

第二个时期是 20 世纪 80 年代，典型的特征是"红绿交融"，主要代表人物是威廉·莱易斯、本·阿格尔以及安德烈·高兹。威廉·莱易斯是加拿大左翼学者，他从法兰克福学派对资本主义"异化"的分析出发，批判异化消费，提出要解决生态危机问题，必须实行一种新的"稳态经济"，改变人的现行的消费方式，调整人与自然的关系，实现一种新的发展观。本·阿格尔是莱易斯学说的追随者和鼓吹者，他进一步发展了莱易斯的观点，提出了当代资本主义的"生态危机"论，指出资本主义的扩张动力是挥霍性工业生产的根源，是造成生态危机的根本原因，并以生态危机理论补充关于资本主义国家作用形成的危机理论，揭示当代资本主义的危机趋势。安德烈·高兹是法国重要的左翼理论家，他集中论述了资本主义、社会主义与生态学的关系，阐述了他对社会主义未来和生态社会主义发展道

---

① 王伟光主编：《社会主义通史》第 7 卷，人民出版社 2012 年版，第 385 – 386 页。

② 王学东、陈林等：《九十年代西欧社会民主主义的变革》，中央编译出版社 1999 年版，第 132 – 136 页。

路的基本看法，主张在新的社会历史条件下让社会主义左翼与"新社会运动"的主流生态运动结盟，反对晚期资本主义。

第三个时期是20世纪90年代以来，典型的特征是"红色绿党"，主要代表人物有乔治·拉比卡、瑞尼尔·格伦德曼、大卫·佩珀等欧洲学者和左翼社会活动家。乔治·拉比卡早年参加过法国共产党，是法国左翼运动的主要理论家之一。苏东剧变以后，他着力研究全球生态危机与生态社会主义的关系问题，认为生态社会主义标志着工人运动进入了一个新阶段，即"工人运动的文化革命阶段"，只有生态社会主义才能使世界真正摆脱生态危机。瑞尼尔·格伦德曼是德国左翼学者、哲学家，主张以马克思主义的历史唯物主义为指导解决全球生态危机问题。他的主要理论贡献是为马克思的"人类中心主义"正名，捍卫马克思主义关于人化自然理论所代表的哲学理性传统。大卫·佩珀是英国牛津布鲁克斯大学地理系讲师，主要理论贡献是勾勒了生态运动中的"红色绿党"和"绿色绿党"的轮廓，深化了生态社会主义与生态主义之间关系的争论，提出了生态社会主义的基本原则。

进入21世纪以来，生态社会主义的实践活动日益活跃。生态社会主义不仅利用网络广泛地宣传其思想和行动纲领，还致力于建立国际范围内的联合组织。2007年10月7日，在巴黎成立了"国际生态社会主义网"（简称EIN），来自阿根廷、澳大利亚、比利时、巴西、加拿大、塞浦路斯、丹麦、意大利、瑞士、法国、希腊、英国和美国的60多个积极分子参加了成立大会，选举了指导委员会，委员包括乔尔·克沃尔、米歇尔·洛维、德里克·沃尔、伊恩·安格斯等知名生态社会主义者。

生态社会主义者认为，生态危机不是一般的环境危机，而是全球危机。资本主义制度无限追求利润的生产方式内在地包含着对自然环境的破坏，资本家对大自然的过度掠夺导致了资本主义世界中生态矛盾的激化，资本主义制度是造成全球生态危机的根本原因。资本主义无力应对当前世界范围的生态危机和气候改变，在资本主义制度框架内是无法从根本上解决生态危机的，生态资本主义的解决途径是不可行的，走向生态社会主义才是人类社会的希望。

生态社会主义社会不是一个未来突然出现的社会，而是与当今资本主义社会中的各种社会系统有着紧密的联系。因此，必须从现存的社会系统中发现潜在的生态社会主义局部系统，即所谓的"生态系综"，使之在资本主义的环境中逐渐发展壮大，最终连接成为一个生态社会主义整体，从而实现生态社会主义。① 生态社会主义者认为，工人运动与生态运动相联合的倾向必然导致形成一个自觉的"生态社会主义政党"，这样的政党既不同于议会党，也不同于苏联式的先锋党。这样一个生态社会主义政党建基于抵抗共同体之上，实行民主、开放和透明的原则。②

---

① 刘仁胜：《生态马克思主义概论》，中央编译出版社 2007 年版，第 106 页。
② 张剑：《生态社会主义的新发展及其启示》，《马克思主义研究》2015 年第 4 期。

八、百川归海
——人类社会发展的总趋势

从 1516 年莫尔出版《乌托邦》起，世界社会主义已有 500 多年的历史。在这一进程中，社会主义由空想变为科学，从理论变为现实，从一国到多国，从初步探索到不断深化发展。170 多年前，马克思、恩格斯在《共产党宣言》中指出：资本主义必然灭亡，共产主义必然胜利。社会主义在 20 世纪头几十年经历了高歌猛进的发展，但在八九十年代却遭遇了东欧剧变、苏联解体的重大挫折。当前以西方发达资本主义国家为代表的资本主义出现了许多新的变化，不仅没有从世界上消失，而且有了很大发展。这些新变化会不会改变"两个必然"的规律？人类社会历史到底朝着什么方向发展？我们又该肩负哪些责任呢？

（一）当代资本主义的新变化和自我调节没有解决其基本矛盾

当代资本主义，主要指二战以后的资本主义，是以当今世界一些发达资本主义国家为代表的资本主义。二战结束后，西方发达国家进行了自我调节和改良，有限度地调整了民主形式，建立了社会保障和社会福利制度等，一定程度上缓和了阶级矛盾和社会矛盾。资本主义在 20 世纪 50—70 年代经历了一个经济较快发展的"黄金时期"，这一时期，西方发达国家国民生产总值年均增长 5.5%。经过自我调节，当代资本主义出现了一系列新变化，但是这些新变化并没有解决资本主义社会的基本矛盾。

1. 当代资本主义发生的新变化

20 世纪 70 年代滞胀危机后，资本主义发生了深刻而重要的变化，张宇将其概括为"四化"，即生产信息化、政策自由化、资本全球化和资本的虚拟化或金融化。① 一是生产信息化。20 世纪 70 年代以来，爆发了以信息技术为核心的新的科技革命，推动核能、半导体、合成化学、航空航天等行业的诞生与发展，促使资本主义国家的产业结构发生重大变化，服务业比重迅速提升，有的国家已占到 70% 以上，使之取代传统工业成为国民经济的主要部门。同时，新科技革命也导致生产方式的深刻变革，生产过程逐渐向半自动化和自动化方向发展，出现了弹性化、精细化、智能化、数字化等新的趋势。二是政策自由化。由于 20 世纪 70 年代中期后，资本主义国家从凯恩斯主义逐步转向了"新自由主义"，以"市场化""自由化"和"私有化"为核心的新自由主义在理论和政策上获得了支配地位，国家和社会对资本运动的各种限制和调节被大大削弱，资本的逻辑强烈地渗透和改造着社会生活的各个领域。世界经济已经基本上被跨国垄断寡头们所控制，并使世界经济进入了寡头经济时代。资本输出已经成为国际垄断资本主义发展的主要形式。三是资本全球化。生产全球化、贸易全球化和金融全球化飞速发展，跨国公司成为世界经济的主导性力量。对此，德国共产党尖锐地指出："在垄断资本主义的当前的发展阶段，跨国企业集团和跨国金融集团成为主宰世界市场的资本和决定资本关系结构的形式。跨国企业集团和跨国金融集团追随最有利的资本条件在世界范围的网络中组织生产过程，并将剩余价值的生产全球化。"② 四是资本的虚拟化或金融化。货币、证券、外汇、金融衍生物等非实物的虚拟资产急剧膨胀，金融资本日益成为占统治地位的资本形式。虚拟经济是一种高风险经济，是一种具有泡沫性的经济。它既为实体经济发展增添了巨大的活力，又给实体经济发展造成了极大的不稳定性。张宇认为，资本主义发生的这新"四化"是相互联系在一起。信息化技术赋予了资本以高度的流动性和灵活性，为资本的全球化和金融化提供了技术基础和物质条件；新自由主义政策削减了国家对资本的限制，为资本的全球化和金融化提供了制度基础和政策手段；全球化和金融化使资本摆脱了国家主权和物质形态的束缚，为资本的运动创造了更大

---

① 李琼、张宇、吕楠：《热话题与冷思考——关于后金融危机时代资本主义新变化的对话》，《当代世界与社会主义》2013 年第 4 期。

② 刘洪才主编：《当代世界共产党党章党纲选编》，当代世界出版社 2009 年版，第 434 页。

的空间和新的形式。这些重要变化表明，当代资本主义的发展具有了新的阶段性的特征。①

2. 当代资本主义新变化的生成原因

当前资本主义新的发展和变化，乃是资本主义发展的自然历史进程。造成当代资本主义发展变化的原因主要有以下几点：一是生产力自身发展趋势的作用。马克思主义认为，人类社会是由低级到高级逐步发展的，生产力是人类社会发展的决定性因素。综观人类社会历史，生产力发展呈现不断提升、日益加速的趋势。不仅新制度取代旧制度会加速生产力的发展，而且"无论哪一个社会形态，在它所能容纳的全部生产力发挥出来以前，是决不会灭亡的"②。资本主义在未走到尽头之前，也可以容纳生产力的进一步发展。同时，追求利润最大化又是资本的天性。"资本害怕没有利润或利润太少，就象（像）自然界害怕真空一样。一旦有适当的利润，资本就胆大起来"，"甚至冒绞首的危险"。③ 因此，同时考虑到资本主义数百年的历史积累，再加上资本追求利润这一天性的驱动，生产力在战后的较快发展应不足为奇。二是新科技革命的有力支持。与前两次科技革命不同的是，在这次新科技革命中，科学技术与由生产力各要素相互联系构成的生产力系统已经融为一体，它广泛而深入地渗透到从微观到宏观的各个层次。据统计，当代发达资本主义国家的经济增长，70% ~80% 来自科技进步的贡献。美国共产党指出："二战以后，通过提高技术和生产力使利润最大化的做法引发了一场科技革命，重点是新材料、新的交通通信方式、后来则是信息技术的开发和应用。这些成果使资本主义全球化进入一个新阶段、世界经济更为社会化，生产国际化发生了质的变化。"④ 三是社会主义国家的存在与发展。社会主义国家的存在对资本主义发展的作用是双重的。一方面，社会主义制度的存在和发展给资本主义的生存以压力和挑战，造成了一种使它不能不认真对付的竞争局面。1997 年 10 月，日本《世界》月刊指

---

① 李琮、张宇、吕楠：《热话题与冷思考——关于后金融危机时代资本主义新变化的对话》，《当代世界与社会主义》2003 年第 4 期。

② 《马克思恩格斯选集》第 2 卷，人民出版社 2012 年版，第 3 页。

③ 《马克思恩格斯选集》第 2 卷，人民出版社 2012 年版，第 297 页。

④ 刘洪才主编：《当代世界共产党党章党纲选编》，当代世界出版社 2009 年版，第 896 页。

出：20 世纪是资本主义不断产生内外矛盾的时代，在资本主义范围以外，敌对的社会主义相继问世，20 世纪资本主义的自我改革，都是为了对付这种来自内外的威胁和竞争，资本主义失去敌对者，有可能意味着将失去自我改革的能力。另一方面，社会主义国家的发展给资本主义以某些启示，资本主义自觉或不自觉地吸收和借鉴了社会主义制度和社会主义改造的某些内容。1965 年资本主义国家的有关人士聚会美国费城发表的《资本家宣言》提出："借鉴社会主义人民当家作主的经验，实现股份制的人民资本主义；借鉴社会主义福利制度的经验，实行从生到死包下来的福利资本主义；借鉴社会主义计划经济的经验，实行国家干预的计划资本主义。"[1] 2002 年在伦敦召开的国际性"马克思主义论坛"年会的组织者认为，欧美发达资本主义国家至少从社会主义那里获得了以下有益成分：对经济实行有目的的计划管理和国家调节，国民收入的再分配考虑了社会福利的需要，出现了建立在不同形式基础上的劳动集体组织，建立在部门经济职能合作化基础上的个人经营活动。四是客观上有利的国际环境。战后，全世界人民普遍要求持久的和平与稳定的经济增长，逐步推动了和平与发展这一世界主题的形成，为各国的发展创造了一个较好的国际环境。西方资本主义国家充分利用这一条件，争得了较快的发展速度。战后纷纷独立的发展中国家也为发达资本主义国家的发展提供了历史机遇。[2] 同时，"革命性的工人运动在 20 世纪末的重大失败为资本主义新的扩张清除了障碍"[3]。剧变后的原苏东各国，普遍采取了所谓"休克疗法"，向西方资本主义实行全方位的开放，从而使西方国家能够将经济危机的后果"转嫁"到原苏东国家身上，从而使发达资本主义国家生产和资本的国际化获得了极大的增强和扩张。[4]

3. 当代资本主义的新变化使资本主义基本矛盾在加深

虽然当代资本主义出现了一些新变化，但是工人阶级受剥削的状况和雇佣劳动者的地位并未改变，劳资对立并未消除，工人阶级相对贫困化的

---

[1] 转引自卞洪登：《中国资本运营方略》，改革出版社 1997 年版，第 227 页。

[2] 庞仁芝：《当代资本主义基本问题研究》，人民出版社 2015 年版，第 273－278 页。

[3] 刘洪才主编：《当代世界共产党党章党纲选编》，当代世界出版社 2009 年版，第 433 页。

[4] 聂运麟：《共产党和工人党视野中的资本主义新变化》，《马克思主义研究》2012 年第 2 期。

趋势依然发展，资本主义固有矛盾不仅没有解决，反而在新的基础上不断积累和加深，并且有了新的发展，突出表现为：①

第一，两极分化加剧。信息化、金融化、全球化和新自由主义的政策，大大推动了资本在全球范围内的积累和扩张，使资本主义积累的一般规律，即一方面是财富的积累，另一方面是贫困的积累更加明显，南北之间和发达国家内部贫富两极分化的现象日益突出。1980 年，发达国家的国内生产总值在世界国内生产总值中所占比重为 60.19%，发展中国家仅为 20.61%；而到了 2002 年，这一比例则分别变为 80.38% 和 16.66%。南北贫富差距不断扩大，不仅是一个道义问题，更是涉及当代资本主义世界体系内的深层次矛盾问题。发达国家内部贫富悬殊也在不断扩大。美国人口普查局发布的报告显示，2012 年美国贫困率为 15.1%，贫困人口达到 4620 万人，为半个多世纪来最高。社会财富高度向以华尔街为代表的少数富有的美国人集中。最富有的 5% 的美国人拥有全国 72% 的财富；1% 的富人拥有 40% 的财富。②

第二，金融危机频发。资本的金融化使经济增长越来越多地依赖金融泡沫支撑下财富效应的增长和负债水平的增长。这种建立在虚拟经济基础上的增长模式的必然结果，是资产泡沫的周期性膨胀和破裂，金融危机频繁爆发，金融投机严重泛滥，金融市场风险巨大，进而影响实体经济的健康发展。发端于美国的次贷危机向世界扩散，终于在 2009 年 12 月引发了希腊的主权债务危机。2010 年 3 月进一步发酵，开始向"欧洲五国"（葡萄牙、意大利、爱尔兰、希腊、西班牙）蔓延，酿成了全球性的经济危机。2007 年下半年以来爆发的次贷危机，形式上是"消费过剩"危机，实质上仍然是资本主义制度下劳动者收入过低导致的生产过剩、消费不足的危机。始于 2007 年的次贷危机，至今已 10 余年，还没有看到结束的迹象。这是历史上延续时间最长的经济危机。许多情况表明，当前的经济危机绝非一般的周期性危机，很有可能是一次全面的制度性或结构性危机，是资本主义基本矛盾在新的历史条件下的总爆发。

第三，全球化与反全球化的矛盾不断加剧。全球化是社会生产发展的

---

① 《科学社会主义概论》，人民出版社、高等教育出版社 2011 年版，第 276－278 页。
② 杨继国：《浅论资本主义新变化及其系统性危机》，《人民论坛·学术前沿》2017 年第 4 期。

客观要求和必然结果，有利于生产要素在全球范围的优化配置，并带来了新的发展机遇。越来越多的发展中国家顺应全球化的发展趋势，从本国国情出发，已经或正在走上具有自己特色的发展道路。但是，也必须看到，当今的全球化是在资本主义主导下发展的，他们掌握制定国际经济规则的主导权，在经济、科技、政治等各个方面侵占和损害广大发展中国家利益。进入 21 世纪以后，反全球化的抗议示威运动发展成为同主张和推进经济全球化的"世界经济论坛"同步的"世界社会论坛"。

第四，针对发达资本主义国家恐怖主义活动不断增多。恐怖主义是指国际社会的特定组织或者个人，对无辜平民或者其他特定人员采取绑架、暗杀、爆炸、空中劫持、扣押人质等恐怖暴力或者暴力威胁手段，以实现其特定政治目标或者政治主张的行为和方式。近年来，在西方一些发达国家推行霸权主义的同时，世界上恐怖主义的危害也日益上升，给世界政治、经济、安全形势带来严重威胁。应该看到，国际恐怖主义的发展，有其深刻复杂的原因，其中，南北贫富差距的拉大和矛盾的加深是一个深层次的原因。

第五，生态危机日益突出。资本无止境地追求利润的冲动和社会生产的无组织性，必然引发全球性的人口、资源、环境和生态难题。发达资本主义国家的人口占世界总人口的15%，却消耗着80%的世界资源，其中，美国人口不足世界总人口的5%，却消耗着25%的世界资源。过度的资源消耗、严重的环境污染日益威胁着环境和生态的平衡，破坏着社会再生产的正常条件。正如葡萄牙共产党指出的那样：资本主义"并不能解决其内部矛盾，相反，这些内部矛盾……却日益加深。这些矛盾非但没有解决环境不平衡问题，反而使之愈加严重，危及地球的生态体系和未来人类的生存"①。

（二）社会主义经历一个长过程发展后必然代替资本主义

1992 年春，邓小平在南方谈话中说过："社会主义经历一个长过程发展后必然代替资本主义。"② 这里，一是"必然代替"，一是"长过程发展"，这两个关键词语揭示了世界历史发展的大势，深刻体现了马克思主义的

---

① 刘洪才主编：《当代世界共产党党章党纲选编》，当代世界出版社 2009 年版，第 562 页。
② 《邓小平文选》第 3 卷，人民出版社 1993 年版，第 382 页。

"两个必然"和"两个决不会"思想，揭示了社会主义500年的思潮、运动和制度发展的历史逻辑。战后，西方发达资本主义国家虽然发生了很大变化，但是这些变化没有触动资本主义经济的根基，并没有改变资本主义制度的性质，也没有改变马克思主义关于资本主义的基本原理的真理性。因此，"两个必然"的铁的规律是不以人的意志为转移的，社会主义代替资本主义仍然是当今世界发展的大趋势。

社会主义作为一种超越资本主义的先进思想，它所追求的消灭剥削，实现社会平等，实现每个人自由而全面的发展，实现人类彻底的解放、从必然王国到自由王国的飞跃等理念和价值，永远占据着人类道义的制高点。这是社会主义具有不可遏制的吸引力的根本原因。① 社会主义在20世纪取得了举世瞩目的辉煌成就，由理论变为现实，由一国发展到多国，是人类历史的巨大飞跃。20世纪80年代末90年代初，社会主义也遇到了巨大曲折，发生了东欧剧变、苏联解体。这一历史剧变，仅仅表明苏联模式的失败，并不是社会主义制度的失败，也不是科学社会主义理论本身造成的。从历史长河来看，这只是社会主义在发展过程中遭受的一次严重挫折。正如列宁所指出的那样："设想世界历史会一帆风顺、按部就班地向前发展，不会有时出现大幅度的跃退，那是不辩证的，不科学的，在理论上是不正确的。"② 苏东剧变，没有也不可能逆转社会主义代替资本主义的历史必然性。苏东剧变后，虽然社会主义国家的数量减少了，但是社会主义实践并没有止步，特别是中国特色社会主义的繁荣发展，充分彰显了马克思主义的真理性。苏东剧变后不久，邓小平曾说："我坚信，世界上赞成马克思主义的人会多起来，因为马克思主义是科学。它运用历史唯物主义揭示了人类社会发展的规律。……从一定意义上说，某种暂时复辟也是难以完全避免的规律性现象。一些国家出现严重曲折，社会主义好像被削弱了，但人民经受锻炼，从中吸收教训，将促使社会主义向着更加健康的方向发展。因此，不要惊慌失措，不要认为马克思主义就消失了，没有了，失败了。

① 中共中央宣传部理论局：《世界社会主义五百年》（党员干部读本），学习出版社、党建读物出版社2014年版，第205－206页。
② 《列宁选集》第2卷，人民出版社2012年版，第694页。

哪有那回事！"①

二战后，资本主义的发展一度进入黄金时期。苏东剧变后日裔美籍学者福山在保守派杂志《国家利益》上发表《历史的终结》一文，提出人类社会的发展历史就是一部以自由民主为方向的人类普遍史。自由民主制度是人类意识形态发展的终点和"人类最后一种统治形式"，认为人类社会发展的意识形态之争将以西方的自由民主"成为普世性的人类政府的最终形式"而告终。然而，进入 21 世纪，资本主义在全球迅猛扩张、高歌猛进的同时，它的内在矛盾和深刻弊端也随之迅速膨胀起来。2008 年以来始于美国的严重的金融危机，不单单是一场金融危机，而是资本主义的体制性危机。它不仅打破了历史终结论和资本主义免于危机的神话，而且进一步昭示了马克思主义的真理性和社会主义制度的优越性。金融危机爆发后，《资本论》一书在西方国家受到热烈追捧，再次显示出《资本论》强大的生命力和科学价值。资本主义的命运恰如马克思在评论自由贸易时所说的："在实行自由贸易以后，政治经济学的全部规律及其最惊人的矛盾将在更大的范围内，在更广的区域里，在全世界的土地上发生作用；因为所有这些矛盾一旦拧在一起，互相冲突起来，就会引起一场斗争，而这场斗争的结局将是无产阶级解放。"② 也就是说，资本主义生产关系的发展越是充分，其内在的矛盾也就越是尖锐，其自身的危机也就越是深重。

当代资本主义调整变化，继续保持相当生命力的事实表明，资本主义制度转为社会主义、共产主义制度的历史过程，将是长期的、复杂的、曲折的。国际金融危机以来，尽管越来越多的人开始认清资本主义的弊端，并借助马克思主义寻找答案，但这不意味着西方社会已经出现了彻底变革社会制度的决心或条件。一些分析人士认为，资本主义在很长一段时间内仍将是西方国家青睐的社会制度。

社会主义是一项前无古人的事业。列宁曾把建设社会主义比作攀登一座崎岖险阻、未经勘测、人迹罕至的高山。搞社会主义没有现成的经验可以借鉴，只能随着时代、实践和科学的发展不断探索前进。恩格斯指出：

---

① 《邓小平文选》第 3 卷，人民出版社 1993 年版，第 382 – 383 页。
② 《马克思恩格斯全集》第 4 卷，人民出版社 1958 年版，第 295 页。

"所谓'社会主义社会'不是一种一成不变的东西，而应当和任何其他社会制度一样，把它看成是经常变化和改革的社会。"① 历史证明：任何社会发展模式都不是故步自封，而必须在实践探索中不断发展完善。资本主义最终消亡，社会主义最终胜利，虽然是一个很长的历史过程，但人类走向共产主义是历史发展不可逆转的总趋势。

（三）坚定"四个自信"和我们的责任

社会主义的发展历史告诉我们，在经济文化比较落后的国家，探索社会主义革命、建设和改革的道路是极为艰巨复杂的。100 年来，中国共产党紧紧依靠人民，把马克思主义基本原理同中国实际和时代特征结合起来，独立自主走自己的路，历经千辛万苦，付出沉重代价，开创和发展了中国特色社会主义，从根本上改变了中国人民和中华民族的前途命运。正如习近平指出的那样："中国特色社会主义是改革开放新时期开创的，也是建立在我们党长期奋斗基础上的，是由我们党的几代中央领导集体团结带领全党全国人民历经千辛万苦、付出各种代价、接力探索取得的。……中国特色社会主义，承载着几代中国共产党人的理想和探索，寄托着无数仁人志士的夙愿和期盼，凝聚着亿万人民的奋斗和牺牲，是近代以来中国社会发展的必然选择，是发展中国、稳定中国的必由之路。"② 道路关乎党的命脉，关乎国家前途、民族命运、人民幸福。找到一条好的道路不容易，走好这条道路更不容易，必须始终保持清醒坚定，保持强大前进定力，既不走封闭僵化的老路，也不走改旗易帜的邪路，不为任何风险所惧，不为任何干扰所惑。

中国特色社会主义是社会主义，而不是别的主义。中国共产党人在把马克思主义基本原理同中国具体实际相结合、同中华优秀传统文化相结合的过程中，始终坚持科学社会主义的基本原则。回顾这一结合的历史进程，习近平指出："中国特色社会主义，是科学社会主义理论逻辑和中国社会发展历史逻辑的辩证统一，是根植于中国大地、反映中国人民意愿、适应中

① 《马克思恩格斯文集》第 10 卷，人民出版社 2009 年版，第 588 页。
② 《十八大以来重要文献选编》（上），中央文献出版社 2014 年版，第 73 - 74 页。

国和时代发展进步要求的科学社会主义，是全面建成小康社会、加快推进社会主义现代化、实现中华民族伟大复兴的必由之路。"①

党的十八大以来，中国特色社会主义进入了新时代。以习近平同志为核心的党中央，以伟大的历史主动精神、巨大的政治勇气、强烈的责任担当，统筹国内国际两个大局，贯彻党的基本理论、基本路线、基本方略，统揽伟大斗争、伟大工程、伟大事业、伟大梦想，坚持稳中求进工作总基调，出台一系列重大方针政策，推出一系列重大举措，推进一系列重大工作，战胜一系列重大风险挑战，解决了许多长期想解决而没有解决的难题，办成了许多过去想办而没有办成的大事，推动党和国家事业取得历史性成就、发生历史性变革。

新时代十年的伟大变革，在党史、新中国史、改革开放史、社会主义发展史、中华民族发展史上具有里程碑意义。走过百年奋斗历程的中国共产党在革命性锻造中更加坚强有力，党的政治领导力、思想引领力、群众组织力、社会号召力显著增强，党同人民群众始终保持血肉联系，中国共产党在世界形势深刻变化的历史进程中始终走在时代前列，在应对国内外各种风险和考验的历史进程中始终成为全国人民的主心骨，在坚持和发展中国特色社会主义的历史进程中始终成为坚强领导核心。中国人民的前进动力更加强大、奋斗精神更加昂扬、必胜信念更加坚定，焕发出更为强烈的历史自觉和主动精神，中国共产党和中国人民正信心百倍推进中华民族从站起来、富起来到强起来的伟大飞跃。改革开放和社会主义现代化建设深入推进，书写了经济快速发展和社会长期稳定两大奇迹新篇章，我国发展具备了更为坚实的物质基础、更为完善的制度保证，实现中华民族伟大复兴进入了不可逆转的历史进程。科学社会主义在 21 世纪的中国焕发出新的蓬勃生机，中国式现代化为人类实现现代化提供了新的选择，中国共产党和中国人民为解决人类面临的共同问题提供更多更好的中国智慧、中国方案、中国力量，为人类和平与发展崇高事业做出新的更大的贡献！

中国特色社会主义是由道路、理论、制度、文化"四位一体"构成的统一整体，四者紧密联系，不能割裂开来理解。道路是实现途径，理论是

① 《十八大以来重要文献选编》（上），中央文献出版社 2014 年版，第 118 页。

行动指南，制度是根本保障，文化是内在动力，四者统一于中国特色社会主义伟大实践。四者不能割裂也无法割裂，对其中任何一个方面的弱化、淡化和人为分割，理论上不正确，实践上有危害。这是中国特色社会主义最鲜明的特色。在当代中国，坚持和发展中国特色社会主义，就是真正坚持社会主义。我们要在深刻把握中国特色社会主义的科学性和真理性，在推进改革开放和社会主义现代化建设的进程中，不断开创中国特色社会主义事业的新局面。

世界社会主义历史是一部鸿篇巨制，500年来，无数志士仁人为其写下了精彩篇章。坚持和发展中国特色社会主义也是一篇大文章，当代中国共产党人的任务，就是继续把这篇大文章写下去，从而为世界社会主义这部鸿篇巨制谱写新的篇章。中国特色社会主义事业是前无古人的开创性事业，前进道路不可能一帆风顺，必须准备进行具有新的历史特点的伟大斗争。我们要在迅速变化的时代中赢得主动，要在新的伟大斗争中赢得胜利，就要在坚持马克思主义基本原理的基础上，以更宽广的视野、更长远的眼光来思考和把握国家未来发展面临的一系列重大战略问题，在理论上不断拓展新视野，做出新概括，不断发展21世纪的马克思主义。

习近平反复强调，一个国家实行什么样的主义，关键要看这个主义能否解决这个国家面临的历史性课题。鞋子合不合脚，自己穿了才知道；一个国家的发展道路合不合适，只有这个国家的人民才最有发言权。改革开放以来，我们用几十年时间走完了发达国家几百年走过的工业化历程，使不可能成了可能，推动我国综合国力和国际地位实现前所未有的提升，推动我国人民生活水平实现前所未有的提升，中华民族正以崭新姿态屹立于世界东方。从苏联解体、东欧剧变以后，唱衰中国的舆论就在国际上不绝于耳，各式各样的"中国崩溃论"从来没有中断过。但是，中国非但没有崩溃，反而综合国力与日俱增，人民生活水平不断提高，风景这边独好。

从现在起，中国共产党的中心任务就是团结带领全国各族人民全面建成社会主义现代化强国、实现第二个百年奋斗目标，以中国式现代化全面推进中华民族伟大复兴。一个国家走向现代化，既要遵循现代化一般规律，更要符合本国实际，具有本国特色。中国式现代化，深深植根于中华优秀传统文化，体现科学社会主义的先进本质，借鉴吸收一切人类优秀文明成果，代表人类文明进步的发展方向，展现了不同于西方现代化模式的新图景，是一种全新的人类文明形态。中国式现代化，打破了"现代化＝西方化"的迷思，展现了现代化的另一幅图景，拓展了发展中国家走向现代化的路径选择，为人类对更好社会制度的探索提供了中国方案。中国式现代化蕴含的独特世界观、价值观、历史观、文明观、民主观、生态观等及其伟大实践，是对世界现代化理论和实践的重大创新。中国式现代化为广大发展中国家独立自主迈向现代化树立了典范，为其提供了全新选择。

实践证明，中国式现代化走得通、行得稳，是强国建设、民族复兴的唯一正确道路。当今世界，要说哪个政党、哪个国家、哪个民族能够自信的话，那中国共产党、中华人民共和国、中华民族是最有理由自信的。有了"自信人生二百年，会当水击三千里"的勇气，我们就能毫无畏惧面对一切困难和挑战，就能坚定不移开辟新天地、创造新奇迹。

参考文献

一、马克思主义经典著作和中国共产党重要文献

［1］《马克思恩格斯选集》第1—4卷，人民出版社2012年版。

［2］《马克思恩格斯文集》第1—10卷，人民出版社2009年版。

［3］《马克思恩格斯全集》中文第1版，人民出版社1956—1983年版。

［4］《列宁选集》第1—4卷，人民出版社2012年版。

［5］《列宁专题文集·论社会主义》，人民出版社2009年版。

［6］《列宁主题文集·论无产阶级专政》，人民出版社2009年版。

［7］《列宁专题文集·论马克思主义》，人民出版社2009年版。

［8］《列宁全集》中文第2版，人民出版社1984—1990年版。

［9］《斯大林选集》上下卷，人民出版社1979年版。

［10］《斯大林全集》第7卷，人民出版社1954年版。

［11］《斯大林全集》第11—12卷，人民出版社1955年版。

［12］《斯大林全集》第13卷，人民出版社1956年版。

［13］《李大钊文集》上册，人民出版社1984年版。

［14］《李大钊全集》第2卷，人民出版社2006年版。

［15］《毛泽东选集》第1—4卷，人民出版社1991年版。

［16］《毛泽东文集》第1—2卷，人民出版社1993年版。

［17］《毛泽东文集》第5卷，人民出版社1996年版。

［18］《毛泽东文集》第6—8卷，人民出版社1999年版。

［19］《毛泽东早期文稿》，湖南出版社1990年版。

［20］《建国以来毛泽东文稿》第1册，中央文献出版社1987年版。

［21］《建国以来毛泽东文稿》第4册，中央文献出版社1990年版。

［22］《建国以来毛泽东文稿》第 6 册，中央文献出版社 1992 年版。

［23］《刘少奇选集》（上），人民出版社 1981 年版。

［24］《邓小平文选》第 2—3 卷，人民出版社 1994、1993 年版。

［25］《邓小平思想年谱》，中央文献出版社 1998 年版。

［26］《邓小平年谱（1975—1997）》（上、下），中央文献出版社 2004
　　年版。

［27］《陈云文选》第 3 卷，人民出版社 1995 年版。

［28］《江泽民文选》第 1—3 卷，人民出版社 2006 年版。

［29］《胡锦涛文选》第 1—3 卷，人民出版社 2016 年版。

［30］《习近平关于实现中华民族伟大复兴的中国梦论述摘编》，中央文献出
　　版社 2013 年版。

［31］《习近平谈治国理政》第一卷，外文出版社 2018 年版。

［32］《习近平关于全面建成小康社会论述摘编》，中央文献出版社 2016
　　年版。

［33］《习近平关于党风廉政建设和反腐败斗争论述摘编》，中央文献出版
　　社、中国方正出版社 2015 年版。

［34］《习近平总书记系列重要讲话读本》，学习出版社、人民出版社 2016
　　年版。

［35］中共中央宣传部：《习近平新时代中国特色社会主义思想三十讲》，学
　　习出版社 2018 年版。

［36］习近平：《在庆祝中国共产党成立 100 周年大会上的讲话》，人民出版
　　社 2021 年版。

［37］《瞿秋白文集》（文学编）第 1 卷，人民文学出版社 1985 年版。

［38］《胡乔木文集》第 2 卷，人民出版社 1994 年版。

［39］《中共中央文件选集》第 11、15 册，中共中央党校出版社 1991 年版。

［40］《建国以来重要文献选编》第 9 册，中央文献出版社 1994 年版。

［41］《三中全会以来重要文献选编》（上、下），人民出版社 1982 年版。

［42］《十二大以来重要文献选编》（上、中），人民出版社 1986 年版。

［43］《十三大以来重要文献选编》（上、中），人民出版社 1991 年版。

［44］《十四大以来重要文献选编》（上、中），中央文献出版社 1996、1997
　　年版。

［45］《十五大以来重要文献选编》（中），中央文献出版社 2001 年版。

［46］《十六大以来重要文献选编》（上），中央文献出版社 2004 年版。

［47］《十七大以来重要文献选编》（上），中央文献出版社 2009 年版。

［48］《十八大以来重要文献选编》（上、中、下），中央文献出版社 2014、2016、2018 年版。

［49］《中国共产党第十九次全国代表大会文件汇编》，人民出版社 2017 年版。

［50］中共中央文献研究室编：《毛泽东传（1949—1976）》（上、下），中央文献出版社 2003 年版。

［51］中共中央党史研究室：《中国共产党史》第 2 卷（1949—1978），中共党史出版社 2011 年版。

［52］胡绳主编：《中国共产党的七十年》，中共党史出版社 1991 年版。

［53］中共中央党史研究室：《中国共产党的九十年》（改革开放和社会主义现代化建设新时期），中共党史出版社、党建读物出版社 2016 年版。

［54］《"一大"前后——中国共产党第一次代表大会前后资料汇编》（二），人民出版社 1980 年版。

二、学术著作、译著

［55］中国社会科学院编：《论布哈林和布哈林思想》，贵州人民出版社 1982 年版。

［56］殷叙彝等：《第二国际研究》，中央编译出版社 1998 年版。

［57］庄福龄主编：《马克思主义发展史》第 1 卷，人民出版社 1996 年版。

［58］宋士昌主编：《科学社会主义通论》第 1—4 卷，人民出版社 2004 年版。

［59］李慎明主编：《居安思危——苏共亡党二十年的思考》，社会科学文献出版社 2011 年版。

［60］姚海：《俄国革命》，人民出版社 2013 年版。

［61］土伟光主编：《社会主义通史》第 1—8 卷，人民出版社 2011 年版。

［62］高继文：《新经济政策理论研究》，中国人民公安大学出版社 2000 年版。

［63］黄修荣、黄黎：《共产国际与中国共产党关系探源》上卷，人民出版

社 2016 年版。

［64］程玉海、林建华等：《世界社会主义共产主义运动新论》（上、下册），人民出版社 2010 年版。

［65］高放、李景治、蒲国良主编：《科学社会主义的理论与实践》，中国人民大学出版社 2005 年版。

［66］高放主编：《世界社会主义史》（四卷本），北京师范大学出版社 2018 年版。

［67］徐天新：《斯大林模式的形成》，人民出版社 2013 年版。

［68］戴隆斌等：《斯大林模式若干问题研究》，中央编译出版社 2014 年版。

［69］顾海良主编：《马克思主义发展史》，中国人民大学出版社 2009 年版。

［70］黄苇町：《苏共亡党十年祭》，江西高校出版社 2002 年版。

［71］陆南泉等：《苏联兴亡史论》，人民出版社 2002 年版。

［72］陈之骅等：《苏共兴亡史纲》，中国社会科学出版社 2004 年版。

［73］王建国、王洪江：《社会主义国家执政党建设的历史、理论与实践》，中国社会科学出版社 2008 年版。

［74］李宗禹：《欧美共运风云录（1945—1991）》，人民出版社 1994 年版。

［75］王进芬：《列宁共产党执政思想研究》，中共中央党校出版社 2008 年版。

［76］中共中央党校科研部：《苏共的失败及教训》，中共中央党校出版社 1994 年版。

［77］王长江、姜跃主编：《世界执政党兴衰史鉴》，中共中央党校出版社 2005 年版。

［78］李保东：《社会主义理论、历史与现实》，国防工业出版社 2004 年版。

［79］葛新生：《赫鲁晓夫传》，世界知识出版社 1997 年版。

［80］中共中央宣传部理论局：《世界社会主义五百年》（党员干部读本），学习出版社、党建读物出版社 2014 年版。

［81］陈明显主编：《中华人民共和国史教程》，中国人民大学出版社 2009 年版。

［82］当代中国研究所：《中华人民共和国史稿（1976—1984）》第 4 卷，人民出版社、当代中国出版社 2012 年版。

［83］张雷声、袁银传主编：《马克思主义中国化史》第四卷（1992 年以

来），中国人民大学出版社 2015 年版。

［84］李慎明主编：《社会主义：理论与实践》，社会科学文献出版社 2001
年版。

［85］赵中源：《中国共产党执政资源论》，湖南人民出版社 2007 年版。

［86］本书编写组：《兴衰之路——外国不同类型政党建设的经验与教训》，
当代世界出版社、中共中央党校出版社 2002 年版。

［87］张世鹏：《西欧社会民主主义政党指导思想的历史演变》，山东人民出
版社 2014 年版。

［88］张镇锡：《当代东南亚政治》，广西人民出版社 1994 年版。

［89］王家瑞主编：《当代国外政党概览》，当代世界出版社 2009 年版。

［90］靳呈伟：《多重困境中的艰难抉择——拉美共产党的社会主义理论与
实践》，中央编译出版社 2016 年版。

［91］张志军：《20 世纪国外社会主义理论、思潮及流派》，当代世界出版
社 2008 年版。

［92］徐世澄：《拉美左翼和社会主义思潮研究》，中国社会科学出版社
2017 年版。

［93］肖枫主编：《社会主义向何处去——冷战后世界社会主义运动大扫
描》，当代世界出版社 1999 年版。

［94］王学东、陈林等：《九十年代西欧社会民主主义的变革》，中央编译出
版社 1999 年版。

［95］刘仁胜：《生态马克思主义概论》，中央编译出版社 2007 年版。

［96］庞仁芝：《当代资本主义基本问题研究》，人民出版社 2014 年版。

［97］《科学社会主义概论》，人民出版社、高等教育出版社 2011 年版。

［98］李安增等：《当代中国现代化进程中的政权稳定问题研究》，中国社会
科学出版社 2016 年版。

［99］郭春生：《社会政治阶层与苏联剧变》，当代世界出版社 2006 年版。

［100］周滨：《世界社会主义 500 年风云录》，国家行政学院出版社 2014
年版。

［101］赵付科等：《〈中国近现代史纲要〉热点难点专题教学研究》，山东
人民出版社 2017 年版。

［102］周辅成编：《西方伦理学名著选辑》（上卷），商务印书馆 1964 年版。

［103］薛衔天等编：《中苏国家关系史资料汇编（1917—1924）》，中国社会科学出版社 1993 年版。

［104］刘洪才主编：《当代世界共产党党章党纲选编》，当代世界出版社 2009 年版。

［105］中共中央党校党建教研室：《共产主义运动国际章程汇编》，河南人民出版社 1980 年版。

［106］《苏联共产党代表大会、代表会议和中央全会决议汇编》第 1 分册，人民出版社 1964 年版。

［107］《共产国际文件汇编》第 1 册，东方出版社 1986 年版。

［108］中国社会科学院近代史研究所翻译室编：《共产国际有关中国革命的文献资料（1919—1928）》第 1 辑，中国社会科学出版社 1981 年版。

［109］《"一国社会主义"问题论争资料》，东方出版社 1986 年版。

［110］《布哈林文选》（上、中册），人民出版社 1981 年版。

［111］《托洛茨基言论》，生活·读书·新知三联书店 1979 年版。

［112］［英］托马斯·莫尔：《乌托邦》，戴镏龄译，商务印书馆 1982 年版。

［113］［意］托马斯·康帕内拉：《太阳城》，陈大维、黎思复、黎廷弼译，商务印书馆 1980 年版。

［114］《温斯坦莱文选》，任国栋译，商务印书馆 1965 年版。

［115］［法］让·梅叶：《遗书》第 1 卷，陈太先、眭茂译，商务印书馆 1959 年版。

［116］［法］让·梅叶：《遗书》第 2 卷，何清新译，商务印书馆 1959 年版。

［117］［法］让·梅叶：《遗书》第 3 卷，陈太先、眭茂译，商务印书馆 1961 年版。

［118］［法］摩莱里：《自然法典》，黄建华、姜亚洲译，商务印书馆 1982 年版。

［119］《马布利选集》，何清新译，商务印书馆 1960 年版。

［120］《巴贝夫文选》，梅溪译，商务印书馆 1962 年版。

［121］《圣西门选集》第 1 卷，王燕生等译，商务印书馆 1979 年版。

［122］《圣西门选集》第 2 卷，董果良译，商务印书馆 1982 年版。

［123］《圣西门选集》第 3 卷，董果良、赵鸣远译，商务印书馆 1985 年版。

［124］《傅立叶选集》第 1 卷，赵俊欣等译，商务印书馆 1979 年版。

［125］《傅立叶选集》第 2 卷，赵俊欣等译，商务印书馆 1981 年版。

［126］《傅立叶选集》第 3 卷，汪耀三等译，商务印书馆 1982 年版。

［127］《欧文选集》第 1 卷，柯象峰、何光来、秦果显译，商务印书馆 1979 年版。

［128］《欧文选集》第 2 卷，柯象峰、何光来、秦果显译，商务印书馆 1981 年版。

［129］［美］威廉·福斯特：《三个国际的历史》，李潞等译，生活·读书·新知三联书店 1961 年版。

［130］［匈］贝拉·库恩编：《共产国际文件汇编》第 2 册，中国人民大学编译室译，生活·读书·新知三联书店 1965 年版。

［131］［俄］格·阿·阿尔巴托夫：《苏联政治内幕：知情者的见证》，徐葵等译，新华出版社 1998 年版。

［132］［苏］罗·亚·麦德维杰夫：《让历史来审判》（下），赵洵等译，人民出版社 1981 年版。

［133］［美］安娜·路易斯·斯特朗：《斯大林时代》，石人译，世界知识出版社 1979 年版。

［134］［苏］苏斯洛夫：《苏斯洛夫言论选》（下），上海师范大学历史系世界组译，上海人民出版社 1976 年版。

［135］［苏］米·谢·戈尔巴乔夫：《改革与新思维》，苏群译，新华出版社 1987 年版。

［136］［美］兹·布热津斯基：《大失败——二十世纪共产主义的兴亡》，军事科学院外国军事研究部译，军事科学出版社 1989 年版。

［137］［俄］谢·卡拉·穆尔扎：《论意识操纵》，徐昌翰等译，社会科学文献出版社 2004 年版。

［138］［苏］赫鲁晓夫：《赫鲁晓夫回忆录》，张岱云等译，东方出版社 1988 年版。

［139］［英］安东尼·吉登斯：《第三条道路：社会民主主义的复兴》，郑戈译，北京大学出版社 2000 年版。

［140］［英］斯图亚特·汤普森：《社会民主主义的困境：思想意识、治理与全球化》，贺和风、朱艳圣译，重庆出版社 2008 年版。

三、学术论文

[141] 高放：《第一个政党性的国际工人组织———第一国际光芒四射》，《中国延安干部学院学报》2014 年第 1 期。

[142] 高放：《第一个工人阶级政权巴黎公社崭新创举》，《中国延安干部学院学报》2014 年第 3 期。

[143] 高放：《第一个社会主义政党的国际组织第二国际功败垂成》，《中国延安干部学院学报》2014 年第 6 期。

[144] 季正矩：《腐败与苏共垮台》，《当代世界与社会主义》2000 年第 4 期。

[145] 季正矩：《苏联共产党兴衰成败的十个经验教训》，《当代世界与社会主义》2004 年第 1 期。

[146] 季正矩：《如何看待民主社会主义》，《理论视野》2009 年第 8 期。

[147] 沙健孙：《中国共产党领导社会主义改造的历史经验》，《党建研究》2000 年第 2 期。

[148] 李捷：《从五大坐标看毛泽东的历史地位和历史贡献》，《中共党史研究》2013 年第 10 期。

[149] 任晓伟：《论苏共理论资源的枯竭及其政治生命》，《社会主义研究》2007 年第 1 期。

[150] 马岩：《意识形态与苏联解体》，《马克思主义研究》1997 年第 3 期。

[151] 李爱华：《苏共蜕变的历史教训》，《政治学研究》2004 年第 2 期。

[152] 项佐涛：《苏共党员数量的变化与其执政能力的关系探析》，《中共四川省委省级机关党校学报》2012 年第 5 期。

[153] 罗平汉：《关于社会主义改造的几个问题》，《毛泽东邓小平理论研究》2012 年 12 期。

[154] 郑德荣：《毛泽东思想的历史地位与当代价值新论》，《马克思主义研究》2013 年第 5 期。

[155] 施芝鸿：《"四个全面"战略布局是怎样形成的》，《北京日报》2015 年 3 月 2 日。

[156] 罗建波：《中国特色大国外交的新气象与新特色》，《学习时报》2017 年 3 月 20 日。

[157] 肖枫：《古巴压而不垮的奥秘》，《科学社会主义》2006 年第 3 期。

[158] 中共中央党校党建教研部课题组：《古巴共产党密切党群关系的基本做法和经验》，《当代世界与社会主义》2006 年第 4 期。

[159] 方文：《老挝人民革命党管党治党的经验教训》，《当代世界与社会主义》2016 年第 5 期。

[160] 靳义亭：《越南共产党反腐的主要措施及启示》，《当代世界与社会主义》2009 年第 3 期。

[161] 王学军、张森林：《"第三条道路"与民主社会主义的终结》，《马克思主义研究》2012 年第 11 期。

[162] 代金平、唐海军：《当今国外一些社会党新情况新变化与困境探析》，《当代世界与社会主义》2013 年第 4 期。

[163] 于海青：《21 世纪初探索中前进的西班牙共产党》，《国外理论动态》2003 年第 2 期。

[164] 于海青：《联合左翼中的西班牙共产党：发展演进、理论战略与前景》，《马克思主义研究》2013 年第 12 期。

[165] 于海青：《意大利重建共产党的理论政策调整及面临的问题》，《当代世界社会主义问题》2004 年第 1 期。

[166] 于海青：《葡萄牙共产党的现状、理论政策及在新世纪初面临的问题》，《当代世界与社会主义》2003 年第 3 期。

[167] 于海青：《2018 年国外共产党的新发展与新态势》，《当代世界》2019 年第 2 期。

[168] 王喜满、王芳、华玉龙：《希腊共产党探索社会主义的当前成就、历史经验和未来走向》，《中国矿业大学学报》（社会科学版）2016 年第 4 期。

[169] 王喜满：《苏东剧变后希腊共产党对社会主义发展道路的探索》，《当代世界与社会主义》2010 年第 1 期。

[170] 曹天禄、朱旭旭：《日本共产党第 28 次全国代表大会述评》，《当代世界社会主义问题》2020 年第 1 期。

[171] 刘宁宁、曹珊珊：《21 世纪日本共产党社会主义理论与实践新变化》，《中国矿业大学学报》（社会科学版）2016 年第 5 期。

[172] 禚明亮：《日本共产党二十七大述评》，《马克思主义研究》2017 年

第 9 期。

[173]《日本共产党章程》，张伯玉译，《当代世界社会主义问题》2003 年第 2 期。

[174] 周亚茹：《美国共产党三十一大的策略主张及其新动向》，《世界社会主义研究》2020 年第 1 期。

[175] 刘春元：《尼泊尔共产党（联合马列）九大述评》，《当代世界与社会主义》2014 年第 5 期。

[176] 袁群、黄家远：《菲律宾共产党的历史、理论与现状》，《当代世界与社会主义》2014 年第 4 期。

[177] 余维海、黄冰琼：《黎巴嫩共产党的历史演进、理论探索与现实挑战》，《阿拉伯世界研究》2017 年第 2 期。

[178] 王建礼：《从新党章看南非共产党的新变化》，《社会主义研究》2014 年第 4 期。

[179] 张平：《冷战后南非共产党的新变化》，《当代世界与社会主义》2006 年第 2 期。

[180] 刘巍、程光德：《南非共产党社会主义革命阶段的新策略》，《马克思主义研究》2011 年第 12 期。

[181] 王建礼：《巴西共产党社会主义革命理论与策略新发展论析》，《马克思主义研究》2019 年第 2 期。

[182] 张淑兰：《印度国大党的"社会主义"：回顾与展望》，《马克思主义研究》2010 年第 8 期。

[183] 王新刚：《阿拉伯复兴社会党及其理论与实践》，《西北大学学报》（哲学社会科学版）2002 年第 3 期。

[184] 张剑：《生态社会主义的新发展及其启示》，《马克思主义研究》2015 年第 4 期。

[185] 李琼、张宇、吕楠：《热话题与冷思考——关于后金融危机时代资本主义新变化的对话》，《当代世界与社会主义》2013 年第 4 期。

[186] 聂运麟：《共产党和工人党视野中的资本主义新变化》，《马克思主义研究》2012 年第 2 期。

[187] 杨继国：《浅论资本主义新变化及其系统性危机》，《人民论坛·学术前沿》2017 年第 4 期。

［188］钟梅家：《从古共八大看古巴特色社会主义建设：探索历程和发展前景》，《当代世界》2021 年第 6 期。

［189］吴洪英：《试析古巴修宪的原因、内容及影响》，《现代国际关系》2019 年第 4 期。

［190］徐秦法、秦艺菲：《越共十二大以来政治革新的进展及态势研究》，《当代世界社会主义问题》2021 年第 1 期。

［191］徐世澄：《古共"六大"：承前启后，继往开来》，《当代世界》2011 年第 5 期。

［192］赵付科、季正聚：《习近平全面深化改革思想论纲》，《中共中央党校学报》2014 年第 6 期。

后　记

　　本书是季正聚主编的"世界社会主义五百年丛书"的其中一册，以习近平新时代中国特色社会主义思想为指导，主要从整体上展现世界社会主义五百年的不平凡历程。同时，本书也得到了中央高校基本科研业务费专项资金的资助。

　　全书的主旨思想和整体结构，是由丛书主编季正聚提出和设计的，本人对具体结构稍做了调整。全书共由八部分组成，借鉴马克思主义理论研究和建设工程重点项目《世界社会主义五百年》（党员干部读本）的体例，每一部分都设计了正副两个标题，正标题旨在突出该部分在世界社会主义五百年历史上的重要地位，副标题主要体现世界社会主义发展的"时间段"。书稿完成后，季正聚对全书做了统一修订并定稿。

　　书稿写作历时四年多的时间。在写作的过程中，我深深感觉到要用40多万字把世界社会主义五百年的历史全程展现出来，的确不是一件容易的事。需要特别指出的是，本书吸收和借鉴了学术界已有的大量相关研究成果，转引、摘辑的尽量一一注明，但可能挂一漏万。在此，除了表达我的衷心谢忱之外，也表示我的歉意！

　　曲阜师范大学李安增教授对本书的写作给予了高度关注，提出了许多建设性意见；北京师范大学刘洪森副教授对本书提出了一些非常好的建议；中国社会科学院禚明亮博士审阅了书稿的第七部分；责任编辑刘苏华先生为本书的出版付出了艰辛的劳动。在此，一并表示深深的感谢！

　　限于本人的学识和水平，本书难免有许多纰漏和谬误，诚恳欢迎学界同仁批评指正！